22. 大學·中庸集註

DATE . .

程子曰 親은 當作新이라

○ 大學者는 大人之學也라 明은 明之也라 明德者는 人之所得乎天而虛靈不昧하여 以具衆理而應萬事者也라 但爲氣稟所拘와 人欲所蔽면 則有時而昏이라 然이나 其本體之明은 則有未嘗息者라 故로 學者當因其所發而遂明之하여 以復其初也라 新者는 革其舊之謂也니 言旣自明其明德이면 又當推以及人하여 使之亦有以去其舊染之汚也라 止는 必至於是而不遷之意요 至善은 則事理當然之極也라 言明明德新民을 皆當止於至善之地而不遷이니 蓋必其有以盡夫天理之極이요 而無一毫人欲之私也라 此三者는 大學之綱領也라

정자가 말하였다.(程子曰) "친은 마땅히 신이 되어야 한다.(親은 當作新이라)"

○ (대학)은 (大學者는) 대인의 학문이다.(大人之學也라) 명은 밝힘이다(明은 明之也라) 명덕은(明德者는) 사람이 하늘에서 얻는 바, 마음이 텅 비고 영묘하여 어둡지 않아서 (人之所得乎天而虛靈不昧하여 ※虛靈不昧 - 마음에 잡됨이 없고 영묘하여 어둡지 않음) 모든 이치를 갖추어 얻어 만사에 응하는 것이다.(以具衆理而應萬事者也라) 다만 성품에 구애된 바 (但爲氣稟所拘와 ○稟: 성품 품, 拘: 거리낄 구) 인욕의 가리운 바 되면 (人欲所蔽하면 ○蔽: 가리울 폐) 때로 어두운 적이 있으나 (則有時而昏이라 ○昏: 어두울 혼) 그러나 그 본체의 밝음은 (然이나 其本體之明은) 일찍이 쉬지 않는다.(則有未嘗息者라 ○嘗: 일찍 상) 그러므로 배우는 자가 마땅히 그 발하는 바를 인하여 마침내 밝혀서 (故로 學者當因其所發而遂明之하여 ○遂: 마침 수) 그 처음을 회복하여야 한다.(以復其初也라) 신은 옛 것을 고침을 말한다.(新者는 革其舊之謂也니 ○革: 고칠 혁) 이미 스스로 그 명덕을 밝혔으면 (言旣自明其明德이면) 또 마땅히 미루어서 남에게까지 미치게 하여 (又當推以及人하여) 그(之)로 하여금 또한 그 옛날에 물든 더러움을 제거함이 있음을 말한 것이다.(使之亦有以去其舊染之汚也라) 지는 반드시 이에 이르러 옮기지 않는 것이요,(止者는 必至於是而不遷之意요 ○遷: 옮길 천) 지선은 곧 사리의 당연한 표준(極)이다.(至善은 則事理當然之極也라 ○極: 표준 극) 명명덕과 신민을 (言明明德과 新民을) 모두 마땅히 지선의 경지에 멈추어 옮기지 않음을 말한 것이니 (皆當止於至善之地而不遷이니) 대개 반드시 그 천리의 표준(極)을

알기 쉽게 풀어 쓴

대학·중용 장구

文基洙

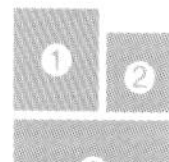

❶ 최영숙과 혼인(1951. 1)
❷ 처 최영숙의 처녀시절(1949)
❸ 1951년 신축 이사하여 1971년 경기도 화성으로 이사할 때까지
20년 동안 6남매를 낳고 생활하던 터전

1 2 3

❶ 저자가 가르치던 마을 여학생들과 함께(1955)
❷ 저자가 집사로 시무하던 마산교회 교인들과 함께(연대 미상)
❸ 부친 회갑(1961년)

① ② ③

❶ 경기도 화성으로 이사와서 창고집 앞에서 저자의 누나, 장녀 차남, 삼남 등과 함께(1971. 3)

❷ 서울 면목동으로 이사와서 옥상에서(1979)

❸ 서울 망우동으로 이사와서(1982)

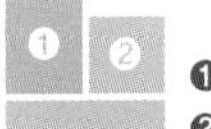

❶ 북한산 산행(1985)
❷ 장남 결혼식(1986. 11)
❸ 회갑(1987. 10)

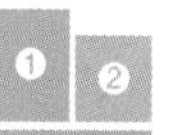

❶ 북한산 산행(1988)
❷ 둔촌동으로 이사 후 설날 아침에(1996)
❸ 북한산 산행 후 가솔들과 함께(1988)

①
②
③

❶ 경기도 화성에서 모친 유골을 수습하여 부친 묘소에 합장한 후(1996. 4)
❷ 처형, 처남들과 백두산 여행 시 중국에서(1996. 6)
❸ 칠순 때 저자의 누나와 동생들과(원 안은 작고한 여동생, 1997. 10)

❶ 제주도 여행 시(1997)
❷ 칠순에 앞서 사진관에서(1997)
❸ 미국 여행(1998. 9)

① 서울 둔촌동으로 이사와서 설날 가솔들과 함께(2002)

② 사남 유정의 첫째아들 돌잔치(원 안은 사남 유정의 딸 한비, 2006. 7)

❶ 여수 돌산 향일암에서(2006. 8)
❷ 마지막 고향 방문 시 마을 앞 큰 당산에서(2006. 8)
❸ 전남 송광사에서(2006. 8)

❶ 수기 노트 사진
❷ 『논어집주』, 『맹자집주』
❸ 마산리 별산 산자락에 자리한 증조부모, 조부모, 부모의 선영에 함께하다.

無下 文基洙 年譜

※ 妻 崔英淑의 구술, 호적, 주민등록초본, 사진 등에 의거함

1928. 9. 28(음)	화순군 동면 마산리 478번지에서 父 文學文과 母 金琪末 사이에 3남 2녀의 長男으로 출생.
1944	화순군 동면국민학교 졸업.
未詳	광주 숭일중학교 중퇴(?).
未詳	광주 YMCA, 서울중앙 YMCA 등에서 李鉉弼, 玄東完 師事 후 마산리 인근 산에서 草幕을 짓고 기도생활.
1951. 1. 28(음)	父(亡) 崔在東과 母 尹二順 사이에 화순군 동면 장동리 638번지에서 2남 2녀의 次女로 태어난 崔英淑(1932. 3. 2. 음력 生)과 피난 중에 만나 혼인.
1951	화순군 동면 마산리 476번지로 新築 이사 후 長男 惟賢(52년), 長女 明倫(56년), 次男 惟眞(57년), 三男 惟寶(60년), 次女 素祥(65년), 四男 惟貞(69년)을 낳음.
1960. 11. 30.	父 文學文 享年 65歲로 死亡. 마산리 先塋에 葬事.
~ 1971. 1.	한국기독교장로회 馬山敎會(父 文學文이 奉獻) 집사로 시무.
1971. 1. 29	전답을 정리하여 경기도 화성군 태안면 반월리 185번지로 家率을 거느리고 이사. 三女 素瑛(72년)을 낳음.
1977. 3. 5(음)	母 金琪末 享年 79歲로 死亡. 반월리 집 인근에 葬事.
1978. 10. 19	서울시 동대문구 면목동 20-4번지로 이사. 雜役으로 糊口.
1981. 7. 1	서울시 동대문구 망우동 435-24번지로 이사.

1984. 8. 9	서울시 마포구 합정동 366-37번지로 이사.
1986. 11	長男 惟賢 혼인.
1996. 6. 24	妻兄 최판진, 妻男 최성현, 최판현과 백두산 여행.
未詳	國展 등 각종 서예전에 출품 入選. 無等山 아래 또는 이름 없는 백성이란 뜻으로 「無下」를 號로 사용.
1996. 1. 3	서울시 강동구 둔촌동 496-1번지로 이사.
1996. 4	반월리에 묻힌 모친 遺骨를 收拾하여 마산리 부친 묘소에 合葬.
1998. 9. 2	미국 동서부여행(워싱턴에 있는 長男 惟賢집 방문).
2001. 2. 20	三男 惟寶가 마련한 서울시 강동구 둔촌동 486-3번지로 이사. 四書集註 편역 작업.
2005. 8. 29	위암으로 서울아산병원에 입원. 위 切除 수술.
2006. 8. 10	고향 여행(무등산 충장사 김덕룡 장군 사당, 마산리 선영, 이서 妻兄댁, 송광사, 여수 돌산 향일암 등).
2007. 5. 1	죽음을 예감한 듯 곡기를 끊고 영국에 있는 次女家族 등 家率을 모두 불러 모음. 長女 明倫에게 「翠籃」(비취빛 대나무 숲에 둘러싸인 요람)라는 號를 지어 줌.
2007. 5. 3	서울시 강동구 둔촌동 486-3번지에서 家率들이 지키는 가운데 오전 10:00 享年 80歲로 별세. 서울아산병원에서 3일장으로 장례식 거행.
2007. 5. 5	五尺短軀의 육신이 화순군 동면 마산리 鱉山(별산)의

산자락 曾祖父母, 祖父母, 父母의 先塋 下에 묻힘.

「돌아가야지」「추억의 강물」「無常」「어머니란 그 이름」「석별의 눈물」「자화상」 등 위암 수술 후 죽음을 예감하며 일생을 정리한 육필 詩 몇 수를 남김.

2008. 10 『알기 쉽게 풀어 쓴 논어집주』 출간

2011. 05 『알기 쉽게 풀어 쓴 맹자집주』 출간

차녀 소상 혼인 시 성경 시편 128편의 글

장녀 명륜 혼인 시 성경 데살로니카전서 제5장의 글

둘째 며느리에게 써준 신사임당의 글

알기 쉽게 풀어 쓴

大學·中庸章句

文基洙 譯註

동연

| 머리말 |

이 책은 여러 책자들을 종합검토하고 이를 분석해서
필자 나름대로 편집한 것에 불과합니다.

본인으로 말하면 팔십 고개를 넘어선 촌 늙은이입니다. 어쩌다 서울까지 흘러와 몸을 붙이고 산 지도 오랜 세월이 흘렀지만 줄곧 어려운 삶에 얽매이고 또한 도시생활에 적응하기 어려운 여러 가지 여건 때문에 그저 두문불출 칩거하면서 무료함을 달래기 위해 고전의 일부인 사서(四書)를 편집하게 되었습니다.

동양학에 대한 관심이 갈수록 높아가는 현실에서 본인은 물론이고 자녀들이 고전을 이해하고 익히는 데 쉬운 방법은 없을까 하고 구상하던 중에 한 문장을 나누어 한 구절 한 구절씩 묶어 풀이하기로 하고 학자들의 많은 번역서를 참고하여 편집하는 데 중점을 두었습니다.

주해(註解)와 현토(懸吐)는 성백효(成百曉) 님이 역주(譯註)한 사서(四書)를 그대로 옮긴 것이고, 그리고 또한 『대학(大學)』『중용(中庸)』『논어(論語)』와 『맹자(孟子)』의 뜻과 내용을 파악하는 데 도움이 되도록, 박영호(朴永浩) 님의 『다석(多夕) 류영모(柳永模)의 유교사상』과 윤재근(尹在根) 님이 쓴 『논어(論語)』와 『맹자(孟子)』를 간추려 소개하였으며, 문장 중 이해하기 어려운 단어의 풀이는 류종목 님의 『논어의 문법적 이해』 중에서 일부 옮겨 실은 것이니, 여러모로 도움을 주신 분들께 지면으로나마 진심으로 감사를 드립니다.

본인은 10대 후반 광주 YMCA에서 한동안 기숙한 적이 있었습니다. 1946년 무렵 류영모 선생께서 맨발의 성자라 일컬어지던 이현필(李鉉弼) 님을 만나려고 처음 광주에 오셨을 때 그분의 말씀을 가까이서 들은 적이 있었습니다. 그때의 말씀의 내용이 어찌나 뜻 깊었던지 그 후로 수십 년이 흘렀지만 그때 들었던 말씀이 내 생각에 잠재되어 잊히지 않고 남아 있던 차에 뜻밖에 박영호 님의 글을 접하게 되어 감회가 새로울 뿐입니다.

다석(多夕) 류영모(柳永模) 선생은 1910년대에 남강(南岡) 이승훈, 정인보, 최남선, 이광수, 문일평 등과 교류하였으니, 그분들은 다석 사상에 놀라움을 받았다고 합니다. 한때 오산학교 교장을 역임하였으며, 김교신(金敎臣), 함석헌(咸錫憲), 현동완(玄東完), 류달영(柳達永), 이현필(李鉉弼) 같은 분들이 다석의 가르침을 받아 따랐다고 하는 것은 널리 알려진 바입니다. 그 후로도 많은 사람들에게 깨우침과 깊은 감화를 주었으니, 도올(檮杌) 김용옥 님도 다석 사상에 탄복하여 생전에 선생을 못 뵌 것을 두고 천겁 만겁 한이 된다고 하였습니다.

본인으로 말하면 한학에 조예가 있는 것도 아니고, 다만 어려서 배운 것이 전부인데다, 젊어서부터 어려운 생활 문제로 평생을 살아왔기 때문에 배움의 기회가 전무했을 뿐 아니라 남다른 재주마저 없어서 내놓을 만한 것은 전혀 없지만 그래도 자부심과 긍지를 가진 바가 있습니다. 우리 고향 마을로 하면 고려 적에는 화순(和順) 읍지(邑地)일 뿐만 아니라 선조(宣祖) 임금 때 불세출의 장수였던 김덕령(金德齡)의 전설이 담긴 고장이기도 합니다. 옛 일이지만 고을에서 알아주는 서당이 있어서 한학자들이 끊어지지 않아 근자에까지도 그 명맥이 이어져 왔습니다. 특히나 대원군(大院君)의 실정 중 하나인 서원(書院) 철폐는 전국의 수많은 선비들의 분노를 야기했는데, 그때 영호남 선비의 대표로 조정에 나아가 상소한 분이 회계(晦溪) 조병만(曺秉萬) 선생이었으며, 그분이 바로 우리 마을 태생으로 불혹(不惑)의 나이까지 사시다가 같은 면내 운곡 마을로 이사하였습니다. 선생의 학문은 당시에 명성이 나 있었고 후학들도 많았으며 특히 귀양지인 거제도에서 후학을 양성하여 훌륭한 인재들을 배출했다고 합니다. 후학 중에는 본인의 조고(祖考)께서 장래가 유망한 수제자로 총애를 받았으나 과거에 운이 없어 어전에서 치른 강경급제(講經及第)에 낙방하여 귀향길에 병을 얻어 오랫동안 고생하시다가 돌아가셨다고 합니다.

또한 면암(勉庵) 최익현(崔益鉉) 선생도 우리 마을에서 나고 자라 어린 시절을 보냈다는 것을 여러 차례 선친으로부터 들어 왔습니다. 이에 대한 증거로 『청류재기』〔聽流齋記: 본인의 고조고(高祖考)의 행적을 적은 문집〕에 면암 선생의 시 한 수가 전해지고 있는 것을 볼 수 있습니다.

끝으로 사서(四書)를 편집하는 데 있어 혹 잘못된 해석이나 여러 가지 문제점들이 있을 수 있으니 지도편달을 아끼지 말아 주셨으면 합니다. 아울러 이 책을 발간하기까지 10여 년 동안 곁에서 묵묵히 지켜보며 알게 모르게 힘을 보탠 자녀들에게 고마움을 전하며, 부족하지만 정성을 기울여 만든 책자인 만큼 두고두고 숙독하는 가운데 삶의 밑거름이 되고 마음의 양식으로 삼아 많은 도움이 되었으면 하는 마음 간절합니다.

문기수

| 차례 |

大學 章句

中庸 章句

일러두기

* 이 책은 著者가 肉筆 원고를 탈고한 후 컴퓨터 입력본을 교정하는 중에 故人이 되어 그의 次男 惟眞이 이어서 교정하였으며 그 주요내용은 다음과 같다.

1. 원고에는 있는 成百曉님의 懸吐는 제외하였고, 저자가 인용한 朴永浩님의『多夕 柳永模의 유교사상(상·하)』과『中庸에세이』글은 인용에서 일부 제외하였다.
2. 원고에는 본문의 해당 글자나 구절 바로 뒤에 [ ]하여 註를 달았으나 편의상 각주하였다.
3.『大學章句』와『中庸章句』의 원문·장절구분·구두점은『四書章句集注』(중화서국 刊)를 그대로 따랐다.
4.『大學』과『中庸』을 槪括 了解할 수 있도록 번역 전문을 추가하였다.
5.『大學』과『中庸』에 인용된『詩經』의 시와『書經』의 글은『시경강설』(이기동 역해, 성균관대출판부)과『懸吐完譯 書經集傳(上·下)』(成百曉 역주, 전통문화연구회)를 그대로 인용하여 각주했다.
6. 원문 내 단어·구절의 뜻이나 출처 및 원문의 이해에 필요하다고 생각되는 글은, 주로 아래 책 및 누리집에서 찾아서 그대로 인용하거나 또는 일부 수정한 후 각주하였다.
   - 양기석 정리,『四書大全(上)』, 도서출판 술이
   - 이을호 역,『鄭茶山의 大學公議』, 명문당
   - 박완식 역주,『대학』, 여강
   - 장기근 역주,『大學章句大全』, 명문당
   - 김학주 역주,『대학』, 서울대출판문화원
   - 성백효 역주,『懸吐完譯 大學·中庸集註』, 전통문화연구회
   - 김용옥,『대학·학기한글역주』, 통나무
   - 한학중,『大學의 문법적 해석』, 학고방
   - 박성규,『대학』, 서울대철학사상연구소[PDF문서]
   - 박완식 역주,『중용』, 여강
   - 전주대호남학연구소 역,『國譯 與猶堂全書 經集 I』, 전주대학교출판부.
   - 김용옥,『중용한글역주』, 통나무
   - 박성규,『주자철학의 귀신론』, 한국학술정보
   - 문기수 역주,『알기 쉽게 풀어쓴 論語集註』, 동연출판사
   - 문기수 역주,『알기 쉽게 풀어쓴 孟子集註』, 동연출판사
   - 馮友蘭,『중국철학사(상·하)』, 박성규 역. 까치.
   - 馮友蘭,『中國哲學史[中國哲學簡史]』, 정인재 역, 형설출판사
   - 馮友蘭,『중국 철학의 정신[新原道]』, 곽신환 역, 서광사
   - 陳淳,『北溪字義』, 김영민 역, 예문서원
   - 李澤厚,『華夏美學』, 권호 역, 동문선
   - 李澤厚,『중국고대사상사론』, 정병석 역, 한길사
   - 漢典(www. zdic. net), 다음꼬마사전(dic.daum.net)
   - 中國哲學書電子化計劃(ctext.org/zh), 维基文库(zh.wikisource.org), 한국사사료연구소(hsy.eoneo.com), 한국경학자료시스템(koco.skku.edu), 한국고전번역원(www.itkc.or.kr)

大學章句序

1 大學之書, 古之大學所以教人之法也。

『大學』이란 책은(大學[1]之書), 옛날 태학에서 사람을 가르치는 데 쓰던 법이다(古之大學 所以敎人之法[2]也).

---

1) ① [大學公議] 생각건대, 요즘 유학자들은 여기(宋史)에 근거하여, 송나라 인종 때에『大學』이 이미 단행본으로 간행되었다고도 하고, 또는 韓愈가「原道」라는 글에서 홀로『대학』의 '誠意'장을 인용하였으니 당나라 때 이미 단행본으로 간행되었다고도 하는데, 이 의견들은 여러 사람들이 다 인정하는 의견은 아니다.『大學』을 널리 알린 것은 二程(程顥, 程頤)으로부터 시작되었고,『大學』이『四書』의 列에 낀 것은 원나라 인종의 팔비법(八股文: 明淸 시대에 과거시험답안을 쓰는 차례를 말하는 것으로, 破題 · 承題 · 起講 · 入手 · 起股 · 中股 · 后股 · 束股를 말함)이『朱子章句』를 취한 때부터 시작된 것이다(按, 近儒據此謂宋仁宗時大學早已專行, 又爲韓愈原道獨標誠意, 卽在唐世早已專行, 皆非公言. 大學表章自二程始, 大學之列爲四書, 自元仁宗八比法取朱子章句始也)(이을호 역,『鄭茶山의 大學公議』, 명문당) ② 이하 이 책에서 인용한『鄭茶山의 大學公議』는 [公議]로 표기함.

2) [公議] 朱子는「大學章句序」에 쓰기를, '『大學』이란 책은 옛날 大學에서 사람을 가르치던 법이다'라고 했지만, 그 실은 옛날 太學에서 사람을 가르치는 법은, 禮樂으로 가르치고 詩書로 가르치고, 弦誦(노래 부르기와 책 읽기)으로 가르치고 舞蹈로 가르치고, 中和로 가르치고 孝弟로 가르쳤다는 것이,『周禮』의 春官宗伯(第3편)에 보이고,『禮記』의 王制(第5편)에 보이고, 祭義(第24)편에 보이고, 文王世子(第8편)에 보이고, 大戴禮記의 保傳(第7편) 등에 보이지만, 소위 明心復性 · 格物窮理 · 致知主敬 등의 제목은 옛 경전에서 영향 받은바 전혀 없었을 뿐더러, 소위 誠意 · 正心 역시 학교의 조례로 삼았다고 여길만한 명백한 문언이 없다. 朱子는 이에 따라 드디어 책의 이름을『大學』이라 고치고, 자훈대로 읽게 하고, '大人之學'[大學章句 經文 제1장 注]이라 훈을 달았으며, '童子之學'과 大小로 서로 짝을 이루어 모든 배우는 자들의 공통의 학문으로 여겼던 것이다(朱子作序雖以大學之書爲太學敎人之法, 而其實古者太學敎人之法, 敎以禮樂, 敎以詩書, 敎以弦誦, 敎以舞蹈, 敎以中和, 敎以孝弟, 見於周禮, 見於王制, 見於祭義, 見於文王世子, 大戴禮, 保傳等篇, 而所謂明心復性, 格物窮理, 致知主敬等題目, 其在古經絶無影響, 並其所謂誠意正心亦無明文可以爲學校之條例者. 朱子於此遂改書名曰大學, 讀之如字 訓之曰大人之學, 與童子之學大小相對以爲天下人之通學). 그런데 소위 大人이란 冠을 쓴 成人의 칭호인데, 하지만 冠을 쓴 成人을 옛날에는 '大人'이라 칭하지 않았다. 내가 고찰해본 바, 大人이란 칭호는 그 구별이 네 가지가 있는데, 그 하나는 지위가 높은 자를 大人이라 하고, 그 둘은 덕이 높은 자를 大人이라 하고 그 셋은 아버지를 大人이라 하고, 그 넷은 체격이 큰 사람을 大人이라 하고, 이들 이외에는 大人이 없었다(所謂大人者冠而成人之稱也, 然冠而成人者古者不稱大人. 余考 大人之稱其別有四: 其一以位大者爲大人; 其二以德大者爲大人; 其三以嚴父爲大人; 其四以體大者爲大人, 除此以外無大人也).『周易』에 '大人을 만나면 이로운 것이다'[乾卦편]라고 했고,『孟子』에 '大人을 설득시키려면 그를 가볍게 여기고 그의

[2] 蓋自天降生民, 則既莫不與之以仁義禮智之性矣。然其氣質之稟或不能齊, 是以不能皆有以知其性之所有而全之也。一有聰明睿智能盡其性者出於其閒, 則天必命之以爲億兆之君師, 使之治而教之, 以復其性。此伏羲·神農·黃帝·堯·舜, 所以繼天立極, 而司徒之職·典樂之官所由設也。

대저 하늘이 生民을 내릴 때부터(蓋自天降生民[3]), 이미 어느 누구에게나 仁·義·禮·智의 本性을 부여하지 않는 사람이란 없다(則既莫不與之以仁義禮智之性[4]矣). 그러나 그들 氣質의 품수는 혹 똑같지 못하니(然其氣質之

위풍당당한 지위를 무시해야 한다[孟子 盡心下편 34:1]'라고 했고, '大人이 하는 일이 있고 小人이 하는 일이 있다[孟子 滕文公上편 4:6]'라고 했는데, 이런 자들은 지위가 높은 자들이다. 옛날에는 오직 천자나 제후만이 이런 칭호를 가졌다. 『孟子』에 '(작은 부분을 기르는 자는 小人이 되고) 그 큰 부분을 기르는 자는 大人이 된다[孟子 告子上편 14:2]'라고 했고, '大人인 자는 바로 어린아이의 마음을 잃지 않는 자이다[孟子 離婁下편 12:1]'라고 했고, '오직 큰 덕을 지닌 자만이 임금의 마음속의 잘못을 바로잡을 수 있다[孟子 離婁上편 20:1]'라고 했는데, 이 같은 자는 덕이 높은 자들이다. … 옛 경전을 일일이 고찰했는데, 冠을 쓸 수 있는 成人을 호칭하길 大人이란 한 곳이 있던가?(易曰利見大人, 孟子曰說大人則藐之, 孟子曰有大人之事有小人之事, 若是者位大者也古惟天子諸侯有斯稱也… 孟子曰[養其小者爲小人]養其大體者爲大人, 孟子曰大人者不失其赤子之心孟子曰惟大人能格君心之非若是者德大者也… 歷考古經其有以冠而成人者號爲大人者乎?) 또 옛날의 소학·대학의 구별은 원래 학업의 大小로, 학교의 크기의 大小로 나눠 둘로 구별했었다. 그때의 나이를 혹 15세, 혹 20세라고는 했으나, 관을 쓰고 안 쓰고에 대해서는 언급이 없으니, 어찌 大人만 반드시 태학에 입학했을 것인가(且古者小學大學之別, 原以藝業之大小, 黌舍之大小分而二之. 若其年數或稱十五或稱二十, 冠與不冠仍無所論, 豈必大人入太學乎).

3) 生民(생민): 백성. 사람을 낳아 기르다.

4) ①[四書大全] 하늘이 사람을 낼 제 각기 본성을 부여했는데, 본성은 외부의 物이 내 안에 있는 것이 아니라, 다만 하나의 道理가 나에게 있다는 것일 뿐이다. 仁은 온화와 자애의 도리이고, 義는 끊어내고 제한하고 자르고 나누는 도리이고, 禮는 공경과 절제의 도리이고, 智는 분별과 시비의 도리이다. 이 네 가지는 사람의 마음에 구유되어 있는데 이것이 바로 본성

稟[5] 或不能齊), 이 때문에 모두가 다 그들 本性에 구유되어 있는 전체를 알아 이를 온전히 구현해내고 있지는 못하는 것이다(是以不能皆有以[6]知其性之所有而全之也[7]). 어쩌다 한 사람이라도 총명하고 예지하여 능히 그 本性을 온전히 구현해내는 자가 그들 사이에서 나오게 되면(一有聰明睿智能盡其性[8]者 出於其間), 하늘은 반드시 그를 명하여 억조창생의 군주 겸 스승으로 삼아(則天必命之 以爲億兆之君師), 그로 하여금 다스리고 가르치게

그 자체이다(朱子曰: "天之生民, 各與以性, 性非有物, 只是一箇道理之在我者耳. 仁則是箇溫和慈愛底道理, 義則是箇斷制裁割底道理, 禮則是箇恭敬撙節底道理, 智則是箇分別是非底道理. 凡此四者, 具於人心, 乃是性之本體"). ②『四書大全』은 명나라 때 왕의 칙명에 따라 胡廣 등이 주희의 四書 주석에 대한 여러 유학자들의 학설을 모아서 편찬한 책으로, 이하 이 책에서는 [大全]으로 표기함.

5) ① 稟(품): 곡식을 하사하다. 주다. 이어받다. 아래에서 위로 보고하다. ② 齊(제): [說文解字] 벼와 보리가 이삭이 패면 위가 평평하다(齊平等也. 說文云禾麥吐穗上平也). 벼나 보리의 이삭이 자라서 평평해진 모양. 고르게 하다. 가지런히 하다. 공평하게 하다. 整齊하다.

6) ① 有以(유이): 모종의 조건이나 원인을 구유하고 있음을 나타냄. ~을 이룰 능력이 있다. ② 所有(소유): 소유하다. 소유하고 있는 물건. 전부.

7) [大全] '性之所有(본성이 구유하고 있는 전체)'는 바로 仁義禮智 이것이다. 본성에는 지혜롭다거나 우둔하다거나 현명하다거나 못났다거나 하는 개별적인 차이가 없다. 氣에만 맑은 것과 탁한 것이 있는데, 맑은 자는 이를 알 수 있지만 탁한 자는 알지 못하기 때문에, '不能皆知(모두가 다 본성을 알지는 못한다)'라는 것이다. 質에는 순수한 것과 잡박한 것이 있는데, 순수한 자는 온전히 구현할 수 있지만 잡박한 자는 온전히 구현할 수 없기 때문에, '不能皆全(모두가 다 본성을 온전히 구현해내지 못한다)'라는 것이다. 본성이 구유하고 있는 전체를 아는 것은 知에 속하고, 본성이 구유하고 있는 전체를 온전히 구현해내는 것은 行에 속한다. 知와 行 이 둘은 한 권의 대학을 남김없이 다 갖추는 것으로, 뜻이 이미 이 안에 깃들어 있다(新安陳氏曰: "性之所有, 卽仁義禮智是也. 性無智愚賢不肖之殊, 惟氣有淸濁, 淸者能知, 而濁者不能知, 故不能皆知. 質有粹駁, 粹者能全, 而駁者不能全, 故不能皆全. 知性之所有屬知, 全性之所有屬行. 知行二者, 該盡一部大學, 意已寓於此矣).

8) [中庸 22:1] 오직 천하를 통틀은 至誠만이 그 自身의 性을 온전히 구현해낼 수 있다. 그 自身의 性을 온전히 구현해낼 수 있으면 다른 사람의 性을 온전히 구현해낼 수 있다. 다른 사람의 性을 온전히 구현해낼 수 있으면 萬物의 性을 온전히 구현해 낼 수 있다. 萬物의 性을 온전히 구현해낼 수 있으면 천지의 화육을 도울 수 있다. 천지의 화육을 도울 수 있으면 하늘과 땅과 더불어 셋이 될 수 있다(惟天下至誠, 爲能盡其性; 能盡其性, 則能盡人之性; 能盡人之性, 則能盡物之性; 能盡物之性, 則可以贊天地之化育; 可以贊天地之化育, 則可以與天地參矣).

하여 이로써 그들 本性을 회복토록 하였으니(使之治而敎之 以復其性), 이것이 복희 · 신농 · 황제 · 요 · 순이 하늘의 뜻을 이어받아 천하를 다스리는 법칙을 세운 까닭이고(此伏羲 神農 黃帝 堯 舜[9])所以繼天立極)[10]), 司徒의 직책과 典樂의 관직을 설치한 연유이다(而司徒之職 典樂之官[11])所由設也).

3 三代之隆, 其法寖備, 然後王宮 · 國都以及閭巷, 莫不有學。人生八歲, 則自王公以下, 至於庶人之子弟, 皆入小學, 而教之以灑掃 · 應對 · 進退之節, 禮樂 · 射御 · 書數之文;及其十有五年, 則自天子之元子 · 衆子, 以至公 · 卿

---

9) ① 伏羲(복희): 중국 고대 三皇(伏羲 · 神農 · 黃帝)의 한 명으로 팔괘를 만들고, 수렵과 목축을 가르쳤으며, 고기를 구워먹을 수 있게 했다 하여 庖犧(포희)라고도 함. ② 神農(신농): 炎帝라고도 하며, 농기구 · 농사법 · 약초 · 의료를 가르침. ③ 黃帝(황제): 고대 중국 각 부족의 공동 선조로서, 헌원이란 언덕에 살았다 하여 軒轅氏, 有熊지역에 나라를 세웠다 하여 有熊氏라고도 함. ④ 堯(요: BC 2357?~BC 2258?): 黃帝의 高孫으로 이름은 放勳이며, 처음에 陶에서 살다가 나중에 唐으로 옮겨 살아 陶唐氏로 불리며, 역사에서는 唐堯라고 함. 역법을 정하고 홍수를 다스렸다고 하며, 舜에게 禪讓함. ⑤ 舜(순: BC 2255?~BC 2208?): 有虞氏(유우씨)라고 하며, 역사에서는 虞舜이라고 함. 大孝로 알려졌으며, 治水의 공을 세운 禹에게 禪讓함. 중국의 世系는 黃帝 → 顓頊(전욱, 黃帝之孫) → 帝嚳(제곡, 黃帝之曾孫) → 唐堯 → 虞舜으로 이어지며 이들을 『史記』에서는 五帝라 함.

10) [大全] 하늘은 단지 수많은 사람을 내서 모두에게 허다한 도리를 부여할 뿐, 하늘 혼자 할 수는 없다. 반드시 성인을 얻어 그를 시켜 도리를 修整하고 가르침을 세워 이로써 백성을 교화시키는 까닭이다. 이른바 '천지의 도를 재성해서 천지의 마땅함을 돕는다[易經 泰卦편]'는 것이 이것이다(朱子曰: "天只生得許多人物, 與你許多道理, 然天却自做不得. 所以必得聖人爲之脩道立敎, 以敎化百姓. 所謂裁[財]成天地之道, 輔相天地之宜是也).

11) ① [書經 舜典] 순임금이 말했다. "契(설)아, 百姓이 화친하지 못하고 오품[父子 · 君臣 · 夫婦 · 長幼 · 朋友]이 서로 불손하므로, 너가 司徒가 되어, 공경히 다섯 가지 가르침을 펴되 널리 펼치도록 하라. … 夔(기)야, 너를 典樂으로 명하니, 長子를 가르치되, 곧으면서도 온화하고, 너그러우면서도 엄하고, 강직하면서도 포학하지 않고, 간략하게 하되 건성건성하지 않도록 하라"(帝曰, 契, 百姓不親, 五品不遜, 汝作司徒, 敬敷五敎在寬… 夔, 命汝典樂, 敎胄子, 直而溫, 寬而栗, 剛而無虐, 簡而無傲) ② [大全] 司徒란 직책은 백성을 통할해서 가르치고, 典樂이란 관직은 長子를 전담해서 가르친다(雲峯胡氏曰: "司徒之職, 統敎百姓, 典樂之官, 專敎胄子).

· 大夫 · 元士之適子, 與凡民之俊秀, 皆入大學, 而教之以窮理, 正心 · 修己 · 治人之道。此又學校之教 · 大小之節所以分也。夫以學校之設, 其廣如此, 教之之術, 其次第節目之詳又如此, 而其所以爲教, 則又皆本之人君躬行心得之餘, 不待求之民生日用彝倫之外, 是以當世之人無不學。其學焉者, 無不有以知其性分之所固有, 職分之所當爲, 而各俛焉以盡其力。此古昔盛時所以治隆於上, 俗美於下, 而非後世之所能及也!

夏 · 殷 · 周 三代의 융성기에 이르러서 사람을 가르치는 법이 점차로 갖추어졌으니(三代[12]之隆 其法寢備), 그런 후에 왕궁과 도읍을 시작으로 여항에 이르기까지 어디에나 학교가 세워지지 않는 곳이 없었다(然後王宮國都以及閭巷[13] 莫不有學). 이리하여, 사람이 태어나 여덟 살이 되면(人生八歲), 왕공의 자제에서부터 그 이하로 서인의 자제에 이르기까지 모두 小學에 입학시켜(則自王公以下 至於庶人之子弟 皆入小學), 그들을 가르치길 물 뿌리고 마당 쓸고 부름에 응하고 물음에 답하고 앞으로 나아가고 뒤로 물러나는 예절과 의례 · 음악 · 활쏘기 · 말타기 · 글쓰기 · 셈하기의 과목으로 하였고(而教之以灑掃應對進退之節 禮樂射御書數之文), 열다섯 살이 되면(及其十有五年), 천자의 원자와 여러 아들에서부터 공 · 경 · 대부 · 원사의

12) ① 三代(삼대): 夏(BC 2100~BC 1160; 禹~桀 17代), 商(BC 1600~BC 1028; 湯~紂 29代, 殷은 BC 1300~BC 1028), 周(BC 1027~BC 256) [萬國鼎, 『中國歷史紀年表』, 中華書局] ② 寢(침): 점점. 점차(逐漸).

13) 閭巷(여항): 향리. 시골. 민간.

맏아들 및 백성들 중의 준수한 자에 이르기까지 모두 태학에 입학시켜(則自天子之元子[14)]衆子以至公卿大夫元士之適 與凡民之俊秀 皆入大學[15)]), 그들을 가르치길 이치를 궁구하고 마음을 바로잡고 자신을 닦고 사람을 다스리는 방법으로 하였으니(而敎之以窮理正心修己治人之道), 이것이 또 학교의 교육체제가 대학과 소학으로 나뉘게 된 까닭이다(此又學校之敎 大小之節所以分也). 대저 학교를 세운 곳은 그 광범함이 이와 같았고(夫以學校之設 其廣如此), 가르치는 방도는 그 등급과 과목의 세부적인 구분이 또 이와 같았지만(敎之之術 其次第節目之詳又如此), 학교가 이를 통해 가르치고자 한 것은(而其所以爲敎), 또 모두 밑바탕으로 삼은 것이 人君이 몸소 실행하고 충분히 이해하고 남을 것들이었고(則又皆本之人君躬行心得之餘), 추구하

---

14) 元子(원자): 천자와 제후의 적장자.

15) [公議] 옛날의 사람을 가르치던 법에는 '가르침에는 차별이 없다(有敎無類).'[論語 衛靈公편 제38장]고 했지만, 왕공이나 대부의 아들은 중히 여겨 먼저 가르쳤고, 『書經』 舜典편에는 典樂의 교육대상은 長子만이었는데, 長子란 太子이다. 天子의 아들만은 嫡庶子 모두 가르쳤지만, 三公과 諸侯 이하로는 嫡子로서 대를 이을 자만 태학에 입학한다는 기록이 『禮記』의 王制(제5편)과 『書經』에 나온다. … 天子의 태자는 장차 대를 이어 천자가 될 것이고, 庶子는 장차 分封되어 제후가 되고, 諸侯의 長子는 장차 대를 이어 제후가 되고, 公卿大夫의 長子는 장차 대를 이어 공경대부가 될 것이니, 이는 모두 그들이 언젠가는 집안을 이끌고 나라를 이끌고, 혹은 천하에 군림하고 혹은 천자를 보필하고, 백성을 이끌고 태평시대를 이룰 자들이다. 이 때문에 이들을 太學에 입학시켜 治國平天下의 道를 가르치는 것이다. 이것을 일컬어 '大學之道는 明德을 밝힘에 있고 親民하는데 있다'고 한 것이다(古者敎人之法雖有敎無類, 而王公大夫之子是重是先其, 在堯典典樂所敎只是胄子, 胄子者太子也. 惟天子之子嫡庶皆敎, 而三公諸侯以下惟其嫡子之承世者乃入太學見於王制見於書大傳… 天子之太子將繼世爲天子, 天子之庶子將分封爲諸侯, 諸侯之適子將繼世爲諸侯, 公卿大夫之適子將繼世爲公卿大夫, 斯皆他日御家御邦或君臨天下或輔弼天子道斯民而致太平者也. 故入之于太學敎之以治國平天下之道. 斯之謂大學之道在明明德在親民也…). 經에서 '大學之道'라 한 것은 長子를 가르치는 도를 가리킨 것이지 國人을 가르치는 도를 가리킨 것은 분명 아니었으니, 이것을 '太學之道'라 하는 것은 가하지만 鄕學之道라 하는 것은 불가하다. 그러므로 治國平天下는 이 經의 주된 주제가 되는 것이다(經云大學之道是爲敎胄子之道, 明非敎國人之道, 是可云太學之道, 不可云鄕學之道. 故治國平天下爲斯經之所主…).

는 것이 生民들이 일상에서 지켜야 할 도리이상 넘어서는 것을 바라지 않았기에(不待[16]求之民生日用彝倫[17]之外), 이 때문에 당시의 사람으로서는 배우지 아니한 자가 없었다(是以當世之人無不學). 학교에서 배운 자라면(其學焉者[18]), 누구나 그들이 分有받은 本性상에 처음부터 가지고 있는 것과 職分상에 당연히 해야 하는 것을 모르는 자가 없었고(無不有以知其性分之所固有 職分之所當爲[19]), 각기 이것들에 힘쓰기를 다하지 않는 자가 없었다(而各俛[20]焉以盡其力). 이것이 옛 성세에는(此古昔盛時), 다스림이 위에서는 융성했고 풍속이 아래에서는 아름다웠던 까닭이었으니(所以治隆於上 俗美於下), 후세가 미칠 수 있는 바가 아니었다(而非後世之所能及也).

4 及周之衰, 賢聖之君不作, 學校之政不修, 教化陵夷, 風俗頹敗, 時則有若孔子之聖, 而不得君師之位以行其政教, 於是獨取先王之法, 誦而傳之以詔後世。若曲禮 · 少儀 · 內則 · 弟子職諸篇, 固小學之支流餘裔, 而此篇者, 則因

---

16) 不待(불대): ~할 필요가 없다. 쓸모없다. 바라지 않다.

17) 彝倫(이륜): 떳떳한 도리. 常道, 倫常.

18) 焉者(언자): =也者. 긍정을 나타내거나 어기를 정돈하는 작용을 함.

19) [大全] '性分固有(분유 받은 본성상에 본래부터 가지고 있는 것)'란 곧 仁義禮智인데 理이고 體이다. '職分當爲(직분 상에 당연히 해야 할 것)'란 자식의 직분은 당연히 孝해야 하고, 신하의 직분은 당연히 忠해야 한다는 것과 같은 部類인데, 事이고 用이다. 性分과 職分을 아는 것은 知의 영역의 일이고, '俛焉盡力(힘써 진력하다)'은 行의 영역의 일이다. 앞의 '知性之所有(본성이 구유한 전체를 알다)' 및 '全之(그것을 온전히 구현한다)'와 서로 조응한다(新安陳氏曰: "性分固有, 卽仁義禮智, 是理是體. 職分當爲, 如子職分當孝, 臣職分當忠之類, 是事是用. 知性分職分, 是知之事. 俛焉盡力, 是行之事. 與前知性之所有而全之相照應).

20) 俛[면] =勉. 힘쓰다. 노력하다.

小學之成功, 以著大學之明法, 外有以極其規模之大, 而內有以盡其節目之詳者也。三千之徒, 蓋莫不聞其說, 而曾氏之傳獨得其宗, 於是作爲傳義, 以發其意。及孟子沒而其傳泯焉, 則其書雖存, 而知者鮮矣!

주나라의 쇠퇴기에 이르러서는(及周之衰), 현성한 임금은 나오지 않고 학교 운영은 제대로 되지 않아(賢聖之君不作[21] 學校之政不修), 교화는 무뎌지고 풍속은 무너졌다(教化陵夷[22] 風俗頹敗). 이때에 孔子 같은 성인께서 계셨지만(時則有若孔子之聖), 군주 겸 스승의 지위를 얻지 못하여 이로써 다스림과 가르침을 맡아 행할 수 없었기에(而不得君師之位以行其政教), 이에 다만 선왕의 법도를 취하여 강송하고 전수하여 이로써 후세를 가르칠 뿐이었다(於是獨取先王之法 誦而傳之以詔[23]後世). 「곡례」·「소의」·「내칙」·「제자직」 같은 여러 편은 본래『小學』의 지류나 말류이고(若曲禮 少儀 內則 弟子職諸篇 固小學之支流餘裔[24]), 이『大學』편은 소학의 성취를 바탕으로 이로써 대학의 분명한 준칙을 드러낸 것으로(而此篇者則因小學之成功

21) ① 賢聖(현성): 도덕과 지혜가 뛰어나다. ② 不作(부작): 흥기하지 않다. 도가 흥하지 않다.

22) ① 陵夷(능이): 언덕이 완만 평평해지다. 쇠락해지다. ② 頹敗(퇴패): 쇠퇴하여 무너지다. 무너져 쓰지 못하게 되다. 쇠미해지다. 어떤 책에는 '積敗'로 되어 있다.

23) 詔(조): 윗사람이 아랫사람에게 알리다. 教導하다. 선양하다. 왕이 발하는 문서로 된 령(=詔書, 詔勅).

24) ① [大全] 曲禮(제1편) · 少儀(제17편) · 內則(제12편)은『禮記』에 보인다. 弟子職(제59편)은『管子』에 보인다. 이 네 편은 춘추시대에 저작된 것으로, 삼대의 소학의 전체 법 중 겨우 한두 개만 남아 있다. 그래서 '支流餘裔'라고 한 것이다. 支流는 물의 곁줄기로 본류가 아니다. 餘裔는 옷의 끝자락이다(番易齊氏曰: "曲禮少儀內則, 見禮記. 弟子職 見管子. 此四篇作於春秋時, 三代小學之全法, 僅存其一二, 故曰支流餘裔. 支流, 水之旁出而非正流者. 餘裔, 衣裾之末也.) ② 餘裔(여예): 곁가지. 말류. 裔(예): 옷의 가장자리.

以著大學之明法), 외적으로는 그 규모의 방대함을 다 이루고 있고(外有以極其規模之大), 내적으로는 그 절목의 상세함을 다 갖추고 있다(而內有以盡其節目之詳者也[25])). 삼천 문도 중에 그 가르침을 듣지 아니한 자가 없었지만(三千之徒 蓋莫不聞其說), 曾子의 傳만이 유독 그 종지를 얻었기에(而曾氏[26])之傳獨得其宗), 이에 전의를 지어 이로써 그 뜻을 밝혔다(於是作爲傳義[27]) 以發其意). 孟子가 죽자 그 傳이 민멸되었으니(及孟子沒而其傳泯[28])焉), 비록 책은 남아났지만 아는 자는 드물었다(則其書雖存 而知者鮮矣).

25) [大全] '外有以極其規模之大. 內有以盡其節目之詳'에 대한 상세한 설명을 여쭙겠습니다. "이것은 외적으로는 규모가 이같이 크다는 것을 반드시 먼저 알아야 하고, 내적으로는 공부하여 그것을 꽉 채워야 한다는 뜻이다. 모든 사람이 배우는 목적은 마땅히 明德 · 新民 · 止於至善으로써 천하에 밝은 덕을 밝히는 것이어야 한다. 이에 미치지 못했으면 홀로 자기 자신을 착하게 살면 된다. 모름지기 뜻은 천하에 두는데, 소위 伊尹이 뜻한 바에 뜻을 두고 顔子가 배운 바를 배워야 한다. 그래서 『大學』 두 번째 구절에서 바로 '在新民'이라고 말한 것이다(問: "外有以極其規模之大, 內有以盡其節目之詳. 朱子曰: "這箇須先識得外面一箇規模如此大了, 而內做工夫以實之. 凡人爲學, 便當以明德新民止於至善, 及明明德於天下. 爲事不成, 只要獨善其身便了. 須是志於天下, 所謂志伊尹之所志, 學顔子之所學也. 所以大學第二句 便說'在新民').

26) ① 曾氏(증씨): =曾子. 공자의 제자로 이름은 參. ② 論語에 나오는 증자의 주요 언행: Ⓐ [學而편 제4장] 曾子가 말했다. "나는 날마다 세 가지로 나 자신을 살핀다. 사람들을 위하는 일을 도모함에 정성이 부족하지 아니했는가? 벗과 교우함에 신실 되지 아니했는가? 傳受받은 것을 익히지 아니했는가?"(吾日三省吾身 爲人謀而不忠乎 與朋友交而不信乎 傳不習乎)?" Ⓑ [學而편 제9장] 曾子가 말했다. "부모의 喪禮는 신중히 행하고 먼 조상은 추모하면 백성의 德이 원래대로 두터워질 것이다(曾子曰 愼終追遠 民德歸厚矣). Ⓒ [里仁편 제15장] 曾子가 말했다. "선생님의 도는 忠과 恕일 뿐이다(曾子曰 夫子之道 忠恕而已矣). Ⓓ [泰伯편 제4장] 曾子는 말했다. "새가 죽을 때가 되어서는 그 울음소리가 구슬프고 사람이 죽을 때가 되어서는 그가 하는 말이 善해진다((曾子言曰 鳥之將死 其鳴也哀 人之將死 其言也善). Ⓔ [顔淵편 제24장] 曾子께서 말씀했다. "君子는 글로써 벗을 모으고 벗으로써 仁을 돕는다(曾子曰 君子以文會友 以友輔仁). Ⓕ [憲問편 제28장] 曾子가 말했다. "君子는 생각이 그의 지위를 벗어나지 않는다(曾子曰 君子 思不出其位).

27) 傳義(전의): 經을 해설한 것이 傳으로, 經을 바르게 전술하고 자세히 주석한다는 뜻임.

28) 泯(민): 소멸하다. 상실하다.

5 自是以來，俗儒記誦詞章之習，其功倍於小學而無用；異端虛無寂滅之教，其高過於大學而無實。其他權謀術數，一切以就功名之說，與夫百家衆技之流，所以惑世誣民 · 充塞仁義者，又紛然雜出乎其閒。使其君子不幸而不得聞大道之要，其小人不幸而不得蒙至治之澤，晦盲否塞，反覆沈痼，以及五季之衰，而壞亂極矣!

이때부터 천박한 선비들이 記誦 · 詞章의 습속에 물들었으니(自是以來 俗儒記誦詞章[29]之習), 거기에 들이는 공력은 小學보다 갑절이었지만 쓸모가 없었고(其功倍於小學而無用), 이단 · 허무 · 적멸의 가르침은(異端虛無寂滅[30]之教), 대학보다 고원했지만 실상이 없었다(其高過於大學而無實). 기타 권모술수 및 공명에 나아가고자 하는 일체의 학설과(其他權謀術數 一切以就功名之說), 백가 및 잡다한 기예의 부류와(與夫百家衆技之流[31]), 혹세무민으로 仁義를 가로막는 것들이(所以惑世誣民 充塞[32]仁義者), 또한 갈

---

29) ① 記誦詞章(기송사장): 문장을 암기하고 암송하고 시문을 아름답게 꾸며 짓는 것으로, 인격도야와 동떨어진 학문추구를 말함. ② 記誦(기송): 암기 암송하다. ③ 詞章(사장): 시와 문장의 총칭. 수사나 기교.

30) 異端虛無寂滅(이단허무적멸): 異端은 楊朱의 爲我說, 墨翟의 兼愛설을 말하고, 虛無는 道家에서 도의 본체를 지칭하는 데 쓰이며, 寂滅은 佛敎의 생사를 초탈한 이상경계인 涅槃(니르바나)을 의미함.

31) 百家衆技(백가중기): 戰國시대(BC 475~BC 221)의 저명한 儒家 · 法家 · 道家 · 墨家 · 名家 · 陰陽家 · 縱橫家 · 農家 · 雜家 등 제 학파 및 각종 技藝를 가진 부류를 말함.

32) ① [孟子 滕文公下편 9:6-9] 세상이 쇠퇴해지고 도가 쇠미해지자 괴이한 학설과 포악한 행동들이 다시 일어나고 신하로서 자기 임금을 죽이는 자가 있었고 자식으로서 자기 아버지를 죽이는 자가 있었다. 공자께서 염려하시어 춘추를 지으셨다. 춘추의 내용은 천자가 할 일이었다. 이 때문에 공자께서는, '나를 알아주는 것은 춘추뿐일 것이다. 나를 책망하는 것도 춘추뿐일 것이다.'라고 하셨다. 성왕은 나오지 않고 제후들은 방자하고 처사들은 멋대로 빗나가는 주장을 일삼았다. 양주와 묵적의 주장이 천하에 가득차서 천하의 모든 언설이 양주를

피를 잡을 수 없을 정도로 난잡하게 그 사이에 출몰하여(又紛然雜出乎其間), 군자에게는 불행하게도 대도의 요체를 얻어 듣지 못하게 하고(使其君子不幸而不得聞大道之要), 소인에게는 불행하게도 지극한 다스림의 은택을 얻어 입지 못하게 하였다(其小人不幸而不得蒙至治之澤[33]). 어두워지고 눈멀어지고 닫히고 막히고 뒤집히고 엎어지고 침윤되고 고착되어(晦盲否塞 反覆沈痼[34]), 五代의 쇠퇴기에 이르러서는 파괴와 혼란은 극에 달했다

따르지 않으면 묵적을 따랐다. 양씨의 주장은 나를 위해야 한다는 것인데 이는 군주가 없는 것이다. 묵씨의 주장은 모두를 사랑해야 한다는 것인데 이는 부모가 없는 것이다. 부모가 없고 임금도 없으니 이는 짐승이다. 공명의는 말하기를, '푸줏간에는 살찐 고기가 쌓여 있고 마구간에는 살찐 말들이 있지만 백성들은 굶주린 기색을 띄고 들에는 굶어 죽은 시체가 뒹굴고 있습니다. 이것은 짐승을 내몰아 사람을 잡아먹게 한 것입니다.'라고 하였다. 양주와 묵적의 도는 종식되지 않고 공자의 도는 드러나지 않고 있으니 이는 괴이한 학설이 백성을 속여서 인의를 꽉 막는 것이다. 인의가 꽉 막히면 짐승을 거느리고 사람을 잡아먹다가 나중에는 사람이 사람을 잡아먹게 될 것이다. 나는 이렇게 되는 것을 두려워하여 옛 성인의 도를 지키고 양묵의 주장을 멀리 물리쳤으며 허황된 궤변들을 추방하여 괴이한 학설을 주장하는 자들이 일어나지 못하게 만들었다. 그 마음에서 생겨나서 그 하는 일에 해를 끼치고 그 하는 일에서 생겨나서 그 정치에 해를 끼친다. 성인께서 다시 일어나신다 해도 내 말을 바꾸지 않으실 것이다(世衰道微 邪說暴行有作 臣弑 其君者有之 子弑 其父者有之. 孔子懼 作《春秋》天子之事也. 是故孔子曰:『知我者其惟春秋乎! 罪我者其惟春秋乎!』聖王不作 諸侯放恣 處士橫議 楊朱墨翟之言盈天下. 天下之言 不歸楊 則歸墨. 楊氏爲 我 是無君也; 墨氏兼愛 是無父也. 無父無君 是禽獸也. 公明儀曰:『庖 有肥肉 廐 有肥馬 民有飢色 野有餓莩 此率獸而食人也.』楊墨之道不息 孔子之道不著 是邪說誣民 充塞仁義也. 仁義充塞 則率獸食人 人將相食. 吾爲 此懼 閑先聖之道 距楊墨 放淫辭 邪說者不得作. 作於其心 害於其事; 作於其事 害於其政. 聖人復起 不易吾言矣). ② 充塞(충색): 막다. 막히다. 두절되다. 가득 차다.

33) 蒙澤(몽택): 은택을 입다.

34) ① [大全] 달이 그믐이 된 것 같고, 눈이 장님이 된 것 같고, 기가 가로막힌 것 같고, 냇물이 틀어 막힌 것 같다. 晦盲(회맹)은 분명하지 못함을 말하고, 否塞(비색)은 통행하지 못함을 말한다. 反覆(반복)은 뒤척일수록 더욱 깊이 빠져들어 그 본 뜻을 저의를 알 수 없다는 것이다. 沈(침; =沉)은 물건이 물에 빠져 떠오르지 않는 것이다. 痼(고)는 병이 몸에 착 달라붙어 낫지 못하는 것이다.(東陽許氏曰: "如月之晦, 如目之盲, 如氣之否, 如川之塞. 晦盲 言不明. 否塞 言不行. 反覆 是展轉愈深而不可去底意. 沈 如物沒於水而不可浮, 痼 如病著於身而不可愈.) ② 晦盲(회맹): 빛이 캄캄하다. 세상이 깜깜하고 혼란스럽다. 우매하다. ③ 否塞(비색): 닫히고 막혀 통하지 않다. 곤궁하다. ④ 反覆(반복): 여러 번 되풀이하다. 이리저리 뒤척이다. 엎치락뒤치락하다. ⑤ 沈痼(침고): 오래 누적되어 고치기 어려운 고질병

(以及五季[35])之衰 而壞亂[36])極矣).

6 天運循環, 無往不復。宋德隆盛, 治教休明。於是河南程氏兩夫子出, 而有以接乎孟氏之傳。實始尊信此篇而表章之, 旣又爲之次其簡編, 發其歸趣, 然後古者大學敎人之法 · 聖經賢傳之指, 粲然復明於世。雖以熹之不敏, 亦幸私淑而與有聞焉。顧其爲書猶頗放失, 是以忘其固陋, 采而輯之, 閒亦竊附己意, 補其闕畧, 以俟後之君子。極知僭踰, 無所逃罪, 然於國家化民成俗之意 · 學者修己治人之方, 則未必無小補云。淳熙己酉二月甲子, 新安朱熹序。

천운은 순환하니 가서 돌아오지 않는 법은 없다(天運循環 無往不復). 송나라의 덕업이 융성하여 다스림과 가르침이 아름답게 밝아지게 되자(宋德隆盛 治敎休明[37])), 이에 河南에서 정씨 두 夫子가 나시어(於是 河南程氏兩夫子[38])出), 孟子의 전함을 이을 수 있었으니(而有以接乎孟氏之傳[39])), 실로

이나 낡은 습관. 積弊.

35) 五季(오계): AD907년 당나라가 멸망한 후 960년 송나라가 출현하기 전까지의 後梁(907~923), 後唐(923~936), 後晉(936~946), 後漢(947~950), 後周(951~960) 5대의 통치 시기. 季는 형제간 중 가장 막내(예: 季父는 막내 삼촌을 말함) 또는 1년 4계절의 각 계절의 마지막 달을 뜻하며(예: 季春之月은 1월을 말함), 한 왕조의 말기를 말하기도 함.

36) 壞亂(괴란): (명예 풍속 관습을) 손상시키다. 파괴하다. 문란케 하다.

37) 休明(휴명): 아름답고 청명하다. 名君盛世를 찬미하는 데 씀.

38) 程氏兩夫子(정씨양부자): 二程子라고도 하며, 程明道(정명도, 1032~1085)와 程伊川(정이천, 1033~1107) 두 형제를 말함.

39) ① 황간이 말하기를, "도의 정통은 사람이 나와야 전해지는 것 같다. 周나라 이래 傳道의 책임을 자임한 사람은 몇 명에 불과했고, 그 가운데 斯道[儒學]를 뚜렷이 드날린 사람은 한두 사람에 그쳤다. 공자 이후 증자 · 자사가 미미하게 계승했고, 맹자에 이르러 비로소

처음으로 이 책을 존숭하고 신봉하여 널리 알리고(實始尊信此篇而表章[40]之), 곧바로 또 그 서적의 차례를 잡고 그 서적이 귀착하고자 하는 旨趣를 드러냈으니(旣又爲之次其簡編[41] 發其歸趣), 이런 후에야 옛날 태학에서 사람을 가르치는 법과 성인의 經文과 현인의 傳文의 지향처가(然後 古者大學敎人之法 聖經賢傳之指), 찬연히 다시 세상에 밝혀지게 되었다(粲然復明於世). 朱熹 비록 불민하지만(雖以熹之不敏), 그래도 다행히 程子를 사숙하는 데 참여하여 이에 대하여 들어본 것이 있었다(亦幸私淑[42]而與有聞焉). 주의해서 살피건대 그 책의 됨됨이가 여전히 매우 순서가 없고 散失된 부분이 있기에(顧其爲書猶頗[43]放失), 참으로 고루함도 잊고서(是以忘其固陋[44]), 찾아내서 모으고 사이사이에 내 의견도 붙여 넣고 빠지고 모자

현저해졌다. 맹자 이후는 周子 · 程子 · 張子에 이르러 단절된 도를 계승했고, 朱熹에 이르러 비로소 명확해졌다"고 했는데, 식자들은 정론이라고 여겼다(黃幹曰:「道之正統待人而後傳, 自周以來, 任傳道之責者不過數人, 而能使斯道章章較著者, 一二人而止耳. 由孔子而後, 曾子 · 子思繼其微, 至孟子而始著. 由孟子而後, 周 · 程 · 張子繼其絶, 至熹而始著.」識者以爲知言)[宋史 429권 道學傳](馮友蘭, 『중국철학사(下)』 531쪽, 박성규 역, 까치). *黃幹(1152～1221): 젊어서 주희에게 배웠고, 주희가 딸을 시집보냈는데 주희가 자신의 저서를 모두 그에게 남겨 학문을 잇도록 했다고 함. ② 新儒學은 周敦頤(1017～1073) · 邵雍(1011～1077) · 張載(1020～1077) · 二程 형제(1032～1085; 1033～1107)의 노력으로 발전했고… 朱熹에 이르러 이들 先儒들의 사상은 포괄적 체계로 종합되었으니, 그는 정녕 아마 중국의 전체 사상사를 통해서 가장 위대한 집대성자였다. 방대한 저작과 경전 주석을 통해서 그는 理學을 완전히 성숙시켰고, 그 과정에서 20세기까지 정통으로 자리 잡은 새로운 형태의 유학을 창시했다(馮友蘭, 『중국철학사(下)』 532쪽, 박성규 역, 까치).

40) 表章(표장): =表彰. 세상에 널리 알려 칭찬하다. 신하가 왕에게 上奏하는 문장.

41) ① 簡編(간편): 내용이 간략한 저술 또는 어떤 책의 간략본. 서적을 지칭함. ② 歸趣(귀취): 旨趣. 宗旨.

42) ① 私淑(사숙): 친히 가르침을 받지 못했지만 그의 학문을 敬仰하고 그를 스승으로 받듦을 말함. ② [孟子 离婁下편 22:2] 나는 공자의 문도가 되지는 못했으나 나는 남에게서 들어서 사숙할 수가 있었다(予未得爲孔子徒也, 予私淑諸人也). ③ 二程子의 生沒연대(1032～1085; 1033～1107)와 朱熹의 生沒연대(1130～1200)는 100여 년의 차이가 있음. ③ 정씨 형제의 제자는 楊時(1053～1135)였고, 楊時는 朱熹의 스승인 李侗(1093～1163)을 가르친 羅從彦(1072～1135)의 스승이었음.

43) ① 頗(파): 치우치다. 바르지 못하다. 아주. 상당히. ② 放失(방실): 散失되다.

란 부분은 기워 넣고 하여(采而輯之 閒亦竊附己意 補其闕畧[45]), 이로써 뒤에 올 군자를 기다리기로 하였다(以俟[46]後之君子). 분수를 모르고 주제를 넘는 일이어서 그 죄에서 도피할 데 없음을 너무 잘 알지만(極知僭踰[47]無所逃罪), 나라의 化民成俗의 의도와 학자의 修己治人의 방도에는(然於國家化民成俗之意 學者修己治人之方), 적은 보탬이나마 없다 할 수는 없을 것이다(則未必無小補云)[48]. 淳熙 己酉년[49] 2월 4일 신안 朱熹가 머리글로 쓰다(淳熙己酉二月甲子 新安朱熹序)[50].

---

44) ① 固陋(고루): 식견이 천박하고 견문이 넓지 못함. ② 竊(절): 몰래 도둑질하다. 사사로이. 자기를 낮추는 謙辭.

45) 闕略(궐략): 빠져서 모자라다. 빠져서 없어지다. 완비되어 있지 않다.

46) 俟(사): 기다리다.

47) 僭踰(참월): 본분을 넘어서다. 주제넘다. 겸사로 사용.

48) [大全] ① 이 서문은 여섯 개 절로 나뉜다. 핵심의 뜻은 특히 제2절에 있으니, '知其性之所有而全之(그 본성에 구비되어 있는 전체를 알아서 이를 온전히 구현해낸다)'라고 한 구절과, '敎之以復其初(그들을 가르치게 하여 이로써 그들 본성을 회복하게 한다)'라고 한 구절이 이것이다. 朱子는 학문을 논할 때, '必以復性初(반드시 본성을 회복해서 처음상태로 돌아감)'을 강령의 중요한 귀결점으로 삼았다. 『論語』 첫 장의 '學'字에 대한 주석에서 '人性皆善(사람의 본성은 모두 선하다)'라고 했고, '明善而復其初(선함을 밝혀 본성의 처음상태를 회복한다)'라고 했고, 『小學題辭』에서는, '仁義禮智 人性之綱(仁義禮智는 사람의 본성의 벼리이다)'라고 했고, '德崇業廣 乃復其初(덕을 높이고 사업을 넓히는 것이 곧 본성의 처음상태를 회복하는 것이다)'라고 했고, 『大學』 첫 장의 '明明德'에 대한 주석에서 또한 '遂明之以復其初(마침내 본성을 밝혀 그 처음상태를 회복한다)'라고 하여, 이 「大學章句序」의 제2절과 더불어 모두 네 번 그 뜻을 강조했다(新安陳氏曰: "此序分六節 精義尤在第二節. 曰知其性之所有而全之, 曰敎之以復其初是也. 朱子論學, 必以復性初爲綱領要歸, 論語首註學字, 曰人性皆善, 曰明善而復其初. 小學題辭曰: '仁義禮智, 人性之綱. 曰: '德崇業廣, 乃復其初. 此書首釋明明德, 亦曰 '遂明之以復其初' 與此序凡四致意焉.) ② 「大學章句序」와 『大學』을 읽는 자가 본성이 구유한 전체를 아는 것과 그 본성을 회복하여 처음상태로 돌아가는 것으로 요점를 삼고, 그 知와 行에 시간을 들인다면 그 요지를 두루 관통할 것이다(讀此序此書者 其以知性之所有 與復其性初爲要領 以知行爲工夫而融貫其旨云).

49) ① 淳熙(순희): 효종(1174~1189)의 연호. ② 己酉(기유): 淳熙 16년, 즉, 1189년. 주희 나이 60세 ③ 新安(신안): 주희의 姓鄕. ④ 『논어집주』 『맹자집주』는 48세인 1177년에, 『중용장구서』는 60세인 1189년 봄에 지었음.

50) 『대학』의 출현배경을 주희와 다른 각도에서 살펴보자.

첫째, 『대학』은 『논어』의 사상체계를 계승하고 있다. 공자에 이어 맹자, 순자에 의해 계승 발전된 유가의 정치철학은 사회적 영향력이 커짐에 따라 잘못 이해되기도 쉬웠는데, 그로부터 발생한 폐단을 여러 측면에서 살필 수 있다. 우선 정치가를 비롯하여 유가 자체 내부의 경우에도, 공자의 사상은 실제로 공자의 직접적 가르침을 받는 제자들조차도 제대로 이해하지 못한 경우가 있었다. 『논어』「자로」편 제4장에 다음과 같은 말이 있다. "번지(樊遲)가 농사법을 배우기를 청하자 공자는 이렇게 대답했다. '나는 늙은 농부만 못하다.' 채소 심는 법을 배우기를 청하자 공자는 이렇게 대답했다. '나는 늙은 채소 꾼만 못하다.' 번지가 나가자 공자는 말하였다. '소인이로다! 번지여! 윗사람이 예(禮)를 사랑하면 백성들은 저절로 공경스럽게 되고, 윗사람이 의(義)를 사랑하면 백성들은 저절로 복종하게 되고, 윗사람이 신념(信)이 뚜렷하면 백성들은 저절로 진실 되게 되는 법이다. 대저 그와 같으면 사방의 사람들이 저마다 자식을 등에 업고 몰려들 것이다. 어찌 농사법을 거론한단 말인가?'" 이 구절은 흔히 공자가 생산 활동을 도외시한 말로 잘못 이해된다. 그러나 이것은 수업 도중에 엉뚱한 질문을 하여 스승을 맥 빠지게 한 학생처럼 공자를 지극히 실망스럽게 하였다. 공자의 실망인즉 이렇다: 너는 도대체 이 세상의 비극의 원인이 땅을 파는 방법의 잘못에 있다고 생각한단 말이냐? 사람들의 쟁기질 방법이 나쁘고 파종하는 방법이 옳지 못하기 때문에 세상에 이러한 불행과 고통의 비극이 반복된다고 생각한단 말이냐! 공자가 인식한 세상의 비극은 윗사람, 특히 최고 통치자의 실책에서 비롯되는 것이었다. 윗사람들이 예의도 없고 염치도 없이 비열한 행위를 서슴없이 벌리고[非禮], 사리사욕에 따라 부정과 불의를 일삼고[不義], 국가 정책 수립에 아무런 신념도 일관성도 없는[不信] 데에 있었다. 공자가 인식한 이 세상의 비극의 최대 원인은 한 마디로 윗사람들이 제 몫을 다하지 못한 데 있었다. 윗사람들이 제 몫을 다하지 못한 것은 우선 올바른 인식을 가지지 못했기 때문이라고 볼 수 있다. 이런 관점에서 볼 때 농사법을 개량하면 백성들이 더욱 살기 좋아질 것이라고 인식한 번지의 정치관은, 정치에 대한 말단적인 인식으로서, 아버지의 비리를 고발한 것을 정직이라고 여긴 것이나, 도둑을 벌주는 것이 정치라고 인식한 계강자의 경우처럼 본말(本末)을 전혀 가리지 못한 발상이었다. 이처럼 실제로 번지의 경우에서 보듯이 정치가들뿐만이 아니라 유가의 전문 학자들도 유가의 핵심을 제대로 파악하지 못하였던 것이다. 즉 내부적으로도 유가 정치 철학의 체계적 정립은 요구되었다.

둘째, 『대학』은 여타 학파의 비판에 대한 유학 측의 체계적인 대응에서 출현한 것이었다. 『논어』에 전개되는 주변 상황을 보면, 유가의 선비들이 속으로는 장차 정치를 담당하여 구세(救世)의 포부를 펴려고 실력을 기르고 있더라도, 밖에서 보기에 그들은 놀고먹는 사람들이었다. 은둔주의자(隱者)들의 비판에 따르면, 유자들의 구세의 구호는 한낱 허울에 불과하고 놀고먹고 있는 그만큼 백성들의 부담만 가중시키고 있을 뿐이었다. 공자 자신부터 세상 사람들의 욕을 듣고 있었기 때문에 제자들은 더 말할 나위도 없었다. 전국시대 말기에 이르러, 유가는 표피적으로 몇몇 덕목만을 표방하는 말단의 유자들로 인하여, 당시의 여타 학파들로부터 상당한 비판을 받았다. 예컨대 『장자』「재유(在宥)」편은 이렇게 말한다. "지금 세상은 처형된 사람들의 시체가 서로 엇갈려 있고, 형틀에 묶인 이들이 서로 줄을 잇고, 각종 형벌에 의한 불구자들로 가득 찬 형국인데, 유 · 묵의 선비들은 차꼬와 수갑 찬 무리 사이로 도리어 어깨를 으쓱이며 활보하고 있으니, 오! 너무나도 심하다! 부끄럼도 없고 수치도 모르는 그들이!" 이와 같이 당대 비참한 현실을 도외시한다는 타 학파의 비판에 대해 『대학』은 내성외왕

(內聖外王)의 유기적 이념을 분명히 드러내며, 이를 삼강령과 팔조목으로 체계화함으로써 도덕적 인격 형성에 기반한 국가 통치의 방안을 제시하고 있다.
셋째, 『대학』은 도덕적 판단척도의 재정립 요구에 부응하여 출현하였다. 당시는 혼란시대로서 도덕관념이 해이해져, 사람들은 갈수록 자기 잘못에 대한 변명이 풍부하여 모든 덕목을 "녹피에 가로왈 자"식으로 자신에게 유리하게 해석하는 시대풍조에 젖어 있었다. 예컨대 서(恕) 개념에 대한 『논어』와 같은 표현 역시 이러한 시대적 혼란 속에서는 주관적으로 해석될 여지가 많았기 때문에, "객관적인 척도"의 관념을 표명할 수 있는 도덕적 원리의 정립이 요청되었다. 이런 맥락에서 『대학』은 객관 척도로서의 잣대[規: 직각자] 개념을 도입했다. 즉 자기와 타인의 마음과 행위를 판단하는 데 있어서 일체의 주관적인 생각을 배제하고 잣대처럼 객관적이고도 엄격하게 판단할 것을, 적어도 이론상으로는 확고히 요구하는 개념이 바로 『대학』의 '혈구'(絜矩)의 개념[傳제10장]이다. 유가를 둘러싼 이러한 대내외적 위기에 직면하여, 모든 덕목들은 그 근본을 상실하면 무의미하며, 개인의 인격 상태[修身]와 남을 다스리는 일[治人]이 둘이 아니다 라는, 공자이래의, 유가의 근본이념을 명확하고도 일관된 체계로 정립할 필요성이 절실히 요구되었다. 『대학』은 바로 이러한 시대적 요청에 부응하여 탄생한, 고대 유가 철학의 결정(結晶)이며 유가 정치사상의 고전적 완성이었다(박성규, 『대학』, 서울대철학사상연구소).

讀大學法

朱子曰: "語孟隨事問答, 難見要領, 惟大學是曾子述孔子說, 古人爲學之大方, 而門人又傳述以明其旨, 前後相因, 體統都具, 玩味此書, 知得古人爲學所向, 却讀語孟便易入, 後面工夫雖多, 而大體已立矣。"

朱子가 말했다(朱子曰). "『論語』와 『孟子』는 그때그때마다 구체적인 사례를 가지고 묻고 답하여 책의 대의를 살피기가 어렵지만(語孟 隨事問答 難見要領), 『大學』만큼은 曾子가 孔子께서 말씀한 옛 사람들이 학문하는 대강과 방도를 기술하였고(惟大學 是曾子述孔子說 古人爲學之大方[1]), 그 문하인들이 또 전술하여 이로써 그 요지를 밝혀놨기에(而門人又傳述以明其旨), 앞뒤가 서로 이어지고 체계가 모두 갖추어져 있으니(前後相因 體統[2] 都具), 이 책의 의미를 세심히 이해하여 옛 사람들이 학문을 함에 있어서 지향한 바를 깨닫고 나면(玩味[3]此書 知得古人爲學所向), 그때 가서야 비로소 『論語』와 『孟子』를 읽으면 곧 쉽게 입문할 수 있을 것이니(却讀語孟 便易入[4]), 뒤에 남아 있는 공부가 많을지라도 큰 줄거리는 이미 세워진 것이다(後面工夫[5]雖多 而大體已立矣).

---

1) 大方(다방): 大道. 常道. 기본법칙이나 방도.

2) 體統(체통): 체제. 짜임새와 형식. 법칙. 조리.

3) 玩味(완미): 의미를 세심하게 이해하다.

4) [大全] 『大學』이 首尾貫通되고 의문이 하나도 없게 된 연후에 『論語』 『孟子』에 들어서는 것이 좋고, 또 『論語』 『孟子』가 의문이 없게 된 연후에 『中庸』에 들어서는 것이 좋다. 나는 사람들이 먼저 『大學』을 공부하여 학문의 규모를 정하고, 다음으로 『論語』를 공부하여 학문의 근본을 세우고, 다음으로 『孟子』를 공부하여 학문이 전파 확산되는 모습을 살피고, 다음으로 『中庸』을 공부하여 옛 사람들의 학문의 미묘한 경계를 추구하길 바란다(朱子曰: "大學首尾貫通, 都無所疑, 然後可及語孟, 又無所疑, 然後可及中庸. 某要人先讀大學, 以定其規模, 次讀論語, 以立其根本, 次讀孟子, 以觀其發越, 次讀中庸, 以求古人之微妙).

5) 工夫(공부): 시간. 일에 들인 노력.

○"看這一書, 又自與看語孟不同, 語孟中只一項事, 是一箇道理, 如孟子說仁義處, 只就仁義上說道理, 孔子答顏淵以克己復禮, 只就克己復禮上說道理, 若大學却只統說, 論其功用之極, 至於平天下。然天下所以平, 却先須治國, 國之所以治, 却先須齊家, 家之所以齊, 却先須修身, 身之所以修, 却先須正心, 心之所以正, 却先須誠意, 意之所以誠, 却先須致知, 知之所以至, 却先須格物。"

○ "이 『大學』을 읽어보면 또한 처음부터 『論語』와 『孟子』를 보는 것과는 다른데(看這[6]一書 又自與看語孟不同), 『論語』와 『孟子』에서는 한 가지 사례에 대하여는 한 가지 도리만 말할 뿐이다(語孟中 只一項事 是一箇道理). 예를 들면, 孟子가 仁義를 말씀한 부분은 仁義 측면에만 나아가서 도리를 말했고(如孟子說仁義處 只就仁義上說道理), 孔子께서 顏淵에게 극기복례로써 답하신 부분[論語 顏淵편 제1장]은 극기복례 측면에만 나아가서 도리를 말했다(孔子答顏淵以克己復禮 只就克己復禮上說道理). 그런데 『大學』은 그 반대로 통틀어서만 말할 뿐인데(若大學 却只統說), 『大學』이 논급하는 그 효용의 끝은 평천하에까지 이른다(論其功用之極 至於平天下). 그렇지만 천하가 태평하게 되려면 거꾸로 그에 앞서 나라를 다스려야 하고(然天下所以平 却先須治國), 나라가 다스려지게 되려면 거꾸로 그에 앞서 집안을 가지런히 해야 하고(國之所以治 却先須齊家), 집안이 가지런하게 되려면 거꾸로 그에 앞서 자신을 닦아야 하고(家之所以齊 却先須修身), 자신이 닦아지게 되려면 거꾸로 그에 앞서 마음을 바르게 해야 하고(身之所以修 却

---

6) 這(저): 이(=此). 비교해서 가까운 시간 지점 사물을 가리킴.

先須正心), 마음이 바르게 되려면 거꾸로 그에 앞서 뜻을 성실히 해야 하고(心之所以正 却先須誠意), 뜻이 성실하게 되려면 거꾸로 그에 앞서 앎을 지극히 해야 하고(意之所以誠 却先須致知), 앎이 지극하게 되려면 거꾸로 그에 앞서 사물의 이치를 궁구해야 한다(知之所以至 却先須格物)."

○"大學是爲學綱目, 先讀大學, 立定綱領, 他書皆雜說在裏許。通得大學了, 去看他經, 方見得此是格物致知事, 此是誠意正心事, 此是修身事, 此是齊家治國平天下事。"

○ "『大學』은 바로 학문의 大綱과 節目이니만큼(大學 是爲學綱目), 먼저 『大學』을 읽어서 강령을 굳건히 세워놓으면(先讀大學 立定綱領), 다른 책의 모든 여러 언설이 대학의 강령 안에 다 포함될 것이다(他書皆雜說[7]在裏許). 『大學』을 통달해놓고 나서 다른 경서로 가서 보면(通得大學了 去看他經), 비로소 이것은 格物 · 致知의 사례이며, 이것은 誠意 · 正心의 사례이며, 이것은 齊家 · 治國 · 平天下의 사례임을 깨닫게 될 것이다(方見得此是格物致知事, 此是誠意正心事, 此是齊家治國平天下事)."

○"今且熟讀大學作間架, 却以他書塡補去。"

○ "지금은 우선『大學』을 익숙할 정도로 공부해서(今且[8]熟讀大學), 『大學』으로 서까래를 만들어 놓고(作間架[9]), 그런 다음 다른 책들로 서까래

7) ① 雜說(잡설): 여러 가지 학설. 각종 논조. ② 裏許(리허): 안. 안쪽. 가운데.
8) 今且(금차): 발어사(=今夫). 지금은 우선.
9) 間架(간가): 서까래. 문장의 구성 체제.

사이를 메꾸고 기워 가도록 하라(却以他書塡補去)."

○"大學是通言學之初終, 中庸是指本原極致處。"

○ "『大學』은 처음부터 끝까지 학문의 처음과 끝에 대하여 말하고 있고(大學 是通言學之初終), 『中庸』은 본체의 최고의 경계를 지향하고 있다(中庸 是指本原[10]極致處)."

○問: "欲專看一書, 以何爲先?" 曰: "先讀大學, 可見古人爲學首末次第, 不比他書, 他書非一時所言, 非一人所記。"

○ "오직 한 권만 보고자 한다면 무엇으로 먼저를 삼겠습니까?" 하고 묻자(問欲專看一書 以何爲先), 朱子가 말했다(曰). "먼저 『大學』을 읽으라(先讀大學). 옛 사람들의 학문의 본말과 차례를 볼 수 있을 것이니(可見古人爲學首末次第), 다른 책에 비할 바가 아니다(不比他書). 다른 책들은 일시에 말한 것이 아니며 한 사람이 기록한 것이 아니다(他書 非一時所言 非一人所記)."

又曰: "看大學固是著逐句看去也, 須先統讀傳文教熟, 方好從頭仔細看, 若專不識傳文大意, 便看前頭亦難。"

---

10) 本原(본원): 만물의 최초 근원 혹은 세계를 구성하는 가장 근본이 되는 실체로서 정신이나 물질.

또 말했다. "『大學』을 볼 때에는 당연히 한 구절 한 구절씩 봐나가야 하지만(看大學 固是著逐句看去也), 우선은 傳文을 전부 읽어서 완전히 익도록 하고 나서(須先統讀傳文教[11]熟), 비로소 뒤이어서 앞머리부터 자세히 봐 나가는 것이 좋은데(方好從頭仔細看), 그럼에도 傳文의 대의를 잘 모르겠다면(若專[12]不識傳文大意), 앞머리 부분을 보는 것 역시 쉽지는 않을 것이다(便看前頭亦難)."

又曰: "嘗欲作一說, 教人只將大學一日去讀一遍, 看他如何是大人之學, 如何是小學, 如何是明明德, 如何是新民, 如何是止於至善。日日如是讀, 月來日去自見所謂溫故而知新。須是知新, 日日看得新方得。却不是道理解新, 但自家這箇意思長長地新。"

또 말했다(又曰). "내가 전에 一說을 실행해보려 한 적이 있었는데(嘗欲作一說), 사람들에게 『大學』만 하루 한 번씩 읽도록 하고(教人只將大學 一日去讀一遍), 그 어떤 것이 大人의 학문인지(看他[13]如何是大人之學), 어떤 것이 소학인지(如何是小學), 어떤 것이 明明德인지(如何是明明德), 어떤 것이 新民인지(如何是新民), 어떤 것이 止於至善인지를 살피게 하는 것이었다(如何是止於至善). 날마다 이와 같이 읽는다면(日日如是讀), 달이 오고 날이 감에 따라 『論語』에 언급된 대로 '溫故而知新[옛것을 익도록 공부하니 새롭게 안다]' 되어짐을 저절로 알아차리게 될 것이다(月來日去 自見所謂溫

11) 教(교): [사역동사] =使 令 讓. ~하게 하다.
12) 專(전): 매우. 잘.
13) 他(타): 남녀 및 일체의 사물을 총괄적으로 가리킬 때 사용. 虛指詞.

故而知新[14]). 본시 '知新'이란, 날마다 새롭게 볼 수 있어야 비로소 얻게 되는 것이다(須是[15]知新 日日看得[16]新 方得). 그런데『大學』의 도리에 대한 풀이가 새롭게 되는 것은 아니고(却不是道理解新), 다만 자기의 이런 생각들이 오랜 시간에 걸쳐 새롭게 되는 것이다(但自家這箇意思長長地新)."

○"讀大學初間也只如此讀, 後來也只如此讀, 只是初間讀得似不與自家相關, 後來看熟, 見許多說話須著如此做, 不如此做自不得。"

○ "『大學』을 읽는 방법은 처음 읽을 때도 이와 같이 읽을 뿐이고(讀大學初間[17]也 只如此讀), 나중에 와서 읽을 때도 이와 같이 읽을 뿐이다(後來也只如此讀). 처음 읽을 때에는 자기와는 상관없는 듯 보이겠지만(只是初間讀得似不與自家相關), 나중에 와서 보면 완전히 익어서(後來看熟), 허다한 언설들이 반드시 이같이 해야 하고, 이같이 하지 않으면 自得할 수 없다는 것을 알게 될 것이다(見許多說須著[18]如此做 不如此做自不得)."

○"讀書不可貪多, 當且以大學爲先, 逐段熟讀精思, 須令了了分明, 方可改讀後段, 看第二段, 却思量前段, 令文意連屬却

---

14) [論語 爲政篇 제11장] 孔子께서 말씀하셨다. "옛 것을 익히고 새 것을 알면 스승이 될 만하다"(子曰 溫故而知新 可以爲師矣).

15) 須是(수시): 반드시 ~해야 한다. 본시.

16) 得(득): [助詞] ① 동사 뒤에 쓰여 능력이나 가능을 표시함. ② 동사와 보어사이에 쓰여서 가능을 표시함. ③ 동사나 형용사 뒤에 쓰여서 정도나 결과를 표시하는 보어를 연결함.

17) 初間(초간): 처음에. 초순에.

18) 須著(수착): 반드시 ~해야 한다.

不妨。"

○ "독서는 잡다히 많이 읽으려고 욕심내서는 안 된다(讀書 不可貪多). 응당 당분간은 『大學』으로서 우선을 삼고서(當且[19]以大學爲先), 한 단락 한 단락씩 완전히 익을 정도로 읽고 정밀하게 사고하여(逐段熟讀精思), 반드시 속속들이 알고 분명하게 이해되도록 하고 나서(須令了了[20]分明), 비로소 바꾸어서 다음 단락을 읽으면 되는데(方可改讀後段), 다음 단락을 읽을 때면 되돌아가 앞 단락을 마음에 품고 이리저리 생각해보면서(看第二段却思量[21]前段), 글 뜻이 연결되도록 하는 것은 오히려 괜찮다(令文意連屬[22]却不妨)."

○ 問: "大學稍通, 方要讀論語?" 曰: "且未可, 大學稍通, 正好著心精讀, 前日讀時見得前, 未見得後面, 見得後未見得前面, 今識得大綱體統, 正好熟看。讀此書功深則用博, 昔尹和靖見伊川半年, 方得大學西銘看, 今人半年要讀多少書, 某且要人讀此是如何, 緣此書却不多, 而規模周備, 凡讀書, 初一項須著十分工夫了, 第二項只費得八九分工夫, 第三項便只費得六七分工夫, 少間讀漸多, 自通貫, 他書自著不得多工夫。"

○ "『大學』이 조금 이해가 되었으니 이제 『論語』를 읽으려 합니다" 하니

---

19) 且(차): 우선. 잠시. 당분간. 아직.
20) ① 令(령): ~하게 하다. ② 了了(료료): 이치를 완벽히 깨치다.
21) 思量(사량): 이리저리 생각하다. 마음에 품고 늘 생각하다. 사색하다.
22) 連屬(연속): 이어붙이다. 결합하다.

(問大學稍[23]通方要讀論語), 朱子가 말했다(曰). "아직 아니 된다(且未可). 『大學』이 조금 이해가 되었다면(大學稍通), 이때다 싶게 마음을 착 달라붙이고 정독하도록 하여라(正好著心精讀). 이전에 읽을 때에는 앞쪽은 분간할 수 있었는데 뒤쪽은 분간하지 못했고(前日讀時 見得前 未見得後面), 뒤쪽은 분간할 수 있었는데 앞쪽은 분간하지 못했는데(見得後 未見得前面), 이제는 대강과 체계를 식별할 수 있게 되었으니(今識得大綱體統), 이때다 싶게 완전히 익을 정도로 보아라(正好熟看). 이 책을 읽어 공부가 깊어지는 만큼 이용범위는 넓어질 것이다(讀此書功深 則用博). 옛날에 윤화정은 정이천 선생을 뵌 지 반년이 지나서야 비로소『大學』과『西銘』을 볼 수 있었는데(昔 尹和靖[24] 見伊川半年 方得大學西銘[25]看), 지금 사람들은

---

23) 稍(초): 벼의 끝. 사물의 말단. 지엽. 약간. 조금. 점차.

24) 尹和靖(윤화정): 尹焞(윤돈: 1061～1142). 河南 洛陽人. 젊어서 程頤를 師事했음.

25) ① 西銘(서명): 北宋 張載(1020～1077, 橫渠先生)가 쓴『正蒙 · 乾称篇』의 첫 구절로 장재가 학당의 벽에『訂頑(정완)』이란 제목으로 붙여놨는데, 程颐가『西銘』으로 개칭하여 독립된 편명이 됨. ②『西銘』을 옮기면 다음과 같다:
「하늘은 내 아버지 땅은 내 어머니. 내 작은 이 한 몸에 하늘땅이 섞였으니 나 하늘땅 품속에 있네. 하늘땅 가득한 氣는 내 몸체, 하늘땅 이끄는 理는 내 본성, 만백성은 한 배에서 난 내 형제, 삼라만상은 내 동류. 임금은 내 부모의 맏아들, 신하는 그 맏아들의 가신. 노인공경은 내 집 어른을 모시는 것, 고아 어린아이 사랑은 내 아이를 보살피는 것. 성인은 하늘땅과 덕을 합한 자이고, 현인은 뛰어난 덕 지닌 자일세. 세상 모든 병약자 · 고아 · 무자식 노인 · 홀아비 · 과부는 고생 중에도 하소연할 곳 없는 내 모든 형제들이니, 때에 맞춰 보살피니 자식의 공양이고, 즐겁고 또 걱정 안 하니 정말이지 효자로다. 자식도리 어김 일러 패덕이라 부르고, 자식도리 해침 일러 반역이라 부르네. 악을 행하는 자는 못난 자식이고, 받은 대로 따르는 자는 부모 닮은 자식이라. 조화를 알게 되면 부모 일 잘 계승하고, 신명을 궁구하면 부모 뜻 잘 이어가리. 홀로 있을 때도 부끄럽지 않아 부모에게 욕됨 없고, 마음보존 본성함양 부모 섬김 태만 없으리. 맛있는 술 싫어하니 우임금의 봉양이고, 영재를 길러내니 영봉인의 후세 모범이라. 섬기는 도리 소홀히 하지 않아 부모 기쁘게 하니 순임금의 공업이고, 도망가지 않고 삶아 죽기를 기다리니 신생의 공손이라. 부모에게 받은 몸을 체행하여 온전하게 부모에게 돌아간 것은 증삼이고, 부모의 뜻 따름에 용감하고 순종하여 명령에 따른 것은 백기라. 부귀와 복택은 부모가 장차 나의 삶을 윤택하게 하려는 것이고, 빈천과 근심은 부모가 나를 옥처럼 연마해서 완성시키려는 것이니, 살아서는 부모를 거역함 없이 섬기고, 죽어서는 평안히 쉬리라(乾稱父, 坤稱母; 予茲藐焉, 乃混然中處. 故天地之塞, 吾其體;

반년 만에 많은 책을 보려고 한다(今人半年要讀多少書). 내가 사람들에게 오랜 시간 지속해서『大學』을 읽어야 한다고 함은 어째서인가(某[26]且要人讀此 是如何)? 왜냐하면『大學』은 분량이 많지 않으면서도 규모가 두루 구비되어 있기 때문이다(緣[27]此書却不多而規模周備). 무릇 책을 읽을 적엔 처음 대목에 반드시 열에 열의 시간을 할애해야 하고(凡讀書 初一項 須著[28]十分工夫了), 두 번째 대목에는 다만 열에 여덟아홉을 쓰면 되고(第二項 只費得八九分工夫), 세 번째 대목이라면 열에 예닐곱만 쓰면 된다(第三項 便只費得六七分工夫). 그러고 나서 점차 여러 번 읽으면 저절로 관통되어(少間[29]讀漸多 自通貫), 다른 책은 저절로 많은 시간을 할애하지 않아도 된다(他書自著不得多工夫).

○"看大學俟見大指, 乃及他書, 但看時須是更將大段分作小段, 字字句句不可容易放過, 常時暗誦默思, 反覆研究, 未上口時須教上口, 未通透時須教通透, 已通透後, 便要純熟, 直待不思索時, 此意常在心胸之間, 驅遣不去,方是此一段了, 又

天地之帥, 吾其性. 民吾同胞, 物吾與也. 大君者, 吾父母宗子; 其大臣, 宗子之家相也. 尊高年, 所以長其長; 慈孤弱, 所以幼吾幼. 聖其合德, 賢其秀也. 凡天下疲癃殘疾 · 惸獨鰥寡, 皆吾兄弟之顚連而無告者也. 于時保之, 子之翼也; 樂且不憂, 純乎孝者也. 違曰悖德, 害仁曰賊; 濟惡者不才, 其踐形, 唯肖者也. 知化則善述其事, 窮神則善繼其志. 不愧屋漏爲無忝, 存心養性爲匪懈. 惡旨酒, 崇伯子之顧養; 育英才, 穎封人之錫類. 不弛勞而底豫, 舜其功也; 無所逃而待烹, 申生其恭也. 體其受而歸全者, 參乎! 勇於從而順令者, 伯奇也. 富貴福澤, 將厚吾之生也; 貧賤憂戚, 庸玉女於成也. 存, 吾順事, 沒, 吾寧 也.)」.

26) ① 某(모): 자기(我)를 낮추어 호칭하는 용법. ② 且(차): 오랜 시간 계속할 필요가 있음을 표시함.

27) 緣(연): [連詞] 왜냐하면. ~때문이다.

28) 著(착): 쓰다. 사용하다.

29) 少間(소간): 곧. 이윽고. 머지않아. 점점 좋아지다.

換一段看, 令如此數段之後, 心安理熟, 覺工夫省力時, 便漸得力也。"

○ "『大學』을 읽고서 大要가 보이기를 기다려 비로소 다른 책을 붙들어라(看大學 俟見大指 乃及他書). 그렇지만 읽을 때는 반드시 큰 단락을 다시 작은 단락으로 나누어 읽도록 하여(但看時 須是更將大段 分作小段), 한 글자 한 글자 한 구절 한 구절을 쉽게 놓쳐 지나치지 않도록 해야 한다(字字句句不可容易放過). 항시 암송하고 묵묵히 생각하고 반복하여 연구해서(常時暗誦默思 反覆研究), 아직 입에 익지 않았을 때에는 입에 익도록 해야 하고(未上口[30]時 須教上口), 아직 꿰뚫어 이해하지 못했을 때에는 꿰뚫어 이해하도록 해야 하고(未通透時 須教通透), 이제 꿰뚫어 이해가 된 뒤에는 완전히 익을 정도가 되어야 하고(已通透後 便要純熟[31]), 사색할 때만이 아니더라도 이 생각이 항시 흉중에서 떠나지 않고 있어서 쫓아내도 나가지 않게 되면(直待不思索時 此意常在心胸之間 驅遣[32]不去), 비로소 이 한 단락의 완료인 것이다(方是此一段了). 또 다시 한 단락을 바꿔서 읽고(又換一段看), 이같이 몇 단락을 읽고 나서, 마음에 편안히 이치가 익어지고, 느끼기에 공부하는 데 힘이 덜 들게 될 때면(令[33]如此數段之後 心安理熟 覺工夫省力時), 공부하는 데 점점 힘을 받게 될 것이다(便漸得力[34]也)."

---

30) 上口(상구): 입에 익어서 거침없이 나오다.

31) 純熟(순숙): 능수능란하다. 매우 익숙하다.

32) ① [朱子語類 10:9] 성현의 말씀은 마땅히 늘 눈앞에서 지나가게 하고, 입에서 구르게 하고, 마음에서 운행되도록 해야 한다(聖賢之言, 須常將來眼頭過, 口頭轉, 心頭運). ② 驅遣(구견): 내쫓다. 구축하다.

33) 令(령): [連詞] 假設.

34) 得力(득력): 조력을 받다. 능수능란하게 하다. 효율적으로.

又曰: "大學是一箇腔子, 而今却要塡敎他實, 如他說格物, 自家須是去格物後塡敎他實著, 誠意亦然, 若只讀得空殼子, 亦無益也。"

또 말했다(又曰). "『大學』은 하나의 빈 몸통이니(大學 是一箇腔子[35]), 이제부터는 바로 메꿔나가서 그 빈 곳을 꽉 채우도록 해야 한다(而今却要塡敎[36]他實). 예컨대 『大學』이 格物을 말했으면 반드시 본인이 직접 格物해나간 뒤에 메꿔서 그 격물이 꽉 채워져 있도록 해야 한다(如他說格物 自家須是去格物後塡敎他實著[37]). 誠意 역시 이와 같으니(誠意亦然), 단지 읽기만 한다면 빈껍데기를 얻게 될 뿐더러 무익하다(若只讀得空殼子[38] 亦無益也)."

○"讀大學豈在看他言語, 正欲驗之於心如何, 如好好色, 惡惡臭, 試驗之吾心, 果能好善惡惡如此乎? 閒居爲不善, 是果有此乎? 一有不至, 則勇猛奮躍不已, 必有長進, 今不知如此, 則書自書, 我自我, 何益之有?"

○ "『大學』을 읽는다 함이 어찌 그 글귀를 보는 데 있겠느냐(讀大學豈在看他言語)? 그것이 내 마음에서는 어떠한지를 바로 시험해보고자 하여라(正欲驗之於心如何). 예컨대 '호색을 좋아하고 악취를 싫어한다.' 함이 어떠한

---

35) 腔子(강자): 몸통. 흉강. 신체.

36) 敎(교): ~에게 ~하게 하다.

37) 著(착): 동사 뒤에 쓰여 이미 목적에 도달했거나 결과가 있음을 표시.

38) 殼子(각자): 껍데기. 精神에 대한 말로서 有形의 肉體만을 지칭함.

것인지 내 마음에 시험해보니(如好好色 惡惡臭[39] 試驗之吾心), 과연 선을 좋아하고 악을 싫어한다 함이 이와 같은 것이구나(果能好善惡惡如此乎), '혼자 있을 때에 불선한 짓을 한다.' 함이 과연 이러한 것이구나 하여(閒居爲不善[40] 是果有此乎), 하나라도 미치지 못한 것이 있으면 용감하고 맹렬하게 떨치고 일어나길 그치지 말아야(一有不至 則勇猛奮躍不已), 큰 진전이 있게 되는 것이다(必有長進). 그런데 이와 같음을 모른다면(今不知如此), 책은 예전의 책 그대로이고 나는 예전의 나 그대로일 뿐(則書自[41]書 我自我), 무슨 유익이 있겠느냐(何益之有)?"

又曰: "某一生只看得這文字透, 見得前賢所未到處, 溫公作通鑑, 言平生精力, 盡在此書, 某於大學亦然, 先須通此, 方可讀他書。"

또 말했다(又曰). "내가 한평생 이 책을 투철하게 보기만 하다보니(某一生只看得這文字透[42]), 앞선 현인들이 아직까지 이르지 못한 경계를 보았다(見得前賢所未到處). 사마온공이『資治通鑑』을 짓고 나서(溫公作通鑑[43]), '평생의 정력이 이 책에 전부 쏟아져 있다.'고 했는데(言平生精力盡在此書), 나와『大學』의 관계 역시 그러하다(某於大學 亦然). 먼저 모름지기 이 책을 통달해야 비로소 다른 책을 읽어도 된다(先須通此 方可讀他書)."

---

39) 傳文 제6장 참조

40) 傳文 제6장 참조

41) 自(자): [副詞] 예전 그대로. 변함없이. 여전히.

42) 看透(간투): 투철하게 이해하다. 투철하게 조사하다. 간파하다. 꿰뚫어보다.

43) 通鑑(통감): 北宋의 司馬光(1019~1086)이 편찬한 編年體 역사서로 총294권이며『通鑑』이라고도 함. BC 403년부터 AD 960년까지 1362년간의 역사를 1년씩 묶어서 편찬하였음.

又曰: "伊川舊日教人, 先看大學, 那時未解說, 而今有註解, 覺大段分曉了, 只在仔細看。"

또 말했다(又曰). "伊川 선생께서는 옛날에 가르칠 적에 먼저 『大學』을 보도록 했는데(伊川 舊日教人 先看大學), 그 당시에는 해설이 아직 없었지만 지금은 주해가 있어(那時 未解說 而今有註解), 대부분 분변해지고 명백해졌다고 생각되니(覺大段分曉[44]了), 다만 자세히 보는 것만 남아 있다(只在仔細看)."

又曰: "看大學且逐章理會, 先將本文念得, 次將章句來解本文, 又將或問來參章句, 須逐一令記得, 反覆尋究, 待他浹洽, 旣逐段曉得, 却統看溫尋過。"

또 말했다(又曰). "『大學』을 볼 때에는 우선은 章句 단위로 이해하도록 하여라(看大學 且逐章理會[45]). 먼저 『大學』 본문을 읽어 터득하고(先將[46]本文念得), 다음에 「大學章句」를 가지고 본문을 이해하고(次將章句來[47]解本文), 또 「大學或問」을 가지고 「大學章句」를 이해하고(又將或問來參章句), 「大學」과 「章句」와 「或問」이 한 묶음 한 묶음씩으로 기억되도록(須逐一令[48]記得), 반복해서 찾아보고 연구하길 철저히 이해될 때까지 하고

---

44) ① 大段(대단): 대략. 대강. ② 分曉(분효): 알다. 깨닫다. 명백하다.
45) 理會(이회): 이해하다. 명백히 하다. 주의를 기울이다.
46) 將(장): ① 가지다. 쥐다. 들다. ② ~을.
47) 來(래): 동사구와 동사 사이에 쓰여 방향 방법 태도 목적을 표시함.
48) 一令(일령): 한 連. 일련.

(反覆尋究[49] 待他浹洽), 단락별로 깨우쳤으면(旣逐段曉得[50]), 이제는 통틀어서 복습해나가야 한다(却統看溫尋[51]過)."

又曰: "大學一書, 有正經, 有章句, 有或問, 看來看去, 不用或問, 只看章句便了, 久之又只看正經便了, 又久之自有一部大學在我胸中, 而正經亦不用矣。然不用某許多工夫, 亦看某底不出, 不用聖賢許多工夫, 亦看聖賢底不出。

또 말했다(又曰). "『大學』이라는 한 권의 책 안에는(大學一書), 正經이 있고 「章句」가 있고 「或問」이 있으니(有正經[52] 有章句 有或問), 이 셋을 왔다 갔다 하면서 보다보면(看來看去), 「或問」을 쓸 필요가 없이 「章句」만 보아도 된다(不用或問 只看章句便了). 또 이렇게 하기를 오래하면(又久之), 저절로 한 권의 『大學』이 나의 흉중에 간직되게 되어(自有一部大學 在我胸中), 『正經』 또한 필요 없게 될 것이다(而正經亦不用矣). 그렇지만 내가 공부한 데 쓴 허다한 시간을 들이지 않으면 내가 도달한 경지 역시 분간해내지 못할 것이며(然不用某許多工夫 亦看某底不出), 성현이 쓰신 허다한 시간을 들이지 않으면 성현의 경지 역시 분간해내지 못할 것이다(不用聖賢許多工夫 亦看聖賢底不出)."

49) ① 尋究(심구): 조사하여 고찰하다. 찾아서 밝히다. 추적 조사하다. ② 浹洽(협흡): (이익이) 널리 퍼지다. 두루 미치다. 융화하다. 전부 철저히 이해하다.

50) 曉得(효득): 깨닫다. 이해하다. 분명하다.

51) 溫尋(온심): 배웠던 지식을 복습하다.

52) 正經(정경): 제자백가의 책과 구별하여 유가의 경전을 가리킴.

又曰: “大學解本文未詳者, 於或問中詳之, 且從頭逐句理會, 到不通處, 却看或問, 乃註脚之註脚。”

또 말했다(又曰). “『大學』 본문에 대한 주해가 상세하지 못한 것은(大學解本文未詳者), 「或問」 가운데 상세히 해놓았으니(於或問中 詳之), 우선은 앞머리부터 한 구절 한 구절씩 이해해 나가다(且從頭逐句理會), 통하지 않는 곳에 이르게 되면 보도록 하라(到不通處 却看). 「或問」은 바로 『大學』 본문에 대한 주각의 주각이다(或問 乃註脚之註脚).”

○“某解書不合太多, 又先準備學者爲他設疑說了, 所以致得學者看得容易了。”

○ “나의 주해가 너무 많아서는 좋지 않으나(某解書 不合太多), 앞서나가 준비하여 배우는 자에게는 그가 질문을 하는 것으로 가설하여 설명했는데(又先準備學者 爲他說疑說了), 배우는 자들이 쉽게 보도록 하기 위해서이다(所以致得學者看得容易了).”

○“人只說某說大學等不略說, 使人自致思, 此事大不然, 人之爲學, 只爭箇肯與不肯耳, 他若不肯向這裏, 略亦不解致思, 他若肯向此一邊, 自然有味, 愈詳愈有味。”

○ “사람들은 내가 『大學』 등을 略說하여 배우는 자 스스로 심사숙고하게 했어야 하는데 그렇게 하지 않았다 하지만(人只說某說大學等不略說 使人自致思[53]), 이 일은 전혀 그렇지 않다(此事大不然). 사람들의 학문 태도는

단지 즐거이 하는가와 즐거이 하지 않는가로 구별될 뿐으로(人之爲學 只爭[54]箇肯與不肯耳), 그가 만약 즐거이 학문의 깊은 속으로 향해가고자 하지 않는다면(他若不肯向這裏), 略說한 것 역시 이해하지 못하고 심사숙고하지 않을 것이고(略亦不解致思), 그가 만약 즐거이 학문의 주변으로 향해가고자 한다면(他若肯向此一邊[55]), 자연스레 맛을 느끼게 되어 상세하면 할수록 느끼는 맛이 더욱 깊어지게 될 것이다(自然有味 愈詳愈有味)."

53) 致思(치사): 생각을 한곳에 집중하다.

54) 爭(쟁): 차이. 차별. 차이가 나다. 서로 다르다.

55) 一邊(일변): 한 면. 한 쪽. 한 편.

大學全文

대학의 원래 순서와 朱熹의 章節區分 · 順序 · 字句改變 비교

(예시) ABC…: 原順序 및 茶山의 節區分; 0001, 0002…: 朱熹 章節區分; [ ]: 朱熹改變.

經一章 三綱領 · 八條目

A 0001 대인의 학문의 길은(大學之道), 하늘에서 받아 간직되어 있는 밝고 맑은 덕성을 환히 밝히는 데에 있고(在明明德), 백성을 새롭게 하는 데에 있고(在親[新]民), 최고의 좋은 경지로 향해 가서 머무는 데에 있다(在止於至善).

B 0002 향해 가서 머물러야 할 곳을 알고 난 후에야 뜻의 定向이 있게 되고(知止而后有定), 뜻의 定向이 있고 난 후에야 평정을 찾아 함부로 움직이지 않게 되고(定而后能靜), 마음이 평정을 찾아 함부로 움직이지 않게 되고 난 후에야 편안해지고(靜而后能安), 편안해지고 난 후에야 심사숙고하게 되고(安而后能慮), 심사숙고하고 난 후에야 향해 가서 머물러야 할 곳을 얻게 될 것이다(慮而后能得).

C 0003 物에는 밑뿌리와 윗끝이 있고 일에는 처음 시작과 마지막 끝맺음이 있으니(物有本末 事有終始), 먼저 할 일과 나중 할 일을 알면 가는 길이 가까울 것이다(知所先後 則近道矣).

D 0004 옛날에는, 하늘에서 받아 간직되어 있는 밝고 맑은 덕성을 천하에 환히 밝히고자 했던 자는 먼저 그 나라를 잘 다스렸고(古之欲明明德於天下者 先治其國), 그 나라를 잘 다스리고자 했던 자는 먼저 그 집안을 가지런하게 했고(欲治其國者 先齊其家), 그 집안을 가지런하게 하고자 했던 자는 먼저 그 자신을 닦았고(欲齊其家者 先修其身), 그 자신을 닦고자 했던 자는 먼저 그 마음을 바르게

가졌고(欲修其身者 先正其心), 그 마음을 바르게 가지고자 했던 자는 먼저 그 발동되는 뜻을 진실하게 했고(欲正其心者 先誠其意), 그 발동되는 뜻을 진실하게 하고자 했던 자는 먼저 그 지식을 속속들이 완전하게 했으니(欲誠其意者 先致其知), 지식을 속속들이 완전하게 하는 것은 하나하나 物에 의거하여 그 理를 궁구하는 데에 있다(致知 在格物).

E 0005 物에 다가가 그 理를 궁구한 후에야 지식이 완전하게 되고(物格而后知至), 지식이 완전하게 되고 난 후에야 발동되는 뜻이 진실하게 되고(知至而后意誠), 발동되는 뜻이 진실하게 되고 난 후에야 마음이 바르게 되고(意誠而后心正), 마음이 바르게 되고 난 후에야 자신이 닦아지게 되고(心正而后身脩), 자신이 닦아지고 난 후에야 집안이 가지런하게 되고(身脩而后家齊), 집안이 가지런하게 되고 난 후에야 나라가 잘 다스려지게 되고(家齊而后國治), 나라가 잘 다스려지게 되고 난 후에야 천하가 태평하게 되는 것이다(國治而后天下平).

F 0006 천자로부터 서인에 이르기까지(自天子以至於庶人), 하나같이 모두 수신으로써 근본을 삼는다(壹是皆以脩身爲本).

0007 그 근본이 어지러운데 그 말단이 잘 다스려지는 경우는 없고(其本亂而末治者否矣), 그 두텁게 해야 할 바를 야박하게 하고, 그 야박하게 해야 할 바를 두텁게 하는 경우는 없다(其所厚者薄 而其所薄者厚 未之有也). [이것을 말하여 「근본을 안다」라고 하고(此謂知本), 「근본을 안다」고 하는 것을 말하여 「知(앎)의 궁극」이라고 한다(此謂知之至也).][1)]

傳一章　釋明明德

J 0101 『書經』「康誥」에는 말하길(康誥曰), "文王께서는 능히 감당하여 덕을 환히 밝히셨다(克明德)."라고 했고,

0102 『書經』「太甲」에는 말하길(太甲曰), "湯王께서는 하늘이 부여한 이 밝은 命을 항시 살피셨다(顧諟天之明命)."라고 했고,

0103 『書經』「帝典」에는 말하길(帝典曰), "帝堯께서는 능히 감당하여 큰 덕을 환히 밝히셨다(克明峻德)."라고 했으니,

0104 모든 분이 다 밝은 덕을 저마다 환히 밝히신 것이다(皆自明也).

傳二章　釋新民

K 0201 湯王이 욕조에 새긴 좌우명에는 말하길(湯之盤銘曰), "진실로 하루면 새롭거든(苟日新), 나날이 새롭게 하고 또 날로 새롭게 하라(日日新 又日新)."라고 했고,

0202 『書經』「康誥」에는 말하길(康誥曰), "백성을 진작시켜 새롭게 하라(作新民)."라고 했고,

0203 『詩』는 노래하길(詩曰), "주나라 비록 옛 나라이지만(周雖舊邦), 천명 받으니 다시 새로워지네(其命惟新)."라고 했으니,

0204 이렇기에 군자는 언제나 자기를 새롭게 하고 백성을 새롭게 하는 것 모두에 止於至善코자 하지 않는 바가 결코 없는 것이다

---

1) 주희는 [ ] 부분을 '此謂知本'은 傳제4장의 衍文으로 보았고, '此謂知之至也'은 이 구절 앞에 闕文이 있는 것으로 보고 傳제5장 格物장을 補傳해 넣으면서 이 구절을 그 結語로 여겨 傳제5장의 끝으로 옮겼다.

(是故 君子無所不用其極).

傳三章 釋止於至善

L 0301 『詩』는 노래하길(詩云), "殷나라 천리 도읍, 백성들 가서 머무는 곳(邦畿千里 惟民所止)."이라 했고,

0302 『詩』는 노래하길(詩云), "꾀꼴꾀꼴 저 꾀꼬리도 가서 머물 집일랑 산모퉁이에 있네(緡蠻黃鳥 止于丘隅)."라고 했고, 孔子께서는 이를 두고 말씀하시길(子曰), "머무는 것으로 보면 꾀꼬리도 저가 가서 머물 곳을 아는데(於止 知其所止), 사람인데 새만도 못해서야 되겠느냐(可以人而不如鳥乎)?"라고 하셨던 것이다.

0303 『詩』는 노래하길(詩云), "심원하신 문왕의 덕이여 아! 끊임없이 머물 곳을 밝히고 가려가며 머무셨네(穆穆文王 於緝熙敬止)."라고 했으니, 文王께서는 임금이 되어서는 仁에 머물러 仁에만 골몰하셨고(爲人君 止於仁), 신하가 되어서는 敬에 머물러 敬에만 골몰하셨고(爲人臣 止於敬), 자식이 되어서는 孝에 머물러 孝에만 골몰하셨고(爲人子 止於孝), 부모가 되어서는 慈愛에 머물러 慈愛에만 골몰하셨고(爲人父 止於慈), 사람들과 사귐에서는 信에 머물러 信에만 골몰하셨던 것이다(與國人交 止於信).

H 0304 『詩』는 노래하길(詩云), "저 기수 물 굽이진 곳 푸른 대숲 우거진 곳(瞻彼淇澳 菉竹猗猗). 잘생기신 우리 군자님 잘라 놓은 듯 깎아 놓은 듯 쪼아 놓은 듯 갈아 놓은 듯(有斐君子 如切如磋 如琢如磨). 단정하여라 반듯하여라 훤칠하구나 의젓하구나(瑟兮僩兮 赫兮喧兮). 잘생기신 우리 군자님 내 어찌 잊을 손가(有斐君子 終不可諠

兮).”라고 했으니, 「잘라 놓은 듯 깎아 놓은 듯」은 학문을 도야하는 모습이고(如切如磋者 道學也), 「쪼아 놓은 듯 갈아 놓은 듯」은 자기 스스로 덕을 갈고 닦는 모습이며(如琢如磨者 自脩也), 「단정하여라 반듯하여라」는 勤愼(근신)하고 戒懼(계구)하는 모습이고(瑟兮僩兮 恂慄也), 「훤칠하구나 의젓하구나」는 위의 있는 의용을 갖춘 모습이고(赫兮喧兮者 威儀也), 「잘생기신 우리 군자님 내 어찌 잊을 손가」는 성덕과 지선을 갖춘 군자의 모습을 백성들은 잊지 못한다는 말이다(有斐君子 終不可諠兮者 道盛德至善 民之不能忘也).

I 0305 『詩』는 노래하길(詩云), “오호 돌아가신 우리 왕들 내 어찌 잊을 손가!(於戱 前王不忘)”라고 했으니, 후대의 군자들은 선왕을 귀감으로 삼았기에 선왕의 현덕을 현덕으로 대우하고 선왕의 자손들을 친애하였으며(君子 賢其賢而親其親), 후세의 백성들은, 선왕이 백성이 즐거워한 것을 즐거워하고 백성이 이롭게 여긴 것을 이롭게 여겼기에, 선왕이 즐거워한 것을 즐거워하고 선왕이 이롭게 여긴 것을 이롭게 여겼는데(小人 樂其樂而利其利), 이 때문에 선왕이 죽은 뒤에도 잊지 못하는 것이다(此以沒世不忘也).

傳四章 釋本末

M 0401 孔子께서는 말씀하시길(子曰), “소송을 듣고 판결하는 일은 나도 남과 다를 게 없지만(聽訟 吾猶人也), 기필코 해야 할 것은 송사를 없게 하는 것이다(必也使無訟乎).”라고 하셨으니, 진실하지

못한 자가 송사를 하면서까지 끝까지 따지지 못하는 것은(無情者不得盡其辭), 성인께서 백성들의 마음을 크게 두렵게 하여 백성을 敬服시키기 때문인데(大畏民志), 이것을 말하여 「근본을 안다」라고 한 것이다(此謂知本).

傳五章 釋格物致知〔補傳章〕

補0501 經文에서 말한바, 「致知는 格物하는 데에 있다.」는 것은(所謂致知在格物者), 나의 知(앎)를 속속들이 완전하게 하려면 구체적인 사물에 의거해서 그 理를 궁구하는 데 달려 있다는 말이다(言欲致吾之知 在卽物而窮其理也). 사람의 마음은 신령스러워 어느 누구라도 知(앎)를 간직하고 있지 않은 사람이란 없고(蓋人心之靈莫不有知), 천하의 모든 사물은 어느 것이라도 理를 간직하고 있지 않은 것이란 없지만(而天下之物 莫不有理), 다만 理에 관하여 아직 궁구하지 않았기 때문에 그 知(앎)가 미진한 상태로 남아 있는 것뿐이다(惟於理 有未窮 其知有不盡也). 이 때문에 대학의 첫 가르침이 반드시 배우는 자로 하여금 모든 천하의 物에 의거해서(是以大學始敎 必使學者卽凡天下之物), 어느 누구라도 이미 그가 알고 있는 理를 바탕으로 더욱 궁구해서 이로써 완전한 知(앎)에 도달하기를 추구하지 않는 자가 한 사람도 없도록 했던 것이다(莫不因其已知之理而益窮之 以求至乎其極). 진력하여 구하길 오래하게 되면 어느 날 아침에 모든 것이 활연히 관통하는 경지에 이르게 되는데(至於用力之久 而一旦豁然貫通焉), 그렇게 되면 모든 物의 表와 裏·精과 粗가 어느 하나라도 파악되지 않는 것이 없게 되고(則衆物之表裏精粗 無不到), 내 마음의 전체와 대용이 어느 하나라도 환히 밝혀지지 않는 것이 없게 되는 것이다(而吾心之全體大用 無不明矣). 이것을 말하여「物格」이라고 한 것이고(此謂物格), 이것을 말하여「知(앎)의 궁극」이라고 한 것이다(此謂知之至也).

傳六章 釋誠意

G 0601 經文에서 말한바,「그 발동되는 뜻을 진실하게 한다.」는 것은(所謂誠其意者), 자기 스스로를 속이지 말라는 것이다(毋自欺也). 악취를 싫어하는 것처럼 하고 아름다운 여자를 좋아하는 것처럼 하는 것(如惡惡臭 如好好色), 이것을 말하여「自謙」이라고 하는데(此之謂自謙), 그러므로 군자는 반드시 그 홀로 있는 때를 더욱 근신하는 것이다(故君子必愼其獨也).

0602 小人은 혼자 있을 때에는 不善한 짓을 하기를 못 하는 짓이 없다가도(小人閒居爲不善 無所不至), 君子를 보고난 뒤에는 슬그머니 그 不善은 가리고 그 善은 드러낸다(見君子而后 厭然 揜其不善 而著其善). 그러나 사람들 보는 눈이 그의 폐간 속까지 꿰뚫어보는 듯한데(人之視己 如見其肺肝然), 무슨 도움이 되겠는가(則何益矣). 이것을 말하여「내심에 꽉 차 있으면 밖으로 드러나 보인다.」라고 한다(此謂誠於中 形於外). 그러므로 君子는 반드시 그 홀로일 때를 더욱 근신하는 것이다(故君子必愼其獨也).

0603 曾子께서 말씀하셨다(曾子曰). "열 눈이 보는 바이며(十目所視), 열 손가락이 가리키는 바이니(十手所指), 그 삼엄함이여(其嚴乎)!"

0604 富가 쌓이면 집에서 빛이 나고(富潤屋), 德이 쌓이면 몸에서 빛이 나고(德潤身), 마음이 넓어지면 몸이 불어난다(心廣體胖). 그러므로 군자는 반드시 그 발동되는 뜻을 진실하게 하는 것이다(故君子必誠其意).

傳七章 釋正心脩身

N 0701 經文에서 말한바,「자신을 닦는 것은 그 마음을 바르게 가지는 데에 있다.」는 것은(所謂脩身在正其心者), 몸이 분노하는 바에 지배를 당하면 그 마음을 바르게 가질 수 없고(身[心]有所忿懥 則不得其正), 무서워하고 두려워하는 바에 지배를 당하면 그 마음을 바르게 가질 수 없고(有所恐懼 則不得其正), 좋아하고 즐거워하는 바에 지배를 당하면 그 마음을 바르게 가질 수 없고(有所好樂 則不得其正), 근심하고 걱정하는 바에 지배를 당하면 그 마음을 바르게 가질 수 없다는 것이다(有所憂患 則不得其正).

0702 마음이 거기에 가 있지 않으면(心不在焉), 보고 있어도 보지 못하고 듣고 있어도 듣지 못하고 먹고 있어도 그 맛을 알지 못한다(視而不見 聽而不聞 食而不知其味).

0703 이것을 말하여「자신을 닦는 것은 그 마음을 바르게 가지는 데에 있다.」라고 한 것이다(此謂修身在正其心).

傳八章 釋修身齊家

O 0801 經文에서 말한바,「집안을 가지런하게 하는 것은 그 자신을 닦

는 데에 있다.」는 것은(所謂齊其家在脩其身者), 사람들은 그가 친하고 사랑하는 이에게는 親愛에 편벽되고(人之其所親愛而辟焉), 그가 업신여기고 미워하는 이에게는 賤惡에 편벽되고(之其所賤惡而辟焉), 그가 두려워하고 존경하는 이에게는 畏敬에 편벽되고(之其所畏敬而辟焉), 그가 애처롭고 불쌍히 여기는 이에게는 哀矜에 편벽되고(之其所哀矜而辟焉), 그가 오만하고 무례하게 대하는 이에게는 敖惰에 편벽된다는 것이다(之其所敖惰而辟焉). 이렇기에 좋아하면서도 그의 나쁜 점도 볼 줄 알고 미워하면서도 그의 좋은 점도 볼 줄 아는 자는 세상에 드문 것이다(故好而知其惡 惡而知其美者 天下鮮矣).

0802 그러므로 속담에 있기를(故諺有之曰), "사람들은 제 자식 나쁜 줄은 모르고(人莫知其子之惡), 제 논의 모가 큰 줄은 모른다(莫知其苗之碩)."라고 한 것이다.

0803 이것을 말하여「자신이 닦이지 않고서는 이로써 그 집안을 가지런하게 할 수 없다.」라고 한 것이다(此謂身不脩不可以齊其家).

傳九章 釋齊家治國

P 0901 經文에서 말한바,「나라를 잘 다스리고자 했던 자는 무엇보다 먼저 그 집안을 가지런하게 했다.」는 것은(所謂治國必先齊其家者), 내 집안의 교화는 이루지 못하면서 남을 교화시킬 수 있는 자는 없다는 것이다(其家不可教而能教人者 無之). 그러므로 군자는 집안에서 벗어나지 않고서도 나라에 교화를 이루어내는데(故 君子不出家而成教於國), 孝는 임금을 섬기는 바탕이고(孝者 所

以事君也), 弟는 윗사람을 섬기는 바탕이며(弟者 所以事長也), 慈는 백성을 부리는 바탕이기 때문이다(慈者 所以使衆也).

0902 『書經』「康誥」에는 말하길(康誥曰), "갓난아기를 업어 기르듯이 하라(如保赤子)."고 했으니, 마음으로 정성을 다해 구한다면(心誠求之), 딱 들어맞지는 않을지라도 그리 멀리 어긋나지는 않을 것이다(雖不中不遠矣). 자식 기르는 법을 배우고 나서야 시집가는 여자는 없는 법이다(未有學養子而后嫁者也).

Q 0903 한 사람이 仁하면 한 나라에 仁의 기풍이 일어나고(一家仁 一國興仁), 한 사람이 禮讓하면 한 나라에 禮讓의 기풍이 일어나고(一家讓 一國興讓), 임금 한 사람이 탐하면 한 나라에 혼란이 일어난다(一人貪戾 一國作亂). 한 나라의 興亂의 기미가 이와 같다(其機如此). 이것을 말하여「한 마디 말이 국사를 그르치고 한 사람의 행위가 나라를 안정시킨다.」라고 한다(此謂一言僨事 一人定國).

0904 요임금과 순임금은 천하를 다스리길 仁으로써 했는데 백성들은 따랐고(堯舜帥天下以仁 而民從之), 걸왕과 주왕은 천하를 다스리길 暴(포)로써 했는데 백성들은 따랐다(桀紂帥天下以暴 而民從之). 그들이 令으로 겉에 내세운 바가 그들이 속으로 좋아하는 바와 상반되면 백성들은 따르지 않았다(其所令反其所好 而民不從). 이런 고로 군자는 그것이 내게 있게 하고 나서야 그것이 남에게 있기를 요구하고(是故君子有諸己而后求諸人), 그것이 내게 없게 하고 나서야 그것이 남에게 없음을 책망한다(無諸己而后非諸人). 내게 간직되어 있는 바로 미루어 나가 남을 헤아려 보지 않고서 남을 깨우칠 수 있는 자는 없다(所藏乎身不恕 而能喩諸人者 未之有也).

0905 그러므로 나라를 잘 다스리는 것은 그 집안을 가지런하게 하는 데에 있는 것이다(故治國在齊其家).

R 0906 『詩』는 노래하길(詩云), "복숭아나무 한껏 물올라 잎사귀들 한층 짙푸르네(桃之夭夭 其葉蓁蓁). 저 아가씨 시집가네 시집식구 의좋게 하리(之子于歸 宜其家人)."라고 했는데, 자기 집안사람들을 의좋게 했으니, 그 후에 이로써 나라사람들을 교화할 수 있는 것이다(宜其家人 而后可以教國人).

0907 『詩』는 노래하길(詩云), "형답구나 동생답구나 형제 우애 도탑구나(宜兄宜弟)."라고 했는데, 형제간에 우애를 도탑게 했으니, 그 후에 이로써 나라사람들을 교화할 수 있는 것이다(宜兄宜弟 而后可以教國人).

0908 『詩』는 노래하길(詩云), "풍모와 인덕 한가지라 사해백성 모범되네(其儀不忒 正是四國)."라고 했는데, 부자간 형제간이 족히 모범이 될 만했으니, 그 후에 백성들이 그를 본받게 되는 것이다(其爲父子兄弟足法 而后民法之也).

0909 이것을 말하여「나라를 잘 다스리는 것은 그 집안을 가지런하게 하는 데에 있다.」라고 한 것이다(此謂治國在齊其家).

傳十章 釋治國平天下

S 1001 經文에서 말한바,「천하를 태평하게 하는 것은 그 나라를 잘 다스리는 데에 있다.」는 것은(所謂平天下在治其國者), 위에서 노인을 노인으로 높이면 백성들에게는 孝의 기풍이 일어나고(上老老而民興孝), 위에서 어른을 어른으로 공경하면 백성들에게는 弟

의 기풍이 일어나고(上長長而民興弟), 위에서 고아를 불쌍히 여기면 백성들은 등을 돌리지 않는다는 것이다(上恤孤而民不倍).

T 1001 이 때문에 군자에게는 지키고 행해야 하는 絜矩之道(혈구지도)가 있는 것이다(是以君子有絜矩之道也).

1002 아랫사람으로서 윗사람에게 느꼈던 싫어하는 바로써 아랫사람을 부리지 말라(所惡於上 毋以使下). 윗사람으로서 아랫사람에게 느꼈던 싫어하는 바로써 윗사람을 섬기지 말라(所惡於下 毋以事上). 나를 앞질러 가던 사람에게 느꼈던 싫어하는 바로써 뒷사람을 앞질러 가지 말라(所惡於前 毋以先後). 나를 뒤좇아 오던 뒷사람에게 느꼈던 싫어하는 바로써 앞사람을 뒤좇아 가지 말라(所惡於後 毋以從前). 내 오른편에 있던 사람에게 느꼈던 싫어하는 바로써 내 왼편 사람에게 넘기지 말라(所惡於右 毋以交於左). 내 왼편 사람에게 느꼈던 싫어하는 바로써 내 오른편 사람에게 넘기지 말라(所惡於左 毋以交於右). 이것을 말하여 「絜矩之道(혈구지도)」라고 한다(此之謂絜矩之道).

U 1003 『詩』는 노래하길(詩云), "여민동락 우리 군자 백성의 부모로세(樂只君子 民之父母)."라고 했는데, 백성들이 좋아하는 그것을 좋아하고 백성들이 싫어하는 그것을 싫어하는 것(民之所好好之 民之所惡惡之), 이것을 말하여 「백성의 부모」라 한다(此之謂民之父母).

1004 『詩』는 노래하길(詩云), "깎아지른 듯 저 남산에 기암괴석 우뚝우뚝(節彼南山 維石巖巖). 위용 뽐내는 태사 윤 씨 백성들 모두 당신만 쳐다보네(赫赫師尹 民具爾瞻)."라고 했는데, 나라를 가진 자는 이로써 근신하지 않으면 안 되니(有國者 不可以不愼), 편벽되

면 천하에 의해 참혹한 죽임을 당하게 될 것이다(辟則爲天下僇矣).

1005 『詩』는 노래하길(詩云), "殷나라가 아직 백성을 잃지 않았을 땐 상제님 단짝 되어 잘 따랐었지(殷之未喪師 克配上帝). 의표 갖춰 殷나라를 거울삼아라. 천명이란 보존키가 쉽지 않으니(儀監于殷 峻命不易)"라고 했는데, 백성을 얻으면 나라를 얻고 백성을 잃으면 나라를 잃는다는 말이다(道得衆則得國 失衆則失國).

V 1006 이런 고로 군자는 먼저 덕을 謹守해야 한다(是故君子先愼乎德). 덕이 있고 이에 백성이 있으며(有德 此有人), 백성이 있고 이에 땅이 있으며(有人 此有土), 땅이 있고 이에 재물이 있으며(有土 此有財), 재물이 있고 이에 쓰임이 있는 것이다(有財 此有用).

1007 德이라는 것이 근본이고 財物이란 것은 말단인즉(德者本也 財者末也),

1008 근본은 밖에다 두고 말단을 안으로 들이면, 백성들을 다투게 하고 서로 빼앗는 싸움을 벌이게 하는 것이다(外本內末 爭民施奪).

1009 이런 고로 재물이 모이면 백성은 흩어지고, 재물이 흩어지면 백성은 모이는 것이다(是故財聚則民散 財散則民聚).

1010 이런 고로 어그러지게 나간 말은 똑같이 어그러져서 들어오고(是故言悖而出者 亦悖而入), 어그러지게 모아들인 재화는 똑같이 어그러져서 빠져나가는 것이다(貨悖而入者 亦悖而出).

1011 『書經』「康誥」에는 말하길(康誥曰), "천명이란 항시 머물러 있는 것이 아니다(惟命不于常)."라고 했는데 善政하면 천명을 얻고 善政하지 않으면 천명을 잃는다는 말이다(道善則得之 不善則失之矣).

W1012 『國語』「楚書」에는 말한다(楚書曰). "초나라에는 보물로 삼을

만한 것이 없습니다. 善人만을 보물로 삼을 뿐입니다(楚國 無以爲寶 惟善以爲寶)."

1013 『禮記』에서 舅犯(구범)은 말한다(舅犯曰). "망명 중인 사람은 보물로 삼을 것이 없습니다. 어버이에 대한 사랑을 보물로 삼을 뿐입니다(亡人無以爲寶 仁親以爲寶)."

1014 『書經』「秦誓」에는 말한다(秦誓曰). "가령 여기에 한 신하가 있는데(若有一个臣), 성실하고 한결같을 뿐 전혀 다른 재주는 없으나 그 마음이 너그럽기가 마치 한량없는 것 같아서(斷斷兮無他技 其心休休焉 其如有容焉), 남이 가진 재주를 보면 마치 자기가 가진 것처럼 여기고(人之有技 若已有之), 남의 착하고 아름답고 사리에 밝은 모습을 보면 마음으로 좋아하기를 입으로만 좋아하는 척하는 것이 아니면(人之彥聖 其心好之 不啻若自其口出), 참으로 남에게 너그러워서 능히 우리 자손과 백성들을 보전할 수 있겠고(寔能容之 以能保我子孫黎民), 역시 나라에도 이롭겠구나! 할 것이다(尙亦有利哉). 남이 가진 재주를 보면 시기 질투하여 싫어하고(人之有技 媢疾以惡之), 남의 착하고 아름답고 사리에 밝은 모습을 보면 어깃장을 놓아 남과 통하지 못하도록 한다면(人之彥聖 而違之 俾不通), 참으로 남에게 너그럽지 못하여 우리 자손과 백성들을 보전할 수 없겠고(寔不能容 以不能保我子孫黎民), 역시 나라에도 위태롭겠구나! 할 것이다(亦曰殆哉)."

1015 오직 어진 사람만이 시기하고 질투하는 자를 추방하고 유배시켜(唯仁人放流之), 四夷족의 땅으로 뿔뿔이 흐트러뜨려서 나라 안에 같이 발붙이지 못하게 한다(迸諸四夷 不與同中國). 이를 말하여「오직 어진 사람만이 사람을 사랑할 수 있고, 사람을 미워할

수 있다.」라고 한다(此謂唯仁人爲能愛人 能惡人).

1016 현자를 보고도 천거하지 못하고, 천거해도 빨리하지 못하는 것은 命(명)이지만(見賢而不能擧 擧而不能先 命[慢]也), 불선한 자를 보고도 물리치지 못하고 물리쳐도 멀리 물리치지 못하는 것은 過(과)이다(見不善而不能退 退而不能遠 過也).

1017 남들이 싫어하는 것은 좋아하고 남들이 좋아하는 것은 싫어하는 것(好人之所惡 惡人之所好), 이것을 말하여「사람의 본성을 거스른다.」라고 하는데(是謂拂人之性), 재앙이 반드시 그 자신에게 미칠 것이다(菑必逮夫身).

1018 이런 고로 군자에게는 대도가 있으니(是故君子有大道), 반드시 忠하고 信해야 이로써 얻고(必忠信以得之), 교만하고 방자하면 이로써 잃고 만다(驕泰以失之).

X 1019 재용을 증식하는 데는 대도가 있으니(生財有大道), 생산하는 자는 많고 먹어 축내는 자는 적으며(生之者衆 食之者寡), 만들기를 빨리하고 씀씀이를 더디게 하면(爲之者疾 用之者舒), 재용은 항상 풍족해진다(財恒足矣).

1020 仁者는 재물을 바쳐서 이름을 날리고(仁者 以財發身), 不仁者는 자신을 바쳐서 재물을 쌓는다(不仁者 以身發財).

1021 윗사람이 仁을 좋아하면 아랫사람으로서는 義를 좋아하지 않을 리가 없고(未有上好仁 而下不好義者也), 아랫사람이 義를 좋아하니 윗사람 하는 일이 잘 마무리되지 않을 리가 없고(未有好義其事不終者也), 창고에 있는 윗사람 재물이 온전히 제 것 아닐 리가 없다((未有府庫財非其財者也).

1022 맹헌자가 말했다(孟獻子曰). "나라의 녹을 먹게 된 집안에서는

닭이나 돼지를 기르는 데에 관심을 두어서는 안 된다(畜馬乘 不察於雞豚). 喪禮 · 祭禮 때 얼음을 쓸 수 있는 집안에서는 소나 양을 길러서는 안 된다(伐冰之家 不畜牛羊). 백승의 수레를 가진 집안에서는 가혹하게 거두는 신하를 길러서는 안 된다(百乘之家 不畜聚斂之臣). 가혹하게 거두는 신하를 두기보다는 차라리 부고의 재물을 절취하는 신하를 두는 게 낫다(與其有聚斂之臣 寧有盜臣)." 이것을 말하여 '나라는 財利로써 이로움을 삼지 않고 義로써 이로움을 삼는다.'라고 한다(此謂國不以利爲利 以義爲利也).

1023 나라를 다스리는 자리에 앉아서도 재용에 힘쓰게 되는 것은 반드시 소인으로 말미암는다(長國家而務財用者 必自小人矣). 저가 재용을 좋게 여겨 소인에게 국사를 처리하게 하면(彼爲善之 小人之使爲國家), 天災 · 人禍가 한꺼번에 닥친다(菑害並至). 현능한 자가 있다 할지라도 어찌 구해볼 도리가 없을 것이다(雖有善者 亦無如之何矣). 이것을 말하여 '나라는 財利로써 이로움을 삼지 않고, 義로써 이로움을 삼는다.'라고 한다(此謂國不以利爲利 以義爲利也).

大學章句

大學章句[1] 大, 舊音泰, 今讀如字.

子程子曰:「大學, 孔氏之遺書, 而初學入德之門也。」於今可見古人爲學次第者, 獨賴此篇之存, 而論·孟次之。學者必由是而學焉, 則庶乎其不差矣。

「大學」의「大」는 옛 발음이「泰」인데, 지금은「大」로 읽는다(大 舊音泰 今讀如字).[2]

程子 선생님께서 말씀하셨다(子程子[3]曰). "『大學』은 孔氏가 남긴 글로, 처음 배우는 자가 덕으로 들어가는 문이다(大學 孔氏之遺書 而初學入德之門也). 지금에 와서 옛 사람들의 학문하는 차례를 볼 수 있게 된 것은(於今可見古人爲學次第者), 오직 이 책이 남아 있는 것에 힘입은 바이고(獨賴[4]此

---

1) 章句(장구): 古文에 대한 註解방법의 하나로서, '離章辨句'의 줄임말. 한 문장을 구절로 잘라 구절단위로 글자나 단어 및 대의를 분석하고, 마지막에 한 문장 전체의 章指를 설명하여 결론 맺는 주해방법임. 대표적인 책으로는 東漢 때 趙歧가 쓴『孟子章句』가 있음. 이에 비해「集注」는 다른 학자의 견해나 주해를 일정한 방식에 따라 모아 언급한 다음에 集注者의 해석이나 판단을 추가하는 주해방법으로 대표적인 책으로는 北宋때 朱熹가 쓴『論語集注』가 있음.

2) ① [公議] 모든 학교 중에서 가장 존귀하고 가장 큰 것을 大學이라 불렀다. 이는 마치 여러 廟 중 가장 존귀한 것을 太廟라 하고, 여러 社 중에서 가장 존귀한 것을 太社라 하고, 太廟 · 太社를 泰라 읽는데, 유독 大學만을「大」라 읽는 것은 이치에 맞지 않는다(諸學之中其最尊最大者謂之大學. 猶群廟之中其最尊者謂之大廟, 群社之中其最尊者謂之大社, 大廟大社旣讀爲泰, 則惟獨大學讀之爲大定無是理). ② 如字(여자): 한 글자에 두 개 이상의 讀音이 있는 경우 본래의 음으로 독음하는 것을 如字라 함.

3) 子程子(자정자): 程子를 더욱 높이 칭한 것으로 후학들이 宗師에 대해 붙이는 칭호.

4) 賴(뢰): 이익을 얻다. 덕을 입다. 힘입다. 의지하다. 이득.

篇之存), 『論語』『孟子』가 그 다음이 된다(而論 · 孟次之). 배우는 자가 반드시 이 책으로 시작해서 배운다면(學者 必由是而學焉), 거의 틀리지 않을 것이다(則庶乎[5]其不差矣).

5) 庶乎(서호): 거의. 대체로. 근사하게. 거의 ~에 가깝다. 큰 차이가 없다.

經文

대학지도 재명명덕 재친민 재지어지선

0001 大學之道, 在明明德, 在親民, 在止於至善。

대인의 학문의 길은(大學之道), 하늘에서 받아 간직되어 있는 밝고 맑은 덕성을 환히 밝히는 데에 있고(在明明德), 백성을 새롭게 하는 데에 있고(在親民), 최고의 좋은 경지로 향해 가서 머무는 데에 있다(在止於至善[1]).

0001 程子曰:「親, 當作新。」○大學者, 大人之學也。明, 明之

---

1) ① [荀子 解蔽篇 第15장] 대체로 사람의 본성을 알게 되면 이로써 사물의 理까지 알 수 있게 된다. 사람의 본성을 아는 방법으로써 사물의 理까지 알기를 추구하는데, 앎의 한계를 그어놓지 않는다면 평생을 바쳐도 周遍할 수는 없다. 그 억만 가지의 理를 꿰뚫었을지라도 만물의 변화에 다 통달하기에는 너무 부족하기에, 어리석은 자와 매한가지나 다름없다. 배우는데 몸은 늙고 자식들은 장성하도록 어리석은 자와 매한가지일 뿐임에도 아직도 그 잘못을 모른다면 바로 그런 사람을 말하여 妄人이라 한다. 이렇기에 배움이란 진실로 그 한계를 긋는 것을 배우는 것이다. 어디에다 그어야 하는가? 바로 至足에다 그어야 한다. 무엇을 至足이라 하는가? 聖이다. 聖한 자란 인륜을 차례 세우는 데 매진한 사람이다. 王노릇 하는 자란 인륜을 규정하는 데 매진한 사람이다. 둘 다 매진한 聖王이면 족히 천하의 법칙이 될 수 있다(凡以知人之性也, 可以知物之理也. 以可以知人之性, 求可以知物之理, 而無所疑[定]止之, 則沒世窮年不能徧也. 其所以貫理焉雖億萬, 已不足以浹萬物之變, 與愚者若一. 學, 老身長子, 而與愚者若一, 猶不知錯, 夫是之謂妄人. 故學也者, 固學止之也. 惡乎止之? 曰, 止諸至足. 曷謂至足? 曰, 聖也. 聖也者, 盡倫者也, 王也者, 盡制者也. 兩盡者, 足以爲天下極矣). ② [公議] 대체로 至善이란 인륜에서의 완성된 德임이 분명한데 다른 해석이 더 있겠는가(凡至善之爲人倫成德於此明矣, 而復有他解乎). ③ '그침(止)'은 오직 '감'이라는 행위를 전제로 하는 것이며, '그침'은 '감'의 목적이요 이상이다. 그침을 향해 가는 과정, 그 전체가 '止'라는 말로써 함축되어 있다(김용옥, 『대학 · 학기 한글역주』 271쪽, 통나무). ④ 止(지): 停住하다. 정주하여 움직이지 않다. 도착하다, 終止하다.

也。明德者, 人之所得乎天, 而虛靈不昧, 以具衆理而應萬事者也。但爲氣稟所拘, 人欲所蔽, 則有時而昏; 然其本體之明, 則有未嘗息者。故學者當因其所發而遂明之, 以復其初也。新者, 革其舊之謂也, 言旣自明其明德, 又當推以及人, 使之亦有以去其舊染之汚也。止者, 必至於是而不遷之意。至善, 則事理當然之極也。言明明德·新民, 皆當至於至善之地而不遷。蓋必其有以盡夫天理之極, 而無一毫人欲之私也。此三者, 大學之綱領也。

程子가 말했다(程子曰). "「親」은 마땅히 「新」으로 써야 한다(親 當作新)." ○ 「大學」은 대인의 학문이다(大學者 大人之學也[2]). 「明」은 「~을 환히 밝히다」이다(明 明之也). 「明德」은 사람이 하늘에서 얻은 것으로(明德[3][4]者

2) ① [禮記正義] 이 대학이란 책은, 학문을 완성하는 일은 능히 나라를 다스리고 덕을 천하에 선양하는 것임을 논한 것이다(此 「大學」之篇, 論學成之事, 能治其國, 章明其德於天下). ② [禮記正義] 대학이란 博學을 기술한 것으로 이로써 정치를 할 수 있는 것이다(案鄭目錄云: "名曰「大學」者, 以其記博學, 可以爲政也). ③ [禮記 學記] 옛날의 교육제도는 家(가: 25호)에는 塾(숙: 글방), 黨(당: 500호)에는 庠(상), 術(술: 12,500호)에는 序(서), 國都(국도)에는 學(학)이 있었다. 매년 입학하고 격년으로 시험을 치렀다. 1년차에는 경전의 단락을 나누고 그 뜻을 변별하는지를 살피고, 3년차에는 학업에 대한 경애심과 교우관계가 화락한지를 살피고, 5년차에는 다방면으로의 학습과 스승에 대한 친애심을 살피고, 7년차에는 학문에 대한 논술력과 교우관계를 살폈는데, 이를 가리켜 小成이라 하였다. 9년차가 되어 類比를 통해 사리를 유추하는 데 통달하고 견해가 확고히 서서 이전으로 되돌아가지 않게 되면 이를 가리켜 大成이라 하였다. 이렇게 된 후에야 족히 백성을 교화시키고 풍속을 개혁할 수 있게 되고, 가까이 있는 사람들은 설복되고 멀리 있는 사람들은 그를 그리워하게 될 것이니, 이것이 大學의 道이다(古之敎者, 家有塾, 黨有庠, 術有序, 國有學. 比年入學, 中年考校. 一年視離經辨志, 三年視敬業樂羣, 五年視博習親師, 七年視論學取友, 謂之小成; 九年知類通達, 强立而不反, 謂之大成. 夫然後足以化民易俗, 近者說服, 而遠者懷之, 此大學之道也). ④ [公議] 大學이란 國學이다. 왕과 경대부의 長子를 앉혀놓고 그들을 가르치는 것이니, '大學之道'란 長子를 가르치는 도이다[大學者, 國學也. 居冑子以敎之, 大學之道敎冑子之道也]. ⑤ 『대학』의 저자는 세계정치와 세계평화를 염두에 두고 있었다. … 그가 보기에 자기 국가의 평화만이 爲政의 최종목적이 아니요, 脩身의 최종목적도 아니었다(《大學》的作者是爲世界政治和世界和平著想… 在他看來, 光是治好自己本國, 並不是爲政的最後目的, 也不是修身的最後目的.)(馮友蘭, 『中國哲學簡史』 215p, 北京大學出版社). ⑥ 大人(대인): 王公貴族. 王者. 덕행이 고상한 자. 뜻이 고원한 자.

3) ① [大全] 하늘이 사람과 物에 부여한 것은 이를 命이라 하고, 사람과 物이 命으로 받은 것은 이를 性이라 한다. 한 몸을 주관하는 것은 이를 心이라 하고, 하늘에서 얻었는데 光明正大한 것은 이를 明德이라 한다(朱子曰: "天之賦於人物者, 謂之命; 人與物受之者, 謂之性; 主於一身者, 謂之心; 有得於天而光明正大者, 謂之明德). ② [朱子語類 14:115] 明德은 내가 하늘에서 얻은 것으로 마음속에 빛나고 있는 사물인데, 총괄해서 말하자면 仁義禮智이다. 그것이 발현된 것으로 말하자면 惻隱 · 羞惡之心 같은 부류이다. 일용지간에 나타난 것으로 말하자면 事親 · 從兄이 이것이다. 이 같은 덕은 본래 스스로 환히 밝힌다. 다만 지금까지는 기품에 구애되고 물욕에 가려져 계속 어두워져서 더 이상 빛나게 밝혀지지 못하게 된 것이다. 이제 돌이켜 잘못된 것을 후벼 파고 발라내고 훔치고 문질러서 하늘에서 얻은 것을 회복해내는 것 이것이 바로 明明德이다(明德, 是我得之於天, 而方寸中光明底物事, 統而言之, 仁義禮智. 以其發見而言之, 如惻隱·羞惡之類; 以其見於實用言之, 如事親從兄是也. 如此等德, 本不待自家明之. 但從來爲氣稟所拘, 物欲所蔽, 一向昏昧, 更不光明. 而今卻在挑剔揩磨出來, 以復向來得之於天者, 此便是"明明德).

4) [公議] ① 明德이란 孝道 · 友愛 · 慈愛이다(明德也 孝弟慈). ②『周禮』의「春官宗伯」편에 보면, 大司樂은 六德으로 國子(왕과 귀족의 맏아들)를 가르쳤는데, 六德이란 中和 · 祗庸 · 孝友였다. 中和 · 祗庸은 中庸의 가르침이고 孝友는 大學의 가르침인 것이다. 大學은 大司樂이 長子를 가르치던 宮으로 그 과목은 孝友로써 덕을 삼았으니, 經에서 말한 明德이 어찌 다른 것이 있겠는가.『孟子』에 '學은 하 · 은 · 주 삼대가 이름이 같았는데 모두 人倫을 밝히는 데 있었다(學則三代共之 皆所以明人倫也).'[滕文公上편 3:9]고 했으니, 人倫을 밝힌다 함은 孝弟를 밝히는 것이 아니겠는가. 虛靈不昧하여 心統性情하는 것을 말하여 理다 氣다 밝다 어둡다 하는데, 비록 군자라면 여기에도 마음을 쏟아야 하겠지만, 이것은 결코 옛날 太學에서 가르치던 제목이 아니다. 뿐만 아니라 소위 誠意니 正心이니 하는 것도 孝弟를 행하는 방법인 妙理나 方略일 뿐이지, 교육과목으로 설정한 제목은 아니다. 교육과목으로 설정한 제목은 孝弟慈일 뿐이다(周禮大司樂以六德敎國子, 曰中和祗庸孝友. 中和祗庸者中庸之敎也孝友者大學之敎也. 大學者大司樂敎胄子之宮, 而其目以孝友爲德, 經云明德豈有他哉. 孟子曰學則三代共之皆所以明人倫也, 明人倫非明孝弟乎… 虛靈不昧心統性情, 曰理曰氣曰明曰昏, 雖亦君子之所致意, 而斷斷非古者太學敎人之題目. 不寧惟是幷其所謂誠意正心, 亦其所以爲孝弟之妙理方畧而已, 非設敎之題目也. 設敎題目孝弟慈而已). ③ 불교의 治心 방법은 治心 그 자체를 일로 삼지만, 우리 유교의 治心 방법은 행하고 있는 일 가운데서 마음을 다스리니, 誠意 · 正心이 비록 배우는 자의 최고의 공부이긴 해도, 매양 일을 따라서 일에 誠을 다하고, 일을 따라서 일에 대한 마음을 바르게 하는 것이지, 면벽한 채 마음을 관조하면서 그 허령한 본체를 검사해보면서 맑게 텅 비어 밝고 티 한 점 묻지 않은 것을 가지고 말하길, 이것이 誠意 · 正心이란 것이라고 하는 자는 없다(佛氏治心之法, 以治心爲事業, 而吾家治心之法, 以事業爲治心, 誠意正心雖是學者之極工, 每因事而誠之, 因事而正之, 未有向壁觀心自檢其虛靈之體, 使湛然空明一塵不染, 曰此誠意正心者). ④ 그 誠意를 다한다는 것은 모두 행하고 있는 일 가운데서이지, 뜻만을 가지고는 이로써 誠이라 말해서는 안 되고, 마음만을 가지고는 이로써 正이라 말해서는 안 된다(其所以誠其意者皆在行事, 徒意不可以言誠, 徒心不可以言正). ⑤ 요즘 사람들은 治心를 誠意로 여기다보니, 곧장 虛靈不昧한 본체를 뱃속에 잡아두고서, 이로써 그 眞實無妄한 이치를 보고자 하는데, 이것은 반드시 종신토록 靜坐한채 默然히 뱃속에 佳境

人之所得乎天), 텅 비어 있지만 신령스럽고 어둡지 않아서(而虛靈不昧[5]), 모든 理를 갖추고서 만사에 응하는 것이다(以具衆理而應萬事者也). 다만

이 있는지를 들여다보고 있어야 하니 坐禪이 아니고 무엇인가. 요즘 사람들은 治心을 正心으로 여기다보니, 원숭이나 망아지 같은 마음을 제압 굴복시켜놓고는 그 출입을 살펴, 이로써 그 잡았다가 놓치거나 간직했다가 잃거나 하는 이치를 시험하는데, 이러한 공부도 본래 우리의 중요한 임무이지만, 일이 없는 새벽녘이나 저녁때에 끌어내 생각해봐도 될 일이다. 그렇지만 옛 사람들이 正心을 말한 것은 사물에 응접하는 중에서였지, 고요히 침묵하는 중에서였던 것은 아니다. 周易에 '공경으로 內心을 바르게 하고 의리로 外行을 방정히 한다.'고 했는데, 사물에 접한 후에 敬이란 이름이 생기고, 일에 응한 후에 義란 이름이 서는 것이지, 응하지도 않고 접하지도 않았는데 敬과 義를 할 수 있는 것은 아니다(今人以治心爲誠意, 直欲把虛靈不昧之體, 捉住在腔子內, 以反觀其眞實无妄之理, 此須終身靜坐默然內觀方有佳境非坐禪而何. 今人以治心爲正心, 制伏猿馬察其出入以驗其操捨存亡之理. 此箇工夫固亦吾人之要務, 曉夕無事之時, 著意提掇焉可也. 但古人所謂正心在於應事接物, 不在乎主靜凝默. 易曰敬以直內義以方外, 接物而後敬之名生焉. 應事而後義之名立焉, 不接不應無以爲敬義也). ⑥ 誠意 · 正心은 언제나 行事에 의하는 것이고, 誠意 · 正心은 언제나 人倫에 붙어 있는 것이다. 뜻만으로는 참될 수 있는 이치는 없고, 마음만으로는 올바를 수 있는 방법은 없다. 行事와 人倫을 제거한 채 마음이 止於至善되길 추구하는 것은, 先聖들의 본래 방법이 아니었다. 天理를 보존하고 人欲을 끊는다는 것 그 기회는 사람과 사람이 서로 접하는 데에 있는 것이다(誠正每依於行事, 誠正每附於人倫. 徒意無可誠之理, 徒心無可正之術. 除行事去人倫而求心之止於至善, 非先聖之本法也. 存天理遏人慾, 其機其會在於人與人之相接). ⑦ 마음에는 처음부터 德이란 없고 오직 곧은 性만 있는데 나의 곧은 마음을 행할 수 있는 것, 이것을 德이라 한다. 德이란 글자의 모양은 行+直+心이다. 善을 행한 후에야 德이라는 명칭이 성립되는 것이지, 행하기 전에 자신이 어찌 명덕을 지니겠는가(心本無德, 惟有直性, 能行吾之直心者, 斯謂之德. 德之爲字, 行直心. 行善而後德之名立焉, 不行之前, 身豈有明德乎). ⑨ 대체로 德行이 神明과 통하는 것을 가리켜 明德이라 한다. 예컨대 신께 제사지내는 물은 明水, 하늘에 감통하는 방을 明堂이라 하듯이, 孝弟가 덕이 되어 神明과 통하기 때문에 明德이라 한 것이지, 하필이면 '虛靈'한 것을 '明'이라 여기겠는가(凡德行之通乎神明者謂之明德. 如祭神之水, 謂之明水, 格天之室, 謂之明堂, 孝弟爲德, 通乎神明, 故謂之明德, 何必虛靈者爲明乎).

5) [大全] ① 虛靈不昧한 것은 곧 心이다. 모든 理가 안에 具足되어 있어 조그만 흠결도 없는 것은 곧 性이다. 때에 따라 감응하여 動하는 것은 곧 情이다(張子曰: "…虛靈不昧, 便是心. 此理具足於中 無少欠闕, 便是性. 隨感而動, 便是情). ② '虛靈不昧'는 明이고, '具衆理應萬事'는 德이다. '具衆理'는 덕의 전체가 아직 발현되지 않은 것이다. '應萬事'는 덕의 큰 작용이 이미 발현된 것이다(黃氏曰: "虛靈不昧 明也. 具衆理應萬事 德也. 具衆理者德之全體未發者也. 應萬事者 德之大用已發者也…"). ③ 心은 거울과 같다. 虛는 거울의 빈 모습과 같다. 明은 거울의 비침과 같다. 不昧는 明을 거듭 말한 것이다. 虛하면 明이 그 안에 있고, 靈하면 밖으로 밝게 感應한다. 虛하니까 具衆理하고, 靈하니까 應萬事한다(玉溪盧氏曰: "…心猶鑑也, 虛猶鑑之空. 明猶鑑之照. 不昧申言其明也. 虛則明存於中, 靈則明應於外. 惟虛故具衆理, 惟靈故應萬事).

품부 받은 氣質에 구애되고 인욕에 가려지는 경우에는(但爲氣稟所拘 人欲所蔽[6]), 어떤 때는 어두워지기도 하지만(則有時而昏), 그 본체의 밝은 모습은 지금까지 어느 때도 꺼진 적이 없었다(然 其本體之明 則有未嘗息[7]者). 그러므로 배우는 자는 마땅히 明德이 발현되는 실마리를 바탕으로 끝내는 그 덕을 환히 밝혀서(故學者 當因其所發而遂明之), 받은 처음 그 모습 그대로를 회복해야 한다(以復其初也). 「新」은 옛것을 고치는 것을 말한다(新者 革其舊之謂也). 말인 즉, 스스로 자기의 明德을 밝힐 뿐만 아니라, 이를 미루어 나가서 남에게까지 미치도록 하여, 남도 역시 그 옛날에 물들었던 더러움을 제거할 수 있도록 해야 한다는 것이다(言 旣自明其明德 又當推以及人[8]使之亦有以去其舊染之汚[9]也)[10][11]. 「止」는 반드시 여기에 이르고 이

6) [朱子語類] ① [4:68] 맑은 기를 타고난 사람이 성현인데, 이는 보석이 맑고 깨끗한 물속에 있는 경우와 같다. 탁한 기를 타고난 사람이 우매하거나 不肖한 자인데, 이는 마치 보석이 탁한 물속에 있는 경우와 같다. 이른바 '明明德'이란 마치 탁한 물속에 나아가 그 보석을 깨끗이 닦는 것과 같다(但稟氣之淸者, 爲聖爲賢, 如寶珠在淸冷水中; 稟氣之濁者, 爲愚爲不肖, 如珠在濁水中. 所謂 "明明德"者, 是就濁水中揩拭此珠也). ② [12:71] 人性은 본래는 환히 밝으나 마치 보석이 흐린 물속에 있어서 흐려져 그 환한 빛이 보이지 않는 것과 같으니, 흐린 물을 제거하면 보석은 예전처럼 저절로 환히 밝아진다. 자기 스스로 人欲에 의해서 가려졌음을 깨달을 수 있으면 곧 환히 밝아지게 되는 것이므로, 오직 이 점을 중심으로 모든 노력을 경주해야 한다. 그리하여 格物을 추구하여 "오늘 하나의 사물을 궁구하고 내일 또 하나의 사물을 궁구하기"를 마치 유격대가 포위 공격하여 성을 공략하듯이 하면 인욕은 저절로 녹아 없어질 것이다(人性本明, 如寶珠沉溷水中, 明不可見; 去了溷水, 則寶珠依舊自明. 自家若得知是人欲蔽了, 便是明處, 只是這上便緊緊著力主定. 一面格物, 今日格一物, 明日格一物, 正如遊兵攻圍拔守, 人欲自消鑠去)(馮友蘭, 『중국철학사(下)』 556쪽, 박성규 역, 까치).

7) [大全] 明德은 꺼진 적이 없다. 수시로 日用之間에 발현되는데, 예를 들면 우물에 빠지려는 어린아이를 보면 벌벌 떨게 되고, 義가 아닌 것을 보면 부끄러워하거나 싫어하게 되고, 현인을 보면 공경하게 되고, 善한 일을 보면 기뻐하고 부러워하는데, 이 모두가 明德이 발현된 모습이다. 아주 악한 사람이라도 역시 善한 생각이 발로되는 때가 있는데, 다만 明德이 발현되는 단초를 바탕으로 계속하여 그것을 밝게 밝혀야 되는 것이다(朱子曰: "明德未嘗息. 時時發見於日用之間, 如見孺子入井而怵惕, 見非義而羞惡, 見賢人而恭敬, 見善事而歎慕, 皆明德之發見也. 雖至惡之人, 亦時有善念之發, 但當因其所發之端, 接續光明之).

8) [大全] 이 理는 사람이 均有하고 있는 것이지, 나 혼자 얻은 것이 아니니, 스스로 그 德을 밝혔으면 미루어 남에게 미치게 해야 한다. 남이 기질과 욕심으로 어두워져 있는데, 어찌 측은

하게 여겨서 새롭게 해주고 싶은 마음이 생겨나지 않겠는가(朱子曰: "此理人所均有, 非我所得私, 旣自明其德, 須當推以及人. 見人爲氣與欲所昏, 豈不惻然欲有以新之).

9) [朱文公全集] 性은 하나이다. 사람과 鳥獸 · 草木이 그것을 받은 처음에는 모두 균등했지만 그중 사람이 가장 神靈했을 뿐이다. 氣習의 차이로 인해 선악의 구분이 생긴 것이다. 공자께서 말씀한 '上智와 下愚는 바꾸지 않는다(唯上知與下愚不移).'[論語 陽貨편 제3장]는 것은, 바뀔 수 없다는 말씀이 아니라, 氣習으로 점차 오염되길 장기간 계속되어 下愚를 바꿔 갑자기 上智가 되게 하는 것이 가능하지는 않다는 말씀인 것이다. 어찌 이것이 곧 사람의 性에 不善이 있다는 말씀일 수 있겠는가(性, 一也. 人與鳥獸草木, 所受之初皆均, 而人爲最靈爾. 由氣習之異, 故有善惡之分…夫子不云乎: "唯上智與下愚不移", 非謂不可移也, 氣習漸染之久, 而欲移下愚而爲上智, 未見其遽能也. 詎可以此便謂人之性有不善乎?)(김용옥, 『대학 · 학기 한글역주』 54쪽, 통나무).

10) [公議] ① "선생께서는 저 至善이란 것을 아십니까? 天理의 公에 매진하여 한 오라기 털만큼의 인욕의 私도 없이 심체를 허명하게 하여 그 본연의 모습을 회복하게 합니다. 내가 이미 이와 같아지고 백성도 그렇게 되게 합니다. 이것이 至善입니다. 그런데 선생께서는 오로지 人倫으로만 한정하여 至善을 설명하시니 어찌 통하겠습니까?" ○茶山이 말한다. "내가 말한 것은 경전에 나오는 말이지 내가 지어낸 말이 아니다. 마음을 다스려 본성을 수선하는 것은 진실로 군자의 중요 임무이긴 하다. 그렇지만 성인의 말씀에는 질서가 있고 차례가 있으니 서로 뒤섞어서는 안 된다. 맹자에서처럼 心性을 논하고, 중용에서처럼 天道를 논하고 이 대학에서처럼 德行을 논하듯이, 각기 주안점이 있어 趣旨가 같지 않다. 心性論이 비록 대단히 高妙精微한 이론이긴 하지만, 이 대학의 논지와는 전혀 상관이 없다는 말이다. 이론이 高妙하다고 해서 그것이 이 대학의 논지와는 서로 어긋나는 것을 어찌 말하지 않을 수 있겠는가. 또 성인의 도가 成己와 成物을 그 始와 終으로 삼고 있지만, 成己도 自修로써 하고 成物도 自修로써 하는 것이어서 이를 身敎라 한다. 때문에 止於至善에 대한 완전한 해석은 緝熙敬止절(전문 제3장 제3절)에 줄줄이 나오는 다섯 개의 '止'에 있으니 모두 自修이지 民修를 말하는 것이 아니다. 나의 마음을 다스리고 나서 또 백성의 마음도 다스려 함께 止於至善하기를 기약하는 것이 어찌 대학이 말하는 바이겠는가"(或問曰子知夫至善乎? 極天理之公, 而無一毫人欲之私, 使心體虛明, 復其本然. 我旣如此, 民亦使然, 斯之謂至善. 今子專以人倫爲說, 豈可通乎? ○答曰我所言者, 經也非我也. 治心繕性, 固亦君子之要務. 然聖人之言, 有倫有序, 不相混雜. 或論心性如孟子, 或論天道如中庸, 或論德行如此經, 各有所主, 意趣不同. 心性之論, 雖高妙精微, 於此經了不相關. 豈可以本論之高妙, 而不言其與此經相違乎. 且聖人之道, 雖以成己成物爲始終, 成己以自修, 成物亦以自修, 此之謂身敎也. 故止至善全解, 在於緝熙敬止之節, 而所列五止, 都是自修, 民修所不言也. 我旣治心, 又治民心, 偕期於止至善, 豈經文之所言乎!). ② '至善'이란 人倫의 至德이다. '止於至善'이란, 자식이 되었으면 오로지 효도하는 데에만 매진하고, 신하가 되었으면 오로지 공경하는 데에만 매진하고, 사람들과 사귐에 있어서는 오로지 상대방을 믿는 데에만 매진하고, 부모가 되어서는 오로지 자애롭게 대하는 데에만 매진하고, 군주가 되어서는 오로지 仁하는 데에만 매진하는 것이다. 人倫 외에 至善이란 없다(至善者, 人倫之至德也…止於至善者, 爲人子止於孝, 爲人臣止於敬, 與國人交止於信, 爲人父止於慈, 爲人君止於仁. 凡人倫之外, 無至善也).

11) [公議] ① 순임금이 설에게 말하길, '백성이 親하지 않거든 네가 五敎를 펼쳐라.' 했는데[書

르러서는 절대 옮기지 않는다는 뜻이다(止者必至於是而不遷之意).「至善」은 사리로서 의당 그러해야 하는 최고의 법칙이다(至善 則事理當然之極也[12]).「明明德」과「新民」이 모두 마땅히 至善의 경지에 이르고, 이르러서는 옮기지 않는다는 말이다(言 明明德 新民 皆當至於至善之地而不遷). 대체로 그 천리의 법칙을 반드시 다하여(蓋必其有以盡夫天理之極), 털끝만큼의 인욕의 사사로움도 없어야 하는 경지이다(而無一毫人欲之私也[13]). 이 셋이「大學」의 강령이다(此三者 大學之綱領[14]也).

經 舜典], 五敎란 孝弟慈이고, 맹자가 3대의 庠 · 序 · 學校의 제도를 언급하면서 이어서 말하길, '學이란 人倫을 밝히는 방법이다. 人倫이 위에서 밝혀지면, 百姓은 아래에서 親해진다(學則三代共之 皆所以明人倫也 人倫明於上 小民親於下).' 했는데[孟子 滕文公上편 3:9], 明明德이란 인륜을 밝히는 것이고, 親民이란 백성을 친하게 하는 것이지 어찌 다른 해석이 있겠는가(舜命契曰百姓不親. 汝敷五敎. 五敎者, 孝弟慈也…孟子言庠序學校之制. 而繼之曰學所以明人倫也. 人倫明於上. 小民親於下…明明德者. 明人倫也. 親民者. 親小民也…亦豈是他說乎). ② 만약 盤銘 · 康誥 · 周雅의 글들이 '新民'으로 보는 명백한 증거라면, '親'과 '新' 두 글자는 모양이 서로 비슷하고 뜻이 서로 통하므로, 친하게 된다는 것은 새롭게 된다는 것이다. 백성이 서로 친하게 되면 곧 새롭게 되는 것이니 어찌 일획도 변경하지 않아야만 비로소 조응이 되겠는가. 두 가지 뜻이 어느 쪽도 폐해서는 안 되겠기에, 이제 둘 다 펼쳐놓고 후일에 아는 자가 나오길 기다린다(若云盤銘康誥周雅之文, 爲新民之明驗, 則親新二字, 形旣相近, 義有相通, 親之者新之也…百姓相親, 其民乃新, 豈必一畫無變, 乃爲照應乎…總之兩義不可偏廢, 今幷陳之, 以俟知者). ③ 經文 제4절에서 말한 '明明德天下'란 親民이다. 맹자의 말도 역시 親民이다(經曰明明德於天下者, 親民也. 孟子此言, 亦親民也).

12) [大全] 明德 · 新民을 하는 것은 사람의 개인 역량이나 생각에 따르는 것이 아니고, 本有한 當然之則이 있으니 지나쳐도 안 되고 미치지 못해도 안 된다. 예컨대 孝는 明德이지만 본유한 當然之則이 있는바 미치지 못하면 당연히 안 되지만 지나치면 필시 고질병에 걸린 부모를 위해 허벅지살을 베어 바치기까지 하는 일이 벌어지게 된다. 當然之則이라는 경지에 이르면 옮기지 않아야 비로소 止於至善이다(朱子曰: "明德 · 新民, 非人力私意所爲, 本有一箇當然之則, 過之不可, 不及亦不可, 如孝是明德, 然自有當然之則, 不及固不是, 若過其則, 必有刲股之事, 須是到當然之則處而不遷, 方是止於至善).

13) [大全] 天理와 人欲은 서로 한쪽이 작아지면 다른 한쪽은 커지고, 한쪽이 커지면 다른 한쪽은 작아진다. 겨우 털끝만큼의 人欲이라도 있으면 天理의 법칙을 다할 수 없고 止於至善 운운할 수 없다(新安陳氏曰: "天理人欲, 相爲消長, 纔有一毫人欲之私, 便不能盡夫天理之極, 不得云止於至善矣.").

14) [大全] ① 綱은 大綱을 말한다. 예컨대 그물에는 벼리(그물 위쪽의 코를 꿰어놓은 줄로 잡아당겨 그물을 오므렸다 폈다 함)가 있는데 벼리를 들어 올리면 그물눈이 따라서 펴지는 것과 같다. 領은 要領을 말한다. 예컨대 가죽옷에는 옷깃이 있는데 옷깃을 들면 옷이 따라오

〔大學或問〕

그렇다면 이 책에서 말한 '在明明德, 在新民, 在止於至善'에 대해서도 상세한 말씀을 얻어 들을 수 있겠습니까?(曰: 然則此篇所謂'在明明德, 在新民, 在止於至善'者, 亦可得而聞其說之詳乎?)

천도는 유행하면서 만물을 낳고 기르는데, 그러한 조화의 원인은 陰陽五行 뿐이다. 그런데 이른바 陰陽五行이라는 氣는 또 필히 이 理가 있고 나서야 이 氣가 있게 되고, 이 氣가 만물을 낳는 경우에는 또 반드시 이 氣의 응취를 바탕으로 그 후에 이 형체를 가지게 되는 것이다(曰: 天道流行, 發育萬物, 其所以爲造化者, 陰陽五行而已. 而所謂陰陽五行者, 又必有是理而後有是氣, 及其生物, 則又必因是氣之聚而後有是形).

그러므로 사람과 物의 생명은, 반드시 이 理를 얻은 연후에야 하늘다운 建·땅다운 順·仁·義·禮·智라는 本性을 가질 수 있게 되고, 반드시 이 氣를 얻은 연후에야 魂魄·五臟·百骸라고 하는 몸체를 가질 수 있게 된다. 주렴계 선생께서 『太極圖說』에서 말씀하신, '無極이라는 眞理와 陰陽五行이라는 精氣가 오묘하게 합해져서 응취된 것'이란, 바로 이것을 말한 것이다(故人物之生 必得是理, 然後有以爲健順仁義禮智之性; 必得是氣, 然後有以爲魂魄五臟百骸之身. 周子[15]所謂 '無極之眞, 二五之精, 妙合而凝'者, 正謂

는 것과 같다(新安陳氏曰: "綱以大綱言, 如綱之有綱, 綱擧則目張. 領以要領言, 如裘之有領, 領挈而裘順). ② 明明德 · 新民 · 止於至善 이 여덟 자에는 이미 대학 한편의 뜻이 다 포함되어 있다(朱子曰: "明明德 · 新民 · 止至善, 此八字已括盡一篇之意). ③ 大學의 體는 明德에 있고, 用은 新民에 있고, 體와 用의 준거점은 止於至善에 있다. 힘써야 하는 방면은 知와 行에 있을 뿐이다. 格物 · 致知는 知의 일이고, 誠意 · 正心 · 修身은 行의 일이다(番易沈氏曰: "大學之體在明德, 其用在新民, 其體用之準, 則在止至善. 要其用力之方, 在知與行而已. 格物致知, 知之事也; 誠意正心脩身, 行之事也…").

15) 周子(주자): 중국 북송의 유학자 周敦頤(주돈이, 1017~1073)를 높여 부르는 말. 화남성의

是也).

그렇지만 그 理를 가지고 말하면 萬物은 그 원천이 모두 한가지로 똑같아서 사람과 物 사이에 貴와 賤의 구별은 본래부터 없지만, 그 氣를 가지고 말하면 그중에서 바르고 통하는 氣를 얻은 것은 사람이 되고, 그중에서 편벽되고 폐색된 氣를 얻은 것은 物이 되어, 이 때문에 혹은 貴하게 되기도 하고 혹은 賤하게 되기도 하여 서로 똑같지가 못하다. 저 賤해서 物이 된 것은 形氣의 편벽 · 폐색이라는 질곡의 구속을 이미 받고 있기에, 그 본체의 온전한 모습을 구비하도록 채워나갈 방법이 없다(然以其理而言之, 則萬物一原, 固無人物貴賤之殊; 以其氣而言之, 則得其正且通者爲人, 得其偏且塞者爲物, 是以或貴或賤而不能齊也. 彼賤而爲物者, 旣梏於形氣之偏塞, 而無以充其本體之全矣).

사람의 생명만이 겨우 그 氣 중에서 바르고 通하는 것을 얻었기에 그의 性이 가장 귀하다. 그러므로 사방 한 촌밖에 안 되는 사람의 마음은, 텅 비어 신령스럽고 텅 비어 막힘이 없어서, 그 안에 모든 理가 다 구비되어 있다. 사람이 금수와 다른 까닭이 바로 여기에 있고, 사람이 요순같이 될 수 있고 하늘과 땅과 더불어 셋이 되어 이로써 천지의 화육을 도울 수 있는 까닭 또한 이 마음 밖으로 벗어나지 않는데, 이것이 곧 이른바 明德이라는 것이다(唯人之生, 乃得其氣之正且通者, 而其性爲最貴. 故其方寸之間, 虛靈洞徹[16], 萬理咸備. 蓋其所以異於禽獸者正在於此, 而其所以可爲堯舜 而能參天地以贊化育[17]者, 亦不外焉, 是則所謂明德者也).

그렇지만 사람의 그 통한다는 氣도 혹 청명하다거나 혼탁하다는 차이

사람으로 자는 무숙(茂叔), 호는 염계(濂溪). 저서로 『太極圖說』 『通書』가 있음.

16) 洞徹(통철): 투철하게 깨닫다. 통달하다. 텅 비다. 매우 밝다. 투명하다.

17) 중용 제22장 참조.

가 없을 수 없고, 사람의 그 바르다는 氣도 혹 아름답다거나 추하다는 차이가 없을 수 없기 때문에, 그 품부 받은 氣의 質이 청명한 자는 지혜롭지만 혼탁한 자는 어리석고, 아름다운 자는 어질지만 추한 자는 어질지 못하여, 또다시 서로 똑같지 못한 것이 있는 것이다(然其通也 或不能無淸濁之異, 其正也 或不能無美惡之殊, 故其所賦之質, 淸者智而濁者愚, 美者賢而惡者不肖, 又有不能同者).

반드시 그중에서 上智와 大賢의 자질을 받은 자의 경우에야, 비로소 그 본체의 모습대로 온전히 구현하여 환히 밝아지지 않은 부분이란 조금도 없지만, 그중에서 上智와 大賢의 자질에 미치지 못한 자의 경우에는, 이른바 明德이라는 것이 이미 가려진 부분이 없을 수 없기에 명덕이 온전히 구현되어 있는 모습을 상실하고 있는 것이다. 더구나 또 氣의 자질로 인해 가려져 있는 마음이 사물의 무궁한 변화에 接應하는 경우에는, 눈은 좋은 색을 바라고 귀는 좋은 소리를 바라고 입은 좋은 맛을 바로고 코는 좋은 냄새를 바라고 사지는 안일을 바라는 욕구 때문에, 그 명덕의 온전한 모습의 구현에 해를 끼치는 것이 또 어찌 이루다 말하겠는가(必其上智[18]大賢[19]之資, 乃能全其本體, 而無少不明, 其有不及乎此, 則所謂明德者已不能無蔽而失其全矣. 況乎又以氣質有蔽之心, 接乎事物無窮之變, 則其目之欲色, 耳之欲聲, 口之欲味, 鼻之欲臭, 四肢之欲安佚, 所以害乎其德者, 又豈可勝言也哉)!

이 두 가지 기질과 욕구는 서로 相乘作用을 일으키길 계속 되풀이하여

---

18) [論語 陽貨편 제3장] 孔子께서 말씀하셨다. "아주 지혜로운 사람과 아주 어리석은 사람만이 바뀌지 않는다."(子曰 "唯上知[智]與下愚 不移").

19) [孟子 離婁상편 7:1] 맹자가 말했다. "천하에 도가 있을 때는 소덕이 대덕에게 부역하고 소현이 대현에게 부역한다. 천하에 도가 없을 때는 작은 자가 큰 자에게 부역하고 약자가 강자에게 부역한다. 이 둘은 하늘의 이치이다. 하늘을 따르는 자는 살고 하늘을 거역하는 자는 망한다."(孟子曰 "天下有道 小德役大德 小賢役大賢 天下無道 小役大 弱役强 斯二者天也 順天者存 逆天者亡").

아예 고착되어버린다. 이 때문에 이 덕의 밝은 모습은 날이 갈수록 어두워지고, 이 마음의 신령스런 작용은 그것이 아는 것이라곤 정욕과 이해다툼의 사사로움을 벗어나지 못하고 만다. 이렇게 되면 비록 사람의 형체는 지녔다 한들, 실상 무엇이 금수보다 멀다 하겠는가? 비록 요순같이 될 수 있고 하늘과 땅과 더불어 셋이 되어 천지의 화육을 도울 수 있다 말하지만, 그래도 스스로는 채워나갈 방도가 없는 것이다(二者相因, 反覆[20]深固. 是以此德之明, 日益昏昧, 而此心之靈, 其所知者 不過情欲利害之私而已. 是則雖曰有人之形, 而實何以遠於禽獸? 雖曰可以爲堯舜而參天地, 而亦不能有以自充矣).

그렇지만서도 본래의 그 밝은 본체는 하늘에서 얻었기에, 끝내 어두운 상태로 있을 수는 없다. 이 때문에 비록 어둡고 가려진 상태가 그 끝이 없는 듯해도, 어느 한 순간 단 한 번의 자각만 있다면, 곧바로 이 조그마한 틈으로도 그 본체는 이미 막힘없이 트이게 되어 환히 밝아지는 것이다(然而本明之體, 得之於天, 終有不可得而昧者. 是以雖其昏蔽之極, 而介然[21]之頃, 一有覺焉, 則卽此空隙之中, 而其本體已洞然[22]矣).

이 때문에 성인께서는 가르침을 베풀길, 소학과정 중에 이미 명덕을 함양하도록 했고, 다시 大學之道로써 열어 보여주신 것이다. 명덕을 함양하는 데 있어 무엇보다 먼저 先을 삼기를 格物 · 致知로써 하라고 말씀한 것은, 그로 하여금 명덕을 함양해야 할 곳 가운데 나아가 明德이 발현되는 곳을 바탕으로 그 명덕을 밝히는 실마리를 열도록 하기 위해서이다. 이에 이어서 誠意 · 正心 · 脩身의 조목으로써 하라고 말씀한 것은, 또 그로 하여금 이미 밝아진 그 실마리를 바탕으로 자기 자신에게로 돌이켜 이

---

20) 反覆(반복): =反復. 여러 번 되풀이하다.
21) ① 介然(개연): 잠시 동안. 잠깐의 사이. ② 空隙(공극): 틈. 간격. 겨를. 짬.
22) 洞然(통연): 매우 밝다. 환하다. 막힘없이 트여 밝고 환하다.

로써 거기에서 그 명덕을 밝히는 결실에 이르도록 하기 위해서이다(是以聖人施敎, 旣已養之於小學之中, 而復開之以大學之道. 其必先之以格物致知之說者, 所以使之卽其所養之中, 而因其所發, 以啓其明之之端也; 繼之以誠意 · 正心 · 脩身之目者, 則又所以使之因其已明之端, 而反之於身, 以致其明之之實也).

이미 명덕을 밝히는 실마리를 열 수 있고 또 명덕을 밝히는 결실에 이를 수 있다면, 내가 하늘에서 얻은 것으로서 아직 환히 밝아지지 않은 것이 없는데, 기질과 물욕을 없애는 데 어찌 초연하지 못하겠으며, 어찌 그 본체의 온전한 상태를 다시 회복하지 못하겠는가. 이것이 곧 이른바 明明德이라는 것인데, 그렇지만 분유 받은 본성 이외에 외부에서 작위가 가해진 바가 있는 것은 아니다(夫旣有以啓其明之之端, 而又有以致其明之之實, 則吾之所得於天而未嘗不明者, 豈不超然無有氣質物欲之累, 而復得其本體之全哉! 是則所謂明明德者, 而非有所作爲於性分之外也).

그렇지만 이른바 明德이라는 것은, 또한 사람마다 똑같이 얻어 받은 것이지 나 혼자 얻어 지니고 있는 것이 아니다. 나의 명덕을 밝히기 전에는 너나 나나 모두가 물욕에 가려진 상태였기에, 賢愚의 구분에 큰 차이가 결코 없었다. 이제 지금 내가 다행히 스스로 명덕을 밝힐 수 있게 되고 나자, 나와 똑같이 이것을 얻어 받았는데도 스스로 밝히지 못하고 있는 저 많은 사람들을 보니, 여전히 미혹을 달가워하여 비속하고 더럽고 구차하고 천한 가운데 푹 빠져 있는데 그럼에도 스스로 이를 깨닫지 못하고 있다면, 어찌 측은하게 여겨 구하고자 하는 생각을 하지 않겠는가(然其所謂明德者, 又人人之所同得, 而非有我之得私也. 向[23]也俱爲物欲之所蔽, 則其賢愚之分固無以大相遠者. 今吾旣幸有以自明矣, 則視彼衆人之同得乎此而不能自明者, 方且[24]甘心迷惑沒溺於卑汚苟賤之中而不自知也, 豈不爲之惻然而思有以救之哉)!

23) 向(향): 과거. 옛날. 이전. 예전.

그러므로 반드시 내가 스스로 명덕을 밝힌 것으로부터 미루어 나가 이로써 저들에게까지 미치길, 처음에는 齊家에 도중에는 治國에 그리고 마지막에는 平天下까지 미쳐서, 저들—이 明德이 있는데도 스스로 밝히지 못하는 자들—로 하여금, 역시 모두 그들 스스로 明德을 밝힐 수 있게 함으로써, 옛날의 물든 더러움을 제거하게 해야 하는데, 이것이 곧 이른바 新民이라는 것으로, 역시 외부에서 수여받아 더해지거나 늘어난 바가 있는 것은 아니다(故必推吾之所自明者以及之, 始於齊家, 中於治國, 而終及於平天下, 使彼有是明德而不能自明者, 亦皆有以自明, 而去其舊染之汚焉, 是則所謂新民者, 而亦非有所付畀[25]增益之也).

그런데 明德이 내게 있으니 당연히 밝혀야 한다는 것과, 明德이 백성에게 있으니 당연히 새롭게 해야 한다는 것은, 또 모두 사람의 힘으로 작위하는 바가 아니고, 내가 밝히고 새롭게 하는 것 또한 나의 사사로운 뜻으로 구차스럽게 할 수 있는 것이 아니다. 이는 하늘에서 얻은 것이고 일용지간에 나타나는 것으로, 본래부터 이미 누구나 할 것 없이 각각 본래 모습 그대로의 일정한 기준을 다 간직하고 있다. 정자께서 말씀하신 바처럼, '그 의리의 정수 중의 정수여서 이름붙일 수 없는 것'이기에 우선 至善이라고 간주한 것이다(然德之在己而當明, 與其在民而當新者, 則又皆非人力之所爲, 而吾之所以明而新之者, 又非可以私意苟且而爲也. 是其所以得之於天而見於日用之間者, 固已莫不各有本然一定之則. 程子所謂'以其義理精微之極, 有不可得而名'者, 故姑以至善目[26]之).

그런데 傳文 제3장 3절에서 말한 임금의 仁, 신하의 敬, 자식의 孝,

---

24) 方且(방차): 여전히. 아직도. 때마침 ~하려고 하다. 방금.
25) 付畀(부비): 수여하다. 교부하다. 부탁하다. 맡기다.
26) 目(목): 간주하다. 여기다.

부모의 慈, 그리고 사람 사이의 信이 바로 至善이라 간주한 것의 큰 항목들이다. 사람들의 마음에는 본래부터 누구나 할 것 없이 이것을 가지고 있지만 간혹 알지 못하고 있고, 배우는 자들은 혹 알고 있겠지만 역시 이것에 다다라서 벗어나지 않는 자는 드물다. 이것을 대학의 가르침으로 삼은 것은, 그 理를 조야하게나마 회복했지만 순수한 데까지는 이르지 못했거나, 조야함은 넘어섰지만 아직 극진한 데까지는 이르지 못하여, 장차 나를 닦고 남을 다스리는 도에 매진하지 못할 것을 염려해서인데, 이 때문에 반드시 이것을 가리켜 말하여 明德과 新民의 표적으로 삼은 것이다(而《傳》所謂君之仁 · 臣之敬 · 子之孝 · 父之慈 · 與人交之信, 乃其目之大者也. 衆人之心, 固莫不有是, 而或不能知, 學者雖或知之, 而亦鮮能必至於是而不去, 此爲大學之教者, 所以慮其理雖粗復 而有不純, 已雖粗克 而有不盡, 且將無以盡夫脩己治人之道, 故必指是而言, 以爲明德 · 新民之標的也).

明德하고 新民하고자 하는 자는, 진실로 반드시 이곳에 이르기를 추구하여, 조그마한 과불급의 차이라도 용납하지 않는다면, 인욕을 제거하여 천리를 회복하는데 털끝만큼의 회한도 남지 않게 될 것이다(欲明德而新民者, 誠能求必至是, 而不容其少有過不及之差焉, 則其所以去人欲而復天理者, 無毫髮之遺恨矣).

대학 한편의 요지는 총괄해서 말하면, 여덟 가지 일[八條目]에서 벗어나지 않으며, 여덟 가지 일의 요지를 총괄해서 말하면, 또한 이 세 가지[三綱領]에서 벗어나지 않는데, 이것이 내가 단연코 대학의 삼강령으로 삼기를 의심하지 않는 연유이다. 그렇지만 맹자께서 돌아가시고 나서 도학이 그 전수를 얻지 못했으니, 세상의 군자들이 제각각 자기 편의대로 해석하여 배움으로 삼았던 것이다. 이에 곧 明德을 밝히는 데는 힘쓰지 않고, 정치와 교육 · 법령과 제도만으로 新民하면 족하다 여기거나, 또는 자기

한 몸 선한 것을 애호하여 혼자의 明德을 밝히면 족하다 하여 新民하는 것에 대하여는 달갑게 여기지 않거나, 또는 이 두 가지를 힘써야 함은 대략 알지만 도리어 조그마한 성취에 안주하거나 눈앞의 이욕에 구애되거나 하여, 至善이 있는 곳에 가 머물기를 추구하지 않은 것이다. 이 모두 이 大學을 고찰하지 못한 과실이다. 그래서 成己 · 成物할 수 있는데도 오류를 범하지 않는 자가 적은 것이다(大抵《大學》一篇之指, 總而言之, 不出乎八事, 而八事之要, 總而言之, 又不出乎此三者, 此愚所以斷然以爲《大學》之綱領而無疑也. 然自孟子沒而道學不得其傳, 世之君子, 各以其意之所便者爲學. 於是乃有不務明其明德, 而徒以政教法度爲足以新民者; 又有愛身獨善, 自謂足以明其明德, 不屑乎新民者; 又有略知二者之當務, 顧乃安於小成, 狃[27]於近利[28], 而不求止於至善之所在者. 是皆不考乎此篇之過, 其能成己成物而不謬者鮮矣).

〔多夕 柳永模의 유교사상〕

'대학지도'는 마음속에 명덕(明德; 밝은 속알)을 밝히는 데 있고 백성을 새롭게 하는 데 있으며, 지선(至善)에 멈추는 데 있다고 했다(上 247쪽). '대학지도'는 대인이 되고자 배우는 길이다(上 247쪽). 명덕(明德)을 밝힌다는 것은 하느님의 아들인 얼로 거듭난다는 뜻이다. 공자가 말한 '하느님께서 내게 덕(德)을 낳으셨다(天生德於予)'(논어 술이편)는 말을 뒤집어서 말한 것이다. 덕(德)은 그 자체가 생명의 빛이란 말이다. 그 빛은 구름처럼 가리고 있는 자아(自我)가 사라짐으로 해서 드러나는 것이다. 이것을 나타내기 위하여 명덕(明德)을 밝힌다고 표현한 것이다(上 247쪽).

---

27) 狃(뉴): 습관이 되다. 구애받다. 고집하다.
28) 近利(근리): 눈앞의 이익. 이익을 탐하다. 이익을 쫓다.

류영모29)는 말하였다. "사람은 왜 하늘을 알려고 하는가. 하느님의 뜻을 받아서 그대로 사람 노릇을 해보겠다는 것이다. 하늘의 뜻을 알려고 대학을 하는 것이다. 사람이 어른[大人] 노릇을 어떻게 하는가를 알려고 하는 것이 대학 공부이다. 대인지학(大人之學)이 대학이다. 인생의 나아

29) [류영모 어록으로 본 핵심개념] ① 시작해서 끝나는 것은 몸의 세계다. 그러나 상대를 끝맺고 시작하는 것은 얼의 세계다. 나서 죽는 것이 몸나(肉體: 몸뚱이로서의 나)이다. 몸나가 죽어서 사는 것이 얼나(靈我: 얼로서의 나)이다. 얼나는 제나(自我: 제 것으로서의 나)가 죽고서 사는 삶이다. 말하자면 형이하(形而下)의 생명으로는 죽고 형이상(形而上)의 생명으로 새롭게 사는 것이다. 몸나가 죽을 때 얼나가 드러난다. 그러므로 몸나의 인생을 단단히 결산을 하고 다시 얼나의 새삶을 시작한다. 몸삶을 끝내고 얼삶을 시작한 얼삶에는 끝이 없다. 그래서 얼나는 영원한 생명이다. ② 제나(自我)가 죽어야 참나(眞我: 참된 본래의 모습으로서의 나)인 얼나로 살 수 있다. 제나가 온전히 없어져야 참나인 얼나가 드러난다. 참나(얼나)가 우주의 임자요 제나(自我)의 임자(主님)이다. 제나(自我)의 임자란 제나의 수성(獸性)을 다스려 수성에서 해탈한 자유인(自由人)이란 뜻이다. 이러한 자유인이라야 남을 나로 생각해 줄 수 있다. 제나(自我)가 죽어 내 마음이 깨끗해지면 하느님을 볼 수 있다. 마음이 깨끗하다는 말은 제나(自我)의 수성(獸性)을 죽여 부귀(富貴)를 초월했다는 말이다. 참나(眞我)와 하느님이 하나다. 참나가 얼나이다. 참나(얼나)로는 나의 생명과 하느님의 생명이 하나다. 참나(얼나)와 하느님은 이어져 있다. 그리하여 무한(無限)과 유한(有限)이 이어져야 한다. 그것이 진선미(眞善美)의 영원한 생명이다. ③ 사람은 식색(食色)의 수성(獸性)을 지닌 제나(自我)를 넘어서야 한다. 식색의 제나를 넘어서지 못한 사람은 아직 얼나가 다스리는 의식인 정신(情神)이 없다. 얼나가 제나의 수성(獸性)을 다스릴 때 정신이 나타난다. 땅에 하늘나라가 임한 것이다. 정신의 세계만 자성존지(自性尊持)하는 나라이다. ④ 공자(孔子)가 하느님으로부터 받았다는(天生德於予–논어 술이편) 덕(德)을 나는 '속알'이라고 한다. 속알(德)이란 의식화(意識化)된 얼나이다. 이 속알은 제나(自我)에서 지혜, 정신, 인격으로 나타난다. ⑤ 수성(獸性)인 삼독(三毒: 탐냄[貪] · 성냄[瞋] · 음욕[痴])의 제나(自我)는 죽지만 믿음의 얼나가 산다. 영원한 생명인 얼나는 제나와는 상관없다. 위(하느님)에서 오는 믿음의 얼나가 영생하는 것이지 이 몸나는 죽는다. ⑥「긋」이 얼나다. 가온찍기「•」로 나타난 얼나다. 하느님으로부터 온 영원한 생명(얼나)의 긋이 참나다.「긋」자의 가로 그은 막대기「一」는 세상이다. 가로막대기 밑의 시옷「ㅅ」은 사람이다. 가로막대기 위의 기역「ㄱ」은 하늘에서 온 얼인데 그 얼이 땅에 부딪혀 생긴 것이 사람이다. 얼(정신)이 몸을 쓴 것이 사람이다. 사람의 참나는 얼나다. 이 영원한 생명의 긋이 제긋(얼나)인데 그것이 참나다. ⑦ 가온찍기「•」: 한글 모음에서 線을 내려 그은「ㅣ」로 발음하며 영원한 진리의 생명줄을 뜻한다. 영원한 생명이 시간 속으로 터져 나온 순간이 이 긋이다. 영원한 생명(얼)이 공간으로 터져 나와 몸을 뒤집어쓰고 이 세상에 터져 나온 것이 '나'라고 하는 제긋(얼나)이다. 이 몸속에서 정신이 터져 나와 가장 고귀한 점수를 딸 수 있는 가치(價値)가 이 제긋이다. 이렇게 시간 · 공간 · 인간의 긋이 모여 영원한 생명인「ㅣ」가 나타난 것이 나의 얼나다. 나는 일점광명(一點光明)의 긋이다. 그러므로 내 속에 가장 옹근 속알(德)이 있는 것을 자각하여 깨닫고 나오는 가온찍기「•」(얼나)가 가장 소중하다[多夕學會(www. dasuk. kr)].

갈 길을 배우는 길이 대학지도(大學之道)이다(上 246쪽).

공자는 군자(君子)라는 말을 썼는데, 맹자는 대인이란 말을 군자와 같은 뜻으로 썼다. 맹자는 말하기를 "대체(大體)인 정신을 좇으면 대인(大人)이고, 소체(小體)인 육체를 좇으면 소인(小人)이다"(맹자, 고자상편)라고 하였다(上 246쪽).

사람을 인(人)이라고 한다. 인(人)에 일(一)을 더한 것이 대(大)이다. 하나(一)가 무엇인가. 우주(宇宙)요 진리다. 공자가 말하였듯이 일이관지(一以貫之)한 사람이 대인(大人)이다(上 245쪽). 대인이란 진리를 추구하는 정신의 사람이란 뜻이다. 어버이가 낳아준 자아(自我)는 소인이다. 대학은 어버이가 낳아준 소인에서 명덕을 밝혀, 다시 말하면 육체를 좇는 소인으로부터 영아(靈我)로 거듭나서 하느님의 아들인 대인이 되도록 일깨우는 일이다. 이것을 배우자는 것이 대학지도(大學之道)이다(上 247쪽). 하느님의 아들인 대인(大人)이 되면 모든 백성 곧 인류가 다 나의 쌍둥이 형제다. 쌍둥이 형제를 사랑하는 것은 자연스런 일이고 당연한 일이다. 쌍둥이 형제를 사랑하는 것은 그들도 하느님 아들인 대인이 되도록 일깨우는 일이다(上 248쪽).

왕수인(王守仁)은 친민(親民) 그대로 두는 것이 옳다고 하고, 주희(朱熹)는 신민(新民)으로 하는 것이 옳다고 하였다. 친민하여 소인이 대인이 되도록 하자는 것이요, 소인이 대인이 되면 신민이 된다. 하느님의 아들인 대인이 되면 하늘나라 백성이다. 하늘나라 백성으로 사는 것이 지선(至善)에 머무는 것이다. 하느님 나라 밖에는 지선이 없다. 지선에 머문다는 것은 하느님 나라에 들어섰다는 뜻이다(上 248쪽).

류영모는 이렇게 말하였다. "지선(至善)의 자리에 한 번 딛고 서면 움직이지 않고 멈추어야 한다. 진리를 한 번 얻었으면 잊어서는 안 된다.

하느님과 하나 된 자리에서 움직이지 아니해야 한다. 이것이 부동심(不動心)이다. 지어지선(止於至善)이란 말은 대단히 좋다. 참으로 안다는 사람이라면 이런 것을 얻는 사람이다. 예수 · 석가 · 공자 · 노자는 지선에 들어선 사람이다. 이것이 대학에서 이루고자 하는 대인 정신이다"(上 248쪽).

0002 知止而后有定, 定而后能靜, 靜而后能安, 安而后能慮, 慮而后能得。

향해 가서 머물러야 할 곳을 알고 난 후에야 뜻의 定向이 있게 되고(知止[1][2]而后有定), 뜻의 定向이 있고 난 후에야 평정을 찾아 함부로 움직이지 않게 되고(定而后能靜), 마음이 평정을 찾아 함부로 움직이지 않게 되고 난 후에야 편안해지고(靜而后能安), 편안해지고 난 후에야 심사숙고하게 되고(安而后能慮), 심사숙고하고 난 후에야 향해 가서 머물러야 할 곳을 얻게 될 것이다(慮而后能得)[3].

---

1) [大全] ① 知止는 갈 곳을 식별했다는 것으로, 식별되었으면 마음속에 정해져서 더 이상 다른 것을 추구하지 않는다. 예컨대 가는 길이 이 길을 따라 가는 것임을 알게 되면, 마음속에 스스로 정해지는 것과 같다. 예컨대 이 길을 갈까 저 길을 갈까 하는 것이 未定이다. 定 · 靜 · 安 · 慮 · 得 다섯 자는 공효의 다섯 단계이지 공부할 다섯 항목은 아니다. 知止하면 그제야 자연스레 서로 이어서 보이게 된다(朱子曰: "知止 是識得去處, 旣識得心中便定, 更不他求, 如行路知得從這一路去, 心中自是定. 如求之此, 又求之彼, 卽是未定. 定靜安慮得五字, 是功效次第, 不是工夫節目, 纔知止, 自然相因而見"). ② 知止는 사물의 당연히 머물러 있어야 바의 도리를 아는 것이다(朱子曰: "知止 是知事物所當止之理").

2) [公議] ① '知止'란 人倫成德의 궁극을 아는 것이다. 이것을 알고 난 후에야 뜻의 지향점이 선다(知止謂知人倫成德之所極, 知此而后志有定向). ② 知止는 아들이라면 孝하지 않으면 안 된다는 것을 알고, 임금이라면 仁하지 않으면 안 된다는 것을 아는 것이다(知止者, 知子之不可不孝, 知君之不可不仁也).

3) 이 구절의 의미를 『孟子』 [公孫丑上편 제6장]에 인용된, 막 우물에 빠지려는 아이를 건져낸 경우를 예로 들어 살펴보자. '知止而后有定'은 측은지심이 촉발되어 있는 상태에 머물 줄 알아야 목표를 정립할 수 있다는 뜻이다. 여기서의 목표란 물론 아기의 목숨을 구하는 일이다. '定而后能靜'은, 목표가 정립되어 있어야 외적인 유혹에 흔들리지 않을 수 있다는 뜻이다. 고전에서 안정(靜)이 가지는 의미는 매우 확실하다. 즉 外物의 유혹에 내심이 동요되지 않는 상태를 일컫는다. 이와 관련하여서는 맹자가 이렇게 설명하고 있다. "속으로 아기의 부모와 어떤 교섭을 한 것도 아니요, 마을 친구들의 칭찬을 바라는 것도 아니요, 아기의 울음을 싫어하는 것도 아니다(非所以內交於孺子之父母也, 非所以要譽於鄕黨朋友也, 非惡其聲而然也)." '安而后能慮'는 아기를 실수 없이 확실히 구할 수 있는 대책을 고려(심사숙고)하는 것을 뜻한다. 이 경우에도 상황에 따라 최선의 방책을 수립해야 함은 물론이다. '慮而后能得' 함은 즉 대책을 심사숙고하여야 아기를 성공적으로 구출할 수 있게 된다는 말이다(박성규, 『대학』, 서울대철학사상연구소).

0002 后, 與後同, 後放此。○ 止者, 所當止之地, 卽至善之所在也。知之, 則志有定向。靜, 謂心不妄動。安, 謂所處而安。慮, 謂處事精詳。得, 謂得其所止。

「后」는 「後」와 같다. 뒤에도 이와 비슷하다. 「止」는 마땅히 가서 머물러야 할 곳으로(止者 所當止之地), 바로 至善이 있는 곳이다(卽至善之所在也). 가서 머물 곳을 알면 뜻의 定向이 생기게 된다(知之 則志有定向). 「靜」은 마음이 망동하지 않는 것을 말한다(靜[4] 謂心不妄動). 「安」은 정처한 곳에 편안해함을 말한다(安[5] 謂所處而安). 「慮」는 일처리가 정밀하고 소상함을 말한다(慮[6] 謂處事精詳). 「得」은 그 머물 곳을 얻었음을 말한다(得[7][8] 謂得其所止).

〔大學或問〕

'향해 가서 머물러야 할 곳을 알고 난 후에야 뜻의 定向이 있게 되고, 뜻의 定向이 있고 난 후에야 평정을 찾아 함부로 움직이지 않게 되고, 마음이 평정을 찾아 함부로 움직이지 않게 되고 난 후에야 거처가 편안해지고,

---

4) [公議] '靜'은 뜻이 한번 정해졌으면 그대로 움직이지 않는 것이다(靜者志壹而不動也).

5) [公議] '安'은 그곳에 居하는 것을 본분으로 여기는 것이다(安者居之爲本分也).

6) [公議] ① '慮'는 '物'의 本과 末을 자세히 조사하는 것이다(慮者 量度其本末也). ② '物有本末 事有終始(경문 제3절)' 이 여덟 글자는 분명히 '慮'字에 대한 註이다(物有本末事有終始 此八字明是慮字之註脚).

7) [大全] 知止는 활을 쏘는 자와 과녁의 관계와 같다면, 得止는 이미 그 과녁을 맞힌 것이다(朱子曰: "知止 如射者之於的, 得止 是已中其的").

8) [公議] ① '得'은 '事' 중에 의당 먼저 해야 할 것을 깨닫는 것이다(得者 得其所宜先也). ② '能得'은 길을 깨달았다는 것이다. 아래 경문 제3절에서 말한 '知所先後, 則近道矣'에서 '近道'는 길을 터득했다는 것이다(能得者, 得路也. 下文云知所先後, 則近道矣, 近道者, 得路也).

편안해지고 난 후에야 심사숙고하게 되고, 심사숙고하고 난 후에야 향해 가서 머물러야 할 곳을 얻게 될 것이다'는 말은 무슨 뜻입니까?(曰: '知止而后有定, 定而后能靜, 靜而后能安, 安而后能慮, 慮而后能得', 何也?)

이 구절은 經文 제1절의 뜻을 깊이 연구하여 그 근본을 밝힌 것으로 明德과 新民이 止於至善하게 되는 경로를 말한 것이다(曰: 此推本[9] 上文之意, 言明德新民所以止於至善之由也).

대개 明德과 新民은 당연히 모두 至善에 가서 머물고자 한다. 하지만 무엇보다 먼저 그 至善의 소재에 대한 지식을 가지고 있지 못하다면, 마땅히 향해 가서 머물러야 할 곳을 얻을 수 없으니 향해 가서 머물 도리가 없는 것이다. 말하자면 활을 쏘는 자는 정곡을 맞히고자 하지만, 무엇보다 먼저 그 정곡의 소재에 대한 지식을 가지고 있지 못하다면, 적중해야 할 곳을 얻을 수 없음으로 인해 적중할 도리가 없는 것과 같다(蓋明德新民, 固皆欲其止於至善, 然非先有以知夫至善之所在, 則不能有以得其所當止者而止之. 如射者固欲其中夫正鵠, 然不先有以知其正鵠之所在, 則不能有以得其所當中者而中之也).

知止라는 것은, 物格 · 知至하여 천하의 일에 대하여 모두 그 至善의 소재에 대한 지식을 가지게 되었다는 것인데, 이것이 곧 내가 마땅히 향해 가서 머물러야 할 곳이다. 향해 가서 머물러야 할 곳을 알게 되면, 사방 한 촌밖에 안 되는 사람의 마음 안에 만사만물에 대하여 각기 도리가 정해지게 된다. 도리가 한번 정해지면, 그 마음을 동요시킬 것이 없으니 평정을 찾게 된다. 마음이 한번 평정을 찾게 되면 택한 곳이 어느 곳이든 편안해진다. 편안해지면 일용지간에 조용하고 한가하여, 어떤 일이 닥치고 어

9) 推本(추본): 근원을 깊이 캐다. 근본을 밝히다. 깊이 연구하여 이치를 밝히다.

떤 物이 다가와도, 그것들을 헤아려 심사숙고할 수 있게 된다. 심사숙고하게 되면, 일에 따라 理致를 관찰하길 심오 은미한 곳까지 탐구해내어, 각자 제 있어야 할 자리를 얻지 못하는 경우가 하나도 없게 되어 거기에 가서 머물게 되는 것이다(知止云者, 物格知至, 而於天下之事, 皆有以知其至善之所在, 是則吾所當止之地也. 能知所止, 則方寸之間, 事事物物, 皆有定理矣; 理旣有定, 則無以動其心而能靜矣; 心旣能靜, 則無所擇於地而能安矣; 能安, 則日用之間, 從容閒暇, 事至物來, 有以揆[10]之而能慮矣; 能慮, 則隨事觀理, 極深研幾[11], 無不各得其所[12]止之地而止之矣).

그런데 가서 머물곳을 이미 진정으로 알았다면, 가서 머물 곳을 반드시 얻게 될 터니, 이미 그 둘 사이의 거리는 그리 멀지 않다. 그 둘 사이의 定·靜·安·慮는 아마도 그것이 그리되는 까닭을 유추해가다 보니 이 네 가지가 있다는 것이지, 예컨대 孔子께서 말씀한 志學에서부터 從心에 이르기까지의 일생의 과정이나, 孟子께서 말씀한 善人·新人을 거쳐 美人·大人·聖人·神人의 경지에 이르는 과정처럼, 실제로 단계의 현격한 차이가 있다거나 종신토록 하나씩 경유해 나가야 하는 차례는 아니다(然旣眞知所止, 則其必得所止, 固已不甚相遠. 其間四節, 蓋亦推言其所以然之故, 有此四者, 非如孔子之志學以至從心[13], 孟子之善信以至聖神[14], 實有等級之相懸[15], 爲

---

10) 揆(규): 헤아리다(=度). 관장하다.

11) 極深研幾(극심연기): 사물의 심오 은미한 곳을 탐구하다. 『周易』 繫辭上에 나오는 말임.

12) ① [論語 子罕편 제14장] 孔子께서 말씀하셨다. "내가 위나라로부터 노나라에 돌아온 뒤로 음악이 바르게 되어 「雅」와 「頌」이 각기 제 있을 자리를 얻게 되었다(子曰 吾自衛反魯然後樂正 雅頌 各得其所). ② 各得其所(각득기소): 각기 자기가 있을 자리에 있다. 각자 자기가 원하는 것을 손에 넣다.

13) [論語 爲政편 제4장] 孔子께서 말씀하셨다. "나는 열다섯 실에 학문에 뜻을 두었고, 서른에는 예로 나를 세웠고, 마흔에는 의혹을 품지 않았으며, 쉰 살에는 天命을 알았고, 예순에는 이미 천명에 순종했으며, 일흔에는 마음이 하고자 하는 바대로 좇아도 법도를 넘지 않았다(子曰 吾十有五而志于學 三十而立 四十而不惑 五十而知天命 六十而耳順 七十而從心所欲 不踰矩).

終身經歷之次序也).

〔多夕 柳永模의 유교사상〕

「대학」에서는 생각하는 것을 가르치고 있다. 철학하는 방법을 가르치는 것이라고 할 수도 있고, 기도하는 방법, 참선하는 방법을 가르친 것이라고 할 수도 있다(上 265쪽). '지지이후유정(知止而后有定)'이란 멈출 줄 알아야 안정이 된다는 뜻이다. 육체 생활을 멈추라는 것이다. 먹고 마시면서 욕심 채울 생각, 싸울 생각, 음행할 생각을 멈추라는 것이다. 짐승으로만 살지 말고 한 차원 높여서 사람 노릇을 하라는 것이다(上 265쪽).

류영모는 정(定)에 대하여 이렇게 말하였다. "정(定)은 집안에 앉아 있는 것이다. 인도인들은 일찍이 앉아 있는 것을 바로 가는 것으로 알았다. 참선의 원리가 그렇다. 참선에 드는 것을 입정(入定)이라 하고, 참선을 마치는 것이 출정(出定)이라 한다. 성불(成佛)이 되겠다고 앉아 있는 것이 정(定)함이다. 선정(禪定)에 들면 그 마음은 조용하고 평안한 가운데 참나인 하느님을 생각한다. 정(定)이 몸의 자리를 잡는 것이라면, 고요(靜)·편안(安)·생각(思)은 마음의 자세다. 육체 자아(自我)가 지극히 낮아지

---

14) [孟子 盡心하편 25:1] 호생불해가 물었다. "악정자는 어떤 사람입니까?" 맹자가 말했다. "선한 사람이고 신실한 사람이다." "무엇을 善이라 하며 무엇을 信이라 합니까?" 맹자가 말했다. "사람들이 바랄만 한 것 이것을 일러 善하다고 한다. 善이 자기 몸에 쌓여 있는 것 이것을 일러 信하다고 한다. 善이 밖으로 넘칠 정도로 가득 채워져 있는 것 이것을 일러 美하다고 한다. 善이 넘칠 정도로 가득 채워져 몸 밖으로 환히 빛나는 것 이것을 일러 大하다고 한다. 大하면서 남을 감화시키는 것 이것을 일러 聖하다고 한다. 聖하면서 不可知한 것 이것을 일러 神하다고 한다"(浩生不害問曰 樂正子 何人也 孟子曰 善人也 信人也 何謂善 何謂信 曰 可欲之謂善 有諸己之謂信 充實之謂美 充實而有光輝之謂大 大而化之之謂聖 聖而不可知之之謂神).

15) 相懸(상현): 차이가 크다. 서로의 거리가 현격하다.

고 작아지고 옮어지는 것이다. 그리하여 있으되 없어져야 한다. 생각을 하는 것이 아니라 하느님의 말씀을 받는다. 그리하여 얻는다(得能)(上 265쪽).

정호(程顥)는 정(定) · 정(靜) · 안(安)은 무불경(毋不敬)이라 하였다. 불경함이 없다는 말이다. 불경(不敬)스러운 것은 자아(自我)를 내세우는 일이다. 무불경(毋不敬)은 자아를 없이 한다는 말이다. '내가 없어지면 하느님과 마주한다(毋不敬 可以對越上帝)'(근사록). 정호는 이것이 공자의 묵이식지(默而識之)라고 하였다(上 266쪽).

류영모는 기도(생각)하는 것을 쉽게 가르쳐주었다. "우리는 생각(기도)을 하는데 오직 위로 올라가는 생각을 해야 한다. 잠깐 동안이라도 위로 올라가는 생각을 해보라. 사람이 위로 올라가는 생각을 많이 하면 구원을 받기 싫어도 구원을 받게 될 것이다. 나의 중심이 지구 중력의 중심과 일치하듯이 나의 뜻이 하느님의 뜻과 일치시키자는 말이다(上 266쪽).

0003 物有本末, 事有終始, 知所先後, 則近道矣。

物에는 밑뿌리와 윗끝이 있고 일에는 처음 시작과 마지막 끝맺음이 있으니(物[1][2]有本末[3] 事有終始[4]), 먼저 할 일과 나중 할 일을 알면 가는 길이

---

1) ① [大全] '事와 物이 어떻게 분별됩니까?'하고 물으니, 朱子가 말했다. "둘로 말하면 事는 일이고, 物은 물건이다. 하나로 말하면 物은 그 안에 事를 포함한다. 知止와 能得이란 말하자면, 밭을 갈고 씨를 뿌리고 김을 매고 결실을 거둬들이는 것처럼, 일에는 이같이 한 개의 머리와 꼬리가 있다는 것이다. 明德은 자기라는 一物을 이해하는 것이고, 新民은 天下萬物을 이해함으로써 끝나는 一物이다. 天下萬物을 대함에는 內外本末이 있어서 先後를 알아야 자연스레 도에 가까워지지, 先後를 몰라 거꾸로 되는데 어찌 도에 가까울 수 있겠는가(問: "事物何分別?" 朱子曰: "對言, 則事是事, 物是物, 獨言物, 則兼事在其中, 知止能得, 如耕而種而耘而斂, 是事有箇首尾如此. 明德, 是理會己之一物, 新民, 是理會天下之萬物, 以己之一物, 對天下之萬物, 便有箇內外本末, 知所先後, 自然近道, 不知先後便倒了, 如何能近道). ② 주희에게 '物'이란 단순히 時와 空을 점유하는 연장태로서의 물체를 의미하거나, 주체와 분리된 객체만을 지시하거나, 생명이 없는 무기물적 상태만을 의미하지 않는다. 우리말에서는 사람을 말할 때도 人物이니 物件이니 傑物이니 하여, 物이라는 단어를 즐겨 쓴다. 우리말의 용례는 모두 주자학적 세계관과 결부되어 있다. 物은 우리말의 '것'에 비견되는 것으로, 요즈음의 물리학적 용어로 말한다면, '이벤트' '사건'에 해당한다고 말할 수 있다. 물론 사람은 '거대사건'일 것이다. 사람의 마음도 사건일 것이다. 물론 주자의 용례에서 心과 物, 人과 物이 주체와 객체의 대립이라는 의미맥락으로 쓰일 때도 있다. 그러나 物은 그 광범위한 보편적 의미에 있어서, 자연현상 · 사회현상 · 문화현상 · 역사현상 · 정신현상 등 모든 현상을 의미하며, 우리 사고의 모두 유형 · 무형의 영역을 내포한다. 주자는 이러한 맥락에서 '物 猶事也'[經제4절 章句]라고 말하고 있는 것이다. 더구나, 物은 '所當然之則'과 '所以然之故'의 所在이다(김용옥, 『대학 · 학기 한글역주』 91쪽, 통나무).

2) [公議] ① '物'은 다른 것에서 독립되어 형상을 이루고 있는 것의 명칭이다. '物'은 意 · 心 · 身 · 家 · 國 · 天下를 말한다. 意 · 心 · 身은 '物' 중의 '本'이고, 家 · 國 · 天下는 '物' 중의 '末'이다. 그렇지만 脩身은 또 誠意를 本으로 삼고, 平天下는 齊家를 本으로 삼으니, 本과 末 중에도 또 서로 간에 本이 되기도 末이 되기도 한다(物者 自立成象之名也…物者, 意心身家國天下也…意心身本也,家國天下末也. 然修身又以誠意爲本, 平天下又以齊家爲本, 本末之中, 又各有本末也). ② '事'는 행위가 있는 것의 명칭이다. '事'는 誠 · 正 · 修 · 齊 · 治 · 平을 말한다. 誠 · 正 · 修는 '事'의 '始'이고, 齊 · 治 · 平은 '事'의 '終'이다. 그 終과 始 중에도 또 서로 간에 終과 始가 되는 것은 物의 本末과 같다. 그렇지만 誠은 始終을 관철하여 誠으로써 誠意하고, 誠으로써 正心하고, 誠으로써 脩身하고, 誠으로써 齊家하고, 誠으로써 治國하고, 誠으로써 平天下하기 때문에 中庸에서 말한 대로 誠은 物의 終始이다(事者 有所作爲之名也…事者, 誠正修齊治平也…誠正修始也, 齊治平終也. 其終始之中, 又各有終始, 如本末之例也. 然誠之爲物, 貫徹始終, 誠以誠意, 誠以正心, 誠以修身, 誠以治家國, 誠以平天下, 故中庸曰誠者, 物之終始也).

3) 本末(본말): 수목의 뿌리와 끝. 사물의 근원과 결말. 자초지종. 경위.

가까울 것이다(知所先後[5] 則近道矣).

0003 明德爲本, 新民爲末。知止爲始, 能得爲終。本始所先, 末終所後。此結上文兩節之意。

明德이 本이 되고 新民이 末이 된다(明德爲本 新民爲末). 知止가 始가 되고 能得이 終이 된다(知止爲始 能得爲終). 本과 始는 먼저 할 일이고, 末과 終은 나중 할 일이다(本始 所先 末終 所後). 이 구절은 經文 제1절과 제2절 두 구절의 뜻을 결론 맺은 것이다(此 結上文兩節之意[6]).

〔**大學或問**〕

'物에는 밑뿌리와 윗끝이 있고 일에는 처음 시작과 마지막 끝맺음이 있으니, 먼저 할 일과 나중 할 일을 알면 가는 길이 가까울 것이다'는 말은 무슨 뜻입니까?(曰: '物有本末, 事有終始, 知所先後, 則近道矣', 何也?)

이 구절은 經文 제1절과 제2절의 뜻을 결론 맺은 것이다. 明德과 新民은 두 가지 物이고 內와 外로 相對的이므로 本末이라 한 것이다. 知止와 能得은 한 가지 일로 首와 尾가 서로 이어지므로 終始라 한 것이다. 그 本에

---

4) 終始(종시): 처음부터 끝날 때까지. 사물의 발생 변화 발전의 전 과정.

5) [公議] 知先이란 脩身이 齊家 · 治國 · 平天下에 앞서 해야 하는 것이고, 誠意가 正心 · 脩身에 앞서 해야 하는 것임을 아는 것이다(知先者, 知修身當先於齊治, 誠意當先於正修也).

6) [大全] '物有本末'은 經文 제1절을 결론 맺은 것이고, '事有終始'는 經文 제2절을 결론 맺은 것이고, '知所先後則近道矣'는 經文 제1, 2절을 통틀어 결론 맺은 것이다(玉溪盧氏曰: "物有本末, 結第一節, 事有終始, 結第二節, 知所先後, 則近道矣兩句, 再總結兩節).

해당하는 것이 먼저이고 그 末에 해당하는 것이 나중임을 참으로 알고, 그 처음에 해당하는 것을 먼저 행하고 그 마지막에 해당하는 것을 나중에 행한다면, 그 나아감에 순서가 있게 되어 道에 다다르는 것이 멀지 않을 것이다(曰: 此結上文兩節之意也. 明德新民, 兩物而內外相對, 故曰本末; 知止能得, 一事而首尾相因, 故曰終始. 誠知先其本而後其末, 先其始而後其終也, 則其進爲有序, 而至於道也不遠矣).

〔多夕 柳永模의 유교사상〕

단군시대나 요순시대에는 인본(人本)이요 민본(民本)이었는데, 왕(王)이 본(本)이 되고 나라(國)가 본(本)이 되었고, 오늘날에는 자본(資本) 물본(物本)의 세상이 되어 버렸다. 권력 위에 자본 위에 민본 인본을 세워야 한다. 본말이 뒤집혀서는 안 된다. 인민을 위한 권력이지 권력을 위한 인민이 아니다. 인민이 근본이고 권력은 말단이다. 맹자는 군주(君主)시대에 살았는데도 "백성이 귀하고 임금이 가볍다(民爲貴君爲輕)"(맹자, 진심하편)고 하였다(上 267쪽). 사람이 반드시 알아야 할 본말이 있다. 얼이 본(本)이요, 몸은 말(末)이다. 얼(영)이 살아야 몸이 살 수 있는 것이다(上 269쪽).

류영모는 물유본말(物有本末) 사유종시(事有終始)에 한 글자씩을 더하여 인물유본말(人物有本末), 사천유종시(事天有終始)라고 풀이하였다. 사람에게는 본말이 있고 하느님을 섬김에는 종시(終始)가 있다는 것이다(上 270쪽).

류영모는 말하였다. "하늘나라에 들어가는 일은 시종(始終)이 아니라 종시(終始)이다. 생사(生死)가 아니라 사생(死生)이다. 종(終)과 사(死)가 먼저다. 몸의 삶을 끝(終)내야 얼(靈)의 삶이 비롯(始)된다. 몸이 죽어야 얼(靈)이 산다. 나(自我)가 죽어야 참나(眞我)가 산다(上 271쪽).

「대학」의 종시(終始)는 탐(貪) · 진(瞋) · 치(痴)의 수성(獸性)을 마치고 영성(靈性)의 사람 노릇을 시작한다는 뜻이다. 욕심 채울 생각이 탐(貪)이고, 싸울 생각이 진(瞋)이고, 음행할 생각이 치(痴)이다. 이런 것들이 바로 짐승의 성질이다. 종시(終始)에는 회개(悔改) 중생(重生) 부활(復活)의 뜻이 내포되어 있다. 예수가 말한 "자기 목숨을 얻는 자는 잃을 것이요, 나를 위하여 자기 목숨을 잃은 자는 얻으리라(마태 10:39)는 것도 알고 보면 종시(終始)하라는 뜻이다. 짐승인 자아(自我)가 임자 노릇을 하던 삶을 마치고 영아(靈我)가 임자 노릇하는 삶을 시작하라는 말이다(上 271쪽).

공자는 먼저 섬기고 뒤에 얻는 것이 덕을 높이는 것이라고 하였다(先事後得 非崇德與)(논어 안연편). 이것은 예수가 말한 "너희는 먼저 하느님의 나라와 그의 의를 구하라 그리하면 이 모든 것이 너희에게 더하시리라"(마태 6:23)고 한 것과 같은 뜻이다. 류영모는 말하였다. "급선무(急先務)가 밥에 있으면 안 된다. 진리를 사랑하는 것이 가장 급선무다. 사람들이 먼저 할 것과 뒤에 할 것을 몰라 뒤죽박죽이다. 먼저 제 맘속에 명덕(明德)을 밝혀야 집안 살림이 잘 되고 나라 다스림이 잘 된다(上 274쪽).

0004 古之欲明明德於天下者，先治其國；欲治其國者，先齊其家；欲齊其家者，先脩其身；欲脩其身者，先正其心；欲正其心者，先誠其意；欲誠其意者，先致其知；致知在格物。

옛날에는, 하늘에서 받아 간직되어 있는 밝고 맑은 덕성을 천하에 환히 밝히고자 했던 자는 먼저 그 나라를 잘 다스렸고(古之欲明明德於天下者 先治其國), 그 나라를 잘 다스리고자 했던 자는 먼저 그 집안을 가지런하게 했고(欲治其國者 先齊其家), 그 집안을 가지런하게 하고자 했던 자는 먼저 그 자신을 닦았고(欲齊其家者 先修其身[1]), 그 자신을 닦고자 했던 자는 먼저 그 마음을 바르게 가졌고(欲修其身者 先正其心), 그 마음을 바르게 가지고자 했던 자는 먼저 그 발동되는 뜻을 진실하게 했고(欲正其心者 先誠其意[2]), 그 발동되는 뜻을 진실하게 하고자 했던 자는 먼저 그 지식을 속속들이 완전하게 했으니(欲誠其意者 先致其知[3]), 지식을 속속들이 완전하게 하는 것은 하나하나 物에 의거하여 그 理를 궁구하는 데에 있다(致知 在格物)[4][5][6].

1) 修身 · 齊家 · 治國 · 平天下를 약칭하여 修齊治平이라고도 함.

2) 正心誠意(정심성의): 心術을 바르게 하여 意念을 참되게 하는 내심의 도덕수양방법.

3) [大全] ① 여섯 개의 '欲'字와 '先'字는 '이렇게 하려면 무엇보다 먼저 이렇게 해야 한다'는 말로, 공부의 절차를 말한 것이다(朱子曰: "六箇欲與先字, 謂欲如此, 必先如此, 是言工夫節次"). ② 致知와 誠意는 배우는 자의 두 관문이다. 致知는 夢에서 覺으로 가는 관문이고, 誠意는 惡에서 善으로 가는 관문이다. 致知의 관문을 뚫으면 覺이고, 뚫지 못하면 夢이다. 誠意의 관문을 뚫으면 善이고, 뚫지 못하면 惡이다(朱子曰: "致知誠意, 是學者兩箇關. 致知, 乃夢與覺之關; 誠意, 乃善與惡之關. 透得致知之關則覺, 不然則夢; 透得誠意之關則善, 不然則惡").

4) [大全] ① 格物은 하나하나 부분부분을 말한 것이고, 致知는 전체를 말한 것이다(朱子曰: "格物 是零細說 致知 是全體說). ② 사람들은 대부분 이 도리라는 것을 하늘에 걸려 있는 어떤 물건으로 여기기에, 대학에서는 窮理라고 하지 않고 格物이라 한 것뿐이다. 사람들이 사물 상에 나아가 이같이 이해하려고 하면 비로소 실체를 깨닫게 될 것이다. 예컨대, 배로는

물위를 운행하고 차로는 땅위를 운행하는데, 이제 여럿이 힘을 모아 배를 땅위에서 밀어 보려 하면 절대 운행할 수 없으니 그제야 배로는 땅위를 운행할 수 없음을 깨닫게 된다. 이것을 실체라 한다(朱子曰: "人多把這道理, 作一箇懸空底物, 大學不說窮理, 只說格物. 便是要人就事物上理會如此 方見得實體. 如作舟行水, 作車行陸, 今試以衆力共推一舟於陸, 必不能行, 方見得舟不可以行陸也. 此之謂實體"). ③ 格物은 窮理(物의 理를 窮究하다)인데, 한 개의 物이 있으면 한 개의 理가 있어서, 窮理하여 얻은 뒤에, 일에 부딪치고 사물에 접촉하여 모두 부딪쳐보면서 이 道理를 드러낸다. 임금을 섬길 때는 충성해보고, 부모를 섬길 때는 효도해보고, 거처해서는 공손해보고, 일을 집행할 때는 경건해보고, 남에게는 충실해보고 하면서, 항시 목전에 그것을 놓아두고서 '서 있으면 그것이 눈앞에 어른거려 보이고 수레를 타고 있으면 그것이 멍에에 걸려 있어 보이는 듯이(論語 衛靈公 제5장)' 하면 어디에서나 가장 좋은 도리를 알게 된다. 만약 窮理했는데 얻지 못하면 보는 것이 참되지 못하기에 외면은 선해 보여도 내실은 악하기 마련이다(朱子曰: "格物窮理, 有一物便有一理, 窮得到後, 遇事觸物 皆撞著這道理. 事君便遇忠, 事親便遇孝, 居處便恭, 執事便敬, 與人便忠, 以至參前倚衡, 無往而不見這箇道理. 若窮不至則所見不眞, 外面雖爲善 而內實爲惡"). ④ 物은 사물을 말한다. 사물의 理를 궁득하게 되면, 한 가지의 是와 한 가지의 非의 기준을 가지게 된다. 모두 자기 자신의 몸과 마음으로 모두 한 개의 是와 한 개의 非를 체득해야 한다(朱子曰: "物, 謂事物也. 須窮極事物之理到盡處, 便有一箇是, 一箇非. 凡自家身心上, 皆須體驗得一箇是非"). ⑤ 致知 · 格物은 이 理를 궁구하는 것이고, 誠意 · 正心 · 修身은 이 理를 체득하는 것이고, 齊家 · 治國 · 平天下는 이 理를 미루어 나가는 것이다. 세 단계로 보아야 한다(朱子曰: "致知格物, 是窮此理; 誠意正心脩身, 是體此理; 齊家治國平天下, 是推此理. 要做三節看"). ⑥ 格物에서부터 平天下에 이르기까지 성인 역시 개략적으로 선후를 나누어 사람들에게 보인 것 아니겠느냐? 한 가지를 한 점 남김없이 다하고서야 비로소 다른 한 가지를 하는 것 같이 하면, 어느 세월에 다 할 수 있겠느냐?(自格物至平天下, 聖人亦是略分箇先後與人看不成? 做一件淨盡無餘, 方做一件, 如此, 何時做得成?)

5) [公議] ① 格物 · 致知 · 誠意 · 正心은 孝道 · 友愛 · 和睦 · 親和를 하게하는 妙理이고 方略이지, 곧바로 이것들을 대학의 교과목으로 삼은 게 아니고, 대체로 성인의 문하에서 전해 내려온 비결이다(格致誠正者, 所以爲孝友睦婣之妙理方略, 非直以此爲敎法之題目也. … 蓋聖門相傳之密訣). ② '致'는 '이르게 한다.'는 것이다. '格'은 '헤아린다.'는 것이다. 事의 先后를 철저히 아는 것이 '致知'이다. 物의 本末을 헤아리는 것이 '格物'이다(致至之也. 格量度也. 極知其所先後則致知也. 度物之有本末則格物也). ③ '格物'의 物은 곧 '物有本末(경문 제3절)'의 '物'이며, '致知'의 知는 '知所先後(경문 제3절)'의 '知'이다. 대개 物의 本末과 事의 終始를 통틀어서 헤아린 것은 힘써야 할 일의 先後를 가리기 위한 것일 따름이다. 대체로 物이란 어느 것이라도 心 · 身 · 家 · 國 · 天下 이외의 것으로부터 나오는 것이 있는가. 천하의 근본은 국가에 있고, 국가의 근본은 가정에 있고, 가정의 근본은 자신에게 있고, 자신의 근본은 마음에 있고, 마음이 발동하면 뜻이 되는 것이니, 이것이 物의 本末이다. 정성되어야 바르게 되고, 바르게 되어야 가다듬어지고, 다듬어져야 가지런해지고, 가지런해져야 다스려지고, 다스려져야 태평해지는 것이니, 이것이 事의 終始이다. 本과 始가 先이고, 末과 終이 后이고, '知所先後'라고 한 것은 그 窮究하는 것이 '知止'에 있을 뿐이다(格物卽物有本末之物致知卽知所先後之知. 蓋通量物之本末事之終始, 而爲用力之先後耳.

夫物孰有出于心身家國天下之外者哉. 天下之本在國, 國之本在家, 家之本在身, 身之本在心, 心之發爲意, 此物之本末也. 誠而正, 正而修, 修而齊, 齊而治, 治而平, 此事之終始也. 本始先也, 末終後也, 而曰知所先後者其究在乎知止而已). ④ '格物'이란 '대상물에는 근본과 말단이 있다(物有本末).'는 그 '대상물(物)'을 '헤아린다(格)'는 것이고, '致知'는 '아는 데는 먼저와 뒤가 있다(知所先後).'는 그 '아는 것(知)'을 '철저히 한다(致)'는 것이다(格物者, 格其物有本末之物, 致知者, 致其知所先後之知). ⑤ 세상 만물은 한없이 많아서, 교력도 그 수를 다 셀 수 없고, 박물군자도 그 이치에 통달할 수 없고, 비록 요순 같은 성인에게 팽조 같은 수명을 주더라도, 필시 그 까닭을 일일이 다 알 수는 없을 것이다. 이렇게 수많은 만물들을 다 헤아리고, 이렇게 앎이 투철하게 되기를 기다린 후에야, 비로소 誠意를 시작하려고 하고, 修身을 시작하려고 한다면, 결국 늦어지고 말 것이다(天下之物, 浩穰汗滿, 巧歷不能窮其數, 博物不能通其理, 雖以堯舜之聖, 予之以彭籛之壽, 必不能悉知其故. 欲待此物之格 此知之至而后, 始乃誠意始乃修身則亦以晚矣). 格物致知만 시각을 허비하지 않는 것이 아니라, 이른바 誠意 · 正心 또한 자리를 깔아놓고 시각을 다퉈가며 하는 공부가 아니다. 단지 새벽에 닭이 울면 일어나 誠意를 다해 문안인사를 드리면 부모에게 효도하는 것이고, 얼굴빛을 가다듬고 조정에 나가 성의를 다해 임금의 잘못을 바로잡으면 임금에게 충성하는 것이고, 머리가 하얘진 노인을 뒤따라 길을 갈 때 誠意를 다해 짐을 덜어주면 윗사람에게 공경하는 것이고, 고아들을 돌봄에 誠意를 다해 구휼하면 어린아이에게 자애로운 것이다(不惟格物致知不費時刻, 卽其所謂誠意正心亦不須肆筵設席聽漏課功. 惟是鷄鳴而起誠意以問寢, 則孝於親者也, 辨色而朝, 誠意以匡拂, 則忠於君者也, 隨班白於行路, 誠意以分任, 則弟於長者也, 撫死者之遺孤誠意以字恤, 則慈於幼者也). 옛 성인과 왕들의 道는 본래 이와 같은데 지금의 학자들은 텅 비어 아무것도 없는 곳에서 誠意를 하고자 하고, 텅 비어 아무것도 없는 곳에서 修身을 하고자 하는데, 깊고 넓어 현혹되고, 휑하니 비어 적막하기만 하니, 머리도 더듬어보지 못하고 꼬리도 잡아보지 못했는데, 하물며 誠意 위에다 또 格物과 致知 두 층을 더 부가하니, 어지럽고 뒤죽박죽되어 실마리를 찾을 길이 막막하다. 평생을 공부해도 앎은 오히려 부족한데, 하물며 실행에 있어서랴(先聖先王之道本自如此, 而今之學者於空蕩蕩地欲誠其意, 於空蕩蕩地欲正其心, 滉瀁眩瞀虛廓幽寂, 沒頭可摸沒尾可捉, 況於誠意上面又加之以格物致知二層, 棼然淆亂莫知端緒, 一生用功而所知猶不足, 而況於行乎).

6) ① 우리가 사물의 本末과 일의 始終을 알려면, 우선 사물에 대해 약간의 정확한 지식이 있어야 한다. 그렇지 않으면 소위 根本이란 것이 根本이 아닐 수 있고, 소위 末端이란 것이 말단이 아닐 수 있다. … 사물을 관찰할 때 사물의 현상에 가로막히면 그것에 대한 참 지식을 가질 수 없다[觀物時爲物之現象所蔽 則不能對之有眞知識]. 따라서 '致知(앎에 이름)'는 '格物(사물의 진상에 도달)'에 달려 있다. 格이란 至(도달한다)의 뜻이다. 반드시 사물의 현상을 간파하고 그것의 본래 면목에 도달해야 비로소 그 참모습을 얻을 수 있다[必看穿物之現象而知其本來面目]. 이것이 '致知가 格物에 달려 있는(致知在格物)' 까닭이다. 그렇지 않으면 사물현상에 대한 판단은 의심을 의심으로 해결하는 것인즉, 그 해결은 부당할 수밖에 없다[以疑決疑 決必不當]. 그러나 이와 같으려면 우선 '마음이 혼란되지(中心不定)' 않도록 해야 하는데, 致知格物은 여전히 마음속의 일이어서, 마음을 바르게 하는 일과는 서로 인과관계에 있기 때문이다(馮友蘭, 『중국철학사(上)』 583쪽, 박성규 역, 까치글방). ② '格'은 가장 보편적인 의미에 있어서 창문의 창살 틀과 같은 格子를 의미한다. 공자도 '有恥且(부끄러움을 아는

0004 治, 平聲, 後放此。○明明德於天下者, 使天下之人皆有以明其明德也。心者, 身之所主也。誠, 實也。意者, 心之所發也。實其心之所發, 欲其必自慊而無自欺也。致, 推極也。知, 猶識也。推極吾之知識, 欲其所知無不盡也。格, 至也。物, 猶事也。窮至事物之理, 欲其極處無不到也。此八者, 大學之條目也。

「治」는 平聲이다. 뒤에도 이와 비슷하다(治 平聲[7] 後放此). ○「明德을 천하에 밝힌다」는 것은(明明德於天下者), 천하 사람들 모두가 각자의 명덕을 밝힐 수 있도록 한다는 것이다(使天下之人 皆有以明其明德也).「心」은 자신의 주관자이다(心者 身之所主也).「誠」은「實」이다(誠[8] 實也).「意」는 心의 발현이다(意[9]者 心之所發也). 心의 발현을 진실하게 하여 반드시 스스로에 만족하고 스스로를 속임이 없고자 하는 것이다(實其心之所發 欲其必自慊而無自欺也[10]).「致」는「끝까지 캐 들어가 끝에 도달하다」이다(致 推

마음이 있어 바로 잡는다)格'이라는 표현을 썼지만[論語 爲政편 제3장] 여기서도 모종의 질서감, 바름의 의미를 지닌다. 格이란 떡을 찍는 떡살처럼, 사물을 인식하는 우리 인식의 격자와도 같은 틀을 의미한다. 칸트가 말하는 오성의 범주(Categories)와도 비슷한 그 무엇으로 생각해도 무방하다. 즉 사물의 인식이란 우리에게 내재해 있는 인식의 틀이 감각소여와 결합하는 작용이라고 본다면, 物을 格한다는 것은, 사물을 우리의 인식의 틀 속에서 인식하는 행위를 가리킨다고 볼 수 있다. 앎을 이룩한다는 것은 곧 사물을 인식하는 데에 있다는 것이 '致知在格物'의 의미이다. 그렇다고 이것이 칸트적인 이성주의적 입장의 발언이라기보다는 오히려 주자가 말한 대로 객관주의적 사물의 탐구라는 소박한 경험주의적 명제에 가깝다고 말할 수 있다(김용옥,『대학 · 학기 한글역주』제276쪽, 통나무).

7) 平聲(평성): 고대 중국어의 四聲(平聲 · 上聲 · 去聲 · 入聲)중의 하나. 平聲은 현대 중국어에서 陰平과 陽平으로 분리되어, 陰平은 제1성(ā), 陽平은 제2성(á)에 해당하고, 上聲은 현대 중국어에서 제3성(ǎ)에 해당하고, 去聲은 현대 중국어에서 제4성(à)에 해당하고, 入聲은 현대 중국어에는 없는데, 짧고 급한 소리를 낸다.

8) 誠(성): 진실하다. 거짓이 없다. 순수하다. 경건하다.

9) [公議] '意'란 '숨는다'이다. 마음 가운데 숨겨진 생각이다. 思 · 想 · 志 · 慮등의 글자와 같지 않다(意者隱也. 中心之所隱念也. 與思想志慮等字不同).

10) [大全] ① 모든 책에는 '欲其一於善而無自欺也' 로 되어 있는데 이 책에서만 '欲其必自慊而無自欺也'로 되어 있으니, 朱子가 絶筆 직전에 세 글자를 고친 것을 알 수 있다(新安陳

極[11]也).「知」는「識」과 같다(知 猶識[12]也). 나의 지식을 끝까지 캐 들어가 그 아는 바에 미진한 부분이 없고자 하는 것이다(推極吾之知識[13] 欲其所知無不盡也).「格」은「至(도달하다)」이다(格 至[14]也).「物」은「事」와 같다(物 猶事也). 사물의 이치를 끝까지 궁구하여 그 끝에 도달하지 못한 곳이 없고자 하는 것이다(窮至事物之理 欲其極處無不到也). 이 여덟 가지가「大學」의 八條目이다(此八者 大學之條目也[15]).

氏曰: "諸本皆作欲其一於善而無自欺也. … 此本獨作必自慊而無自欺, 可見絶筆所更定, 乃改此三字也"). ② 性은 발현되어 情이 되는데 그 情은 처음에는 不善이 없으니, 性을 환히 밝히는 공부를 더해야 한다. 心은 발현되어 意가 되는데 혹 善할 수도 不善할 수도 있으니, 불가불 意를 성실하게 하는 공부를 더해야 한다(朱子嘗曰: "…性發爲情 其初無有不善 卽當加夫明之之功. … 心發而爲意 便有善有不善 不可不加夫誠之之功"). ③ 주자어록에, '誠과 不誠, 自謙과 自欺는 털끝의 차이일 뿐이다. 自慊은 하나이고 自欺는 둘이다.'라고 했다. 自慊은 自欺와는 정반대이다. 誠意章은 단지 두 개의 '自'字의 공부에 있다(新安陳氏曰: "…語錄有云: '誠與不誠, 自慊與自欺, 只爭毫釐之間. 自慊則一, 自欺則二. 自慊, 正與自欺相對. 誠意章只在兩箇自字上用功…"). ④ 自慊(자겸): 스스로에게 겸손하다. 자족하다. 도리에 어긋나지 않아 마음이 편하다. 傳제6장 "所謂誠其意者,毋自欺也. 如惡惡臭, 如好好色, 此之謂自謙" 참조.

11) 推極(추극): 근본을 캐 들어가다. 궁구하다. 세세히 파 들어가다. 최고봉에 오르다.

12) 識(식): 알다. 이해하다. 인지하다. 식별하다. 변별하다. 구별할 줄 알다.

13) [朱子語類 15:50] 다만 내가 알고 있는 바를 推極하려고 하면, 반드시 그 사물 상에 나아가서 이해해야 한다. 致知는 나로부터 말한 것이고, 格物은 物에 나아가서 말한 것이다. 만약 物에 나아가지 않는다면 어떤 것에 연고해서 앎을 얻겠는가. 그런데 요즘 사람 중에도 지식을 推極하는 자가 있기는 하지만 자기 心思안에서만 이리저리 헤매며 힘을 소진하고 있을 뿐 사물에 나아가서 궁구하지는 않는데, 이같이 하면 끝내는 가서 머물 곳이 없다(只是推極我所知 須要就那事物上理會. 致知, 是自我而言; 格物, 是就物而言. 若不格物, 何緣得知. 而今人也有推極其知者, 却只泛泛然竭其心思, 都不就事物上窮究, 如此, 則終無所止).

14) 至(지): 도달하다. 땅으로 내려오다. 오다. 지극하다.

15) [公議] 대학에는 三綱領이 있고, 三綱領에는 각각 三條目[㈠ 明明德: 孝者所以事君也·弟者所以事長也·慈者所以使衆也(傳9장). ㈡ 親民: 上老老而民興孝·上長長而民興弟·上恤孤而民不倍(傳10장). ㈢ 止於至善: 爲人君止於仁·爲人臣止於敬·爲人子止於孝·爲人父止於慈·與國人交止於信(傳3장)]이 있는데 모두 孝·弟·慈이다. 경문 제4절은 明德·新民의 조목이 아니다. 그렇지만 또 문장은 비록 여덟 번 전이됐지만 事는 六條目인데, 格物·致知를 포함시켜 八條目으로 셈하는 것은 부당하고, 이름 부르길 格致六條目이라 하면 明과 實이 거의 서로 맞을 것이다(大學有三綱領, 三綱領, 各領三條目, 皆是孝弟慈. 此節非明德新民之條目也 然且文雖八轉 事惟六條 格物致知 不當幷數之爲八 名之曰格致六條 庶名實相允也).

〔大學或問〕

'옛날에는, 하늘에서 받아 간직되어 있는 밝고 맑은 덕성을 천하에 환히 밝히고자 했던 자는 먼저 그 나라를 잘 다스렸고, 그 나라를 잘 다스리고자 했던 자는 먼저 그 집안을 가지런하게 했고, 그 집안을 가지런하게 하고자 했던 자는 먼저 그 자신을 닦았고, 그 자신을 닦고자 했던 자는 먼저 그 마음을 바르게 가졌고, 그 마음을 바르게 가지고자 했던 자는 먼저 그 발동되는 뜻을 진실하게 했고, 그 발동되는 뜻을 진실하게 하고자 했던 자는 먼저 그 지식을 속속들이 완전하게 했으니, 지식을 속속들이 완전하게 하는 것은 하나하나 物에 다가가 그 理를 궁구하는 데에 있다'는 말은 무슨 뜻입니까?(曰: '古之欲明明德於天下者, 先治其國; 欲治其國者, 先齊其家; 欲齊其家者, 先脩其身; 欲脩其身者, 先正其心; 欲正其心者, 先誠其意; 欲誠其意者, 先致其知; 致知在格物', 何也?)

이 구절은 대학의 순서가 이처럼 참으로 상세했음을 말한 것으로, 대체로 三綱領의 세부 조목이다. 格物 · 致知 · 誠意 · 正心 · 脩身은 明明德의 사례이다. 齊家 · 治國 · 平天下는 新民의 사례이다. 格物 · 致知는 이것으로 至善의 소재를 추구하여 알려는 것이고, 誠意부터 平天下까지는 이것으로 그 至善을 추구하여 얻고 거기에 가 머물려는 것이다(曰: 此言《大學》之序, 其詳如此, 蓋綱領之條目也. 格物 · 致知 · 誠意 · 正心 · 脩身者, 明明德之事也. 齊家 · 治國 · 平天下者, 新民之事也. 格物 · 致知, 所以求知至善之所在; 自誠意以至於平天下, 所以求得夫至善而止之也).

이른바 '明明德於天下'는, 스스로 자기의 明德을 환히 밝히고 이를 미루어 나가 이로써 新民을 하여, 천하의 모든 사람으로 하여금 각자 자기의 明德을 환히 밝힐 수 있도록 한다는 것이다(所謂明明德於天下者, 自明其明德而推以新民, 使天下之人皆有以明其明德也).

사람들이 모두 각자 자기의 明德을 환히 밝힐 수 있게 되면, 각자 자기의 뜻을 진실하게 할 것이고, 각자 자기의 마음을 바르게 할 것이고, 각자 자기의 몸가짐을 닦을 것이고, 각자 자기의 친한 자를 친애할 것이고, 각자 자기의 웃어른을 웃어른으로 공경할 것이어서, 천하가 태평치 못함이 없게 될 것이다(人皆有以明其明德, 則各誠其意, 各正其心, 各脩其身, 各親其親, 各長其長, 而天下無不平矣).

그렇지만 천하의 근본은 나라에 있기 때문에 平天下하고자 하는 자는 무엇보다 먼저 그 나라를 잘 다스릴 수 있어야 하고, 나라의 근본은 집안에 있기 때문에 나라를 잘 다스리고자 하는 자는 무엇보다 먼저 그 집안을 가지런하게 할 수 있어야 하고, 집안의 근본은 자신에 있기 때문에 집안을 가지런하게 하고자 하는 자는 무엇보다 먼저 자신의 몸가짐을 닦을 수 있어야 하는 것이다(然天下之本在國, 故欲平天下者, 必先有以治其國; 國之本在家, 故欲治國者, 必先有以齊其家; 家之本在身, 故欲齊家者必先有以脩其身).

자신에 관한 주관자 곧 마음의 경우에는, 하나라도 그 본연의 모습 그대로의 바름을 얻지 못하면 자신을 주관하는 주인이 없는 것이어서, 비록 열심히 자신을 닦고자 해도 역시 닦일 수 없기 때문에, 자신의 몸가짐을 닦고자 하는 자는 무엇보다 먼저 자기의 마음을 바르게 할 수 있어야 하는 것이다(至於身之主則心也, 一有不得其本然之正, 則身無所主, 雖欲勉強以脩之, 亦不可得而脩矣, 故欲脩身者, 必先有以正其心).

마음의 발현 곧 뜻의 경우에는, 하나라도 사욕이 그 가운데 섞여 있어서 선을 행하고 악을 제거하는 데 혹여 진실되지 못한 경우에는, 마음에 累가 되어, 비록 열심히 마음을 바르게 하고자 해도 역시 바르게 될 수 없기 때문에, 마음을 바르게 하고자 하는 자는 무엇보다도 먼저 자기의 뜻을 진실되게 할 수 있어야 하는 것이다(而心之發則意也, 一有私欲雜乎其中, 而爲善去惡或有未實, 則心爲所累, 雖欲勉強以正之, 亦不可得而正矣, 故欲正心者必先有以誠其意).

知, 즉 마음의 신명의 경우에는, 모든 理에 대하여 신묘하고 만물을 주재하는 것으로, 사람이라면 누구나 가지고 있지 않은 자가 없지만 혹 그 안과 밖의 확 트임에 조금의 미진함이라도 없도록 하지 못하면, 은미한 틈 사이로 진실과 거짓이 뒤섞이게 되어서, 비록 열심히 뜻을 진실하게 하고자 해도 역시 진실하게 될 수 없기 때문에, 뜻을 진실하게 하고자 하는 자는 무엇보다 먼저 자기의 지식을 속속들이 완전하게 할 수 있어야 하는 것이다. '致'는 推致(최고의 경지까지 추구하다)를 말한다. '喪致乎哀(喪이란 슬픔을 다하는 것이다)[論語 子張편 제14장]'의 '致'로, 그것을 미루어 나가 끝에 다다른다는 말이다(若夫[16]知則心之神明[17], 妙衆理而宰萬物者也, 人莫不有, 而或不能使其表裏洞然, 無所不盡, 則隱微之間, 眞妄錯雜[18], 雖欲勉強以誠之, 亦不可得而誠矣. 故欲誠意者, 必先有以致其知. 致者, 推致[19]之謂, 如'喪致乎哀'之'致', 言推之而至於盡也).

천하의 物의 경우에는, 반드시 각기 所以然之故(그렇게 되게끔 하는 까닭)와 所當然之則(마땅히 그렇게 되는 법칙)이 있는데, 이것이 이른바 理라고 하는 것이다. 사람이라면 누구나 知를 가지고 있지 않은 자가 없지만, 혹 精과 粗 · 隱과 顯에 이르기까지 남김없이 궁구하지 못하면, 理는 아직

16) 若夫(약부): 문장 첫머리에 쓰는 어기사로 다른 일을 제기하는데 쓰임. ~에 대하여는. ~과 같은 것은.
17) 神明(신명): 천지신명. 천지의 신령. 사람의 정신. 신령스럽고 이치에 밝다.
18) 錯雜(착잡): 종잡을 수 없을 정도로 뒤섞여 어수선하다.
19) 推致(추치): 극한 · 최고의 경지까지 추구하다.

궁구되지 못해 知가 가려져 있기 마련이어서, 비록 열심히 해서 속속들이 다 알고자 해도 역시 속속들이 다 아는 데까지 이를 수 없기 때문에, 致知之道(지식을 속속들이 다 아는 길)는 事에 나아가 理를 관찰하여 이로써 格物하는 데에 달려 있는 것이다(至於天下之物, 則必各有所以然之故, 與其所當然之則, 所謂理也. 人莫不知, 而或不能使其精粗隱顯[20], 究極無餘, 則理所未窮, 知必有蔽, 雖欲勉強以致之, 亦不可得而致矣. 故致知之道, 在乎[21]卽事觀理, 以格夫物).

'格'은 極至(끝에 다다르다)를 말한다. '格于文祖(순임금이 종묘에 나아가다)[書經 舜典]'의 '格'과 같다. 끝까지 다해 그 끝에 다다른다는 말이다. 이 『大學』의 조목은 성현이 서로 전수한 사람을 가르치는 법이고 배움의 차례로 지극히 섬세하고 상세하다. 그렇지만 한나라·위진남북조 이래 모든 儒者의 논설이 여기까지는 미치지 못했고, 당나라 韓愈에 이르러 비로소 『大學』을 원용하여 그가 지은 「原道」에 처음 나타나게 되면서 가까스로 알려지게 되었다. 그렇지만 「原道」에서도 正心·誠意까지로만 끝났고 致知·格物은 아무런 언급도 없었으니, 이는 그 실마리는 탐구하지 않은 채 갑자기 그 차례를 말한 격이어서, 韓愈 역시 택했지만 정수를 택하지 못했고 말했지만 상세하지 말하지 못한 병폐를 면치 못했음에도, 어찌 이것으로 荀子와 揚子에 대해 논하길, 「순자와 양자는 仁義의 도를 택했지만 정수를 택하지 못했고 仁義의 도를 말했지만 상세히 말하지 못했다(荀與揚也 擇焉而不精 語焉而不詳).」고 할 수 있었을까?(格者, 極至之謂, 如'格于文祖'之'格'. 言窮之而至其極也. 此《大學》之條目, 聖賢相傳, 所以敎人爲學之次第, 至爲纖悉[22]. 然漢·魏以來, 諸儒之論, 未聞有及之者, 至唐韓子[23]乃能援以爲說,

20) 隱顯(은현): 보일락 말락 함. 숨었다 나타났다 함. 숨어 있는 것과 드러나 보이는 것.
21) 在乎(재호): = 在于. ~에 달려 있다.
22) 纖悉(섬실): 상세하다. 상세히 알고 있다.

而見於《原道》之篇, 則庶幾其有聞矣. 然其言極於正心誠意, 而無曰致知格物云者, 則是不探其端, 而驟[24]語其次, 亦未免於擇焉不精, 語焉不詳之病矣, 何乃[25]以是而議荀 · 揚[26]哉?).

---

23) 韓子(한자, 唐, 768~824): 韓愈(한유)의 字. 唐宋八大家(韓愈 · 柳宗元 · 歐陽修 · 蘇洵 · 蘇軾 · 蘇轍 · 曾鞏 · 王安石).

24) 驟(취): 질주하다. 갑작스럽다. 돌연히. 갑자기.

25) 何乃(하내): 어찌 ~할 수 있겠는가(=何能). 하물며. 더군다나.

26) ① [孟子集注 孟子序說] 韓愈가 말했다(韓子曰). "요임금은 仁義의 도를 순임금에게 전했고, 순임금은 이 도를 우임금에게 전했고, 우임금은 이 도를 탕임금에게 전했고 탕임금은 이 도를 문왕 · 무왕 · 주공에게 전했고, 문왕 · 무왕 · 주공은 이 도를 공자에게 전했고, 공자는 이 도를 맹자에게 전했다. 맹자가 죽고 나서는 이것이 전해지질 못했다. 荀子와 揚子는 仁義의 도를 택했지만 정수를 택하지 못했고 仁義의 도를 말했지만 상세하게 말하지 못했다"(堯以是傳之舜 舜以是傳之禹 禹以是傳之湯 湯以是傳之文武周公 文武周公傳之孔子 孔子傳之孟軻 軻之死不得其傳焉 荀與揚也 擇焉而不精 語焉而不詳). ② [北溪字義] 韓愈가 쓴 「原道」의 머리 부분에 있는 네 구절 중에, 이른 바 '널리 사랑하는 것을 仁이라고 하고, 행하여 옳은 것을 義라고 한다(博愛之謂仁 行而宜之之謂義).'고 한 구절은 모두 외적인 측면에서 이야기한 것이다. 그가 德을 논하면서, '자신에 충족되어 있어 밖에 의존하지 않는 것을 德이라고 한다(足乎己 無待於外之謂德).'고 한 구절은 비록 완전하지는 않지만 해로운 해석은 아니다. 그러나 '이것으로부터 말미암아 가는 것을 道라고 한다(由是而之焉之謂道).'고 한 구절은 道가 전적으로 사람의 힘으로 노력하는 데서 존재한다는 뜻으로, 子思가 『중용』에서 말한 본래 그러한 도(率性之謂道)가 아니다. 韓愈의 학문은 근원이 없다. …「原道」 한 편의 경우 많은 절목을 상세히 늘어놓은 것을 보면 道의 大用이 천하에 움직이며 작용한다는 것을 분명히 이해하였다고 말할 수 있다. 그러나 그 본체가 본래 나의 몸에 구비되어 있다(其體本具於吾身)는 것을 알지 못했다. 朱子는 韓愈가 『대학』을 거론했으나 『대학』에서 말하는 致知格物의 가르침에는 미치지 못했다고 비판하였다. 그러므로 韓愈는 자신을 되돌아보아 안으로 살피는 부분에서 특히 세심한 공부가 부족하였다고 하겠다. 그리하여 그는 張籍(766~830, 唐代 文人) 같은 무리들과 어울려 시를 읊고 술을 마시며 소일했으니, 그 와중에서 자기 스스로 지킬 만한 것을 가지고 있지 못했던 것이다. 그리하여 결국 그는 朝陽으로 유배되어 적막함과 외로움 속에서 지내다 마침내 은연중에 大顚(732~821, 道僧)이 도리를 말한 것에 영향을 받기에 이르렀다. 그러면서 머리를 숙이고 그와 함께 노닐며 예전에 그가 부처와 노자의 학설을 배척하였다는 사실을 잊어버렸다(陳淳, 『北溪字義』 177쪽, 김영민 역, 예문서원). ③ 『北溪字義』는 주희 제자 陳淳(1159~ 1223)이 지은 책으로, 金英敏 교수가 번역하고 예문서원에서 간행한 책에서 옮겨 실으면서 일부 수정을 가했으며, 이하 이 책에서 [字義]로 표기함.

0005 物格而后知至, 知至而后意誠, 意誠而后心正, 心正而后身脩, 身脩而后家齊, 家齊而后國治, 國治而后天下平。

物에 다가가 그 理를 궁구한 후에야 지식이 완전하게 되고(物格而后知至), 지식이 완전하게 되고 난 후에야 발동되는 뜻이 진실하게 되고(知至而后意誠[1]), 발동되는 뜻이 진실하게 되고 난 후에야 마음이 바르게 되고(意誠而后心正[2]), 마음이 바르게 되고 난 후에야 자신이 닦아지게 되고(心正而后身脩), 자신이 닦아지고 난 후에야 집안이 가지런하게 되고(身脩而后家齊), 집안이 가지런하게 되고 난 후에야 나라가 잘 다스려지게 되고(家齊而后國治), 나라가 잘 다스려지게 되고 난 후에야 천하가 태평하게 되는 것이다(國治而后天下平).

0005 治, 去聲, 後放此。○ 物格者, 物理之極處無不到也。知至者, 吾心之所知無不盡也。知既盡, 則意可得而實矣, 意既實, 則心可得而正矣。脩身以上, 明明德之事也。齊家以下, 新民之事也。物格知至, 則知所止矣。意誠以下, 則皆得所止之序也。

「物格」은 物理의 최고의 경지에 이르지 않음이 없다는 것이다(物格者 物理之極處 無不到也). 「知至」는 내 마음이 알고 있는 바에 미진함이 없다는

---

1) [大全] 知至와 意誠은 凡人과 聖人의 분계점으로, 이 관문을 넘지 못하면 조그마한 善이 있다 해도 黑 가운데 白과 같지만, 이 관문을 넘게 되면 조그만 과실이 있을지라도 白 가운데 黑이다(朱子曰: "知至意誠, 是凡聖界分, 未過此關, 雖有小善, 猶是黑中之白; 已過此關, 雖有小過, 亦是白中之黑").

2) [大全] 意는 발현되는 곳을 가리키고, 心은 體를 가리키는 말이다. 意는 動이고, 心은 動과 靜을 다 갖추고 있다(朱子曰: "意是指發處, 心是指體言; 意是動, 心該動靜").

것이다(知至者 吾心之所知 無不盡也). 지식이 궁극에 이르렀으면 뜻이 진실하게 될 수 있다(知旣盡 則意可得而實矣). 뜻이 진실하게 되었으면 마음이 바르게 될 수 있다(意旣實 則心可得而正矣). 脩身 이상은 明明德의 일이다(脩身以上 明明德之事也). 齊家 이하는 新民의 일이다(齊家以下 新民之事). 物格·知至는 가서 머물 곳을 아는 것이다(物格知至 則知所止矣). 意誠 이하는 모두 가서 머물 곳을 얻는 순서이다(意誠以下 則皆得所止之序也[3]).

〔大學或問〕

'物에 다가가 그 理를 궁구한 후에야 지식이 완전하게 되고, 지식이 완전하게 되고 난 후에야 발동되는 뜻이 진실하게 되고, 발동되는 뜻이 진실하게 되고 난 후에야 마음이 바르게 되고, 마음이 바르게 되고 난 후에야 자신이 닦아지게 되고, 자신이 닦아지고 난 후에야 집안이 가지런하게 되고, 집안이 가지런하게 되고 난 후에야 나라가 잘 다스려지게 되고, 나라가 잘 다스려지게 되고 난 후에야 천하가 태평하게 되는 것이다'는 말은 무슨 뜻입니까?(曰: '物格而后知至, 知至而后意誠, 意誠而后心正, 心正而后身脩, 身脩而后家齊, 家齊而后國治, 國治而后天下平', 何也?)

이 구절은 위 제4절의 뜻을 뒤집어 말한 것이다. 物格이란 사물의 각각의 理에 대한 조예가 최고의 경지까지 이르러서 조금도 미진한 게 남아 있지 않은 상태를 말한다. 사물에 있는 理에 대한 조예가 최고의 경지에 이르

3) [大全] 意誠·心正·身脩는 明明德이 止於至善을 얻는 단계이고, 家齊·國治·天下平은 新民이 止於至善을 얻는 단계이다. '皆'字는 明明德과 新民을 포함해 말한 것이다(新安陳氏曰: "意誠心正身脩, 明明德所以得止至善之次序, 家齊國治天下平, 新民所以得止至善之次序也. '皆'之一字, 包明明德新民而言").

러서 조금도 미진한 게 남아 있지 않은 상태가 되면, 내 안에 있는 지식의 경지 역시 그에 맞춰 조금도 미진한 게 남아 있지 않게 된다. 지식이 조금도 미진한 게 남아 있지 않은 상태가 되면, 마음에서 발현되는 바가 理에 항시 일치되어 자기 스스로를 속이는 것이 없게 된다. 발현되는 뜻에 자기 스스로를 속이는 것이 없는 상태가 되면, 마음의 본체는 사물에 의해 동요되지 않아 바르지 못한 것이 없게 된다. 마음이 바른 상태가 되면, 자신의 처한 바가 편벽에 빠지지 않아 닦이지 않은 것이 없게 된다. 몸가짐이 닦이지 않은 것이 없는 상태가 되면, 그것을 미루어 천하·국·가에 나아가 역시 그 닦인 자신을 들어다 거기에 놓으면 되는 것이다. 어찌 이를 도외하고 智謀·功利의 말엽들로써 구하겠는가?(曰: 此覆說上文之意也. 物格者, 事物之理, 各有以詣其極而無餘之謂也. 理之在物者, 旣詣其極而無餘, 則知之在我者, 亦隨所詣而無不盡矣. 知無不盡, 則心之所發能一於理而無自欺[4]矣. 意不自欺, 則心之本體 物不能動而無不正矣. 心得其正, 則身之所處不至陷於所偏而無不脩矣. 身無不脩, 則推之天下國家亦擧而措[5]之耳, 豈外此而求之智謀功利之末哉?)

---

4) 傳제6장 참조.
5) 擧措(거조): 거동. 행위. 조치하다. 처리하다.

자천자이지어서인 일시개이수신위본

0006 自天子以至於庶人, 壹是皆以脩身爲本。

천자로부터 서인에 이르기까지(自天子以至於庶人), 하나같이 모두 수신으로써 근본을 삼는다(壹是皆以脩身爲本)1)2).

---

1) ① [孟子 離婁상편 5:1] 맹자가 말했다. "사람들이 항상 하는 말이 있다. 모두들 천하 · 국 · 가라고 말한다. 천하의 근본은 나라에 있고 나라의 근본은 가정에 있고 가정의 근본은 자기 자신에게 있는 것이다(孟子曰 人有恒言 皆曰天下國家 天下之本在國 國之本在家 家之本在身). ② 삼강령 팔조목 모두 '修身'의 내용이라고 할 수 있다. 格物 · 致知 · 誠意 · 正心은 修身의 방법이고, 明德에 속한다. 齊家 · 治國 · 平天下는 修身의 효용이고 親民에 속한다. 修身이 가장 완전한 수준에 도달한 것이 곧 至善이다(馮友蘭, 『중국철학사(상)』 574쪽, 박성규 역, 까치글방). ③ 以… 爲…: ~로 ~를 삼다, ~을 ~로 여기다.

2) [儒家사회의 差等的 질서구조와 도덕관념]
중국 사회에서 가장 큰 병폐는 '자기만 생각하는 것(私)'이다. 중국에서 '자기만 생각하는' 병폐는 어리석음(愚)과 질병(病)에 비해 훨씬 넓게 퍼져 있는데, 위로부터 아래까지 이 병폐가 없는 사람이 마치 한 명도 없는 듯하다. 그런데 여기에서 말하는 소위 '자기만 생각하는' 병폐의 문제는, 실은 알고 보면 단체와 자기, 남과 나의 경계선을 어떻게 구획할 것인가 하는 문제이다. 이 때문에 우리가 자기만 생각하는 문제를 토론하고자 한다면, 전체 사회조직의 구조를 제시하고 고려해야 한다.
서양사회에서 사회생활 중의 사람과 사람의 관계는, 중국의 논에 있는 볏단(捆柴)과 비슷한 점이 있다. 몇 포기의 벼는 한 줌(把)으로 묶이고, 몇 줌은 한 다발(紮)로 묶이고, 몇 다발은 한 단(捆)으로 묶이고, 몇 단은 한 짐(挑)으로 묶인다. 매 포기의 벼들은 전체 볏짐 안에서, 모두 일정한 단, 다발, 줌에 속한다. 매 포기의 벼들 또한, 자기와 같은 줌, 같은 다발, 같은 단에 속한 벼를 찾아낼 수 있고, 분명하게 나눠져 묶여 있어서 뒤섞일 수 없다. 사회에서 이러한 단위가 團體이다. 단체는 일정한 경계를 가진다. 누가 단체 내의 사람이고 누가 단체 밖의 사람인지 모호해서는 안 되고 반드시 분명하게 구분되어야 한다. 단체 내 사람은 한 동료로서, 단체에 대한 관계에서는 모두 똑같이 평등하다. 우리는 이것을 단체구조(團體格局)라고 불러도 무방할 것이다.
중국의 사회구조와 서양의 사회구조는 서로 다르다. 중국의 사회구조는 한 단 한 단 묶음으로 분명하게 구분되는 볏단이 아니라, 마치 '돌을 던졌을 때 수면 위에 생기는, 한 개 한 개의 동심원이 원을 그리며 퍼져나가는 물결(把一塊石頭丟在水面上所發生的一圈圈推出去的波紋)'과 같다. 각 개인은 모두 그가 사회에 영향을 미치며 퍼져나가는 물결인 동심원들의 중심이다. 동심원의 물결이 미치는 바에 따라 關係를 발생시킨다. 각 개인이 특정시점 특정지점에서 사용하는 바인 동심원은 반드시 서로 똑같지는 않다.
중국 사회에서 가장 중요한 親族關係는 바로 일종의, 돌을 던져 형성되는 동심원의 물결과 같은 성격이다. 중국의 향토사회에서는 비단 친족관계만 그런 것이 아니고 地緣關系도 역시 그렇다. 전통적인 사회구성 하에서는, 각 집안은 자기의 지위를 중심으로 주위가 한 개의 동심원으로 구분 지어지는데, 이 동심원이 생활상 상부상조하는 기구인 '이웃(街坊)'이다. 그렇지만 이웃은 한 개의 고정된 단체가 아니라 한 개의 範圍이다. 範圍의 크기의 대소는 그 집안의 역량과 두께(中心的努力厚薄)에 따라 정해진다. 세력이 큰 집안에서 이웃의 범위는 마을 전체가 될 수 있지만, 곤궁한 집안에서 이웃의 범위는 단지 이웃해 있는 두세 집에 불과하다. 이것과 중국의 친족관계의 동심원은 똑같다. 중국의 전통적인 사회구성인 차등적 질서구조(差序格局)는 이 같은 신축성을 가지고 있다. 향토사회에서 가정은 작을 수 있지만, 일부 부유한 지주와 관료계층이 되면 마치 조그만 국가와 같은 정도의 크기에 이를 수 있다. 중국인들은 특히 염량세태에 대단히 민감한데, 바로 이렇게 신축성이 큰 사회로 인해, 원의 크기는 중심세력의 변화에 따라 커지거나 작아지거나 하기 때문이다. '자기(己)'를 중심으로 하여, 마치 돌이 물에 던져진 것과 같이 타인과 연계되어 있는 사회관계는, 그 안의 구성원이 모두 동일한 평면 위에 서 있는 서양사회의 단체구조의 경우와는 달리, 수면 위의 동심원의 물결과 같이 한 개 한 개의 동심원이 퍼져 나가는데 퍼져나갈수록 멀어지고 퍼져나갈수록 약해진다(象水的波紋一般 一圈圈推出去 愈推愈遠 也愈推愈薄).

여기에서 우리는 중국 사회구성의 기본특성을 만나게 된다. 儒家에서 가장 정미하게 추구하는 것은 人倫인데 倫이란 무엇인가? 나의 해석으로는, 倫이란 바로 자기로부터 퍼져나가고 또 자기가 만들어가는 인간관계에 편입된 일군의 사람과의 관계에서 한 개 한 개 형성되는 동심원과 같은 차등적 질서(從自己推出去的和自己發生社會關系的那一群人裏所發生的一輪輪波紋的差序)이다. 『釋明』(東漢 柳熙 著) 「釋水」편에서는 '倫'자를 설명하기를 '[잔물결을 淪이라 한다. 淪은 倫이다.] 倫이란 물결이 차례대로 만드는 무늬의 결이다([水小波曰淪; 淪,]倫也, 水文相次有倫理也)'라고 했다. 반광단(潘光旦, 1899~1967) 선생은 일찍이 '「侖(륜)」이 공통분모로 쓰인 글자의 의미는 모두 상통하는데, 공통으로 나타내는 것은 條理 · 類別 · 秩序라는 뜻이다'라고 말한 바 있다. 倫은 分別에 중점을 두는데, 『禮記』「祭統」편에서 말한 十倫, 즉 鬼神 · 君臣 · 父子 · 貴賤 · 親疎 · 爵賞 · 夫婦 · 政事 · 長幼 · 上下는 모두 차등을 가리키고 있다. '倫을 잃지 않는다(不失其倫)[禮記 祭統편]' 함은 父子 · 遠近 · 親疎를 구별하는 데에 있다. 倫이란 차등이 있는 질서(有差等的次序)이다. 鬼神 · 父子 · 夫婦 · 貴賤 · 親疎 · 遠近 · 上下 등은 중국의 전통적인 사회구조에서 가장 기본적인 개념들인데, 이것들은 개인과 개인이 교제하며 만들어 낸 네트워크 중의 紀綱에 해당되는 것들로서, 바로 차등적 질서이고 또한 倫이다. 『禮記』「大傳」편에는 '가까운 사람을 친애하는 것, 존귀한 사람을 존경하는 것, 어른을 어른으로 대접하는 것, 남자와 여자가 구별되는 것, 이것은 백성과 함께 바꿔서는 안 되는 것들이다(親親也 尊尊也 長長也 男女有別 此其不可得與民變革者也)'라고 했는데, 그 뜻은 이러한 사회구조의 뼈대는 바꿀 수 없는 것들이고 바꿀 것은 단지 이 뼈대를 이용해서 만드는 일뿐이라는 것이다.

孔子가 가장 중시했던 것이 바로 물결이 밖으로 확장해가는 것을 뜻하는 '推'字였다. 孔子는 먼저 자기를 전제한 뒤, 推己及人하는 자기, 이 자기에 대하여 마땅히 禮에 복종시켜 克己하는 것이 바로 '脩身'이라고 했다. 이 동심원의 물결을 따라 가게 되면 밖으로 확장해 갈 수 있게 된다. 자기로부터 家로 나아가고 家로부터 나라로 나아가고 나라로부터 천하로 나아가는 것은 한 통로이다. 『中庸』(20:8)에서는 五倫을 '천하에 통하는 도(天下之達道)'라 하고 있다. 이러한 사회구조 하에서는 자기로부터 천하로 나아가는 것은 한 둘레 한 둘레 밀어나가는 것(一圈一圈推出去的)이어서, 孟子는 말하길 '[옛 사람들이 크게 뛰어났던 까닭은 다른 것이 없고 자기의 인품을] 열심히 밀어나간 것뿐이다([古之人所以大過人者無他焉] 善推[其所爲]而已矣)[孟子 梁惠王상편 7:12]'라고 한 것이다.

이렇게 신축성이 큰 네트워크 하에서는 언제 어느 곳에서나 '자기'가 중심을 이루고 있는 것이다. 이것은 결코 [서양의] 個人主義가 아니고 自我主義이다. 個人이란 團體에 대하는 말로 단체에 대한 [서로 지위가 평등한] 그 구성원(分子)을 말한다. 중국의 전통사상에서는 이러한 개인주의라는 개념이 없는데 이는 중국이 가지고 있는 것은 자아주의 즉 일체의 가치가 자기를 중심으로 삼는 주의(一切价值是以"己"作爲中心的主義)이기 때문이다. 孔子가 推己及人해야 한다고 했지만 비록 그것이 四海에까지 풀어지더라도 중심은 여전히 자기에게 있는 것이다. 孔子는 '德으로써 정치하는 것은 북극성에 비유하자면 북극성은 항시 제 자리에 있는데 뭇별들이 북극성을 둘러싸는 것과 같다(爲政以德 譬如北辰 居是所 而衆星拱之)[論語 爲政편 제1장]'라고 했다. 이것은 차등적 질서구조에 관한 아주 적절한 비유인데, 자기가 항시 중심인 것은 마치 사계절 내내 움직이지 않는 북극성과 같고, 다른 모든 사람들은 자기를 따라 움직이는 것이다.
우리가 일단 이러한 풀어놓을 수도 거둬들일 수도 넓힐 수도 축소할 수도 있는 사회범위를 분명하게 이해하면 우리는 중국 전통사회의 '자기만 생각하는(私)' 문제를 바로 이해할 수 있게 될 것이다. 내가 항시 느끼는 게 있는데, '중국의 전통사회하에서는 한 개인은 자기를 위해서는 家를 희생시킬 수 있고 家를 위해서는 黨을 희생시킬 수 있고 黨을 위해서는 나라를 희생시킬 수 있고 나라를 위해서서는 천하를 희생시킬 수 있다'는 것이다. 이것은『大學』의 '古之欲明明德於天下者, 先治其國, 欲治其國者, 先齊其家, 欲齊其家者, 先修其身… 身修而後家齊, 家齊而後國治, 國治而後天下平' 구절과 條理가 서로 통한다. 같지 않은 점이라면 단지 노선의 외향성과 내향성, 견해의 적극성과 소극성일 뿐인데, 이것은 일종의 차등적 질서의 추진형식(差序的推進形式)으로 단체와 자기의 경계선을 상대적이게 만들고 모호하게 이럴 수도 저럴 수도 있게 하는 것(兩可)이라고 말할 수 있다. 그가 族을 희생시킬 경우에는 家는 그가 보기에 公이다. 그가 국가를 희생하여 그가 속한 작은 단체의 이익을 도모하기 위해 권리를 다툴 때에는 그것도 公을 위해서이다. 차등적 질서 하에서 公과 私는 상대적인 말이고 어떤 테두리에 서 있는지에 따라서 안쪽을 지키는 것도 公이라 말할 수 있게 되는 것이다.
차등적 질서구조 하에서는 사회관계는 한 사람 한 사람으로부터 점차적으로 퍼져 나간 것 즉 개인 간의 연계(私人關系)의 증가이고, 사회범위는 한 올 한 올의 개인 간의 연계를 뿌리로 하여 구성된 네트워크(一根根私人聯系所构成的网絡)이고, 이 때문에 중국의 전통사회에서의 모든 社會道德도 개인 간의 연계(私人聯系) 속에서만 의의를 가진다. 자기를 중심으로 삼는 사회관계 네트워크 하에서 가장 중요한 것은, 자연히 '자기를 굴복시켜 예에 맞춘다(克己服禮)[論語 顔淵편 제1장]'는 것, '하나같이 脩身을 근본으로 삼는다(壹是皆以修身爲本)[大學 經文]'는 것이다. 이것이 차등적 질서구조 하에서의 道德體系의 출발점이다. 자기로부터 밖으로 퍼져서 구성된 사회범위는 한 올 한 올 개인 간의 연계를 뿌리로 하고 있고, 각각의 연계된 끈은 道德要素에 의해 유지되고 있다. 차등적 질서구조의 사회는 무수한 개인관계로 지어진 네트워크이다. 이 네트워크의 각각의 매듭에는 도덕요소가 결부되어 있는데 이 때문에 전통적인 도덕에서는 하나의 포괄적인 도덕관념(籠統性的道德觀念)을 달리 찾아낼 수가 없고 모든 가치기준 또한 차등적 질서라는 인륜(差序的人倫)을 넘어서서는 존재할 수 없다. 이 때문에 이런 사회에서는 일체의 普遍적인 기준은 결코 작동되지 않고 반드시 대상이 누구이고 자기와 어떤 관계인지를 분명하게 하고나서야 비로소 어떤 것을 기준으로 내놓을지 결정할 수 있게 되는 것이다. 단체구조(團體格局)의 사회에서는 동일단체 내의 개인은 '이로움을 같이하는 존재(兼善)[孟子 盡心상편 9:6]' 즉 '서로 동등한 존재(相同)[墨子 尙同편]'이다.

0006 壹是, 一切也。正心以上, 皆所以脩身也。齊家以下, 則擧此而措之耳。

「壹是」는「一切」이다(壹是[3] 一切也). 正心 이상은 모두 脩身하는 데 쓰이는 것들이고(正心以上 皆所以脩身也), 齊家 이하는 脩身을 들어다 거기에 놓으면 된다(齊家以下 則擧此而措之耳).

孟子가 가장 반대했던 것이 바로 이것이다. 그가 말하길 '대저 사물은 그 質이 서로 같지 않은 것이 그 본성인데 당신은 質이 떨어지는데도 똑같다고 하니 천하를 어지럽히는 것입니다(夫物之不齊 物之情也 子比而同之 是亂天下也)[孟子 滕文公上편 4:18]'라고 했다. 墨家의 '사랑에는 차등이 없다(愛無差等)[孟子 滕文公상편 5:3]'는 主義는 儒家의 인륜의 차등적 질서(人倫差序)와는 완전히 상반되는 것으로, 이 때문에 孟子가 墨家를 '아비도 없고 임금도 없다(無父無君)[孟子 滕文公하편 9:8]'고 심하게 질책했던 것이다. (이 글은 중국의 사회학자인 費孝通(1910~2005)이 1948년에 쓴『鄕土中國(중국사회문화의 원형)』(張暎碩 역, 비봉출판사 간행)의 제4장「差序格局(차등적 질서구조)」과 제5장「系維著私人的道德(개인을 연결하는 도덕)」을 발췌한 것임.)

3) 壹是(일시): =一概. 모조리. 전부. 일률적으로. 일체.

0007 其本亂而末治者否矣, 其所厚者薄, 而其所薄者厚, 未之有也! [此謂知本, 此謂知之至也。][1)]

그 근본이 어지러운데 그 말단이 잘 다스려지는 경우는 없고(其[2)]本亂而末治者否矣), 그 두텁게 해야 할 바를 야박하게 하고 그 야박하게 해야 할 바를 두텁게 하는 경우는 없다(其所厚者薄 而其所薄者厚 未之有也)[3)]. [이것을 말하여「근본을 안다」라고 하고(此謂知本[4)]),「근본을 안다」고 하는 것을 말하여「知(앎)의 궁극」이라고 한다(此謂知之至也)[5)].]

---

1) ① [ ] 구절에 대해서 주자는 '此謂知本' 구절은 전문 제5장의 衍文으로 보았고, '此謂知之至也'는 이 구절 위에 있어야 할 격물치지에 관한 글이 빠졌는데 이 빠진 글의 결구에 해당한다고 보고 格物致知장(전문 제6장)을 이 구절 위에 보전해 넣었다. ② [公議] 퇴계선생께서는 이를 잘못이라 하시고, 안채를 헐어서 행랑채를 보수하는 것으로 비유하셨는데 참으로 정확한 논술이다(退溪先生非之, 至喩以毁正寢而補廊廡… 誠確論也).

2) 其(기): 虛指詞.

3) [孟子 盡心상편 44:1] 맹자가 말했다. "그만두어서는 안 되는 것을 그만두는 자는 그만두지 못할 것이 없고, 후하게 할 것을 박하게 하는 자는 박하게 하지 못할 것이 없다. 나아가는 데 빠른 자는 물러서는 데도 빠르다"(孟子曰 於不可已而已者 無所不已 於所厚者薄 無所不薄也 其進銳者 其退速).

4) [公議] '知本'은 脩身이 天下 · 國 · 家의 本임을 아는 것이다(知本者, 知修身爲天下國家之本也).

5) ① '致知'란 바로 '사물에는 본말이 있고 일에는 시종이 있은 즉, 선후를 가릴 줄 알면 도에 가깝다(知所先後 則近道矣).'는 것을 아는 것이다. 따라서 "천자에서 서인에 이르기까지 하나같이 수신이 근본이다. 근본이 문란한데 말단이 잘 다스려지는 경우는 없다. 중시해야 할 것을 경시하고 경시해야 할 것을 중시해도 되는 그런 경우란 세상에 아직 없다. 이런 이해가 바로 '근본을 아는 것(知本)'이고 '앎이 이르렀다.'는 말의 의미이다"고 했다. '근본을 앎(知本)'이 '앎의 이르름(知之至)'이니. 수신이 근본임을 알고 전일하고 참되게 수신하면 '앎이 이르고 뜻이 참되게 되는(知至而后意誠)' 것이다(馮友蘭,『중국철학사(上)』583쪽, 박성규 역, 까치글방). ② 大學에서 가장 중요한 지식은 근본을 아는 것(知本)인데, 그것은 '천자에서 서인에 이르기까지 한결같이 脩身을 근본으로 삼는다.'는 사실을 아는 것을 말한다. 또 앎의 지극함(知之至)이란, 근본을 알 수 있으면(知本) 완벽한 지식이라 할 수 있다는 말이 아니라, 오직 '근본을 아는 것이 가장 중요한 지식'이라는 의미이다. 그런데 바로 이와 같은 인식을 가지게 되면, 일체의 지식은 모두 수신을 위해 제공되는 것임을 알게 된다(大學認爲, 最重要的知識是 '知本', 知道'自天子 以至於庶人 壹是皆以脩身爲本'. 所謂'知之至'不是說, 能夠'知本'就算有完備的知識, 只是說'知本'是最重要的知識. 有了這種知識, 就知道一切知識都是爲脩身服務的)(馮友蘭, 中國哲學史新編)(박성규,『대학』, 서울대철학사상연구소).

0007 本, 謂身也。所厚, 謂家也。此兩節結上文兩節之意。

「本」은 「身(자신의 몸가짐)」을 말한다(本 謂身也). 「所厚」는 「家」를 말한다(所厚 謂家也[6]). 이 두 절은 經文 제4절과 제5절 두 구절의 뜻을 결론 맺은 것이다(此兩節 結上文兩節之意).

右經一章, 蓋孔子之言, 而曾子述之。〔凡二百五十字〕 其傳十章, 則曾子之意而門人記之也。舊本頗有錯簡, 今因程子所定, 而更考經文, 別爲序次如左。〔凡千五百四十六字〕

여기까지가 經文 제1章으로, 孔子의 말씀인데 曾子가 기술하였다(右經一章 蓋孔子之言 而曾子述之[7])〔모두 250字이다〕. 經文에 대한 傳 열 개 章은 曾子의 뜻인데 문하인이 기록하였다(其傳十章 則曾子之意 而門人記之也). 옛 책에는 적지 않게 착간이 있어서(舊本 頗有錯簡[8]), 이제 程子가 정한 대로

---

6) [公議] ① '所厚'는 자신을 말한다. '所薄'은 백성을 말한다(所厚謂身也. 所薄謂民也). ② 『孟子』에 '국가의 根本은 집안에 있다(國之本在家 家之本在身).'[離婁상편 5:1]고 했으니, 家 · 國 · 天下를 가지고 厚薄을 나눈 것은 이치에 맞다. 그러나 이 절에서는 오로지 修身이 根本이라 말했는데, 주자처럼 집안을 후하게 하는 곳으로 하면 根本이 둘이 된다. 그래서 옛 師友들은 모두 厚하게 할 곳은 身이다고 말했는데, 이는 修身하지 않는 자는 바로 자기 자신을 사랑하지 않는 자이기 때문이다. 자기 자신을 사랑하지 않는데 남을 사랑할 자 있겠는가(孟子曰國之本在家, 以家國天下爲所厚所薄於理亦順. 然此節專言修身爲本, 若以所厚爲家則二本矣 故昔者師友之言皆以所厚爲身, 蓋以不修身者卽不愛其身者也. 不愛其身而有能愛人者乎).

7) [公議] 朱子는 말하길, '曾子가 經 한 개 章을 지었고, 曾子의 제자가 傳 열 개 章을 지었다' 고 했는데, 전혀 근거가 없는 말이다. 朱子는 추측으로 그렇게 말했던 것이다. 朱子는 孔子의 道統이 曾子에게 전해졌고, 그것이 子思와 孟子에게 전해졌는데, 子思와 孟子는 저서가 있지만, 曾子는 저서가 없으니까 단지 『대학』을 가져다가 그 道의 명맥을 잇게 했을 뿐이다(朱子謂曾子作經一章之門人作傳十章, 亦絶無所據. 朱子以意而言之也. 朱子以爲孔子之統傳于曾子以傳思孟, 而思孟有著書, 曾子無書, 故第取此以連道脈耳).

8) ① 頗(파): 치우치다. 공정하지 못하다. 약간. 꽤 많이. ② 錯簡(착간): 책장의 순서가 잘못 됨.

따르고 다시 經文을 상고하여(今因程子所定 而更考經文), 별도로 차례를 만들기를 아래와 같이 하였다(別爲序次如左)〔모두 1,546字이다〕.

○ 凡傳文, 雜引經傳, 若無統紀, 然文理接續, 血脈貫通, 深淺始終, 至爲精密。熟讀詳味, 久當見之, 今不盡釋也。

모든 傳文은 經傳을 이것저것 인용하여 통일된 기강이 없는 듯하지만(凡傳文 雜引經傳 若無統紀), 문리가 이어지고 혈맥이 관통하고(文理接續 血脈貫通), 깊고 얕음과 시작과 마침이 지극히 정밀하여(深淺始終 至爲精密), 충분히 읽고 자세히 음미하면 오래되면 마땅히 잘 보일 것이므로(熟讀詳味 久當見之), 여기에는 세세히 주석을 달지 않는다(今不盡釋也).

〔大學或問〕

'천자로부터 서인에 이르기까지 하나같이 모두 수신으로써 근본을 삼는다. 그 근본을 어지럽게 해놓고 그 말단을 잘 다스리는 경우는 없고, 그 두텁게 해야 할 곳을 박하게 하고 그 박하게 해야 할 곳을 두텁게 하는 경우는 없다'는 말은 무슨 뜻입니까?(曰: '自天子以至於庶人, 壹是皆以脩身爲本, 其本亂而末治者否矣, 其所厚者薄而其所薄者厚未之有也', 何也?)

이 구절은 위 經文 제4절 제5절의 뜻을 결론 맺은 것이다. 자기 자신을 天下 · 國 · 家와 상대해서 말하면, 자신이 근본이고 天下 · 國 · 家는 말엽이 된다. 家를 天下 · 國와 상대해서 말하면, 그 理가 비록 하나가 아닌 적이 없지만 그 후박의 분별은 있어 역시 차등이 없을 수 없다. 그러므로

格物 · 致知하여 이로써 誠意 · 正心 · 脩身하지 못하면, 근본이 반드시 어지러워지고 말엽이 다스려질 수 없게 되는 것이다. 자기의 친한 자를 친애하지 않고 자기의 웃어른을 웃어른으로 공경하지 않으면, 후하게 해줘야 할 것에 야박하게 하는 것이 되어 남의 친한 자나 웃어른에까지 미쳐갈리 만무한데, 이는 모두 필연의 이치이다. 맹자께서 말한바, '후하게 할 것을 야박하게 하면 야박하게 하지 못할 것이 없다'는 그 말 역시 여기에 뿌리를 두고 말한 것이다(曰: 此結上文兩節之意也. 以身對天下國家而言, 則身爲本而天下國家爲末. 以家對國與天下而言, 則其理雖未嘗不一, 然其厚薄之分 亦不容無等差矣. 故不能格物致知, 以誠意正心而脩其身, 則本必亂而末不可治. 不親其親, 不長其長, 則所厚者薄 而無以及人之親長, 此皆必然之理也. 孟子所謂於所厚者薄, 無所不薄, 其言蓋亦本於此云).

傳文 第1章

0101 康誥曰(강고왈):「克明德(극명덕)。」

『書經』「康誥」에는 말하길(康誥[1][2]曰), "文王께서는 능히 감당하여 덕을

---

1) ① 康誥(강고): 주나라 成王(BC 1024~BC 1005)이 康叔(文王의 아들; 武王의 弟)을 망한 殷나라의 流民이 살고 있는 衛나라에 봉하면서 誥命한 말로, 실제로는 成王이 어렸으므로 섭정한 周公(武王의 弟)이 한 말[誥: 윗사람이 아랫사람에게 알리는 것]. ②『書經』「周書」편「康誥」의 글은 傳文 제1장 제1절 · 제2장 제2절 · 제9장 제2절 등에서 세 번 인용되고 있음. ③ [公議] 康誥의 대의는 곧 不孝 · 不弟에 대한 경계인데, 그 첫머리에 문왕이 克明德과 愼罰을 말한 즉 德이란 孝弟이다. 갓난아이도 그 부모를 극진히 사랑하지 않음이 없는 즉, 사람의 孝弟는 본디 天命이다. 요임금이 '峻德을 밝혀 구족을 친애하셨다.' 한즉, 峻德은 孝弟이다. 長子는 훗날 모두 成物 · 化民의 책임이 있는 까닭에, 그들에게 경계하여 자기 스스로 밝히도록 한 것이다. 명덕을 천하에 밝히는 것이 먼저 자신을 수신하지 않고 남에게 명덕을 강제할까 두려워했기 때문이다.『주역』[晉卦第三十五]에는 '군자는 스스로 명덕을 밝힌다.'고 하였다(康誥大義, 乃不孝不弟之戒, 而首言文王克明德愼罰, 則德者孝弟也. 孩提之童無不至愛其親, 則人之孝弟本天命也. 堯克明峻德以親九族, 則峻德者孝弟也. 胄子他日皆 有成物化民之責, 故戒之以自明. 恐明明德於天下者不先自修, 而强人之明德也. 易曰君子以自昭明德).

2) [書經 康誥] ① 왕이 대략 다음과 같이 말씀하셨다. "맹후인 짐의 아우 소자 봉(康叔의 이름)아! 너의 크게 드러나신 아버지 文王께서 능히 덕을 밝히고 형벌을 삼가셨다. 감히 홀아비와 과부를 업신여기지 않으시며, 등용하여야 할 사람을 등용하고 공경하여야 할 사람을 공경하고 위엄을 보여야 할 사람에게 위엄을 보이시어 덕이 크게 드러나시어 우리 구하(중국)을 창조하시자, 우리 한두 나라가 닦여지며 우리 서토가 이에 믿고 무릅써서 상제에게 알려지시니, 상제가 아름답게 여기셨다. 하늘이 마침내 문왕을 크게 명하여 殷나라를 쳐서 멸하게 하시므로 그 명을 크게 받으시니, 그 나라와 백성들이 이에 펴지므로 네 과형(무왕)이 힘썼다. 그러므로 너 소자 봉이 이 동토에 있게 되었다."(王若曰, 孟侯, 朕其弟, 小子封. 惟乃丕顯考文王, 克明德愼罰, 不敢侮鰥寡, 庸庸祗祗威威顯民. 用肇造我區夏, 越我一二邦以修, 我西土惟時怙冒, 聞于上帝, 帝休, 天乃大命文王, 殪戎殷, 誕受厥命, 越厥邦厥民惟時敘. 乃寡兄勖, 肆汝小子封, 在茲東土). [中略] ③ 왕이 말씀하셨다. "아! 봉아. 형벌에 차서가

환히 밝히셨다(克[3])明德)"라고 했고,

0101 康誥, 周書。克, 能也。

있어야 이에 크게 밝혀 굴복시켜서 백성들이 서로 경계하여 和를 힘쓸 것이다. 마치 몸에 병이 있는 것처럼 여기면 백성들이 모두 허물을 버릴 것이며, 마치 적자를 보호하듯이 하면 백성들이 편안히 다스려질 것이다. 너 봉이 사사로운 감정으로 사람을 형벌하거나 사람을 죽이라는 것이 아니니, 혹시라도 사사로운 감정으로 사람을 형벌하거나 사람을 죽이지 말라. 또 너 봉이 사람을 코 베거나 귀 베라는 것이 아니니, 혹시라도 사사로운 감정으로 사람을 코 베거나 귀 베지 말라.(王曰, 嗚呼, 封. 有敍, 時乃大明服, 惟民其勅懋和. 若有疾, 惟民其畢棄咎, 若保赤子, 惟民其康乂. 非汝封刑人殺人, 無或刑人殺人. 非汝封又曰劓刵人, 無或劓刵人。). 왕이 말씀하셨다. "봉아! 큰 죄악은 크게 미워하니, 하물며 불효하고 不友함에 있어서랴. 자식이 그 아버지의 일을 공경하지 아니하여 아버지의 마음을 크게 상하면 아버지는 그 자식을 사랑하지 아니하여 자식을 미워할 것이다. 그리고 아우가 하늘의 드러난 이치를 생각하지 아니하여 능히 그 형을 공경하지 않으면 형 또한 부모가 자식을 기른 수고로움을 생각하지 아니하여 크게 아우에게 우애하지 않을 것이다. 이런 지경에 이르고도 우리 정사하는 사람들에게 죄를 얻지 않으면 하늘이 우리 백성에게 주신 떳떳함이 크게 없어져 혼란할 것이니, 이러하거든 문왕이 만든 형벌을 빨리 행하여 이들을 형벌하고 용서하지 말라." (王曰, 封. 元惡大憝, 矧惟不孝不友. 子弗祗服厥父事, 大傷厥考心, 于父不能字厥子, 乃疾厥子. 于弟弗念天顯, 乃弗克恭厥兄, 兄亦不念鞠子哀, 大不友于弟. 惟弔茲, 不于我政人得罪, 天惟與我民彝大泯亂, 曰, 乃其速由文王作罰, 刑茲無赦。) ④ 왕이 말씀하셨다. "아! 봉아. 공경할지어다. 원망스러운 일을 만들지 말며 나쁜 꾀와 떳떳하지 않는 법을 쓰지 말고 결단하되 이 정성으로 하여, 덕에 힘쓴 자를 본받아 네 마음을 편안히 하며 네 덕을 돌아보며 네 꾀를 원대히 하며 너그럽게 하여 백성들을 편안히 하면 너를 잘못한다고 하여 끊지 않을 것이다."(王曰, 嗚呼, 封, 敬哉. 無作怨, 勿用非謀非彝, 蔽時忱, 丕則敏德. 用康乃心, 顧乃德, 遠乃猷, 裕乃以民寧, 不汝瑕殄。) ⑤ 왕이 말씀하셨다. "아! 너 소자 봉아! 아 천명은 일정하지 않으니, 너는 생각하여 내가 나라를 누리게 해준 것을 끊지 말아서 너의 服命을 밝히고 너의 들음을 높여 백성들을 편안히 다스려라." 왕이 대략 이같이 말씀하셨다. "가거라 봉아! 공경해야 할 법을 폐하지 말아서 짐에 너에게 고한 말을 들어야 마침내 殷나라 백성들을 데리고 대대로 누릴 것이다."(王曰, 嗚呼. 肆, 汝小子封. 惟命不于常, 汝念哉, 無我殄享. 明乃服命, 高乃聽, 用康乂民. 王若曰, 往哉, 封. 勿替敬典, 聽朕告汝, 乃以殷民世享。)(成百曉, 『書經集傳(上)』, 傳統文化研究會).

3) ① [大全] 이 '克'자는 '能'으로 訓하지만, '能'자에 비해 뜻이 더 강하다. 사람들은 모두 이 명덕이 있어도 밝힐 수 없었지만 文王만은 밝힐 수 있었다. 克이란 바로 참으로 할 수 있다는 뜻이다(朱子曰: "此'克'字雖訓'能', 然比'能'字有力, 見人皆有是明德而不能明, 惟文王能明之, '克'只是眞箇會底意"). ② 克(극): 능히 감당해내다. 책임지다. 어깨로 물건을 짊어지다. 꾹 참아내다. 할 수 있다. 이겨내다. ③ [公議] '明德을 능히 밝혔다'는 것은 文王이 그의 孝弟의 덕을 밝혔다는 것이다(克明德者, 文王能明其孝弟之德也).

「康誥」는『書經』「周書」편이다(康誥 周書). 「克」은「能」이다(克 能也).

〔大學或問〕

克明德이란 무슨 뜻입니까?(曰: 然則其曰克明德者, 何也?)

이 구절은 文王이 능히 감당하여 그 덕을 환히 밝혔다는 말이다. 사람이라면 누구나 덕이 당연히 밝혀져야 함을 모르는 자는 아무도 없어 누구나 그 덕을 밝히고자 하지만, 기품이라는 선천적인 구속과 물욕이라는 후천적인 가림 때문에, 비록 밝히고 싶어 해도 감당해내지 못함이 있는 것이다. 文王의 마음의 경우에는, 天理와 전혀 분리할 수 없을 정도로 온전히 하나여서, 그것을 감당한다는 의식도 없이 스스로 덕이 환히 밝아진 것인데, 하지만 이같이 말한 것은 文王만이 홀로 밝힐 수 있었지 다른 사람은 밝히지 못했음을 보여 준 것이고, 또 이를 통해 아직 밝히지 못한 자의 경우에는 능히 감당해서 밝혀내려는 공력을 다 쏟지 않으면 아니 됨을 보여준 것이다(曰: 此言文王能明其德也. 蓋人莫不知德之當明而欲明之, 然氣稟拘之於前, 物欲蔽之於後, 是以雖欲明之, 而有不克也. 文王之心, 渾然天理, 亦無待於克之而自明矣, 然猶云爾者, 亦見其獨能明之, 而他人不能, 又以見夫未能明者之不可不致其克之之功也).

태갑왈 고시천지명명

0102 太甲曰:「顧諟天之明命。」

『書經』「太甲」에는 말하길(太甲[1][2]曰), "湯王께서는 하늘이 부여한 이 밝은 命을 항시 살피셨다(顧諟天之明命[3])"라고 했고,

---

1) 太甲(태갑): 商(殷)나라 4代 왕. 湯이 하나라 傑을 멸망시키고 상나라(BC 1700~BC 1027)를 세운 뒤 湯의 長孫 태갑이 왕위에 올랐으나 나라를 제대로 다스리지 못하자, 伊尹이 글을 지어 고하는 내용임.

2) [書經 太甲上] ① 嗣王(태갑)이 阿衡(이윤의 직책)에게 順하지 못하였다. 伊尹이 다음과 같은 글을 지었다. "先王(仲壬)이 이 하늘의 밝은 명을 돌아보사 上下의 神祇를 받드시며, 社稷과 宗廟를 공경하고 엄숙히 하지 않음이 없으시니, 하늘이 그 덕을 살펴보시고 大命을 모아 萬邦을 어루만지고 편안하게 하셨습니다. 이에 제가 몸소 능히 군주를 좌우에서 보필하여 여러 무리들을 편안히 살게 하니, 이러므로 嗣王께서 基緖를 크게 계승하게 되신 것입니다. 제가 몸소 전에 西邑의 夏나라를 보니, 스스로 周(忠信)하여 終이 있자 輔相하는 자가 역시 終이 있었는데, 그 후에 嗣王이 終이 있지 못하자 輔相하는 자 역시 終이 없었으니, 嗣王께서는 이를 경계하사 당신의 君主노릇함을 공경하소서. 군주가 君王노릇을 하지 못하면 先祖에게 욕이 될 것입니다."(惟嗣王不惠于阿衡. 伊尹作書, 曰, 先王顧諟天之明命, 以承上下神祇. 社稷宗廟, 罔不祗肅, 天監厥德, 用集大命, 撫綏萬方. 惟尹躬克左右厥辟, 宅師. 肆嗣王丕承基緖. 惟尹躬先見于西邑夏, 自周有終, 相亦惟終, 其後嗣王, 罔克有終, 相亦罔終. 嗣王戒哉, 祗爾厥辟. 辟不辟, 忝厥祖). ② 왕이 尋常하게 여겨 생각하고 듣지 않았다. 伊尹이 마침내 다음과 같이 말하였다. "先王께서는 새벽에 크게 덕을 밝히시어 앉아서 아침을 기다리시며, 준걸스런 사람과 훌륭한 선비들을 사방으로 구하여 後人들을 계도하셨으니, 그 命을 무너뜨려 스스로 전복하지 마소서. 儉約의 덕을 삼가 영구한 도모를 생각하소서. 虞人이 쇠뇌에 機牙를 얹어 놓았거든 가서 화살 끝이 法度에 맞는가를 살피고 활을 발사함과 같이 할 것이니, 그 그침을 공경하여 당신의 선조가 행하신 바를 따르시면 저도 기쁠 것이며, 萬世에 훌륭한 명예가 있을 것입니다."(王惟庸罔念聞. 伊尹乃言曰, 先王昧爽丕顯, 坐以待旦, 旁求俊彦, 啓迪後人, 無越厥命以自覆. 愼乃儉德, 惟懷永圖. 若虞機張, 往省括于度, 則釋, 欽厥止, 率乃祖攸行. 惟朕以懌, 萬世有辭). ③ 왕이 능히 바꾸지 못하였다. 伊尹이 말하기를 "이 의롭지 못함은 習慣이 天性과 더불어 이루어졌기 때문이니, 나는 의리에 순종하지 않는 사람과 가까이 있지 않겠다." 하고 桐 땅에 宮闕을 경영하여 先王을 가까이 하여 이로써 가르쳐서 평생토록 혼미함이 없게 하였다. 왕이 桐宮에 가서 부친상을 치르고 나서 능히 마침내 덕을 진실하게 하였다."(王未克變. 伊尹曰, 茲乃不義, 習與性成. 予弗狎于弗順. 營于桐宮, 密邇先王其訓, 無俾世迷. 王徂桐宮居憂. 克終允德。)(成百曉, 『書經集傳(上)』, 傳統文化硏究會).

3) [大全] ① "傳文 제1절과 제3절에서는 모두 明德이라 하고 여기 傳文 제2절에서는 明命이라 했는데, 대개 하늘이 나에게 부여한 것은 곧 明命이고, 내가 얻어 본성으로 삼는 것은 곧 明德이다. 命과 德은 모두 밝다고 말했는데, 이 '德' '命'이라는 物은 본래가 스스로 빛나고 밝지만, 내가 스스로 밝은 빛을 어둡도록 가렸다는 것이다. '顧諟'는 얻게 된 도리가 항시 눈앞에 있어서 사물에 덮여서 차단되거나 방해를 받지 않는다는 것이지, 어떤 물건이 있는데

0102 大, 讀作泰。 諟, 古是字。 ○大甲, 商書。 顧, 謂常目在之也。諟, 猶此也, 或曰審也。 天之明命, 即天之所以與我, 而我之所以爲德者也。 常目在之, 則無時不明矣。

「大」는「泰」로 읽는다(大 讀作泰). 「諟」는 옛날의「是」 字이다(諟 古是字). ○「太甲」은『書經』「商書」편이다(太甲 商書). 「顧」는 눈이 항시 거기에 가 있는 것을 말한다(顧 謂常目在之也[4]). 「諟」는「此」와 같은데, 혹자는 「審(살피다)」이라고 한다(諟 猶此也 或曰 審也). 하늘의 밝은 命은 곧 하늘이 내게 부여해준 것으로(天之明命 卽天之所以與我), 내가 덕으로 삼은 것이다(而我之所以爲德者也). 눈이 항시 그것을 살피면 어느 때나 밝지 않을 때가 없을 것이다(常目在[5]之 則無時不明矣).

〔大學或問〕

'顧諟天之明命'은 무슨 뜻입니까(曰: '顧諟天之明命', 何也)?

사람은 하늘과 땅의 중정한 기운을 받아 태어난다. 그러므로 사람의 明德

그 형상을 볼 수 있다는 것이겠느냐?"(朱子曰: "上下文都說明德, 這裏却說明命, 蓋天之所以與我便是明命, 我所得以爲性者, 便是明德. '命'與'德'皆以明言, 是這箇物本自光明, 我自昏蔽了他.; 朱子曰: "顧諟者…只是見得道理常在目前, 不被事物遮障了, 不成是有一物可見其形象?"). ② 明命은 明德의 본원이다. 顧諟는 明命을 밝히는 공부인데, 천명과 나의 德을 일관시키는 것이다(新安陳氏曰: "蓋明命, 卽明德之本原. 顧諟 卽明之之工夫也, 貫天命己德而一之").

4) [公議] '顧'는 '迴視(뒤돌아 보다)'이다. '諟'는 '審視(자세히 살펴보다)'이다. 사람은 천명을 받아 태어나는데, 物에 쫓기어 本을 잊기 때문에, 경계하여 뒤돌아보게 한 것이다(顧, 迴視也. 諟, 審視也. 人稟天命以生, 逐物而忘本, 故戒之令迴顧也).

5) 在(재): 자세히 보다(省視). 살피다. 관찰하다.

이란 다른 것이 아니라, 곧 하늘이 내게 명해서 준 것으로서 至善이 보존되어 있는 곳이다. 그래서 明德의 온전한 본체와 크나큰 작용이 어느 때나 일용지간에 발현되지 않는 때가 없다. 사람들이 단지 이를 살피지 못하여, 이 때문에 인욕에 골몰하여 자기 스스로 밝히는 방법을 모르고 있지만, 눈이 항시 그것을 살피길, 마치 '서 있으면 그것이 눈앞에 어른거려 보이고 수레를 타고 있으면 그것이 멍에에 걸려 있어 보이는 듯이' 하면, 본성을 성취하고 보전 육성하여 본성의 도의가 드러나게 될 것이다(曰: 人受天地之中以生[6], 故人之明德非他也, 卽天之所以命我, 而至善之所存也. 是其全體大用, 蓋無時而不發見於日用之間. 人惟不察於此, 是以汨[7]於人欲, 而不知所以自明, 常目在之, 而眞若見其參於前 · 倚於衡也[8], 則成性[9]存存而道義出矣).

---

6) 『春秋左傳』「成公十三年」에 '民受天地之中以生, 所謂命也'란 글이 나온다([전문 제5장 각주 20] 참조).

7) 汨(골): =汨沒(골몰).

8) [論語 衛靈公편 제5장] 子張이 行에 대하여 여쭙자 孔子께서 말씀하셨다: 말이 忠信하고 행실이 篤敬하면 비록 蠻貊의 나라에서도 행해질 수가 있지만, 말이 忠信하지 못하고 행실이 篤敬하지 못하면 비록 고향에서인들 행해질 수 있겠느냐? 서 있으면 그 忠信篤敬이 눈앞에 어른거려 보이고 수레를 타고 있으면 그 忠信篤敬이 멍에에 걸려 있어 보인다. 그런 연후에야 행해질 수 있다(子張問行 子曰. 言忠信 行篤敬 雖蠻貊之邦行矣. 言不忠信 行不篤敬 雖州里行乎哉. 立則見其參於前也 在輿則見其倚於衡也. 夫然後行).

9) [易經 繫辭上] 공자께서 말씀하셨다: 易은 참으로 지극하구나! 易이란, 성인이 이로써 崇德廣業한다. 知는 높이고 禮는 낮춘다. 높인다는 말은 하늘을 본받는 것이고, 낮춘다는 말은 땅을 본받는 것이다. 하늘과 땅이 자리를 잡고 易이 그 가운데서 행해지고, 본성을 성취하고 잃지 않고 보전하고 기르는 것이, 도의에 들어가는 문이다(子曰 易 其至矣乎 夫易 聖人所以崇德而廣業. 知崇禮卑 崇效天 卑法地 天地設位而易行乎其中矣 成性存存 道義之門)[成性: 천성을 성취하다. 存存: 자기에게 있는 덕을 보전 육성하다].

0103 帝典曰:「克明峻德。」

『書經』「帝典」에는 말한다(帝典[1][2]曰). “帝堯께서는 능히 감당하여 큰 덕을 환히 밝히셨다(克明峻德[3])”라고 했으니,

---

1) 帝典(제전): 『書經』「虞書」편의 요임금(放勳)에 관한 기록인 「堯典」을 말함.

2) [書經 堯典] ① 옛 帝堯를 상고하건대 放勳이시니, 공경하고 밝고 문채롭고 생각함이 편안하고 편안하시며 진실로 공손하고 능히 겸양하시어 광채가 四方에 입혀지시며 上下에 이르셨다. 능히 큰 덕을 밝혀 九族을 친하게 하시니 九族이 이미 화목하거늘 백성을 고루 밝히시니 백성이 덕을 밝히며 萬邦을 합하여 고르게 하시니 黎民들이 아! 변하여 이에 和하였다(曰若稽古帝堯, 曰放勳, 欽明文思安安, 允恭克讓, 光被四表, 格于上下. 克明俊德, 以親九族, 九族旣睦, 平章百姓, 百姓昭明, 協和萬邦, 黎民於變時雍). ② 이에 羲氏 · 和氏에게 명하여 旻天을 공경히 따라서 해와 달과 별들의 운행을 관측하시어 역법을 공경히 주게 하셨다. 羲仲에게 나누어 명하여 嵎夷에 머물게 하시니, 暘谷이라 하는 바, 나오는 해를 공경히 맞이하여 春耕할 때를 정하시니, 해는 중간이고 별은 鳥宿이다. 알맞은 仲春이 되게 하면 백성들은 흩어져 살고 鳥獸는 새끼를 낳고 교미한다. 거듭 羲叔에게 명하여 南交에 머물게 하시니, 明都라 하는 바, 夏耕할 때를 정하여 공경히 맞이하니, 해는 길고 별은 大火이다. 바른 仲夏가 되게 하면 백성들은 그대로 흩어져 살고 鳥獸는 털이 듬성해져 가죽이 바뀐다. 和仲에게 나누어 명하여 서쪽에 머물게 하시니, 昧谷이라 하는 바, 들어가는 해를 공경히 전송하여 秋收할 때를 정하니, 밤은 중간이고 별은 虛宿이다. 알맞은 仲秋가 되게 하면 백성들은 평화롭고 鳥獸는 털갈이를 하여 윤택해진다. 거듭 和叔에게 명하여 朔方에 머물게 하시니, 幽都라 하는바, 세밑을 고르게 살피니, 해는 짧고 昴宿이다. 바른 仲冬이 되게 하면 백성들은 아랫목에 있고 鳥獸는 가는 털이 난다. 帝堯가 말씀하셨다. “아! 너희 羲氏와 和氏야. 朞는 366일이니, 윤달을 사용하여야 四時를 정하여 해를 이루어 진실로 百工을 다스려서 모든 공적이 다 넓혀질 것이다.”(乃命羲和, 欽若昊天, 厤象日月星辰, 敬授人時. 分命羲仲, 宅嵎夷, 曰暘谷, 寅賓出日, 平秩東作, 日中星鳥, 以殷仲春, 厥民析, 鳥獸孳尾. 申命羲叔, 宅南交, 平秩南訛, 敬致, 日永星火, 以正仲夏, 厥民因, 鳥獸希革. 分命和仲, 宅西, 曰昧谷, 寅餞納日, 平秩西成, 宵中星虛, 以殷仲秋, 厥民夷, 鳥獸毛毨. 申命和叔, 宅朔方, 曰幽都, 平在朔易, 日短星昴, 以正仲冬, 厥民隩, 鳥獸氄毛. 帝曰咨汝羲暨和, 朞, 三百有六旬有六日, 以閏月定四時成歲, `允釐百工, 庶績咸熙。)(成百曉, 『書經集傳(上)』 傳統文化硏究會).

3) [公議] ① ‘峻德’ 역시 孝弟인데, 仁은 자기로부터 말미암기 때문에, 위 구절(傳제1장 제1 · 2 · 3절)의 글이 모두 자기 스스로 밝힌다는 뜻을 말한 것이다(峻德 亦孝弟也 爲仁由己, 故言三文皆自明之義). ② ‘明德’을 말하고(제1절) 뒤(제3절)에서 요임금의 ‘峻德’을 인용한 것은, ‘峻德’이 장차 九族을 친애하고 백성에게 보여주어, 아래 구절(傳제2장)의 ‘新民’으로 서로 이어지도록 하기 위한 것이다(明德之末, 引堯之峻德者, 峻德將以親九族而章百姓, 與下文之新民相銜也).

0103 峻, 書作俊。○帝典, 堯典, 虞書。峻, 大也。

「帝典」은 「堯典」으로 『書經』 「虞書」편이다(帝典 堯典 虞書). 「峻」은 「大(크다)」이다(峻[4] 大也).

4) 峻(준): 높고 가파르다. 높고 크다.

0104 皆自明也。(개 자 명 야)

모든 분이 다 밝은 덕을 저마다 환히 밝히신 것이다(皆自明也).

0104 結所引書, 皆言自明己德之意。

인용한 바의 글을 결론 맺기를(結所引書), 모두가 자기 스스로 저마다의 明德을 밝혔다는 뜻을 말한 것이다(皆言自明己德之意).

右傳之首章。釋明明德。

여기까지가 傳文의 제1장이다(右 傳之首章). 經文의「明明德」을 해석하였다(釋明明德)[1].

此通下三章至「止於信」, 舊本誤在「沒世不忘」之下。

傳文 제1장부터 제2장 및 제3장 제5절의 끝인「止於信」까지는(此通下三章至止於信),『大學』원문에는 잘못하여「沒世不忘」절(傳文제3장의 제4절과 제5절)의 아래에 놓여 있다(誤在沒世不忘之下).

1) 이 장(傳제1장; J) 역시 앞 장(傳제6장; G)에서 盛德을 이야기했기 때문에 그 테마를 이어서, 그 군자의 덕은 반드시 천하 사람들과 '공유되어야 한다'는 것을 말한 것이다. 그 공유되는 과정을 '밝힌다(明)'라고 말하고 있는 것이다. … '밝힌다(明)'고 하는 동사는 하나의 과정(Process)이며, 일시점에서 고착화될 수 있는 사태가 아니다. 따라서 그 밝힘의 과정은 날로 새로워져야 되는 '日新'의 과정일 수밖에 없다. 그래서 '밝힘(明)'(傳제1장; J)과 '새로움(新)'(傳제2장; K)이 논리적으로 연결되고 있는 것이다(김용옥,『대학 · 학기 한글역주』289쪽, 통나무).

傳文 第2章

0201 湯之盤銘曰:「苟日新, 日日新, 又日新。」

湯王이 욕조에 새긴 좌우명에는 말하길(湯之盤銘曰), "진실로 하루면 새롭거든(苟日新), 나날이 새롭게 하고 또 날로 새롭게 하라(日日新 又日新)[1]" 고 했고,

0201 盤, 沐浴之盤也。銘, 名其器以自警之辭也。苟, 誠也。湯以人之洗濯其心以去惡, 如沐浴其身以去垢。故銘其盤, 言誠能一日有以滌其舊染之汙而自新, 則當因其已新者, 而日日新之, 又日新之, 不可略有間斷也。

「盤」은 목욕통이다(盤 沐浴之盤也).「銘」은 그 그릇에 새겨 넣어 이로써 스스로에 대한 경구로 삼은 말이다(銘 名其器以自警之辭也).「苟」는「誠」

1) [大全] 盤銘의 글은 어느 책에 나오는지요? 大學에만 보인다. 중요한 곳이 '苟' 한 글자에 있는데, 첫 구절 '苟日新'은 학문하는 입문처로, 진실로 능히 하루면 새로울 수 있으니, 그래서 아래 두 구절의 日日新 又日新의 공부는 그제야 이어나갈 수 있다. 그런데 지금의 배우는 자들은 '苟'字에 착 달라붙어서 공부하지 않는다. '苟日新'의 '新'은 옛날에 물든 더러움에 대하여 말한 것이고, '日日新 又日新'은 항시 이같이 하기를 조금의 틈새나 끊김이 있어서는 안 된다는 것이다(問: "盤銘 見於何書?" 朱子曰: "只見於大學, 緊要在一'苟'字, 首句是爲學入頭處, 誠能日新, 則下兩句工夫, 方能接續做去, 今學者却不去'苟'字上著工夫. "苟日新, 新是對舊染之汚而言, 日日新, 又日新, 只是要常常如此, 無間斷也").

이다(苟 誠也). 탕왕은, 사람들이 자기 마음을 말끔히 닦아서 이로써 악을 제거하는 것을 마치 자기 몸을 씻어 이로써 때를 벗겨내는 것과 같다고 여겼다(湯以人之洗濯其心以去惡 如沐浴其身以去垢). 그래서 그 욕조에 새겼는데(故銘其盤), 말인즉, 진실로 능히 하루면 옛날에 물든 더러움을 씻어내서 자기 스스로 새로워질 수 있지만(言 誠能一日 有以滌其舊染[2])之汙而自新), 나날이 새롭게 하고 또 날로 새롭게 하여 조금이라도 틈이나 끊김이 있어서는 안 된다는 것이다(而日日新之 又日新之 不可略有[3])間斷也).

〔多夕 柳永模의 유교사상〕

"우리는 새것을 좋아한다. 새것이란 다른(異) 것이다. 그리하여 사람들이 특별히 다른 것을 추구한다. 어릴 때는 새것이 많다. 처음 본 것, 처음 먹어 본 것이 많다. 그러나 좀 크면 다른 것이 하나도 없다. 다 그게 그것이지 별게 없다. 역사도 되풀이하는 것 같다. 「전도서」에도 해 아래서는 새것이란 없다고 말하였다. 왜 사람들이 없는 새것을 자꾸 찾는지 모르겠다. 입고 쓰는 데 남보다 뒤떨어지면 부끄럽게 생각하고, 최신 유행하는 것은 남에게 뒤질세라 열심히 찾는다. 진리는 고금이 따로 없는데 인간들은 새로운 진리를 찾겠다고 야단법석을 떤다. 이것은 정신 가진 사람의 할 짓이 아니다. 이 땅 위에는 새것이 없는데도 새것을 찾으려는 것은 어리석다. 시간 공간을 초월한 절대존재인 하느님만이 영원히 새롭다"(柳永模). 시간과 공간에 갇힌 상대적 존재는 생기면서 늙고 낡아진다. 상대세계에서는 영원히 새로운 것은 절대존재인 하느님뿐이다(上 253쪽).

---

2) 舊染(구염): 옛날에 물든 나쁜 습속이나 기질.

3) 略有(약유): 조금 있다.

"생명은 언제나 옛것을 넘어서 새롭게 창조되어야 한다. 옛 껍질을 벗고 새로운 삶을 사는 창조적인 지성이 올라가는 생명이다. 깊이 생각하고 높게 살아가는 것이 생명이다"(柳永模). 사도 바울은 말하기를 "우리가 낙심하지 아니하노니 겉사람은 낡아지나 우리의 속사람은 날로 새롭도다(고린도후서 4:16)"라고 하였다. 예수의 말과 같이 내 마음 속에 하느님의 성령이 생수(生水)처럼 샘솟는데 그것이 어찌 새롭지 않을까. "천명을 새로 받았으니 오직 속알(德; 생명의 빛, 성령)이 새로워 신명(身命: 獸性의 제나)살이 마치고 천명(天命)살이 비롯되니 오직 하느님이시어라 이에 때로 새로워라(新服厥命 惟新厥德 終始惟一 時乃日新)(書經 商書 咸有一德편)."(上 254쪽).

내 마음의 의식에 하느님의 성령이 감응되어 하느님의 말씀이 되니 하느님의 말씀은 언제나 새롭고 새롭다. 하느님의 말씀만이 새롭다. "사람들이 하느님을 모른다고 하는데, 하느님을 모르는 일을 끝내어라. 그리고 하느님의 영원성에 연결되어 하느님을 사랑하라. 하느님을 사랑하는 정신이 나와야 하느님의 말씀이 생각의 불꽃이 되어 살리어 나온다. 거룩한 생각의 불꽃밖에 없다"(柳永模). 류영모는 언제나 옛 경전을 읽으면서 언제나 새 생각을 하였다(上 254쪽).

0202 康誥曰(강고왈):「作新民(작신민)。」

『書經』「康誥」에는 말하길(康誥[1]曰), "백성을 진작시켜 새롭게 하라(作新民)"고 했고,

0202 鼓之舞之之謂作, 言振起其自新之民也。

북치게 하고 춤추게 하는 것을 말하여「作」이라 하는데(鼓之舞之[2]之謂作), 자기 스스로 새롭게 되려는 백성들을 기운을 북돋아서 일어서게 함을 말하는 것이다(言振起[3]其自新之民也[4]).

---

1) [書經 康誥] 왕이 말씀하셨다. "아! 소자 봉아. 네 몸에 있는 병을 앓는 것처럼 여겨 공경할지어다. 천명은 두려울 만하나 정성스러우면 돕거니와 백성의 마음은 크게 볼 수 있으나 소인들은 보전하기 어려우니, 가서 네 마음을 다하여, 편안하여 안락을 좋아하지 말아야 이에 백성을 다스릴 것이다. 내 들으니, 백성들의 원망은 큰데 있지 않으며 힘쓰고 힘쓰지 않음에 달려 있다고 한다. 그만 두겠는가. 너 소자야. 네가 행할 일은 오직 왕의 덕을 넓혀 殷나라 백성들을 화합하고 보호하며, 또한 왕을 도와서 천명을 안정시키고 백성들을 진작하여 새롭게 하는 것이다."(王曰, 嗚呼, 小子封. 恫瘝乃身, 敬哉. 天畏棐忱, 民情大可見, 小人難保, 往盡乃心, 無康好逸豫, 乃其乂民. 我聞曰, 怨不在大, 亦不在小, 惠不惠, 懋不懋. 已汝惟小子. 乃服惟弘王, 應保殷民. 亦惟助王, 宅天命, 作新民.)(成百曉, 書經集傳, 傳統文化研究會).
2) [大全] 鼓之舞之는 북을 울리는 것처럼, 덩달아서 사람들을 춤추고 뛰게 하는 것이다. 윗사람이 백성들에게 수시로 손을 잡아끌고 각성시키면, 아랫사람은 쳐다보고 감화되어 각기 저마다 똑같이 그런 착한 마음을 북돋아서 이제는 저절로 그만두지 못하는 것이다(朱子曰: "鼓之舞之, 如擊鼓然, 自然能使人跳舞踊躍. 上之人之於民, 時時提撕警發之, 則下之觀瞻感化, 各自有以興起同然之善心, 而不能自已耳!").
3) 振起(진기): 흥기하다. 감동하여 일어서다. 떨쳐 일어나다.
4) [大全] 章句 제2절에서는 '新民'을 '自新之民'으로 풀이했는데, 대체로 民心은 모두 이러한 善心을 지니고 있어 善心의 발현은 곧 自新하려는 기미인 즉, 그 기미를 인해 새롭게 되길 바래서 고무시키는데, 作字는 앞의 新字의 뜻이다(東陽許氏曰: "第二節《章句》以新民爲自新之民, 蓋民心皆有此善, 才善心發見, 便是自新之機, 因其欲新而鼓舞之, '作'字是前'新'字意").

〔大學或問〕

康誥에 '作新民'이라 말한 것은 무슨 뜻입니까?(曰: 康誥之言作新民, 何也?)

武王이 그이 아우 康叔에게 봉지를 주었는데 봉지의 상나라의 遺民들이 紂왕에게 물들고 나쁜 습속에 더러워져 본심을 잃어버린 상태에 있었다. 그러므로 「康誥」라는 글을 지어 康叔에게 고하길 이같이 하여, 그들을 고무하고 진작시켜 떨쳐 일어나게 하여, 이로써 惡을 버리고 善으로 옮겨오고 옛것을 버리고 새로운 데로 나아갈 수 있도록 하길 바랐다. 그렇지만 이것이 어찌 소리치거나 노기 띤 낯빛이나 호령으로 미칠 바이겠는가. 역시 자기 스스로 새롭게 될 뿐이다(曰: 武王之封康叔也, 以商之餘民[5], 染紂汙俗而失其本心也. 故作康誥之書而告之以此, 欲其有以鼓舞而作興之, 使之振奮踴躍[6], 以去其惡而遷於善, 舍其舊而進乎新也. 然此豈聲色[7]號令之所及哉? 亦自新而已).

---

5) 餘民(여민): 遺民. 망한 나라의 백성.

6) ① 振奮(진분): 분기하다. 떨쳐 일어나다. 정신을 진작시켜 분발케 하다. ② 踴躍(용약): 위로 뛰어 오르다. 기뻐 흥분하거나 춤추는 모습.

7) [中庸 33:6] 『詩』는 노래하길, "내가 아끼는 것은 드러나지 않는 至德이니, 크게 소리치거나 노기 띤 낯빛일랑 하지를 말라."라고 했고, 공자께선 말씀하시길, "소리치거나 노기 띤 낯빛은 백성을 교화하는 데 있어서는 말단이다."라고 했다(詩云 予懷明德 不大聲以色 子曰 聲色之於以化民 末也).

0203 詩曰:「周雖舊邦, 其命惟新。」

『詩』는 노래하길(詩[1][2]曰), "주나라 비록 옛 나라이지만 천명 받으니 다시 새로워지네(周雖舊邦 其命惟新[3])."라고 했고,

---

1) [詩經 大雅 文王] ① 저 위에 계시는 문왕이시여, 하늘에서 찬란히 빛나는도다. 주나라는 오래된 나라이지만, 그 기상이 자꾸 새로워지네. 찬란하지 아니한가 주나라의 덕, 때맞지 아니한가 하느님의 명. 문왕께선 하늘을 오르내리며 언제나 하느님 곁에 계시네. ② 언제나 애쓰시던 문왕이시여, 아름다운 소문이 끊이지 않네. 주나라에 많은 복 내려 주셔서 문왕의 자손들이 누리고 있네. 문왕의 자손들이 이어받으니, 본손이여 지손이여 영원하소서. 주나라를 따르는 선비들까지 대대로 이어가며 빛이 나소서. ③ 대대로 빛이 나는 밝은 덕이여, 그 계획 그 생각이 이루어지네. 슬기롭고 훌륭한 많은 인재들, 자꾸자꾸 생겨나네 이 왕국에서. 왕국에서 인재들을 낳고 낳아서, 오로지 주나라의 기둥 만드네. 씩씩한 이 인재들 계속 나오니, 문왕께서 이를 보면 든든하시리. ④ 근엄하고 거룩하신 문왕이시여, 아아 계속 밝으시며 경건하시네, 참으로 위대할손 천명이시여, 상나라의 자손에게 내리셨도다. 상나라의 자손들이 적지 않아서, 그 수효가 수십만을 헤아리건만 하느님이 이렇게 명령하시니 모두가 주나라에 복종을 하네. ⑤ 모두가 주나라에 복종을 하니, 하느님의 명령은 일정치 않네. 殷나라를 대표하는 큰 선비들이 주나라 서울에서 제사 일 돕네. 그렇게 제사 일을 돕고 있을 때, 언제나 殷나라 갓 쓰고 있구나. 충성스런 주나라의 신하 됐으니, 그대들의 조상일랑 생각지 마오. ⑥ 그대들의 조상일랑 생각지 말고, 오로지 덕 닦기만 생각을 하세. 영원히 하느님과 함께 하여서, 스스로 많은 복을 구할지어다. 殷나라가 민심을 안 잃었을 땐, 잘도 하느님 말 따랐었건만, 마땅히 殷나라를 거울삼아라, 하느님 뜻 따르기란 쉽지 않으니. ⑦ 하느님 뜻 따르기가 쉽지 않으니, 그대의 몸에서 끝내면 안 돼. 명예로운 소문일랑 널리 펼치자, 생각하자 은의 멸망 하늘 뜻임을. 하느님은 이 세상을 사랑하지만, 소리도 안 들리고 냄새도 없어. 그러니 애오라지 문왕 본받자, 그래야 이 세상에 평화가 오지(이기동, 『시경강설』, 성균관대학교출판부)(① 文王在上, 於昭于天. 周雖舊邦, 其命維新. 有周不顯, 帝命不時. 文王陟降, 在帝左右. ② 亹亹文王, 令聞不已. 陳錫哉周, 侯文王孫子. 文王孫子, 本支百世. 凡周之士, 不顯亦世. ③ 世之不顯, 厥猶翼翼. 思皇多士, 生此王國. 王國克生, 維周之楨. 濟濟多士, 文王以寧. ④ 穆穆文王, 於緝熙敬止. 假哉天命, 有商孫子. 商之孫子, 其麗不億. 上帝旣命, 侯於周服. ⑤ 侯服于周, 天命靡常. 殷士膚敏, 祼將于京. 厥作祼將, 常服黼冔. 王之藎臣, 無念爾祖. ⑥ 無念爾祖, 聿脩厥德. 永言配命, 自求多福. 殷之未喪師, 克配上帝. 宜鑒于殷, 駿命不易. ⑦ 命之不易, 無遏爾躬. 宣昭義問, 有虞殷自天. 上天之載, 無聲無臭. 儀刑文王, 萬邦作孚).

2) 「文王」은 傳文 제2장 제3절 · 제3장 제3절 · 제10장 제5절 등에서 세 번 인용되고 있음.

3) ① [大全] 바로 新民의 극치이다. 天命에 화합하면 새로워진다(朱子曰: "是新民之極, 和天命也新). ② 惟(유): 동작이나 행위가 되풀이됨을 표시함(=又).

0203 詩大雅文王之篇。言周國雖舊, 至於文王, 能新其德以及於民, 而始受天命也。

『詩』는『詩經』「大雅」편「文王」이다(詩 大雅文王之篇). 말인즉, 주나라는 비록 오래되었지만(言 周國雖舊), 문왕 때에 이르러 능히 그 덕을 새롭게 해서 이로써 백성에게까지 미쳤으니(至於文王 能新其德以及於民), 비로소 천명을 받았다는 것이다(而始受天命也).

〔大學或問〕

詩에서 '周雖舊邦 其命維新'이라 했는데 무슨 뜻입니까?(曰: 詩之言 '周雖舊邦, 其命維新', 何也?)

周가 나라를 소유한 기간은 后稷시대부터 1천여 년인데, 文王 때에 이르러서 성덕이 날로 새롭고 백성 또한 크게 변하였기 때문에, 그에게 천명이 내려 이로써 천하를 소유하게 되었다는 말이다. 그래서 나라는 비록 옛 나라이지만 천명은 새로운 命이다. 백성이 본받는 것은 임금에게서 이고 하늘이 보고 듣는 것은 백성에게서 이니, 임금의 덕이 이미 새롭게 되었다면 백성의 덕이 반드시 새롭게 되고, 백성의 덕이 이미 새롭게 되었다면 천명이 새로워지는 것 역시 순식간이다(曰: 言周之有邦, 自后稷[4]以來

4) ① 后稷(후직): 周나라의 선조로 姓은 姬(희)씨고, 이름은 棄(기). 순임금(BC 2255?~BC 2208?) 때 農官을 맡아 농사짓는 법을 백성에게 가르쳤으며 邰(태) 지역에 책봉되어 后稷이 됨. 武王이 商나라 紂를 물리치고 周나라를 세운 시기가 BC 1046년이므로 后稷 때부터 1000여 년이 지남. ②『史記』「周本紀」에 나오는 周世系는 다음과 같다: 黃帝~玄囂~蟜極~高辛~后稷(周祖; 帝堯時代農事職, 姬氏)~不窋~鞠~公劉~慶節~皇僕~差弗~毀渝~公非~高圉~亞圉~公叔祖類~古公亶父(太王)~季歷(公季)~西伯昌(文

千有餘年, 至于文王, 聖德日新, 而民亦丕變[5], 故天命之, 以有天下. 是其邦雖舊, 而命則新也. 蓋民之視效[6]在君, 而天之視聽在民, 君德旣新, 則民德必新, 民德旣新, 則天命之新亦不旋日[7]矣).

王)～太子發(武王).

5) 丕變(비변): 크게 변하다(=大變).

6) 視效(시효): 모방하다. 본받다. 배우다.

7) 旋日(선일): 하루사이. 하루를 지냄.

시 고 군 자 무 소 부 용 기 극

0204 是故君子無所不用其極。

이렇기에 군자는 언제나 자기를 새롭게 하고 백성을 새롭게 하는 것 모두에 止於至善코자 하지 않는 바가 결코 없는 것이다(是故君子無所不用其極)[1].

0204 自新新民, 皆欲止於至善也。

자기 스스로를 새롭게 하는 것이나 백성을 새롭게 하는 것이나, 모두 止於至善 하고자 하는 것이다(自新新民 皆欲止於至善也[2]).

右傳之二章。釋新民。

여기까지가 傳文의 제2장이다(右 傳之二章[3]). 經文의「新民」을 해석했

1) ① [公議] '新民'의 글(제2절) 뒤에, '無所不用其極者'를 언급한 것은, 힘을 다 쏟으면 至善이 되어, 아래 구절(傳제3장①; 上)의 至善으로 서로 이어지도록 한 것이다(新民之末, 言無所不用其極者, 用其極則爲至善, 與下文之至善相銜也). ② 無所不用其極(무소불용기극): 어디서나 마음과 힘을 다 쏟지 않는 곳이 없음.

2) [大全] 明明德은 곧 탕왕의 日新같이 해야 하고, 新民은 곧 문왕의 周雖舊邦 其命維新같이 해야 한다. 각각 止於至善의 경지를 구한 후에 그친다(朱子曰: "明明德, 便要如湯之'日新', 新民, 便要如文王之'周雖舊邦 其命維新'. 各求止於至善之地 而後已也").

3) [大全] ① 傳文 제2장의 세 개 절에는 순서가 있다. 제1절 盤銘절에서는 新民의 근본(自新)을 말했고, 제2절 康誥절에서는 新民의 사례(作)를 말했고, 제3절 文王詩절에서는 新民이 이룬 공효의 극치(始受天命)를 말했다(北溪陳氏曰: "三節有次第, 盤銘言新民之本; 康誥言新民之事; 文王詩 言新民成效之極"). ② 盤銘절에서는 自新을 말했고, 康誥절에서는 新民을 말했고, 文王詩절에서는 自新과 新民의 극치를 말했다. 극치는 곧 至善이다. '用其極'은 至善이라는 극치에 가 머묾을 추구한다는 말이다. 이 때문에 '用其極'으로 위 구절의 自新과 新民의 뜻을 결론 맺어놓고, 다음 章의 '止'에 대한 설명을 시작하려 하는 것이다(臨川吳氏曰: "…盤銘言自新, 康誥言新民, 文王詩自新 · 新民之極也, 極卽至善之云也. 用其極者, 求其止於是之謂也. 故以'用其極'結上文自新 · 新民之義, 而起下章所止之

다(釋新民).

〔**大學或問**〕

여기에서 말한 '君子無所不用其極'은 무슨 뜻입니까?(曰: 所謂 '君子無所不用其極'者, 何也?)

이 구절은 위에 인용한『詩』와『書』의 글의 뜻을 결론 맺은 것이다.「盤銘」으로는 自新을 말했고,「康誥」의 글로는 新民을 말했고,「文王」이란 시로는 自新과 新民의 최고의 모습을 말했다. 그러므로 말하길, '君子無所不用其極'이라 한 것이다. '極'이란 바로 至善을 말한다. '用其極'이란 至善에 가 머물기를 추구하는 것일 뿐이다(曰: 此結上文《詩》《書》之意也. 蓋盤銘言自新也, 康誥言新民也, 文王之詩自新 · 新民之極也. 故曰 '君子無所不用其極'. 極卽至善之云也. 用其極者, 求其止於是而已矣).

說也").

傳文 第3章

0301 詩云:「邦畿千里, 惟民所止。」

『詩』는 노래하길(詩[1]云), “殷나라 천리 도읍, 백성들 가서 머무는 곳(邦畿千里 惟民所止)[2].”라고 했고,

0301 詩商頌玄鳥之篇。邦畿, 王者之都也。止, 居也, 言物各有所當止之處也。

『詩』는『詩經』「商頌」편「玄鳥[3]」이다(詩 商頌玄鳥之篇).「邦畿」는 王者

1) [詩經 商頌 玄鳥] ① 하늘이 제비에게 명령하시여, 내려가 商의 선조 낳게 하시고, 드넓은 殷나라 땅에 살게 하셨네. 옛날에 하느님이 탕 임금에게, 사방을 바로잡게 분부하시니, 바야흐로 제후에게 명령하시고 드디어 온 세상을 다스리셨네. ② 옛날의 상나라 임금님께선 받으신 명령을 잘 받드시어, 자손이신 武丁에게 연결되었네. 자손이신 武丁 임금님 뜻을, 씩씩하신 후왕들이 이어받았네. 용의 기 꽂은 열 대의 수레 타시고, 기장 밥 가지고 와 제사 받드네. ③ 임금님 계시는 경기 천 리는, 백성들이 머물러 살 곳이로다. 이로부터 온 천하 다스리시니, 천하의 사람들이 와서 이르네. 오는 모습 와글와글 많기도 하니, 나라 땅이 넓어졌네 황하에까지. 殷나라가 받은 천명 모두 바르니, 온갖 복을 고루고루 받게 되었네(이기동,『시경강설』, 성균관대학교출판부)(① 天命玄鳥, 降而生商, 宅殷土芒芒. 古帝命武湯, 正域彼四方. 方命厥后, 奄有九有. ② 商之先后, 受命不殆, 在武丁孫子. 武丁孫子, 武王靡不勝. 龍旂十乘, 大糦是承. ③ 邦畿千里, 維民所止, 肇域彼四海. 四海來假, 來假祁祁, 景員維河. 殷受命咸宜, 百祿是何).

2) [公議] ‘畿’는 한정된 구역으로, 王政이 지극히 훌륭하여 백성이 樂土로 여기기 때문에, 이 사방 천리되는 지역 안에 머물면서 다른 지역으로 옮길 생각을 하지 않는다는 것이다(畿者限域也, 王政至善民以爲樂土, 故止於此千里之內不願他遷也).

의 도읍이다(邦畿[4] 王者之都也). 「止」는 「居」이다(止 居也). 物마다 각기 머물기에 합당한 곳이 있음을 말한 것이다(言物各有所當止之處也).

3) 玄鳥(현조): 제비.
4) 邦畿(방기): 왕성 및 왕성 주위 사방 천리의 지역.

0302 **詩云:「緡蠻黃鳥, 止于丘隅。」子曰:「於止, 知其所止, 可以人而不如鳥乎!」**

『詩』는 노래하길(詩[1]云), “꾀꼴꾀꼴 저 꾀꼬리 가서 머물 집일랑 산모퉁이에 있네(緡蠻黃鳥[2] 止于丘隅)[3].”라고 했으니, 孔子께서는 이를 두고 말씀하시길(子曰), “머무는 것으로 보면 꾀꼬리도 저가 가서 머물 곳을 아는데(於止 知其所止), 사람인데 새만도 못해서야 되겠느냐(可以人而不如鳥乎)”라고 하셨던 것이다.

0302 緡, 詩作綿。○詩小雅緜蠻之篇。緡蠻, 鳥聲。丘隅, 岑蔚之處。子曰以下, 孔子說詩之辭。言人當知所當止之處也。

「緡」은『詩經』에는「綿」으로 쓰여 있다(緡 詩作綿). ○『詩』는『詩經』「小雅」편「緜蠻(면만)」이다(詩 小雅緜蠻之篇).「緡蠻」은 새소리이다(緡蠻 鳥

---

1) [詩經 小雅 緜蠻] ① 꾀꼴꾀꼴 꾀꼬리 산언덕에 머무네. 먼 길을 가노라니 내 고생이 얼마일까. 마실 것 준비하고 먹을 것 챙겨주오. 제 길을 가르쳐주고 깨우쳐주오. 뒤 수레에 짐 실어라 명령해주오. ② 꾀꼴꾀꼴 꾀꼬리 산모퉁이에 머무네. 가기가 꺼려지네 못 이룰까 두려워서. 마실 것 준비하고 먹을 것 챙겨주오. 제 길을 가르쳐주고 깨우쳐주오. 뒤 수레에 짐 실어라 명령해주오. ③ 꾀꼴꾀꼴 꾀꼬리 산비탈에 머무네. 가기가 꺼려지네 못 이룰까 두려워서. 마실 것 준비하고 먹을 것 챙겨주오. 제 길을 가르쳐주고 깨우쳐주오. 뒤 수레에 짐 실어라 명령해주오(이기동,『시경강설』, 성균관대학교출판부)(① 綿蠻黃鳥, 止于丘阿. 道之云遠, 我勞如何. 飲之食之, 教之誨之, 命彼後車, 謂之載之. ② 綿蠻黃鳥, 止于丘隅. 豈敢憚行, 畏不能趨. 飲之食之, 教之誨之, 命彼後車, 謂之載之. ③ 綿蠻黃鳥, 止于丘側. 豈敢憚行, 畏不能極. 飲之食之, 教之誨之, 命彼後車, 謂之載之).

2) ① 緡蠻(면만): 새가 우는 소리. ② 黃鳥(황조): 꾀꼬리(=黃鶯).

3) [公議] '緜蠻'이란 시는 옛 설에 의하면, 賢德한데도 지위가 미천한 자는 乘車飮食 등의 영화에 참여하지 않았는데, 꾀꼬리가 丘隅에 머무는 것으로 비유하여 현자가 丘園에 머물면서 그곳을 至善의 곳으로 편안히 여겨 다른 곳으로 옮길 생각을 하지 않는 것을 나타낸 것이라 하였다(緜蠻之詩, 舊說以爲賢而微者, 不與乎乘車飮食之榮, 則黃鳥之止于丘隅, 所以喩賢者之止于丘園, 自安其至善之地, 而不願乎其外也).

聲). 「丘隅」는 수풀이 우거진 곳이다(丘隅[4] 岑蔚之處). 「子曰」 이하는 孔子께서 詩의 가사를 해설한 것으로(子曰以下 孔子說詩之辭), 사람은 가서 머물기에 합당한 곳을 마땅히 알아야 한다는 말씀이다(言人當知所當止之處也).

4) ① 丘隅(구우): 산모퉁이의 구불구불하고 깊고 외진 고요한 곳. ② 岑蔚(잠울): 수목이 높고 울창하다. 높고 울창한 초목.

0303 詩云:「穆穆文王, 於緝熙敬止!」爲人君, 止於仁; 爲人臣, 止於敬; 爲人子, 止於孝; 爲人父, 止於慈; 與國人交, 止於信。

『詩』는 노래하길(詩[1]云), "심원하신 문왕의 덕이여 아! 끊임없이 머물 곳을 밝히고 가려가며 머무셨네(穆穆文王 於緝熙敬止[2][3])"라고 했으니, 文王께서는 임금이 되어서는 仁에 머물러 仁에만 골몰하셨고(爲人君 止於仁), 신하가 되어서는 敬에 머물러 敬에만 골몰하셨으며(爲人臣 止於敬[4]), 자

---

1) 傳文제2장 제3절 詩 참조.

2) [大全] ① '緝'은 至誠을 그치는 것을 용납하지 않는 것이고, '熙'는 明德을 가리는 것을 용납하지 않는 것이다(緝, 不容已之誠也; 熙, 不容掩之明也). ② '緝熙'는 공부이고 '敬止'는 공부의 효과이다(朱子曰: "緝熙 是工夫; 敬止 是功效). ③ '敬止'의 '敬'은 전체를 들어 말한 것으로, '不敬됨이 없다'의 '敬'이다. '爲人臣止於敬'에서의 '敬'은 임금을 공경하는 것 한 가지를 말한 것으로, 敬의 한 가지 사례이다. 文王의 '敬'은 仁 · 敬 · 孝 · 慈 · 信을 포함한다(西山眞氏曰: "敬止之敬, 擧全體言, 無不敬之敬也. 爲人臣, 止於敬, 專指敬君言, 敬之一事也. 文王之敬, 包得仁敬孝慈信). ④ '緝熙敬止'는 止於至善하는 근본이고, '仁 · 敬 · 孝 · 慈 · 信'은 止於至善하는 세목이다(節齋蔡氏曰: "緝熙敬止者, 所以爲止至善之本; 仁敬孝慈信, 所以爲止至善之目).

3) [公議] ① '緝熙'는 '繼明(계속해서 환히 밝히다)'이다. '敬止'는 그 머물 곳을 신중히 가려가며 한다는 것이다(緝熙 繼明也. 敬止 謂愼其所止也). ② 시를 인용하는 방법으로 비록 章의 한 부분만을 잘라 특정의 뜻을 취할지라도, 그 시가 본래 그러한 뜻을 가졌기 때문에 사람들이 그 시구를 취한 것이지, 본래 그런 뜻이 없다면 무엇 때문에 취하겠는가(或問曰: "子之說詩以敬止之止爲語助, 於此又以爲所止之義. 何也. 朱子曰: "古人引詩斷章以明己意", 引詩之法雖斷章取義, 其詩本有斯義, 故人得取之, 若本無義何所取矣).

4) [字義] ① 程子는 "하나에 집중하는 것이 敬이고, 한눈팔지 않는 것이 一이다(主一之謂敬, 無適之謂一)"고 말했다. 주문공(주희)은 이 두 마디를 합해서 "하나에 집중하여 한눈팔지 않는 것을 敬이라고 한다(主一無適之謂敬)"고 말하여 뜻을 더욱 분명히 했다. 敬은 마음을 주재하고 통섭하는 것이다(敬所以主宰統攝). 만약 敬이 없으면 모두 드러나지 않게 될 것이다. 오직 敬으로 말미암아 마음이 이 안에 존재하게 되는 것이다. 이른바 敬이란 다른 게 아니라 이 마음이 이 안에 항상 있는 것(此心常存在這裏)이다. 제멋대로 풀어놓지 않고 산만하지 않으며 항상 이렇게 깨어있는 것(不走作 不散慢 常恁地惺惺)이 敬이다. … 일이 없을 때는 마음이 항상 이곳에 있어서 달려 나가지 않는 것, 이것은 물론 하나에 집중하는 것이다. 일이 있을 때에는 마음이 그 일에 응하되 두 번째, 세 번째 일을 불러들이지 않는 것(更不將第二第三事來插), 이것 역시 하나에 집중하는 것이다(159쪽).

식이 되어서는 孝에 머물러 孝에만 골몰하셨고(爲人子 止於孝), 부모가 되어서는 慈愛에 머물러 慈愛에만 골몰하셨으며(爲人父 止於慈), 사람들과 사귐에서는 信에 머물러 信에만 골몰하셨던 것이다(與國人交 止於信)[5].

0303 於緝之於, 音烏。○詩文王之篇。穆穆, 深遠之意。於, 歎美辭。緝, 繼續也。熙, 光明也。敬止, 言其無不敬而安所止也。引此而言聖人之止, 無非至善。五者乃其目之大者也。學者於此, 究其精微之蘊, 而又推類以盡其餘, 則於天下之事, 皆有以知其所止而無疑矣。

「於緝」의 「於」는 音이 「烏」이다(於緝之於 音烏). ○ 『詩』는 『詩經』 「大雅」

---

5) ① [公議] 이 구절에 나오는 仁 · 敬 · 孝 · 慈 · 信 다섯 가지는, 모두가 至善의 제목들로, 그 배열이 뒤바뀌고 누락되고 하여 정리가 되어 있지 않지만, 그래도 대학에서 말한 바인 至善 곧 孝弟慈의 모든 덕을 볼 수 있으니, 이 모든 덕 이외에 따로 至善이 있는 것이 아니다(仁敬孝慈信五者, 皆至善之題目, 雖其所列, 錯落不整, 亦可見經所云至善, 乃孝弟慈之諸德, 非此諸德之外, 別有至善也). ② '지극한 선에 머문다(止於至善)'는 의미를 임금의 경우를 들어 말하면, '임금은 仁에 머무는(止於仁)' 존재이기 때문에, '재물을 풀어 자신의 존재를 발현하는(仁者 以財發身)' 행위를 (우물에 빠지려는 어린아이를 구하려고 행동하듯이) 막 행동으로 옮길 수 있는 마음 자세를 갖추고 있다는 의미라고 생각된다. 惻隱之心과 아기를 구하는 행동을 구분하는 것이 사실상 무의미하듯이, 임금의 경우 그러한 마음 자세와 그런 마음에서 도출된 정치적 조치(소위 善政)가 실제로 구분되지 않는 경지가 바로 '지극한 선에 머문 경지'라고 여겨진다. 요컨대 '지극한 선에 머문다(止於至善)'고 함은, 우리가 물에 빠지려고 하는 어린아이를 보고 惻隱之心이 촉발되듯이, 우리가 언제나 그와 같은 善한 마음이 촉발된 상태에 머물러 있는 것을 뜻한다. '지극한 선에 머묾'에 있어서 '머묾'이란 무엇인가? 荀子는 다음과 같은 말을 하고 있다. "선을 쌓는데 온전하고 투철한 사람을 일컬어 聖人이라고 한다(積善而全盡謂之聖人)[儒效篇 제18장]. "선을 쌓기를 쉬지 않으면(積善而不息) 성인이 된다[性惡편 제14장]" 여기에 나오는 "선을 쌓는데 온전하고 투철하다." "선을 쌓기를 쉬지 않는다"는 개념이 '止於至善'에 가까운 개념이다. 또 '머묾'의 개념은 荀子의 다음 구절에 나타나 있다. "학문이란 진실로 머무는 것을 배우는 것이다. 어디에 머물러야 하는가? 바로 至足의 상태에 머물러야 한다. 무엇이 至足인가? 바로 聖이다"(故學也者, 固學止之也. 惡乎止之? 曰, 止諸至足. 曷謂至足? 曰, 聖也). 여기서 荀子가 말한 '至足' 개념보다 더욱 명백한 것이 바로 대학의 '至善' 개념인 것이다(박성규, 『대학』, 서울대철학사상연구소).

편 「文王」이다(詩 文王之篇). 「穆穆」은 「深遠」이란 뜻이다(穆穆 深遠之意). 「於」는 탄미사이다(於 歎美辭). 「緝」은 「계속하다」이다(緝 繼續也). 「熙」는 「光明」이다(熙 光明也). 「敬止」는 불경함이 없이 머물 곳에 편안함을 말한다(敬止 言其無不敬而安所止也[6]). 이 시를 인용하여 聖人의 머무는 경지가 至善 아닌 곳이 없음을 말한 것이다(引此而言聖人之止 無非至善). 예를 든 다섯 가지는 「止於至善」의 조목 중에서 큰 것들이다(五者乃其目之大者也). 배우는 자는 이에 이 다섯 가지 정수의 심오한 뜻을 연구하고(學者於此 究其精微之蘊[7]), 또 유추하여 그 나머지 것들도 다한다면(而又推類以盡其餘), 천하의 일에 대하여 모두 그 머물 곳을 알게 되어 의심이 없게 될 것이다(則於天下之事 皆有以知其所止而無疑矣).

---

6) [公議] ① 이 經에서 거듭 밝히는 것은 '止'字에 있다. '敬其所止'는 혹여 내가 머무는 곳이 만일 至善의 곳이 아닐 경우, 나의 머묾은 마땅하지 아니한 머묾이기 때문에, 그곳에 머무는 것을 삼가하고 신중히 한다는 것이다. 朱子가 '無不敬而安所止'라고 한 것은 문맥상 어쩐지 맞지 않은 듯하다(此經所重明在止字. 敬其所止者, 或恐吾之所止萬一非至善之地, 則吾止非所當止, 故敬之愼之也. 無不敬而安所止, 語脈無或破碎乎). ② [公議] 『禮記』「緇衣」편에서 공자께서는, '말할 때는 필히 그 끝을 고려하고, 행할 때는 필히 그 폐단을 살피면, 백성들이 함부로 말하는 것을 삼가고 행동에 신중할 것이다.'라고 하셨는데, '그 끝을 고려하고 그 폐단을 살피는 것'이 '敬其所止'이다(緇衣篇子曰, 君子言必慮其所終, 行必稽其所敝者, 則民謹於言而愼於行… 慮其所終, 稽其所敝者, 敬其所止也).

7) ① 精微(정미): 정밀하고 심오하고 미묘하다. 깊고 미묘한 비밀. 精粹. ② 蘊(온): 모으다. 축적하다. 포함하다. 심오하다.

0304 詩云:「瞻彼淇澳, 菉竹猗猗。有斐君子, 如切如磋, 如琢如磨。瑟兮僩兮, 赫兮喧兮。有斐君子, 終不可諠兮!」如切如磋者, 道學也; 如琢如磨者, 自脩也; 瑟兮僩兮者, 恂慄也; 赫兮喧兮者, 威儀也; 有斐君子, 終不可諠兮者, 道盛德至善, 民之不能忘也。

『詩』는 노래하길(詩[1]云), "저 기수 물 굽이진 곳 푸른 대숲 우거진 곳(瞻彼淇澳 菉竹猗猗). 잘 생기신 우리 군자님 잘라 놓은 듯 깎아 놓은 듯 쪼아 놓은 듯 갈아 놓은 듯(有斐君子 如切如磋 如琢如磨). 단정하여라 반듯하여라 훤칠하구나 의젓하구나(瑟兮僩兮 赫兮喧兮[2]). 잘 생기신 우리 군자님 내 어찌 잊을 손가(有斐君子 終不可諠兮)."라고 했으니, 「잘라 놓은 듯 깎아 놓은 듯」은 학문을 도야하는 모습이고((如切如磋者 道學也), 「쪼아 논 듯 갈아 논 듯」은 자기 스스로 덕을 갈고 닦는 모습이며(如琢如磨者 自脩也), 「단정하여라 반듯하여라」는 勤愼하고 戒懼하는 모습이고(瑟兮僩兮 恂慄也[3]), 「훤칠하구나 의젓하구나」는 위의 있는 의용을 갖춘 모습이며(赫兮

1) [詩經 衛風 淇澳] ① 기수 가를 바라보니 푸른 대 무성하다. 저 대처럼 무성한 우리 님이여. 자르는 듯 미는 듯 쪼는 듯 가는 듯. 위엄 있고 너그러우며 빛나고도 뚜렷하다. 문채 나는 님이여 끝내 잊지 못하네. ② 기수 가를 바라보니 푸른 대 싱싱하다. 저 대처럼 싱싱한 우리 님이여. 귀걸이가 화려하고 가죽 갓이 반짝인다. 위엄 있고 너그러우며 빛나고도 뚜렷하다. 문채 나는 님이여 영영 잊지 못하네. ③ 기수 가를 바라보니 푸른 대 꿋꿋하다. 저 대처럼 꿋꿋한 우리 님이여. 금이고 주석이며 규옥이고 백옥이라. 너그럽고 의젓하게 수렛대에 기대 섰네. 재미도 있으시네 거칠지도 않으시네(이기동, 『시경강설』, 성균관대학교출판부)(① 瞻彼淇奧, 綠竹猗猗. 有匪君子, 如切如磋, 如琢如磨. 瑟兮僩兮, 赫兮咺兮. 有匪君子, 終不可諼兮. ② 瞻彼淇奧, 綠竹靑靑. 有匪君子, 充耳琇瑩, 會弁如星. 瑟兮僩兮, 赫兮咺兮. 有匪君子, 終不可諼兮. ③ 瞻彼淇奧, 綠竹如簀. 有匪君子, 如金如錫, 如圭如璧. 寬兮綽兮, 猗重較兮. 善戲謔兮, 不爲虐兮).

2) 赫咺(혁훤): 찬란한 모양.

3) ① [大全] '瑟兮僩兮'를 恂慄이라 했는데, 심중에 존재하는 덕이 완전하다는 것이다(東陽許氏曰: "…瑟兮僩兮謂恂慄, 是德存於中者完). ② 恂慄(순률): 두려워 몸서리치다.

喧兮者 威儀也[4]),「잘 생기신 우리 군자님 내 어찌 잊을 손가」는 盛德과 至善을 갖춘 군자의 모습을 백성들은 잊지 못한다는 말이다(有斐君子終不可諠兮者 道盛德至善[5] 民之不能忘也)[6][7].

0304 澳, 於六反。菉, 詩作綠。猗, 叶韻音阿。僩, 下版反。喧, 詩作咺, 諠, 詩作諼; 並況晚反。恂, 鄭氏讀作峻。○ 詩衛風淇澳之篇。淇, 水名。澳, 隈也。猗猗, 美盛貌。興也。斐, 文貌。切以刀鋸, 琢以椎鑿, 皆裁物使成形質也。磋以鑢鍚, 磨以沙石, 皆治物使其滑澤也。治骨角者, 既切而復磋之。治玉石者, 既琢而復磨之。皆言其治之有緖, 而益致其精也。瑟, 嚴密之貌。僩, 武毅之貌。赫喧,

---

4) [大全] '赫兮喧兮'를 威儀라 했는데, 밖으로 나타난 덕이 뚜렷하다는 것이다(東陽許氏曰: "…赫兮喧兮謂威儀, 是德見於外者著").

5) [公議] '盛德至善'이란 '止於至善'이다. '民不能忘'이란 化民이다(盛德至善者, 止於至善也… 民不能忘者, 化民也).

6) [大全] 잘라놓고 깎지 않으면 아직 至善의 경지에 도달한 것이 아니고, 쪼아놓고 갈지 않으면 역시 아직 至善의 경지에 도달한 것이 아니다. 瑟兮僩兮하면 誠과 敬이 중심에 자리 잡게 된다. 赫兮喧兮에 아직 도달하지 못하고 威儀가 빛나게 밖으로 드러나 보이지 않는다면 역시 아직 至善하지 못한 것이다. 民之不能忘에 관해서는, 대단한 至善이 아니었다면 무엇으로 백성으로 하여금 오래 오래 잊지 못하게 했겠는가(朱子曰: "切而不磋, 未到至善處; 琢而不磨, 亦未到至善處. 瑟兮僩兮 則誠敬存於中矣. 未至於赫兮喧兮, 威儀輝光著見於外, 亦未爲至善; 至於民之不能忘, 若非十分至善, 何以使民久而不能忘?").

7) [公議] ① '如切如磋 如琢如磨'는 '誠'이다. '瑟兮僩兮 赫兮喧兮'는 '誠'이 중심에 있어 밖으로 드러난 모습이다(如切如磋如琢如磨誠也. 瑟兮僩兮赫兮喧兮誠於中而形於外也). ② 학문을 도야하여 자기 스스로 덕을 갈고 닦는다는 것은 '脩身'이다. 백성들이 잊지 못한다는 것은 '化民'이다. 성덕과 지선은 '止於至善'이다(學以自修者 修身也. 民不能忘者 化民也. 盛德至善者 止於至善也). ③ 이 절(傳제3章 제4절; H)은 '誠意'장(傳제6장; G)의 계속으로, 자르고 나서 다시 그것을 다듬고, 쪼고 나서 다시 그것을 간다는 것은 그 至誠을 형용한 것임을 알 수 있다. 至誠이 마음속에 쌓여 威儀가 밖으로 드러나고, 마음속에 쌓여 이로써 저절로 修身이 된 것이 밖으로 드러나 백성을 교화시키게 된다. 이렇듯 誠은 능히 자기를 이루고 物을 이루니, 그 지극한 이치가 여기에 있는데, 어찌 착간이 있다고 말할 수 있겠는가. 至善이란 至誠의 성취이다(知此節爲誠意章之繼者, 旣切而復磋之旣琢而復磨之, 形容其至誠也. 至誠積於中而威儀著於外. 積中所以自修也, 著外所以化民也. 誠之能成己成物, 其至理在此, 何得曰簡策有錯乎. 至善者, 至誠之所成也).

宣著盛大之貌。諠, 忘也。道, 言也。學, 謂講習討論之事, 自脩者, 省察克治之功。恂慄, 戰懼也。威, 可畏也。儀, 可象也。引詩而釋之, 以明明明德者之止於至善。道學自脩, 言其所以得之之由。恂慄 · 威儀, 言其德容表裏之盛。卒乃指其實而歎美之也。

「澳」는 「於」와 「六」의 反切[8]이다(澳 於六反). 「菉」은 『詩』에는 「綠」으로 쓰여 있다(菉 詩作綠). 「猗」는 叶韻音이 「阿」이다(猗 叶韻[9]音阿). 「僩」는 「下」와 「版의」 反切이다(僩 下版反). 「喧」은 『詩』에는 「咺」으로 쓰여 있고, 「諠」은 『詩』에는 「諼」으로 쓰여 있는데(喧 詩作咺, 諠 詩作諼), 모두 「況」과 「晩」의 反切이다(並況晩反). 「恂」은 鄭玄의 注에는 「峻」으로 읽었다(恂, 鄭氏讀作峻). ○ 『詩』는 『詩經』 「衛風」편의 「淇澳」이다(詩는 衛風 淇澳之篇). 「淇」는 강 이름이다(淇[10] 水名). 「澳」은 모퉁이다(澳 隈[11]也). 「猗猗」는 아름답고 무성한 모양으로 표현방법이 「興」에 해당한다(猗猗 美盛貌 興[12]也). 「斐」는 화려한 모양이다(斐[13] 文貌). 절단은 칼과 톱으로

8) 反切[반절]: 고대 한자의 발음표기방법의 일종으로 反語, 反音이라고도 한다. 두 개 한자를 사용하여 한 개 漢字의 讀音을 단다. 두 한자 중 앞 글자를 反切上字, 뒷 글자를 反切下字라 한다. 떼어 받는 자의 聲母와 淸濁은 앞 글자의 反切上字와 같고, 떼어 받는 자의 韻母와 聲調는 뒷 글자의 反切下字와 같다. (예) 東은 德과 紅의 反切인데. 德의 성모 'ㄷ(d)'과 紅의 운모 '옹(ong)'을 취하면 '동(dōng)'이라는 음이 구성된다. 고대의 四聲은 平聲 · 上聲 · 去聲 · 入聲에 불과했고, 현대 중국의 四聲과 약간의 차이가 있는데, 옛날과 지금의 聲母도 약간의 변화가 있다.

9) 叶韻(협운): 남북조 시대에, 학자들이 당시의 글자발음에 따라 시경을 읽을 때, 韻이 조화되지 못하는 경우가 많자, 작품 중에 어떤 글자를 필요에 따라 임시로 음을 고쳐 읽었는데 이를 葉韻이라 하였다. 그 뒤에도 이것을 다른 고대 韻文에 응용했는데, 이러한 풍조는 송나라 대에 이르러 가장 성행했다.

10) 淇(기): 중국 하남성 기산에서 발원하는 강으로 衛河로 흘러들어감.

11) 隈(외): 산이나 강이 구부러진 곳. 모퉁이. 구석진 곳.

12) ① 興(흥): 詩經의 표현양식과 방법인 六義(風 · 雅 · 頌 · 賦 · 比 · 興)의 하나. ② [詩經集傳] 賦는 사실을 상세히 진술하고 직접적으로 말하는 것이고, 比는 저 사물을 들어 이 사물을 비유하는 것이고, 興은 먼저 다른 사물을 이야기하고 이로써 노래하고자 하는 사물을 불러일으키는 것이다(賦者 敷陳其事而直言之者也. 比者 以彼物比此物也. 興者 先言

하고, 쪼는 것은 망치와 끌로 하는데(切以刀鋸[14] 琢以椎鑿), 모두 물건을 재단하여 형태와 품질을 만들어내는 것들이다(皆裁物使成形質也). 깎는 것은 줄과 대패로 하고, 가는 것은 모래와 자갈로 하는데(磋以鑢鐋[15] 磨以沙石), 모두 물건을 다듬어 매끄럽고 반질반질하게 하는 것들이다(皆治物使其滑澤也). 뼈와 뿔을 다루는 기술은 잘라놓은 다음 다시 깎고(治骨角者 旣切而復磋之), 옥과 돌을 다루는 기술은 쪼아놓은 다음 다시 간다(治玉石者 旣琢而復磨之). 모두 그 다루는 기술은 시작이 있고 점차 정밀한 단계로 나아간다는 말이다(皆言其治之有緖 而益致其精也). 「瑟」은 엄밀한 모습이다(瑟 嚴密[16]之貌). 「僩」은 용감무쌍하고 강직 의연한 모습이다(僩 武毅[17]之貌). 「赫」과 「喧」은 밝고 두드러지고 규모가 큰 모습이다(赫 喧 宣著[18]盛大之貌). 「諠」은 「忘(잊다)」이다(諠 忘也). 「道」는 「言(말하다)」이다(道 言也). 「學」은 강습하고 토론하는 일을 말하고(學 謂講習討論之事), 「自脩」는 성찰하고 사욕 사념을 다스리는 공부이다(自脩者 省察克治[19]之功). 「恂慄」은 「戰懼(겁먹다)」이다(恂慄 戰懼[20]也). 「威」는 「可畏(두려워할 만하다)」이다(威[21] 可畏也). 「儀」는 「可象(본받을 만하다)」이다(儀 可象[22]也).

他物以引起所詠之詞也). ③ [大全] 淇水가의 대나무를 빌어서 흥을 일으키고 위나라 무공이 문채나는 군자임을 미화한 것이다(借淇竹起興, 以美衛武公有文之君子也).

13) 斐(비): 여러 색깔이 서로 섞인 모양. 오색찬란하다. 문학적 재능이 뛰어나다.

14) ① 鋸(거): 톱. ② 椎鑿(추착): 망치와 끌.

15) ① 鑢(려): 줄. 뼈 · 뿔 · 쇠를 갈고 문질러서 반질반질하게 하는 공구. ② 鐋(탕): 대패. 나무를 깎아 평평하게 하는 목공구.

16) 嚴密(엄밀): 주도면밀하다, 빈틈이 없다. [大全] 거칠거나 소략하지 아니하다(不麤疏).

17) 武毅(무의): 용감무쌍하고 강직의연하다. [大全] 태만하거나 이완되지 아니하다(不怠弛)

18) 宣著(선저): 두드러지다. 현저하다. 밖으로 드러나다.

19) 克治(극치): 사욕이나 사념을 자제하다.

20) ① 恂(순): 두려워하다. 근엄하고 경건하다. 믿음성 있다. ② 慄(율): 두렵다. 전율하다. 몸서리치다. ③ 戰懼(전구): 겁먹다. 무서워하다. 두려워하다.

21) [大全] 威는 의관을 단정히 하고 바라보는 시선을 존엄하게 하여 위엄이 있어 보여 사람들이 바라보고 경외하는 것이다. 儀는 얼굴표정이나 행동거지가 예에 맞는 것으로 단지 겉만 꾸미는 것이 아니다(西山眞氏曰: "威者, 正衣冠, 尊瞻視, 儼然人望而畏之, 非徒事嚴猛而

『詩』를 인용하고 해석하여 이로써 明明德한 자의 止於至善을 밝힌 것이다(引詩而釋之 以明明明德者之止於至善). 「道學」과 「自脩」는 止於至善을 얻게 되는 경로를 말한다(道學 自脩 言其所以得之之由). 「恂慄」과 「威儀」는 그 덕 있는 의용이 겉으로나 속으로나 성대하다는 말이다(恂慄 威儀 言其德容[23]表裏之盛). 결국 그 實됨을 가리켜 탄미한 것이다(卒乃指其實而歎美之也).

已; 儀者, 動容周旋中禮, 非徒事容飾而已").

22) 象(상): 닮다. 비슷하다. 따라하다. 본받다.

23) 德容(덕용): 덕이 있는 자의 의용.

0305 詩云:「於戱前王不忘!」君子賢其賢而親其親, 小人樂其樂而利其利, 此以沒世不忘也。

『詩』는 노래하길(詩[1]云), "오호 돌아가신 우리 왕들 내 어찌 잊을 손가! (於戱 前王不忘)"라고 했으니, 후대의 군자들은 선왕을 귀감으로 삼았기에 선왕의 현덕을 현덕으로 대우하고 선왕의 자손들을 친애하였으며(君子 賢其賢而親其親), 후세의 백성들은 선왕이 백성이 즐거워한 것을 즐거워하고 백성이 이롭게 여긴 것을 이롭게 여겼기에 선왕이 즐거워한 것을 즐거워하고 선왕이 이롭게 여긴 것을 이롭게 여겼으니(小人 樂其樂而利其利[2]), 이 때문에 선왕이 죽은 뒤에도 잊지 못하는 것이다(此以沒世不忘也).

0305 於戱, 音嗚呼。樂, 音洛。○ 詩周頌烈文之篇。於戱, 歎辭。前王, 謂文 · 武也。君子, 謂其後賢後王。小人, 謂後民也。此言前王所以新民者止於至善, 能使天下後世無一物不得其所, 所以既

---

1) [詩經 周頌 烈文] ① 빛나고 교양 있는 제후들이여 조상들이 이 큰 복을 내려주셨네. 끝없는 은혜로움 우리에게 베푸시고 자손들이 이어가게 살펴주셨네. 그대들 나라에서 정치 잘하면 황제께선 그대들을 존중하리니. ② 조상들의 위대한 공 잊지를 말고 그 업적을 이어받아 빛나게 하라. 남과 나를 구별 않는 사람이기에 온 사방 사람들이 그를 따르고 이처럼 빛나는 덕 가지셨기에 온 천하 제후들이 그를 본받네. 아아 전왕의 일을 어이 잊으리(이기동, 『시경강설』, 성균관대학교출판부)(① 烈文辟公, 錫茲祉福. 惠我無疆, 子孫保之. 無封靡于爾邦, 維王其崇之. ② 念茲戎功, 繼序其皇之. 無競維人,四方其訓之. 不顯維德,百辟其刑之. 於乎前王不忘).

2) [公議] 『맹자』 [양혜왕하편 5:5]에, '왕께서 여자를 좋아하시거든 백성과 함께 좋아하십시오(王如好色 與百姓同之).'라고 했는데, 이것이 '백성의 즐거움을 즐겁게 여기는' 것이 아닌가. 『맹자』 [양혜왕하편 5:4]에, '왕께서 재물을 좋아하시거든 백성과 함께 좋아하십시오(王如好貨 與百姓同之).'라고 했는데, 이것이 '백성의 이로움을 이롭게 여기는' 것이 아닌가. 『맹자』 [양혜왕하편 4:3]에, 제나라 선왕이 설궁에서 맹자를 만났을 때, 맹자는 '백성의 즐거움을 즐거워하는 사람은, 백성도 또한 그 임금의 즐거움을 즐거워합니다(樂民之樂者 民亦樂其樂).'라고 하였다(孟子曰, 王好色與百姓同之, 此非樂民之樂者乎. 孟子曰王好貨與百姓同之 此非利民之利者乎. 齊宣王見孟子於雪宮, 孟子曰樂民之樂者民亦樂其君之樂).

沒世而人思慕之, 愈久而不忘也。此兩節咏歎淫泆, 其味深長, 當熟玩之。

「於戱」는 음이「嗚呼(오호)」다.「樂은」 음이「洛(락)」이다. ○『詩』는『詩經』「周頌」편「列文」이다(詩 周頌烈文之篇).「於戱」는 감탄하는 말이다(於戱 歎辭).「前王」은 文王 · 武王을 말한다(前王 謂文武也).「君子」는 후세의 賢者와 후대의 賢王을 말하고,「小人」은 후세의 백성을 말한다(君子 謂其後賢後王 小人 謂後民也). 이는 前王이 백성들을 새롭게 하는 것으로써 止於至善하게 하여, 능히 천하의 모든 후세로 하여금 어느 하나도 제 있어야 할 자리를 얻지 못함이 없게 했다는 말이다(此 言前王所以新民者 止於至善[3] 能使天下後世 無一物不得其所). 이 때문에 이미 세상에 없는데도 사람들이 그를 사모하여(所以旣沒世[4] 而人思慕之), 아무리 오래되어도 잊지

---

3) [公議] ① 新民이란 본시 백성에게 효도를 일으키고 우애를 일으키는 것인데,「烈文」詩는 백성의 효도와 우애를 말하지 않았으니, 백성의 至善이라고 말할 수 없다(新民本是使民興孝使民興弟, 而烈文詩不言下民之孝弟, 不可謂民之至善). ② 현덕을 현덕으로 대우하고, 친한 이를 친하게 대우하고, 백성을 즐거움을 나의 즐거움으로 여기고, 백성의 이로움을 나의 이로움으로 여기는 것은 모두 絜矩章[傳제10장 1 · 2절]의 보충서술인데 이 절에서는 이같이 간략히 말한 것이다(賢賢親親, 樂樂利利, 皆絜矩章之所鋪敍, 而此節約言之如是也).

4) ① [大全] 세상을 떠났는데도 사람들이 잊지 못하고, 堯 · 舜 · 文 · 武王의 덕을 만세토록 존경 숭앙했으니, 어찌 선왕의 현덕을 숭상한 것이 아니겠느냐. 주나라의 시조 后稷의 덕을 자손들이 높여서, 자발적으로 정하길 그를 시조로 여겼으니, 어찌 선왕의 자손을 친애한 것이 아니겠느냐?(朱子曰: "沒世而人不能忘, 堯舜文武之德, 萬世尊仰之, 豈不是賢其賢? 如周后稷之德, 子孫宗之, 以爲先祖之所自出, 豈不是親其親?"). ② [公議] 주자의 해석은 '前王이 이미 죽었다.'고 말하는 것인데, '沒'이란 '마지막까지', '다되도록'이란 뜻이다. 오계자의 '前王이 죽은 후에도 사람들은 그 자신이 세상을 뜰 때까지 前王을 차마 잊지 못한다.'라는 해석에 따라야 한다(朱子之意謂前王旣沒也, 然沒者終也盡也… 吳說後世之人終其身而 不忍忘宜從). ③ [公議] 君子는 前王이 살아생전에 현덕을 현덕으로 대우하고 친한 이를 친하게 대우했기 때문에 前王이 죽은 후에도 평생토록 잊지 못하는 것이고, 小人은 前王이 살아생전에 백성의 즐거움을 자기의 즐거움으로 여겼고 백성의 이익을 자기의 이익으로 여겼기 때문에 前王이 죽은 후에도 평생토록 잊지 못하는 것이다(君子以前王嘗賢賢而親親, 故不忘, 小人以前王嘗樂民之樂而利民之利, 故不忘也). ④ [公議] 군자와 소인이 각기 원하는 바를 얻게 하는 것이 천하를 태평하게 하는 방법이 아니겠는가(君子小人之各得所願

못하는 것이다(愈久而不忘也). 이 제4·5절 두 절의 시는 노랫말의 여운이 가시지 않고 계속 남아 있어 그 맛이 깊고 오래가니(此兩節 咏歎淫泆[5] 其味深長), 익도록 음미해야 한다(當熟玩[6]之).

右傳之三章。釋止於至善。

여기까지가 傳文 제3장이다(右 傳之三章). 經文의「止於至善」을 해석하였다(釋止於至善[7]).

此章內自引淇澳詩以下, 舊本誤在誠意章下。

이 章 안에 인용한 시「淇澳」부터 그 이하는(傳文 제3장의 제4절과 제5절)(此章內 自引淇澳詩以下),『大學』원문에는 잘못하여「誠意章」(傳文 제6장) 아래에 놓여 있다(舊本 誤在誠意章下).

非所以平天下乎).

5) ① 咏歎(영탄): 길게 탄식하다. 노래를 불러 찬미하다. 노래하다. ② 淫泆(음일): 노랫가락이 이어져 끊이지 아니하다. ③ [大全]「樂記」에 "咏歎之 淫泆之"란 말이 있다(記樂記 咏歎之 淫泆之).

6) 熟玩(숙완): 진지하게 탐구 연마하다. 깊이 연구하다(=硏鑽).

7) 주희는 이 장 속의 언어에 '至善'이라는 한 마디가 들어 있다는 이유로 이것을 '止於至善'을 해설하는 傳으로 집어넣었는데… 제1장의 총론적인 '止於至善'과 여기서 말하는 '至善'은 같은 의미맥락에서 논구될 수 없는 것이다. 이 장(제3장 제4·5절; H I)의 논리는 앞 장(제6장; G)의 '誠意'라는 주제를 연속적으로 발전시킨 것이다. 그 뜻을 성실하게 하는 삶의 자세 속에서 학문을 연마하고 몸을 닦으면 문채나는 통치자가 되어, 성덕과 지선을 구비하게 되므로, 살아 있을 때뿐만 아니라 죽어서까지도 일반백성들에게 경모되는 인간이 된다고 말한 것이다. 그러니까 誠意란 주제가 정치적 맥락 속에서 발전한 것이다. 다시 말해서『大學』의 총론적 언급이 어디까지나 이상사회를 만들어갈 수 있는 통치자의 자질과 수양과 관련 있다는 것을 말해준다(김용옥,『대학 · 학기 한글역주』 286쪽, 통나무).

傳文 第4章

0401 子曰:「聽訟, 吾猶人也, 必也使無訟乎!」無情者不得盡其辭。大畏民志, 此謂知本。

孔子께서는 말씀하시길(子曰[1]), "소송을 듣고 판결하는 일은 나도 남과 다를 게 없지만(聽訟[2] 吾猶人也), 기필코 해야 할 것은 송사를 없게 하는 것이다(必也使無訟乎)"라고 하셨으니, 진실하지 못한 자가 송사를 하면서까지 끝까지 따지지 못하는 것은(無情者不得盡其辭[3]), 성인께서 백성들의

1) ① [論語 顔淵편 第13장] 孔子께서 말씀하셨다. "訟事를 듣고 판결하는 일은 나도 남과 같지만, 기필코 해야 할 것은 백성들로 하여금 訟事를 없도록 하는 것이다."(子曰, "聽訟, 吾猶人也. 必也使無訟乎!"). ② [公議] 대개 聽訟과 無訟은 그 서로의 거리가 너무 멀다. 聽訟은 큰 소리나 꾸짖는 얼굴빛으로 백성을 교화하는 것이지만, 無訟은 '내가 명덕을 마음속에 품고 큰 소리나 꾸짖는 얼굴빛을 하지 않는 것이다(予懷明德 不大聲以色也)[中庸 33:6].' 성인이 뒤돌아 자세히 살피고 신독하고 성의로써 수신하면, 백성은 자연스레 따르게 되어 그를 바라보기만 하는데도 경외하여 감히 거짓을 진술하지 못하게 되는데 이것이 化民의 최고의 효과이다(夫聽訟之於無訟其相去遠矣. 聽訟者聲色以化民也, 無訟者予懷明德不大聲以色也. 聖人顧諟愼獨誠意以修身, 百姓自然奏假望而畏之, 不敢陳其非眞之言, 此化民之極功也).

2) ① 聽訟(청송): 시비곡직을 들어보고 판결하다. 심판하다. ② [說文] 손가락질하며 다투는 것을 '爭', 말로 다투는 것을 '訟'이라 함(以手曰爭, 以言曰訟). ③ [周禮 秋官司寇편] 刑律을 관장하는 秋官은 五聲으로 송사를 살펴 민정을 구제한다. 첫째가 辭聽(진술을 듣고 판단함), 둘째가 色聽(안색을 살펴 판단함), 셋째가 氣聽(숨소리의 완급을 살펴 판단함), 넷째가 耳聽(알아듣는 태도를 보고 판단함), 다섯째가 目聽(눈동자를 보고 판단함)이다(以五聲聽獄訟, 求民情: 一曰辭聽, 二曰色聽, 三曰氣聽, 四曰耳聽, 五曰目聽).

3) ① 無情(무정): 위선적이고 참되지 못하다. 인정과 의리가 없다. [公議] '情'은 진실하고 거짓이 없는 마음에 품은 생각이다(情者 眞實無僞之懷也). ② 辭(사): 송사(하다). 서로 시비를

마음을 크게 두렵게 하여 백성을 敬服시키기 때문인데(大畏民志), 이것을 말하여 「근본을 안다」라고 한 것이다(此謂知本)4)5).

0401 猶人, 不異於人也。情, 實也。引夫子之言, 而言聖人能使無實之人不敢盡其虛誕之辭。蓋我之明德既明, 自然有以畏服民之

따지며 쟁론하다(=訟). 받아들이길 거부하다. [公議] '辭'는 訟事 時에 자기가 진술한 말이다(辭者 訟獄自陳之言也). ③ [論語 子路편 제4장] 孔子께서 말씀하셨다. "윗사람이 禮를 좋아하면 백성이 감히 공경하지 않을 수 없고, 윗사람이 義를 좋아하면 백성이 감히 복종하지 않을 수 없고, 윗사람이 信을 좋아하면 백성들이 감히 情을 쏟지 않을 수 없다. 대개 이렇게 되면 사방의 백성이 자식을 강보에 싸 업고 모여들 것이다."(子曰 "上好禮 則民莫敢不敬, 上好義 則民莫敢不服, 上好信 則民莫敢不用情 夫如是 則四方之民 襁負其子而至矣").

4) ① '無情者不得盡其辭 大畏民志 此謂知本'에 대하여 이를 해석하길, '無情한 정치가는 孔子의 이 말의 의미를 올바로 이해하지 못한다. 무엇보다 民心을 두려워하는 자세, 이것이 바로 근본을 아는 것이다'로 하는 견해(박성규, 『대학』, 서울대철학사상연구소). ② 주희에 해석대로 따르면 첫째, 성인은 현명하여 송사 때마다 여지없이 거짓 고발자를 가려내기 때문에 백성은 두려움을 느껴 감히 송사를 벌일 생각을 하지 않게 된다는 뜻이 된다. 그러나 이런 해석은 성인이 재판 심리를 아주 잘한다는 뜻이니, 우선 공자가 "재판심리는 나도 다른 재판관이 하는 정도는 한다. 그들보다 못하지는 않다"라고 말한 사실과 완전 모순된다. 둘째, '無情者'는 문자 그대로 情이 없는 자, 남의 마음을 헤아리지 못하는(易地思之할 줄 모르는) 사람의 뜻이다. 셋째, '盡'字를 주희는 '(송사의 구실을) 낱낱이 진술하다'로 풀었는데, 우선 '盡'은 고전에서 '陳述하다'는 뜻으로 사용된 예가 없다. '盡'은 '盡其誠'(中庸 22:1)과 '書不盡言' '言不盡意'(『周易』 繫辭)의 '盡'과 같은 뜻으로, 즉 '온전히 구현한다'는 뜻이다. 넷째, 주희는 '大畏民志'를 '백성을 크게 외압한다(백성에게 외포심을 심어 준다)'고 풀었는데, 이는 순전히 순진한 법가적 발상으로서 유학의 원래 사상과도 전면적으로 어긋난다(박성규, 『대학』, 서울대철학사상연구소).

5) [公議] ① 誠意와 脩身의 효과가 여기에서 최고에 달했기 때문에 이것으로 결론 맺은 것이다. 이 구절은 위로는 誠意절(傳제6장; G)에 이어지고, 아래로는 脩身절(傳七章; N)로 이어진다(誠意修身之效極於此, 故結之以此. 此節上承誠意, 下接修身.) ② 대학에서 특히 誠意를 한 단계 높여 가장 높은 위치에 삽입한 것은(傳제6장; G), 誠意는 物의 終始로서[中庸 25:2], 이것으로 脩身하고, 이것으로 齊家하고, 이것으로 治國 · 平天下하기 때문으로, 淇奧과 前王 두 개 절(傳제3장 제4 · 5절; H I)을 인용하여 이러한 뜻을 증명하였고, 誠意는 物의 終始로, 이것으로 明德하고, 이것으로 新民하고 이것으로 止於至善하기 때문에, 康誥등 9개의 詩經과 書經의 글(傳제1 · 2 · 3장; JKL)을 인용하여 이러한 뜻을 증명한 것이다(經文特以誠意一段, 揷之於最高之地者, 誠意爲物之終始, 以此修身, 以此齊家, 以此治平, 故引淇奧前王二節, 以證斯義; 誠意爲物之終始, 以此明德, 以此親民, 以此止善, 故繼引康誥等九文, 以證斯義).

心志, 故訟不待聽而自無也。觀於此言, 可以知本末之先後矣。

「猶人」은「남과 다르지 않다」이다(猶人 不異於人也).「情」은「實」이다(情實也). 孔子의 말씀을 인용하여 하는 말인즉, 聖人이 진실하지 못한 사람으로 하여금 황당무계한 송사를 하면서까지 감히 따지지 못하게 할 수 있는 것은(引夫子之言而言聖人能使無實之人 不敢盡其虛誕[6]之辭), 聖人의 明德이 밝아지자 자연스레 백성들의 마음을 敬服하게 하여(蓋我之明德旣明 自然有以畏服民之心志[7]), 이로 인해 다툼이 소송까지 가지 않아도 저절로 없어진다는 것이다(故 訟不待聽而自無也). 이 말씀을 보건대(觀於此言), 이로써 本과 末의 先과 後를 알 수 있다(可以知本末之先後[8]矣).

右傳之四章。釋本末。

여기까지가 傳文 제4章이다(右 傳之四章). 經文의「本末」을 해석하였다(釋本末).

此章舊本誤在「止於信」下。

---

6) 虛誕(허탄): 황당무계하다.

7) ① 畏服(외복): 두렵고 무서워하며 복종하다. 존경하여 마음으로 복종하다. ② 心志(심지): 심성. 성정. 의향. 생각. 의지.

8) [大全] ① 백성으로 하여금 訟事가 없게 하는 것이 나의 일에서 근본이다. 이것이 聽訟이 말단이 되는 까닭이다(朱子曰: "使民無訟, 在我之事 本也. 此所以聽訟爲末"). ② 聽訟이 있으면 新民의 至善이 아니다. 聽訟이 없어야 비로소 新民의 至善의 모습이다. 聽訟이 없으면 백성이 새롭게 된 것이다. 백성으로 하여금 聽訟이 없게 하는 것은 明明德한 자만이 할 수 있다. 聽訟과 無訟의 본말선후는 곧 明德과 新民의 본말선후이다(玉溪盧氏曰: "有訟可聽, 非新民之至善. 無訟可聽, 方爲新民之至善. 無訟則民新矣, 使民無訟, 惟明明德者能之. 聽訟使無訟之本末先後, 卽明德新民之本末先後也").

이 장은『大學』원문에는 잘못되어 止於信(傳文 제3장 제3절) 아래에 놓여 있다(此章舊本誤在止於信下).

傳文: 衍文·闕文

차 위 지 본
此謂知本,

이것을 말하여 「근본을 안다」라고 한다(此謂知本).

程子曰: 「衍文也.」

程子가 말했다(程子曰). "이 구절은 연문이다(衍文[1]也).

차 위 지 지 지 야
此謂知之至也。

이것을 말하여 「知(앎)의 궁극」이라고 한다(此謂知之至也).

此句之上別有闕文, 此特其結語耳。

이 구절의 위쪽에 빠진 글이 별도로 있으니(此句之上 別有闕文[2]), 이 구절은 빠진 구절의 결어일 뿐이다(此特其結語耳).

---

1) 衍文(연문): 필사 · 각판 · 조판 등의 잘못으로 더 들어간 글자나 구절.
2) 闕文(궐문): 의심되어 잠정적으로 빈칸으로 놓아둔 문자. 탈루 · 일실 · 생략된 글자나 구절.

右傳之五章, 蓋釋格物 · 致知之義, 而今亡矣。

여기까지가 傳文 제5장으로(右 傳之五章), 經文의「格物 · 致知」의 뜻을 해석했을 것인데, 지금은 없어졌다(蓋釋格物致知之義而今亡矣).

此章舊本通下章, 誤在經文之下。

이 장은『大學』원문에는 아래 제6장과 함께 經文 제7절 다음에 잘못 놓여 있다(此章 舊本 通下章 誤在經文之下).

傳文 第5章: 補傳

0501 閒嘗竊取程子之意以補之曰: 所謂致知在格物者, 言欲致吾之知, 在卽物而窮其理也。蓋人心之靈莫不有知, 而天下之物莫不有理, 惟於理有未窮, 故其知有不盡也。是以大學始敎, 必使學者卽凡天下之物, 莫不因其已知之理而益窮之, 以求至乎其極。至於用力之久, 而一旦豁然貫通焉, 則衆物之表裏精粗無不到, 而吾心之全體大用無不明矣。此謂物格, 此謂知之至也。

예전에 내가 程子의 뜻을 취하여 이로써 빠진 글을 보충해 넣은 적이 있었는데 아래와 같다(閒嘗[1]竊取程子之意以補之[2]曰):

1) 閒嘗(간상): 일찍이. 예전에.

2) ① [公議] '知止而后有定'부터 '此謂知本, 此謂知之至也'까지가 모두 '格物致知'의 설명이니 별도로 致知格物補傳章을 둬야 할 필요가 없다(自知止而后有定以下至此節都是格物致知之說, 格物致知不得更有一章). ② 무엇이 근본이고 무엇이 말단인가를 헤아리는 것이 格物이다. 또 이처럼 格物이 올바로 이루어져야 物에 대한 올바른 이해에 도달할 수 있는 것이다. 이것이 致知이다. 즉 어떤 것에 대한 근본을 아는 것이 곧 그것을 아는 것이 된다. 따라서 대학은 '이러한 이해가 바로 근본을 아는 것이고, 바로 올바른 앎이 이르렀다는 말의 의미이다(此謂知本, 此謂知之至也)'라고 말했던 것이다. 그런데 격물치지의 의미가 『대학』에서 설명되지 않았다고 여기고 그 의미를 새로 설명하게다고 나선 학자들이 바로 程頤와 주희였던 것이다(박성규, 『대학』, 서울대철학사상연구소).

經文에서 말한바, 「致知는 格物하는 데에 있다」는 것은(所謂致知在格物[3)4)]者), 나의 知(앎)를 속속들이 완전하게 하려면 구체적인 사물에 의

3) [大全] ① 대학에서 窮理라 하지 않고 그것을 일컬어 格物이라고 한 것은, 사람들로 하여금 일상생활 속에 나아가 궁구하라는 것일 뿐이다(朱子曰: "大學不說窮理而謂之格物, 只是使人就實處窮究"). ② 大學은 聖門에 들어서서 처음 하는 공부처이고, 格物은 또 대학의 처음 공부이다. 이 말을 시험하여 일용생활 속에 나아가서 이같이 공부하길 오래 하면 생각이 저절로 분별될 것이다(朱子曰: "大學是聖門最初用功處, 格物又是大學最初用功處. 試考其說, 就日用間如此作功夫, 久之意思自別"). ③ 주희는 格物과 致知의 관계를 '식사'와 '포만감'에 비유했다. 포만감은 식사를 마치고 난 다음에야 얻을 수 있는 현상이다. 즉 格物과 遊離된 致知는 이미 더 이상 致知가 아니라는 말이다. 주희는 이러한 비유를 들어, 당시 사물의 이치에 대한 궁구(格物)를 도외시한 채, 현묘한 이치의 추구를 능사로 알고 고상한 일로 여겼던 당시의 지식인들의 공허성을, "식사하지도 않고 저절로 포만감을 느낀 경우"라고 비판했던 것이다 … 주희는 불교에서 말하는 이른바 깨달음에 대해, 식사하지도 않고 느끼는 포만감과도 같은 일종의 환상으로 간주할 뿐 어떤 진리에 대한 인식으로 인정하지 않고 있다(夫格物可以致知, 猶食所以爲飽也. 今不格物而自謂有知, 則其知者妄也; 不食而自以爲飽, 則其飽者病也. 若曰老佛之學欲致其知, 而不知格物所以致其知, 故所知者, 不免乎蔽陷離窮之失而不足爲知, 則庶乎其可矣.)[朱文公文集](박성규, 『대학』, 서울대철학사상연구소).

4) ① 格物의 목적은 궁극적으로 사물의 所以然과 所當然에 대한 이해에 도달하려는 것이며, 所以然과 所當然은 모두 理를 지칭한다. 所以然은 주로 사물의 보편적 본질과 법칙을 지칭하고, 所當然은 주로 사회적 윤리원칙과 규범을 지칭한다. 주희에 따르면, 格物의 목적은 궁극적으로 우주의 보편적 理를 인식하는 것인데, 그에 이르기 위해서는 오직 한 사물만을 궁구(格)해서 만물의 理를 파악할 수 있는 것도 아니지만, 또한 천하 만물을 하나하나 궁구할 필요도 없다. 理一分殊 사상에 근거하여 구체적인 사물의 물리 · 윤리는 저마다 차별적이지만 동시에 그것들은 모두 보편적이고 통일적인 우주원리의 표현이기도 한 것인 만큼, 다만 '오늘 한 사물을 궁구하고 내일 한 사물을 궁구하는' 공부가 누적되다 보면, 인간의 인식은 개별 속에서 보편을 발견하게 되어, 점차 일체 사물 간에 공통적인 보편법칙을 인식하게 된다(박성규, 『대학』, 서울대철학사상연구소). ② 주희에게 있어서 앎의 궁극적인 목적은 각 사물의 理에 대한 인식을 통해 만사만물의 근원인 理一의 理를 인식하는 것이다. 바꾸어 말하면, 주희는 만물에 普遍原理가 내재되어 있다고 보았기 때문에 格物窮理의 과정을 통하여 진정한 앎(眞知)을 체득할 수 있다고 확신한 것이다. … 주희가 格物의 필요성을 강조했던 이유는 각각의 사물에 내재한 방식을 통해 현실세계에 실재하는 分殊理를 탐구함으로써 궁극적 實在인 理一로 돌아가자는 데에 있다(이강대, 『주자학의 인간학적 이해』 114쪽, 예문서원). ③ 理를 궁구하는 것은 사물의 所以然과 所當然을 알고자 하는 것일 따름이다(窮理者, 欲知事物之所以然與其所當然者而已)[朱文公文集]. 그 '그러한 까닭(所以然)'을 알게 되면 뜻이 미혹되지 않고, 그 '당연히 그러해야 할 바(所當然)'을 알게 되면 행실이 잘못되지 않기 때문이다. 이와 같이 볼 때, 格物窮理의 목적은 '所以然之故에 대한 궁리를 통한 所當然之則의 이해에 있다'고 정리할 수 있다(이강대, 『주자학의 인간학적 이해』 150쪽, 예문서원). ④ [朱子語類 18:100] 지금 窮理를 하는 것은 사물에 分殊되어 있는 理를 하나로 통일시켜주는 궁극

거해서 그 理를 궁구하는 데 달려 있다는 말이다(言欲致吾之知 在卽[5])物而窮其理也). 사람의 마음은 신령스러워 어느 누구라도 知(앎)를 간직하고 있지 않은 사람이란 없고(蓋人心之靈 莫不有知[6])[7])), 천하의 모든 사물은 어

적 실재로서의 理一로 돌아가려 하는 것이다(今日窮理, 所以要收拾歸於一). ⑤ 주희가 말한 格物은 사실상 修養方法으로서, 그 목적은 우리 마음의 全體와 大用을 밝히는 데에 있다. 그래서 육왕일파의 도학자들은 주자의 이 설을 비판했지만, 그들 역시 格物을 하나의 수양방법으로 간주하면서 주자를 비판했다. 그런데 주자가 말한 格物을 수양방법이 아닌 주자의 과학정신으로 여겨 그의 格物說을 오로지 지식을 추구한 것으로 간주하는 것은 주자에 대한 왜곡이다(馮友蘭, 『중국철학사(上)』 560쪽, 박성규 역, 까치).

5) ① [二程遺書] 格物窮理는 天下의 物을 전부 다 窮盡해야 하는 것이 아니라 다만 한 가지 일에 나아가 窮盡하고 나면 그 나머지는 類推해나갈 수 있는 것이다(格物窮理, 非是要盡窮天下之物, 但於一事上窮盡, 其他可以類推). ② [朱子語類 15:22] 한 겹 또 한 겹 이해하다 보면 이해가 궁진하게 될 때가 반드시 있다. 博學 · 審問 · 愼思 · 明辯이 네 개의 순서를 이루니[中庸 20:19 참조] 이렇게 해야 비로소 옳다(以理之淺深言, 理會一重又一重. 只管理會, 須有極盡時. '博學之, 審問之, 愼思之, 明辨之', 成四節次第, 恁地方是). ② 致(치): 초치하다. 끌어당기다. 야기하다. 초래하다. 손에 넣다. 구하여 얻다. 말하다. ③ 卽(즉): 가까이 다가가다. 나아가서 먹다.

6) ① [朱子語類 15:4] 致知란 곧 본래 모습 그대로의 마음의 知이다. 한 개의 거울과 같이 본래의 모습은 전체가 온통 매우 환히 밝지만, 어둠에 의해 가려졌을 뿐인데, 지금 점차 문질러 없애 주위 사방이 모두 비춰보이게 하면, 그 밝음이 미치지 않는 곳이 없게 될 것이다(致知乃本心之知. 如一面鏡子, 本全體通明, 只被昏翳了, 而今逐旋磨去, 使四邊皆照見, 其明無所不到). ② 본래 모습 그대로의 마음의 知는 마치 하나의 거울과도 같이 본디 온전한 본체가 두루 청명한 것이나 다만 때가 끼어 흐려진 것인 만큼, 이제 잘 닦아내서 사방을 비추게 하면 거울은 아주 깨끗해져서 비추어내지 않는 것이 없는 경우와 같은 것이다. 인간에게 모든 '知'가 이미 갖춰져 있다는 것을 모든 것을 죄다 비추는 거울에 비유하고 있다. 즉 인간에게 본디 있던 '知'가 외물 때문에 은폐되고 흐려진 까닭에 마음이 두루 밝지 못하게 된 것이므로 格物을 통하여 마음속에 본디 있던 '知'를 밝혀내면 致知에 도달하게 된다는 말이다(박성규, 『대학』, 서울대철학사상연구소).

7) 주희에 따르면 인간의 마음은 지극히 영명하다. 아무리 세밀하고 조그만 것이라도 지각할 수 있으며, 거대한 우주라도 그 안에 있으며, 지금부터 몇 천만 년 떨어진 태초라 하더라도 이 마음의 뜻이 촉발되면 곧 그곳에 도달한다. 이와 같이 헤아릴 수 없이 신묘한 것이 바로 마음의 지극히 허하고 영험함(至虛至靈)이다. 그러나 人心의 영명성은 心이 "비어 있고 영험하고 어둡지 아니하여 모든 理를 갖추고 만사에 응한다(虛靈不昧 以具衆理而應萬事者也)."는 뜻에서 의미를 가진다. 이로부터 주희는 "사람의 마음은 지극히 영명하여 알지 못하는 것이 없고 이해하지 못하는 것이 없으며 모든 이치가 그 안에 다 구비되어 있다."고 말한다. 知란 내가 저절로 가지게 되는 그 知를 말한다. 이 마음은 비어 있고 밝고 광대하여 알지 못하는 바가 없다(無所不知)고 했다. 그런데 "人心에 모든 知가 구비되어 있다."는 대전제는 人心의 본래적인 측면을 지칭한 말일 뿐, 보통 현실 속에서 누구나 그러한 知를 구체적으로 발현한다는 말은 아니다. 즉 대체로 인간은 그러한 知를 지각하지 못한 채 살아간다(박성규,

느 것이라도 理를 간직하고 있지 않은 것이란 없지만(而天下之物 莫不有理[8)9)]), 다만 理에 관하여 아직 궁구하지 않았기 때문에 그 知(앎)가 미진한 상태로 남아 있는 것뿐이다(惟於理 有未窮 其知有不盡也[10)]). 이 때문에

『대학』, 서울대철학사상연구소).

8) ① [朱子語類 94:111] 그 理가 허다하게 있기 때문에 사물도 허다하게 있는 것이다(惟其理有許多 故物亦有許多). ② [朱熹集 答劉叔文] 理를 놓고 보면 비록 사물이 생기지 않았을 때에도 이미 사물의 理가 존재했다. 그렇지만 다만 그 理만 존재했을 뿐 실제 그 사물은 아직 없었다(若在理上看, 則雖未有物而已有物之理. 然亦但有其理而已, 未嘗實有是物也). ③ 예컨대 아직 배나 수레가 없었을 때에도 배나 수레의 理는 또는 배나 수레의 개념(이데아)은 이미 先在했다. 그러나 그때는 단지 개념만 있었고 實例는 없었다. 즉, "그 理만 있었을 뿐 그 사물은 아직 없었다(但有其理而已, 未嘗實有是物也)." 이른바 배나 수레의 발명은 배나 수레의 理를 발견하고 그 理에 따라 실제의 배나 수레, 즉 배나 수레 개념의 實例를 만들어낸 것에 불과하다. 따라서 존재 가능한 모든 사물은 天然의 것이든 人爲의 것이든 形而上의 理世界 內에 本來부터 이미 그 理가 구비되어 있다. 따라서 形而上의 理世界는 실제로는 이미 지극히 완전한 세계이다. ④ 한 사물의 理는 그 사물의 가장 완전한 형식(형상)이자 그 사물의 최고 기준이니 이른바 "極"이다. ⑤ [朱子語類 94:44] 천지만물의 理의 총화가 바로 太極이다(總天地萬物之理, 便是太極). ⑥ 태극은 천지만물의 理의 총화이기 때문에 태극 안에는 모든 理가 다 구비되어 있다. ⑦ [濂溪集 太極圖說註] 태극은 보이지 않는 면에서 보면 공허하고 고요하여 아무런 조짐이 없지만, 드러난 현상에서 보면 動靜·陰陽의 理가 모두 그 안에 구비되어 있다(馮友蘭, 『중국철학사(下)』 535쪽 이하, 박성규 역, 까치)

9) ① 주희 철학에서 "物마다 그 理가 있다"는 명제상의 物이란 鳥獸 草木은 물론이요 모든 정신적 덕목 따위를 포괄하며, 따라서 그 理 역시 외적 사물의 이치뿐만 아니라 내적 윤리적 도리까지 아울러 포괄한다. ② 格物補傳章의 "천하의 사물은 다 理가 내재되어 있다(天下之物 莫不有理)"는 명제는 주희 철학체계에서 "천하의 사물 가운데 천리를 갖추지 않은 사물은 하나도 없다"는 말과 직결되는 점에서 중요한 명제이다. 주희는 理의 영역을 사실적 원리와 윤리적 준칙의 영역으로 구분한 것이 아니라 그 둘을 一物의 理의 두 측면으로 파악하고 있다. 따라서 주희가 말한 '格物窮理'에는 사물의 생장법칙을 연구할 경우에도 항상 倫理的 의미를 띠고 있다. ③ 주희에 따르면, 눈앞의 모든 것이 格物의 대상 아닌 것이 없지만 그러나 실제로 궁구할 때는 緩急과 先後가 없을 수 없다. 그가 보기에 하나의 초목이나 기물에 마음을 쏟아 홀연한 깨달음을 얻는 것은 말이 안 된다. 格物을 배운다고 하면서, 천리를 궁극하거나, 인륜을 밝히거나, 성인의 말씀을 강론하거나 세상이치에 통달하지 않고서, 우두커니 하나의 초목이나 하나의 기물에 마음을 쏟는 따위의 행위는 도대체 학문이 될 수 없다. 천하에 理 없는 사물이 있으랴만, 그 정수는 이미 성현의 책 속에 구비되어 있으므로, 반드시 그런 책 속에서부터 구해야 한다는 것이 주희의 입장이다(박성규, 『대학』, 서울대철학사상연구소).

10) ① 앎이 미진하면 心이 발현될 때 틀림없이 義理에 전일하지 못하고 사사로운 物欲이 뒤섞이지 않을 수 없게 된다. 반면에 주희는 또 사람은 누구나 知가 있으나, 그 知가 미진한 까닭은 人欲의 해를 입었기 때문이라고 말한다. 따라서 반드시 먼저 人欲을 극복한 다음 致知를 추구하면 밝아지지 않는 부분이 없을 것이라는 것이다. 요컨대 理를 궁구하면 物欲을 배제시킬 수 있고, 또 반대로 먼저 人欲을 극복하면 온전한 앎에 도달할 수 있다는 것이

대학의 첫 가르침이 반드시 배우는 자로 하여금 모든 천하의 物에 의거해서(是以大學始教 必使學者卽凡天下之物), 어느 누구라도 그가 이미 알고 있는 理를 바탕으로 더욱 궁구해서 이로써 완전한 知(앎)에 도달하기를 추구하지 않는 자가 한 사람도 없도록 했던 것이다(莫不因其已知之理[11])而益窮之 以求至乎其極). 진력하여 구하길 오래하게 되면 어느 날 아침에 모든 理가 활연히 관통하는 경지에 이르게 되는데(至於用力之久 而一旦豁然貫通[12])焉), 그렇게 되면 모든 物의 表와 裏·精과 粗가 어느 하나라도 파악되지 않는 것이 없게 되고(則衆物之表裏精粗[13]) 無不到), 내 마음의 전체와

다. ② 理는 사물 속의 理이고 앎은 내 마음 속의 앎인데, 理를 궁구하지 못한 까닭에 내 앎이 미진한 상태에 있다 함은 物我一理를 전제로 하고 있다. 주희에 따르면, 사물의 理에 대해 더 많이 궁구하면 할수록 나의 앎은 더욱 넓어진다. 그러므로 사물과 나는 사실상 하나의 理일 따름이다. 저쪽이 밝아지면 이쪽이 밝아지는 것이다. 주희에 따르면 도의 극치는 사물과 내가 진실로 하나인데, 도의 극치란 사물의 理를 완전히 남김없이 그 극한에까지 헤아려 나의 앎이 그에 따라 미진한 구석이 없어진 경지, 즉 격물치지의 궁극적 경지를 일컫는다(박성규, 『대학』, 서울대철학사상연구소).

11) ① 주희는 말하기를, "사람치고 누군들 知가 없겠는가? 자식이면 다 孝를 알고, 부모이면 다 慈愛를 안다. 단지 온전히 다 알지 못할 따름이니, 모름지기 철저히 하는 것이 문제이다." 라고 하였다. 여기 언급한 孝와 慈愛가 바로 '이미 알고 있는 理'이다. ② 주희에 따르면, 致知 공부란 이미 아는 것에 의거하여 사색하여 넓혀가는 것을 말한다. 心에 구비된 것은 본래 부족한 바가 없기 때문이다. 맹자는 "마치 불꽃이 막 타오르기 시작하는 것 같고 샘이 막 솟아나기 시작하는 것 같이(若火之始然, 泉之始達) 이 知를 확충해나가야 한다(知皆擴而充之矣)."[公孫丑상편 6:7]고 말했는데, 이때의 "확충해 나가는 것(擴而充之)"이 바로 '致知'의 '致'字의 의미라고 주희는 설명한다. 즉 擴充은 바로 이 心에 고유한 앎(知)을 확충해나가는 것을 말한다. 맹자는 "측은지심 등의 四端은 모든 사람에게 있지만 모름지기 그런 앎은 모두 확충해나가야 한다. 확충하면 온 세계도 보호할 수 있지만 확충하지 못하면 자기 부모조차 섬기지 못한다(凡有四端於我者, 知皆擴而充之矣, 若火之始然, 泉之始達。苟能充之, 足以保四海; 苟不充之, 不足以事父母)."[公孫丑상편 6:7]고 말했다. 그러므로 이미 아는 앎인 四端을 바탕으로 더욱 궁구하여 그 극치에까지 도달하려고 추구하는 '격물치지'의 사상은, 맹자가 말한 擴而充之의 개념의 성리학적 재정립이라고 할 수 있다(박성규, 『대학』, 서울대철학사상연구소). ③ [大全] 맹자가 말한, '(나에게 지니고 있는 四端을) 모두 넓히고 채울 줄 안다면 마치 불꽃이 막 타오르기 시작하는 것 같고 샘이 막 솟아나기 시작하는 것 같다.'라고 한 '넓히고 채운다'는 것이 바로 '致'字의 의미이다"([朱子]曰: "…孟子所謂知皆擴而充之, 若火之始然, 泉之始達, 擴而充之, 便是致字意思").

12) 豁然(활연): 갑자기 깨달아 알게 되다. 지식 등이 확 넓어지다. 눈이 확 트다. 구애받는 바가 없다.

대용이 어느 하나라도 환히 밝혀지지 않는 것이 없게 되는 것이다(而吾心之全體大用14) 無不明矣). 이것을 말하여 「物格」이라고 한 것이고(此謂物格), 이것을 말하여 「知(앎)의 궁극」이라고 한 것이다(此謂知之至也15)).

〔大學或問〕

선생님의 의견을 자세히 얻어 들을 수 있겠습니까?(曰: 然則吾子之意, 亦可得而悉聞之乎?)

내가 듣기로는, 천도는 유행하여 만물을 창조하고 변화시키고 싹을 틔우고 생장시킨다고 했는데, 소리 · 색깔 · 형상을 지니고 천지간을 꽉 채운 것들이 다 物이다. 이미 이 物이 있다면 이 物을 그렇게 만든 까닭이 있기

---

13) [大全] 表는 사람들이 공통으로 가지고 있는 것이고, 裏는 내 마음이 홀로 터득한 것이다. 어떤 사람은 껍데기 쪽에만 나아가 理의 所以然(그러한 까닭, 원인, 도리)에 관하여는 전혀 보지 못하는 경우가 있다. 어떤 사람은 속으로만 사색해 들어가 사물에 관하여는 도무지 이해하지 못하는 경우가 많은데, 이것이 바로 현묘를 주장하는 자들의 병이다. 이 둘은 모두 한쪽에 치우쳐 있다. 만약 物格知至한다면 표리정조를 모두 꿰뚫게 알 수 있게 된다(朱子曰: "表者人物所共由, 裏者吾心所獨得. 有人只就皮殼上用工, 於理之所以然者, 全無見處; 有人思慮向裏去, 多於事物上都不理會, 此乃說玄說妙之病. 二者都是偏, 若到物格知至, 則表裏精粗無不盡").

14) ① 全體란 모든 것을 통괄하는(無所不統) 본체를 지칭하고, 大用은 모든 곳에 두루 미치는(無所不周) 작용을 지칭한다. '내 마음의 全體大用이 전부 밝아진다.' 함은 내 心이 本心의 無所不知의 밝은 경지를 회복한다는 말이다. 또 '밝아진다' 함은 "광명하게 통달하여 모든 것을 이해한다."는 의미이다. ② 주희의 格物致知의 목적은 도덕적 수양을 통해 聖人이 되는데 있다. 物格知至는 聖人이 되려면 반드시 거쳐야 하는 관문이다, … 格物補傳章에서 설명한 知至의 경지인, "어느 날 활연관통하면 온갖 사물의 표리정조를 모두 터득하고 내 마음의 전체대용도 모두 이해된다" 함은 사실상 깨달음을 통해 無所不知의 경지에 도달한 것이므로, 이러한 경지에 도달한 儒家의 聖人은 실질적으로 종교적 성인과 동일한 위치에 있다(박성규, 『대학』, 서울대철학사상연구소).

15) [朱文公文集] 반드시 천지만물의 理에 일일이 다 이르러 하나로써 관통하고 난 연후에 知至가 되는 것이다(是必至於擧天地萬物之理而一以貫之, 然後爲知之至).

에 어느 物이라도 각기 마땅히 그러해야만 하는 법칙을 간직하지 않은 것이란 없고, 物 스스로는 그 법칙을 폐기할 수 없는데, 이는 모두 하늘이 준 것을 얻은 것이지, 사람이 작위하여 만들어낼 수 있는 것은 아니다(曰: 吾聞之也, 天道流行, 造化發育, 凡有聲色貌象而盈於天地之間者, 皆物也. 旣有是物, 則其所以爲是物者, 莫不各有當然之則, 而自不容已, 是皆得於天之所賦, 而非人之所能爲也).

우선은 지근거리에 있는 것을 가지고 말해보자면, 마음이라는 物은 실로 몸을 주관한다. 마음이라는 物의 本體에는 仁 · 義 · 禮 · 智의 본성을 간직하고 있고, 마음이라는 物의 作用에는 惻隱 · 羞惡 · 恭敬 · 是非의 감정을 간직하고 있어서, 완정한 모습으로 가운데 자리하고 있다가 감이 오면 그에 따라 응하는데, 각기 주관하는 바가 있어 전혀 혼란스럽지 않다(今且以其至切而近[16]者言之, 則心之爲物, 實主於身, 其體則有仁義禮智之性, 其用則有惻隱 · 羞惡 · 恭敬 · 是非之情, 渾然在中, 隨感而應, 各有攸[17]主, 而不可亂也).

다음으로 몸에 구비되어 있는 것으로 가보면, 口 · 鼻 · 耳 · 目과 四支의 작용이 있고, 또 다음으로 몸에 접촉되는 것으로 가보면 君臣 · 父子 · 夫婦 · 長幼 · 朋友 間의 倫常이 있다. 이들은 모두 반드시 당연히 그러해야만 하는 법칙을 간직하고 있고 몸 스스로는 폐기할 수 없는데, 이것이 이른바 理라 하는 것이다(次而及於身之所具, 則有口鼻耳目四支之用. 又次而及於身之所接, 則有君臣 · 父子 · 夫婦 · 長幼 · 朋友之常[18]. 是皆必有當然之則, 而自不容已, 所謂理也).

---

16) 切近(절근): 아주 가까이 접근해 있다. 바짝 다가가다. 지극히 부합하다.
17) 攸(유): =所.
18) 常(상): 봉건사회에서 선양된 사람 사이의 관계에서의 항구불변의 준칙, 즉 倫常 綱常.

나와 떨어져 있는 사람에 관한 경우에는 그 사람의 理는 나와 다르지 않고, 멀리 떨어져 있는 物에 관한 경우에는 그 物의 理는 사람과 다르지 않다. 그 크기가 아주 큰 경우로는 천지의 운행이나 고금의 변화도 예외일 수 없고, 그 크기가 아주 작은 경우로는 티끌 한 톨의 공간, 숨 쉼 한 번의 순간도 빠질 수 없다(外而至於人, 則人之理不異於己也; 遠而至於物, 則物之理不異於人也; 極其大, 則天地之運, 古今之變, 不能外也; 盡於小, 則一塵之微, 一息之頃, 不能遺也).

이것이 바로 상제가 내린 복이고, 백성이 받은 천성이고, 劉子가 말한「天地之中」, 孔子가 말한「性과 天道」, 子思가 말한「天命之性」, 孟子가 말한「仁義之心」, 程子가 말한「天然自有之中」, 張載가 말한「萬物之一原」, 邵雍이 말한「道之形體」라는 것이다(是乃上帝所降之衷[19], 烝民所秉之彝[20], 劉子所謂天地之中[21], 夫子所謂性與天道[22], 子思所謂天命之性[23], 孟子所謂仁義之心[24], 程子所謂天然自有之中, 張子所謂萬物之一原[25], 邵子[26]

19) [書經 湯誥편] 왕이 말했다. "아, 너희 만방의 제후들아 나의 훈계를 잘 들어라. 거룩하신 상제께서 밑에 백성들에게 복을 내리셨다. 이에 순하여 백성들이 영원히 변치 않는 본성을 지니게 되었으니 능히 감당하여 이 길을 편안하게 해야 군주이니라"(王曰: "嗟! 爾万方有衆明听予一人誥. 惟皇上帝 降衷于下民. 若有恒性 克綏厥猷惟后").

20) [詩經 大雅편 烝民] 하늘이 뭇 백성을 낳으셨으니, 모든 것엔 제각각 법칙 있도다. 그러기에 백성들의 타고난 본성 아름다운 인품을 좋아한다네(天生烝民, 有物有則. 民之秉彝, 好是懿德).

21) [春秋左傳 成公十三年] 유자가 말했다. "내 들으니, 천지의 중도를 받아 태어난다고 하였는데 소위 命이다. 이 때문에 동작에 예의와 위의의 준칙이 있어 명이 정해져 있다. 능한 자는 그것을 기름으로써 복을 받고 능치 못한 자는 그것을 패함으로써 화를 받는다"(劉子曰, "吾聞之, 民受天地之中以生, 所謂命也, 是以有動作禮義威儀之則, 以定命也, 能者養之以福, 不能者敗以取禍").

22) [論語 公冶長편 제12장] 子貢이 말했다. "선생님의 文章은 얻어들을 수 있었으나 선생님께서 性과 天道를 말씀하시는 것은 들을 수가 없었다"(子貢曰, "夫子之文章 可得而聞也 夫子之言性與天道 不可得而聞也").

23) [中庸 1:1] 하늘이 命賦하는 것을「性」이라 하고, 이 性을 따르는것을「道」라 하고, 이 道를 닦는 것을「敎」라 한다(天命之謂性率性之謂道脩道之謂敎).

24) [孟子 告子上편 8:2] 비록 사람에게 보존되어 있는 것에도 어찌 仁義의 마음이 없겠냐만

所謂道之形體者).

다만 그 氣質에는 淸과 濁 · 偏과 正의 차이가 있고, 物欲에는 淺과 深 · 厚와 薄의 차이가 있어, 이 때문에 사람이 物과는, 賢者가 愚人과는, 차이가 현격하여 똑같지 못할 뿐이다. 그 理는 서로 똑같기 때문에 한 사람의 마음으로 천하 만물의 理를 능히 다 알 수 있지만, 그 기품은 서로 다르기 때문에 그 理에 대해 혹 궁구하지 못한 부분이 있게 되는 것이다(但其氣質有淸濁偏正之殊, 物欲有淺深厚薄之異, 是以人之與物, 賢之與愚, 相與懸絶而不能同耳. 以其理之同, 故以一人之心, 而於天下萬物之理無不能知; 以其稟之異, 故於其理或有所不能窮也).

理에 대해 아직 궁구하지 못한 부분이 있기 때문에 그 지식에 미진한 부분이 있고, 지식에 미진한 부분이 있으면 그 마음에서 발현된 뜻은 義理에 순수하지 못할 수밖에 없고, 物欲의 私에 함께 뒤섞여 있지 않을 수 없다. 이것이 발동되는 뜻이 진실하지 못하게 되고, 마음이 바르지 못하게 되고, 자신이 닦이지 못하게 되고, 천하 · 국 · 가가 다스려지지 못하게 되는 까닭이다(理有未窮, 故其知有不盡, 知有不盡, 則其心之所發, 必不能純於義理, 而無雜乎物欲之私. 此其所以意有不誠, 心有不正, 身有不脩, 而天下國家不可得而治也).

옛 성인께서는 이를 염려했기에, 처음 가르침으로 삼기를 小學으로 하여 그들로 하여금 誠과 敬을 익히도록 하였으니, 흩어져 있는 마음을 한

사람이 그 양심을 놓아버리는 것이 또한 도끼로 나무를 베어내는 것과 같은데 날마다 그 양심을 베어내니 아름다울 리 있겠느냐?(雖存乎人者, 豈無仁義之心哉. 其所以放其良心者, 亦猶斧斤之於木也, 旦旦而伐之 可以爲美乎).

25) [正蒙 誠明편] 性은 만물의 한 근원으로 나만 홀로 얻는 것이 아니다(性者萬物之一源 非有我之得私也).

26) 邵子(소자; 1011～1077): =邵雍(소옹). 북송 때의 학자로 象學의 창시자. 『皇極經世書』 62편을 지어 천지간 모든 현상을 수리로 해석하고 그 장래를 예시했음.

데 모으고 덕성을 기르는 것에서 이미 어느 곳이나 지극한 정성을 다 쏟지 않음이 없도록 하였다. 大學에 진학해서는, 또 그들로 하여금 구체적인 사물에 의거해서 그들이 알고 있는 지식의 理를 바탕으로 사물의 이치를 추구해 이로써 각기 그 궁극에 다다르도록 하였으니, 내 지식을 추구하는 것에서도 역시 周遍 · 精切해져서 어느 하나 미진한 점이 없도록 하였다(昔者聖人蓋有憂之, 是以於其始教, 爲之小學, 而使之習於誠敬, 則所以收其放心, 養其德性者, 已無所不用其至矣. 及其進乎大學, 則又使之卽夫事物之中, 因其所知之理, 推而究之, 以各到乎其極, 則吾之知識, 亦得以周遍精切[27]而無不盡也).

공부의 방법으로는, 所行 중에 드러난 것을 고찰하거나, 생각의 깊은 속을 관찰하거나, 글 속에서 구하거나, 강론 중에 찾거나 하여, 身心의 性情之德과 人倫의 日用之常에서부터 천지귀신의 변화와 금수초목의 생장법칙에 이르기까지, 각각의 物 안에 어느 하나의 예외도 없이 마땅히 그것이 그렇게 되어야만 하는 법칙이 있기에 폐기할 수 없는 것과 그것이 그렇게 되게끔 하는 까닭이 있기에 바꿀 수 없는 것을 볼 수 있게 하였다. 반드시 表 · 裏 · 精 · 粗의 어느 면에서나 모두 미진함이 없어야 하고 또 그로부터 더욱 유추 통달해나가야만, 어느 날에 이르러 부지불식간에 관통하게 되는데, 그렇게 되면 천하의 만물에 대해서 모두 그 의리의 精粹 중의 精粹를 궁구할 수 있게 되고, 나의 총명예지 또한 모두 마음의 본체까지 다다를 수 있게 되어서 어느 하나 미진한 부분이 없게 되는 것이다(若其用力之方, 則或考之事爲[28]之著, 或察之念慮[29]之微, 或求之文字之中, 或索之講論之際, 使於身心性情之德, 人倫日用之常, 以至天地鬼神之變, 鳥獸草木之

27) ① 周遍(주편): 보편적이다. 두루 미치다. 빈틈없이 완전하다. ② 精切(정절): 정밀하고 적절하다. 정확하고 적당하게 딱 맞아떨어지다.
28) 事爲(사위): 행위. 소행. 공예기술.
29) 念慮(념려): 사려. 숙고. 괘념.

宜[30], 自其一物之中, 莫不有以見其所當然而不容已, 與其所以然而不可易者. 必其表裏精粗無所不盡, 而又益推其類以通之, 至於一日脫然[31]而貫通焉, 則於天下之物, 皆有以究其義理精微之所極, 而吾之聰明睿智, 亦皆有以極其心之本體而無不盡矣).

이것이 내가 빠진 문장의 뜻을 補傳한 이유인데, 程子의 말씀을 전부 쓰지 않았지만 그 취지와 요점에는 부합되지 못한 부분이 그리 많지 않을 것이다. 배우는 자들 역시 깊이 고찰하여 잘 알아야 할 것이다(此愚之所以補乎本傳闕文之意, 雖不能盡用程子之言, 然其指趣要歸, 則不合者鮮矣, 讀者其亦深考而實識之哉!).

근세 大儒 중에 格物致知에 관해 논한 자가 있었습니다. 그(司馬光, 1019~1086)는 말하길, '格은 扞(막다), 禦(방어하다)와 같다. 外物을 막아낸 뒤에야 지극한 도를 알 수 있다'라고 했습니다. 또 더 상세히 말하길, '사람이 태어나서는 고요하여 그 본성은 본래 不善이란 없다. 그런데 不善함이 있게 되는 것은 外物이 유혹해서이다. 이른바 格物로써 致知한다고 하는 것은 역시 外物의 유혹을 막아내면 본연의 善은 저절로 밝아진다는 말일 뿐이다'라고 했습니다. 그의 견해 역시 훌륭하지 않는지요?(曰: 近世大儒有爲格物致知之說者, 曰[32]: 格猶扞也, 禦也. 能扞禦外物, 而後能知至道

30) ① [詩經 小雅편 逸篇名] 萬物之生, 各得其宜也. ② 宜(의): 通"儀". 법도. 표준.

31) 脫然(탈연): 조심하지 않는 모양. 질병이 몸에서 떨어지는 모양. 초탈한 모양.

32) ①『溫國文正司馬公文集』권71「致知在格物論」에 실려 있는 내용임. ② [致知在格 物論] 人之常情이라면, 어느 누구라도 善을 좋아하고 惡을 싫어하지 않는 사람이 없고, 是를 우러르고 非를 부끄러워하지 않는 사람이 없다. 그렇지만 善과 是는 적고, 惡과 非는 많다. 어째서인가? 모두가 物이 그를 유혹하고, 物이 그를 핍박하기 때문이다. 桀·紂도 禹·湯이 성인됨을 알았지만, 하는 짓이 그들과 반대였던 것은, 자기의 欲心을 이기지 못했기 때문이다. 盜跖도 顔子와 閔子騫이 현인됨을 알았지만, 하는 짓이 그들과 반대였던 것은, 자기의 利心을 이기지 못했기 때문이다. 법을 어기는 백성들이 담을 타넘고 남의 주머니 속에 손을 넣어 물건을 훔치는 짓이 참으로 부끄러운 짓이라는 것을 모르는 바는 아니지만, 그런

짓을 무턱대고 저지르는 것은, 기아와 추위에 내몰리기 때문이다. 지조를 지키지 못한 신하들 역시 임금에게 등을 돌리고 원수를 섬기는 일이 참으로 부끄러운 짓이라는 것을 모르는 바는 아니지만, 차마 그런 짓에 발을 담그는 것은, 형벌과 재난에 내몰리기 때문이다(人之情, 莫不好善而惡惡, 慕是而羞非. 然善且是者蓋寡, 惡且非者實多. 何哉? 皆物誘之也, 物迫之也. 桀紂亦知禹湯之爲聖也, 而所爲與之反者, 不能勝其欲心故也; 盜跖亦知顔閔之爲賢也, 而所爲與之反者, 不能勝其利心故也; 不軌之民非不知穿窬探囊之可羞也, 而冒行之, 驅於飢寒故也; 失節之臣亦非知反君事讎之可愧也, 而忍處之, 逼於刑禍故也)[不軌之民(불궤지민): 법규를 지키지 않거나 반란을 도모하는 백성(晉書 · 劉頌傳); 穿窬之盜(천유지도): 벽을 뚫거나 담을 타넘어 도둑질하다(論語 · 陽貨편); 探囊取物(탐낭취물): 주머니에 손을 넣어 물건을 빼내다(新五代史 · 南唐世家)].

하물며 배움의 길에 있는 자인데, 어찌 仁義의 아름다움을 모를 리 있겠으며, 廉恥의 고상함을 모를 리 있겠는가! 얼마 안 되는 봉록이나, 몇 푼 안 되는 이익이라도, 눈앞에서 유혹하면, 그것에 쏠리는 모습이란 마치 흐르는 물과 같다. 그러니 어찌 柳下惠의 파직을 편안해 하겠으며, 어찌 顔回의 가난을 즐길 수 있겠는가! 얼굴에 스치는 언짢은 표정이나, 아주 조그마한 손해라도, 뒤에서 닥쳐오면, 그것에 두려워하는 모습이란 마치 타오르는 불과 같다. 그러니 어찌 伯夷의 굶주림을 견뎌내겠으며, 어찌 比干의 죽음을 따를 수 있겠는가! 이와 같은데 어찌 仁義를 생각해볼 겨를이나 있겠으며, 어찌 廉恥를 돌아볼 겨를이나 있겠는가! 생각하지 못하고 돌아보지 못할 뿐 아니라, 어쩌면 어느 누구도 仁義나 廉恥를 알지 못했으리라. 비유컨대 짐승을 쫓다보면, 태산도 보이지 않고, 참새를 맞추려 하다보면, 이슬에 옷이 젖는 것도 깨닫지 못하는 것과 같다. 이렇게 되는 까닭은 物이 그것들을 가렸기 때문이다(況於學者, 豈不知仁義之美, 廉恥之尙哉! 鬥升之秩, 錙銖之利, 誘於前, 則趨之如流水. 豈能安展禽之黜, 樂顔子之貧也? 動色之怒, 毫末之害, 迫於後, 則畏之如烈火. 豈能守伯夷之餓, 徇比干之死乎? 如此則何暇仁義之思, 廉恥之顧哉! 不惟不思與不顧也, 抑亦莫之知也. 譬如逐獸者, 不見泰山; 彈雀者, 不覺露之霑衣也. 所以然者物蔽之也)[鬥升(두승): 말과 되. 소량; 秩(질): 관리의 봉록; 錙銖(치수): 중량 단위. 아주 적은 수량; 展禽三黜(전금삼출): 춘추시대 노나라 대부 柳下惠가 벼슬에서 세 번 쫓겨남을 일컬음(論語 · 微子편 제2장); 顔子之貧(안자지빈): 論語 · 雍也편 제6장; 伯夷之餓(백이지아): 논어 공야장편 제22장; 比幹之死(비간지사): 論語 · 微子편 제1장].

때문에 물이 아무리 맑다 해도, 진흙이나 모래가 혼탁하게 하면, 고개를 숙여 가까이 해도 얼굴을 비추지 못하고, 등불이 아무리 밝다 해도, 손을 들어 가리게 되면, 지척이라도 사람의 얼굴을 분간하지 못한다. 하물며 부귀가 그의 지혜를 교란시키고, 빈천이 그의 마음을 가리는데 어쩔 도리가 있겠는가! 好學하는 군자만이, 그렇지 않을 뿐인 도를 행한다(故水誠淸矣, 泥沙汨之, 則俛而不見其影; 燭誠明矣, 擧掌翳之, 則咫尺不辨人眉目. 況富貴之汨其智, 貧賤之翳其心哉! 惟好學君子, 爲不然已之道)[汨(골): 물을 다스리다. 교란시키다. 휘저어 혼탁하게 하다. 골몰하다; 俛(면): 몸을 굽히다. 고개를 숙이다. 열심히 하다; 翳(예): 깃털로 만든 日傘. 가리다. 차폐하다; 咫尺(지척): 8촌을 咫, 10촌을 尺이라 함].

참으로 선하고 옳은 일이라면, 먹고 있는 명아주와 콩잎 반찬을 쌀밥과 고기반찬으로 여기고, 앞에 놓여 있는 펄펄 끓는 가마솥을 푹신푹신한 보료로 여기고, 참으로 악하고 옳지 않은 일이라면, 자리로 내미는 공경대부를 진흙탕으로 여기고, 뇌물로 내미는 억만금을 똥으로 여긴다. 이와 같이 하면 천하의 일의 善惡是非 판단하기를, 하나 둘 세는 것 같이 하고,

也. 又有推其說者, 曰: 人生而靜, 其性本無不善, 而有爲不善者, 外物誘之也. 所謂格物以致其知者, 亦曰扞去外物之誘, 而本然之善自明耳. 是其爲說, 不亦善乎?)

하늘이 뭇 사람을 낳았는데 物이 있으면 법칙을 간직하고 있으니, 物이 道와는 본래 애초부터 서로 떨어져 있는 것이 아니다. 그런데 外物을 막은 뒤에야 이로써 지극한 道를 알 수 있다고 한다면, 이는 父子의 緣을 끊은 뒤에야 이로써 孝와 慈를 알 수 있고, 君子를 떠난 뒤에야 이로써 仁과 敬을 알 수 있다는 말이다. 이것이 어찌 도리에 맞는다는 것이냐? (曰: 天生烝民, 有物有則, 則物之與道, 固未始相離也. 今曰禦外物而後可以知至道, 則是絶父子而後可以知孝慈, 離君子而後可以知仁敬也, 是安有此理哉?)

너는 그가 말한 外物이란 것이 不善하게 하는 誘惑物이긴 하지만, 君臣·父子를 外物로 지칭하여 말하는 것은 아니라고 말하겠지만, 그렇다

흑백을 변별하는 것 같이 할 것이다. 해가 나와서 어느 곳이나 비추지 않는 곳이 없는 것 같고, 바람이 불어와서 어느 곳이나 통하지 않는 곳이 없는 것 같을 것이다. 막힌 데 없이 확 트여서 사방으로 다 통하는데, 어찌 모르는 것이 있겠는가! 이렇게 되는 까닭은 物이 어느 것도 가리지 않았기 때문이다(誠善也是也, 雖茹之以藜藿如粱肉, 臨之以鼎鑊如茵席; 誠惡也非也, 雖位之以公相塗泥, 賂之以萬金如糞壤. 如此則視天下之事, 善惡是非, 如數一二, 如辨黑白. 如日之出, 無所不照; 如風之入, 無所不通. 洞然四達, 安有不知者哉! 所以然者物莫之蔽故也)[茹(여): 채소. 뿌리. 먹다. 견뎌내다; 藜藿(려곽): 명아주와 콩잎. 변변치 못한 반찬. 가난한 사람(韓非子·五蠹); 粱肉(양육): 기장밥과 고기반찬. 훌륭한 음식; 鼎鑊(정확): 솥과 가마솥. 가마솥에 넣고 삶아 죽이는 형; 茵席(인석): 방석. 보료; 塗泥(도니): 진흙탕. 질척질척한 흙탕; 糞壤(분양): 똥. 비료. 쓰레기].

이에 仁에 의거하여 이로써 집을 삼고, 義를 준행하여 이로써 길을 삼는다. 誠意하여 이로써 仁義를 행하고, 正心하여 이로써 仁義에 거처하고, 脩身하여 이로써 仁義를 이끈다면, 天下·國·家가 어찌하여 다스려지지 않겠는가! 『大學』에서는 말하길, '致知는 格物하는 데에 있다.'고 했는데, '格'은 '扞(막다)' '禦(방어하다)'와 같다. 外物을 扞禦할 수 있게 된 연후에, 知至의 도를 알 수 있는 것이다. 鄭玄이 '格'을 '來(오다)'로 여겼는데, 아마도 옛 성현의 뜻에 미진했던 것이 아닌가 한다(於是依仁以爲宅, 遵義以爲路. 誠意以行之, 正心以處之, 脩身以帥之, 則天下國家何爲而不治哉! 大學曰: "致知在格物. 格, 猶扞也, 禦也. 能扞禦外物, 然後能知至道矣. 鄭氏以格爲來, 或者猶未盡古人之意乎!")(김용옥, 『대학·학기 한글역주』 80쪽, 통나무).

면 대개 外物 중에 사람을 유혹하는 것으로는 飮食 · 男女關係라는 욕구 만큼 심한 것은 없을 것이다. 그렇지만 그것의 본바탕을 캐 들어가 보면, 사람이라면 어느 누구라도 당연히 가지고 있는 것이고 가지고 있지 않은 자는 아무도 없으니 없앨 수 없는 것이다. 다만 그 가운데 天理와 人欲의 분변은 저절로 되어 있으므로 털끝만큼도 어긋나서는 안 된다(若曰所謂外物者, 不善之誘耳, 非指君臣父子而言也, 則夫外物之誘人, 莫甚於飮食男女之欲, 然推其本, 則固亦莫非人之所當有而不能無者也, 但於其間自有天理人欲之辨, 而不可以毫釐差耳).

그런데 겨우 이 飮食 · 男女關係라는 物이 있기 때문에, 내가 그 가운데서 행하는 것 중에 어느 것이 천리이고 어느 것이 인욕인지 살피지 못하고, 이 때문에 극기복례의 노력을 다하지 못하고 物이 밖에서 유혹하는 것에 천리의 본연의 모습을 빼앗기게 된다. 그런데 物에 의거하여 그 근본을 궁구하지는 않고, 다만 이 物이 자신을 유혹하는 것만을 혐오하여 이에 일절 막아버리려고 한다면, 이는 반드시 입을 닫아서 배를 곯게 한 연후에야 이로써 飮食이란 物의 바른 理를 얻었다 할 것이며, 종족이 멸절되어 대가 끊어진 연후에야 이로써 夫婦간의 분별의 理를 온전히 했다고 할 것이다. 이는 '裔(예) · 戎(융)족의 無君無父의 가르침[孟子 滕文公下 9:8; 大學章句序 각주 32) 참조]'일지라도 그 견해를 만족시킬 수 없을 터인데, 하물며 聖人의 大하고 中하고 至하고 正한 도가 이러한 견해 때문에 어지럽혀질 수 있겠느냐?(惟其徒有是物, 而不能察於吾之所以行乎其間者, 孰爲天理, 孰爲人欲, 是以無以致其克復之功, 而物之誘於外者, 得以奪乎天理之本然也. 今不卽物以窮其原, 而徒惡物之誘乎己, 乃欲一切扞而去之, 則是必閉口枵腹[33], 然後可以得飮食之正, 絶滅種類, 然後可以全夫婦之別也. 是雖裔戎無君無父

---

33) 枵腹(효복): 굶주린 배. 배를 곯다.

之教, 有不能充其說者, 況乎聖人大中至正之道, 而得以此亂之哉[34]?)

---

34) 노자와 불가의 학문은 모두 '포괄하는 하나(抱一)'을 귀하게 여기고 '욕구를 없애는 것(無欲)'을 귀하게 여겼다. 송나라 이래의 유학자들은 '리(理)'로 그것을 설명했다. 그들이 '리(理)'와 욕구를 나눈 것은 '중(中)'을 잡았지만 '권도(權道)'가 없는 것과 같다. 그들은 모든 굶주림 · 추위 · 서글픔 · 원망 · 음식 · 남녀관계 · 일상적인 정 · 가여워하고 간절한 느낌을 이름하여 '인욕(人欲)'이라 불렀다. 그러므로 죽을 때까지 욕구를 제한하기 어렵다는 것을 보았다. 이른바 '천리를 보존한다(存理).'는 것은 헛되이 '리(理)'의 이름을 가지고 있으나, 결국 감정과 욕구의 '느낌(感)'만을 끊는데 불과하다. 어찌 끊을 수 있겠는가?(老釋之學, 則皆貴於「抱一」, 貴於「無欲」. 宋以來儒者, 蓋以理說之. 其辨乎理欲, 猶之執中無權; 擧凡飢寒愁怨 飮食男女 · 常情隱曲之感, 則名之曰「人欲」, 故終其身見欲之難制; 其所謂「存理」, 空有理之名, 究不過絶情欲之感耳. 何以能絶?). 송나라 유학자들은 말하길 "마음을 한곳에 집중하고 한눈팔지 않도록 하라(主一無適)"고 하였는데, 이것은 노자의 '포괄하는 하나(抱一)'이고 '욕구를 없애는 것(無欲)'이다. 그러므로 주돈이는 '하나(一)'를 성스러움을 배우는 요체로 삼았고, 또 그것을 밝혀서 "하나라는 것은 욕심을 없애는 것이다."라고 하였다. 천하에 어디에도 낳고 기르는 도를 버리고서 보존될 수 있는 것은 아무것도 없다. 일과 행위가 모두 욕구에 있으니, 욕구를 없애면 아무 할 일도 없고, 욕구가 있은 이후에 할 일이 있다. 할 일을 해서 지극히 당연하고 바꿀 수 없는 데로 돌아가는 것을 '리(理)'라 일컫는다. 욕구를 없애고 아무 할 일도 없다면 또한 어디에 '리(理)'가 있겠는가!(曰「主一無適」, 此卽老氏之「抱一」「無欲」. 故周子以一爲學聖之要, 且明之曰,「一者, 無欲也」. 天下必無舍生養之道而得存者, 凡事爲皆有於欲, 無欲則無爲矣; 有欲而後有爲, 有爲而歸於至當不可易之謂理; 無欲無爲又焉有理!). 노자 · 장자 · 불가는 욕구를 없애고 아무 할 일도 없는 것을 주로 했기 때문에 '리(理)'를 말하지 않았다. 성인은 욕구와 행위가 모두 '리(理)'를 얻도록 힘쓴다. 이런 까닭으로 군자 또한 사사로움을 없도록 할 뿐, 욕구를 없애는 것을 귀하게 여기지 않는다. 군자는 욕구를 옳음에서 나오게 하고 그름에서 나오지 않게 하며, 굶주림 · 추위 · 서글픔 · 원망 · 음식 · 남녀관계 · 일상적인 정 · 가여워하고 간절한 느낌을 반드시 없애려고 하지 않는다. 그런데 참소하는 말과 무고의 말이 도리어 군자에 대해 각박하게 논의하여 군자를 탓할 수 있게 되니, 이 '리(理)'와 욕구의 구분이 군자를 완전한 행동을 하지 않는 사람으로 만들었다. '리(理)'와 욕구의 구분이 화가 되는 것이 이와 같다(老 · 莊 · 釋氏主於無欲無爲, 故不言理; 聖人務在有欲有爲之咸得理. 是故君子亦無私而已矣, 不貴無欲. 君子使欲出於正, 不出於邪, 不必無飢寒愁怨 · 飮食男女 · 常情隱曲之感; 於是讒說誣辭, 反得刻議君子而罪之, 此理欲之辨使君子無完行者, 爲禍如是也). … 요순이 사해의 곤궁함을 근심한 것과 문왕이 백성 보기를 다친 것 같이 한 것이 어찌 한결같이 백성을 위해 인욕의 일을 도모한 것이 아니겠는가? 오직 인욕을 따라서 인도하여 '선(善)'으로 돌아가도록 한 것이다. 그런데 지금의 송나라 유학자들은 확실하게 '리(理)'와 욕구를 나누어 둘로 해서, 자기를 다스리는 데 욕구에서 나오지 않은 것을 '리(理)'로 하고, 사람을 다스리는 데 또한 반드시 욕구에서 나오지 않은 것을 '리(理)'로 한다. 그리고 굶주림 · 추위 · 서글픔 · 원망 · 음식 · 남녀관계 · 일상적인 정 · 가여워하고 간절한 느낌을 모두 매우 가벼운 인욕으로 본다. 그 가벼운 것을 경시하고, "내가 중시하는 것은 천리(天理)와 공의(公義)이다."라고 하니, 말은 비록 아름다우나 그것을 사람을 다스리는 데 쓰면 사람에게 화를 끼치는 것이다. 그래서 아랫사람들이 기만과 거짓으로 윗사람에 응하

그렇다면 格物致知라는 학문의 방법과 世稱 博學多聞은 어떻게 다른지요?(曰: 然則所謂格物致知之學, 與世之所謂博物洽聞[35]者, 奚以異?)

格物致知는 자신 안으로 돌이켜 궁리를 위주로 하며 반드시 그 本末과 是非의 최고의 경지까지 궁구한다. 博學多聞은 마음 밖의 외물을 탐구하고 '多'를 장려하는 것을 중시하지만 외물의 表·裏·眞·妄의 실상은 깊이 파헤치지 않는다. 格物致知는 반드시 그 최고의 경지까지 궁구한다. 이 때문에 지식이 해박해질수록 마음은 더욱 밝아진다. 博學多聞은 그 실상을 깊이 파헤치지 않는다. 이 때문에 지식이 많을수록 마음은 더욱 질식된다. 이것이 바로 爲己이냐 爲人이냐의 분기처이므로 잘 살피지 않으면 안 된다(曰: 此以反身窮理爲主, 而必究其本末是非之極摯[36]; 彼以徇外[37]誇多爲務, 而不覈[38]其表裏眞妄之實然. 必究其極, 是以知愈博而心愈明; 不覈其實, 是以識愈多而心愈窒. 此正爲己爲人之所以分, 不可不察也).

면 "사람이 선하지 않다."고 하는데, 그렇다면 "성인은 백성의 實情을 체득하고 백성의 욕구를 완수해주면서 천리(天理)와 공의(公義)는 말해주지 않았는데도, 백성들은 죄에서 쉽게 빠져 나왔으니, 바로 거기에 도가 있다."는 것을 어찌 생각하지 않는 것인가?(…夫堯舜之憂四海困窮, 文王之視民如傷, 何一非爲民謀其人欲之事! 惟順而導之, 使歸於善. 今旣截然分理欲爲二, 治己以不出於欲爲理, 治人亦必以不出於欲爲理, 擧凡民之飢寒愁怨·飮食男女·常情隱曲之感, 咸視爲人欲之甚輕者矣. 輕其所輕, 乃「吾重天理也, 公義也」, 言雖美, 而用之治人, 則禍其人. 至於下以欺僞應乎上, 則曰「人之不善」, 胡弗思聖人體民之情, 遂民之欲, 不待告以天理公義, 而人易免於罪戾者之有道也!」(戴震, 『孟子字義疏證·原善』 155쪽, 임옥균 역, 홍익출판사).

35) 博物洽聞(박물흡문): 보고 들은 것이 많고 식견이 넓다. 박식하고 경험이 많다.
36) 極摯(극지): 도달하는 최고의 정도.
37) 徇外(순외): 마음 밖의 이치를 探求하다.
38) 覈(핵): =核. 핵심. 조사하다. 확인하다. 상세하고 확실하다.

傳文 第6章

0601 所謂誠其意者: 毋自欺也, 如惡惡臭, 如好好色, 此之謂自謙, 故君子必愼其獨也!

經文에서 말한바, 「그 발동되는 뜻을 진실하게 한다」는 것은(所謂誠其意者), 자기 스스로를 속이지 말라는 것이다(毋自欺[1]也). 악취를 싫어하는 것처럼 하고 아름다운 여자를 좋아하는 것처럼 하는 것(如惡惡臭 如好好色), 이것을 말하여 「自謙」이라고 하는데(此之謂自謙[2]), 그러므로 군자는 반드시 그 홀로 있는 때를 더욱 근신하는 것이다(故君子必愼其獨也)[3].

---

1) [大全] 毋自欺 세 글자는 誠意 두 글자를 해석한 것이다(雲峯胡氏曰: "毋自欺三字 釋誠意二字…").

2) [大全] ① 自謙은 孟子가 말한, '행동이 마음에 흡족하지 못한 게 남아 있으면 호연지기의 氣는 말라붙는다(行有不慊於心則餒矣).'[公孫丑상편 2:15]와 유사하지만 약간 다르다. 孟子의 慊은 만족의 뜻이 많으나, 大學의 謙은 유쾌의 뜻이 많다. "自謙은 진실하게 선을 행하고 악을 물리치고 사욕에 얽매이거나 막히지 않아서 유쾌하고 마음속에 족함이 가득 차 있는 것입니까?" 하고 여쭈니, 朱子가 "그렇다"고 말했다(新安陳氏曰: "自謙與孟子 '行有不慊於心' 相類, 亦微不同. 孟子訓 '滿足' 意多, 大學訓 '快' 意多." 問: "自謙只是眞實爲善去惡, 無牽滯於己私, 只是快底意, 方是心下滿足?" 曰: "是"). ② 自欺는 誠의 반대이다. 自修者는 自欺하면 안 된다. 自慊은 誠의 充滿이다. 自修者는 반드시 自慊해야 한다(雲峯胡氏曰: "…自欺者 誠之反, 自脩者 不可如此. 自慊者, 誠之充, 自脩者 必欲如此"). ③ 毋自欺는 誠意이고 自慊은 意誠이다(朱子曰: "毋自欺 是誠意, 自慊 是意誠"). ④ 謙(겸): 겸연쩍어하다. 겸손하다. 만족하다(=慊). 自謙(자겸): 자족하다. 스스로 겸연쩍어하다.

3) ① [公議] '格物致知'장(經제5절; E)과 '不忘'장(傳제3장 제4 · 5절; H I)과 이 '誠意'장(傳제6장; G)은 갑자기 우뚝 튀어나와, 위로는 '致知'장(經文제4절; D) 과도 연결되지 않고 아래로는 '正心'장(傳제7장; N)과 엇물리지 않음을 알 수 있다. 不誠無物[중용 25:2]이므로, 먼저

0601 惡·好上字, 皆去聲。謙讀爲慊, 苦劫反。○誠其意者, 自脩之首也。毋者, 禁止之辭。自欺云者, 知爲善以去惡, 而心之所發有未實也。謙, 快也, 足也。獨者, 人所不知而己所獨知之地也。言欲自脩者知爲善以去其惡, 則當實用其力, 而禁止其自欺。使其惡惡則如惡惡臭, 好善則如好好色, 皆務決去, 而求必得之, 以自快足於己, 不可徒苟且以殉[徇]外而爲人也。然其實與不實, 蓋有他人所不及知而己獨知之者, 故必謹之於此以審其幾焉。

「惡惡臭」·「好好色」 구절의 맨 앞 「惡(wù)」·「好(hào)」字는 모두 거성이다(惡·好上字 皆去聲). 「謙」은 「慊(qiè)」으로 읽고 「苦(kǔ)」와 「劫(jié)」의 반절이다(謙讀爲慊 苦劫反). ○ 그 뜻을 진실하게 하는 것이 自脩의 첫머리이다(誠其意者 自脩之首也[4]). 「毋」는 금지하는 말이다(毋者 禁止之辭).

誠意를 언급하고, '意 · 心 · 身 · 家 · 國 · 天下'를 포괄해 하나로 그것을 誠意에 귀납시킨 것이다(傳제6장; G). 이어서 淇奧 · 烈文의 시(傳제3장 제4 · 5절; H I)를 인용하여 誠意의 공효를 밝혔으니, 수신하게 할 수도 백성을 교화시킬 수도 止於至善하게 할 수도 있는 것이다. 계속해서 '康誥' 등 아홉 개의 글(傳제1 · 2 · 3장①; JKL)을 인용하여, 또다시 誠意의 공효를 밝혔으니, 明德과 臣民에서부터 止於至善하게 한 것이다. 계속해서 또 '聽訟語'(傳제4장; M)를 인용하여 또한 修身이 근본임을 밝혔고, '正心修身' 절(傳제7장; N)을 일으킨 것이니, '誠意'절(傳제6장; G)이 갑자기 끼어든 것이 아니고, '三綱領'이 거꾸로 떨어져 버린 것도 아니다. 經에 어찌 오류가 있겠는가(知格物致知章不亡章此章起句突兀, 上不連致知下不銜正心也. 不誠無物, 故先言誠意, 包括意心身家國天下一歸之於誠意, 繼引淇奧烈文之詩以明誠意之功, 可以自修可以化民皆可以止於至善. 繼引康誥等九文, 又明誠意之功, 自明而新民以止於至善. 繼引聽訟語, 又以明修身爲本, 以起下正心修身之節, 誠意非徑入也, 三綱領非落倒也. 經豈有誤哉) ⇒ 이 책 「大學全文」에 표기된 『대학』의 원래순서를 참고할 것. ② 제4장부터 제8장까지는(G～M) '誠意'라는 하나의 테마가 연속체를 이루고 있는 문장이다. 이 테마는 제7장(傳제3장제1 · 2 · 3절; L)에서 이상사회론으로 전개되었으며, 제8장(傳제4장; M)에서 이상사회의 모습을 명료하게 재천명하고 있다(김용옥, 『대학 · 학기 한글역주』 295쪽, 통나무).

4) [大全] 앞 장에서 如琢如磨가 自修라 했는데, 誠意 · 正心 · 脩身은 모두 自修의 일이고 誠意는 自修의 처음에 위치하므로 自修의 첫머리라 한 것이다(新安陳氏曰: "前章云: 如琢如磨者, 自脩也. 誠意正心脩身, 皆自脩之事. 而誠意居其始, 故曰自脩之首").

「自欺」라는 것은 善을 행해서 이로써 惡을 물리쳐야 함을 알면서도(自欺云者 知爲善以去惡), 마음이 발동할 때에 아직 그 뜻이 참되지 못함이 있는 것이다(而心之所發 有未實也). 「謙」은 「快(쾌하다)」, 「足(족하다)」이다(謙快也 足也). 「獨」은 남들은 알지 못하지만 자기만 홀로 아는 바의 경지이다(獨者 人所不知而己所獨知之地也[5]). 말인즉, 自脩하고자 하는 자가 善을 행해서 惡을 물리쳐야 함을 알았다면(言 欲自脩知爲善以去其惡), 마땅히 실제로 진력하여 自欺하지 말아야 한다는 것이다(則當實用其力 而禁止其自欺). 가령 그가 惡을 싫어한다면 악취를 싫어하는 것과 같이 하고(使其惡惡則如惡惡臭), 善을 좋아한다면 아름다운 여자를 좋아하는 것과 같이 하여(好善則如好好色), 모두 힘쓰되 결단코 물리쳐버리고 구하되 반드시 이것을 얻어서 自快·自足토록 할 것이지(皆務快去而求必得之 以自快足於己), 다만 구차하게 외면만을 좇고 남만을 의식해서는 안 되는 것이다(不可徒苟且以徇外而爲人也). 그런데 실제로 그러한지 실제는 그러하지 못한지는(然 其實與不實), 다른 사람은 미처 알지 못하고 대개는 자기 혼자만 알 것이기 때문에(蓋有他人所不及知而己獨知之者), 반드시 홀로 있는 때는 더욱 근신함으로써 이로써 외면만을 좇고 남만을 의식하는 自欺의 기미가 발로되는지를 잘 살펴야 하는 것이다(故必謹之於此 以審其幾焉[6]).

---

5) ① [中庸章句 1:3] 「獨」이라는 것은 다른 사람은 알지 못하고 자기 혼자 아는 경지이다. 은밀한 가운데 있는 것과 미세한 일은, 자취가 형태는 아직 갖추지 않았지만 기미는 이미 발동했고, 남은 알지 못하지만 자기만은 알고 있으니, 이는 천하의 어떤 일도 두드러지게 보이고 밝게 드러나는 것이 이보다 더함이 없다는 것을 말한다(獨者 人所不知而己所獨知之地也. 言幽暗之中, 細微之事, 跡雖未形而幾則已動, 人雖不知而己獨知之, 則是天下之事無有著見明顯而過於此者). ② [大全] 여러 사람과 대좌하고 있어도 마음속으로부터 생각이 발동하길 바르기도 바르지 않기도 한데, 이것 또한 獨處이다(新安陳氏曰: "如與衆人對坐 自心中發一念 或正或不正 此亦是獨處").

6) [大全] 審其幾의 幾는 動의 기미이다. 動하려는 순간과 아직 動하지 않는 상태 사이에 善과 惡이 존재하는데, 그 곳에 나아가 주의를 기울여야 한다. 기미가 발동하고 나면 다시 어찌 붙잡을 수 있겠느냐?(朱子曰: "幾者動之微, 是欲動未動之間, 便有善惡, 便須就這處理

0602 小人閒居爲不善, 無所不至, 見君子而后厭然, 揜其不善, 而著其善。人之視己, 如見其肺肝然, 則何益矣。此謂誠於中, 形於外, 故君子必愼其獨也。

小人은 혼자 있을 때에는 不善한 짓을 하기를 못하는 짓이 없다가도(小人閒居 爲不善 無所不至), 君子를 보고난 후에는 슬그머니 그 不善은 가리고 그 善은 드러낸다(見君子而后 厭然揜[1]其不善 而著其善). 그러나 사람들 보는 눈이 그의 폐간 속까지 꿰뚫어 보는 듯한데(人之視己 如見其肺肝[2]然), 무슨 도움이 되겠는가(則何益矣). 이것을 말하여「내심에 꽉 차 있으면 밖으로 드러나 보인다」라고 한다(此謂誠於中 形於外). 그러므로 君子는 반드시 그 홀로일 때를 더욱 근신하는 것이다(故君子必愼其獨也[3]).

會. 若到發出處, 更怎生奈何得?")

1) ① 厭然(염연): 닫아걸고 감춘 모양. ② 揜(엄): 가리다(=掩). 숨기다. 습격하여 탈취하다. ③ 揜著(엄저): 단점은 감추고 장점은 드러냄.

2) 肺肝(폐간): 폐와 간. 내심. 심복.

3) ① [荀子 不苟篇 第9장] 군자가 至德하면 말없이도 깨우치며, 베풀지 않아도 친해지며, 노하지 않아도 위의가 드러난다. 대개 이것은 命에 순종하여 그 홀로 있는 것에 정성스럽기 때문이다. 도를 잘 지키는 것은, 참되지 않으면 전일하지 못하고, 전일하지 못하면 드러나지 않고, 드러나지 않으면 마음으로 작정하고 얼굴빛으로 드러내고 말로 표출할지라도 백성들은 여전히 좇지 않을 것이며, 좇더라도 반드시 의심할 것이다(君子至德, 嘿然而喩, 未施而親, 不怒而威. 夫此順命, 以愼其獨者也. 善之爲道者, 不誠則不獨, 不獨則不形, 不形則雖作於心, 見於色, 出於言, 民猶若未從也, 雖從必疑.)(馮友蘭,『중국철학사(상)』471쪽, 박성규 역, 까치글방). ② 荀子와 大學 모두 愼獨을 말했는데, 獨에는 두 측면의 의미가 있다. 한 측면(순자의 신독)은 專一의 의미로서, 사람이 만약 어떤 사물에 대해서 진실하게 추구하면 저절로 그 사물에 대해서 專一하게 추구할 수 있다. 또 한 측면(대학의 신독)은 내외일치의 의미로서, '속마음이 참되면(誠於中)' 자연히 '겉으로 드러나고(形於外)', 속마음이 참되지 못하면 설령 겉으로 드러나더라도 아무 영향을 발생시킬 수 없다(馮友蘭,『중국철학사(上)』471쪽, 박성규 역, 까치글방). ③ '愼其獨'은 中庸에서는 인간 실존의 존재론적 근원으로서 '홀로 있음'의 절대성이 논구되고 있는 데 반해, 大學에서는 그러한 존재론적 문제를 터치하지 않고 오로지 자기의 眞情에 충실한 내면의 축적을 말하고 있을 뿐이다. 홀로 있을 때 삼가며 쌓아가는 내면적 덕성이 결국 밖으로 드러나게 된다는, 도덕적 축적의 공효를 말하고 있다(김용옥,『대학 · 학기 한글역주』280쪽, 통나무).

0602 閒, 音閑。厭, 鄭氏讀爲黶。○ 閒居, 獨處也。厭然, 消沮閉藏之貌。此言小人陰爲不善, 而陽欲揜之, 則是非不知善之當爲與惡之當去也; 但不能實用其力以至此耳。然欲揜其惡而卒不可揜, 欲詐爲善而卒不可詐, 則亦何益之有哉!此君子所以重以爲戒, 而必謹其獨也。

「閒」은 음이 「閑」이다. 「厭」은 鄭玄의 注에 「黶(염)」으로 읽었다(閒, 音閑. 厭, 鄭氏讀爲黶). ○ 「閒居」는 홀로 거처하는 곳이다(閒居[4] 獨處也). 「厭然」은 기가 꺾여 닫아걸고 감추는 것이다(厭然 消沮閉藏[5]之貌). 이 구절은 소인이 숨어서는 불선한 짓을 하고도 겉으로는 이것을 감추고자 한다는 말인데(此言小人陰爲不善 而陽欲揜之), 善은 마땅히 해야 하고 惡은 마땅히 멀리해야 함을 모르는 것은 아니지만(則是非不知善之當爲 與惡之當去也), 실제로는 거기에 진력하지 못해 이렇게 된 것뿐이다(但不能實用其力以至此耳). 그러나 惡을 가리고자 해도 끝내는 가리지 못하고(然欲揜其惡而卒不可揜), 속여서 善을 행한 척하고자 해도 끝내는 속이지 못하니(欲詐爲善而卒不可詐), 그렇다면 또한 무슨 도움이 되겠는가(則亦何益之有哉). 이 때문에 君子는 거듭 경계하여 그가 반드시 홀로일 때 더욱 근신하는 것이다(此君子所以重以爲戒 而必謹其獨也[6]).

---

4) 閒居(한거): 사람을 피해 혼자 거하다. 편하고 한가하게 집에 거하다. 한적하고 고요한 곳.
5) ① 消沮(소저): 기를 꺾다. 실망시키다. 실망하다. 삭감하다. 약해지다. ② 閉藏(폐장): 닫아걸고 감추다. 숨기다.
6) [大全] 謹獨의 경우는 선악이 나타나는 기미를 살피기를 더욱 정밀하게 하는 것이다(新安陳氏曰: "謹獨則於善惡之幾 察之愈精愈密").

0603 曾子曰: 「十目所視, 十手所指, 其嚴乎!」

曾子께서 말씀하셨다(曾子曰). "열 눈이 보는 바이며(十目所視), 열 손가락이 가리키는 바이니(十手所指[1]), 그 삼엄함이여(其嚴[2]乎)!"

0603 引此以明上文之意。言雖幽獨之中, 而其善惡之不可揜如此。可畏之甚也。

이것을 인용하여 이로써 윗글의 뜻을 밝힌 것이다(引此以明上文之意[3]). 비록 은밀한 곳에 홀로 있는 중이라도 그 선악의 가릴 수 없음이 이와 같으니, 두려워할 정도가 심하다는 말이다(言幽獨之中 而其善惡之不可揜如此 可畏之甚也).

1) ① 十手爭指(십수쟁지): 무슨 잘못이 있으면 여러 사람들이 곧바로 경쟁하듯이 서로 손가락질함. ② 指目(지목): 손으로 가리키고 눈으로 주시함. 눈여겨보다. 주목하다. ③ 指視(지시): =指示. 손으로 가리켜 보이다. ③ 十目所視 十手所指: 사람의 언행은 모두 다른 사람의 감시 하에 있어서, 不善이 있으면 가릴 방법이 없을 말함. 생략해서 十目所視로 쓰기도 함.

2) 嚴(엄): 엄하다. 엄혹하다. 매섭다. 빈틈이 없다. 무섭고 두려워하다.

3) ① [大全] '남이 모르겠지'라고 해서는 안 된다. 남이 훤히 다 알고 있다. 비록 남이 모른다 해도 자기는 이미 알고 있으니 제멋대로 하는 것은 심히 당황스럽고 두려울 만하다. 열 개 눈이 보고 열 개 손이 손가락질하고 있는 것과 무엇이 다르겠느냐(朱子曰: "…不可說人不知, 人曉然共知, 如此人雖不知, 我已自知, 自是甚可皇恐了. 其與十目十手所視所指何異哉?"). ② [公議] 오계자의 말 중에, '어두운 방이나 신을 모신 방 구석진 곳은 어두컴컴하고 은밀한데, 한 가지 생각이 떠오른들 누가 알아채기나 할까?'라고 했는데, 군자에게는 이런 때일수록 저 천지귀신이 삼엄하게 늘어서서 위에서 임재하고 곁에서 대질하고 있음이 정말 보인다는 것이니, 증자의 뜻이 진실로 여기에 있다(惟吳季子之言云暗室屋漏之中, 幽深隱奧, 一念將動, 人孰知之, 君子於此, 眞見夫天地鬼神昭布森列, 臨之在上, 質之在傍, 曾子之意, 亶在是矣).

0604 富潤屋, 德潤身, 心廣體胖, 故君子必誠其意。

富가 쌓이면 집에서 빛이 나고(富潤屋[1]), 德이 쌓이면 몸에서 빛이 나고(德[2]潤身[3]), 마음이 넓어지면 몸이 불어난다(心廣體胖[4]). 그러므로 군자는 반드시 그 발동되는 뜻을 진실하게 하는 것이다(故君子必誠其意).

0604 胖, 步丹反。○胖, 安舒也。言富則能潤屋矣, 德則能潤身矣, 故心無愧怍, 則廣大寬平, 而體常舒泰, 德之潤身者然也。蓋善之實於中而形於外者如此, 故又言此以結之。

---

1) 潤屋(윤옥): 집을 화려하고 으리으리하게 하다. 부유하다.

2) [字義] 德은 사람이 공부한다는 점에서 논한 것으로 道를 행하여 실제로 내 마음에 얻은 것(德是行是道而實有得於吾心者)을 말한다. 그래서 그것을 德이라고 하는 것이다. 이 도를 행하여 실제로 자신의 마음에 얻는다는 것은 무슨 말인가. 예컨대 실제로 부모를 잘 섬길 수 있으면 이 마음이 실제로 이 孝를 얻은 것이다. … 대체로 德이라는 한 글자는 사람의 공부가 이미 성숙해 있는 차원에서 논하는 것이다(德之一字, 是就人做工夫已到處論, 乃是做工夫實有得之於已了, 不是就方做工夫時說). 즉 공부를 해서 실제로 자신에게 성취된 것이 있음을 말하는 것이지, 막 공부해나가는 때를 말하는 것은 아니다. 대체로 德이란 얻는 것(德者 得也)으로 得과 분리될 수 없다. 得이라는 글자는 옛 경서에서 많은 경우 공부하는 데에서 실제로 성취해서 얻은 것이라는 취지로 이야기되어왔다. 하지만 그 밖의 本原과 來歷의 측면에서 이야기한 것도 있다. 예컨대 이른바 明德의 경우 그것은 사람은 나면서부터 하늘로부터 얻은, 본래부터 밝은 理를 내 마음에 갖추고 있는 것을 말하고, 達德의 경우 그것은 예로부터 지금까지 세상 사람들이 마음속에 공통으로 갖추고 있는 것이므로 '達'이라는 말을 붙인 것이다(184쪽).

3) [孟子 盡心하편 25:3] 맹자가 말했다. "사람들이 바랄 만한 것 이것을 일러 善하다고 한다. 善이 자기 몸에 쌓여 있는 것 이것을 일러 信하다고 한다. 善이 밖으로 넘칠 정도로 충만하게 채워져 있는 것 이것을 일러 美하다고 한다. 善이 넘칠 정도로 충만하게 채워져 몸 밖으로 환히 빛나는 것 이것을 일러 大하다고 한다. 大하면서 남을 감화시키는 것 이것을 일러 聖하다고 한다. 聖하면서 不可知한 것 이것을 일러 神하다고 한다"(曰 可欲之謂善 有諸己之謂信 充實之謂美 充實而有光輝之謂大 大而化之之謂聖 聖而不可知之之謂神).

4) ① [公議] 마음이 너그러워지고 공평해지면 이미 '正心'이 된 것이다. 기운이 편안하고 태연하면 이미 '修身'이 된 것이다(心界寬平既正心矣. 體氣舒泰既修身矣). ② 心廣體胖(심광체반): 마음은 태연자약하고 몸은 편안하고 기분이 좋고 태도는 점잖아지는 모양. 마음이 상쾌하고 편안하니까 몸이 살이 찜을 가리킴.

「胖」은「步」와「丹」의 反切이다. ○「胖」은 조용하고 느긋한 모양이다(胖 安舒也[5]). 말인즉, 富가 쌓이면 집을 빛나게 할 수 있고, 德이 쌓이면 몸에서 빛이 날 수 있다는 것이다(言 富則能潤屋矣 德則能潤身矣). 그러므로 마음은 부끄러울 것이 없으면 확 트이고 광대해지고 너그러워지고 공평해지고(故心無愧怍[6] 則廣大寬平), 몸은 항시 편안해지고 태연해지는데(而體常舒泰), 德이 쌓이면 몸의 빛나는 모습이 그러하다(德之潤身者然也). 善이 내심에 꽉 차 있으면 밖으로 드러나 보이는 것이 이와 같으므로(蓋善之實於中而形於外者如此), 또다시 이 구절을 말하여 이로써 결론 맺은 것이다(故로 又言此以結之).

右傳之六章。釋誠意。

여기까지가 傳文 제6장이다(右傳之六章). 經文의「誠意」를 해석하였다(釋誠意)[7].

經曰:「欲誠其意, 先致其知.」又曰:「知至而后意誠.」蓋心體之明有所未盡, 則其所發必有不能實用其力, 而苟焉以自欺者。然或已明而不謹乎此, 則其所明又非己有, 而無以爲進德之基。故此章

5) 安舒(안서): 점잖다. 묵직하다. 조용하고 편안하다.
6) ① [大全] 마음은 본래 광활하고 큰 것이지만, 부끄러움으로 인해 비루 협소해지고 다른 것에 의해 격리되고 차단되어, 몸이 조용하고 느긋함을 얻지 못하는 것이다(朱子曰: "…心本是濶大底物事, 只因愧怍便卑狹, 被他隔礙了, 所以體不能得安舒"). ② 愧怍(괴작): 부끄럽다.
7) [大全] 온갖 병통에 대해 모두 이 釋誠意장에서 일제히 말했고, 밑에서는 사소한 병통에 대한 말이 있지만 가벼운 것들로, 이 장이 가장 중요하다. 이 관문만 뚫으면 공부하기가 편해질 것이다. 이 길을 따라 선을 향해 말이 질주하듯 나아가면 결코 악으로 빠지지 않을 것이다(朱子曰: "許多病痛都在誠意章一齊說了, 下面有些小病痛, 亦輕可. 此章最緊切, 若透過此一關, 此去做工夫便易了. 由是而之, 便駸駸進於善, 而決不至下陷於惡矣").

之指, 必承上章而通考之, 然後有以見其用力之始終, 其序不可亂而功不可闕如此云。

經文 제4절에 말하길(經曰), '그 발동되는 뜻을 진실하게 하고자 했던 자는 먼저 그 지식을 속속들이 완전하게 했다(欲誠其意 先致其知)'고 했고, 또 經文 제5절에 말하기를(又曰), '지식이 완전한 경지에 도달한 후에야 발동되는 뜻이 진실하게 된다(知至而后意誠)'고 했는데, 대개 心體의 밝음에 아직 미진한 부분이 있으면(蓋心體之明 有所未盡), 발동되는 뜻이 제대로 그 힘을 쓸 수 없게 되어(則其所發 必有不能實用其力[8]), 떳떳하지 못하게도 스스로를 속이게 되는 것이다(而苟焉[9]以自欺者). 그렇지만 혹 이제 밝아졌다 해도 이에 대하여 근수하지 않으면(然或已明而不謹乎此), 밝아진 심체가 또한 자기의 소유가 아니어서(則其所明 又非己有), 덕으로 나아가는 토대로 삼을 수가 없다(而無以爲進德之基[10]). 그러므로 이 章의 뜻은

8) [大全] ① 『대학』에서 비록 사람들에게 自欺를 경계하라고 했지만, 그 근본을 캐 들어가 보면 반드시 格物致知處에 힘을 쏟을 수 있어야 그런 후에 理가 환히 밝혀지고 마음이 하나로 되고, 발동되는 뜻이 자연스레 어느 하나 진실하지 아니한 것이 없게 되는 것이다. 그러지 못하면 바른 생각이 방금 싹이 텄어도 사사로운 생각이 곧바로 따라 일어나게 되어, 역시 힘을 써도 제압하지 못하게 되는 것이다. 만약 지식이 완전하지 못하면, 지식이 완전하지 못한 그곳에 필시 악이 숨어 있어 이로써 自欺의 주관자가 되니, 비록 극진히 謹獨의 공부를 하려 해도 주인도 없는데 능력을 발휘하는 격이고 바탕도 없는데 근거지로 삼는 격이다. 이것 또한 傳文에서는 밝힌 곳이 없지만 그 도리는 이미 經文에 구비되어 있으니, 모두 잘 살피지 않으면 안 된다(朱子曰: "大學雖使人戒夫自欺, 而推其本, 則必其有以用力於格物致知之地, 然後理明心一, 而所發自然莫非眞實. 不然則正念方萌, 而私意隨起, 亦非力之所能制矣."若知有不至, 則其不至之處, 惡必藏焉, 以爲自欺之主, 雖欲致其謹獨之功, 亦且無主之能爲, 而無地之可據矣, 此又傳文之所未發, 而其理已具於經者, 皆不可以不察也"). ② 이 구절은 지식이 완전하지 못하고서는 발동되는 뜻이 진실하지 못하다는 것을 말한 것이다(新安陳氏曰: "此言知不至, 則意不誠").

9) 焉(언): 형용사나 부사 뒤에 접미사로 쓰여 상태를 나타냄.

10) [大全] 이 구절은 지식이 완전한 경지에 도달한 후에도 발동되는 뜻이 진실하지 않으면 안 된다는 것을 말한 것이다. 발동되는 뜻을 진실하게 하는 것이 덕으로 나아가는 토대이다(新安陳氏曰: "此言知至後, 又不可不誠其意. 蓋誠意者, 進德之基本也").

반드시 위의 제5장과 함께 통틀어 고찰한 뒤에야(故此章之指 必承上章而通考之然後), 心體가 힘을 쓰는 始終을 볼 수 있게 될 것이니(有以見其用力之始終), 그 순서는 뒤바꿔서는 안 되고 공부는 빠뜨려서는 안 됨이 이와 같은 것이다(其序不可亂 而功不可闕 如此云[11]).

〔大學或問〕

傳文 6장의 요지를 상세히 말씀해주실 수 있겠습니까?(或問: 六章之指, 其詳猶有可得而言者耶?)

천하의 도는 두 가지, 善과 惡뿐이다. 그렇지만 도의 처음을 헤아려 그 실마리를 고찰해보면, 善은 천명이 부여한 것으로 본래부터 그러한 모습이고 惡은 물욕에서 생긴 것으로 사악하고 불결한 것이다. 이 때문에 사람의 본성은 어느 누구라도 善하지 않는 자가 없고 無惡하지 않는 자가 없고, 사람의 본심은 어느 누구라도 善을 좋아하지 않는 자가 없고 惡을 싫어하지 않는 자가 없다(曰: 天下之道二, 善與惡而已矣. 然揆厥所元, 而循其次第, 則善者天命所賦之本然, 惡者物欲所生之邪穢[12]也. 是以人之常性, 莫不有善而無惡, 其本心莫不好善而惡惡).

그렇지만 이미 형체라는 속박을 받고 있고 또 기품이라는 구속을 받고 있어, 이 때문에 물욕의 사사로움이 그 본성을 가려버릴 수가 있어, 하늘

---

11) [大全] 致知를 거쳐야 비로소 誠意할 수 있다. 이것이 순서를 뒤바꿔서는 안 된다는 의미이다. 이미 致知했어도 또 誠意 공부를 하지 않으면 안 된다. 이것이 공부는 빠뜨려서는 안 된다는 의미이다(玉溪盧氏曰: "由致知, 方能誠意. 此序之不可亂. 旣致知, 又不可不誠意. 此功之不可闕…").

12) 邪穢(사예): 사악하고 불결하다.

이 명한 본래 그대로의 모습이 드러나지 못하게 되는 것이다. 그렇게 되면 사물의 理에 대하여는 원래부터 흐리멍덩한 듯 사물의 善惡의 소재를 알지 못하고, 안다 해도 겨우 조야한 정도로만 식별할 뿐, 좋아할 만한 것 싫어할 만한 것의 최고의 경계는 참으로 알지 못하는 것이다(然旣有是形體之累, 而又爲氣稟之拘, 是以物欲之私, 得以蔽之, 而天命之本然者, 不得而著. 其於事物之理, 固有瞢然[13]不知其善惡之所在者, 亦有僅識其粗, 而不能眞知其可好可惡之極者).

善이 참으로 좋아할 만한 것임을 알지 못하면, 그가 善을 좋아한다는 것은, 비록 선을 좋아한다고는 말하지만 善을 좋아하지 않는 마음을 아직 없애지는 못했기에, 이로써 마음속에서는 善을 거부하게 될 것이고, 惡이 참으로 싫어할 만한 것임을 알지 못하면, 그가 惡을 싫어한다는 것은, 비록 악을 싫어한다고는 말하지만 惡을 싫어하지 않는 마음을 아직 없애지는 못했기에, 이로써 마음속에서는 惡을 끌어당기게 될 것이다. 이 때문에 구차스런 상태를 면하지 못하고 이로써 자기를 속이게 되고, 발동되는 뜻에 진실하지 못한 모습이 있게 되는 것이다(夫不知善之眞可好, 則其好善也, 雖曰好之, 而未能無不好者, 以拒之於內; 不知惡之眞可惡, 則其惡惡也, 雖曰惡之, 而未能無不惡者, 以挽[14]之於中. 是以不免於苟焉以自欺, 而意之所發有不誠者).

善을 좋아하지만 진실하지 못하면, 善을 행하는 데 부족한 것으로만 끝나지 않고, 도리어 그 善을 해칠 수 있게 되고, 惡을 싫어하지만 진실하지 못하면, 惡을 제거하는 데 부족한 것으로만 끝나지 않고, 도리어 곧바로 그 惡을 조장하는 원인이 된다. 이러면 그 해로움만 심해질 뿐이지 무

13) 瞢然(몽연): 흐리멍덩한 모양. 사리에 어두운 모양.
14) 挽(면): 잡아당기다. 끌다. 잡다.

는 도움이 되겠는가?(夫好善而不誠, 則非唯不足以爲善, 而反有以賊乎其善; 惡惡而不誠, 則非唯不足以去惡, 而適[15]所以長乎其惡. 是則其爲害也, 徒有甚焉, 而何益之有哉?)

聖人께서는 이 점을 염려하였기에, 大學의 가르침에 格物·致知 조목을 필히 첫머리로 삼고, 이로써 그 마음을 환히 밝게 열어서 善惡이 소재하는 곳과 좋아할 만하다 싫어할 만하다는 것이 필연코 그리 될 수밖에 없음을 알게 하신 것이다(聖人於此, 蓋有憂之, 故爲大學之教, 而必首之以格物致知之目, 以開明其心術[16], 使旣有以識夫善惡之所在, 與其可好可惡之必然矣).

이에 이르고 나면 다시 전진하여 반드시 誠意에 대한 설명을 하고, 그래서 또 홀로 있고 隱微한 곳에서 근신하도록 하여, 이로써 구차스런 모습과 自欺의 싹이 나오지 못하게 하였다. 그런데 무릇 마음에서 발동된 뜻이, 예를 들자면 善을 좋아한다고 말했다면, 반드시 마음속부터 마음 밖까지 털끝만큼도 선을 좋아하지 않는 마음이 없어야 하고, 예를 들자면 惡을 싫어한다고 말했다면, 마음속부터 마음 밖까지 털끝만큼도 악을 싫어하지 않는 마음이 없어야 한다(至此而復進之以必誠其意之說焉, 則又欲其謹之於幽獨[17]隱微之奥, 以禁止其苟且自欺之萌. 而凡其心之所發, 如曰好善, 則必由中及外, 無一毫之不好也; 如曰惡惡, 則必由中及外, 無一毫之不惡也).

善을 좋아하길 마음속에 善을 좋아하지 않음이라고는 조금도 없다면, 이는 善을 좋아함이 마치 아름다운 여자를 좋아하는 것 같이 진실해서, 자기 눈에 빨리 나타내 보이고 싶을 것인데, 애초부터 남 때문에 善을 좋아하는 것이 아니다. 惡을 싫어하길 마음속에 악을 싫어하지 않음이라고

15) 適(적): 공교롭게도. 우연히. 곧바로.
16) 心術(심술): 사물을 인식하는 방법이나 경로. 內心.
17) 幽獨(유독): 적막하고 고독함. 홀로 있음.

는 조금도 없다면, 이는 악을 싫어함이 마치 악취를 싫어하는 것 같이 진실해서, 자기 코를 막고 싶을 것인데, 애초부터 남 때문에 악을 싫어하는 것이 아니다(夫好善而中無不好, 則是其好之也, 如好好色之眞, 欲以快乎己之目, 初非爲人而好之也; 惡惡而中無不惡, 則是其惡之也, 如惡惡臭之眞, 欲以足乎己之鼻, 初非爲人而惡之也).

마음에서 발현된 뜻의 진실함이 이와 같고, 잠시만큼이라도 티끌만큼이라도 한결같이 생각하고 끊어짐 없이 생각하길 조금의 틈새나 끊어짐도 없으면, 비로소 안팎이 모두 밝아지고 겉과 속이 모두 맑아지니, 마음에는 바르지 못함이라고는 없고 자신은 닦이지 않음이라고는 없게 될 것이다(所發之實, 旣如此矣, 而須臾之頃, 纖芥[18]之微, 念念相承[19], 又無敢有少間斷焉, 則庶乎內外昭融[20], 表裏澄澈[21], 而心無不正, 身無不脩矣).

저들 소인 같은 경우에는, 어둡고 은밀한 곳에서는 실로 不善을 행하고도 오히려 겉으로는 善에 가탁하여 이로써 스스로를 덮으려고 하는데, 그렇다고 善惡이 소재하는 곳을 전혀 모른다고 말할 수는 없겠지만, 다만 善이 참으로 좋아할 만한 것이고 惡이 참으로 미워할 만한 것임을 알지 못하기 때문에, 또 근독하여 이로써 구차스런 모습과 自欺의 싹이 못 나오게 할 수 없기 때문에, 이 같은 지경에 빠져 들어가 있으면서도 스스로 알지 못하는 것이다(若彼小人, 幽隱之間, 實爲不善, 而猶欲外託於善以自蓋, 則亦不可謂其全然不知善惡之所在, 但以不知其眞可好惡, 而又不能謹之於獨, 以禁止其苟且自欺之萌, 是以淪陷[22]至於如此而不自知耳).

---

18) 纖芥(섬개): 細微. 티끌. 먼지. 극히 사소한 악감정.
19) 念念相承(념념상승): 뒷생각이 앞생각을 이어서 중간에 다른 생각이 섞이지 아니하다. 생각이 한곳에 매여 있어 산만하지 아니하다.
20) 昭融(소융): 빛이 환히 빛나다.
21) 澄澈(징철): 물이 밑바닥이 보일 정도로 맑다. 명백하다.
22) 淪陷(윤함): 수몰되다. 함몰되다. 함락되다. 좋지 않은 환경에 함입되다.

이 章의 설명의 상세함이 이와 같다. 이것이야 말로 수신하는데 있어 먼저 힘써야 할 일이다. 그렇지만 지식이라는 진실의 문을 열지 못하고서는, 好惡의 참된 실상에는 다다르지를 못한다. 그러므로 말하길 발동되는 뜻을 진실하게 하고자 하는 자는 먼저 지식을 속속들이 완전하게 하라고 하고, 또 말하길 지식이 완전한 경지에 도달한 후에야 발동되는 뜻이 진실하게 된다고 한 것이다(此章之說, 其詳如此, 是固宜爲自脩之先務矣. 然非有以開其知識之眞, 則不能有以致其好惡之實, 故必曰欲誠其意者先致其知, 又曰知至而后意誠).

그렇지만 지식이 이제 완전한 경지에 도달했다고 감히 믿고 스스로 하라는 대로 따라서는 안 된다. 그러므로 또 말하길 반드시 그 뜻을 진실하게 하라고 하고, 반드시 혼자 있을 때 근신하라고 하고, 스스로를 속임이 없게 하라고 한 것이다(然猶不敢恃其知之已至, 而聽其所自爲也, 故又曰必誠其意, 必謹其獨, 而毋自欺焉).

傳文 第7章

0701 所謂脩身在正其心者, 身有所忿懥, 則不得其正; 有所恐懼, 則不得其正; 有所好樂, 則不得其正; 有所憂患, 則不得其正。

經文에서 말한바, 「자신을 닦는 것은 그 마음을 바르게 가지는 데에 있다」는 것은(所謂脩身在正其心者[1]), 몸이 분노하는 바에 지배를 당하면 그 마음을 바르게 가질 수 없고(身有所[2]忿懥 則不得其正), 무서워하고 두려워하

---

1) ① [大全] 대학의 格物 · 誠意를 모두 연미했으면, 正心 · 修身장에 이르러서는 모두 용이해진다. 意는 善 · 惡의 구별이 있다. 意가 진실하지 않으면 惡을 행하는 데 용이하다. 心은 偏 · 正의 구분이 있다. 心이 正하지 않으면 물욕에 동요되고 어느 한쪽으로 치우쳐진 곳이 있음을 면하지 못하지만, 그렇다고 반드시 악을 행하는 것은 아니다(朱子曰: 大學格物誠意, 都已鍊成, 到得正心脩身章都易了. 意有善惡之殊, 意或不誠, 則易於爲惡. 心有偏正之異, 心有不正, 則爲物欲所動. 未免有偏處, 却未必爲惡). ② [荀子 解蔽篇 제11장] 인간의 마음은 비유컨대 쟁반의 물과 같다. 바르게 놓고 움직이지 않게 하면, 더럽고 탁한 것은 아래로 가라앉고 맑고 밝은 것은 위에 있으니, 수염과 눈썹까지 보이고 잔주름도 살필 수 있다. 미풍이 물 위를 스치면, 더럽고 혼탁한 것이 아래에서 움직이고 맑고 밝은 것은 위에서 어지러워져, 큰 형체라도 제 모습을 알아보지 못하게 된다. 마음 역시 위와 같다. 그러므로 마음을 理(도리)에 따라 인도하고 맑게 길러서, 외물에 마음이 경도되지 않게 되면, 시비를 판정하고 의심을 해결할 수 있게 될 것이다(人心譬如槃水, 正錯而勿動, 則湛濁在下, 而清明在上, 則足以見鬒眉而察理矣. 微風過之, 湛濁動乎下, 淸明亂於上, 則不可以得大形之正也. 心亦如是矣. 故導之以理, 養之以淸, 物莫之傾, 則足以定是非決嫌疑矣)(馮友蘭, 『중국철학사(상)』 580쪽, 박성규 역, 까치).

2) [大全] '有所~'는 네 가지에 마음이 지배를 당해서 마음이 도리어 그것을 향해 움직이는 것이다(朱子曰: "所謂有所, 是被他爲主於內, 心反爲他動也").

는 바에 지배를 당하면 그 마음을 바르게 가질 수 없고(有所恐懼 則不得其正), 좋아하고 즐거워하는 바에 지배를 당하면 그 마음을 바르게 가질 수 없으며(有所好樂 則不得其正), 근심하고 걱정하는 바에 지배를 당하면 그 마음을 바르게 가질 수 없다는 것이다(有所憂患 則不得其正).

0701 程子曰:「身有之身當作心。」忿, 弗粉反。懥, 勅值反。好·樂, 並去聲。○忿懥, 怒也。蓋是四者, 皆心之用, 而人所不能無者。然一有之而不能察, 則欲動情勝, 而其用之所行, 或不能不失其正矣。

程子가 말했다(程子曰). "「身有」의「身」字는 마땅히「心」字 로 써야 한다(身有之身當作心[3]).「忿」은「弗」과「粉」의 反切이다(忿 弗粉反).「懥」는

3) [公議] ① 身과 心은 미묘하게 합해져 있어서 분리해서 말하면 안 된다. 正心은 곧 正身이어서 두 단계의 공부가 있는 것이 아니다. 孔子는 '그 자신(身)이 올바르면 令을 내리지 않아도 행해지고 그 자신(身)이 올바르지 않으면 令을 내려도 따르지 않는다(其身正 不令而行 其不正 雖令不從).'[論語 子路편 第6章]고 하였고, 또 '진실로 그 자신(身)을 바르게 한다면 정치를 하는 데 무슨 어려움이 있겠으며 그 자신(身)을 바르게 할 수 없다면 어떻게 남을 바르게 하겠는가(苟正其身矣 於從政乎 何有 不能正其身 如正人何)?'[論語 子路편 第13章]라고 하였으며, 孟子는 '어떤 일을 했는데 바라던 것을 얻지 못한 것이 있거든 모두 돌이켜 자신(身)에게서 그 원인을 찾으면 자기 자신(身)이 올바르게 되어 천하가 그에게로 돌아갈 것이다(行有不得者 皆反求諸己 其身正而天下歸之).'[孟子 離婁上편 4:2]고 하였다. 자기 자신(身)에 분통터지는 일이 있으면 그 올바름을 얻을 수 없다는 것은 의리상 명백하고 여러 경서와 일치된다. (程子께선) 무슨 생각으로 이 '身'자를 '心'으로 고치려 했을까. 분통터지는 일이 있으면 말씨가 포악해지고 거칠어지며 행동도 함부로 하게 되니 자기 자신(身)이 바르게 될 수 없다. 두려워하는 일이 있으면 災禍에 흔들리고 威力에 굴복하게 되니 자기 자신(身)이 바르게 될 수 없다. 좋아하고 즐기는 일이 있으면 재물을 탐내고 풍류와 여색에 빠지게 되니 자기 자신(身)이 바르게 될 수 없다. 근심하는 일이 있으면 가난 때문에 마음이 변하고 이해관계에 沒溺하게 되니 자기 자신(身)이 바르게 될 수 없다. 자기 자신(身)이 바른 길을 잃으면 齊家할 수 없고, 治國할 수 없다. 이 때문에 경계해야 할 바는 그 자신(身)에 있는 것이다. 이 네 가지 '有所~'는 자신을 망치고 자신을 약하게 만드는 덫이요 함정이다. 군자는 이 점을 살피고 이겨내어 그 자신을 바르게 해야 한다(身心妙合, 不可分言. 正心卽所以正身, 無二層工夫也. 孔子曰, 其身正, 不令而行, 其身不正, 雖令不從. 孔子曰, 苟正其身, 於

「勅」과 「値」의 反切이다(懥 勅値反). 「好(hào)」와 「樂(lè)」은 모두 去聲이다(好 樂 並去聲). ○ 「忿懥」는 「분노하다」이다(忿懥 怒也[4]). 「忿懥」·「恐懼」·「好樂」·「憂患」 이 네 가지는 모두 마음의 작용이어서 사람이면 없을 수 없는 것들이다(蓋是四者 皆心之用 而人所不能無者[5][6]). 그렇지만

從政乎, 何有. 不能正其身, 如正人何[孔子又謂季康子曰正己而物正]. 孟子曰, 其身正, 天下歸之… 身有所忿懥, 則不得其正, 義理明白, 合於群經, 何爲而改之也. 有所忿懥, 則辭氣暴戾, 施措顚錯, 而身不得其正. 有所恐懼, 則動於菑禍, 屈於威武, 而身不得其正. 有所好樂, 則貪於貨財, 溺於聲色, 而身不得其正. 有所憂患, 則移於貧賤, 陷於得失, 而身不得其正. 身失其正, 則無以齊家, 無以治國. 故所戒在身. 四有所者, 陷身失身之機穽, 君子於此, 察之克之, 以正其身也). ② 程子께서는 「'身有'의 '身'字는 마땅히 '心'字로 고쳐 써야 한다」고 하셨는데, 나는 이렇게 생각한다: 이 구절(傳七章; N)에서 네 가지 '有所~'는 正心의 일이고 다음 구절(傳八章; O)에서 다섯 가지 '之其所~'는 齊家의 일이다. 만일 다시 '身有'의 '身'자를 고쳐 '心'으로 고치게 되면, 『대학』에는 '修身'에 관한 구절이 마침내 없어져버리니, 정말로 '補傳'을 새로 지어야만 비로소 완전한 책이 될 것이다. 程子께서 어찌 여기에 생각이 미치지 못했는지 알 수 없다. 원래 身과 心은 미묘하게 합해져 있어서, 둘로 분리해서는 안 된다. 이 때문에 특히 '身'자를 써서 身과 心을 하나로 묶어주는 쇠못을 박아놓은 것인데, 여기에서 이 못을 뽑으면 『대학』에서는 '修身'에 관한 구절이 없어지게 된다. 忿懥와 恐懼는 원래 마음에서 나오지만, '心'이라 말하지 않아도 글 자체에 막힘이 없다. 만일 '心'자를 붙이면 도리어 말이 오히려 중복이 된다. 그렇지만 또 '正身(자신을 바르게 하는 것)'이 즉 '正人(남을 바르게 하는 것)'의 소이인데, 만일 여기에서 '正身'의 구절을 빼면, 이 이하에 나오는 齊家治國은 모두 밑바탕이 없어지게 되니, 그 잃어버리는 바가 적지 않게 된다(程子曰身有之身當作心. 四有所者, 治心之事也. 五之其者, 齊家之事也. 若復以身有之身改之爲心, 則大學一部遂無修身之節, 眞作補傳, 乃成完書. 不知先正何以不慮及此也. 原來身心妙合不可分二. 故特下身字以爲身心合一之鐵釘, 今拔此釘, 則大學無修身矣. 忿懥恐懼本發於心, 雖不言心文自條鬯. 若加心字語却堆疊. 然且正身卽所以正人, 若于是遂拔正身之節, 則此下之齊家治國都無根基其所失非細也).

4) [公議] '忿'은 분해하고 한스러워 하는 것이다. '懥'는 안절부절 못하는 것이다(忿 悁恨也. 懥 心有跆躓也).

5) [大全] "忿懥·恐懼·好樂·憂患이 있으면 마음이 바름을 얻을 수 없다 했습니다. 이 중 몇 가지를 없애야 마음이 바르게 되겠습니까?" 하고 여쭈자 程子가 말했다: "없애라는 말이 아니다. 다만 이것들로 인해 마음이 동요되지 말라는 뜻이다. 배우는 자는 不動의 경지에 이르지 못했으면 그 뜻만이라도 잡고 있어야 한다"(問: "有所忿懥恐懼好樂憂患, 心不得其正, 是要無此數者, 心乃正乎?" 程子曰: "非是謂無, 只是不以此動其心, 學者未到不動處, 須是執持其志").

6) [公議] 喜怒哀懼에는 원래 두 종류가 있는데, 그것이 적절히 절제된 것이 한 종류고, 그것이 절제되지 못한 것이 한 종류다. 대개 공정한 기쁨·공정한 분노·공정한 근심·공정한 두려움은 그 발로가 천명에 근원하고 있어서 마음의 병으로 여기지 않고 몸을 망치지도 않는다. 그 喜怒哀懼의 발로가 財·色·禍·福이라는 사사로움에서 비롯된 경우에는, 한 번 겨우

그중의 한 가지라도 있는데 살피지 못하면(然 一有之而不能察), 욕망이 발동하고 감정이 기승하게 되어(則欲動情勝), 그런 마음의 작용의 소행이 혹여 마음의 바름을 잃게 하지 않을 수 없을 것이다(而其用之所行 或不能不失其正矣).

일렁거렸는데도 솥물이 온통 끓어 넘치듯 하고, 지척의 안개가 처음 일었는데도 하늘이 온통 칠흑 같아져서, 마침내 物에 따라 난동을 부리게 되면 몸가짐이 바름을 상실케 됨을 면치 못하고 만다. 이것이 어찌 한 종류 한 부류의 喜怒哀懼이겠는가. 이것을 분명히 가린 후에야 이 대학의 뜻이 비로소 투철하게 통할 것인데, 주자께선 이 두 종류를 구별하지 않고, 곧바로 '이 네 가지는 모두 마음의 작용이어서 사람이면 없을 수 없는 것들'이라고만 하였다(喜怒哀樂[懼] 原有二種 其中節者爲一種 其不中節者爲一種 凡公喜公怒公憂公懼 其發本乎天命 故不爲心病 亦不陷身… 唯其喜怒憂懼之發於財色禍福之私者 一波纔動而全泓鼎沸 尺霧初起而長天漆黑 遂不免隨物亂動而身失其正 斯豈一種一類之物乎 明此而後 此經之義 乃可通透 而朱子於此 不曾分別 直云四者人心之所不能無者).

0702 心不在焉, 視而不見, 聽而不聞, 食而不知其味。

마음이 거기에 가 있지 않으면(心不在焉[1]), 보고 있어도 보지 못하고 듣고 있어도 듣지 못하고 먹고 있어도 그 맛을 알지 못한다(視而不見 聽而不聞 食而不知其味)[2].

---

1) ① [大全] 마음이 붙어 있지 않으면 一身에 主宰者가 없다는 것이다(朱子曰: "心若不存 一身便無主宰"). ② [公議] '心不在'란 마음이 사물에 가 있지 않는 것이다. '볼 때는 분명하게 보려고 해야 하고, 들을 때는 똑똑하게 들으려고 해야 하는데(視思明, 聽思聰)'[論語 季氏편 第10章], 마음이 가 있지 않으면 살필 수 없다. 모든 일이 다 그렇다(心不在者, 心不在所事也. 視思明, 聽思聰, 而心不在, 則不能察. 百事皆然). ③ [公議] 마음에는 두 가지 병이 있다. 하나는 마음이 있는 병이고, 하나는 마음이 없는 병이다. '마음이 있는 병'은 人心이 主宰하는 병이고, '마음이 없는 병'은 道心이 主宰를 하지 못하는 병이다. 둘은 다른 것 같지만, 그 병을 얻는 근원은 실상 같다. 공경으로 內心을 바르게 하여 公과 私의 구분을 살피면, 이런 병이 없을 것이다(心有二病. 一是有心之病, 一是無心之病. 有心者人心爲之主也, 無心者道心不能爲之主也. 二者似異, 而其受病之源實同. 敬以直內, 察之以公私之分, 則無此病矣).

2) [荀子 解蔽篇 제8장] 사람은 무엇으로 道를 아는가? 말하길, 마음으로이다. 마음은 어떻게 하여 道를 아는가? 虛壹而靜(텅 비어 있고 통일되고 고요함)으로이다. 마음에는 지금까지 무엇이라도 저장하지 않은 적이 없지만 虛란 것이 존재한다. 마음은 지금까지 번잡스럽지 않은 적이 없지만 壹이라는 것이 존재한다. 마음은 지금까지 잠시도 움직이지 않은 적이 없지만 靜이라는 것이 존재한다(人何以知道? 曰, 心. 心何以知? 曰, 虛壹而靜. 心未嘗不臧也, 然而有所謂虛, 心未嘗不滿也, 然而有所謂一, 心未嘗不動也, 然而有所謂靜). 사람이 나면 앎이 생기고 알면 기억이 생긴다. 기억이란 저장되어 쌓인다. 그렇지만 虛란 것이 존재한다. 이미 마음에 저장되어 쌓인 기억들 때문에 장차 받아들일 기억을 방해하지 않는 것, 이를 가리켜 虛라 한다. 마음이 생기면 앎이 생기고 앎이 생기면 분별이 생긴다. 분별이란 동시에 여러 가지를 아는 것이다. 동시에 여러 가지를 알게 되니 번잡스러워지는 것이다. 그렇지만 壹이란 것이 존재한다. 저 하나 때문에 이 하나로 방해받지 않은 것, 이를 가리켜 壹이라 한다. 마음은 드러누우면 꿈을 꾸고, 멍청히 있으면 멋대로 이리저리 오가고, 부리면 꾀한다. 그래서 마음은 지금까지 잠시도 움직이지 않은 적이 없다는 것이다. 그렇지만 靜이라는 것이 존재한다. 몽상이나 이런저런 생각 때문에 앎이 어지럽혀지지 않는 것, 이것을 가리켜 靜이라 한다(人生而有知, 知而有志; 志也者, 臧也; 然而有所謂虛, 不以所已臧害所將受謂之虛. 心生而有知, 知而有異. 異也者, 同時兼知之; 同時兼知之, 兩也. 然而有所謂一, 不以夫一害此一, 謂之壹. 心臥則夢, 偸則自行, 使之則謀; 故心未嘗不動也, 然而有所謂靜, 不以夢劇亂知謂之靜). 아직 도를 얻지 못해 도를 추구하는 사람에게는 虛壹而靜을 일러줘야 한다. 虛壹而靜을 쓰게 된즉, 장차 도를 따르려는 사람이 虛해지면 도의 문에 들어가게 되고, 장차 도에 종사하려는 사람이 壹이 되면 도에 매진하게 되고, 장차 도를 생각하려는 사람이 靜이 되면 도를 통찰하게 된다. 도를 알아 통찰하고 도를 알아 행하면 도를 체득한

0702 心有不存, 則無以檢其身, 是以君子必察乎此而敬以直之, 然後此心常存而身無不脩也。

마음이 붙어 있지 아니하면 그 자신을 검속할 수 없다(心有不存 則無以檢其身[3]). 이 때문에 군자는 반드시 마음속을 살펴서 경건하게 하여 이로써

사람이다. 虛壹而靜, 이것을 가리켜 大淸明(대청명)이라고 한다(未得道而求道者, 謂之虛壹而靜, 作之, 則將須道者之虛則入, 將事道者之壹則盡, 盡將思道者靜則察, 知道, 察知道, 行體道者也. 虛壹而靜, 謂之大淸明). 만물은 형체가 있는데 보이지 않는 것은 아무것도 없으며, 보이는데 설명하지 못할 것은 아무것도 없으며, 설명하는데 제 자리를 벗어나는 것은 아무것도 없다. 방에 앉아서도 四海를 보고, 지금에 처해서도 까마득한 옛날을 논하며, 만물을 대략 훑어보고도 그 실정을 알게 된다. 治亂을 참작 고증하여 그 법칙을 깨달아 알고, 천지의 조리를 세우고 만물의 재능을 다하게 하고, 大理를 재단하고 우주를 다듬는다. 끝간 데 없는데 그 마음의 끝을 누가 알겠는가! 하늘같이 광활한데 그 덕을 누가 알겠는가! 펄펄 끓어 분분한데 그 법칙을 누가 알겠는가! 밝기는 일월에 함께 참여하고 크기는 온 천지를 꽉 채우니 이런 사람을 가리켜 '大人이로다!' 한다. 이런 사람에게 어찌 가로막힘이 있겠는가!(萬物莫形而不見, 莫見而不論, 莫論而失位. 坐於室而見四海. 處於今而論久遠, 疏觀萬物而知其情, 參稽治亂而通其度, 經緯天地而材官萬物, 制割大理而宇宙理矣. 恢恢廣廣, 孰知其極! 睪睪廣廣, 孰知其德! 涫涫紛紛, 孰知其形! 明參日月, 大滿八極, 夫是之謂大人!夫惡有蔽矣哉!)(馮友蘭, 『중국철학사(상)』 467쪽, 박성규 역, 까치글방).

3) [公議] 이것은 '存心'에 관한 설명이다. 存心說은 맹자로부터 비롯되었는데, 지금 맹자가 말한 바를 상세히 고찰하면, 朱子께서 말한 바와 그 취지가 다르다. 孟子는 '사람이 금수와 다른 것은 얼마 되지 않는다. 서민들은 조그마한 차이를 버리고 군자는 조그마한 차이를 보존한다(人之所以異於禽獸者 幾希 庶民去之 君子存之).'[孟子 離婁下편 19:1]라고 하였고, 또 '붙잡아두면 보존되고 놓아버리면 잃어버린다. 들어오고 나가는 것이 때가 없고 그 향하는 곳을 아무도 알 수 없구나. 이것은 특별히 마음을 두고 한 말일게다(操則存 舍則亡 出入無時 莫知其鄕 惟心之謂與).'[孟子 告子上편 8:4]라고 하였다. 孟子가 말한 '存之'는 道心이란 미약한 까닭에 道心을 잃어버릴까 봐 보존하여 스스로를 금수와 구별하라는 것일 뿐, 마음이라는 본체가 원래 잘 달아나버리기 때문에 뱃속에 붙잡아두라는 말이 아니다. 그런데 先儒들은 잘못 보고서, 마침내 靜存 · 默存 등의 여러 방법들을 가지게 되었다. 靜存 · 默存은 본래 또한 의미가 있어, 때때로 끌어다가 夕惕之工(늦은 밤까지 전전긍긍하며 긴장한 채 하는 공부)에 도움은 되지만, 『大學』의 '心不在'는 결코 이러한 말이 아니다. 독서할 때는 책에 마음이 가 있는 것, 활을 쏠 때는 쏘는 데 마음이 가 있는 것, 볼 때는 보는 것에 마음이 가 있는 것, 들을 때는 듣는 것에 마음이 가 있는 것, 음식을 먹을 때는 먹는 데 마음이 가 있는 것을 일컬어 '心在'라 한 것이지, 마음이 뱃속에 있어야 비로소 '心在'라고 말할 수 있다는 것을 말한 것이 아니다(此存心之說也. 存心之說起於孟子, 今詳孟子所言, 與先正所言, 其趣不同. 孟子曰, 人之所以異於禽獸者, 幾希. 君子存之, 小人去之, 又曰, 操則存, 舍則亡, 其云存之者, 謂道心微弱. 故存其將亡, 以自別於禽獸而已, 非謂心體善走. 故

마음을 곧게 하니(是以 君子必察乎此 而敬以直之[4]), 그런 후에 이 마음은 항상 붙어 있게 되고(然後 此常存), 자신은 닦아지지 않음이 없게 되는 것이다(而身無不脩也).

捉留之腔子之內也, 先儒看得有差, 遂有靜存默存諸法, 靜存默存, 固亦有味, 以時提掇, 有補夕惕之工, 但此經之心不在, 必非此說. 讀書心在書, 發射心在射, 方視心在視, 方聽心在聽, 方食心在食, 此之謂心在, 非謂心在腔子之內, 乃可云心在也).

4) [大全] 敬은 이 마음이 이 속에 항시 있어야 한다는 것이다. 直은 깎아지른 듯 조금도 구부러진 데가 없는 것이다(朱子曰: "敬, 是常要此心在這裏; 直, 是直上直下無纖毫委曲").

0703 此謂脩身在正其心。

이것을 말하여「자신을 닦는 것은 그 마음을 바르게 가지는 데에 있다」라고 한 것이다(此謂修身在正其心).

右傳之七章。釋正心脩身。

여기까지가 傳文 제7장이다(右 傳之七章). 經文의「正心 · 脩身」을 해석하였다(釋 正心脩身).

此亦承上章以起下章。蓋意誠則真無惡而實有善矣, 所以能存是心以檢其身。然或但知誠意, 而不能密察此心之存否, 則又無以直內而脩身也。○ 自此以下, 並以舊文爲正。

이 章 역시 앞 장을 이어받아 뒷장을 일으킨 것이다(此亦承上章 以起下章). 대개 발동되는 뜻이 진실하면 惡함은 참으로 없어지고 善함은 참으로 간직이 되어(蓋意誠 則眞無惡而實有善矣), 이 善한 마음을 간직하여 이로써 그 자신을 검속할 수 있다(所以能存是心以檢其身[1]). 그러나 혹 誠意만 알 뿐 이 마음의 存否를 치밀하게 살피지 못하면(然或但知誠意 而不能密察此心之存否), 또한 마음을 곧게 하여 자신의 몸가짐을 닦을 수가 없다(則又無以直內而脩身也[2]). ○ 이 章 아래로는『大學』원문의 순서가 모두 옳다(自

---

1) [大全] 意가 誠한 연후에야 心이 그 바름을 얻을 수 있으니, 자연히 선후가 있다(朱子曰: "意誠, 然後心得其正, 自有先後").

2) [大全] 혹자가 '意가 誠하면 心도 바르게 된다'고 하자 朱子가 말했다: "그렇지 않다. 이 구절은 이어졌다, 끊어졌다, 다시 이어졌다 한다. 비록 계속 이어져 있는 것은 아니지만 중간에

此以下 並以舊文爲正).

는 또 서로 관통되어 있다. 비유하면 대나무처럼, 한 줄기인데 그렇지만 중간에 많은 마디가 있는 것과 같다. 意가 아직 誠하지 못하면 전체가 사사로운 뜻일 뿐, 다시 어찌 正心이겠는가. 그렇지만 意가 誠할지라도 또 正心하지 않으면 안 된다"(或謂意誠則心正, 朱子曰: "不然, 這幾句連了又斷, 斷了又連, 雖若不相連綴, 中間又自相貫. 譬如一竿竹, 雖只是一竿, 然其間又有許多節. 意未誠, 則全體是私意, 更理會甚正心. 然意雖誠了, 又不可不正其心").

傳文 第8章

0801 所謂齊其家在脩其身者: 人之其所親愛而辟焉, 之其所賤惡而辟焉, 之其所畏敬而辟焉, 之其所哀矜而辟焉, 之其所敖惰而辟焉。故好而知其惡, 惡而知其美者, 天下鮮矣!

經文에서 말한바, 「집안을 가지런하게 하는 것은 그 자신을 닦는 데에 있다」는 것은(所謂齊[1]其家在脩其身者), 사람들은 그가 친하고 사랑하는 이에게는 親愛에 편벽되고(人之其所親愛而辟焉), 그가 업신여기고 미워하는 이에게는 賤惡에 편벽되고(之其所賤惡而辟焉), 그가 두려워하고 존경하는 이에게는 畏敬에 편벽되고(之其所畏敬而辟焉), 그가 애처롭고 불쌍히 여기는 이에게는 哀矜에 편벽되고(之其所哀矜而辟焉), 그가 오만하고 무례하게 대하는 이에게는 敖惰에 편벽된다는 것이다(之其所敖惰[2]而辟焉). 이렇기에 좋아하면서도 그의 나쁜 점도 볼 줄 알고, 미워하면서도 그의 좋은 점도 볼 줄 아는 자는 세상에 드문 것이다(故好而知其惡 惡而知其美者 天下鮮矣)[3].

---

1) 齊(제): [說文解字] 벼와 보리가 이삭이 패면 위가 평평하다(齊平等也. 說文云禾麥吐穗上平也). 벼나 보리의 이삭이 자라서 평평해진 모양. 가지런히 하다. 고르게 하다.

2) ①[大全] 敖는 禮를 차리길 건성건성 하는 것이고, 惰는 禮를 차리길 느릿느릿 하는 것이다(北溪陳氏曰: "敖只是簡於爲禮 惰只是懶於爲禮"). ②敖惰(오타): 높은 체하고 게으름.

0801 辟, 讀爲僻。惡而之惡 · 敖 · 好, 並去聲。鮮, 上聲。○人, 謂衆人。之, 猶於也。辟, 猶偏也。五者, 在人本有當然之則; 然常人之情惟其所向而不加審焉, 則必陷於一偏而身不脩矣。

「辟」은 「僻(벽)」으로 읽는다(辟 讀爲僻). 「惡而」의 「惡(wù)」 · 「敖(áo)」 · 「好(hào)」는 모두 去聲이다(惡而之惡 敖 好 並去聲). 「鮮(xiǎn)」은 上聲이다(鮮 上聲). ○ 「人」은 일반 사람을 말한다(人 謂衆人). 「之」는 「於」와 같다(之 猶於也). 「辟」은 「偏」과 같다(辟 猶偏也). 편벽되는 다섯 가지는 사람에 있어 본래 당연히 있는 법칙이지만(五者在人 本有當然之則), 그렇지만 人之常情은 그 情이 향하는 대상을 생각할 뿐 살펴보지는 않기에(然常之情惟其所向 而不加審[4]焉), 반드시 한쪽으로만 빠져서 자신의 몸가짐이 바르지 못하는 것이다(則必陷於一偏 而身不脩矣).

---

3) [公議] ①『中庸』[第20章]에서, '好惡를 똑같게 하는 것이 親親을 권장하는 방법이다(同其好惡 所以勸親親也)'라고 했는데, 親親이 齊家이다. 齊家의 법은 그들의 好惡를 함께 하는 데에서 벗어나지 않는데 이는 聖人께서 齊家의 요체를 알고 하신 말씀이다(中庸曰, 同其好惡, 所以勸親親也, 親親者齊家也. 齊家之法無以踰於同其好惡此聖人知要之言也). ② 내가 집안을 다스리는 자인데, 그 평등함을 잃으면, 집안사람들이 서로 원망하고 서로 욕하고, 숨어서 눈물을 흘리고 숨어서 비방하게 되어, 집안이 정제되지 못하고 화목하지 못할 것이니, 이것이 '辟'이란 한 글자로 齊家의 깊은 경계를 삼는 이유이다(我之所以御家人者, 失其平等則, 家人胥怨胥詈, 暗涕潛訕, 亦不能整齊輯睦, 斯其所以一辟字, 爲齊家之深戒也).

4) [大全] 이 장에서 朱子도 역시 '察'字로 했다. 興國본도 '察'로 썼다. 다른 판본에 '審'字로 쓴 것은 틀린다(新安陳氏曰: "此章朱子亦以察字言之, 興國本作察, 他本作審者, 非").

고언유지왈 인막지기자지악 막지기묘지석

0802 故諺有之曰:「人莫知其子之惡, 莫知其苗之碩。」

그러므로 속담에 있기를(故諺有之曰), "사람들은 제 자식 나쁜 줄은 모르고(人莫知其子之惡), 제 논의 모가 큰 줄은 모른다(莫知其苗之碩[1])."라고 한 것이다.

0802 諺, 音彥。碩, 叶韻, 時若反。○諺, 俗語也。溺愛者不明, 貪得者無厭, 是則偏之爲害, 而家之所以不齊也。

「諺」은 음이「彥」이다(諺 音彥).「碩」은 叶韻으로「時」와「若」의 反切이다(碩 叶韻 時若反). ○「諺」은 속담이다(諺 俗語也). 사랑에 탐닉된 자는 사리에 밝지 못하고(溺愛者 不明), 얻기를 탐하는 자는 물릴 줄 모르는데(貪得者 無厭[2]), 이것이 곧 편벽이 해가 되고 집안을 바르게 다스리지 못하게 되는 까닭이다(是則偏之爲害 而家之所以不齊也).

---

1) 碩(석): 크다. 많이로 태어난.

2) [公議] 古諺이 경계하고자 한 바는 私心으로 公義를 멸실시켰다는 데 있으니, 經文이 취한 것은 단지 인용문의 윗 구절에 있을 뿐으로, 탐욕에 대한 경계는 본지가 아닌 듯하다(古諺所戒在於以私滅公, 而經之所取只在上句而已, 貪得之戒恐非本旨).

차 위 신 불 수 불 가 이 제 기 가
0803 此謂身不脩不可以齊其家。

이것을 말하여「자신이 닦이지 않고서는 이로써 그 집안을 가지런하게 할 수 없다」라고 한 것이다(此謂身不脩不可以齊其家).

右傳之八章。釋脩身齊家。

여기까지가 傳文 제8장이다(右 傳之八章). 經文의「脩身 · 齊家」를 해석하였다(釋脩身齊家).

傳文 第9章

0901 所謂治國必先齊其家者, 其家不可教而能教人者, 無之。故君子不出家而成教於國: 孝者, 所以事君也; 弟者, 所以事長也; 慈者, 所以使衆也。

經文에서 말한바, 「나라를 잘 다스리고자 했던 자는 무엇보다 먼저 그 집안을 가지런하게 했다」는 것은(所謂治國必先齊其家者), 내 집안의 교화는 이루지 못하면서 남을 교화시킬 수 있는 자는 없다는 것이다(其家不可教而能教人者 無之). 그러므로 군자는 집안에서 벗어나지 않고서도 나라에 교화를 이루어내는데(故 君子不出家而成教於國[1]), 孝는 임금을 섬기는 바탕이고(孝者 所以事君也), 弟는 윗사람을 섬기는 바탕이고(弟者 所以事長也), 慈는 백성을 부리는 바탕이기 때문이다(慈者 所以使衆也)[2].

---

1) [大全] 孝로써 부모를 섬겨 집안사람들로 하여금 모두 孝하게 한다. 弟로써 윗사람을 섬겨 집안사람들로 하여금 모두 弟하게 한다. 慈로써 사람들을 부려 집안사람들로 하여금 모두 慈하게 한다. 이것이 곧 나라에 교화를 이루게 하는 것이다(朱子曰: "孝以事親, 而使一家之人皆孝; 弟以事長, 而使一家之人皆弟; 慈以使衆, 而使一家之人皆慈. 是乃成教於國者也").

2) [公議] ① 孝 · 弟 · 慈는 대학의 가르침이다. 자신이 孝 · 弟 · 慈를 닦아 이로써 가정과 국가를 통어한다면 다른 덕을 따로 구할 필요가 없다. 오직 이 孝 · 弟 · 慈을 미루어 쓰면 그만이다. 그중 慈德은 牧民에 쓰는 것이기 때문에 이어서 康誥의 글을 인용하여 治國에서 중요한 것은 牧民에 있다고 여긴 것이다(孝弟慈, 大學之教也. 身治孝弟慈以御于家邦, 不必別求他德. 惟此孝弟慈推而用之耳. 其中慈德所以牧民者 故繼引康誥, 爲國之所重在牧民也). ② 孝弟慈 1절(傳文 제9장 제1절)은 이 도를 미루어감으로써 국가를 다스릴

0901 弟, 去聲。長, 上聲。○ 身脩, 則家可教矣; 孝·弟·慈, 所以脩身而教於家者也; 然而國之所以事君事長使衆之道不外乎此。此所以家齊於上, 而教成於下也。

「弟(dì)」는 去聲이다(弟 去聲). 「長(zhǎng)」은 上聲이다(長 上聲). ○ 자신이 닦이면 집안이 교화될 수 있다(身脩則家可敎矣). 孝·弟·慈는 자기의 몸가짐을 닦고 집안을 교화시키는 바탕이기도 하지만(孝弟慈 所以脩身而敎於家者也[3]), 국가의 군주를 섬기고 윗사람을 섬기고 백성을 부리는 바탕이 되는 道 또한 여기에서 벗어나지 않는다(然而國之所以事君事長使衆之道 不外乎此). 이같이 孝·弟·慈는 위로는 집안이 齊家되는 바탕이 되고 아래로는 백성이 敎化되는 바탕이 되는 것이다(此所以家齊於上而敎成於下也).

수 있음을 말한 것이고, 康誥 1절(傳文 제9장 제2절)은 이 도를 미루어가지 않아도 역시 국가를 다스릴 수 있음을 말한 것이다. 至誠이면 成物할 수 있는데, 또 어찌 미루어 나가기를 기다리겠는가(孝弟慈一節, 謂推此道, 可以爲國也, 康誥一節, 謂不推此道, 亦可以爲國也. 至誠則可以成物, 又何待於推矣).

3) [大全] ① 집안이 교화되지 못하는 원인을 좇아서, 집안이 교화될 수 있는 바탕의 유래를 추구해보면, 진실로 脩身으로부터 비롯된다(因家不可敎, 而推家所以可敎之由, 實自脩身始). ② 傳文에서는 '治國先齊其家'라고만 했는데, 장구에서는 脩身을 포함해서 말한 것은 근본을 미루어보고 말한 것이다. 孝·弟·慈를 자신에게 체득시키는 것이 곧 脩身하는 것이고, 집안에서 행하는 것이 곧 齊家하는 것이고, 국가에 미루어 나가는 것이 곧 治國하는 것이다. 천리와 인륜은 이같이 一以貫之일 뿐이다(吳氏曰: "傳只言治國先齊其家, 章句幷脩身言之, 推本之論也. 孝弟慈, 體之身則爲脩其身, 行之家則爲齊其家, 推之國則爲治其國, 天理人倫, 一以貫之而已…").

0902 康誥曰「如保赤子」, 心誠求之, 雖不中不遠矣。未有學養子而后嫁者也!

『書經』「康誥」에는 말하길(康誥[1]曰), "갓난아기를 업어 기르듯이 하라(如保赤子[2])"고 했으니, 마음으로 정성을 다해 구한다면(心誠求之), 딱 들어맞지는 않을지라도 그리 멀리 어긋나지는 않을 것이다(雖不中不遠矣). 자식 기르는 법을 배우고 나서야 시집가는 여자는 없는 법이다(未有學養子而后嫁者也).

0902 中, 去聲。○ 此引書而釋之, 又明立教之本不假强爲, 在識其端而推廣之耳。

「中(zhòng)」은 去聲이다(中 去聲). ○ 이 구절은 『書經』을 인용하고 이것을 해석하여(此 引書而釋之), 교화의 근본을 세우는 일은 억지로 하는 것이 아니라, 마음으로 그 실마리를 알아채고 이를 미루어서 넓혀나가는 데 달려 있을 뿐임을 또 밝힌 것이다(又明立教之本不假强爲 在識其端而推廣之耳[3]).

---

1) 傳文 제1장 제1절 注 참조.
2) ① [大全] 保赤子는 집에서의 자애이고, 如保赤子는 나라에서의 자애이다. 保赤子는 赤子에 대한 자애이고, 如保赤子는 부리는 백성에 대한 자애이다. 마음으로 다해 어린아이가 바라는 것을 구해주고, 백성에게도 역시 백성 스스로 달성할 수 없는 것을 구해줘야 한다. 이것이 어린아이를 보살피는 자애로운 마음을 미루어 백성을 자애로 부리는 것이다(朱子曰: "…保赤子, 慈於家也. 如保赤子, 慈於國也. "保赤子是慈, 如保赤子是使衆. 心誠求赤子所欲, 於民亦當求其不能自達者, 此是推慈幼之心以使衆也"). ② 保(보): 아이를 등에 업다(負子於背). 保는 아이를 등에 업은 형상을 본뜬 것이다(保本象負子於背之義).
3) 耳(이): =而已의 合音字.

0903 **一家仁, 一國興仁; 一家讓, 一國興讓; 一人貪戾, 一國作亂; 其機如此。此謂一言僨事, 一人定國。**

한 사람이 仁하면 한 나라에 仁의 기풍이 일어나고(一家[1]仁 一國興仁), 한 사람이 禮讓하면 한 나라에 禮讓의 기풍이 일어나고(一家讓 一國興讓), 임금 한 사람이 탐하면 한 나라에 혼란이 일어난다(一人貪戾[2] 一國作亂[3]). 한 나라의 興亂의 기미가 이와 같다(其機[4]如此). 이것을 말하여「한 마디 말이 국사를 그르치고 한 사람의 행위가 나라를 안정시킨다」라고 한다(此謂一言僨事 一人定國).

0903 僨, 音奮。○一人, 謂君也。機, 發動所由也。僨, 覆敗也。此言教成於國之效。

「僨」은 音이「奮」이다(僨 音奮). ○「一人」은 임금을 말한다(一人 謂君也).「幾」는 발동의 연유가 되는 것이다(機 發動所由也).「僨」은「覆敗(뒤집어엎고 망치다)」이다(僨 覆敗也). 이 구절은 교화가 나라에서 이루어지는 효과를 말한 것이다(此 言教成於國之效).

---

1) 一家(일가): 한 집안. 한 사람. 일가학설. 유파.
2) 貪戾(탐려): 이익을 탐하다.
3) [大全] '仁'과 '讓'은 제1절의 孝와 弟를 비탕으로 한 말이다. '仁'은 孝에, '讓'은 弟에 속한다. '貪戾'는 慈의 반대이다. 제2절은 '不出家而成敎於國'의 이치를 말했고, 제3절은 '不出家而成敎於國'의 효과를 말했다(雙峯饒氏曰: "仁讓是本上文孝弟而言, 仁屬孝, 讓屬弟. 貪戾者, 慈之反也. 上言不出家而成敎於國底道理, 此言不出家而成敎於國底效驗").
4) [大全] 幾는 쇠뇌(다연발 활)에 장착된 여러 화살을 한 번의 작동으로 연달아 발사케 하는 것이다. 仁과 讓의 붐이 일어나는 그 계기는 一家에서 연유하고 悖亂이 일어나는 그 계기는 一人에서 연유함을 비유한 것이다. 그래서 한데 묶어 '其機如此'라고 말한 것이다(新安陳氏曰: "…機者弩牙, 矢之發動所由, 譬仁讓之興, 其機由一家, 悖亂之作, 其機由一人, 故總斷云 其機如此…").

0904 堯舜帥天下以仁, 而民從之; 桀紂帥天下以暴, 而民從之; 其所令反其所好, 而民不從。是故君子有諸己而后求諸人, 無諸己而后非諸人。所藏乎身不恕, 而能喻諸人者, 未之有也。

요임금과 순임금은 천하를 다스리길 仁으로써 했는데 백성들은 따랐고(堯舜 帥天下以仁 而民從之[1]), 걸왕과 주왕은 천하를 다스리길 暴(포)로써 했는데 백성들은 따랐다(桀紂帥天下以暴 而民從之[2]). 그들이 令으로 겉에

1) ① [論語 顔淵편 제19장] 季康子가 정치에 대해 공자에게 물었다. "만약 無道한 자를 죽여 有道를 成就한다면 어떻겠습니까?" 孔子께서 말씀하셨다. "당신은 정치를 하는데 어찌 사람을 죽이는 방법을 쓰려하십니까? 당신이 善하고자 하신다면 백성이 善해질 것입니다. 君子의 덕은 바람이고 小人의 덕은 풀입니다. 풀 위로 바람이 불면 풀은 반드시 눕게 마련입니다"(季康子問政於孔子曰. 如殺無道 以就有道 何如. 孔子對曰. 子爲政 焉用殺 子欲善 而民善矣 君子之德 風 小人之德 草 草上之風 必偃). ② [荀子 君道篇 제4장] "나라를 다스림에 대해 여쭙겠습니다." "자기 자신을 다스린다는 말은 들었어도 나라를 다스린다는 말은 지금까지 들어보지 못했습니다. 임금이란 儀表(의표)이니, 儀表(의표)가 바르면 그 그림자도 바릅니다. 임금이란 쟁반이니 쟁반이 둥글면 담긴 물도 둥급니다. 임금이란 그릇이니 그릇이 네모나면 담긴 물도 네모납니다. 임금이 활을 쏘면 신하도 활깍지를 낍니다. 초나라 莊王(장왕)이 허리가 가는 여자를 좋아하자 궁중에는 굶는 여자들이 생겼습니다. 그러니 '자기 자신을 다스린다 말은 들었어도 나라를 다스린다는 말은 지금까지 들어보지 못했다'고 말한 것입니다"(請問爲國? 曰, 聞脩身, 未嘗聞爲國也. 君者儀也, 儀正而景正. 君者槃也, 槃圓而水圓. 君者盂也, 盂方而水方. 君射則臣決. 楚莊王好細腰, 故朝有餓人. 故曰, 聞脩身, 未嘗聞爲國也)(馮友蘭, 『중국철학사(상)』 577쪽, 박성규 역, 까치글방).

2) 桀 · 紂는 儒家뿐 아니라 모든 諸子가 공통으로 인정한 만고의 폭군이자 악인의 대명사이다. 그럼에도 불구하고 『대학』의 작자는 왜 桀 · 紂를 논하면서 "백성이 추종했다"는 표현을 썼는가? 그것은 실제로는 桀 · 紂와 같이 폭력을 행사하면서도 항상 은폐하고 겉으로 堯 · 舜의 인덕을 내세우는, 당시 위정자들의 정치행태는, 자신의 속마음을 그대로 드러내놓고 정치를 폈던 桀 · 紂보다 더욱 나쁜 영향을 끼치고 있다는 점을 강조하기 위해서였다. 즉 자신의 잘못(비리)은 항상 명분을 내세워 옳은 일이라고 강변하는 반면, 백성들의 잘못에 대해서는 엄혹한 형벌로 다스려야 한다고 생각하는 당시 위정자의 정치에 대한 인식을 문제 삼고 있다. 즉 그들은 자신의 허물에는 한없이 관대하고 백성의 허물에는 지극히 엄격한 태도를 취한다. 이는 恕에 정면으로 어긋난다. 『대학』의 작자는 恕를 해석하면서 아주 객관적 척도의 잣대 개념[絜矩]을 도입하여 나와 남에게 똑같은 잣대를 쓸 것을 강조하고 있다(박성규, 『대학』, 서울대 철학사상연구소).

내세운 바가 그들이 속으로 좋아하는 바와 상반되면 백성들은 따르지 않았다(其所令 反其所好 而民不從). 이런 고로 군자는 그것이 내게 있게 하고 나서야 그것이 남에게 있기를 요구하고(是故 君子有諸[3])己而后求諸人[4])), 그것이 내게 없게 하고 나서야 그것이 남에게 없음을 책망한다(無諸己而后非諸人). 내게 간직되어 있는 바로 미루어나가 남을 헤아려보지 않고서 남을 깨우칠 수 있는 자는 없다(所藏乎身不恕[5])而能喩諸人者 未之有也).

---

3) 諸(저): =之於.

4) ① [淮南子 繆稱訓편 제9장] 인간의 마음의 精一한 경지는 神妙한 기운으로써 타인들이 스스로 변화되게 만들 수 있지만, 그것을 말로 표현하여 타인을 계도할 길은 없다. 그러므로 순임금은 옥좌에 가만히 앉아만 있어도 천하가 잘 다스려졌고, 걸임금은 계단을 미처 내려오기도 전에 천하는 개판이 되었다. 대저 진정이라는 것은 말로 위세를 떠는 것보다 훨씬 강력한 것이다. 자기 자신에게 진정성이 없으면서 그것을 타인에게 요구한다는 것은 고금 이래 들어본 적이 없다(心之精者, 可以神化, 而不可以導人; 目之精者, 可以消澤, 而不可以昭認. 在混冥之中, 不可諭於人… 故舜不降席而天下治, 桀不下陛而天下亂, 蓋情甚乎叫呼也. 無諸己, 求諸人, 古今未之聞也). 지도자가 보통사람들이 쓰는 똑같은 언어로 말을 해도 백성들이 그것을 믿는 것은 그 믿음이 바로 언어 이전에 있기 때문이다. 보통사람들이 내리는 똑같은 명령을 내렸는데도 백성들이 그것을 받들어 자신을 변화시키는 것은 항상 성인의 진정이 그들 앞에서 이끌어가고 있기 때문이다. 지도자가 위에서 지랄발광을 해도 백성이 콧방귀도 안 뀌는 것은 그 진정성과 정책명령이 따로 놀기 때문이다(同言而民信, 信在言前也; 同令而民化, 誠在令外也. 聖人在上, 民遷而化, 情以先之也. 動于上, 不應於下者, 情與令殊也)(김용옥, 『중용한글역주』 234쪽, 통나무). ② [大全] 보통사람이라면 자기에게 있다고 어찌 남에게 있기를 구하겠느냐? 자기에게 없다고 어찌 남을 책망하겠느냐? 공자님 말씀대로 자신은 심하게 책망하면서도 남은 가볍게 책망하고(躬自厚而薄責於人)[論語 衛靈公편 제14장], 자기의 악함은 공박하면서 남의 악함을 공격하지 말아야 한다(攻其惡 無攻人之惡)[論語 顔淵편 제21장]. 大學의 말은 천하 · 국 · 가를 다스리는 자는 형편상 남을 책망하지 않을 수 없음을 말한다. 治國者라면 남의 악함을 금지하고 남의 선함을 권면하기에, 곧 대학에서 말한 求諸人 非諸人(남에게 요구하다, 남을 책망하다)이다(朱子曰: "尋常人若有諸己, 又何必求諸人? 無諸己 又何必非諸人? 如孔子說 '躬自厚而薄責於人', '攻其惡 無攻人之惡'. 至於大學之說, 是有天下國家者, 勢不可以不責他. 大抵治國者, 禁人惡, 勸人善, 便是求諸人, 非諸人").

5) [大全] ① "恕는 推己及人인데 여기서는 所藏乎身을 말했습니까?"라고 묻자, 雙峯饒氏가 말했다: "恕는 머리가 있고 꼬리가 있는데, 藏乎身은 恕의 머리이고, 及人는 恕의 꼬리이다. 忠은 恕의 머리이다. 治國平天下章(傳文 제10장)은 모두 恕를 말하는데 자기에게 있는 것을 말하고 있다. 제9장은 有諸己 · 無諸人을 말하고 있는데, 이는 修己의 공부를 요구하는 것으로 그 중점은 머리에 있다. 제10장 제2절에서 말하는 所惡於上 無以使下(윗사람을 싫어했던 것으로 그대로 아랫사람을 부리지 말라) 등은 及人의 공부를 요구하는 것으로 그 중점은

0904 好, 去聲。○此又承上文一人定國而言。有善於己, 然後可以責人之善; 無惡於己, 然後可以正人之惡。皆推己以及人, 所謂恕也, 不如是, 則所令反其所好, 而民不從矣。喻, 曉也。

「好(hào)」는 去聲이다(好 去聲). ○ 이 구절은 또 제3절의 '한 사람의 행위가 나라를 안정시킨다'는 구절에 이어서 한 말이다(此又承上文一人定國而言). 善한 행위가 나에게 있고 난 뒤에 이로써 남의 善한 행위를 권면할 수 있고(有善於己然後 可以責人之善), 惡한 행위가 나에게 없고 난 뒤에 이로써 남의 惡한 행위를 바로 잡을 수가 있다(無惡於己然後 可以正人之惡). 이는 모두 推己及人으로, 이른바 「恕」라는 것이다(皆推己以及人 所謂恕也[6)7)]). 이같이 하지 않으면 겉으로 명령하는 바가 속으로 좋아하는 바와

꼬리에 있다. 제9장과 제10장은 서로 상응하면서 뜻을 밝혀내고 있다"(問: "恕者推己及人, 却說所藏乎身?" (雙峯饒氏)曰: "恕有首有尾, 藏乎身者其首, 及人者其尾也. 忠是恕之首, 治國平天下章皆說恕, 此章言有諸己 · 無諸人, 是要人於脩己上下工夫, 其重在首, 下章言所惡於上 · 無以使下等, 是要人於及人上下工夫, 其重在尾. 兩章互相發明"). ② 藏乎身은 盡己의 관점에서 말한 것이다. 恕는 推己의 관점에서 말한 것이다. 所藏은 有諸己 · 無諸己를 가리킨다. 恕는 求諸人 · 非諸人을 가리킨다. '所藏乎身不恕'는 나에게 간직된 것이 아직 推己及人할 만하지 못한데 어찌 남을 깨우칠 수 있겠는가라고 말한 것이다. 그렇지만 이 章에서 말한 '堯舜帥天下以仁'은 나를 가지고 남에게 미친 것으로 仁이다. 이 章에서 말한 '有諸己而後求諸人, 無諸己而後非諸人'은 나를 미루어 남에게 미친 것으로 恕이다. 이 章에서 말한 '桀紂帥天下以暴'은 不仁이다. 所藏乎身不恕는 위 문장과 반대가 된다(雙峯饒氏: "藏乎身者, 自其盡己處言之, 恕者, 自其推己處言之; 所藏, 是指有諸己 · 無諸己者也, 恕, 是指求諸人 · 非諸人者也. 所藏乎身不恕, 謂所藏於己者, 未有可推以及人, 如何能喩諸人? 然所謂堯舜帥天下以仁, 以己及物者也, 仁也. 所謂有諸己而後求諸人, 無諸己而後非諸人, 推己及物者也, 恕也. 至所謂桀紂帥天下以暴, 不仁者也; 所藏乎身不恕, 反上文也"). ③ 나에게 선이 있고 악이 없는 것이 盡己之忠이다. 나를 미루어서 남을 책하고 바르게 하는 것이 忠에 연유한 恕이다. 忠은 곧 속에 있는 恕이고, 恕는 곧 밖으로 나온 忠이다. '所藏乎身不恕'는 속에 忠이 없는데도 恕하려는 것이다. 이는 곧 정자가 말한 '忠이 없어 恕를 베풀지 못하는 자'이다. 그런 자로 남을 깨우칠 수 있는 자는 없다(新安陳氏曰: "有善無惡於己, 盡己之忠也; 推己以責人正人, 由忠以爲恕也. 忠卽恕之藏於內者, 恕卽忠之顯於外者. 所藏乎身不恕, 無藏於內之忠而欲爲恕, 是乃程子所謂'無忠做恕不出'者也, 其能喩人者無之"). ④ [公議] '恕'는 絜矩之道이다(恕者, 絜矩之道).

6) [公議] ① '恕'에는 두 종류가 있다. 하나는 推恕이고, 하나는 容恕이다. 옛 경전에는 推恕만 있고 容恕는 본래 없다. 朱子가 말한 것은 모두 容恕이다.『中庸』에서 '자기에게 베풀기를 원하지 않으면 역시 남에게도 베풀지 말라(施諸己而不願 亦勿施於人)[中庸 13:3]'고 했는데 이것은 推恕이다. 子貢이 '저는 내가 원하지 않는데도 남이 나에게 억지로 보태려고 하는 것을 원치 않고, 저 또한 남이 원하지 않는데도 남에게 억지로 보태려고 함이 없고자 합니다(我不欲人之加諸我也 吾亦欲無加諸人)[論語 公冶長편 제11장]'라고 했는데 이것은 推恕이다.『大學』에서 '윗사람이 싫어하는 것으로써 아랫사람을 부리지 말고, 아랫사람이 싫어하는 것으로써 윗사람을 섬기지 말라(所惡於上 毋以使下 所惡於下 毋以事上)[傳10장]'고 했는데 이것은 推恕이다. 孔子께서 '자신이 하고 싶지 않는 것을 남에게 시키지 말라'(己所不欲 勿施於人)[論語 顔淵편 제2장]고 했는데 이것은 推恕이다. 推恕는 나를 가다듬는 것이기 때문에, 孟子는 '힘써 恕를 행하면 仁을 구하는데 이보다 가까운 게 없다(强恕而行 求仁莫近焉)'[孟子 盡心上 4:3]고 했으니, 이로 보아 사람과 사람의 교제는 推恕만이 중요한 준칙으로 여겨졌음을 말하는 것이다. 옛 성현들이 말한 恕는 모두 이런 뜻이었다(恕有二種, 一是推恕, 一是容恕. 其在古經, 止有推恕, 本無容恕. 朱子所言者, 蓋容恕也. 中庸曰, 施諸己而不願, 亦勿施於人, 此推恕也. 子貢曰, 我不欲人之加諸我也, 吾亦欲無加諸人, 此推恕也. 此經曰, 所惡於上, 毋以使下, 所惡於下, 毋以事上, 此推恕也. 孔子曰, 己所不欲, 勿施於人, 此推恕也. 推恕者, 所以自修也. 故孟子曰, 强恕而行, 求仁, 莫近焉, 謂人與人之交際, 惟推恕爲要法也. 先聖言恕, 皆是此義). 이른바 容恕라면, 楚辭에 '나를 용서하는 마음으로 남을 헤아려라'고 한 것,『史記』趙世家에서 '老臣이 스스로를 용서하였다'고 한 것, 後漢書 劉寬傳에서 '온화하고 어질고 용서함이 많다'고 한 것 등인데 이것은 容恕이다. 推恕와 容恕는 서로 가까운 것 같지만, 그 차이는 천리나 된다. 推恕는 主가 나를 다스리는데 있기 때문에 나의 善을 행하는 것이지만, 容恕는 主가 남을 다스리는데 있기 때문에 남의 악행을 너그럽게 대하는 것이다. 이 어찌 동일한 것이겠는가(若所謂容恕者, 楚辭曰, 恕己以量人, 趙世家曰, 老臣自恕, 後漢書, 劉寬傳曰, 溫仁多恕, 此容恕也. 推恕容恕, 雖若相近, 其差千里. 推恕者, 主於自修, 所以行己之善也, 容恕者, 主於治人, 所以寬人之惡也. 斯豈一樣之物乎) ② 여기『대학』의 말인 '求諸人 · 非諸人'은 推恕를 거꾸로 말한 것이지, 바로 推恕는 아니다. 옛 성인이 말한 恕는 남에게 있는 그것을 구하여 나에게도 있게 하고, 남을 비난하는 그것을 나에게도 없게 해야 한다는 것인데,『大學』에서 말한 恕는, 나에게 있게 하고야 남에게 있기를 요구하고, 나에게 없게 하고 남에게 없음을 책망한다고 했으니, 表裏 · 本末이 뒤바뀌고 거꾸로 된 것은 아닌가? 그러나 그 警戒하는 것은 推恕에 있고 容恕에 있지 않다(乃若此經之言, 求諸人非諸人, 卽推恕之倒言者, 非直推恕也. 先聖之所謂恕者, 求諸人而后有諸己, 非諸人而后無諸己, 此經之所謂恕者, 有諸己而后求諸人, 無諸己而后非諸人, 表裏本末, 不換倒乎. 然其所戒, 在於推恕, 而不在於容恕). 요즘 사람들이 이를 잘못 읽고 잘못 미루어간다면, 장차 말하길, '벌거벗고 함께 목욕한 사람이 남을 벌거숭이라 꾸짖어선 안 되고, 함께 도둑질한 사람이 남을 도둑이라 꾸짖어선 안 된다'고 하면서, 나의 마음으로써 남의 마음을 헤아려서는 기꺼이 서로 용서하면서 서로를 비난하는 말을 하는 자 아무도 없을 것인즉, 그 폐단은 장차 그와 내가 거리낌 없이 악행에 익숙해지면서도 서로를 바로잡아주지 않게 될 것이다. 이것이 어찌 옛 성인의 본뜻이겠는가(今人於此, 誤讀而誤推之, 則將曰同浴者, 不可譏倮, 同盜者, 不可譏穿. 以我之心, 度他人之心, 怡然相容, 莫相非議, 卽其弊將物我相安, 狃於爲惡, 而不相匡正, 斯

상반되어(不如是 則所令 反其所好), 백성들이 따르지 않게 되는 것이다(而民不從矣). 「喩」는 「曉(깨닫다)」이다(喩 曉也).

豈先聖之本意乎). 『大學』에서 말한 것은 장차 백성을 교화시키고자 하면 반드시 먼저 자기를 修身해야 하고, 장차 자기를 修身하고자 하면 반드시 먼저 推恕를 간직해야 한다는 것이니, 恕는 絜矩之道인 것이다. 絜矩란 나에게 孝弟가 있고 비로소 이로써 남에게 孝弟를 요구할 수 있다는 것이고, 絜矩란 나에게 不孝함이 없고 비로소 이로써 不孝하는 백성을 비난할 수 있다는 것이다. 이치가 비록 서로 통할지라도 말에는 반드시 차서가 있는 법이다. 지금 바로 남에게 善行을 요구하고 남의 惡行을 비난하는 것을 恕라 한다면, 겉과 속, 근본과 말단은 곧 그 자리에서 뒤바뀌어 거꾸로 되어버릴 것이다. 그래서 말하길, '求諸人 · 非諸人'은 推恕를 거꾸로 말한 것이다 하는 것이다(經所言者, 謂將欲化民, 必先自修, 將欲自修, 必先藏恕, 恕者, 絜矩之道也. 絜矩, 則我有孝弟, 乃可以求諸民, 絜矩 , 則我無不孝, 乃可以非諸民, 理雖相通, 言必有序. 今直以求諸人非諸人, 爲恕, 則表裏本末, 卽地換倒. 故曰求諸人非諸人, 推恕之倒言者也).

7) [字義] 한나라 이래로 恕라는 글자의 뜻은 아주 불분명해졌다. 그래서 "자신을 용서하고 주인의 뜻을 헤아리기를 잘한다(善恕己量主)"고 말한 사람이 나오기에 이르렀다. 우리 왕조의 范忠宣公(范純仁; 1027~1101, 北宋大臣) 역시 "자신을 용서하는 마음을 가지고 남을 용서한다(以恕己之心恕人)"고 하였으니, 恕라는 글자는 자신에게 적용할 수 없다(恕之一字就己上著不得)는 것을 알지 못하였다. 그가 말한 恕라는 글자는 다만 다른 사람을 용서한다(饒人)는 뜻이었던 것 같다. 이와 같이 한다면 자신에게 잘못이 있으면 또 스스로 자신을 용서하고, 다른 사람에게 잘못이 있으면 다시 다른 사람을 용서할 것이다. 이는 서로를 못나고 어리석은 곳으로 이끄는 것이다. 어찌 이것이 자신을 확장시켜서 남의 마음과 같이 한다는 옛사람들의 뜻과 같겠는가?(184쪽).

고 치 국 재 제 기 가
0905 故治國在齊其家。

그러므로 나라를 잘 다스리는 것은 그 집안을 가지런하게 하는 데에 있는 것이다(故治國在齊其家).

通結上文。

제1절부터 제4절까지를 통합해서 결론 맺은 것이다(通結上文).

0906 詩云:「桃之夭夭, 其葉蓁蓁; 之子于歸, 宜其家人。」
宜其家人, 而后可以教國人。

『詩』는 노래하길(詩[1]云), "복숭아나무 한껏 물올라 잎사귀들 한층 짙푸르네(桃之夭夭[2] 其葉蓁蓁). 저 아가씨 시집가네 시집식구 의좋게 하리(之子于歸 宜其家人)"라고 했는데, 자기 집안사람들을 의좋게 했으니, 그 후에 이로써 나라사람들을 교화할 수 있는 것이다(宜其家人 而后可以教國人).

0906 夭, 平聲。蓁, 音臻。○ 詩周南桃夭之篇。夭夭, 少好貌。蓁蓁, 美盛貌。興也。之子, 猶言是子, 此指女子之嫁者而言也。婦人謂嫁曰歸。宜, 猶善也。

「夭(yāo)」는 平聲이다(夭 平聲). 「蓁」는 음이 「臻(진)」이다(蓁 音臻). ○『詩』는『詩經』「周南」편 「桃夭」이다(詩周南桃夭之篇). 「夭夭」는 어리고 예쁜 모양이다(夭夭 少好貌). 「蓁蓁」은 아름답고 무성한 모양으로 표현방법이 「興」에 해당한다(蓁蓁 美盛貌 興也). 「之子」는 「是子」라는 말과 같다. 여기서는 시집가는 여자를 가리킨 말이다(之子[3] 猶言是子 此指女子之嫁者而言也). 여자가 시집가는 것을 일컬어 「歸」라 한다(婦人謂嫁曰歸[4]). 「宜」는 「善」과 같다(宜 猶善也).

---

1) [詩經 周南 桃夭] ① 복숭아 가지 뻗어 꽃잎들이 화사하네. 우리 아씨 시집가네 복 덩어리 굴러가네. ② 복숭아 가지 뻗어 열매들이 토실토실 우리 아씨 시집가네 시집 식구 신나겠네. ③ 복숭아 가지 뻗어 잎새들이 싱싱하네 우리 아씨 시집가네 시집식구 복 받았네(이기동,『시경강설』, 성균관대학교출판부)[① 桃之夭夭, 灼灼其華. 之子于歸, 宜其室家. ② 桃之夭夭, 有蕡其實. 之子于歸, 宜其家室. ③ 桃之夭夭, 其葉蓁蓁. 之子于歸, 宜其家人.].
2) 「桃之夭夭」라는 구절에서 따와서, 처녀가 시집가기 좋은 시절을 「桃夭시절」이라 한다.
3) 子(자): 고대에는 아들과 딸을 모두 가리켰음.
4) 婦人(부인): ① 결혼한 여자; 天子의 배우자는 后, 제후의 배우자는 夫人, 大夫는 孺人, 士는 婦人, 庶人은 妻라 한다(禮記 曲禮下편). ② 성년 여자의 통칭.

0907 詩云:「宜兄宜弟。」宜兄宜弟, 而后可以教國人。

『詩』는 노래하길(詩[1]云), "형답구나 동생답구나 형제 우애 도탑구나(宜兄宜弟)."라고 했는데, 형제간에 우애를 도탑게 했으니, 그 후에 이로써 나라사람들을 교화할 수 있는 것이다(宜兄宜弟 而后可以教國人).

0907 詩小雅蓼蕭篇。

『詩』는『詩經』「小雅」편「蓼蕭(육소)」이다(詩 小雅蓼蕭[2]篇).

---

1) [詩經 小雅 蓼蕭] ① 돋아난 사철쑥에 이슬방울 맺혀 있네. 우리 님을 뵈었으니 내 속이 후련하네. 말끝마다 웃음 피어 가슴속이 뿌듯하네. ② 돋아난 사철쑥에 이슬방울 대롱대롱. 우리 님을 만나보니 용처럼 찬란하네. 늠름한 그 모습을 영원토록 못 잊으리. ③ 돋아난 사철쑥에 이슬방울 달려 있네. 우리 님을 만나보니 왜 이리 즐거울까. 형님 같고 동생 같아 그 마음 변치 않네. ④ 돋아난 사철쑥에 이슬방울 영롱하네. 우리 님을 만나보니 고삐 줄도 늠름하네. 방울소리 딸랑대어 만복이 다 모이네(이기동,『시경강설』, 성균관대학교출판부)[① 蓼彼蕭斯, 零露湑兮. 旣見君子, 我心寫兮. 燕笑語兮, 是以有譽處兮. ② 蓼彼蕭斯, 零露瀼瀼. 旣見君子, 爲龍爲光. 其德不爽, 壽考不忘. ③ 蓼彼蕭斯, 零露泥泥. 旣見君子, 孔燕豈弟. 宜兄宜弟, 令德壽豈. ④ 蓼彼蕭斯, 零露濃濃. 旣見君子, 鞗革沖沖. 和鸞雝雝, 萬福攸同。].

2) 蓼蕭(육소): 쑥의 일종. 詩 蓼蕭는 태평성대의 은택이 먼 곳까지 미치는 것이 마치 이슬이 쑥에 맺혀 있는 것 같다고 노래한 것으로 이로부터 군왕의 은택을 비유하여 蓼蕭라고 함.

0908 詩云:「其儀不忒, 正是四國。」其爲父子兄弟足法, 而后民法之也。

『詩』는 노래하길(詩[1]云), "풍모와 인덕 한가지라 사해백성 모범 되네(其儀不忒 正是四國[2])"라고 했는데 부자간 형제간이 족히 모범이 될 만했으니, 그 후에 백성들이 그를 본받게 되는 것이다(其爲父子兄弟足法[3] 而后民法之也).

0908 詩曹風鳲鳩篇。忒, 差也。

1) [詩經 曹風 鳲鳩] ① 뽕나무 위 뻐꾸기 일곱 마리 새끼 있네. 멋쟁이 우리 님은 그 거동이 한결같네. 그 거동이 한결같고 그 마음 단단하네. ② 뻐꾸기는 뽕나무 새끼들은 매화나무. 멋있는 우리 님은 비단실로 띠를 했네. 비단실로 띠를 하고 오색 구슬 고깔 썼네. ③ 뻐꾸기는 뽕나무 새끼들은 대추나무. 어지신 우리 님은 거동이 어울리네. 어울리는 거동으로 온 나라를 구하셨네. ④ 뻐꾸기는 뽕나무 새끼들은 개암나무. 아름다운 우리 님은 나라 사람 구하셨네. 나라 사람 구했으니 만수무강 하소서(이기동, 『시경강설』, 성균관대학교출판부)[① 鳲鳩在桑, 其子七兮. 淑人君子, 其儀一兮. 其儀一兮, 心如結兮. ② 鳲鳩在桑, 其子在梅. 淑人君子, 其帶伊絲. 其帶伊絲, 其弁伊騏. ③ 鳲鳩在桑, 其子在棘. 淑人君子, 其儀不忒. 其儀不忒, 正是四國. ④ 鳲鳩在桑, 其子在榛. 淑人君子, 正是國人. 正是國人, 胡不萬年。].

2) 四國(사국): 사방의 이웃나라. 사방의 제후국. 사방. 천하.

3) ① 여기서 말한 '法'은 바로 荀子가 말한 '儀(의표)'이다. 『大學』이 여기서 제시한 것은 '恕'이다. '恕'는 '推己及人'이다. 반드시 '恕'해야 '남을 깨우칠 수 있다'는 말 역시 荀子의 사상이다. '성인은 자신을 척도로 판단한다. 즉 사람(자신)을 바탕으로 사람(남)을 판단하며, 물정을 바탕으로 물정을 판단한다(聖人者, 以己度者也. 故以人度人, 以情度情)[荀子 非相편 제12장]'는 荀子의 말이, 이른바 '恕'이다(馮友蘭, 『중국철학사(상)』 578쪽, 박성규 역, 까치글방). ② [中庸 第13章] 孔子께서 말씀하셨다. "道는 사람을 떠나 있지 않다. 사람이 道를 행한다 하면서 사람을 떠나 있다면 이로써는 도를 행할 수 없다. 詩經에 '도낏자루 자르네. 도낏자루 자르네. 도낏자루 감일랑은 멀리 있는 게 아니지' 했는데, 도낏자루를 잡고 도낏자루로 쓸 나뭇감을 자르면서, 곁눈질하면 바로 보일 텐데 오히려 멀리 있다고 여긴다. 그러므로 군자는 사람의 도로써 사람을 가르치고 고치면 거기에서 그친다. 忠恕는 道와 떨어진 거리가 멀지 않으니, 자기 자신에게 베풀어 봐서 자기가 원하는 것이 아니라면, 똑같이 남에게도 베풀지 말라는 것이다(子曰:「道不遠人. 人之爲道而遠人, 不可以爲道. 詩云:『伐柯伐柯, 其則不遠.』執柯以伐柯, 睨而視之, 猶以爲遠. 故君子以人治人, 改而止. 忠恕違道不遠, 施諸己而不願, 亦勿施於人).

『詩』는 『詩經』 「曹風」편 「鳲鳩(시구)」이다(詩 曹風鳲鳩[4]篇). 「忒(특)」은 「差(어긋나다)」이다(忒 差也).

4) 鳲鳩(시구): 뻐꾸기. 尸鳩라고도 씀.

차 위 치 국 재 제 기 가

0909 此謂治國在齊其家。

이것을 말하여「나라를 잘 다스리는 것은 그 집안을 가지런하게 하는 데에 있다」라고 한 것이다(此謂治國在齊其家).

0909 此三引詩, 皆以詠歎上文之事, 而又結之如此。其味深長, 最宜潛玩。

여기에 인용한 세편의 시는 모두 위 구절의 일을 노래로써 찬미하고, 또 결론 맺기를 이와 같이 한 것이다(此三引詩 皆以詠歎上文之事 而又結之如此). 그 맛이 깊고 오래 가니, 마땅히 깊이깊이 새겨가며 음미해야 한다(其味深長 最宜潛玩[1]).

右傳之九章。釋齊家治國。

여기까지가 傳文 제9장이다(右 傳之九章).「齊家 · 治國」을 해석하였다(釋齊家治國[2]).

---

1) 潛玩(잠완): 깊이깊이 새겨가며 맛을 보다.

2) [大全] 脩身에서 齊家, 齊家에서 治國平天下에 이르는 길은 둘이 있다. 하나는 敎化이고, 하나는 推己이다. 敎化는 직접 가르쳐 動해서 변화시키는 것이고, 推己는 도리를 미루어나가 확충하는 것이다. 때문에 제9장에는 이 둘의 뜻을 포함하고 있다. 제9장의 제1절 전반 '成敎於國'까지는 敎化이다. 제1절 후반 세 개의 '所以~'절은 推己이다. 제2절의 '如保赤子'는 제1절 후반의 '慈者 所以使衆'을 이어서 한 말로서 推己이다. 제3절 '一家仁' 절은 敎化이다. 제4절 전반 '帥天下' 절은 敎化이다. 제4절 후반 '有諸己' 절은 제4절 전반절의 '所令反其所好'를 이어서 한 말로 推己이다. 제6 · 7 · 8절의 세 개의 인용 시는 敎化이다. 敎化해야 推己할 수 있고, 推己하면 敎化가 된다. 敎化가 안 되면 推己가 안 되고, 推己하지 않으면 敎化가 두루 이루어지지 않는다(仁山金氏: "…自脩身而齊家, 自齊家而治國而平天下, 有二道焉. 一是化, 一是推. 化者, 自身敎而動化也; 推者, 推此道而擴充之也.

故此一章並含兩意; 自章首至 '成敎於國' 一節是化; 三 '所以' 是推, '如保赤子', 繼慈者使衆而言, 是推; '一家仁' 以下一節是化, '帥天下' 一節是化; '有諸己' 一節, 繼所令反其所好而言, 是推; 三引詩是化. 惟化則可推, 惟推則皆化, 非化則推不行, 非推則化不周").

傳文 第10章

1001 所謂平天下在治其國者: 上老老而民興孝, 上長長而民興弟, 上恤孤而民不倍, 是以君子有絜矩之道也。

經文에서 말한바, 「천하를 태평하게 하는 것은 그 나라를 잘 다스리는 데에 있다」는 것은(所謂平天下在治其國者), 위에서 노인을 노인으로 높이면 백성들에게는 孝의 기풍이 일어나고(上老老[1]而民興孝), 위에서 어른을 어른으로 공경하면 백성들에게는 弟의 기풍이 일어나고(上長長而民興弟), 위에서 고아를 불쌍히 여기면 백성들은 등을 돌리지 않는다는 것이다(上恤孤而民不倍[2])[3]. 이 때문에 군자에게는 지키고 행해야 하는 絜矩之道

---

1) [孟子 梁惠王上편 7:12] 내 집 노인을 노인으로 공경함이 남의 집 노인에게까지 미치며, 내 집 아이를 아이로 사랑함이 남의 집 아이에게까지 미칩니다. 천하를 손바닥에서 부릴 수 있습니다(老吾老 以及人之老 幼吾幼 以及人之幼 天下可運於掌).

2) [公議] '不倍'란 죽은 자를 배반하지 않고 죽은 자의 남겨진 고아를 보살피는 것을 말한다(不倍謂不偝死者, 撫其遺孤也).

3) [公議] ① 上老老 · 上長長 · 上恤孤의 세 가지 예법은 모두 태학에서 하고 있는 일들이다(此三禮. 皆太學之所有事也). ②『大學』에서 말한 '太學之道 在明明德'의 바른 해석은 오직 이 구절(傳文 제10장 제1절)에 있을 뿐이다. 그런데 이 구절을 자기를 가다듬는 孝 · 弟 · 慈로 여긴다면, 孝 · 弟 · 慈 三德은 이내 太學과는 아무 상관이 없게 되고, 이 책은 太學의 책으로 여길 수 없게 되고, 이 도는 太學의 도로 여길 수 없게 된다(經所云太學之道, 在明明德, 其正解, 只在此節. 今以此節, 爲自修之孝弟慈, 則孝弟慈三德, 仍與太學無涉, 此書, 不得爲太學之書, 此道, 不得爲太學之道). 옛 성인과 옛 왕들은 長子를 太學에서 머물게 하고는, 長子에게 老老 · 長長의 예를 가르쳐서 만민에게 老老 · 長長의 법을 보여주고, 대를 이어 임금이 될 태자로 하여금 몸소 孝弟를 천하에 率先하게 함으로써, 當世의 臣民이 될 자들에게 孝弟를 일으켜서, 모두가 크나큰 교화로 돌아가게 하였던 것인데,

(혈구지도)가 있는 것이다(是以君子有絜矩之道也)4)5).

그 大經大法 또한 모두 매몰되어 표장되지 못하게 되었고, 적지 않게 멸실되어버렸으니, 요즘 사람들은『大學』을 읽으면서도 이 뜻을 알지 못하는데, 이른바 '궤짝을 사면서 그 안의 구슬을 돌려보내는 격'[韓非子 外儲說左上]이다(先聖先王, 處胄子於太學, 敎胄子以老老長長之禮, 示萬民以老老長長之法, 使嗣世之爲人君者, 身先孝弟, 以率天下, 使當世之爲臣民者, 興於孝弟, 咸歸大化, 其大經大法, 亦皆湮晦而不章, 其失不小. 今人讀此經, 不知斯義, 所謂買櫝而還珠也). ③ 증거들을 종합해보면 '上老老'는 太學에서 하는 養老이고, '上長長'은 太學에서 하는 序齒(나이에 따라 차례를 정함)이고, '上恤孤'는 태학에서 하는 饗孤(고아에게 음식을 베풂)이다. 이 세 가지 큰 禮는 太學에서 孝弟慈를 진작시키는 근본인데, 이 세 가지 禮를 버린다면,『大學』에서 말한 '大學之道'는 무슨 道인지 알 수 없고, '明明德於天下'가 무슨 德인지 알 수 없을 것이다. 내가 '궤짝을 사면서 그 안의 구슬을 돌려보내는 격'이라 한 말이 감히 사실을 과장한 말은 아닐 것이다(總之, 上老老者, 太學之養老也, 上長長者, 太學之序齒也, 上恤孤者, 太學之饗孤也. 此三大禮, 爲太學興孝興弟興慈之本, 若去此三禮, 則經所云大學之道不知何道, 經所云明明德於天下不知何德. 余所謂買櫝還珠, 非敢爲過實之言也). ④ 주자께서 章句에서「老老」는 이른바「老吾老也」라고 했는데, 천자나 제후가 자기 부모를 봉양하는데 그것을 '老老'라고 할 수 있을까. 천자가 臣民에 대해서는 長幼有序를 따지지 않는데 그것을 '長長'이라고 할 수 있을까. '老老·長長'은 분명 태학의 예법에 관계된 것이다(朱子曰老老 所謂老吾老也. 天子諸侯之自養其親, 其可曰老老乎. 天子之於臣民不序長幼, 其可曰長長乎. 老老長長明係太學之禮).

4) ① [禮記正義] 絜은 結과 같다. 挈(손에 들다. 휴대하다. 제휴하다)이다. 矩는 法이다. 군자에게 挈法之道가 있다는 것은 마땅히 법을 손에 쥐고 행해야 동작에 실수가 없다는 것이다(絜猶結也 挈也. 矩 法也. 君子有挈法之道, 謂當執而行之, 動作不失之). ② 7세기경의 중국 고분에서 출토된 <伏羲女娲圖>에는 복희는 왼손에 矩를 여와는 오른손에는 規를 들고 있는 그림이 三足烏와 함께 그려져 있다. ③ 絜矩는 '能近取譬(자기 처지로부터 남의 처지를 유추해내는 것)'[論語 雍也편 제30章]이고, '絜矩之道'는 '己所不欲 勿施於人(자기가 싫어하는 것을 남에게 강요하지 말라)'[論語 顔淵편 第2章]를 뜻한다(馮友蘭,『중국철학사(上)』 579쪽, 박성규 역, 까치글방). ④ [荀子 不苟篇 제10장] 다섯 치 크기 곱자만으로 천하의 모든 네모꼴을 다 잴 수 있다(五寸之矩, 盡天下之方也) ⑤ [公議] '絜'은 끈으로 물건을 묶어 그 大小를 재는 것이다. '矩'는 직각으로 된 자로 正方을 만드는 것이다. 내가 孝·弟·慈를 한 바로써 백성 또한 모두 孝·弟·慈를 원함을 알 수 이는데, 이에 太學에 나아가서 三禮(老老·長長·恤孤)를 행하면, 백성들도 孝·弟·慈를 일으킬 것이다. 이런 고로 내가 좋아하는 것을 사람들 역시 그것을 좋아한다는 것을 알 수 있는데, 絜矩之道를 행하는 것이 즉 恕이다(絜以繩約物以度其大小也, 矩者直角之尺所以正方也. 以我之孝弟慈知民之亦皆願孝弟慈, 於是就太學行三禮[養老序齒恤孤三禮也], 而民果興孝弟慈. 是故知我之所好人亦好之, 行絜矩之道卽恕也). ⑥ [公議] 성인의 말에, '힘써 恕를 행하면 仁을 구하는데 이보다 가까운 게 없다(强恕而行 求仁莫近焉).'[孟子 盡心上편 4:3] 라고 했으니, 恕는 仁의 도이다. 子貢이 孔子께 '한 마디 말로써 종신토록 행할 가치가 있는 것이 있겠습니까?(有一言而可以終身行之者乎)' 하고 여쭈니, 孔子께서, '바로 恕란 말일 게다!(나에게 원하지 않는 것을 남에게 행하지 말아야 한다)(其恕乎 己所不欲 勿施於人).'

1001 長, 上聲。弟, 去聲。倍, 與背同。絜, 胡結反。○老老, 所謂老吾老也。興, 謂有所感發而興起也。孤者, 幼而無父之稱。絜, 度也。矩, 所以爲方也。言此三者, 上行下效, 捷於影響, 所謂家齊而國治也。亦可以見人心之所同, 而不可使有一夫之不獲矣。是以君子必當因其所同, 推以度物, 使彼我之間各得分願, 則上下四旁均齊方正, 而天下平矣。

「長(zhǎng)」은 上聲이다(長 上聲). 「弟(dì)」는 去聲이다(弟 去聲). 「倍」는

[論語 衛靈公편 제23장]라고 하였고, 門下人이 一以貫之(내 도는 하나를 가지고 그것을 꿰뚫었다)가 무슨 말씀인지를 여쭈니, 曾子는, '선생님의 도는 忠恕일 뿐이다(夫子之道忠恕而已).'[論語 里仁편 제15장]라고 하였다(聖人之言曰, 强恕而行求仁莫近焉, 恕者 仁之道也. 子貢問, 一言而有可以終身行之者乎, 孔子曰其恕乎[己所不欲 勿施於人], 門人問一貫之旨, 曾子曰夫子之道忠恕而已). 한 개 '恕'자로 上下 · 前後 · 左右를 꿰뚫는데, 단지 말씀하시길 '나에게 원하지 않는 것을 남에게 행하지 말아야 한다(己所不欲 勿施於人).' 고만 하였으니, 그 도는 지극히 간략하다. 오직 한 개 '恕'자인데도 이를 내놓으면 六合에 가득 차는데, 六合은 정방형이어서 矩를 가지고 잴 수 있는 것이다. 남이 나의 아버지를 업신여기면 나도 그를 미워할 것이기에 太學에서 養老之禮로 남의 아버지를 공경하니 백성들이 과연 孝를 일으키게 되고, 남이 나의 형을 업신여기면 나도 그를 업신여길 것이기에 太學에서 序齒之禮로 남의 형을 공경하니 백성들이 과연 弟를 일으키게 된다. 그래서 군자에게는 絜矩之道가 있다는 것이다(一恕字以貫上下以貫前後以貫左右, 但曰己所不欲勿施於人, 其爲道至簡至約. 只一恕字而放之則彌乎六合, 六合正方, 可絜之以矩也. 人慢我父我則惡之. 故太學養老之禮以敬人父而民果興孝, 人侮我兄我則惡之, 故太學序齒之禮以敬人兄而民果興弟, 是故君子有絜矩之道也).

5) ① 『論語』로부터 『中庸』에 이르기까지 '恕' 혹은 '忠恕'라는 주제는 孔門의 정통윤리가 되었다. 그런데 어째서 『大學』의 저자는 '忠恕'를 말하지 않고 '絜矩之道'를 말한 것일까? 재미있는 사실은 '絜矩之道'라는 표현이 『大學』 이외에 先秦문헌에는 전혀 없다는 것이다. 그것은 『大學』의 저자가 완벽하게 어떠한 특수한 의미를 전달하기 위하여 창안한 의도적 개념이라는 것이다. 그런데 이미 '矩'와 같은 도량형의 개념을 쓴다는 것은 주관적이기보다는 객관적이며, 질적이기보다는 양적이며, 선험적이기보다는 후험적인 사상경향을 내포하고 있다. 그런데 이 도량형의 개념을 가장 많이 쓰는 학파가 法家이다. 다시 말해 『大學』의 저자에게는 戰國말기의 법가적 사유의 영향이 분명히 있는 것이다. ② 正心이나 脩身이나 齊家에서는 감정에 지배당하거나 감정의 편벽성 등 인간 내면세계의 감정적 차원이 문제되지만, 治國 平天下의 차원에 돌입하게 되면 인간 내면의 실존적 문제가 아닌 객관적 기준이 되는 새로운 윤리가 필요했던 것이다. 이러한 객관적 보편주의를 표방하는 사상이 바로 絜矩之道인 것이다(김용옥, 『대학 · 학기 한글역주』 318쪽, 통나무).

「背」와 같다(倍 與背同). 「絜」은 「胡」와 「結」의 反切이다(絜 胡結反). ○ 「老老」는 孟子가 말한 「내 집안의 노인을 노인으로 높인다」는 것이다(老老 所謂老吾老也). 「興」은 감동이 일어나고 기운이 왕성해지는 것을 말한다(興 謂有所感發而興起也). 「孤」는 어리고 아버지가 없는 자의 호칭이다(孤者 幼而無父之稱). 「絜」은 「度(탁)」이다(絜 度也). 「矩」는 方形을 그리는 데 사용하는 것이다(矩 所以爲方也). 말인즉, 「老老」·「長長」·「恤孤」이 세 가지는, 윗사람이 행하면 아랫사람이 본받는 것이 그림자나 메아리보다 빨라서(言此三者 上行下效 捷於影響[6]), 이른바 집안이 가지런해지고 나라가 다스려진다는 것이다(所謂家齊而國治也). 역시 人心은 똑같다는 것을 알 수 있으니 어느 한 사람이라도 붙잡지 못하고 놓치는 자가 있게 해서는 안 되는 것이다(亦可以見人心之所同[7] 而不可使有一夫之不獲矣). 이 때문에 군자는 반드시 마땅히 그 인심의 똑같은 바를 바탕으로 이를 미루어 나가 이로써 남을 헤아려서(是以 君子必當因其所同 推以度物[8]), 남과 나 누구든 간에 각기 마음속으로 바라는 것을 얻게 하면(使彼我之間 各得分願[9]), 상하와 사방이 모두 고르고 가지런하고 바르고 반듯해져서 천하가 태평해지는 것이다(則上下四旁 均齊方正[10] 而天下平矣)[11].

---

6) ① 影響(영향): 그림자와 메아리(감응이 신속 민첩함을 형용할 때 많이 쓰며, 『書經』에 나오는 말임). 호응하다. 영향을 주다. ② 於(어): 비교대상을 이끌며, 뜻이 '比'와 같음.

7) [大全] 윗사람이 행하면 아랫사람이 본받는 감응속도가 매우 빠르니 이같이 인심은 똑같음을 알 수 있다(朱子曰: "…上行下效 感應甚速 可見人心所同者如此…").

8) 物(물): 자기 외의 사람이나 혹은 자기와 상대되는 환경을 가리킴.

9) 分願(분원): 본마음. 본래의 소망.

10) 方正(방정): 사람의 행위나 품성이 정직하고 無邪함을 가리킴.

11) [大全] ① 먼저 上行下效를 설명하고 絜矩해야 곳에 이르러선 政事上에 나아가 설명했다. 만약 善心만 흥기시키고 그 善心을 성취하도록 하지 못하면 비록 흥기할 수 있다 해도 역시 徒勞일 뿐이다. 예컨대 정치는 번다하고 부세는 무거워 자기 부모를 봉양하지 못하고 자기 처자를 기를 수 없다면, 또 어떻게 그 善心을 성취할 수 있겠는가? 모름지기 자기의 마음을 미루어 나가 이로써 저들에게 미쳐서, 저들로 하여금 우러러선 부모를 섬기기에 족하게 하고 굽어선 처자를 기르기에 족하게 해야만, 그제야 목적을 달성할 것이다(朱子曰: "先

說上行下效, 到絜矩處是就政事上說. 若但興起其善心, 不使得遂其心, 雖能興起, 亦徒然耳. 如政煩賦重, 不得養其父母, 畜其妻子, 又安得遂其善心? 須是推己之心 以及於彼, 使彼仰足以事, 俯足以育, 方得"). ② 사람들로 하여금 흥기케 하는 것은 성인의 敎化이고, 그 흥기된 마음을 성취토록 하는 것은 성인의 政事이다(朱子曰: "能使人興起者, 聖人之敎化也, 能遂其興起之心者, 聖人之政事也"). ③ 矩는 마음이다. 내 마음의 所欲은 곧 타인의 所欲으로, 내가 孝 · 弟 · 慈를 하고 싶어 하면 반드시 다른 사람들로 하여금 다 나의 孝 · 弟 · 慈와 같게 하여, 어느 한 사람이라도 놓치는 자가 없도록 해야만 그제야 옳다. 단지 나만 이와 같이 할 수 있고 다른 사람은 이와 같이 할 수 없다면, 이는 곧 불공평한 것이다(朱子曰: "矩者, 心也. 我心所欲, 卽他人所欲, 我欲孝弟慈, 必使他人皆如我之孝弟慈. 不使一夫之不獲方可. 只我能如此, 他人不能如此, 卽是不平矣"). ④ 興孝 · 興弟 · 不倍는 上行하면 下效한다는 의미로, 제9장에서 이미 언급했다. 이 장에서 다시 거론하는 것은, 아래 구절 '군자는 반드시 絜矩之道를 닦은 후에야 비로소 平天下가 가능하다'는 뜻을 이끌어내고자 해서이다. 絜矩하지 못하면, 백성이 윗사람에게 감화되어 善을 흥기할지라도 천하는 결국 불공평을 면하지 못할 것이기 때문이다. 그래서 이 장에서는 수미일관 모두 絜矩의 의미를 미루어나갔을 뿐, 몸소 행하여 백성을 감화시킨다는 말은 아직 말하지 않고 있는 것이다(朱子曰: "興孝 · 興弟 · 不倍, 上行下效之意, 上章已言之矣. 此章再擧之者, 乃欲引起下文君子必須絜矩, 然後可以平天下之意, 不然, 則雖民化其上以興於善, 而天下終不免於不平也. 故此一章首尾, 皆以絜矩之意推之, 而未嘗復言躬行化下之說").

소오어상 무이사하 소오어하 무이사상 소오어
1002 所惡於上, 毋以使下; 所惡於下, 毋以事上; 所惡於
전 무이선후 소오어후 무이종전 소오어우 무이
前, 毋以先後; 所惡於後, 毋以從前; 所惡於右, 毋以
교어좌 소오어좌 무이교어우 차지위혈구지도
交於左; 所惡於左, 毋以交於右: 此之謂絜矩之道。

아랫사람으로서 윗사람에게 느꼈던 싫어하는 바로써 아랫사람을 부리지 말라(所惡於上 毋以使下). 윗사람으로서 아랫사람에게 느꼈던 싫어하는 바로써 윗사람을 섬기지 말라(所惡於下 毋以事上). 나를 앞질러 가던 사람에게 느꼈던 싫어하는 바로써 뒷사람을 앞질러 가지 말라(所惡於前 毋以先後). 나를 뒤쫓아 오던 뒷사람에게 느꼈던 싫어하는 바로써 앞사람을 뒤쫓아 가지 말라(所惡於後 毋以從前). 내 오른편에 있던 사람에게 느꼈던 싫어하는 바로써 내 왼편 사람을 사귀지 말라(所惡於右 毋以交於左). 내 왼편 사람에게 느꼈던 싫어하는 바로써 내 오른편 사람을 사귀지 말라(所惡於左 毋以交於右). 이것을 말하여 「絜矩之道(혈구지도)」라고 한다(此之謂絜矩之道[1]).

---

1) ① [論語 公冶長편 제11장] 子貢이 말했다. "저는 제가 원하지 않는데도 남이 저에게 억지로 보태려고 하는 것을 원치 않고 저 또한 남이 원하는 않는데도 남에게 억지로 보태려고 함이 없고자 합니다. 孔子께서 말씀하셨다. "賜[子貢]야 이것은 네가 미칠 바가 아니다"(子貢曰 我不欲人之加諸我也 吾亦欲無加諸人 子曰 賜也 非爾所及也). ② [論語 衛靈公편 제23장] 子貢이 여쭈었다. "한 마디 말로써 종신토록 행할 가치가 있는 것이 있겠습니까?" 孔子께서 말씀하셨다. "바로 恕란 말일게다! 나에게 원하지 않는 것을 남에게 행하지 말아야 한다(子貢問曰 有一言而可以終身行之者乎 子曰 其恕乎 己所不欲 勿施於人). ③ [中庸 13:3] 忠恕는 道와 떨어진 거리가 멀지 않으니, 자기 자신에게 베풀어봐서 자기가 원하는 것이 아니라면, 똑같이 남에게도 베풀지 말라는 것이다(忠恕違道不遠 施諸己而不願 亦勿施於人). ④ [中庸 13:4] 군자가 따르는 길이 넷인데, 나 丘[孔子]는 어느 하나도 잘하지 못했다. 자식에게 바라는 바로써 어버이 섬김을 잘하지 못했고, 신하에게 바라는 바로써 임금 섬김을 잘하지 못했고, 아우에게 바라는 바로써 형 섬김을 잘하지 못했고, 벗에게 바라는 바로써 먼저 벗에게 베풀지 못했다. 평상의 덕을 행하고 평상의 말을 삼가길, 덕을 행함에는 부족한 것이 있으면 감히 빈둥거리지 않고, 말을 삼감에는 하고 싶은 말이 남아 있어도 감히 다하지 않는다. 말을 할 때는 앞으로 행할 것을 헤아려서 말하고, 행할 때에는 앞서 말한 것을 돌이켜서 행하니, 군자가 어찌 독실하지 않을 수 있겠는가!(君子之道四 丘未能一焉 所求乎子

1002 惡·先, 並去聲。○此覆解上文絜矩二字之義。如不欲上之無禮於我, 則必以此度下之心, 而亦不敢以此無禮使之。不欲下之不忠於我, 則必以此度上之心, 而亦不敢以此不忠事之。至於前後左右, 無不皆然, 則身之所處, 上下·四旁·長短·廣狹, 彼此如一, 而無不方矣。彼同有是心而興起焉者, 又豈有一夫之不獲哉。所操者約, 而所及者廣, 此平天下之要道也。故章內之意, 皆自此而推之。

「惡(wù)」과 「先(xiān)」은 모두 去聲이다(惡 先 並去聲). ○ 이 구절은 제1절의 「絜矩」 두 글자의 뜻을 다시 해설한 것이다(此 覆解上文絜矩二字之義). 윗사람의 나에 대한 無禮를 원치 않으면(如不欲上之無禮於我), 반드시 이것으로 아랫사람의 마음 또한 헤아려서(則必以此度下之心), 나 역시 감히 이러한 無禮로써 아랫사람을 부리지 말아야 한다(而亦不敢以此無禮使之). 아랫사람의 나에 대한 不忠을 원치 않으면(不欲下之不忠於我), 반드시 이것으로 윗사람의 마음 또한 헤아려서(則必以此度上之心), 나 역시 감히 이러한 不忠으로써 윗사람을 섬기지 말아야 한다(而亦不敢以此不忠事之). 전·후·좌·우에 대해서도 모두 그렇게 하지 않음이 없다면(至於前後左右 無不皆然), 처신하는 바가 상하·사방·장단·광협의 피차의 구분 없이 똑같아서 방정하지 않음이 없게 되는 것이다(則身之所處上下四旁 長短廣狹 彼此如一而無不方矣). 남도 똑같이 이 마음을 가지고 흥기할 텐데(彼同有是心而興起焉者), 어찌 어느 한 사람이라도 붙잡지 못하고 놓치는 자

以事父 未能也 所求乎臣 以事君 未能也 所求乎弟 以事兄 未能也 所求乎朋友 先施之 未能也 庸德之行 庸言之謹 有所不足 不敢不勉 有餘 不敢盡 言顧行 行顧言 君子胡不慥慥爾).

가 있겠는가(又豈有一夫之不獲哉). 잡고 지키는 것이 간략할수록 그것이 미치는 곳은 더 광대한 법이다(所操者約 而所及者廣[2]). 絜矩之道 이것은 平天下의 긴요한 도이다(此 平天下之要道也). 그러므로 이 10章 안의 뜻은 모두 이 구절로부터 미루어나간다(故章內之意 皆自此而推之).

---

2) [孟子 盡心하편 32:1] 맹자가 말했다. "비근한 말인데도 뜻은 심원한 것이 훌륭한 말이다. 지키고 따르기에는 간략하면서도 미치는 곳은 넓은 것이 훌륭한 도이다. 군자의 말은 멀리 있는 것을 말하지 않는데도 도는 거기에 있다. 군자가 소중히 지키는 것은 자기 한 몸의 수양인데도 천하가 평화로워진다. 사람들의 병폐는 자기 밭을 버려두고 남의 밭의 김을 매고 있다는 것이다. 남에게 요구하는 것은 무거우면서도 자신에게 책임지우는 것은 가볍기 때문이다" (孟子曰 "言近而指遠者 善言也 守約而施博者 善道也 君子之言也 不下帶而道存焉. 君子之守 修其身而天下平. 人病舍其田而芸人之田. 所求於人者重 而所以自任輕也").

시 운 락 지 군 자 민 지 부 모 민 지 소 호 호 지 민 지 소
1003 詩云:「樂只君子, 民之父母。」民之所好好之, 民之所
오 오 지 차 지 위 민 지 부 모
惡惡之, 此之謂民之父母。

『詩』는 노래하길(詩[1]云), "여민동락 우리 군자 백성의 부모로세(樂只君子 民之父母)"라고 했는데, 백성들이 좋아하는 그것을 좋아하고 백성들이 싫어하는 그것을 싫어하는 것(民之所好好之 民之所惡惡之[2]), 이것을 말하여 「백성의 부모」라 한다(此之謂民之父母[3])[4].

1003 樂, 音洛。只, 音紙。好·惡, 並去聲, 下並同。○詩小雅南

---

1) [詩經 小雅 南山有臺] ① 남산에는 향부자 북산에는 명아주 풀, 즐거우신 우리 님은 나라의 기둥일세. 즐거우신 우리 님아 만수를 누리소서. ② 남산에는 뽕나무 북산에는 버드나무, 즐거우신 우리 님은 나라의 빛이로다. 즐거우신 우리 님아 만수무강하소서. ③ 남산에는 구기자요 북산에는 오얏 있네. 즐거우신 우리 님은 백성들의 부모로다. 즐거우신 우리 님은 칭송 소리 끝이 없네. ④ 남산에는 북나무 북산에는 감탕나무. 즐거우신 우리 님은 어찌 장수 않으리오. 즐거우신 우리 님은 칭송 소리 무성하네. ⑤ 남산에는 호깨나무 북산에는 유자나무, 즐거우신 우리 님은 장생불사하실 거야. 즐거우신 우리 님아 영원토록 누리소서(이기동, 『시경강설』, 성균관대학교출판부)[① 南山有臺, 北山有萊. 樂只君子, 邦家之基. 樂只君子, 萬壽無期. ② 南山有桑, 北山有楊. 樂只君子, 邦家之光. 樂只君子, 萬壽無疆. ③ 南山有杞, 北山有李. 樂只君子, 民之父母. 樂只君子, 德音不已. ④ 南山有栲, 北山有杻. 樂只君子, 遐不眉壽. 樂只君子, 德音是茂. ⑤ 南山有枸, 北山有楰. 樂只君子, 遐不黃耇. 樂只君子, 保艾爾後。].

2) [大全] 백성이 좋아하는 것은 배부르고 따뜻하고 편하고 즐거운 것이고, 싫어하는 것은 배고프고 춥고 힘들고 고생하는 것이다(東陽許氏曰: "…民所好者飽暖安樂, 所惡者饑寒勞苦").

3) [孟子 梁惠王상편 4:4] 맹자가 말했다. "푸줏간에는 살찐 고기가 쌓여 있고 마구간에는 살찐 말들이 있지만, 백성들은 굶주린 기색을 띄고 들에는 굶어 죽은 시체가 뒹굴고 있습니다. 이것은 짐승을 내몰아 사람을 잡아먹게 하는 것입니다. 짐승끼리 서로 잡아먹는 것조차도 사람들은 끔찍해 합니다. 백성의 부모가 되어 행한다는 정치가 짐승을 내몰아 사람을 잡아먹게 하는 데서 벗어나지 못하고 있는데 그 백성의 부모 된 모습이 어디에 있습니까?"(曰 "庖有肥肉 廏有肥馬 民有飢色 野有餓莩. 此率獸而食人也 獸相食 且人惡之. 爲民父母 行政不免於率獸而食人 惡在其爲民父母也").

4) [公議] ① 이 구절은 능히 絜矩之道를 행한 공효를 말한 것이다(此言能絜矩之效). ② 이 구절은 '立賢(현덕을 세우는 것)'에 대한 경계이다. 백성이 좋아하는 것이란 賢德之人을 말하고, 백성이 싫어하는 것이란 간사한 사람을 말한다(此立賢之戒也. 民之所好謂賢德之人, 民之所惡謂奸邪之人).

山有臺之篇。只, 語助辭。言能絜矩而以民心爲己心, 則是愛民如子, 而民愛之如父母矣。

「樂」은 음이 「洛」이다(樂 音洛). 「只」는 음이 「紙」이다(只 音紙). 「好(hào)」와 「惡(wù)」는 모두 去聲으로 아래로 모두 같다(好 惡 並去聲 下並同). ○ 『詩』는 『詩經』 「小雅」편 「南山有臺」이다(詩 小雅南山有臺之篇). 「只」는 어조사이다(只 語助辭). 말인즉, 絜矩하여 이로써 백성의 마음을 자기의 마음으로 삼을 수 있다면(言 能絜矩而以民心爲己心), 백성 사랑하기를 자식같이 할 것이고(則是愛民如子), 백성들은 그를 사랑하기를 부모같이 할 것이라는 것이다(而民愛之如父母矣).

1004 詩云:「節彼南山, 維石巖巖, 赫赫師尹, 民具爾瞻。」有國者不可以不愼, 辟則爲天下僇矣。

『詩는 노래하길(詩[1]云), "깎아지른 듯 저 남산에 기암괴석 우뚝우뚝(節彼南山 維石巖巖). 위용 뽐내는 태사 윤씨 백성들 모두 당신만 쳐다보네(赫赫師尹 民具爾瞻)."라고 했는데, 나라를 가진 자는 이로써 근신하지 않으면 안 되니(有國者 不可以不愼), 편벽되면 천하에 의해 참혹한 죽임을 당하게 될 것이다(辟則爲天下僇矣)[2].

---

1) [詩經 小雅 節南山] ① 깎아지른 저 남산엔 바위들이 우뚝하네. 찬란하신 태사 윤씨 온 백성이 쳐다보네. 근심 걱정 속이 타서 농담조차 할 수 없어. 나라 이미 망했는데 어찌 아니 돌아보나. ② 깎아지른 저 남산은 참으로 아름다워. 찬란하신 태사 윤씨 세상을 안 살피네. 하늘이 꾸짖어서 온갖 재앙 내려오고, 만백성이 소리쳐도 아랑곳도 아니하네. ③ 저 윤씨 태자는 주나라의 주춧돌 나라 고루 다스리면 사방이 편할 것을, 천자를 잘 도와서 백성들을 살펴야지. 무심하신 하늘이여 우리 백성 돌보소서. ④ 참된 사랑 아니 주면 백성들은 안 믿나니, 백성에게 봉사 않고 군자들을 기망 마오. 잘 살피고 잘못 그쳐 백성들을 건지소서. 조무래기 인척들은 등용해선 아니 되오. ⑤ 무심하신 하느님은 온갖 고통 다 내리네. 무정하신 하늘이여 이 변괴가 웬 말인가. 윗사람이 훌륭하면 백성들이 잘 따르고 윗사람이 어질다면 원망소리 사라지리. ⑥ 무심하신 하늘이여 나라 혼란 안 잡히고, 다달이 더해가니 백성들이 못 살겠소. 술 취한 듯 속만 타네 누가 정권 잡았나. 나라 정사 안 돌보고 백성들만 괴롭히네. ⑦ 네 필 말 멍에 하니 네 필 말 힘차건만 동서남북 돌아봐도 달려갈 곳 하나 없네. 미운 마음 북 받치면 창을 겨누다가도 한 번 마음 풀어지면 서로 술잔 주고받지. ⑧ 불공평한 하늘이여 우리 임금 엉터리네. 자기 마음 안 고치고 바른 사람 원망하네. 가부님이 노래지어 임금 잘못 추구하니 부디 마음 고쳐먹고 온 세상을 살피소서(이기동, 『시경강설』, 성균관대학교출판부)[① 節彼南山, 維石巖巖. 赫赫師尹, 民具爾瞻. 憂心如惔, 不敢戱談. 國旣卒斬, 何用不監. ② 節彼南山, 有實其猗. 赫赫師尹, 不平謂何. 天方薦瘥, 喪亂弘多. 民言無嘉, 憯莫懲嗟. ③ 尹氏大師, 維周之氐. 秉國之均, 四方是維. 天子是毗, 俾民不迷. 不弔昊天, 不宜空我師. ④ 弗躬弗親, 庶民弗信. 弗問弗仕, 勿罔君子. 式夷式已, 無小人殆. 瑣瑣姻亞, 則無膴仕. ⑤ 昊天不傭, 降此鞠訩. 昊天不惠, 降此大戾. 君子如屆, 俾民心闋. 君子如夷, 惡怒是違. ⑥ 不弔昊天, 亂靡有定. 式月斯生, 俾民不寧. 憂心如酲, 誰秉國成. 不自爲政, 卒勞百姓. ⑦ 駕彼四牡, 四牡項領. 我瞻四方, 蹙蹙靡所騁. 方茂爾惡, 相爾矛矣. 旣夷旣懌, 如相酬矣. ⑧ 昊天不平, 我王不寧. 不懲其心, 覆怨其正. 家父作誦, 以究王訩. 式訛爾心, 以畜萬邦。].

2) [公議] ① '辟'은 '한쪽으로 치우치다'이다. 親愛에 지나쳐서 간사한 무리를 등용하고, 賤惡에 지나쳐서 賢德 있는 자를 내쫓고, 이러면 백성의 好惡에 반하는 것이니, 그 禍가 반드시 백성을 잃는 데 이르기 때문에, 결국에는 나라를 잃게 됨을 警戒시킨 것이다(辟僻也. 僻於親

1004 節, 讀爲截。辟, 讀爲僻。僇, 與戮同。○詩小雅節南山之篇。節, 截然高大貌。師尹, 周太師尹氏也。具, 俱也。辟, 偏也。言在上者人所瞻仰, 不可不謹。若不能絜矩而好惡殉於一己之偏, 則身弑國亡, 爲天下之大戮矣。

「節」은「截(절)」로 읽는다(節 讀爲截).「辟」는「僻(벽)」으로 읽는다(辟 讀爲僻).「僇」은「戮」과 같다(僇 與戮同). ○『詩』는『詩經』「小雅」편「節南山」이다(詩 小雅節南山之篇).「節」은 깎아지른 듯 높고 큰 모양이다(節 截然高大貌).「師尹」은 주나라 태사 尹氏이다(師尹[3] 周太師尹氏也).「具」는「俱(모두)」이다(具 俱也).「辟」은「偏(한쪽으로 치우치다)」이다(辟偏也). 위에 있는 자는 사람들이 쳐다보고 우러르고 있으니 삼가지 않으면 안 된다는 말이다(言 在上者人所瞻仰 不可不謹). 만일 絜矩하지 못해서 好惡를 자

愛而姦邪進, 僻於賤惡而賢德黜, 如是則違民之好惡, 其禍必至於失衆, 故其終戒之以失國). ② 국가를 다스리는 데는 큰 정치로 두 가지가 있다. 하나는 用人이고 다른 하나는 理財이다. 대체로 보면 사람이 이 세상에 태어나서 큰 욕심으로 두 가지가 있는데, 하나는 貴이고, 다른 하나는 富이다. 윗사람은 貴를 원하고 아랫사람은 富를 원한다. 자고이래로 조정의 治亂 · 得失은 항상 立賢에서 일어나고, 평민의 苦樂 · 恩怨은 항상 斂財에서 일어난다. 제반 제도나 수많은 관원이나 아무리 복잡다단한 일일지라도 가만히 그 旨趣를 궁구해 보면, 조정이나 평민들이 다투는 것은 단지 이것뿐이다. 성인께서 그러함을 아셨기에, 用人의 경우에는 賢其賢 · 親其親으로써 군자를 대하고, 理財의 경우에는 樂其樂 · 利其利로써 백성들을 대하였으니, 盛德至善을 백성들로 하여금 잊지 못하게 하는 그 要가 여기에 있는 것이다. 이 구절이 거듭거듭 언급되어 간곡히 경계한 것은 모두 이 뜻이다(爲國者其大政有二. 一曰用人 二曰理財. 大凡人生斯世, 其大欲有二. 一曰貴, 二曰富. 在上者其所欲在貴, 在下者其所欲在富… 自古以來, 朝廷之活[治]亂得失, 恒起於立賢, 野人之苦樂恩怨, 恒起於斂財. 雖百度庶工, 千頭萬緖, 而靜究厥趣, 則朝野所爭, 唯此而已, 聖人知其然也, 故用人則賢其賢而親其親, 以待君子, 理財則樂其樂而利其利, 以待小人, 盛德至善之使民不忘, 其要在此, 此節重言複言, 丁寧申戒, 皆此義也).

3) [公議] '師'는 '거느리다'이다. '尹'은 '바르다'이다. 師尹이라는 직책은 백성을 통솔하여 바르게 하는데 있다. 이 시를 인용한 것은 百官은 백성들이 쳐다보고 있으니 用人에 신중하지 않으면 안 됨을 말한 것이다(師者帥也, 尹者正也, 師尹之職所以帥民而正民也. 引此詩者, 言百官爲民所瞻, 用人不可不愼也).

기의 편향된 바대로 따르게 되면(若不能絜矩而好惡殉於一己之偏), 자기는 시해당하고 나라는 멸망하여 천하의 큰 죽임을 당하게 될 것이다(則身弑[4] 國亡 爲天下之大戮矣).

4) 弑(시): 신하가 임금을 죽이는 경우나 자식이 부모를 죽이는 경우처럼 지위나 輩分(배분: 촌수)가 낮은 사람이 높은 사람을 죽일 경우에 사용됨(이영주, 『漢子字義論』, 서울대학교출판부).

1005 詩云:「殷之未喪師, 克配上帝; 儀監于殷, 峻命不易。」道得衆則得國, 失衆則失國。

『詩』는 노래하길(詩[1]云), "殷나라가 아직 백성 안 잃었을 땐 상제님 단짝 되어 잘 따랐었지(殷之未喪師 克配上帝). 의표 갖춰 殷나라를 거울삼아라, 천명이란 보존키가 쉽지 않으니(儀監于殷 峻命不易)"라고 했는데, 백성을 얻으면 나라를 얻고 백성을 잃으면 나라를 잃는다는 말이다(道得衆則得國 失衆則失國).

1005 喪, 去聲。儀, 詩作宜。峻, 詩作駿。易, 去聲。○詩文王篇。師, 衆也。配, 對也。配上帝, 言其爲天下君, 而對乎上帝也。監, 視也。峻, 大也。不易, 言難保也。道, 言也。引詩而言此, 以結上文兩節之意。有天下者, 能存此心而不失, 則所以絜矩而與民同欲者, 自不能已矣。

「喪(sàng)」은 去聲이다(喪 去聲). 「儀」는 『詩』에는 「宜」로 쓰여 있다(儀 詩作宜). 「峻」은 詩에는 「駿」으로 쓰여 있다(峻 詩作駿). 「易」은 去聲이다(易 去聲). ○ 『詩』는 『詩經』 「大雅」편 「文王」이다(詩 文王篇). 「師」는 「衆(무리)」이다(師 衆也). 「配」는 「對」이다(配 對也). 「配上帝」는 그가 천하의 군주가 되어 상제와 마주하는 것을 말한다(配上帝 言其爲天下君而對乎上帝也). 「鑑」은 「視(보다)」이다(監 視也). 「峻」은 「大(크다)」이다(峻 大也). 「不易」은 보존하기 어렵다는 말이다(不易 言難保也). 「道」는 「言(말하다)」이다(道 言也). 『詩』를 인용하고 이렇게 말해서 위에 있는 두 구절의 뜻을

1) 傳文 제2장 제3절 詩 참조

결론 맺은 것이다(引詩而言此 以結上文兩節之意). 천하를 가진 자가 능히 이 마음을 보존하고 잃지 아니하면(有天下者 能存此心而不失), 絜矩를 바탕으로 백성이 바라는 것을 같이 바라는 것을(則所以絜矩而與民同欲者), 자기 스스로 그만둘 수 없게 된다(自不能已矣).

1006 是故君子先愼乎德。有德此有人, 有人此有土, 有土此有財, 有財此有用。

이런 고로 군자는 먼저 덕을 謹守해야 한다(是故君子先愼乎[1]德). 덕이 있어야 이에 백성이 있고(有德 此[2]有人), 백성이 있어야 이에 땅이 있고(有人 此有土), 땅이 있어야 이에 재물이 있고(有土 此有財), 재물이 있어야 이에 쓰임이 있는 것이다(有財 此有用).

1006 先愼乎德, 承上文不可不愼而言。德, 即所謂明德。有人, 謂得衆。有土, 謂得國。有國則不患無財用矣。

「先愼乎德(먼저 덕을 謹守한다)」은 위의 『詩』「節南山」의 「不可以不愼(근신하지 않을 수 없다)」을 이어서 말한 것이다(先愼乎德 承上文不可不愼而言). 「德」은 곧 經文에서 말하는 「明德」이다(德 卽所謂明德). 「有人」은 「得衆」을 말한다(有人 謂得衆). 「有土」는 「得國」을 말한다(有土 謂得國). 나라가 있으면 재물이 없음을 걱정할 필요가 없다(有國 則不患無財用矣[3]).

---

1) 乎(호): =於.

2) 此(차): =乃, 則. 그 결과로서. 이에 따라.

3) [大全] ① 나라를 다스리는데 絜矩 중에 가장 큰 것은 財用에 있다. 그래서 이 구절 뒤로는 재물에 대해서만 말하고 있다(朱子曰: "爲國絜矩之大者, 又在於財用, 所以後面只管說財"). ② "絜矩하는데 어째서 財利에 대해서만 말하는 것입니까?" 하고 여쭈니 朱子가 말했다: "결국 사람의 일에는 이것이 비교적 많은 부분을 차지하고, 사람을 낳고 기르는 것도 이것이고 사람을 잔인하게 해치는 것도 이것이기 때문이다"(問: "絜矩如何只管說財利?" 朱子曰: "畢竟人爲這箇較多, 所以生養人, 只是這箇, 所以殘害人, 亦只是這箇").

덕 자 본 야 재 자 말 야
1007 德者本也, 財者末也,

德이라는 것이 근본이고 財物이란 것은 말단인즉(德者本也 財者末也)[1],

1007 本上文而言。

위 구절을 바탕으로 말한 것이다(本上文而言).

---

1) ① 이것은 위정자의 덕과 재물의 관계를 논한 것인데, 여기에는 대학의 '親民'사상이 표현되어 있다. 儒學에서 '親' 개념은 원래 父子간의 도리에 해당되는 개념이다. '父子有親'이 그 대표이다. 그러나 父子 사이에서 '親'의 의미는 상호성을 나타내는 덕목이다. 즉, 부모가 자애롭지 못하더라도 효성스런 자식은 있고, 부모가 자애롭더라도 불효한 자식은 있지만, 그러나 이 경우 부자 사이에 親함이 존재한다고는 할 수 없는 것이다. 대학의 親民의 개념은 바로 임금과 백성 사이에 부자간과 같은 親함이 존재해야 한다는 것을 의미한다. 대학의 '親民' 개념은 論語, 孟子, 荀子에 뿌리를 두고 있다. 論語 顔淵편[제7장]에 이런 내용이 나온다.「자공이 정치에 대해 물으니, 공자가 말했다. '풍부한 식량, 충분한 군사력 그리고 백성의 신임을 획득하는 것이다. '부득이 버려야 할 경우 이 셋 중에서 무엇을 버려야 합니까?' '군사력을 버려야 한다.' '부득이 버려야 할 경우 이 둘 중에서 무엇을 버려야 합니까?' '식량을 버려야 한다. 자고로 사람은 죽는다. 그러나 백성의 신임이 없으면 국가가 존립할 수도 없는 것이다'(子貢問政 子曰. 足食 足兵 民信之矣. 子貢曰 必不得已而去 於斯三者何先. 曰 去兵. 子貢曰 必不得已而去 於斯二者何先. 曰 去食 自古皆有死 民無信不立)」. 즉 공자는 국가 존립의 첫째 기반으로 백성의 신임을 들었다. 친애의 덕목이 상호 친애의 관계에서 생겨나듯이, 이 信의 덕목도 상호 신뢰의 관계에서만 생겨나는 덕목이다. 백성들이 신임하는 것은 말할 것도 없이 윗사람이 백성을 친애하기 때문이란 점을 고려하면, 공자가 말한 '信'의 개념은 親民의 '親' 개념과 사실상 일치한다고 볼 수 있다. 요컨대 대학이 '親民' 개념을 대학의 3대 목적의 하나로 든 것도 이러한 공자사상을 그대로 반영한 것이었다(박성규, 『대학』, 서울대철학사상연구소). ② 德本財末(덕본재말): 治國平天下에 있어 德이 本이고 財는 德으로 말미암아 이르기 때문에 財利는 末임을 말함.

외 본 내 말 쟁 민 시 탈
1008 外本內末, 爭民施奪。

근본은 밖에다 두고 말단을 안으로 들이면, 백성들을 다투게 하고 서로 빼앗는 싸움을 벌이게 하는 것이다(外本內末 爭民施奪[1]).

1008 人君以德爲外, 以財爲內, 則是爭鬪其民, 而施之以劫奪之教也。蓋財者人之所同欲, 不能絜矩而欲專之, 則民亦起而爭奪矣。

백성의 임금된 자가 덕을 밖으로 여기고 재물을 안으로 여기면(人君以德爲外 以財爲內), 이는 백성들을 다투고 싸우게 하고 백성들에게 서로 겁탈하도록 가르치는 것이다(則是爭鬪[2]其民 而施之以劫奪之教也). 대개 재물이란 사람들이 똑같이 원하는 것이어서(蓋財者 人之所同欲), 絜矩하지 못하고 독차지하려고 하면(不能絜矩而欲專之), 백성들 역시 일어나 다투고 빼앗을 것이다(則民亦起而爭奪矣).

---

1) [孟子 梁惠王上편 1:1] 왕이 말했다. "노인장께서 천릿길을 멀다 하지 않고 오셨으니 장차 내 나라를 이롭게 할 방도가 있으시겠지요?" 맹자가 대답했다. "왕께서는 하필 利를 말씀하십니까? 다만 仁義로 다스리는 방도가 있을 따름입니다. 왕께서 '어떻게 하는 것이 내 나라에 이로울까?'라고 하시면 대부들은 '어떻게 하는 것이 내 가문에 이로울까?'라고 할 것이며 士나 庶人들은 '어떻게 하는 것이 내 자신에 이로울까?'라고 할 것입니다. 윗사람이나 아랫사람이나 서로 利를 차지하려고 하니 나라가 위태로워집니다. 만승을 가진 나라에서 그 임금을 시해하는 자는 반드시 천승을 가진 가문이고 천승을 가진 나라에서 그 임금을 시해하는 자는 반드시 백승을 가진 가문입니다. 만승의 나라에서 천승을 가지고 있고, 천승의 나라에서 백승을 가지고 있는 것이 많지 않은 편이 아닙니다. 만약 義를 뒤로 하고 利를 앞세운다면 전부 빼앗지 않고는 만족하지 않을 것입니다"(王曰. "叟不遠千里而來 亦將有以利吾國乎." 孟子對曰. "王何必曰利 亦有仁義而已矣. 王曰 何以利吾國, 大夫曰 何以利吾家, 士庶人曰 何以利吾身, 上下交征 利而國危矣. 萬乘之國 弑其君者, 必千乘之家, 千乘之國 殺其君者, 必百乘之家. 萬取千焉 千取百焉, 不爲不多矣. 苟爲後義而先利, 不奪不饜").

2) ① 爭鬪(쟁투): =爭鬪. 다투고 싸우다. ② 劫奪(겁탈): 무력을 써서 물건이나 사람을 탈취하다.

1009 是故財聚則民散, 財散則民聚。

이런 고로 재물이 모이면 백성은 흩어지고, 재물이 흩어지면 백성은 모이는 것이다(是故財聚則民散 財散則民聚).

1009 外本內末故財聚, 爭民施奪故民散, 反是則有德而有人矣。

「外本內末」하기 때문에 재물이 모이는 것이고(外本內末故財聚), 「爭民施奪」하기 때문에 백성이 흩어지는 것이므로(爭民施奪故民散), 그 반대로 하면 「有德」하게 되고 「有人」하게 되는 것이다(反是則有德而有人矣).

시 고 언 패 이 출 자, 역 패 이 입; 화 패 이 입 자, 역 패 이 출

1010 是故言悖而出者, 亦悖而入; 貨悖而入者, 亦悖而出。

이런 고로 어그러지게 나간 말은 똑같이 어그러져서 들어오고(是故 言悖而出者 亦悖而入), 어그러지게 모아들인 재화는 똑같이 어그러져서 빠져나가는 것이다(貨悖而入者 亦悖而出).

1010 悖, 布內反。○悖, 逆也。此以言之出入, 明貨之出入也。自先愼乎德以下至此, 又因財貨以明能絜矩與不能者之得失也。

「悖」는 「布」와 「內」의 反切이다(悖[1] 布內反). ○ 「悖」는 「逆(도리에 어긋나다)」이다(悖 逆也). 이것은 말의 출입을 가지고 재물의 출입을 밝힌 것이다(此 以言之出入 明貨之出入也). 제4절 첫머리 「先愼乎德」부터 여기까지는(自先愼乎德以下 至此), 또한 재화를 바탕으로 이로써 絜矩한 자와 絜矩하지 못한 자의 得失을 밝힌 것이다(又因財貨 以明能絜矩與不能者之得失也).

1) 悖入悖出(패입패출): 부정한 방법으로 들어온 재물은 또다시 다른 사람에 의해 부정한 방법으로 빼앗김.

1011 康誥曰:「惟命不于常!」道善則得之, 不善則失之矣。

『書經』「康誥」에는 말하길(康誥[1]曰), “천명이란 항시 머물러 있는 것이 아니다(惟[2]命不于常).”라고 했는데, 善政하면 천명을 얻고 善政하지 않으면 천명을 잃는다는 말이다(道善則得之 不善則失之矣).

1011 道, 言也。因上文引文王詩之意而申言之, 其丁寧反覆之意益深切矣。

「道」는「言(말하다)」이다(道 言也). 위 傳文 제10장 제5절에서 인용한『詩經』의「文王」詩의 뜻을 바탕으로 거듭 말했는데(因上文引文王詩之意而申言之), 그 간곡하게 반복해서 말하는 뜻이 더욱 절절하다(其丁寧反覆之意益深切矣).

---

1) 傳文 제1장 제1절 注 참조

2) 惟(유): 문장 앞머리에 쓰여 실제적인 뜻이 없고 發語詞로 쓰임.

1012 楚書曰:「楚國無以爲寶, 惟善以爲寶。」

『國語』「楚書」에는 말한다(楚書[1]曰). "초나라에는 보물로 삼을 만한 것이 없습니다. 善人만을 보물로 삼을 뿐입니다(楚國 無以爲寶 惟善以爲寶[2])."

1012 楚書, 楚語。言不寶金玉而寶善人也。

「楚書」는 「楚語」이다(楚書 楚語). 金玉을 보물로 여기지 않고 善人을 보물로 여긴다는 말이다(言不寶金玉而寶善人也).

---

1) ① 楚語(초어): 중국 선진시대 각국별 역사서인 國語의 편명으로 上下 두 편으로 된 초나라 역사서. ② [國語 楚語下] 초나라의 昭王(BC 515~BC 488)의 대부 왕손어가 晉나라에 초빙되어 정공(BC 511~BC 474)이 향연을 베풀자 진나라의 대부 조간자가 吳玉으로 상견례를 하면서 "초나라의 白珩(백형)은 아직 있습니까?" 하고 물으니 왕손어가 그렇다고 하자 조간자가 "보물로 삼은 지 얼마나 되었습니까?" 하고 물었다. 왕손어가 "보물로 삼은 적이 없습니다. 초나라가 보물로 삼은 것은 관야보입니다. 훈사를 조례에 따라 작성하는데 능하여 제후에게 사신으로 가서는 우리 임금에게 구실 삼을 일이 없게 합니다. 또 좌사 의상이 있는데 훈전에 능하여 온갖 일에 차례를 짓고 조석으로 임금에게 앞선 임금들의 성공과 실패를 아뢰어 임금으로 하여 선왕의 업적을 잊지 않도록 합니다. 또 귀신과 통할 수 있어 惡을 순도하여 초나라에 원통함이 없게 하였습니다. 또 云連徒洲라 불리는 소택이 있는데 금과 목재, 죽전이 나오는 곳입니다. 거북껍질, 구슬, 상아, 피혁, 우모는 창고에 준비해두는데 불우 대비용입니다. 폐백을 제공하는데 제후에게 바치는 데 씁니다. 제후들이 폐물을 좋아하면 훈사로써 설복하되 불우에 대비하고, 천신이 임금을 도우니, 저희 임금이 이로써 제후에게 罪를 짓지 않고 나라와 백성이 보존될 수 있습니다. 이것이 초나라의 보배입니다. 白珩이라면 선왕의 노리개일 뿐 어찌 보물로 삼겠습니까?(王孫圉聘于晉, 定公饗之, 趙簡子吳玉以相, 問于王孫圉曰:「楚之白珩猶在乎?」對曰:「然。」簡子曰:「其爲寶也, 幾何矣。」曰:「未嘗爲寶. 楚之所寶者, 曰觀射父, 能作訓比率, 以行事于諸侯, 使無以寡君爲口實. 又有左史倚相, 能道訓典, 以敘百物, 以朝夕獻善敗于寡君, 使寡君無忘先王之業; 又能上下說于鬼神, 順道其欲惡, 使神無有怨痛于楚國. 疣藪曰云連徒洲, 金木竹箭之所生也. 龜珠齒皮革羽毛所以備賦, 以戒不虞者也. 所以共幣帛, 以賓享于諸侯者也. 若諸侯之好幣具, 而導之以訓辭, 有不虞之備, 而皇神相之, 寡君其可以免罪于諸侯, 而國民保焉. 此楚國之寶也. 若夫白珩, 先王之望也, 何寶之焉?」).

2) [公議] 현인을 현인답게 대우한다는 뜻이다(賢賢之義也).

1013 舅犯曰:「亡人無以爲寶, 仁親以爲寶。」

『禮記』「檀弓下」편에서 舅犯(구범)은 말한다(舅犯[1]曰). "망명 중인 사람은 보물로 삼을 것이 없습니다. 어버이에 대한 사랑을 보물로 삼을 뿐입니다(亡人無以爲寶 仁親以爲寶)."

1013 舅犯, 晉文公舅狐偃, 字子犯。亡人, 文公時爲公子, 出亡在外也。仁, 愛也。事見檀弓。此兩節又明不外本而內末之意。

舅犯(구범)은 진나라 文公의 외삼촌인 狐偃(호언)으로, 字가 子犯(자범)

---

1) ① 晉나라 헌공(BC 676~BC 651)에게 申生 · 重耳 · 夷吾 세 아들이 있었는데 헌공의 첩 驪姬(여희)가 자기 아들 奚齊(해제)를 후계자로 삼고자 申生을 죽이고 이어 重耳와 夷吾도 죽이려 하자 重耳와 夷吾가 망명하였다. 헌공이 죽었을 때는 秦에 있었다. 헌공이 죽자 신하들이 驪姬의 아들 奚齊를 죽이고 驪姬를 축출한 후 나라를 重耳에게 넘기고자 하자, 이때 春秋五霸의 한 사람인 秦나라 목공(BC 659~BC 620)이 사신을 보내 重耳에게 나라를 되찾으라고 권했는데, 重耳의 외숙이 이를 듣고 한 말이다. 그 후 重耳는 19년의 망명생활을 끝내고 본국으로 돌아가 62세에 왕위에 올랐는데 그가 春秋五霸의 또 한 사람인 晉文公(BC 636~BC 627)이다. ② [禮記 檀弓下] 진나라 헌공이 죽자, 진나라 목공이 사람을 보내 公子 重耳를 조문하고 말했다. "과인이 듣기로 亡國하는 것도 이때이고 得國하는 것도 이때라 들었습니다. 公子께서는 비록 복상 중이시지만 또한 오래 끄시면 안 되니 실기하시면 안 됩니다. 公子께서는 도모하십시오. 重耳가 구범에게 고하자 구범이 말했다. "公子께서는 사양하십시오. 喪中에 있는 사람은 보배로 여길게 없습니다. 어버이에 대한 사랑만이 보배입니다. 어버이의 죽음이 무엇을 말하는 것이겠습니까? 또 그 틈을 타서 이익을 도모하면 천하에 그 누가 이를 변명할 수 있겠습니까? 공자께선 거절하십시오. 공자 重耳가 문상 온 손님에게 대답했다. "귀 군주께서 亡臣 重耳에게 조문의 예를 베푸셨으나, 아버지의 喪事를 당해서도 곡읍하여 슬퍼하는 자리에 참여하지 못하여 귀 군주의 근심이 되었습니다. 어버이의 사망이 무엇을 말하는 것이겠습니까? 감히 딴 뜻을 가져 貴國의 임금을 욕되게 하겠습니까?" 하고 이마를 조아릴 뿐 절하지 않고 곡하면서 일어났으나 일어나서도 사사로이 말하지 않았다(晉獻公之喪, 秦穆公使人吊公子重耳, 且曰:「寡人聞之: 亡國恒於斯, 得國恒於斯. 雖吾子儼然在憂服之中, 喪亦不可久也, 時亦不可失也. 孺子其圖之。」以告舅犯, 舅犯曰:「孺子其辭焉; 喪人無寶, 仁親以爲寶. 父死之謂何? 又因以爲利, 而天下其孰能說之? 孺子其辭焉。」公子重耳對客曰:「君惠吊亡臣重耳, 身喪父死, 不得與於哭泣之哀, 以爲君憂. 父死之謂何? 或敢有他志, 以辱君義.」稽顙而不拜, 哭而起, 起而不私).

이다(舅犯 晉文公舅狐偃 字子犯). 「亡人」이라 한 것은 文公이 당시에 公子로서 망명하여 나라 밖에 있었기 때문이다(亡人[2] 文公時爲公子 出亡在外也). 仁은 愛이다(仁 愛也). 이 사실은『禮記』「檀弓下」편에 보인다(事見檀弓). 이 제12 · 13절 또한 제8절의「外本內末」해서는 안 된다는 뜻을 밝힌 것이다(此兩節又明不外本而內末之意[3]).

2) 亡人(망인): 도망자. 유랑자. 망명자.
3) [公議] 친한 자를 친애한다는 뜻이다(親親之義也).

1014 秦誓曰:「若有一个臣, 斷斷兮無他技, 其心休休焉, 其如有容焉。人之有技, 若己有之, 人之彥聖, 其心好之, 不啻若自其口出, 寔能容之, 以能保我子孫黎民, 尚亦有利哉。人之有技, 媢疾以惡之, 人之彥聖, 而違之俾不通, 寔不能容, 以不能保我子孫黎民, 亦曰殆哉。」

『書經』「秦誓」에는 말한다(秦誓[1]曰). "가령 여기에 한 신하가 있는데(若

---

1) ① 秦書(진서): 춘추시대에 秦 穆公(BC 659~BC 620)이 鄭나라를 쳤으나 도중에 崤山에서 晋나라에 패한 후 뉘우치고 신하들에게 훈시한 글. ② [書經 秦誓편] 公이 말씀하셨다. "아! 나의 선비들아. 나의 말을 듣고 떠들지 말라. 내 맹세하여 너희에게 여러 말의 첫 번째를 고하노라. 古人이 말하기를 '백성들은 모두 스스로 이와 같이 많이 편안하니, 사람을 책함이 어려운 것이 아니라, 오직 사람에게 책함을 받아들이기를 흐르는 물처럼 하기가 어려운 것이다. 내 마음의 근심은 세월이 흘러가 다시는 오지 않을 듯함이다. 옛날의 謀人은 자신을 따르지 않는다 하여 싫어하고, 지금의 謀人은 우선 순종한다 하여 친하였다. 비록 그러하나 오히려 거의 黃髮에게 물을 것을 도모하면 잘못되는 바가 없을 것이다. 백발이 성성한 어진 선비로 체력이 이미 쇠한 자는 내 부디 소유하고, 걸걸한 勇夫로 활쏘기와 말 타기를 어기지 않는 자는 내 부디 등용하고자 하지 않으니, 교묘하게 말을 잘하여 군자로 하여금 말을 바꾸게 하는 자를 내 어느 겨를에 많이 소유하겠는가. 혼란스러워서 내 생각해보니, 만일 한 신하가 斷斷하고 딴 技藝가 없으나 그 마음이 곱고 고와 용납함이 있는 듯하여, 남이 가지고 있는 기예를 자신이 소유한 것처럼 여기며, 남의 훌륭하고 聖스러움을 마음속에 좋아하되 입에서 나오는 것보다 더 좋아한다면 이는 남을 포용하는 것이다, 나의 子孫과 黎民을 보호할 것이니, 또한 이로움이 있음을 주장할 것이다. 남이 가지고 있는 기예를 시기하고 미워하며, 남의 훌륭하고 聖스러움을 어겨서 통달하지 못하게 한다면 이것은 포용하지 못하는 것이다. 나의 子孫과 黎民을 보호하지 못할 것이니, 또한 위태로울 것이다. 나라가 杌隉(위태로움)함은 한 사람 때문이며, 나라가 영화롭고 또 편안함은 또한 거의 한 사람의 경사이다(公曰, 嗟, 我士. 聽無譁. 予誓告汝羣言之首. 古人有言曰, 民訖自若是多盤, 責人斯無難, 惟受責俾如流, 是惟艱哉. 我心之憂, 日月逾邁, 若弗云來. 惟古之謀人, 則曰未就予忌, 惟今之謀人, 姑將以爲親. 雖則云然, 尙猷詢茲黃髮, 則罔所愆. 番番良士, 旅力旣愆, 我尙有之, 仡仡勇夫, 射御不違, 我尙不欲. 惟截截善諞言, 俾君子易辭, 我皇多有之. 昧昧我思之, 如有一介臣, 斷斷猗無他技, 其心休休焉, 其如有容. 人之有技, 若己有之, 人之彥聖, 其心好之, 不啻如自其口出, 是能容之. 以保我子孫黎民, 亦職有利哉. 人之有技, 冒疾以惡之, 人之彥聖, 而違之俾不達, 是不能容. 以不能保我子孫黎民, 亦曰殆哉. 邦之杌隉, 曰由一人, 邦之榮懷, 亦尙一人之慶)(成百曉, 書經集傳[上], 傳統文化硏究會).

有一个臣), 성실하고 한결같을 뿐 전혀 다른 재주는 없으나 그 마음이 너그럽기가 마치 한량없는 것 같아서(斷斷[2]兮無他技 其心休休焉 其如有容焉), 남이 가진 재주를 보면 마치 자기가 가진 것처럼 여기고(人之有技 若己有之), 남의 착하고 아름답고 사리에 밝은 모습을 보면 마음으로 좋아하기를 입으로만 좋아하는 척하는 것이 아니면(人之彦聖 其心好之 不啻若自其口出[3]), 참으로 남에게 너그러워서 능히 우리 자손과 백성들을 보전할 수 있겠고(寔[4]能容之 以能保我子孫黎民), 역시 나라에도 이롭겠구나! 할 것이다(尙亦有利哉). 남이 가진 재주를 보면 시기 질투하여 싫어하고(人之有技 媢疾以惡之[5]), 남의 착하고 아름답고 사리에 밝은 모습을 보면 어깃장을 놓아 남과 통하지 못하도록 한다면(人之彦聖 而違之 俾不通[6]), 참으로 남에게 너그럽지 못하여 우리 자손과 백성들을 보전할 수 없겠고(寔不能容 以不能保我子孫黎民), 역시 나라에도 위태롭겠구나! 할 것이다(亦曰殆哉).[7]"

1014 个, 古賀反, 書作介。斷, 丁亂反。媢, 音冒。○秦誓, 周書。

---

2) ① 斷斷(단단): 끗끗하게 善을 지키는 것이 성실하고 한결같은 모습. 전혀(정도가 보통보다 심한 모양). ② 休休(휴휴): 너그럽고 기백있는 모양. ③ 有容(유용): 도량이 넓고 큼. 休休有容: 너그럽고 도량이 큼.

3) ① 彦聖(언성): 착하고 아름답고 사리에 밝은 사람(善美明達之士). 뛰어난 인물. ② [公議] 어떤 해석에 '彦聖'은 '嘉言(좋은 말)'이라 함(一解云彦聖謂嘉言也[彦者言也聖者聲也]) ③ 不啻(불시): =不止. 不只 ④ [公議] '心好之'란 입으로 칭찬하는 말보다 더한 것으로 이 때문에 '不啻(이 정도에 그치지 않는다. 뿐만 아니다)'라고 하였다(心好之甚於口譽故曰不啻也).

4) 寔(식): 참으로. 진실로. 常과 職의 反切.

5) 媢疾(모질): 시기하고 질투하다.

6) 俾(비): ~로 하여금. ~을 ~하게 하다.

7) [大全] '有容者'는 능히 絜矩할 수 있어 사람들이 똑같이 좋아하는 바이다. '媢疾者'는 絜矩하지 못해 사람들이 똑같이 미워하는 바이다. 인군은 능히 有容者는 좋아하여 등용하고, 媢疾者는 싫어하여 내치는데 이 또한 絜矩 중의 큰 것이다(新安陳氏曰: "有容者, 能絜矩而人所同好者也. 媢疾者, 不能絜矩而人所同惡者也. 人君能好有容者而用之, 惡媢疾者而舍之, 是又絜矩之大者").

斷斷, 誠一之貌。彥, 美士也。聖, 通明也。尚, 庶幾也。媢, 忌也。違, 拂戾也。殆, 危也。

「个」는「古」와「賀」의 反切로『書經』에는「介」로 쓰여 있다(个 古賀反 書作介). 「斷(duàn)」은「丁(dīng)」과「亂(luàn)」의 反切이다(斷 丁亂反). 「媢」은 음이「冒」이다(媢 音冒). ○「秦誓」는「周書」이다(秦誓 周書). 「斷斷」은 성실하고 한결같은 모습이다(斷斷 誠一之貌). 「彥」은「美士(아름다운 선비)」이다(彥 美士也). 「聖」은「通明(남과 잘 소통하고 현명하다)」이다(聖 通明[8]也). 「尚」은「庶幾(희망하다)」이다(尚 庶幾[9]也). 「媢」는「忌(시기하다)」이다(媢 忌也). 「違」는「拂戾(위배하고 거스르다)」이다(違 拂戾[10]也). 「殆」는「危(위험하다)」이다(殆 危也).

8) 通明(통명): 완고하지 않아 남과 소통을 잘하고 현명함. 사리에 통달하여 밝음.
9) 庶幾(서기): 희망하다. 가능하다면(희망 추측을 나타냄). 아마도. 다행히. 거의.
10) 拂戾(불려): 어깃장을 놓다. 거스르다.

1015 唯仁人放流之, 迸諸四夷, 不與同中國。此謂唯仁人爲能愛人, 能惡人。

오직 어진 사람만이 시기하고 질투하는 자를 추방하고 유배시켜(唯仁人放流[1]之), 四夷족의 땅으로 뿔뿔이 흐트러뜨려서 나라 안에 같이 발붙이지 못하게 한다(迸諸四夷[2] 不與同中國). 이를 말하여「오직 어진 사람만이 사람을 사랑할 수 있고, 사람을 미워할 수 있다」라고 한다(此謂唯仁人爲能愛人 能惡人[3]).

1015 迸, 讀爲屛, 古字通用。○迸, 猶逐也。言有此媢疾之人, 妨賢而病國, 則仁人必深惡而痛絕之。以其至公無私, 故能得好惡之正如此也。

「迸」은「屛(병)」으로 읽으며 옛날에는 통용했다(迸 讀爲屛 古字通用). ○「迸」은「逐(축출하다)」와 같다(迸 猶逐也). 말인즉, 여기 시기하고 질시하는 사람이 있는데 어진 사람을 방해하고 나라를 병들게 한다면(言 有此媢疾之人 妨賢而病國), 어진 사람은 반드시 심히 미워하고 단호히 그를 끊어버린다는 것이다(則仁人 必深惡而痛絕之). 그가 지극히 공평무사하기 때문에, 好惡를 공정하게 할 수가 있음이(以其至公無私 故能得好惡之正), 이와 같다(如此也).

---

1) 放流(방류): 유배시켜 추방하다. 추방.
2) 四夷(사이): 중화족의 四方에 있는 少數民族의 통칭으로 경멸의 뜻으로 많이 쓰임. 東夷 · 西戎 · 南蠻 · 北狄을 가리킴.
3) [論語 里仁편 제3장] 孔子께서 말씀하셨다. "오직 仁者만이 사람을 사랑할 수 있고 사람을 미워할 수 있다"(子曰 唯仁者能好人 能惡人).

1016 見賢而不能擧, 擧而不能先, 命也; 見不善而不能退, 退而不能遠, 過也。

현자를 보고도 천거하지 못하고, 천거해도 빨리하지 못하는 것은 命(명)이지만(見賢而不能擧 擧而不能先 命[1]也), 불선한 자를 보고도 물리치지 못하고 물리쳐도 멀리 물리치지 못하는 것은 過(과)이다(見不善而不能退 退而不能遠 過也).

1016 命, 鄭氏云「當作慢。」程子云:「當作怠。」未詳孰是。遠, 去聲。○若此者, 知所愛惡矣, 而未能盡愛惡之道, 蓋君子而未仁者也。

「命」은 鄭玄은「慢으로 써야 한다」했고(命 鄭氏云 當作慢), 程子는「怠로 써야 한다」했는데(程子云 當作怠[2]), 누가 옳은지는 모르겠다(未詳孰是).

---

1) [公議] 賢人을 보고도 먼저 등용하지 못하는 것은 혹 그 사람의 時運이 아직 도래하지 않았기 때문일 수 있기 때문에 '命'이라 한 것인데, 賢人을 등용하지 못한 것은 그래도 핑계 댈 말이라도 있지만, 惡人을 물리치지 못한 것은 핑계 댈 것이 없다(見賢而不能先擧, 或其人時有未至, 故曰命也, 謂不進賢猶有辭, 不退惡無可諉也).

2) [公議]『孟子』[盡心下 第24章]에, '입이 좋은 맛을, 눈이 좋은 색을, 귀가 좋은 소리를, 코가 좋은 냄새를, 사지가 편안하기를 바라는 것은 사람의 본성이지만, 여기에는 命의 제한이 있으니 군자는 본성을 들먹이지 않는다. 仁이 父子간에는, 義가 君臣 간에는, 禮가 주인과 손님 간에는, 智가 賢者에 대해서는, 聖人이 天道에 대해서는 命이지만, 여기에는 인간의 性이 있으니, 君子는 命을 들먹이지 않는다(口之於味也, 目之於色也, 耳之於聲也, 鼻之於臭也, 四肢於安佚也, 性也, 有命焉, 君子不謂性也. 仁之於父子也, 義之於君臣也, 禮之於賓主也, 智之於賢者也, 聖人之於天道也 命也, 有性焉, 君子不謂命也)'고 하였는데, 『大學』의 이 구절의 취지는 '사람이 大任을 맡는 것이 마치 天命이 있는 것 같아, 賢人을 보고도 먼저 등용하지 못하는 것은, 오히려 天命이라 핑계 댈 수도 있지만, 惡人을 보고도 멀리 물리치지 못한 것은 장차 그것을 어찌 핑계대고 꾸미겠는가. 부득불 그 잘못을 스스로 책임질 수밖에 없다'고 말하는 것과 같다. 위 제15절 '放流' 구절을 이어 받았기 때문에 '退不善'에 중점을 둔 것이다. 경솔히 古經을 고치는 것은 옳지 않은데, '慢'이니 '怠'니 하는데

이러한 사람이라면 사랑하고 미워할 바는 알되(若此者 知所愛惡矣), 사랑하고 미워하는 도리를 끝까지 다하지는 못한 것이니(而未能盡愛惡之道), 君子이지만 아직 仁者는 아니다(蓋君子而未仁者也[3]).

무엇으로 증거를 댈 것인가. 『大學』에서 세 글자[親→新, 身→心, 命→慢]를 고쳤는데, 세 글자 모두 고치 않는 게 좋을 것 같다(孟子曰, 智之於賢者也命也, 有性焉, 君子不謂命也[盡心下], 經旨, 若曰人之承受大任, 若有天命, 見賢而不能先擧, 尙可諉之於命, 見不善而不能遠退, 將亦何辭而文之乎. 不得不自任其過也. 承上放流之文, 故以退不善爲重也. 古經不宜輕改曰慢曰怠將何徵乎. 大學改三字親身命, 三字恐皆當以不改爲善也).

3) [大全] '擧不先'은 愛之道를 다하지 못한 것이고, '退不遠'은 惡之道를 다하지 못한 것이다. 앞 구절에서는 사랑할 수 있고 미워할 수 있어야 仁人인데, 이 구절에서는 愛惡之道를 다하지 못했기에 군자이긴 하나 仁者는 아직 못되는 것이다(新安陳氏曰: "擧不先 未盡愛之道; 退不遠 未盡惡之道. 上文能愛惡, 仁人也. 此不能盡愛惡之道, 所以爲君子而未仁者也").

1017 好人之所惡, 惡人之所好, 是謂拂人之性, 菑必逮夫身。

남들이 싫어하는 것은 좋아하고 남들이 좋아하는 것은 싫어하는 것(好人之所惡 惡人之所好), 이것을 말하여 「사람의 본성을 거스른다」라고 하는데(是謂拂人之性[1]), 재앙이 반드시 그 자신에게 미칠 것이다(菑必逮夫[2]身).

1017 菑, 古災字。夫, 音扶。○ 拂, 逆也。好善而惡惡, 人之性也; 至於拂人之性, 則不仁之甚者也。自秦誓至此, 又皆以申言好惡公私之極, 以明上文所引南山有臺 · 節南山之意。

「菑」는 옛날의 「災」字이다(菑 古災字). 「夫」는 음이 「扶」이다(夫 音扶). ○ 「拂」은 「逆(거스르다)」이다(拂 逆也). 善은 좋아하지만 惡은 싫어하는 것이 사람의 본성인데(好善而惡惡 人之性也), 사람의 본성을 거스르는 지경에 이르렀다면 不仁이 심한 자이다(至於拂人之性 則不仁之甚者也). 「秦誓」 구절부터 이 구절까지는, 또한 모두 好惡의 公私之間의 양쪽 極을 거듭 말하여(自秦誓至此 又皆以申言好惡公私之極), 이로써 위 제3 · 4절에서 인용한 詩 「南山有臺」와 「節南山」의 뜻을 밝힌 것이다(以明上文所引南山有臺 節南山之意[3]).

---

1) 拂性(불성): 사람의 본성 또는 진심을 거스름.
2) 夫(부): 인칭대명사.
3) [大全] 제14절의 '斷斷'者는 絜矩할 수 있는 자이다. '媢疾'者는 絜矩할 수 없는 자이다. 仁人은 그런 자를 추방하여 유배시키니 크게 絜矩할 수 있다. 제17절의 '사람들이 좋아하는 바를 싫어하고 사람들이 싫어하는 바를 좋아하면' 크게 絜矩할 수 없다(朱子曰: "斷斷者, 是能絜矩; 媢疾者, 是不能絜矩. 仁人放流之, 是大能絜矩; 好人所惡, 惡人所好, 是大不能絜矩").

시고군자유대도 필충신이득지 교태이실지

1018 是故君子有大道, 必忠信以得之, 驕泰以失之。

이런 고로 군자에게는 大道가 있으니(是故君子有大道), 반드시 忠하고 信해야 이로써 얻고(必忠信以得之[1]), 교만하고 방자하면 이로써 잃고 만다(驕泰[2]以失之).

---

1) ① [大全] 나의 마음에서 우러나와 스스로를 다하는 것이 忠이고, 사물의 도리에 따르고 이에 어긋나거나 이를 배반하지 않는 것이 信이다. 忠은 信의 바탕이고, 信은 忠이 발현된 모습이다. 정이천은 정명도의 이 말이 여전히 애매한 것을 알고, 고쳐 말하길, '자기의 최선을 다하는 것을 忠이라 하고, 진실에 바탕을 두는 것을 信이라 한다' 했는데 더 온당하다(朱子曰: "發於己心而自盡則爲忠, 循於物理而不違背則爲信, 忠是信之本, 信是忠之發. 伊川見明道此語尙晦, 故更云 '盡己之謂忠, 以實之謂信', 便更穩當"). ② [大全] 忠信은 혈구의 바탕으로 絜矩할 수 있는 자이고, 驕泰는 자신을 제어하지 못하고 방임 방자하는 것으로 絜矩할 수 없는 자이다(北溪陳氏曰: 忠信者 絜矩之本 能絜矩者也. 驕泰者 任己自恣 不能絜矩者也). ③ [字義] 忠信이란 두 글자는 옛날부터 분명히 풀이한 사람이 없었다. 여러 사람이 忠에 대해 이야기했는데, 그 내용은 모두가 임금을 섬기며 속이지 않는 것(事君不欺)이라고 말할 뿐이었다. 忠은 물론 속이지 않는 것(不欺)일 수 있지만, 속이지 않는 것을 곧 忠이라고 하면 안 된다. 이렇게 되면 忠이라는 글자는 단지 임금을 섬기는 면에서만 이야기할 수 있게 된다. 信은 또 단지 의심하지 않는 것(不疑)으로만 말해져 왔다. 信은 물론 의심하지 않는 것일 수 있지만, 의심하지 않는 것으로 信을 풀이해서는 안 된다. 이렇게 풀이할 경우에 도대체 무엇을 의심하지 않는다는 말인가? 글자의 뜻을 근본적으로 풀이한 것이 나오지 않다가, 程子가 "자신을 다하는 것이 忠이고, 진실에 바탕을 두는 것이 信이다(盡己之謂忠 以實之謂信)"고 말한 데 이르러 비로소 분명해졌다. '자신을 다하는 것'이란 자기 마음의 내면을 다하는 것(自盡自家心裏面)으로, 주체를 보존한다는 측면에서 말한 것이다(以所存主者而言). 추호도 남기지 않고 다해야만 비로소 忠이라고 할 수 있다. 만약 열 정도를 이야기해야 하는데 칠이나 팔정도만 이야기하고 만다면 이나 삼정도가 남으므로 다하지 않는 것이 되며, 따라서 忠이라고 말할 수 없다. '진실에 바탕을 두는 것'이란 말하는 것의 측면에서 이야기한 것이다(以實是就言上說). 말이란 단지 실제 사물에 근거해서 말하는 것뿐이다(有話只據此實物說). 없으면 없다고 하고 있으면 있다고 하는 것이다. 만약 없는데 있다고 하고 있는데 없다고 하면, 진실에 바탕을 둔 것이 아니므로 信이라고 할 수 없다. 忠과 信은 확연히 구별되는 두 가지가 아니다. 내면에서 나와 하나도 남김없이 다하는 것을 忠이라 하고(從內面發出無一不盡是忠), 외면에서 와서 모든 걸 진실에 근거하는 것을 信이라고 한다(發出外來 皆以實是信). 鄭明道는 뜻을 더욱 분명하게 드러내서 이렇게 말했다. "자기 마음에서 우러나와 스스로를 다하는 것이 忠이고, 사물의 이치를 따르고 이에 어긋남이 없는 것이 信이다(發己自盡爲忠 循物無違爲信)." 즉 자신의 마음에서 우러나와 하나도 남김없이 다하는 걸 忠이라고 한다는 것이다. 그리고 사물의 이치를 따라 말하여 조금도 어그러지지 않는 것, 예컨대 그러한 것을 그렇다고 하여 그러한 것과 서로 어그러지지 않는 것, 그리고 그렇지 않는 것을 그렇지 않다고 하여 그렇지 않은 것과 서로 어그러지지 않는 것을 信이라고 한다는 것이다(137쪽).

1018 君子, 以位言之。道, 謂居其位而修己治人之術。發己自盡爲忠, 循物無違謂信。驕者矜高, 泰者侈肆。此因上所引文王·康誥之意而言。章內三言得失, 而語益加切, 蓋至此而天理存亡之幾決矣。

「君子」는 지위로서 말한 것이다(君子[3] 以位言之). 「道」는 지위에 거하여 修己治人하는 방법을 말한다(道 謂居其位而修己治人之術). 자기 마음에서부터 우러나와서 스스로를 다하는 것을「忠」이라 하고(發己自盡爲忠), 사물의 이치를 따르고 이에 어긋남이 없는 것을「信」이라 한다(循物無違 謂信).「驕」는 건방지고 우쭐대는 것이고(驕者 矜高[4]),「泰」는 잘난 체하고 제멋대로인 것이다(泰者 侈肆[5])。이것은 위 제5절에서 인용한 詩「文王」과 제11절에서 인용한「康誥」의 뜻을 바탕으로 말한 것이다(此因上所引文王康誥之意而言). 이 章 제5 · 11 · 18절에서 세 번이나「得」과「失」을 말했고 뒤로 갈수록 말이 간절해지고 있는데(章內 三言得失而語益加切[6]), 대개 이 절에 와서 天理가 보존되느냐 없어지느냐의 기틀이 결정된다(蓋至此而天理存亡之幾決).

---

2) 驕泰(교태): 교만하고 제멋대로이다.
3) [大全] 이것은 치국평천하하는 군자를 말한다(此謂治國平天下之君子).
4) 矜高(긍고): 대단히 건방지고 우쭐거리다(高傲自大).
5) 侈肆(치사): 사치스럽고 제멋대로이다. 侈(치): 自高自大하다. 잘난 체하다. 매우 거만스럽다. 肆(사): 방자하다. 제멋대로이다.
6) [大全] 처음에는 제10장 제5절에서 得衆 · 失衆을 말했고, 다음에는 제11절에서 善則得 · 不善則失을 말해 이미 간절했다. 마지막으로 제18절에서 忠信 · 驕泰을 가지고 분명히 하길 마음의 측면에 나아가서, 得失이 나오는 연유로 忠信 · 驕泰를 언급하여 종결지었으니, 忠信이 바로 天理가 보존되는 까닭이고, 驕泰가 바로 天理가 없어지는 까닭이다(朱子曰: "初言得衆失衆, 再言善則得 · 不善則失, 已切矣. 終之以忠信驕泰, 分明是就心上說出得失之由以決之, 忠信乃天理之所以存, 驕泰乃天理之所以亡").

1019 生財有大道, 生之者衆, 食之者寡, 爲之者疾, 用之者舒, 則財恒足矣。

재용을 증식하는 데는 대도가 있으니(生財[1]有大道), 생산하는 자는 많고 먹어 축내는 자는 적으며(生之者衆 食之者寡[2]), 만들기를 빨리하고 씀씀이를 더디게 하면(爲之者疾 用之者舒), 재용은 항상 풍족해진다(財恒足矣).

1019 恒, 胡登反。○ 呂氏曰:「國無遊民, 則生者衆矣; 朝無幸位, 則食者寡矣; 不奪農時, 則爲之疾矣; 量入爲出, 則用之舒矣。」愚按: 此因有土有財而言, 以明足國之道在乎務本而節用, 非必外本內末而後財可聚也。自此以至終篇, 皆一意也。

「恒(héng)」은「胡(hú)」와「登(dēng)」의 反切이다(恒 胡登反). ○ 呂氏가 말했다(呂氏[3]曰). "나라에 유리걸식하는 백성이 없으면 생산하는 자가 많을 것이고(國無遊民[4] 則生者衆矣), 조정에 놀고먹는 관리가 없으면 먹어 축내는 자가 적을 것이고(朝無幸位[5] 則食者寡矣), 농사철을 빼앗지 않으면 만드는 것이 빠를 것이고(不奪農時 則爲之疾矣), 수입을 헤아려 지출을 하면 씀씀이가 더디게 될 것이다(量入爲出 則用之舒矣)." 내가 고찰해 보건데, 이는 제6절의「有土」와「有財」를 바탕으로 말한 것으로(愚按 此因有土有財而言), 나라를 풍족히 하는 길은 본업은 힘쓰고 소비는 절약하는 데

---

1) 生財(생재): 재부를 축적하다. 증가시키다.
2) 生衆食寡(생중식과): '生之者衆 食之者寡'의 줄임말. 생산은 많고 소비는 적음.
3) 呂大臨(여대림: 1040~1092): 북송 섬서성 사람. 字는 與叔. 처음에 張載에게 배웠고 나중에 程頤에게 배웠다. 謝良佐 · 游酢 · 楊時와 함께 '程門四先生'으로 일컬어진다.
4) 遊民(유민): 의지할 곳이 없이 떠도는 사람. 정상적인 직업이 없는 사람.
5) 幸位(행위): 요행히 직위를 가진 사람. 하는 일 없이 녹을 받는 사람.

있지, 근본을 도외에 놓고 말단을 안으로 들인 후에야 재물이 모이는 것은 절대 아님을 밝힌 것이다(以明足國之道在乎務本而節用 非必外本內末而後財可聚也). 여기서부터 책의 마지막까지는 모두 한가지 뜻이다(自此以至終篇 皆一意也).

인자이재발신 불인자이신발재
1020 仁者以財發身, 不仁者以身發財。

仁者는 재물을 바쳐서 이름을 날리고(仁者 以財發身[1]), 不仁者는 자신을 바쳐서 재물을 쌓는다(不仁者 以身發財[2]).

1020 發, 猶起也。仁者散財以得民, 不仁者亡身以殖貨。

「發」은 「起」와 같다(發 猶起[3]也). 仁者는 재물을 뿌려서 백성을 모으고(仁者 散財以得民), 不仁者는 자신을 망쳐서 재물을 불린다(不仁者 亡身以殖貨[4]).

---

1) 發身(발신): 이름을 날리다. 집안을 일으켜 세우다.

2) 發財(발재): 금전이나 재화를 많이 벌다.

3) [禮記正義] 發은 起이다. 仁者는 재화가 있으면 베풀고 주는 데에 힘써 자신을 일으켜 좋은 평판을 성취하고, 不仁者는 몸이 있으면 수탈하는 데에 힘써 재화를 일으켜 부를 성취하는 것을 말한다(發 起也. 言仁人有財則務於施與以起身成其令名, 不仁之人有身貪於聚斂以起財務成富).

4) ① [大全] 不仁者는 재물을 모으는 데에만 힘써 자신이 위태해지고 망하는 것도 상관하지 않는다(朱子曰: "…不仁者只務聚財, 不管身危亡也"). ② 殖貨(식화): 재화를 증식하다.

1021 未有上好仁而下不好義者也, 未有好義其事不終者也, 未有府庫財非其財者也。

윗사람이 仁을 좋아하면 아랫사람으로서는 義를 좋아하지 않을 리가 없고(未有上好仁 而下不好義者也[1]), 아랫사람이 義를 좋아하니 윗사람 하는 일이 잘 마무리되지 않을 리가 없으며(未有好義其事不終者也[2]), 창고에 있는 윗사람 재물이 온전히 제 것 아닐 리가 없다(未有府庫財非其財者也[3]).

1021 上好仁以愛其下, 則下好義以忠其上; 所以事必有終, 而府庫之財無悖出之患也。

윗사람이 仁을 좋아하여 자기 아랫사람을 사랑하면(上好仁以愛其下), 아랫사람은 義를 좋아하여 자기 윗사람에게 충성하니(則下好義以忠其上), 이 때문에 일은 반드시 끝마침이 있고, 창고의 재물은 어그러져서 빠져나갈까 걱정할 필요가 없다(所以事必有終而府庫之財無悖出之患也).

---

1) [大全] "어찌 윗사람이 仁하면 아랫사람이 義하게 됩니까?" 하고 여쭈니, 朱子가 말했다: "한 가지 도리일 뿐이다. 위쪽에서는 仁이라 부르고 아래쪽에서는 義라 부른다. 어버이 쪽에서는 慈라 부르고 자식 쪽에서는 孝라 부른다"(問: "如何上仁下便義?" 朱子曰: "只是一箇道理, 在上便喚做仁, 在下便喚做義, 在父便謂之慈, 在子便謂之孝").

2) [公議] ① '其事不終'은 충성을 바쳐 윗사람을 사랑하는 마음이 끝이 없음을 말한 것이다(其事不終謂忠愛無終也). ② 맹자가 '어질면서도 그의 어버이를 돌보지 아니하는 자는 없으며, 의로우면서도 그의 임금을 등지는 자는 없습니다[孟子 梁惠王上편 1:5]'라고 했는데, 바로 이 구절의 의미이다(孟子曰, 未有仁而遺其親者, 未有義而后其君者, 卽此句之意).

3) [公議] 府庫는 백성의 부고이다. 백성에게 저장해둔 재물은 모두 임금의 재물이다(府庫民之府庫也藏富於民皆君之財也).

〔大學或問〕

'창고에 있는 윗사람 재물이 온전히 제 것 아닐 리가 없다'는 말은 무슨 뜻인지요?(曰: '未有府庫財, 非其財'者, 何也?)

위에서 仁을 좋아하면 아래에서는 義를 좋아하게 된다. 아래에서 義를 좋아하면 일이 끝을 보게 된다. 일이 끝이 있으면 임금 된 자는 편안해지고 부유해지고 존귀해지고 명망을 받게 되어 창고의 재물을 길이 보전할 수 있다. 이것이 「以財發身」의 효과이다(曰: 上好仁, 則下好義矣; 下好義, 則事有終矣; 事有終, 則爲君者安富尊榮[4], 而府庫之財可長保矣. 此以財發身之效也).

위에서 仁을 좋아하지 않으면 아래에서는 義를 좋아하지 않는다. 아래에서 義를 좋아하지 않으면 일이 끝을 보지 못한다. 이것이 장차 천하에 의해 참혹한 죽임을 당하게 될 시간이 얼마 남지 않았다는 것인데 더더욱 창고의 재물 또한 어찌 내 재물로 여기겠는가. 殷나라의 紂는 스스로 불타 죽을 때까지도 鉅橋(거교)와 鹿臺(녹대)의 재물을 일으켰고, 당나라 덕종은 쫓겨나면서도 瓊林(경림)과 大盈(대영)에 재물을 쌓았는데, 이 모두가 「以身發財」의 효과이다(上不好仁, 則下不好義; 下不好義, 則其事不終; 是將爲天下僇之不暇, 而況府庫之財, 又豈得爲吾之財乎? 若商紂以自焚, 而起鉅橋·鹿臺[5]之財, 德宗以出走, 而豐瓊林·大盈[6]之積, 皆以身發財之效也).

---

4) [孟子 盡心상편 32:1] 공손추가 물었다. "詩經에 말하길, '일하지 않고는 먹지 말라'라고 했습니다. 군자는 농사짓지 않으면서도 먹는데 어째서입니까?" 맹자가 말했다. "군자가 이 나라에 거처하고 있으니 임금이 그를 등용하여 편안해지고 부유해지고 존귀해지고 번영해지고 그 자제들이 그를 좇아서 효제하고 충신하게 되는 것이다. 일하지 않고는 먹지 말라는 것과 어느 것이 이보다 더 중하겠느냐?"(公孫丑曰 詩曰 不素餐兮 君子之不耕而食 何也 孟子曰 君子居是國也 其君用之 則安富尊榮 其子弟從之 則孝弟忠信 不素餐兮 孰大於是).

5) 『史記』「殷本紀」에 나오는 글임. 鉅橋(거교)는 殷나라 紂王때의 곡물창고의 이름이고, 鹿臺(녹대)는 殷나라 紂王 때 보석, 돈, 비단 등을 저장해두던 곳임.

1022 孟獻子曰:「畜馬乘不察於雞豚, 伐冰之家不畜牛羊, 百乘之家不畜聚斂之臣, 與其有聚斂之臣, 寧有盜臣。」 此謂國不以利爲利, 以義爲利也。

맹헌자가 말했다(孟獻子曰). "나라의 녹을 먹게 된 집안에서는 닭이나 돼지를 기르는 데에 관심을 두어서는 안 된다(畜馬乘[1] 不察於雞豚[2]). 喪禮·祭禮 때 얼음을 쓸 수 있는 집안에서는 소나 양을 길러서는 안 된다(伐冰之家 不畜牛羊). 백승의 수레를 가진 집안에서는 가혹하게 거두는 신하를 길러서는 안 된다(百乘之家 不畜聚斂之臣). 가혹하게 거두는 신하를 두기보다는 차라리 부고의 재물을 절취하는 신하를 두는 게 낫다(與其[3]有聚斂之臣 寧有盜臣)." 이것을 말하여 '나라는 財利로써 이로움을 삼지 않고 義로써 이로움을 삼는다'라고 한다(此謂國不以利爲利 以義爲利也).

1022 畜, 許六反。乘·斂, 並去聲。○孟獻子, 魯之賢大夫仲孫蔑也。畜馬乘, 士初試爲大夫者也。伐冰之家, 卿大夫以上, 喪祭用冰者也。百乘之家, 有采地者也。君子寧亡己之財, 而不忍傷民之力; 故寧有盜臣, 而不畜聚斂之臣。此謂以下, 釋獻子之言也。

---

6) 『新唐書』(歐陽脩 著) 「陸贄傳」에 나오는 글임. 瓊林(경림)은 당나라 덕종(742~805) 때 租貢物을 저장해두던 창고이고, 大盈(대영)은 당나라 때의 왕의 私庫임.

1) ① [大全] 나라의 녹을 먹는 집안에서 또 소나 양을 기르면 도리어 백성과 利를 다투는 것으로 絜矩가 아니다(朱子曰: "如食祿之家, 又畜牛羊, 却是與民爭利, 便是不絜矩…"). ② 馬乘(마승): 수레 한 대를 끄는 데 필요한 4필의 말. 士가 초시에 합격하여 大夫가 되면 수레를 타므로 말을 기름.

2) 鷄豚(계돈): 고대 농가에서 기르던 가축을 일컫는 말로, 일반 서민 집안의 보잘것없고 자질구레한 일거리를 가리킬 때 쓰임.

3) 與其… 寧…: ~하기보다는 차라리 ~하는 게 낫다.

「畜(xù)」은「許(xū)」와「六(lù)」의 反切이다(畜 許六反).「乘(shèng)」와「斂(liàn)」은 모두 去聲이다(乘 斂 並去聲). ○「맹헌자」(?~BC 554)는 노나라 어진 대부 중손멸이다(孟獻子 魯之賢大夫仲孫蔑也[4]).「畜馬乘」은 선비로서 초시에 합격하여 대부가 된 자이다(畜馬乘 士初試爲大夫者也).「伐冰之家」는 경대부 이상으로 喪禮·祭禮用으로 얼음을 쓸 수 있는 자이다(伐冰之家 卿大夫以上喪祭用冰者也).「百乘之家」는 封地를 가지고 있는 자이다(百乘之家 有采地[5]者也). 군자는 차라리 자기의 재물을 잃을지언정 民力을 차마 훼손시키지는 못한다(君子寧亡己之財 而不忍傷民之力). 그러므로 차라리 부고의 재물을 절취하는 신하는 둘지언정 백성을 수탈하는 신하는 기르지 않는다는 것이다(故 寧有盜臣 而不畜聚斂之臣).「此謂」 밑으로는 맹헌자의 말을 해석한 것이다(此謂以下 釋獻子之言也).

---

4) [孟子 萬章下편 3:1] 만장이 물었다. "벗을 사귐에 대하여 감히 여쭙겠습니다." 맹자가 말했다. "나이를 개입시키지 않고, 신분을 개입시키지 않고, 형제를 개입시키지 않고, 벗을 사귀어야 한다. 벗을 사귄다는 것은 그의 德을 사귀는 것이다. 두 사람 사이에 어떤 것도 개입이 있어서는 안 된다. 맹헌자는 백승을 가진 집안이다 그에게 벗 다섯 사람이 있었는데, 악정구와 목중, 그리고 나머지 세 사람은, 내가 이름을 잊어버렸다. 맹헌자가 이들 다섯 사람과 벗으로 사귐에는 맹헌자의 집안이라는 것에 대한 의식이 없었다. 이들 다섯 사람 또한 맹헌자의 집안이라는 의식이 있었다면 그와 벗으로 사귀지 않았을 것이다"(萬章問曰. 敢問友. 孟子曰. 不挾長 不挾貴 不挾兄弟而友. 友也者 友其德也. 不可以有挾也. 孟獻子 百乘之家也. 有友五人焉 樂正裘 牧仲 其三人則予忘之矣. 獻子之與此五人者友也, 無獻子之家者也. 此五人者 亦有獻子之家 則不與之友矣).

5) 采地(채지): 卿大夫의 封地.

1023 長國家而務財用者, 必自小人矣。彼爲善之, 小人之使爲國家, 菑害並至。雖有善者, 亦無如之何矣! 此謂國不以利爲利, 以義爲利也。

나라를 다스리는 자리에 앉아서도 재용에 힘쓰게 되는 것은 반드시 소인으로 말미암는다(長國家而務財用者 必自小人矣). 저가 재용을 좋게 여겨 소인에게 국사를 처리하게 하면(彼爲善之[1] 小人之使爲國家), 天災 · 人禍가 한꺼번에 닥친다(菑害並至). 현능한 자가 있다 할지라도 어찌 구해볼 도리가 없을 것이다(雖有善者 亦無如之何矣). 이것을 말하여 '나라는 財利로써 이로움을 삼지 않고, 義로써 이로움을 삼는다'라고 한다(此謂國不以利爲利 以義爲利也).

1023 長, 上聲。「彼爲善之」, 此句上下, 疑有闕文誤字。○ 自, 由也, 言由小人導之也。此一節, 深明以利爲利之害, 而重言以結之, 其丁寧之意切矣。

「長(zhǎng)」은 上聲이다(長 上聲). 「彼爲善之」 이 구절의 위아래로 闕文이나 誤字가 있는 듯하다(彼爲善之此句上下 疑有闕文誤字). ○ 「自」는 「由(말미암다)」이다(自 由也). 소인을 따라 인도한다는 말이다(言由小人導之也). 이 절은 財利를 이로움으로 삼는 폐해를 깊이 밝히고 거듭 말하여 결론을 맺었으니(此一節 深明以利爲利之害 重言以結之), 그 간곡히 당부하

---

1) 彼爲善之(피위선지)의 '彼'를 小人을 가리키는 것으로 보아 '저 소인이 재용을 잘한다고 여겨 국가를…'로 해석할 수도 있고, '爲善之'를 衍文으로 보고 '저 소인으로 하여금 국가를…'로 해석하는 견해(成百曉, 『懸吐完譯 大學 · 中庸集註』 68쪽, 전통문화연구회)도 있음.

는 뜻이 간절하다(其丁寧[2])之意切矣).

右傳之十章。釋治國平天下。

여기까지가 傳文 제10장이다(右 傳之十章). 「治國 · 平天下」를 해석하였다(釋治國平天下).

此章之義, 務在與民同好惡而不專其利, 皆推廣絜矩之意也。能如是, 則親賢樂利各得其所, 而天下平矣。

이 章의 뜻은(此章之義), 백성들과 好惡를 같이 하는 데 힘쓰고 그 財利를 독차지하지 않아(務在與民同好惡而不專其利), 모두 絜矩의 뜻을 넓혀나가라는 것이다(皆推廣[3])絜矩之意也). 능히 이같이 하면(能如是), 친한 자를 친애하고 현자를 현자로 높이는 것, 즐거워하는 것을 같이 즐거워하고 이로운 것을 같이 이롭게 여기는 것이 각기 제 있어야 할 자리를 얻어서(則親賢樂利[4]) 各得其所), 천하가 태평하게 될 것이다(而天下平矣).

凡傳十章: 前四章統論綱領指趣, 後六章細論條目功夫。其第五章乃明善之要, 第六章乃誠身之本, 在初學尤爲當務之急, 讀者不可以其近而忽之也。

---

2) 丁寧(정녕): 재심재사 부탁하다. 간절히 바라다.

3) 推廣(추광): 시행이나 작용범위를 넓히다.

4) 親賢樂利(친현락리): 위 傳文 제3章 제5절 '君子賢其賢而親其親 小人樂其樂而利其利(후대의 현자들은 선왕의 현덕을 숭상하고 선왕의 자손들을 친애하였으며, 후세의 백성들은 선왕들이 즐거워한 것을 즐거워하고 좋아했던 것을 좋아했다)'의 줄인 말.

傳文은 모두 열 개 장이다(凡傳十章). 앞 네 개 장은 강령의 취지를 통합하여 논했고(前四章 統論綱領指趣), 뒤 여섯 개 장은 조목별 공부를 세분하여 논했다(後六章 細論條目功夫). 그중 제5장은 善을 밝히는 요체이고(其第五章 乃明善之要), 제6장은 誠身하는 데 있어 근본으로서(第六章 乃誠身之本), 초학자에게는 더욱 힘써야 할 급선무가 되니(在初學 尤爲當務之急[5]), 독자들은 그것이 淺近하다고 소홀히 해서는 안 될 것이다(讀者不可以其近而忽之也).

---

5) [孟子 盡心上편 46:1~2] 맹자가 말했다. "知者는 알지 못하는 것이 없겠으나 당장 힘써야 할 일을 먼저 서두르고, 仁者는 사랑하지 않는 것이 없겠으나 먼저 서둘러서 親親賢賢에 힘써야 한다. 요 · 순의 知로도 모든 일을 빠짐없이 알지 못해서 먼저 해야 할 일을 서둘렀고, 요 · 순의 仁함으로도 모든 사람을 빠짐없이 사랑할 수 없어서 親親賢賢을 서둘렀다. 삼년상을 제대로 지키지도 못하면서, 緦麻나 小功 등의 喪服 차림새나 꼬치꼬치 살피고, 밥숟을 크게 뜨고 국물을 마구 들이키면서도 마른 고기를 이빨로 물어서 끊지 말라고 캐물어 따지는 것, 이것을 두고 마땅히 해야 할 일을 모른다고 한다"(孟子曰: "知者無不知也 當務之爲急; 仁者無不愛也 急親賢之爲務. 堯舜之知而不遍物 急先務也; 堯舜之仁不遍愛人 急親賢也. 不能三年之喪 而緦小功之察; 放飯流歠 而問無齒決 是之謂不知務").

中庸章句序

1 中庸何爲而作也? 子思子憂道學之失其傳而作也。蓋自上古聖神繼天立極, 而道統之傳有自來矣。其見於經, 則「允執厥中」者, 堯之所以授舜也;「人心惟危, 道心惟微, 惟精惟一, 允執厥中」者, 舜之所以授禹也。堯之一言, 至矣, 盡矣! 而舜復益之以三言者, 則所以明夫堯之一言, 必如是而後可庶機也。

『中庸』은 무엇 때문에 지었는가(中庸 何爲[1]而作也)? 子思 선생께서 도학이 그 傳授가 끊어질까를 염려하여 지으신 것이다(子思子[2]憂道學之失其傳而作也). 대체로 상고시대에 聖神들께서 하늘의 뜻을 이어받아 천하를 다스리는 법칙을 세우면서부터(蓋自上古[3]聖神 繼天立極), 도학의 종통의 傳授는 유래가 있게 되었다(而道統[4]之傳 有自來矣). 그것이 『書經』에 보이는데(其見於經), 곧 「允執厥中(진실로 그 中을 잡으라)」은(則允執厥中[5]者), 요임금께서 순임금에게 전수한 것이고(堯之所以授舜也), 「人心惟危 道心惟微 惟精惟一 允執厥中(인심은 여전히 위태롭고 도심은 여전히 미약하니 오로

---

1) 何爲(하위): 어째서. 무엇 때문에.

2) ① [史記 孔子世家] 孔子가 鯉를 낳았는데 字가 伯魚이다. 伯魚는 향년 50세로 孔子보다 먼저 죽었다. 伯魚는 伋을 낳았는데 字가 子思로 향년 62세이다. 宋에서 곤욕을 겪은 적이 있었다. 子思는 中庸을 지었다(孔子生鯉, 字伯魚. 伯魚年五十, 先孔子死. 伯魚生伋, 字子思, 年六十二. 嘗困於宋. 子思作中庸.) ② 道學(도학): 儒家의 도덕학문. 철학사상.

3) ① 上古(상고): 아득히 먼 고대. 주로 商 · 周 · 秦 · 漢시대를 지칭함. ② 聖神(성신): 伏羲 · 神農 · 黃帝 · 堯 · 舜 등 고대의 황제를 지칭함. 고대 聖人에 대한 총칭. ③ 立極(입극): 최고의 준칙을 수립하다.

4) ① 道統(도통): 儒家의 도덕학문 철학사상이 전수되는 계통. ② 自來(자래): 종래. 원래. 유래.

5) ① [論語 堯曰편 제1장] 요임금이 말했다. "아 그대 舜아! 하늘의 운수가 그대 몸에 있으니 진실로 그 가운데를 잡으라. 온 세상이 곤궁해지면 하늘의 祿이 영원히 끊길 것이다. 舜임금 역시 禹에게 이같이 명하였다"(堯曰: "咨! 爾舜! 天之曆數在爾躬. 允執其中. 四海困窮, 天祿永終」舜亦以命禹"). ② 厥(궐): 그. 그녀.

지 精密하게 하고 오로지 專一하게 하여 진실로 그 中을 잡으라)」은(人心惟危 道心惟微 惟精惟一 允執厥中[6]者), 순임금께서 우임금에게 전수한 것이다(舜之所以授禹也). 요임금의「允執厥中」한 마디 말씀만으로도 이미 거기에 더 보탤 말이 없을 정도로 지극하였다(堯之一言 至矣盡矣[7]). 그런데 순임금께서 다시 세 마디 말씀을 더 보탠 것은(而舜復益之以三言者), 요임금의 이 한 마디 말씀은 반드시 이 같이 이 세 마디를 보태야만 그 후에 실행 가능함을 밝히려 한 것이다(則所以明夫堯之一言 必如是而後可庶幾[8]也).

2 蓋嘗論之: 心之虛靈知覺, 一而已矣, 而以爲有人心, 道心之異者, 則以其惑生於形氣之私, 惑原於性命之正, 而所以爲知覺者不同, 是以惑危殆而不安, 惑微妙而難見耳。然人莫不有是形, 故雖上知不能無人心, 亦莫不有是性,

6) ① [書經 大禹謨편] 帝舜이 말씀하였다. "이리 오라. 禹야! 홍수가 나를 경계하였는데 언약을 지켜 공을 이룸은 너의 어짊이며, 나라 일에 부지런하고 집안에 검소하여 자만하거나 큰 체하지 않음은 너의 어짊이다. 네가 자랑하지 않으나 천하에 너와 더불어 능함을 다툴 자가 없으며, 네가 과시하지 않으나 천하에 너와 더불어 공을 다툴 자 없으니, 내 너의 덕을 성대하게 여기며 너의 아름다운 공적을 가상하게 여기노라. 하늘의 운수가 너의 몸에 있으니, 네가 마침내 天子의 자리에 오를 것이다. 人心은 위태하고 道心은 은미하니, 精하게 하고 한결 같이 하여야 진실로 그 중도를 잡을 것이다. 근거가 없는 말은 듣지 말며, 묻지 않은 계책은 쓰지 말라. 사랑할 만한 것은 군주가 아니며 두려워할 만한 것은 민중이 아니겠는가. 민중은 天子가 아니면 누구를 떠받들며 天子는 민중이 아니면 더불어 나라를 지킬 수 없을 것이니, 공경할지어다. 네가 소유한 지위를 삼가서 백성들이 원할 만한 것을 공경히 닦아라. 四海가 곤궁하면 天祿이 영영 끊어질 것이다. 입은 우호를 내기도 하고 전쟁을 일으키기도 하니, 짐은 더 이상 말하지 않겠다"(帝曰: "來, 禹! 降水儆予, 成允成功, 惟汝賢. 克勤于邦, 克儉于家, 不自滿假, 惟汝賢. 汝惟不矜, 天下莫與汝爭能. 汝惟不伐, 天下莫與汝爭功. 予懋乃德, 嘉乃丕績, 天之歷數在汝躬, 汝終陟元后. 人心惟危, 道心惟微, 惟精惟一, 允執厥中. 無稽之言勿聽, 弗詢之謀勿庸. 可愛非君? 可畏非民? 衆非元后, 何戴? 后非衆, 罔與守邦? 欽哉! 愼乃有位, 敬修其可願, 四海困窮, 天祿永終. 惟口出好興戎, 朕言不再")(成百曉 역주, 『書經集傳』, 전통문화연구회). ② 惟(유): 여전히, 아직까지도.

7) 至矣盡矣(지의진의): 최고 최상의 축복 찬양의 말. 더 이상 더할 것이 없는 경지에 이르다.

8) 庶幾(서기): 거의. 희망하다. ~을 바라다. 단지 ~을 원하다. 다행히. 운 좋게도.

故雖下愚不能無道心。二者雜於方寸之間, 而不知所以治之, 則危者愈危, 微者愈微, 而天理之公卒無以勝夫人慾之私矣。精則察夫二者之間而不雜也, 一則守其本心之正而不離也。從事於斯, 無少閒斷, 必使道心常爲一身之主, 而人心每聽命焉, 則危者安, 微者著, 而動靜云爲自無過不及之差矣。

이에 대해 조금 논해보자(蓋嘗[9]論之). 마음이라는 텅 비어 있지만 신령스러운 지각체는 하나뿐인데(心之虛靈知覺[10] 一而已矣), 「人心」과 「道心」의 구별이 있다고 여긴 것은(而以爲[11]有人心道心之異者), 곧 그중에 어떤 것은 形氣의 사사로움에서 생겨나오기도 하고(則以其或生於形氣[12]之私), 어떤 것은 性命의 바름에서 근원되어 나오기도 하여서(或原於性命[13]之正), 지각하는 것이 똑같지 않다고 여겼기 때문이다(而所以爲知覺者不同). 이

9) ① 蓋(개): 句의 첫머리에 놓여 語氣를 표시한다(위의 문장에서 말한 것을 이어 받아 이유나 혹은 원인을 나타냄) ② 嘗(상): 시험 삼아 해보다. 시도하다. 맛보다.

10) ① 虛靈(허령): 텅 비어 신령스러움. ② 知覺(지각): 감각.

11) 以爲(이위): 여기다. 생각하다.

12) 形氣(형기): 구체적인 物象인 形과 우주만물을 구성하는 최근본 물질인 氣.

13) ① [大全] 形氣라고 모두 不善한 것은 아니고 단지 기대는 곳이 없는 것뿐이다. 蔡季通이 말했다. "形氣에 선함이 있는 경우는 모두 道心에서 나온 것인데, 道心에서 나오면 形氣는 선하고 道心에서 나오지 않았으면 形氣에서 교부한 것인즉 악하게 된다. 비유하자면 形氣는 배와 같고 道心은 배의 조타와 같다. 배가 조타의 조종 없이 항행하면, 어느 때는 파도에 휩쓸려 들어가고, 어느 때는 평온하게 이리저리 흐르게 되어 일정할 수가 없다. 조타가 있어 운행할 경우에만 파도에 휩쓸려도 해가 없다. 그래서 말하길 '하늘이 뭇 사람을 낳았는데 物이 있으면 법칙을 간직하고 있다'[詩經 大雅편 烝民]고 했으니, 物이 바로 形氣이고 則이 바로 理(性命)이다"(朱子曰: "…形氣非皆不善, 只是靠不得. 蔡季通曰: "形氣之有善, 皆自道心出, 由道心則形氣善, 不由道心, 一付於形氣則爲惡. 形氣猶船也, 道心猶柂也. 船無柂縱之行, 有時入於波濤, 有時入於安流, 不可一定, 惟有一柂以運之, 則雖入波濤無害, 故曰: '天生烝民, 有物有則' 物乃形氣, 則乃理也"). ② 性命(성명): 만물이 하늘의 명을 받아 간직한 본성.

때문에 어떤 것은 위태로워서 불안하기도 하고(是以 或危殆而不安), 어떤 것은 미약해서 보기가 어렵기도 한 것이다(或微妙而難見耳). 그렇지만 사람이라면 누구나 이 形氣를 가지고 있지 않는 자가 없기에(然人莫不有是形), 아주 지혜로운 자라 할지라도 人心이 없을 수는 없고(故雖上智[14]不能無人心), 또한 사람이라면 누구나 이 性命을 가지고 있지 않은 자가 없기에(亦莫不有是性), 아주 어리석은 자라 할지라도 道心이 없을 수는 없다(故雖下愚 能無道心). 人心과 道心 이 두 가지가 사방 한 촌 되는 속에 섞여 있는데(二者雜於方寸[15]之間), 그것을 다스리는 방법을 알지 못하면(而不知所以治之), 위태로운 것은 더욱 위태해지고 미약한 것은 더욱 미약해져서(則危者愈危 微者愈微), 天理라는 公이 끝내는 저 人欲이라는 私를 이길 길이 없게 되는 것이다(而天理之公 卒無以[16]勝夫人欲之私矣). 精密하게 하면 이 둘의 사이를 살펴 서로 섞이지 않게 하고(精則察夫二者之間而不雜也), 專一하게 하면 그 본심의 바름을 지켜 잡고 떠나지 않게 한다(一則守其本心之正[17]而不離也). 이에 진력하길 조금의 틈새나 끊김도 없도록 하여(從事[18]於斯無少閒斷), 반드시 道心으로 하여금은 항상 一身의 주인이 되

14) [論語 陽貨편 제3장] 孔子께서 말씀하셨다. "아주 지혜로운 사람과 아주 어리석은 사람만이 바뀌지 않는다"(子曰 "唯上知[智]與下愚 不移").

15) 方寸(방촌): 1촌 평방. 마음.

16) 無以(무이): ～할 길이 없다. 어쩔 도리가 없다.

17) [大全] 「本心之正」이란 곧 위에 말한 「原於性命之正(性命의 바름에서 근원되어 나오는 것)」이다. 그 본바탕은 참되고 고요하고, 그것이 아직 발동되지 않았으면 五性(仁義禮智信)이 거기에 구비되어 있는데, 이것이 이른바 「性命之正」 즉 「吾心之正」이다. 形氣가 생기고 나면 외물이 그 形氣에 접촉해 가운데에서 움직임이 일어나고 그것이 발동되었으면 비로소 「人心과 道心의 구별」이 생기는데, 반드시 道心으로 專一하게 할 수 있다면, 이것이 곧 「그 본심의 바름을 지켜 잡고 떠나지 않게 한다.」는 것이다(雲峰胡氏曰: "…本心之正, 卽上文所謂原於性命之正者. 蓋其本也眞而靜, 其未發也 五性具焉, 此所謂性命之正, 卽吾心之正也. 形旣生矣, 外物觸其形而動於中, 於其發也, 始有人心道心之異, 必能專一於道心, 是卽守其本心之正而不離也").

18) 從事(종사): 어떤 일에 진력하다. 참여하다.

게 하고(必使道心 常爲一身之主), 人心으로 하여금은 道心에 매양 청종케 한다면(而人心每聽命[19]焉), 위태로운 인심은 안정되고 미약한 도심은 뚜렷하게 되어(則危者安 微者著), 움직이거나 가만있거나 말하거나 행동하거나 모든 것이 저절로 과·불급의 잘못이 없게 되는 것이다(而動靜云爲[20] 自無過不及之差矣).[21]

---

19) ① [大全] 道心이 있어 人心이 절제되면 人心은 모두 道心이 된다. 人心은 이 몸에 知覺과 嗜欲이 있는 것이니, 어찌 없을 수 있겠는가? 다만 物에 유혹되어 탐닉에 빠질 경우에만 害가 될 뿐이기에, 聖人께서는 이렇게 人心에 지각과 기욕이 있음을 전제하되, 그것에 대한 주재자가 없으면 휩쓸려서 처음으로 돌아오길 잊어서 안거할 수 있는 곳이 없으니 '위태하다'고 말씀하신 것이다. 道心의 경우에는 곧 義理之心으로 人心의 주재자가 되어 人心이 준거로 삼는 것이다. 그렇지만 道心이 오히려 人心 가운데서 뒤섞여 나오게 되면, 미약해서 보기 어렵기에, 반드시 精密하게 하고 專一하게 한 다음에야 中이 견지될 수 있게 되는 것이다. 그렇지만 이 또한 두 개의 마음이 있다는 것이 아니고, 道心·人心이란 단지 義理와 人欲의 분별일 뿐이다(朱子曰: "…有道心而人心爲所節制, 人心皆道心也." "人心是此身有知覺嗜欲者, 豈能無? 但爲物誘而至於陷溺, 則爲害爾, 故聖人以爲此人心有知覺嗜欲, 然無所主宰, 則流而忘反, 不可據以爲安, 故曰'危'. 道心則是義理之心, 可以爲人心之主宰, 而人心據以爲準者也. 然道心却雜出於人心之間, 微而難見, 故必須精之一之而後中可執. 然此又非有兩心也, 只是義理與人欲之辨爾"). ② 聽命(청명): 명령을 따르다. 명령에 복종하다.

20) 動靜云爲(동정운위): 행동거지와 언행

21) [朱熹集 答陳同甫書] ① 1,500년간… 堯·舜·三王·周公·孔子가 전한 道가 천지간에 완전히 실행된 적은 단 하루도 없었지만, 道의 영원성은 애초부터 사람이 간여할 수 있는 바가 아닙니다. 이 道는 저 스스로 古今을 초월하여 존재하는 불멸의 존재일 뿐입니다. 비록 1,500년 동안 사람에 의해서 무너지기는 했어도, 사람이 그 道를 모조리 없애지는 끝내 못했습니다. 道는 잠시도 쉬어 본 적이 없으나, 사람 자신이 그것을 쉬게 했을 뿐이니, 이른바 "道는 망한 것이 아니라 幽王·厲王이 道를 따르지 않았을 뿐이다"는 말이 바로 그것입니다(…千五百年之間… 堯, 舜, 三王, 周公, 孔子所傳之道, 未嘗一日得行於天地之間也. 若論道之常存, 却又初非人所能預, 只是此箇自是亘古亘今常在不滅之物. 雖千五百年被人作壞, 終殄滅他不得耳. …蓋道未嘗息而人自息之, 所謂非道亡也, 幽, 厲不由也, 正謂此耳…). ② 항상 저는 예나 지금이나 오직 하나의 도리만이 존재하고 그것에 순응한 자는 성공했고 그것에 어긋난 자는 패망했다고 생각합니다. 물론 옛날의 성현만 그랬던 것은 아니고 후세의 이른바 영웅호걸들도 그것의 理를 벗어나서 성취할 수 있었던 사람은 없었습니다. 다만 옛 성현은 근본부터 惟精惟一의 공부가 있었기 때문에 中을 견지하여 철두철미 善하지 않은 바가 없었으나, 후세의 이른바 영웅호걸들은 그러한 공부를 한 적이 없고, 다만 세속의 利欲만을 따랐을 뿐이니, 그들 중 자질이 훌륭한 사람은 우연히 맞아떨어져 각자의 분수에 따라 다소간 업적을 세울 수 있었지만, 혹은 中을 견지하기도 혹은 견지하지 못하기도 하여 철두철미 善하지 못했다는 점에서는 한가지였습니다(…常竊以爲

3 夫堯·舜·禹, 天下之大聖也。以天下相傳, 天下之大事也。以天下之大聖, 行天下之大事, 而其授受之際, 丁寧告戒, 不過如此。則天下之理, 豈有以加於此哉? 自是以來, 聖聖相承: 若成湯·文·武之爲君, 皐陶·伊·傅·周·召之爲臣, 既皆以此而接夫道統之傳, 若吾夫子, 則雖不得其位, 而所以繼往聖, 開來學, 其功反有賢於堯舜者。

요·순·우임금은 천하의 大聖이시다(夫堯舜禹 天下之大聖也). 천하를 서로 선양하는 것은 천하의 大事이다(以天下相傳 天下之大事也). 천하의 大聖으로서 천하의 大事를 행사하시어 천하를 주고받을 즈음에(以天下之大聖 行天下之大事 而其授受之際), 간곡하게 경계해 고하신 말씀이 겨우 이 한

亘古亘今只是一體, 順之者成, 逆之者敗, 固非古之聖賢所能獨然, 而後世之所謂英雄豪傑者亦未有能舍此理而得有所建立成就者也. 但古之聖賢從本根上便有惟精惟一功夫, 所以能執其中, 徹頭徹尾無不盡善, 後來所謂英雄, 則未嘗有此功夫, 但在利欲場中頭出頭沒, 其資美者乃能有所暗合, 而隨其分數之多少以有所立, 然其或中或否不能盡善, 則一而已…). ③ 이른바 '人心은 위태롭고 道心은 미약하니 오로지 精密하게 하고 오로지 專一하게 하여 진실로 그 가운데를 잡으라'는 것이 요·순·우임금께서 서로 전수한 密旨입니다. 무릇 사람은 태어나면서부터 形體의 사사로움에 속박되어 있기에 본래가 '人心'이 없을 수 없지만, 반드시 '천지의 올바름(天地之正)'에서 받은 것이 있기에 또한 '道心'도 없을 수 없습니다. 일상생활에서 이 두 가지가 교대해가면서 혹 이기기도 혹 패하기도 하여, 一身의 是非得失과 天下의 治亂安危 등 어느 하나 거기에 달려 있지 아니한 것이라곤 없는데, 이 때문에 그중에 선택하기를 精密하게 하여 이로써 人心으로 하여금 道心에 섞여들지 않게 하고자 하고, 또 그것을 지키기를 專一하게 하여 이로써 天理가 人欲에 휩쓸리지 않게 하고자 한다면, 그의 모든 행위는 어느 하나 中에 맞지 않는 것이라곤 없게 될 것이고, 천하·국·가에 관한 일은 어느 하나 합당하지 않는 것이라곤 없게 될 것입니다(…所謂「人心惟危, 道心惟微, 惟精惟一, 允執厥中」者, 堯, 舜, 禹相傳之密旨也. 夫人自有生而梏於形體之私, 則固不能無人心矣, 然而必有得于天地之正, 則又不能無道心矣. 日用之間, 二者並行, 迭爲勝負, 而一身之是非得失, 天下之治亂安危, 莫不係焉, 是以欲其擇之精而不使人心得以雜乎道心, 欲其守之一而不使天理得以流於人欲, 則凡其所行無一事之不得其中, 而於天下國家無所處而不當…)(馮友蘭, 『중국철학사(하)』 562쪽, 박성규 역, 까치).

마디에 불과했지만(丁寧告戒[22] 不過如此), 더 이상 더할 것이 없는 천하의 理인데 여기에 더 보탤 것이 어찌 있겠는가(則[23]天下之理 豈有以[24]加於此哉). 이때로부터 이래로 聖人이 聖人을 이어받아 서로 계승했으니(自是以來 聖聖相承), 바로 성탕·문왕·무왕 같은 분이 임금이 되신 것(若成湯文武之爲君), 고요·이윤·부열·주공·소공 같은 분이 신하가 된 것이(皐陶[25]伊傅周召之爲臣), 이미 다 이 한마디 말씀으로써 하여 도학의 종통의 전승을 이었고(旣皆以此而接夫道統之傳), 우리 공자 선생님 같은 분은 비록 그 君師의 지위는 얻지 못했으나(若吾夫子 則雖不得其位), 지나간 성인을 계승하시어 학문의 開祖가 되셨으니(而所以繼往聖 開來學[26]), 그 공은 도리어 요·순임금보다 더 훌륭하신 것이었다(其功反有賢於堯舜[27]者).

---

22) 告戒(고계): 타이르고 경계하다. 주로 윗사람이 아랫사람에 할 때 쓰임.

23) 則(즉): (앞뒤 문장을 연결시켜 전환을 나타내며, 앞뒤의 의미가 상반됨을 나타냄) 오히려. 그러나. ~이지만. ~일지라도.

24) 有以(유이): ~할 수 있다. 능력이 있다. 모종의 조건이나 원인을 구비하다.

25) ① 皐陶(고요): 舜임금의 신하. 법을 세우고 형벌을 제정하였으며 獄을 만들었음. ② 伊尹(이윤): 은나라의 재상으로 탕왕을 도와 하나라의 걸왕을 멸망시킴. ③ 傅說(부열): 傅巖이라는 지방에서 제방을 쌓고 있다가 은나라 임금 武丁(高宗)에게 등용된 인물. ④ 周公(주공): 주나라 문왕의 아들이고 무왕의 동생으로 무왕을 도와 기초를 튼튼히 하고 禮樂制度를 정비하였음. ⑤ 召公(소공): 주왕실의 일족으로 周公과 함께 주나라를 건국하고 기초를 세우는 데 큰 공을 세웠고 燕나라를 分封받아 始祖가 됨.

26) ① [張載集 近思錄拾遺] 천지를 위해 뜻을 세우고 생민을 위해 도를 세우며 옛 성인을 위해 끊긴 학문을 잇고 만세를 위하여 태평성대를 연다(爲天地立心, 爲生民立道[命], 爲去[往]聖繼絶學, 爲萬世開太平.) ② 이 제2편(중국철학사 經學편) 원고를 마지막 교정할 때(1933년 6월) 古都는 위급한 지경에 있었다. 직접 그러한 지경에 처하고서야 銅駝荊棘(『晉書』에 나오는, 洛陽의 궁문의 동으로 만든 낙타가 가시덤불에 덮였다는 말로, 조국의 산하가 황폐화되고 세족이 몰락해 감을 뜻함)을 말했던 옛사람의 비애를 알았다. 존망의 갈림길에서 우리의 先哲의 사상을 반추하는 심정은 몸이 몹시 아플 때 부모를 찾는 심정이었다. 우리 先哲의 사상에 전혀 잘못이 없는 것은 아니나, "우주적인 뜻을 세우고, 민생을 위한 사명을 수립하여, 과거 성왕의 학문을 계승하고, 만세의 태평성세를 건설하는 것(爲天地立心, 爲生民立道, 爲去聖繼絶學, 爲萬世開太平)"이 바로 우리의 모든 선철이 책을 짓고 주장한 종지였다. 학파 여하를 막론하고 모든 주장의 구절마다 이 정신이 충만해 있는 바, 훌륭한 독자는 깨달아 알 것이다. "영혼이여 돌아오라! 애달픈 고국으로(魂兮歸來! 哀江南)[屈原 招魂]" 이 책이 영혼을 일깨우려 하강했던 巫陽의 역할을 할 수 있을지? 그것이 소망이다(馮友蘭, 『중국철학사』 머리말, 박성규역, 까치).

4 然當是時, 見而知之者, 惟顏氏, 曾氏之傳得其宗。及曾氏之再傳, 而復得夫子之孫子思, 則去聖遠而異端起矣。子思懼夫愈久而愈失其真也, 於是推本堯舜以來相傳之意, 質以平日所聞父師之言, 更互演繹, 作爲此書, 以詔後之學者。蓋其憂之也深, 故其言之也切; 其慮之也遠, 故其說之也詳。其曰「天命率性」, 則道心之謂也; 其曰「擇善固執」, 則精一之謂也; 其曰「君子時中」, 則執中之謂也。世之相後, 千有餘年, 而其言之不異, 如合符節。歷選前聖之書, 所以提挈綱維, 開示蘊奧, 未有若是之明且盡者也。自是而又再傳以得孟氏, 爲能推明是書, 以承先聖之統, 及其沒而遂失其傳焉。則吾道之所寄不越乎言語文字之閒, 而異端之說日新月盛, 以至於老佛之徒出, 則彌近理而大亂真矣。

그렇지만 공자 선생님께서 살아 계시던 당시의 사람으로는(然當是時 見而知之[28]者), 오직 안자와 증자가 전수한 것만이 도통의 宗旨를 얻었고(惟顏氏曾氏之傳 得其宗[29]), 증자께서 再傳하여 다시 공자 선생님의 손자인

---

27) [孟子 公孫丑상편 2:25] 맹자가 말했다. "재아 · 자공 · 유약은 지혜가 성인 공자를 알 만큼 족했다. 비록 낮은 위치에 있었지만 그들이 스승을 좋아한다고 해서 아첨까지는 하지 않았을 것인데, 재아는 말하기를, '내 입장에서 선생님을 살펴보건대 요 · 순보다 훨씬 훌륭하시다' 라고 했다(…曰 宰我 子貢 有若 智足以知聖人 汙不至阿其所好 宰我曰 以予觀於夫子 賢於堯舜遠矣).

28) ① [孟子 盡心하편 38:1] 맹자가 말했다. "요 · 순임금으로부터 은나라 탕임금에 이르기까지가 오백여 년인데, 우임금과 고요 같은 분은 보고서 알았고, 탕임금 같은 분은 전해 듣고서 알았다"(孟子曰 由堯舜至於湯 五百有餘歲 若禹皐陶 則見而知之 若湯 則聞而知之). ② 見而知之(견이지지): =見知. 동시대의 사람 또는 일을 지칭.

子思를 얻게 되기까지는(及曾氏之再傳 而復得夫子之孫子思), 성인의 시대에서 멀어졌기에 이단이 일어나게 된 것이다(則去聖遠而異端起矣). 子思께서는 시간이 지나면 지날수록 도통의 진수가 더욱더 유실되어가는 것을 염려했기에(子思懼夫愈久而愈失其眞也), 이에 요·순임금 이래 서로 전수되어 온 도통의 眞意를 그 근원부터 탐구하고(於是 推本[30]堯舜以來相傳之意), 평소에 아버지인 스승에게 들었던 말씀으로써 대질해 바로 잡고(質以平日[31]所聞父師之言), 다시 서로를 연역해나가(更互演繹), 이 책을 지어서 이로써 후학들에게 널리 선양하였다(作爲此書 以詔[32]後之學者). 그 염려가 深切했기에 그 말씀은 간절하고(蓋其憂之也深 故其言之也切), 그 생각이 遠慮했기에 그 설명은 자상하다(其慮之也遠 故其說之也詳). 子思께서 「天命·率性(제1장 제1절)」을 말씀하신 것은 곧 「道心」을 말한 것이고(其曰天命率性 則道心之謂也), 「擇善固執(제20장 제18절)」을 말씀하신 것은 곧 「惟精惟一」을 말한 것이고(其曰擇善固執 則精一之謂也), 「君子時中(제2장 제2절)」을 말씀하신 것은 곧 「允厥執中」을 말한 것이다(其曰君子時中 則執中之謂也). 요·순임금의 시대와 子思께서 살아 계시던 때와는 1천여 년이 격절되어 있지만(世之相後[33] 千有餘年), 그 말씀이 서로 차이가 없음이 마치 부절을 합한 것 같다(而其言之不異 如合符節[34])). 옛 성인의 글을

---

29) [大全] 孔子 이전에 道統을 전한 자는 모두 君師의 지위를 얻어 이 도를 행했고, 孔子 이후에 道統을 전한 자는 君師의 지위를 얻지 못하고 이 도를 밝혔다. 그러므로 요·순·우임금·성탕·문왕·무왕의 도를 밝힌 것은 六經을 지으신 孔子의 공이고, 孔子의 도를 밝힌 것은 『大學』을 지으신 曾子와 『中庸』을 지으신 子思의 공이다(雲峰胡氏曰: "夫子以前, 傳道統者, 皆得君師之位, 而斯道以行; 夫子以後, 傳道統者, 不得君師之位, 而斯道以明. 故明堯舜禹湯文武之道者, 夫子六經之功; 而明夫子之道者, 曾子大學 子思中庸之功也").

30) 推本(추본): 근원을 캐내다. 탐구하다.

31) ① 質(질): 쌍방을 대질시켜 검증하다. ② 平日(평일): 평상시. 평소. 매일.

32) 詔(조): 말하다. 교도하다. 명령을 내리다. 널리 선양하다.

33) 相後(상후): 앞과 뒤가 서로 隔絶되어 있다.

하나하나 가려 뽑아서(歷選前聖之書), 이로써 강령만 간추려 켜켜이 쌓인 심오한 뜻을 열어 내보여주었으니(所以提挈[35]綱維 開示蘊奧), 아직까지 이 『中庸』만큼 분명하고 또 자세한 책은 없다(未有若是之明且盡者也). 이로부터 또 再傳되어 孟子를 얻어서(自是而又再傳 以得孟氏), 이 책을 推究해 밝힐 수 있었기에(爲能推明[36]是書), 이로써 앞선 성인들의 도통을 계승하였는데(以承先聖之統), 맹자께서 세상을 떠남에 이르러서는 마침내 그 전수가 끊어지고 말았다(及其沒而遂失[37]其傳焉). 이에 우리의 도의 경우에는 기탁하는 것이라곤 언어와 문자의 한계를 넘어서지 못했지만(則吾道之所寄 不越乎言語文字之間), 이단의 학설의 경우에는 날로 새로워지고 달로 번성했으니(而異端之說 日新月盛), 이로써 老佛의 무리가 출현함에 이르러서는(以至於老佛之徒出), 理에 더욱 근사해져서 진실된 理를 크게 어지럽게 했다(則彌[38]近理而大亂眞矣).

5 然而尚幸此書之不泯, 故程夫子兄弟者出, 得有所考, 以續夫千載不傳之緒;得有所據, 以斥夫二家似是之非。蓋

---

34) ① [孟子 離婁하편 1:1] 맹자가 말했다. "순임금은 諸馮에서 태어나 負夏로 옮겼다가 鳴條에서 생을 마쳤으니 東夷의 사람이시다. 文王은 岐周에서 태어나 畢郢에서 생을 마쳤으니 西夷의 사람이시다. 순임금이 사신 곳과 문왕이 사신 곳은 서로 떨어진 거리가 천여 리가 되고, 사신 시대는 서로 떨어진 시간이 천여 년이 되는데, 뜻을 이루어 중국에 행하신 법도는 마치 부절을 맞추는 것 같았다"(孟子曰 "舜生於諸馮 遷於負夏 卒於鳴條 東夷之人也. 文王生於岐周 卒於畢郢 西夷之人也. 地之相去也 千有餘里 世之相後也 千有餘歲 得志行乎中國 若合符節"). ② 符節(부절): 고대에 쓰던 信標의 일종으로 금이나 옥 · 대나무 · 나무 등으로 만들어 문자를 새겨 넣고 반으로 나눈 다음에 사용 시에 두 쪽이 합쳐지는가를 보고 상대방을 판단함.

35) ① 提挈(제계): 손에 들다. 돕다. 발탁하다. 이끌다. 요령을 제시하다. 提綱挈維(제강계유): 그물의 벼리를 잡고 옷깃을 거머쥐다. 요점을 간명하게 제시하다. ② 綱維(강유): 總綱과 四維. 강령. ③ 蘊奧(온오): 학문에 축적되어 담겨 있는 심오한 뜻.

36) 推明(추명): 究明하다. 천명하다.

37) 遂失(수실): 실추되다. 떨어져 없어지다.

38) 彌(미): 더욱. 넓은. 꽉 찬. 彌滿하다.

子思之功於是爲大, 而微程夫子, 則亦莫能因其語而得其心也。惜乎! 其所以爲說者不傳, 而凡石氏之所輯錄, 僅出於其門人之所記, 是以大義雖明, 而微言未析。至其門人所自爲說, 則雖頗詳盡而多所發明, 然倍其師說而淫於老佛者, 亦有之矣。

그렇지만 다행히도 이 책이 아직 없어지지 않았기 때문에(然而尙幸此書之不泯[39]), 정씨 형제 두 분이 나오서서(故程夫子兄弟者出), 고증할 바를 얻어서는 이로써 1천여 년 동안 이어지지 못한 실마리를 다시 잇게 되었고(得有所考 以續夫千載[40]不傳之緖), 근거한 바를 얻어서는 이로써 老·佛 二家의 사이비 理를 배척하게 되었다(得有所據 以斥夫二家似是之非). 子思의 공은 이리해서 크게 높여졌지만(蓋子思之功 於是爲大), 정씨 형제 두 분이 아니었다면(而微[41]程夫子), 단지 그 말 그대로 따를 수는 있었겠지만 그 마음까지를 터득하지는 아무도 하지 못했을 것이다(則亦莫能因其語而得其心也). 애석하게도 정씨 형제 두 분께서 말씀하신 것은 전해지지 않고(惜乎 其所以爲說者不傳), 전부 해봐야 石氏가 輯錄해둔 것이 정씨 문인들의 기록에서 겨우 나왔으니(而凡石氏之所輯錄[42] 僅出於其門人之所記), 이로써 대의는 밝혀졌으나 심오정미한 어휘들은 해석되지 못하고(是以 大義雖明 而微言未析), 그 문인들이 각자 해설해놓은 것에는(至其門人所自爲說), 비록 상당히 상세하고 빠짐이 없고 새롭게 밝힌 바가 많기는 하나(則雖頗[43])

39) 泯(민): 소멸하다. 민멸되다. 없어지다.
40) 千載(천재): 천 년. 아주 오랜 기간 동안.
41) 微(미): =無. 非.
42) 輯錄(집록): 관련 자료를 수집 정리하여 책으로 만들다.
43) ① 頗(파): 치우치다. 공정하지 못하다. 약간. 꽤 많이. ② 詳盡(상진): 상세하고 빠짐없다.

詳盡而多所發明), 그 스승의 말과 어긋나고 老·佛의 학설에 빠진 자도 있었다(然倍[44])其師說而淫於老佛者 亦有之矣).

6 熹自蚤歲卽嘗受讀而竊疑之, 沈潛反覆, 蓋亦有年, 一旦怳然似有以得其要領者, 然後乃敢會衆說而折其中, 旣爲定著章句一篇, 以竢後之君子。而一二同志復取石氏書, 刪其繁亂, 名以輯略, 且記所嘗論辯取捨之意, 別爲或問, 以附其後。然後此書之旨, 支分節解, 脈絡貫通, 詳略相因, 巨細畢擧, 而凡諸說之同異得失, 亦得以曲暢旁通, 而各極其趣。雖於道統之傳, 不敢妄議, 然初學之士, 或有取焉, 則亦庶乎行遠升高之一助云爾。淳熙己酉春三月戊申, 新安朱熹序。

나 朱熹는 어릴 때부터 이 책에 대해 가르침을 받으면서 혼자 추량해본 적이 있긴 했지만(熹自蚤歲[45])卽嘗受讀而竊疑之), 몰입하여 읽고 되풀이하여 읽기를 또한 여러 해가 되어서야(沈潛[46])反復 蓋亦有年), 어느 날 아침 怳然大悟하여 그 요령을 터득할 수 있을 듯하였다(一旦 怳然[47])似有以得其要領者). 그런 뒤에야 비로소 감히 여러 학설을 모으고 그것들을 절충하여

철저하다.

44) ① 倍(배): =背. 배반하다. 어기다. 어긋나다. ② 淫(음): 현혹되다. 탐닉하다. 빠지다.

45) ① [朱子語類 16:22] 나는 17~18세 때에 中庸과 大學을 읽었는데, 매일 아침마다 일어나 반드시 10번을 읽었다(某年十七八時, 讀中庸大學, 每早起須誦十遍). ② 蚤歲(조세): 오래 전. 어린 시절.

46) 沈潛(침잠): 정신을 집중하다. 몰두하다.

47) 怳然(황연): 홀연히. 갑작스럽게 깨닫는 모양. 怳然大悟(황연대오): 문득 크게 깨닫다.

(然後乃敢會衆說而折其中[48])),『中庸章句』한 편으로 저술해놓고서 훗날의 군자를 기다리기로 하였다(旣爲定著章句一篇 以俟後之君子). 그리고 한 두 명의 동지와 石氏의 책을 다시 취하여(而一二同志 復取石氏書), 그중 번잡하고 어지러운 것을 산삭하고서 이름 짓기를『中庸輯略』이라 하고(刪其繁亂 名以輯略), 또 예전에 논변하고 취사해놓았던 생각들을 기록하여(且記所嘗論辯取舍之意), 별도로『中庸或問』을 만들어서 그 뒤에다 붙였다(別爲或問 以附其後). 그런 뒤에야 이 책의 요지가(然後此書之旨), 지체마다 분리되고 관절마다 해체되고 맥락마다 관통하고(支分節解[49]) 脈絡貫通), 상세한 것과 간략한 것이 서로에 말미암고 큰 것과 작은 것이 모두 들춰지고(詳略相因[50]) 巨細畢擧), 모든 제반 언설의 같은 점과 다른 점, 장점과 단점 또한 두루 빠짐이 없고 사방으로 막힘없이 통하게 되어(而凡諸說之同異得失 亦得以曲暢旁通[51])), 각각의 그 귀착하고자 하는 旨趣의 끝에까지 다다르게 되었다(而各極其趣). 비록 도통의 전수에 관해서는 감히 함부로 의론할 수는 없겠으나(雖於道統之傳 不敢妄議), 처음 배우는 선비가 혹 취해볼 만한 것이 있다고 한다면(然初學之士 或有取焉), 먼 길을 가고 높은 곳을 오르는 그 시작에서라면 대체로 작은 도움은 되리라 말할 수는 있을 것이다(則亦庶乎行遠升高[52])之一助云爾). 淳熙 己酉년 봄 3월 18일 신안 朱熹가 머리글로 쓰다(淳熙己酉春三月戊申[53]) 新安朱熹序).

---

48) 折中(절중): =折衷. 절충하다. 바른 것을 취하고 조절해 適中하도록 하다.
49) 支分節解(지분절해): 지체와 관절이 하나씩 구분되다. 나뉘다. 글의 내용을 상세히 해석함.
50) ① 相因(상인): 이어받다. 관계하다. 서로 의탁하다. ② 畢(필): 완전히. 전부. 모두.
51) 曲暢旁通(곡창방통): 말이나 글이 조리가 분명하고 널리 통함. 두루 빠짐없고 막힘이 없고 두루 통함.
52) ① 中庸 제15장 참조. ② 庶乎(서호): =庶幾乎. 거의 ～할 것이다. 대체로 ～할 것이다. 오직 ～만이(上述한 상황에서만 비로소 어떤 결과를 면할 수 있거나 어떤 희망을 실현할 수 있음을 나타냄).
53) ① 淳熙(순희): 효종(1174～1189)의 연호. ② 己酉(기유): 淳熙 16년. 즉, 1189년. 주희 나이 60세. ③ 新安(신안): 주희의 姓鄕.

讀中庸法

朱子曰: "《中庸》一篇, 某妄以己意分其章句, 是書豈可以章句求哉? 然學者之於經, 未有不得於辭而能通其意者。"

주자가 말했다(朱子曰). "『中庸』 한 권을 내가 함부로 내 뜻에 따라 그 章句를 나누었으나(中庸一篇 某[1]妄以己意 分其章句), 이 책이 어찌 장구만 나눈다고 탐구할 수 있는 책이겠는가(是書豈可以章句求哉)? 그렇지만 배우는 자의 경서에 대한 관계에서는(然學者之於經), 言辭도 터득하지 못했는데 그 뜻을 이해할 수 있는 자는 없다(未有不得於辭而能通其意者)."

又曰: "《中庸》初學者未當理會。"

또 말했다(又曰). "『中庸』은 처음 배우는 자가 이해하기에 합당한 책은 아니다(中庸 初學者未當理會)."

○"《中庸》之書難看, 中間說鬼說神, 都無理會, 學者須是見得箇道理了, 方可看此書, 將來印證。"

○ "『中庸』이란 책은 읽기가 어려운데(中庸之書難看), 중간에 鬼를 말하고 神을 말해 도무지 이해할 수 없으나(中間 說鬼說神 都無理會), 배우는 자가 반드시 이러한 도리를 깨우쳐야(學者須是見得[2]箇道理了), 비로소 이 책을 서로 대조해가면서 읽을 수 있게 될 것이다(方可看此書將來印證[3])."

---

1) 某(모): 나. 自稱으로서 겸허한 표현.
2) 見得(견득): 알다. 요해하다. 알아차리다. 분간해내다. 간파하다.
3) 印證(인증): 비교 대조를 거쳐 증명과 사실이 서로 부합함. 검증하다.

○"讀書之序, 須是且著力去看《大學》, 又著力去看《論語》, 又著力去看《孟子》, 看得三書了, 這《中庸》半截都了, 不用問人, 只略略恁看過, 不可掉了易底, 却先去攻那難底,《中庸》多說無形影, 說下學處少, 說上達處多, 若且理會文義, 則可矣。"

○ "독서의 순서는(讀書之序), 반드시 우선 진력해서『大學』을 읽고(須是且著力[4]去看大學), 또 진력해서『論語』를 읽고(又著力去看論語), 또 진력해서『孟子』를 읽고(又著力去看孟子), 이 세 책을 읽고 깨달으면(看得三書了), 이『中庸』은 반절이 모두 요해된 것이다(這中庸 半截[5]都了). 남에게 물어볼 것 없이 다만 대강을 보면서 그렇게 읽어나가되(不用問人 只略略[6]恁看過), 쉬운 것을 놔두고 도리어 저 어려운 것을 먼저 공략해서는 안 된다(不可掉了易底[7] 却先去攻那難底).『中庸』은 많은 부분에서 형상이 없는 것들을 말하고(中庸 多說無形影[8]), 下學을 말한 부분은 적고 上達을 말한 부분이 많은데(說下學[9]處少 說上達處多), 그러니 우선 글의 뜻을 이해하기만 하더라도 괜찮다(若且理會文義 則可矣)."

○"讀書先須看大綱, 又看幾多間架, 如'天命之謂性, 率性之

4) 著力(착력): 애쓰다. 진력하다. 힘을 쓰다.
5) 半截(반절): 반. 절반. 반절.
6) ① 略略(략략): 대략. 대강. ② 恁(임): 그렇게. 이렇게.
7) 底(저): =的, (결구조사) ~한 것. ~하게.
8) 形影(형영): 형체와 그림자. 흔적. 자취.
9) [論語 憲問편 제37장] 孔子께서 말씀하셨다. "나를 알아주는 사람이 없구나!" 子貢이 여쭈었다. "어찌 선생님을 알아주는 사람이 없겠습니까?" 孔子께서 말씀하셨다. "하늘을 원망하지 않았고 사람을 탓하지 않았으며 아래로 배워 위로 達하였으니 나를 알아주는 자는 아마 하늘이겠구나!"(子曰 "莫我知也夫." 子貢曰 "何爲其莫知子也." 子曰 "不怨天 不尤仁 下學而上達 知我者 其天乎").

謂道, 修道之謂敎', 此是大綱, 夫婦所知所能, 與聖人不知不能處, 此類是間架. 譬人看屋, 先看他大綱, 次看幾多間, 間內又有小間, 然後方得貫通。"

○ "책을 읽을 때에는 먼저 반드시 대강을 살펴보고(讀書 先須看大綱), 또 서까래가 몇 개인지 살펴보아야 하는데(又看幾多[10]間架), 예를 들자면 「天命之謂性 率性之謂道 修道之謂敎」(제1장 제1절), 이것은 대강이고(如天命之謂性 率性之謂道 修道之謂敎 此是大綱), 「夫婦所知所能(보통의 부부라도 알 수 있고 행할 수 있는 것)」과 「聖人不知不能處(성인이라도 알 수 없고 행할 수 없는 것)」(제12장 제2절) 이러한 부류는 서까래다(夫婦所知所能 與聖人不知不能處 此類是間架). 사람이 집을 보는 것에 비유하자면(譬人看屋), 먼저 대강을 보고 그 다음에 몇 칸이고 칸 안에 또 작은 칸이 있음을 보고 나서야(先看他大綱 次看幾多間 間內又有小間然後), 비로소 꿰뚫게 된다(方得貫通)."

又曰: "《中庸》自首章以下, 多對說將來, 直是整齊, 某舊讀《中庸》以爲子思做, 又時復有箇'子曰'字, 讀得熟後, 方見得是子思參夫子之說, 著爲此書, 自是沈潛反覆, 遂漸得其旨趣, 定得今章句, 擺布得來, 直恁麼細密。"

또 말했다(又曰). "『中庸』은 첫 장부터(中庸自首章以下), 많은 부분이 對句 형태로 말해나가서 줄곧 정연하다(多對說將來 直是整齊). 내가 예전에 『中庸』을 읽으면서 子思가 지으신 것이라고 여겼었는데(某舊讀中庸 以爲子思

---

10) ① 幾多(기다): 많은. 얼마나. ② 間架(간가): 서까래. 문장의 구성 체제.

做), 또 「子曰」이라는 글자가 종종 나오기에(又時復[11]有箇子曰字), 익도록 읽은 뒤에야(讀得熟後), 비로소 子思께서 공자의 말씀을 참고해 이 책을 저술했음을 알아차리게 되었다(方見得是子思參夫子之說 著爲此書). 이로부터 몰입하여 읽고 되풀이하여 읽고 마침내 그 취지를 점차 알게 되었는데(自是沈潛反覆遂漸得其旨趣), 이제 장구를 정해서 배열해놓고 보니(定得今章句擺布得來[12]), 참으로 이토록 세밀하다(直恁麽[13]細密)."

○"近看《中庸》, 於章句文義間, 窺見聖賢述作傳授之意, 極有條理, 如繩貫棋局之不可亂。"

○ "근래에 『中庸』을 읽으니(近看中庸), 장구의 글 내용 속에서(於章句文義間), 성현께서 책을 저술하고 전수한 뜻을 알아차리게 되었는데(窺見[14]聖賢述作傳授之意), 지극히 조리가 있는 것이 마치 먹줄로 선을 그려 놓은 바둑판처럼 정연했다(極有條理 如繩貫[15]棋局之不可亂)."

○"《中庸》當作六大節看, 首章是一節, 說中和; 自'君子中庸'以下十章是一節, 說中庸; '君子之道費而隱'以下八章是一節, 說費隱; '哀公問政'以下七章是一節, 說誠; '大哉聖人之道'以下六章是一節, 說大德小德; 末章是一節, 復申首章之義。"

---

11) 時復(시부): 자주. 종종
12) ① 擺布(파포): 진열하다. 배치하다. 설치하다. ② 得來(득래): 동사나 형용사 뒤에 쓰여 어떤 정도에 도달했거나 어떤 결과가 출현하였음을 표현하는 조사.
13) 恁麽(임마): 이렇게. 이토록.
14) 窺見(규견): 몰래 보다. 은연중에 알아차리다. 깨닫다. 간파하다.
15) ① 繩(승): 목공에 쓰이는 먹줄. ② 貫(관): 줄을 잇다. 노끈으로 꾸러미를 꿰다.

○ "『中庸』은 여섯 개의 큰 단락으로 분절해서 보아야 하는데(中庸當作六大節看), 첫 제1장이 한 단락으로 「中和」를 말했고(首章 是一節 說中和), 「君子中庸」(제2장)부터 열 개 장이 한 단락으로 「中庸」을 말했고(自君子中庸以下十章 是一節 說中庸), 「君子之道費而隱」(제12장)부터 여덟 개 장이 한 단락으로 「費」·「隱」을 말했고(君子之道費而隱以下八章是一節 說費隱), 「哀公問政」(제20장)부터 일곱 개 장이 한 단락으로 「誠」을 말했고(哀公問政以下七章是一節 說誠), 「大哉聖人之道」(제27장)부터 여섯 개 장이 한 단락으로 「大德」·「小德」을 말했고(大哉聖人之道以下六章是一節 說大德小德), 마지막 제33장이 한 단락으로 제1장의 뜻을 다시 밝혔다(末章是一節 復申[16]首章之義)."

問: "《中庸》《大學》之別?" 曰: "如讀《中庸》求義理, 只是致知功夫, 如謹獨修省, 亦只是誠意。"
問: "只是《中庸》直說到聖而不可知處?"
曰: "如《大學》裏也有, 如前王不忘, 便是篤恭而天下平底事。"

'『中庸』과 『大學』의 차이를 여쭙겠습니다' 하자 대답했다(問中庸大學之別曰). "예를 들자면 『中庸』을 공부해 의리를 추구하는 것은 『大學』에서의 「致知」의 노력일 뿐이고(如讀中庸求義理 只是致知功夫), 「謹獨修省」은 또한 『大學』에서의 「誠意」일 뿐이다(如謹獨修省[17] 亦只是誠意)." "『中庸』은 孟子가 말한 「聖而不可知」라는 「神」의 경지에 대해서만 줄곧 언급했을 뿐입니다" 하자 대답했다(問只是中庸直說到聖而不可知[18]處 曰). "예를 들자

16) 申(신): 설명하다. 표명하다. 펼치다. 밝히다. 거듭하다. 반복해서 설명하다.
17) 修省(수성): 脩身과 反省.

면『大學』속에는「前王不忘(전왕을 잊을 수 없다)」(傳제3장 제5절)이라고 있는데(如大學裏也 有如前王不忘), 바로『中庸』의「篤恭而天下平(경건함을 안으로 두텁게 하면 천하가 태평해진다)」(제33장 제5절)에 해당되는 일이다(便是篤恭而天下平底事)."

---

18) [孟子 盡心하편 25:1] 호생불해가 물었다. "악정자는 어떤 사람입니까?" 맹자가 말했다. "선한 사람이고 신실한 사람이다." "무엇을 善이라 하며 무엇을 信이라 합니까?" 맹자가 말했다. "사람들이 바랄 만한 것 이것을 일러 善하다고 한다. 善이 자기 몸에 쌓여 있는 것 이것을 일러 信하다고 한다. 善이 밖으로 넘칠 정도로 충만하게 채워져 있는 것 이것을 일러 美하다고 한다. 善이 넘칠 정도로 충만하게 채워져 몸 밖으로 환히 빛나는 것 이것을 일러 大하다고 한다. 大하면서 남을 감화시키는 것 이것을 일러 聖하다고 한다. 聖하면서 不可知한 것 이것을 일러 神하다고 한다."(浩生不害問曰 樂正子 何人也 孟子曰 善人也 信人也 何謂善 何謂信 曰 可欲之謂善 有諸己之謂信 充實之謂美 充實而有光輝之謂大 大而化之之謂聖 聖而不可知之之謂神).

中庸全文

0101 하늘이 命賦하는 것을 「性」이라 하고(天命之謂性), 이 性을 따르는 것을 「道」라 하고(率性之謂道), 이 道를 닦는 것을 「敎」라 한다(脩道之謂敎).

0102 道라는 것은 잠깐이라도 벗어날 수 없는 것이니(道也者 不可須臾離也), 벗어날 수 있는 것이라면 道가 아니다(可離非道也). 이 때문에 군자는 그가 보지 못하는 것에 대하여 더 경계하며 삼가고(是故君子戒愼乎其所不睹), 그가 듣지 못하는 것에 대하여 더 떨며 두려워한다(恐懼乎其所不聞).

0103 은밀한 곳만큼 더 잘 나타나 보이는 곳이 없고(莫見乎隱), 미세한 일만큼 더 잘 드러나 보이는 것이 없기에(莫顯乎微), 군자는 그가 혼자인 곳에서 더 근신한다(故君子愼其獨也).

0104 기뻐하고 성내고 슬퍼하고 즐거워하는 감정이 아직 발동되지 않은 상태, 이를 일러 「中」이라 하고(喜怒哀樂之未發 謂之中), 발동되었으되 모두 예의나 법도에 잘 합치되어 있는 상태, 이를 일러 「和」라 한다(發而皆中節 謂之和). 「中」이라는 것은 천하의 모든 것의 바탕이 되는 大本이고(中也者 天下之大本), 「和」라는 것은 천하의 모든 것에 통하는 達道이다(和也者 天下之達道也).

0105 中과 和의 상태에 이르면(致中和), 하늘과 땅은 제 있어야 할 자리에 자리를 잡고(天地位焉), 만물은 제 있어야 할 모습대로 삶을 성취하게 된다(萬物育焉).

(제1장이 한 단락으로 「中和」를 말했다.)

0201 중니가 말한다(仲尼曰). "군자는 중용을 이루지만 소인은 중용을 거스른다(君子中庸 小人反中庸)."

0202 군자가 중용을 이루는 것은(君子之中庸也), 군자의 덕성을 지니고 있고 때에 따라 그에 맞게 中을 이룰 수 있기 때문이고(君子而時中), 소인이 중용을 거스르는 것은(小人之中庸也), 소인의 마음을 지니고 있고 주저하거나 두려워하는 것이 없기 때문이다(小人而無忌憚也).

0301 공자께서 말씀하셨다(子曰). "중용은 참으로 지극하구나(中庸 其至矣乎)! 사람 중에 중용을 이룰 수 있는 사람이 드물어진 지 오래되었다(民鮮能久矣).

0401 공자께서 말씀하셨다(子曰). "도가 행해지지 못하는데, 나는 알고 있다(道之不行也 我知之矣). 智者는 아는 것이 지나쳐서이고 愚者는 아는 것이 부족해서이다(知者過之 愚者不及也). 도가 밝혀지지 못하는데, 나는 알고 있다(道之不明也 我知之矣). 賢者는 行함이 지나쳐서이고 不肖者는 行함이 부족해서이다(賢者過之 不肖者不及也).

0402 사람이라면 누구나 먹고 마시지 않는 자가 없는데(人莫不飮食也), 제대로 맛을 아는 사람은 드물다(鮮能知味也)."

0501 공자께서 말씀하셨다(子曰). "道가 아무래도 행해지질 못하는가 보구나(道其不行矣夫)!"

0601 공자께서 말씀하셨다(子曰). "순임금은 참으로 大智이셨겠구나(舜其大知也與)! 순임금은 늘 물으시고 보통 사람들의 일상적인 말도 늘 살피셨다(舜好問而好察邇言). 잘못한 것은 들춰내지 않으시고 잘한 것은 선양하시며(隱惡而揚善), 이같이 두 가지 측면을 다 파악하고 그 中을 백성에게 적용하셨으니(執其兩端 用其中於民), 참으로 이렇기에 「舜」임금이라 했구나(其斯以爲舜乎)!"

0701 공자께서 말씀하셨다(子曰). "사람들은 모두 나보고 지혜롭다고 말하는데(人皆曰予知), 그물이나 덫이나 함정 안으로 몰아넣어도 피할 줄을 모르고(驅而納諸罟擭陷阱之中而莫之知辟也), 사람들은 모두 나보고 지혜롭다 말하는데(人皆曰予知), 중용을 택해도 한 달을 제대로 지키지 못한다(擇乎中庸而不能期月守也)."

0801 공자께서 말씀하셨다(子曰). "顔回라는 위인은(回之爲人也), 중용을 택해 한 가지라도 善을 얻으면(擇乎中庸 得一善), 늘 가슴 속 깊이 간직해두고 잃지 않았다(則拳拳服膺而弗失之矣)."

0901 공자께서 말씀하셨다(子曰). "天下 · 國 · 家는 태평하게 다스릴 수가 있고(天下國家可均也), 벼슬이나 봉록은 사양할 수가 있고(爵祿可辭也), 서슬 퍼런 칼날은 밟을 수가 있지만(白刃可蹈也), 중용은 하기가 어렵다(中庸不可能也)."

1001 자로가 强에 대해 여쭈었다(子路問强).

1002 공자께서 말씀하셨다(子曰). "남방의 强이냐(南方之强與)? 북방의 强이냐(北方之强與)? 아니면 너의 强이냐(抑而强與)?

1003 너그러움과 부드러움으로써 교화시키고(寬柔以敎) 無道함에 대하여 되갚지 않는 것이(不報無道) 남방의 強이니(南方之強也), 君子의 強이 거기에 해당한다(君子居之).

1004 창검과 갑옷으로 잠자리를 깔고 자다가(衽金革) 죽더라도 싫어하지 않은 것이(死而不厭) 북방의 強이니(北方之強也), 네가 말한 强者가 거기에 해당한다(而强者居之).

1005 그러므로 군자는 어울리되 흐르는 대로 내맡기지 않으니(故君子和而不流), 참으로 强이구나 굽힘이 없구나(强哉矯)! 치우치지 않고 가운데 서서 어느 쪽으로도 기울지 않으니(中立而不倚), 참으로

強이구나 굽힘이 없구나(强哉矯)! 나라에 도가 행해지고 있을 때일지라도 궁색을 바꾸지 않으니(國有道 不變塞焉), 참으로 强이구나 굽힘이 없구나(强哉矯)! 나라에 도가 행해지고 있지 못할 때에는 죽음에 이를지라도 바꾸지 않으니(國無道 至死不變), 참으로 强이구나 굽힘이 없구나(强哉矯)!"

1101 공자께서 말씀하셨다. "생소한 이치를 추구하고 기이한 행동을 하면(素隱行怪), 후세 중에 이를 칭찬하여 기술하는 이가 있겠지만(後世有述焉), 나는 하지 않는다(吾弗爲之矣).

1102 군자가 도를 좇아 행하다가(君子遵道而行) 중도에 그만두는 일이 있는데(半途而廢), 나는 중도에 그만둘 수 없다(吾弗能已矣).

1103 군자는 중용에 의거하기에(君子依乎中庸), 세상을 피해 은둔하여 남이 알아주지 않아도 후회하지 않으니(遯世不見知而不悔), 聖者만이 그렇게 할 수 있다(唯聖者能之)."

(제2장부터 제11장까지가 한 단락으로「中庸」을 말했다.)

1201 군자의 도는(君子之道), 그 쓰임은 넓지만 그 실체는 은미하다(費而隱).

1202 부부의 어리석음으로도 군자의 도에 참여하여 그 내용을 알 수는 있지만(夫婦之愚 可以與知焉), 그 지극한 경지에 이르러서는 성인이라도 알 수 없는 측면이 있고(及其至也 雖聖人亦有所不知焉), 부부의 불초함으로도 군자의 도를 행할 수는 있지만(夫婦之不肖 可以能行焉), 그 지극한 경지에 이르러서는 성인이라도 행할 수 없는 측면이 있다(及其之也 雖聖人亦有所不能焉). 천지의 알 수 없이 거대한 힘은 사람이라도 원망의 마음을 품게 하는 측면이 있다(天地之大也

人猶有所憾). 그러므로 군자가 도의 크나큰 경지를 말하면 천하의 그 누구도 이를 다 담당해낼 수 없고(故君子語大 天下莫能載焉), 작디작은 경지를 말하면 천하의 그 누구도 이를 다 밝혀낼 수 없다(語小 天下莫能破焉).

1203 『詩』는 노래하길(詩云), "솔개는 하늘 높이 날아오르고 물고기는 연못에서 뛰어오른다(鳶飛戾天 魚躍于淵)." 했는데, 도가 위에서도 아래에서도 환히 밝게 드러난다는 말이다(言其上下察也).

1204 군자의 도는 부부로부터 발단이 되어 나오지만(君子之道 造端乎夫婦), 그 지극한 경지에 이르러서는 하늘에서도 땅에서도 환히 밝게 드러난다(及其至也 察乎天地).

1301 공자께서 말씀하셨다(子曰). "道는 사람을 떠나 있지 않다(道不遠人). 사람이 道를 행한다 하면서 사람을 떠나 있다면(人之爲道而遠人), 이로써는 도를 행할 수 없다(不可以爲道).

1302 『詩』는 노래하길(詩云), '도낏자루 자르네. 도낏자루 자르네. 도낏자루감일랑은 멀리 있는 게 아니지(伐柯伐柯 其則不遠)' 했는데, 도낏자루를 잡고 도낏자루로 쓸 나무 감을 자르면서(執柯以伐柯), 곁눈질하면 바로 보일 텐데(睨而視之), 오히려 멀리 있다고 여긴다(猶以爲遠). 그러므로 군자는 사람의 도로써 사람을 가르치고(故君子以人治人), 고치면 거기에서 그친다(改而止).

1303 忠恕는 道와 떨어진 거리가 멀지 않으니(忠恕違道不遠), 자기 자신에게 베풀어 봐서 자기가 원하는 것이 아니라면(施諸己而不願), 똑같이 남에게도 베풀지 말라는 것이다(亦勿施於人).

1304 군자가 따르는 길이 넷인데(君子之道四), 나 丘는 어느 하나도 잘하지 못했다(丘未能一焉). 자식에게 바라는 바로써 어버이 섬김을 잘

하지 못했고(所求乎子 以事父未能也), 신하에게 바라는 바로써 임금 섬김을 잘하지 못했고(所求乎臣 以事君未能也), 아우에게 바라는 바로써 형 섬김을 잘하지 못했고(所求乎弟 以事兄未能也), 벗에게 바라는 바로써 벗에게 먼저 베풀지 못했다(所求乎朋友 先施之未能也). 평상의 덕을 행하고 평상의 말을 삼가길(庸德之行 庸言之謹), 덕을 행함에는 부족한 것이 있으면 감히 빈둥거리지 않고(有所不足 不敢不勉), 말을 삼감에는 하고 싶은 말이 남아 있어도 감히 다하지 않는다(有餘 不敢盡). 말할 때는 앞으로 행할 것을 헤아려서 말하고(言顧行), 행할 때에는 앞서 말한 것을 돌이켜서 행하니(行顧言), 군자가 어찌 독실하지 않을 수 있겠는가(君子胡不慥慥爾)!"

1401 군자는 지금 그가 처해 있는 자리에 마주하여 그가 해야 할 바를 행하지(君子素其位而行), 자리 밖의 것을 바라지 않는다(不願乎其外).

1402 지금 부귀의 자리에 있으면 부귀를 따라 행동하고(素富貴 行乎富貴), 지금 빈천의 자리에 있으면 빈천을 따라 행동하고(素貧賤 行乎貧賤), 지금 夷狄의 자리에 있으면 夷狄을 따라 행동하고(素夷狄 行乎夷狄), 지금 환난의 자리에 있으면 환난을 따라 행동한다(素患難 行乎患難). 군자는 어떤 자리에 가서 머물러도 자기 스스로 깨달아 얻지 못하는 것이 없다(君子無入而不自得焉).

1403 윗자리에서는 아랫사람을 능멸하지 않고(在上位 不陵下), 아랫자리에서는 윗사람을 잡아당겨 내리지 않고(在下位 不援上), 자기 자신을 바르게 할 뿐 남에게서 구하지 않으니 원망할 것이 없다(正己而不求於人 則無怨). 위로는 하늘을 원망하지 않으며 아래로는 사람을 탓하지 않는다(上不怨天 下不尤人).

1404 그러므로 군자는 평온하게 거처하면서 이로써 하늘의 소리를 기다려 聽從하고(故君子居易以俟命), 소인은 위험한 짓을 하면서 이로써 분수에 맞지 않는 요행을 企求한다(小人行險以徼幸).

1405 공자께서 말씀하셨다(子曰). "활쏘기는 군자와 비슷한 데가 있다(射有似乎君子). 正鵠을 맞추지 못하면(失諸正鵠), 돌이켜서 자기 자신에게서 찾는다(反求諸其身)."

1501 군자의 도는(君子之道), 비유하자면 먼 곳을 가는데 반드시 가까운 데로부터 해야 하는 것과 같고(辟如行遠必自邇), 비유하자면 높은 곳을 오르는데 반드시 낮은 데로부터 해야 하는 것과 같다(辟如登高必自卑).

1502 『詩』는 노래한다(詩曰). "처자식 화목함이 거문고와 비파 합주하는 듯(妻子好合 如鼓瑟琴). 형 아우 우애하니 화락하고 즐겁구나(兄弟既翕 和樂且耽). 부모형제도 의좋으니 처자식까지 흥에 겨워(宜爾室家 樂爾妻帑)."

1503 공자께서 말씀하셨다(子曰). "부모께선 참으로 편안하고 즐거우셨겠지(父母其順矣乎)!"

1601 공자께서 말씀하셨다(子曰). "귀신의 덕 됨됨이는(鬼神之爲德), 참으로 성대하구나(其盛矣乎)!

1602 보아도 보이지 않고(視之而弗見), 들어도 들리지 않지만(聽之而弗聞), 物을 체현시키는 것이니 物에서 빠져서는 안 되는 것이다(體物而不可遺).

1603 천하의 모든 사람들로 하여금 목욕재계하고 의관을 整齊하여 제사를 받들게 한다(使天下之人 齊明盛服 以承祭祀). 제단 주위로 넘칠 듯이 충만하구나(洋洋乎)! 마치 바로 위에 계신 듯 바로 옆에 계신

듯하다(如在其上 如在其左右).

1604 『詩』는 노래한다(詩曰). "神이 오심 알 수 없네! 그렇다고 어찌 태만히 하랴(神之格思 不可度思 矧可射思)."

1605 은미한 것이 제 모습을 드러낸 것이니(夫微之顯), 誠이 가려질 수 없음이 마치 이와 같겠구나(誠之不可掩 如此夫)."

1701 공자께서 말씀하셨다(子曰). "순임금은 참으로 大孝이셨겠구나(舜其大孝也與)! 德으로는 성인이 되셨고(德爲聖人), 존귀함으로는 천자가 되셨고(尊爲天子), 부유함으로는 사해를 전부 소유하셨다(富有四海之內). 종묘에서는 제사를 모시고(宗廟饗之), 자손들은 대를 이어 유업을 보전하였다(子孫保之).

1702 그러므로 大德이라면 반드시 그에 맞는 지위를 얻고(故大德必得其位), 반드시 그에 맞는 녹을 얻고(必得其祿), 반드시 그에 맞는 명성을 얻고(必得其名), 반드시 그에 맞는 수명을 얻는다(必得其壽).

1703 그러므로 하늘이 만물을 낳으면 반드시 그 재질을 따라 북돋아 준다(故天之生物 必因其材而篤焉). 그러므로 심은 것은 흙을 북돋아주고 쓰러진 것은 엎어버린다(故栽者培之 傾者覆之).

1704 『詩』는 노래한다(詩曰). "즐거울 손 우리 군자 아름다운 덕 환하시네(嘉樂君子 憲憲令德), 백성들을 즐겁게 하니 하늘에서 녹 받으시네(宜民宜人 受祿于天). 백성들을 보우하니 거듭하여 녹 받으시네(保佑命之 自天申之)."

1705 그러므로 大德이라면 반드시 천명을 받아 천자가 되는 것이다(故大德者必受命)."

1801 공자께서 말씀하셨다(子曰). "걱정 없으신 이는 아마 문왕뿐이셨으리라(無憂者 其惟文王乎)! 왕계를 아버지로 두셨고(以王季爲父), 무

왕을 아들로 두셨으니(以武王爲子), 아버지는 일으켰고(父作之), 아들은 이어받았다(子述之).

1802 무왕은 태왕과 왕계와 문왕의 기업을 계승하여(武王纘大王王季文王之緖), 한차례 갑옷을 입자 천하를 차지하였으니(壹戎衣而有天下), 신분으로는 온 천하에 찬란한 명성을 잃지 않았고(身不失天下之顯名), 존귀함으로는 천자가 되었고(尊爲天子), 부유함으로는 사해를 전부 소유하였다(富有四海之內). 종묘에서는 제사를 모시고(宗廟饗之), 자손들은 대를 이어 유업을 보전하였다(子孫保之).

1803 武王이 연로해서야 천명을 받아 왕위에 오름으로 인해 그의 동생 주공께서 문왕과 무왕이 세운 덕을 완성하였으니(武王末受命 周公成文武之德), 태왕과 왕계를 왕으로 추존하고(追王泰王王季), 위로 先公들을 제사지내길 천자의 예법으로 하였다(上祀先公以天子之禮). 이러한 예법은 제후와 대부 및 사서인에게까지 통용되었으니(斯禮也 達乎諸侯大夫及士庶人), 아버지가 大夫이고 아들이 士이면(父爲大夫 子爲士), 장례는 大夫의 예법으로 하고 제사는 士의 예법으로 하였으며(葬以大夫 祭以士), 아버지가 士이고 아들이 大夫이면(父爲士 子爲大夫), 장례는 士의 예법으로 하고 제사는 大夫의 예법으로 하였다(葬以士 祭以大夫). 기년상은 大夫까지 통용되었고(期之喪 達乎大夫), 삼년상은 諸侯부터 天子까지 통용되었으며(三年之喪 達乎天子), 부모의 喪은 귀천에 관계없이 한가지였다(父母之喪 無貴賤一也)."

1901 공자께서 말씀했다(子曰). "무왕과 주공은 참으로 達孝이셨겠지(武王周公 其達孝矣乎)!

1902 대저 孝라는 것은(夫孝者), 사람의 뜻을 잘 본받아 이를 계승하고

(善繼人之志), 사람의 일을 잘 본받아 이를 전승하는 것이다(善述人之事者也).

1903 봄가을로 선조들의 사당을 닦고(春秋修其祖廟), 선조들이 소장했던 귀중한 기물들을 진열하고(陳其宗器), 선조들이 입었던 의상을 진설하고(設其裳衣), 선조들이 들었던 제철 음식상을 올린다(薦其時食).

1904 종묘의 예법은 昭穆의 순서에 따라 차례대로 하려는 것이다(宗廟之禮 所以序昭穆也). 벼슬에 따라 순서를 정하는 것은 귀천을 분별하려는 것이다(序爵 所以辨貴賤也). 일에 따라 순서를 정하는 것은 어진 이를 분별하려는 것이다(序事 所以辨賢也). 여러 사람이 술잔을 권할 때에 아랫사람이 윗사람을 향해 올리는 것은 지위가 낮은 사람에게까지 미치게 하려는 것이다(旅酬下爲上 所以逮賤也). 연회에서 모발의 색깔로 구분하는 것은 나이의 순서 따라 차례대로 하려는 것이다(燕毛 所以序齒也).

1905 선조가 밟았던 자리를 밟고(踐其位), 선조가 행했던 예법을 행하고(行其禮), 선조가 연주했던 음악을 연주하고(奏其樂), 선조가 높였던 선친들을 공경하고(敬其所尊), 선조가 가까이 했던 자손들을 사랑하고(愛其所親), 死者를 장례 모시길 산 사람 섬기듯이 하고(事死如事生), 亡者를 제사 모시길 지금 여기 있는 사람 섬기듯이 하는 것이(事亡如事存), 극진한 孝의 모습이다(孝之至也).

1906 교제사와 사직제사의 예식은 上帝와 后土를 섬기려는 것이고(郊社之禮 所以事上帝也), 종묘의 예식은 자기 선조를 받들려는 것이다(宗廟之禮 所以祀乎其先也). 교제사와 사직제사의 예식과 체제사와 상제사의 의식에 밝으면(明乎郊社之禮 禘嘗之義), 나라를 다스리는

일은 아마 손바닥 위에 놓고 보는 것처럼 쉬울 것이다(治國 其如示諸掌乎)."

(제12장부터 제19장까지가 한 단락으로「費」·「隱」을 말했다.)

2001 魯나라 哀公이 나라를 다스리는 일에 대해 물었다(哀公問政).

2002 공자께서 말씀하셨다(子曰). "문왕과 무왕의 정치는 典籍에 널려 있습니다(文武之政 布在方策). 바로 그런 사람이 존재하면 그런 정치는 일어날 것이고(其人存 則其政擧), 바로 그런 사람이 사라지면 그런 정치는 종식될 것입니다(其人亡 則其政息).

2003 사람의 도는 정치에서 곧바로 나타나고(人道敏政), 땅의 도는 나무에서 곧바로 나타납니다(地道敏樹). 무릇 정치라는 것은 갈대입니다(夫政也者 蒲盧也).

2004 그러므로 정치는 사람에 달려 있는데(故爲政在人), 사람을 얻는 것은 자신의 몸가짐으로써 하고(取人以身), 자신의 몸가짐을 닦는 것은 道로써 하고(脩身以道), 道를 닦는 것은 仁으로써 합니다(脩道以仁).

2005 仁은 人이니(仁者 人也), 가까운 이를 친애하는 것이 仁 중에서 가장 으뜸입니다(親親 爲大). 義는 宜이니(義者 宜也), 현명한 이를 존대하는 것이 義 중에서 가장 으뜸입니다(尊賢 爲大). 가까운 정도에 따른 親愛의 정도의 감쇄와(親親之殺), 현명한 정도에 따른 尊待의 정도의 차등으로부터(尊賢之等), 禮는 생겨나는 것입니다(禮所生也).

2006 [重出] 아랫자리에 있으면서 윗사람에게 신임을 얻지 못하면(在下位不獲乎上), 백성을 얻어 다스리지 못할 것입니다(民不可得而治矣).

2007 그러므로 군자는 먼저 자신의 몸가짐을 닦지 않으면 안 됩니다(故君子不可以不脩身). 자신의 몸가짐을 닦고자 할진대 먼저 가까이 어버이를 섬기는 것부터 하지 않으면 안 됩니다(思脩身 不可以不事親). 어버이를 섬기고자 할진대 먼저 사람을 알지 않으면 안 됩니다(思事親 不可以不知人). 사람을 알고자 할진대 먼저 하늘을 알지 않으면 안 됩니다(思知人 不可以不知天).

2008 천하 어디에서나 통하는 道가 다섯이고(天下之達道五), 그 道를 행하는 방법이 셋입니다(所以行之者三). 말하건대 군신이요 부자요 부부요 형제요 붕우의 사귐이라고 하는 이 다섯이(曰君臣也 父子也 夫婦也 昆弟也 朋友之交也五者), 천하 어디에서나 통하는 道이고(天下之達道也), 知 · 仁 · 勇이라고 하는 이 셋이(知仁勇三者), 천하 어디에서나 통하는 德인데(天下之達德也), 그 德을 행하는 방법은 다만 한가지입니다(所以行之者 一也).

2009 어떤 자는 태어나면서 이미 그것을 알고(或生而知之), 어떤 자는 배우고 나서 그것을 알게 되고(或學而知之), 어떤 자는 답답해서야 그것을 알게 되지만(或困而知之), 알았다는 그 자체로는 한가지입니다(及其知之 一也). 어떤 자는 힘들이지 않고도 그것을 행하고(或安而行之), 어떤 자는 이로우니까 그것을 행하게 되고(或利而行之), 어떤 자는 억지로 시켜야 그것을 행하게 되지만(或勉强而行之), 성취했다는 그 자체로는 한가지입니다(及其成功 一也)."

2010 공자께서 말씀하셨다(子曰) [衍文]. "배우길 좋아하는 것은 知에 가깝고(好學近乎知), 힘써서 행하는 것은 仁에 가깝고(力行近乎仁), 부끄러움을 아는 것은 勇에 가깝습니다(知恥近乎勇).

2011 이 셋을 아는 자라면 자신의 몸가짐을 닦는 방법을 알 것입니다(知

斯三者 則知所以修身). 자신의 몸가짐을 닦는 방법을 아는 자라면 다른 사람을 다스리는 방법을 알 것입니다(知所以修身 則知所以治人). 다른 사람을 다스리는 방법을 아는 자라면 天下 · 國 · 家를 다스리는 방법을 알 것입니다(知所以治人 則知所以治天下國家矣)."

2012 "무릇 天下 · 國 · 家를 다스리는 데는 九經(아홉 가지 대원칙)이 있습니다(凡爲天下國家 有九經). 자신의 몸가짐을 닦는 것이요, 현자를 존대하는 것이요, 가까운 이를 친애하는 것입니다(曰 修身也 尊賢也 親親也). 대신을 공경하는 것이요, 여러 신하들의 처지를 體行하는 것이요, 뭇 백성들을 자식같이 여기는 것입니다(敬大臣也 體羣臣也 子庶民也). 백공을 모이게 하는 것이요, 먼 지방 사람들을 위무하는 것이요, 제후들을 보듬어 안는 것입니다(來百工也 柔遠人也 懷諸侯也).

2013 자신의 몸가짐을 닦으면 도가 바르게 서게 되고(修身則道立), 현자를 존대하면 혹하지 않게 되고(尊賢則不惑), 가까운 이를 친애하면 백 · 숙부나 형제들이 원망하지 않게 될 것입니다(親親則諸父昆弟不怨). 대신을 공경하면 판단이 어지럽지 않게 되고(敬大臣則不眩), 여러 신하들의 처지를 體行하면 신하들의 보답이 중후하게 되고(體羣臣則士之報禮重), 뭇 백성들을 자식같이 여기면 백성들이 권장하게 될 것입니다(子庶民則百姓勸). 백공을 모이게 하면 재용이 풍족하게 되고(來百工則財用足), 먼 지방 사람들을 위무하면 사방에서 그에게 歸服하게 되고(柔遠人則四方歸之), 제후들을 보듬어 안으면 천하가 그를 외경하게 될 것입니다(懷諸侯則天下畏之)."

2014 "안으로는 마음을 가다듬어 엄정하게 하고 밖으로는 격식에 맞춰 의관을 차려입고서 禮가 아니면 움직이지 않는 것이(齊明盛服 非禮

不動), 자신의 몸가짐을 닦는 방법입니다(所以脩身也). 참소하는 자는 물리치고 여색은 멀리하고 재물은 낮추고 덕행은 높이는 것이(去讒遠色 賤貨而貴德), 賢者를 권면하는 방법입니다(所以勸賢也). 지위를 높여주고 녹을 후하게 해주고 好惡에 차별을 두지 않는 것이(尊其位 重其祿 同其好惡), 親親을 권장하는 방법입니다(所以勸親親也). 官屬을 채워주어 맡은 일을 책임지고 하게 하는 것이(官盛任使), 대신을 권면하는 방법입니다(所以勸大臣也). 忠心과 信心으로 대해주고 녹을 후하게 해주는 것이(忠信重祿), 벼슬아치들을 권면하는 방법입니다(所以勸士也). 농사철을 가려서 부역을 시키고 징세를 가볍게 해주는 것이(時使薄斂), 백성들을 권면하는 방법입니다(所以勸百姓也). 매일같이 성과를 살피고 매달 시험을 치르고 매달의 급여를 일의 성과와 맞게 해주는 것이(日省月試 旣稟稱事), 백공들을 권면하는 방법입니다(所以勸百工也). 떠나는 자는 문밖까지 나가서 배웅하고, 머물기 위해 오는 자는 문밖까지 나가서 영접하고, 잘하는 자는 칭찬해주고 그렇지 못한 자는 감싸 안는 것이(送往迎來 嘉善而矜不能), 먼 지방 사람들을 위무하는 방법입니다(所以柔遠人也). 代가 끊긴 나라는 끊긴 代를 이어주고 폐망한 나라는 일으켜 세워주고(繼絶世 擧廢國), 혼란스러우면 다스려 안정시켜주고 위태하면 도와서 부축해주고(治亂持危), 조회와 빙례는 때를 정해놓고 하게 하고(朝聘以時), 베푸는 것은 후하게 하고 받는 것은 박하게 하는 것이(厚往而薄來), 제후들을 보듬어 안는 방법입니다(所以懷諸侯也).

2015 무릇 天下·國·家를 다스리는 데는 이렇게 九經이 있지만(凡爲天下國家有九經), 그 九經을 행하는 방법은 다만 한가지입니다(所以

行之者一也).

2016 무릇 일이란 미리 정해놓으면 이룩하게 되지만(凡事豫則立), 미리 정해놓지 못하면 도중에 흐지부지되고 마는 법입니다(不豫則廢). 할 말은 미리 정해놓으면 말에 막힘이 없게 되고(言前定則不跲), 할 일은 미리 정해놓으면 곤경에 빠지지 않게 되고(事前定則不困), 할 순서는 미리 정해놓으면 불안한 마음이 생기지 않게 되고(行前定則不疚), 할 방법은 미리 정해놓으면 도중에 막히지 않게 됩니다(道前定則不窮).

2017 아랫자리에 있으면서 윗사람에게 신임을 얻지 못하면 백성을 얻어 다스리지 못할 것입니다(在下位不獲乎上 民不可得而治矣). 윗사람에게 신임을 얻는 길이 있습니다(獲乎上有道). 벗에게 신임을 얻지 못하면 윗사람에게 신임을 얻지 못할 것입니다(不信乎朋友 不獲乎上矣). 벗에게 신임을 얻는 길이 있습니다(信乎朋友有道). 어버이에게 순종하지 못하면 벗에게 신임을 얻지 못할 것입니다(不順乎親不信乎朋友矣). 어버이에게 순종하는 길이 있습니다(順乎親有道). 돌이켜서 자기의 몸가짐을 진실되게 하지 못하면 어버이에게 순종하지 못할 것입니다(反諸身不誠 不順乎親矣). 자기의 몸가짐을 진실되게 하는 길이 있습니다(誠身有道). 무엇이 善인지를 분명히 깨닫지 못하면 자기의 몸가짐을 진실되게 하지 못할 것입니다(不明乎善 不誠乎身矣).

2018 誠은 하늘의 도입니다(誠者 天之道也). 誠을 향해 나아가는 것은 사람의 도입니다(誠之者 人之道也). 誠한 者는 힘들이지 않아도 일은 이치에 들어맞고 골똘히 생각하지 않아도 말은 합당하고 행동거지는 태연자약하여 도에 들어맞는 聖人입니다(誠者 不勉而中 不

思而得 從容中道 聖人也). 誠을 향해 나아가는 者는 善을 택해 그것을 굳게 잡은 者입니다(誠之者 擇善而固執之者也)."

2019 널리 배우십시오(博學之), 자세하게 물으십시오(審問之), 신중하게 생각하십시오(愼思之), 분명하게 변별하십시오(明辯之), 철두철미하게 행하십시오(篤行之).

2020 배우지 않겠다면 그만이지만(有弗學), 배우고자 한다면 능할 때까지 배우지 않고서는 도중에 그만두지 마십시오(學之弗能弗措也). 묻지 않겠다면 그만이지만(有弗問), 묻고자 한다면 알 때까지 묻지 않고서는 도중에 그만두지 마십시오(問之弗知弗措也). 생각하지 않겠다면 그만이지만(有弗思), 생각하고자 한다면 깨달을 때까지 생각하지 않고서는 도중에 그만두지 마십시오(思之弗得弗措也). 분변하지 않겠다면 그만이지만(有弗辨), 분변하고자 한다면 분명해질 때까지 분변하지 않고서는 도중에 그만두지 마십시오(辨之弗明弗措也). 행하지 않겠다면 그만이지만(有弗行), 행하고자 한다면 철두철미하게 행하지 않고서는 중간에 그만두지 마십시오(行之弗篤弗措也). 남이 한 번에 해낼 수 있는 일이라면 나는 백 번을 하고(人一能之 己百之), 남이 열 번에 해낼 수 있는 일이라면 나는 천 번을 하십시오(人十能之 己千之).

2021 과연 이렇게 學·問·思·辨·行을 해낼 수 있다고 한다면(果能此道矣), 어리석은 사람일지라도 반드시 총명해지고(雖愚必明), 유약한 사람일지라도 반드시 강해질 것입니다(雖柔必强).

2101 誠을 통해 차츰 환히 드러나 보이는 것이 性이고(自誠明 謂之性), 환히 드러내 보임을 통해 차츰 誠하게 하는 것이 敎이다(自明誠 謂之敎). 誠하면 性이 환히 드러나 보이고(誠則明矣), 性을 환히 드러

내 보이면 誠해진다(明則誠矣).

2201 천하를 통틀어서 오직 至誠만이 능히 그 自身의 性을 온전히 구현해낼 수 있다(唯天下至誠 爲能盡其性). 그 自身의 性을 온전히 구현해낼 수 있으니 능히 다른 사람의 性을 온전히 구현해낼 수 있고(能盡其性 則能盡人之性), 다른 사람의 性을 온전히 구현해낼 수 있으니 능히 萬物의 性을 온전히 구현해낼 수 있으며(能盡人之性 則能盡物之性), 萬物의 性을 온전히 구현해낼 수 있으니 능히 천지의 화육을 도울 수 있고(能盡物之性 則可以贊天地之化育), 천지의 화육을 도울 수 있으니 하늘과 땅과 더불어 셋이 될 수 있다(可以贊天地之化育 則可以與天地參矣).

2301 天下至誠의 그 다음가는 경지는 致曲으로(其次 致曲), 곡진함에도 능히 誠이 안에 들어 있으니(曲能有誠), 性이 안에 들어 있으면 밖으로 형상화되고(誠則形), 형상화되면 눈에 띄고(形則著), 눈에 띄면 분명해지고(著則明), 분명해지면 감응하여 動하고(明則動), 감응하여 動하면 變하고(動則變), 變하면 化하는데(變則化), 천하를 통틀어 至誠만이(唯天下至誠), 이같이 化하게 할 수 있다(爲能化).

2401 天下至誠의 도는 豫知능력이 있다(至誠之道 可以前知). 한 나라가 장차 흥하려 할 적에는 반드시 상서로운 징조가 있고(國家將興 必有禎祥), 나라가 장차 망하려 할 적에는 반드시 불길한 싹이 있으며(國家將亡 必有妖孽), 시초점이나 거북점에 나타나 보이고 四體의 동작에도 보인다(見乎蓍龜 動乎四體). 禍와 福이 장차 다가오려 할 적에(禍福將至), 좋은 징조도 반드시 먼저 알고(善 必先知之), 좋지 못한 징조도 반드시 먼저 안다(不善 必先知之). 그러므로 至誠은 神明과 같다(故至誠如神).

2501 誠은 誠 스스로 자기의 모습을 온전히 구현해나가고(誠者自成也), 道는 道 스스로 자기의 길을 이끌어나간다(而道自道也).

2502 誠은 物의 마지막 끝이고 처음 시작이기에(誠者物之終始), 誠하지 않으면 어떤 物도 없다(不誠無物). 이 때문에 군자는 誠을 향해 나아가는 것을 존귀하게 여기는 것이다(是故君子誠之爲貴).

2503 誠은 비단 誠 스스로 자기의 性을 온전히 구현해낼 뿐만 아니라(誠者非自成己而已也), 이로써 저 物의 性 또한 온전히 구현해내는 원리이다(所以成物也). 자기의 性을 온전히 구현해내는 원리로서의 誠은 仁이고(成己 仁也), 저 物의 性을 온전히 구현해내는 원리로서의 誠은 知이다(成物 知也). 誠은 性의 덕성이요(性之德也), 자기 자신과 저 物·안과 밖 모두에 부합하는 道이기 때문에(合內外之道也), 때에 맞춰 쓰면 어디서든 마땅하지 않는 데가 없다(故時措之宜也).

2601 그러므로 至誠은 쉼이 없다(故至誠無息).

2602 쉬지 않으니 오래도록 지속되고(不息則久), 오래도록 지속되면 징조가 피어오르고(久則徵),

2603 징조가 피어오르면 아득히 오래도록 지속되고(徵則悠遠), 아득히 오래도록 지속되면 드넓어지고 두터워지고(悠遠則博厚), 드넓어지고 두터워지면 드높아지고 드밝아진다(博厚則高明).

2604 드넓어지고 두터워지니까 이로써 만물을 실어주고(博厚 所以載物也), 드높아지고 드밝아지니까 이로써 萬物을 덮어주고(高明 所以覆物也), 아득히 오래도록 지속되니까 이로써 萬物의 性을 온전히 구현시켜준다(悠久 所以成物也).

2605 드넓음과 두터움은 땅과 짝을 이루고(博厚配地), 드높음과 드밝음

은 하늘과 짝을 이루고(高明配天), 아득히 오래도록 지속됨은 그 끝 간 데가 없다(悠久無疆).

2606 이러한 至誠은(如此者), 내보이지 않아도 환히 드러나고(不見而章), 움직이지 않아도 감응시켜 변화시키고(不動而變), 작위하지 않아도 이룬다(無爲而成).

2607 天地의 道는 한마디 말로 다 표현할 수 있다(天地之道 可一言而盡也). 그 道의 됨됨이는 둘이 아니기에, 그것이 낳는 萬物은 이루 다 헤아릴 수 없다(其爲物不貳 則其生物不測).

2608 天地의 道는, 드넓고, 두텁고, 드높고, 드밝고, 아득하고, 장구하다(天地之道 博也 厚也 高也 明也 悠也 久也).

2609 지금의 저 하늘은(今夫天), 한 줄기 하얀 빛살 모이고 모인 것인데(斯昭昭之多), 그 끝 간 데 없이 뻗쳤으니(及其無窮也), 해와 달과 별들 모두 그 위에 매달려 있고(日月星辰繫焉), 만물들 빠짐없이 그 밑에 덮여 있구나(萬物覆焉). 지금의 저 땅은(今夫地), 한줌의 흙 모이고 모인 것인데(一撮土之多), 드넓고 두텁게 쌓였으니(及其廣厚), 화악을 다 싣고서도 무게에 겨워하지 않고(載華嶽而不重), 강물 바닷물 다 거둬들이고도 새나가게 하지 않고(振河海而不洩), 만물들 남김없이 그 위에 실려 있구나(萬物載焉). 지금의 저 산은(今夫山), 주먹만 한 돌덩이 쌓이고 쌓인 것인데(一拳石之多), 드넓고 드높게 솟구쳤으니(及其廣大), 온갖 초목들 그 속에 자라고(草木生之), 새와 짐승들 그 안에 깃들이고(禽獸居之), 온갖 보화들 그 속에 가득 묻혀 있구나(寶藏興焉). 지금의 저 물은(今夫水), 한 순갈의 물 고이고 고인 것인데(一勺之多), 그 심연 측량할 길 없이 깊어졌으니(及其不測), 거북 악어 교룡 응룡 물고기 자라 그 밑에 태어나고(黿鼉

蛟龍魚鼈生焉), 온갖 재물들 그 속에 번식하는구나(貨財殖焉).

2610 『詩』는 노래한다(詩云). "아! 하늘의 명하심이란 아! 장엄하기 그지없어라(維天之命 於穆不已)." 이 詩句는 하늘이 하늘로 여겨지는 까닭을 노래한 것이다(蓋曰天之所以爲天也). "오호! 어찌 드러나지 않겠느냐 문왕의 純德하심이여!(於乎不顯 文王之德之純)." 이 詩句는 문왕이「文」왕으로 여겨지는 까닭인 순일함 역시 그 끝없음을 노래한 것이다(蓋曰文王之所以爲文也 純亦不已).

(제20장부터 제26장까지가 한 단락으로「誠」을 말했다.)

2701 아! 크시구나, 성인의 도여(大哉 聖人之道)!

2702 드넓기가 한없이 아득하구나(洋洋乎)! 만물을 발육시키니 드높기가 하늘까지 닿는구나(發育萬物 峻極于天)!

2703 다 채우고도 남도록 크시구나(優優大哉)! 禮儀만도 삼백 조목이고 威儀는 삼천 항목이나 되는구나(禮儀三百 威儀三千)!

2704 바로 그런 분이 오기를 기다려 행해질 것이다(待其人而後行).

2705 그러기에「지극한 덕을 가진 자가 아니면 지극한 道는 응결된 그 모습을 드러내 보이지 않는다.」고 했다(故曰苟不至德 至道不凝焉).

2706 그러기에 군자는 덕성을 높이 받들되 학문을 통해서 하고(故君子尊德性而道問學), 넓이로는 광대함을 다하되 깊이로는 정미함을 다하고(致廣大而盡精微), 고명의 경지에 도달하되 중용을 통해서 한다(極高明而道中庸). 옛것을 익히되 새것을 알아가고(溫故而知新), 성정을 넉넉하고 후덕하게 하되 禮를 높인다(敦厚以崇禮).

2707 이 때문에 윗자리에 거처해서는 교만하지 않고(是故居上不驕), 아랫자리에 거처해서는 배반하지 않고(爲下不倍), 나라에 도가 행해

질 때에는 그 언사는 족히 자리에 오를 만하고(國有道 其言足以興), 나라에 도가 행해지지 않을 때에는 그 침묵은 족히 용납할 만하다(國無道 其默足以容). 『詩』는 노래하길(詩曰), '밝고도 지혜로우니 이로써 그 몸가짐을 보전한다(旣明且哲 以保其身).'라고 했는데, 참으로 이것을 일컬어 한 말이다(其此之謂與).

2801 공자께서 말씀하셨다(子曰). "우둔하면서도 늘 자기만 옳다 고집하고(愚而好自用), 지위가 낮거나 없으면서도 늘 분수에 맞지 않게 혼자 생각으로 결정하고(賤而好自專), 지금 세상에 살면서도 옛날 도만 찾는다(生乎今之世 反古之道). 이와 같은 자는 재앙이 그 身上에 미칠 것이다(如此者 烖及其身者也)."

2802 천자가 아니면, 덕행에 관해 규정하지 못하고 법규를 제정하지 못하고 글자를 바로잡지 못한다(非天子 不議禮 不制度 不考文).

2803 지금은 천하 어디를 가나 수레는 그 차폭이 같고, 쓰는 글은 그 문자가 같고, 법규는 그 체제가 같다(今天下車同軌 書同文 行同倫).

2804 비록 그만한 지위는 있다 할지라도 만일 그만한 덕이 없으면(雖有其位 苟無其德), 감히 예악을 제정하지 못한다(不敢作禮樂焉). 비록 그만한 덕이 있다 할지라도 만일 그만한 지위가 없으면(雖有其德 苟無其位), 마찬가지로 감히 예악을 제정하지 못한다(亦不敢作禮樂焉).

2805 공자께서 말씀하셨다(子曰). "내가 夏나라의 예법은 말하긴 하지만(吾說夏禮), 夏나라의 후손인 杞나라의 예법으로는 夏나라의 예법을 고증하기에는 부족하고(杞不足徵也), 내가 殷나라의 예법을 배웠고 殷나라의 후손인 宋나라의 예법에는 殷나라의 예법이 남아 있긴 하지만(吾學殷禮 有宋存焉), 내가 周나라의 예법을 배웠고

지금 그것을 쓰고 있으니(吾學周禮 今用之), 나는 周나라의 예법을 따를 수밖에 없다(吾從周)."

2901 천하에서 왕 노릇하는 데 세 가지 중요시할 것[議禮 · 制度 · 考文]이 있는데(王天下有三重焉), 그것을 잘하면 잘못을 줄일 수 있을 것이다(其寡過矣乎)!

2902 上古의 것은 좋긴 하지만 고증할 길이 없고(上焉者 雖善無徵), 고증할 길이 없으니 신뢰하지 못하고(無徵不信), 신뢰하지 못하니 백성들이 따르지 않는다(不信 民弗從). 지위가 낮거나 없는 자의 것은 아무리 좋다 해도 존경심이 생기지 않고(下焉者 雖善不尊), 존경심이 생기지 않으니 신뢰하지 못하고(不尊不信), 신뢰하지 못하니 백성들이 따르지 않는다(不信民弗從).

2903 그러므로 군자의 도는 본바탕에 군자의 덕성을 지니고 있고(故君子之道 本諸身), 백성들에게 시험해보고 三王에게 고증해본다 해도 틀림이 없고(徵諸庶民 考諸三王而不謬), 천지에 세워놓고 검증해본다 해도 어긋남이 없고(建諸天地而不悖), 귀신에게 대질시켜본다 해도 의심이 없고(質諸鬼神而無疑), 백 세대 뒤의 성인이 오기를 기다려 여쭤본다 해도 의혹이 없어야 할 것이다(百世以俟聖人而不惑).

2904 귀신에게 대질시켜본다 해도 의심이 없을 정도면(質諸鬼神而無疑), 하늘을 아는 것이다(知天也). 백 세대 뒤의 성인이 오기를 기다려 여쭤본다 해도 의혹이 없을 정도면(百世以俟聖而不惑), 사람을 아는 것이다(知人也).

2905 이 때문에 군자의 행동과 언사는 세세토록 천하의 道가 되니(是故君子動而世爲天下道), 그의 행동은 세세토록 천하의 법도가 되고(行而世爲天下法), 그의 언사는 세세토록 천하의 준칙이 된다(言而世爲

天下則). 머나면 후세들은 그를 그리워하는 마음을 간직할 것이고(遠之則有望), 가까운 세대들은 그의 도를 아무리 따라 행해도 물려하지 않을 것이다(近之則不厭).

2906 『詩』는 노래한다(詩曰). "저기서도 미워하는 이 없고 여기서도 싫어하는 이 없네(在彼無惡 在此無射). 종일토록 애쓰기를 마다않으니 많은 영예 오래오래 기림 받으리(庶幾夙夜 以永終譽)." 군자로서 그 도가 이 같지 않은데도 일찍이 천하의 기림을 받은 적이 있었던 자는 아직까지 없었다(君子未有不如此而蚤有譽於天下者).

3001 중니께서는, 멀리로는 요 · 순을 종지로 삼아 계술하고(仲尼祖述堯舜), 가까이로는 문왕과 무왕을 법칙으로 삼아 표장하고(憲章文武), 위로는 하늘의 운행질서를 따르고(上律天時), 아래로는 산천의 자연함을 그대로 좇으셨다(下襲水土).

3002 비유하자면 땅이 지탱해주고 실어주지 않는 것이 없는 것과 같고 하늘이 덮어주고 가려주지 않는 것이 없는 것과 같고(辟如天地之無不持載 無不覆幬), 비유하자면 사시가 번갈아가며 운행하는 것과 같고 해와 달이 교대해가며 환히 비쳐주는 것과 같다(辟如四時之錯行 如日月之代明).

3003 만물은 함께 자라도 서로에게 해를 끼치지 않고(萬物竝育而不相害), 천도는 나란히 운행해도 서로 엉키지 않고(道竝行而不相悖), 小德은 냇물의 물줄기처럼 이 갈래 저 갈래 엉킴 없이 가지런하게 흐르고(小德川流), 大德은 풍성하고 넉넉하게 化生시키니(大德敦化), 이것이 천지가 위대한 까닭이다(此天地之所以爲大也).

3101 천하를 통틀어 오직 至聖만이(唯天下至聖), 밝게 듣고 환히 보고 멀리 내다보고 꿰뚫어 알기에 넉넉히 맡아 다스릴 수 있고(爲能聰

明睿知 足以有臨也), 너그럽고 여유롭고 따뜻하고 부드럽기에 넉넉히 포용할 수 있고(寬裕溫柔 足以有容也), 발분망식하고 집념이 강하고 성품이 강직하고 의지가 굳세기에 넉넉히 결단할 수 있고(發强剛毅 足以有執也), 엄숙하고 장중하고 어느 쪽으로도 기울지 않고 정직하기에 넉넉히 居敬할 수 있고(齊莊中正 足以有敬也), 문장의 의리를 치밀하게 살피고 명백히 가려내기에 넉넉히 변별할 수 있다(文理密察 足以有別也).

3102 넓디넓고 깊디깊어서(溥博淵泉), 때맞춰 솟아나온다(而時出也).

3103 넓디넓음은 마치 하늘과 같고(溥博如天), 깊디깊음은 마치 연못과 같다(淵泉如淵). 내보이면 우러르지 않는 백성 한 명도 없고(見而民莫不敬), 말하면 믿지 않는 백성 한 명도 없고(言而民莫不信), 행하면 기뻐하지 않는 백성 한 명도 없다(行而民莫不說).

3104 이 때문에 명성이 나라 안을 넘쳐흘러 낙후한 남방의 蠻과 북방의 貊에까지 미치고(是以聲名洋溢乎中國 施及蠻貊), 배나 수레가 닿는 곳과 사람의 힘이 미치는 곳(舟車所至 人力所通), 하늘에 덮여 있는 곳과 땅에 실려 있는 곳(天之所覆 地之所載), 해와 달이 비치는 곳과 서리와 이슬이 내리는 곳이라면 어디든지 간에(日月所照 霜露所隊), 무릇 혈기를 지닌 자라면 누구든지 간에 존경하고 친애하지 아니하는 자가 없으니(凡有血氣者莫不尊親), 그러므로 하늘과 짝한다고 말하는 것이다(故曰配天).

3201 천하를 통틀어 오직 至誠만이(唯天下至誠), 능히 천하의 大經을 경륜할 수 있고(爲能經綸天下之大經), 능히 천하의 大本을 수립할 수 있고(立天下之大本), 능히 천지가 化育되는 所以然을 알 수 있다(知天地之化育). 이 모두 至誠이기에 나오는 자연스런 작용일 뿐인

데 의지해야 할 무엇이 어찌 있겠는가(夫焉有所倚)?

3202 간절하디 간절하구나! 바로 仁 그 자체구나(肫肫其仁). 깊디깊구나! 바로 못 그 자체구나(淵淵其淵). 넓디넓구나! 바로 하늘 그 자체구나(浩浩其天).

3203 만일 참으로 밝게 듣고 환히 보고 멀리 내다보고 꿰뚫어 아는 聖知로서 하늘의 덕에 통달한 자가 아니라면(苟不固聰明聖知達天德者), 그 누가 그것을 알 수 있겠는가(其孰能知之)?

(제27장부터 제32장까지가 한 단락으로 「大德」·「小德」을 말했다.)

3301 『詩』는 노래하길(詩曰), '비단 저고리 위에 홑겹 옷 덧입었네(衣錦尙絅)'라고 했는데, 그 비단옷의 무늬가 드러나는 것을 싫어해서이다(惡其文之著也). 그렇기에 군자의 도는 어두운 듯하지만 날로 분명하게 드러나고(故君子之道 闇然而日章), 소인의 도는 뚜렷한 듯하지만 날로 사그라진다(小人之道 的然而日亡). 군자의 도는 담박하되 물리지 않고 간결하되 문채가 있고 온화하되 조리가 있으니(君子之道 淡而不厭 簡而文 溫而理), 먼 곳은 가까운 곳에서 시작됨을 알고 바람은 불어오는 곳이 있음을 알고 은미한 것은 드러나게 됨을 안다면(知遠之近 知風之自 知微之顯), 聖人의 품덕과 수양의 경지에 들어갈 수 있다(可與入德矣).

3302 『詩』는 노래하길(詩云), '드러나지 않게 숨겨져 있지만 더 환히 밝게 드러나네(潛雖伏矣 亦孔之昭)'라고 했으니, 그렇기에 군자는 속을 살펴봐도 거리낄 게 없고(故君子內省不疚), 心志를 살펴봐도 부끄러울 게 없다(無惡於志). 사람들이 군자에 미치지 못할 것이라면(君子之所不可及者), 아마 사람들 눈에 드러나지 않는 곳뿐일 것

이다(其唯人之所不見乎).

3303 『詩』는 노래하길(詩云), '이 방에 있는 모습 보니 屋漏에선 더더욱 부끄러울 게 없겠구나(相在爾室 尙不愧于屋漏)'라고 했으니, 그렇기에 군자는 움직이지 않아도 居敬하고(故君子不動而敬), 말하지 않아도 信實하다(不言而信).

3304 『詩』는 노래하길(詩曰), '제단 앞에 나아가 신명 부를 제 서로들 숙연히 말이 없고 이럴 제 맞춰 시비 다툼 스르르 없어지네(奏假無言時靡有爭)'라고 했으니, 이렇기에 군자가 칭찬하는 것도 아닌데 백성들은 서로 권장하고(是故君子不賞而民勸), 나무라는 것도 아닌데 백성들은 작두나 도끼보다 위엄을 느낀다(不怒而民威於鈇鉞).

3305 『詩』는 노래하길(詩曰), '드러나지 않는 至德이여! 여러 임금들 모두 그를 본받으리(不顯惟德 百辟其刑之).'라고 했으니, 이렇기에 군자가 경건함을 안으로 두텁게 하면 천하는 태평해지는 것이다(是故君子篤恭而天下平).

3306 『詩』는 노래하길(詩云), '내가 아끼는 것은 드러나지 않는 至德이니, 크게 소리치거나 노기 띤 낯빛일랑 하지를 말라(予懷明德 不大聲以色).'라고 했고, 공자께선 말씀하시길(子曰), '소리치거나 노기 띤 낯빛은 백성을 교화하는 데 있어서는 말단이다(聲色之於以化民末也).'라고 했고, 『詩』는 노래하길(詩云), '덕은 가볍기가 터럭과 같다(德輶如毛).'라고 했는데, 터럭은 맞대볼 것이라도 있다(毛猶有倫). 『詩』는 노래하길, '하늘이 하는 일은 소리도 없고 냄새도 없다(上天之載 無聲無臭).'라고 했으니, 그 말의 형용이 참으로 적절하구나(至矣)!

(제33장 이 한 단락으로 제1장의 뜻을 다시 밝혔다.)

中庸章句

中者, 不偏不倚, 無過不及之名。庸, 平常也。

「中」이란「不偏不倚[1]」·「無過不及(지나침이나 미치지 못함이 없다)」을 이름붙인 것이고(中者 不偏不倚[2] 無過不及之名[3]),「庸」이란「平常」이다(庸[4] 平常[5]也).

---

1) ① [中庸講義補] 세워놓은 표식이 천하 정중앙에 세워져 있어서 동쪽이나 서쪽으로 조금의 치우침도 없는 것이 不偏이고, 세워놓은 표식이 하늘을 향해 반듯이 서 있어서 조금의 기울어짐도 없는 것이 不倚이다(所立之表, 正得土中, 無差東差西之失, 則此不偏也, 所立之表, 向天直立, 無或傾或斜之病, 則此不倚也, 不偏者, 其所立之位也, 不倚者, 其所立之體也). ②『中庸講義補』는 다산 丁若鏞(1762~1836)이 지은 책으로, 여강출판사에서 간행한『국역 與猶堂全書: 經集1권』에서 옮겨 실으면서 일부 수정을 가했으며, 이 책에서는 [講義補]로 표기함.

2) 不偏不倚(불편불의): ① 원래의 의미는 중용의 도로 그 중을 얻어서 편파의 병폐가 없는 것을 일컫지만, 어느 일방을 편들거나 역성들지 않는다는 뜻으로도 쓰임. ② 위치가 정확하여 조금의 편차도 없음.

3) [大全] ① 책의 이름은 본래「君子而時中」(제2장 제2절)의「中」을 취한 것이다. 그렇지만 時中을 할 수 있는 까닭은 저 마음 안의 未發之中에 있기에 그래서 먼저 未發之中을 말한 뒤에 군자의 時中을 말한 것이다(朱子曰: "名篇本是取'時中'之中, 然所以能時中者, 蓋有那未發之中在, 所以先說未發之中, 然後說君子之時中"). ②「中和」(제1장 제5절)의「中」은 전적으로 未發을 말하고「中庸」(제2장 제1절)의「中」은 두 가지 뜻, 즉 안에 있는 마음의 中과 밖에 있는 事物의 中을 포함해서 말한 것이다. 朱子가 확실하게 안과 밖을 포함해서「不偏不倚 · 無過不及」이라 했으니 참으로 확실하다(北溪陳氏曰: "'中和'之'中', 是專主未發而言, '中庸'之'中', 却是含二義, 有在心之中, 有在事物之中, 所以文公必合內外而言, 謂'不偏不倚 無過不及', 可謂確而盡矣").

4) [大全] ① 庸은 本分에 따르고 怪異한 일을 하지 않는 것이다. 요 · 순 · 공자는 庸일 뿐이다(朱子曰: "庸是依本分不爲怪異之事, 堯舜孔子只是庸"). ② 朱子가 庸을 平常으로 풀이했는데, 中의 밖에 또다시 이른바 庸이 있는 것이 아니라 단지 이 中이란 것은 곧 日用之間에서의 平常의 도리일 뿐이다. 平常은 怪異와 반대되는 말로 平常은 사람들이 항시 쓰는 것이다. 怪異는 사람들이 본적이 없는 것으로 홀연히 본 것이라면 곧 怪異한 것이다. 예를 들자면 父子之親 · 君臣之義 · 夫婦之別 · 長幼之序 · 朋友之信은 모두 日用之事이니 곧 平常의 도리인 것이다. 도무지 기묘한 일들이란 없는 것이다. 오곡으로 만든 밥이나 천으로 만든 옷처럼 먹을 수 있고 입을 수 있어 물리지 않는 것들로 별것이 아니고 平常일 뿐이다(北溪陳氏曰: "文公解庸爲平常, 非於中之外 復有所謂庸, 只是這中底便是日用平常道理. 平常與怪異字相對, 平常是人所常用底, 怪異是人所不曾見, 忽然見之便怪異. 如父子之親 · 君臣之義 · 夫婦之別 · 長幼之序 · 朋友之信, 皆日用事, 便是平常底道理. 都無奇特底事, 如五穀之食 · 布帛之衣, 可食可服而不可厭者, 無他, 只是平常耳").

5) ① 이 장의 끝에 실은 [中庸或問] 참조. ② '平常'이라는 말 자체에는 무한히 복합적인 의미를

子程子曰:「不偏之謂中, 不易之謂庸。中者, 天下之正道, 庸者, 天下之定理。」此篇乃孔門傳授心法, 子思恐其久而差也, 故筆之於書, 以授孟子。其書始言一理, 中散爲萬事, 末復合爲一理,「放之則彌六合, 卷之則退藏於密」, 其味無窮, 皆實學也。善讀者玩索而有得焉, 則終身用之, 有不能盡者矣。

程子 선생께서 말씀하셨다(子程子[6])曰). "「不偏(치우쳐 있지 아니함)」을 말하여「中」이라 하고(不偏之謂中),「不易(變易할 수 없음)」을 말하여「庸」이라 한다(不易之謂庸).「中」이란 천하가 다 따르는 최고의 올바른 도이고(中者 天下之正道),「庸」은 천하가 이미 검증한 최고의 확정된 법칙이다(庸者 天下之定理[7]))." 이 책은 바로 공자 문하에서 전수된 心法으로(此篇乃孔門傳授心法[8])), 子思가 시간이 지날수록 잘못 전해질까 염려했기에(子思恐其久而差也), 책으로 써서 맹자에게 전해준 것이다(故筆之於書 以授孟子[9])).

담고 있다. '平'은 평탄하고 상식적이고 지나침이 없다는 의미이며, '常'은 항상스럽고 일상적이며 실재의 마땅한 모습에 가깝다는 의미인데, '平常'이라는 말 속에는 암암리 '事理의 當然'이라는 가치판단이 숨어 있다. 그것은 괴이함이 없는 것이요, 또한 너무 고원하고 실행키 어려운 그 무엇을 제시하는 것은 아니라 해도, 그렇다고 일상성 속에 매몰되어 도덕적으로 오염되고 마는 사태는 아니다. 결국 '平常'이라는 개념을 말하고 있지만 그것은 단순히 일상성의 범주에서 끝나는 것이 아니다. '非平'하고 '非常'한 사태까지 결국은 평상의 당연함, 즉 그 도덕성이 관철되어야 한다는 역동적인 의미를 내포하고 있는 것이다(김용옥, 『중용한글역주』 179쪽, 통나무).

6) 子(자): 첫 번째 '子'字는 '선생님'이란 뜻으로, 자기 선생님에 대한 칭호이고 두 번째 '子'字는 학문 · 도덕을 지닌 자에 대한 敬詞임.

7) [大全] "「正道」와「定理」에서 道는 총괄한 명칭이고 理는 道 안에 있는 많은 條目들이 아닐까요?" 주자가 말했다. "正자와 定자에 중요한 의미가 들어 있다. 中은 딱 맞는 도리일 뿐이다. 깨닫지 못하고 있지만 아득한 옛날부터 지금까지 變易할 수 없는 것이기에 다시 庸자를 붙인 것이다"(問: "正道定理, 恐道是總括之名, 理是道裏面有許多條目." 朱子曰: "緊要在正字定字上, 中只是箇恰好道理, 爲不見得是亘古今不可變易底, 故更著箇庸字").

8) 心法(심법): 경전 이외에 筆墨이 아닌 암시나 구두로 전수하는 깨닫거나 체험한 사상이나 방법(心得之方法). 불교용어. 色法에 대하는 말로 眼識 · 耳識 · 鼻識 · 舌識 · 身識 · 意識 · 末那識 · 阿賴耶識 等 八種의 心法이 있음.

이 책이 처음에는 一理를 말하고(其書始言一理[10]), 중간에 가서는 흩어져서 만사로 되고(中散爲萬事), 끝에 가서는 다시 합해 一理로 되었으니(末復合爲一理), 「이것을 펼쳐놓으면 六合에 가득차고(放之則彌六合[11]), 이것을 말아놓으면 아주 좁은 곳에도 숨어 들어가 자취를 감춰서(卷之則退藏於密[12])」, 이 도의 묘미가 무궁하지만(其味無窮), 모두 허탄하지 않은 실제적인 학문이다(皆實學也). 잘 공부한 자가 되풀이해서 묘미를 헤아리고 깊이 탐색하여 터득함이 있다면(善讀者玩索[13]而有得焉), 종신토록 써도 다 쓰지 못할 것이다(則終身用之 有不能盡者矣).

〔中庸或問〕

『中庸』이라는 책명의 의의에 대하여, 정자께서는 「不偏」이라고만 언급

---

9) 중용이 오히려 맹자의 학설을 계승 · 발전시켰다는 견해로는 李澤厚(정병석 역, 『중국고대사상사론』 276쪽), 馮友蘭(박성규 역, 『중국철학사(상)』 585쪽)가 있고, 맹자가 중용을 계승한 것이라는 견해로는 金容沃(『중용한글역주』 134쪽 이하)이 있다.

10) ① [大全] 「始言一理」는 「天命之謂性」(제1장 제1절)을 가리킨 것이고 「末復合爲一理」는 「上天之載」(제33장 제6절)를 가리킨 것이다(朱子曰: "始言一理, 指天命謂性; 末復合爲一理, 指上天之載…"). 「中散爲萬事」는 곧 중용에서 말한 수많은 일들, 예컨대 知 · 仁 · 勇등등 배움을 위한 도리, 천하 · 국 · 가를 위한 九經 및 祭祀 · 鬼神 등등의 일을 가리키는데 중간에 조그만 틈새도 없으며 구절구절마다 실제적이다(朱子曰: "中散爲萬事, 便是中庸所說許多事, 如知仁勇許多爲學底道理, 與爲天下國家有九經, 及祭祀鬼神許多事, 中間無些子罅隙, 句句是實"). ② 一理는 天道를 萬事는 人道를 말함.

11) ① 六合(육합): 上 · 下 · 前 · 後 · 左 · 右 또는 천지사방. 人間世나 天地 또는 宇宙공간 전체를 말함. ②彌(미): 彌滿하다. 널리 가득 차 끝이 없다.

12) ① [周易 繫辭上] 성인은 이것으로 마음을 씻고, 물러나 은밀한 곳에 감추고, 길흉은 백성과 함께 즐기고 함께 근심하고, 신묘해서 미래의 일을 알고, 지혜로워서 지나간 일을 간직하니, 그 누가 이와 같을 수 있겠는가! 옛날의 총명하고 지혜롭고 신묘하고 용맹하면서도 함부로 사람을 죽이지 않은 자일진저!(聖人以此洗心, 退藏於密, 吉凶與民同患, 神以知來, 知以藏往. 其孰能與此哉! 古之聰明叡知神武而不殺者夫!) ② 退藏(퇴장): 물러나 자취를 감춰 행적을 노출시키지 아니함. 한군데 모으다. 密(밀): 겉으로 드러나지 않은 곳.

13) 玩索(완색): 되풀이해 맛을 보며 깊이 탐색함(玩味思索). 직접 느껴 체득하고 탐구함.

했고, 呂氏는「無過不及」이라고만 설명했는데 두 견해가 같지 않습니다. 선생님께서 비로소 이 두 견해를 합해서 말씀하셨습니다. 무엇 때문이신지요(或問: 名篇之義, 程子專以不偏爲言, 呂氏[14)]專以無過不及爲說, 二者固不同矣, 子乃合而言之, 何也)?

「中」은 한 개의 글자인데 두 가지 뜻을 지니고 있다. 이에 대해서는 정자께서 이미 말씀하신 적이 있다. 지금 그 말씀을 추구해보자면,「不偏不倚」는 정자께서 말씀한「在中」이란 뜻으로 감정의 아직 발하기 전 偏倚하다 할 바가 전혀 없는 상태에 붙인 이름이다.「無過不及」은 정자께서 말씀한「中之道」이다. 제반 행사에 맞닥뜨려서 각기 저마다「中」을 얻은 상태에 붙인 이름이다(曰: 中, 一名而有二義, 程子固[15)]言之矣. 今以其說推之, 不偏不倚云者, 程子所謂在中之義, 未發之前, 無所偏倚之名也; 無過不及者, 程子所謂中之道也, 見諸行事各得其中之名也).

대개「不偏不倚」는 마치 서 있는데 사방 어느 쪽과도 가까이 가지 않은 것으로, 마음의 본체이고 땅의 중앙이다.「無過不及」은 길을 가는데 앞서거나 뒤처지거나 하지 않는 것으로, 理의 마땅함이고 일의 중도이다. 그러므로 감정이 아직 발하기 전의 大本에 대해서는「不偏不倚」라는 이름을 취하고, 이미 발하여 時中의 상태에 대해서는「無過不及」이란 뜻을 취한 것이니, 말이 이미 각기 마땅함을 가지고 있다(蓋不偏不倚, 猶立而不近四旁, 心之體·地之中也. 無過不及, 猶行而不先不後, 理之當·事之中也. 故於未發之大本, 則取不偏不倚之名; 於已發而時中, 則取無過不及之義, 語固各有當也).

---

14) 呂氏(여씨): =呂大臨(1040~1092). 북송 京兆 藍田 사람. 자는 與叔. 처음에 張載에게 배웠고 나중에 程頤에게 배웠는데, 謝良佐, 游酢, 楊時와 함께 '程門四先生'으로 불림.

15) 固(고): 이미.

그렇지만 감정이 아직 발하지 않았을 때는「無過不及」이라 이름붙일 만한 것이 아직 없겠지만,「無過不及」하게 하는 본체는 실제로 여기에 존재하고 있다. 감정이 발하여 中을 얻는 데 이르렀을 때는, 그 주관하는 곳이 어느 한 가지 일로 기울지 않으면 안 되겠지만, 그 일을「無過不及」하게 하는 것은 비로소「偏倚」가 없게 하는 것이 하는 일인데, 어느 한 가지 일 가운데에서도「偏倚」한 바가 있어 본 적이 없었다(然方其未發, 雖未有無過不及之可名, 而所以爲無過不及之本體, 實在於是; 及其發而得中也, 雖其所主不能不偏於一事, 然其所以無過不及者, 是乃無偏倚者之所爲, 而於一事之中, 亦未嘗有所偏倚也).

그러므로 程子께서 또 말씀하길, "和를 말하면 中이 그 가운데 있고 中을 말하면 喜怒哀樂이 그 가운데 있다" 했고, 呂氏도, "그 미발했을 당시에는 이 마음은 지극히 비어 있어서「偏倚」한 것이 없으니 中이라 일컫고, 이 마음으로 만물의 변화에 응하니 어디 가든 中 아닌 것이 없다"고 했던 것이다. 이런즉 두 뜻이 다르지만 실은 서로 體와 用이 되는 것이다. 이것이 내가 책명의 의의에 대하여 한쪽만 취하고 다른 한쪽은 버릴 수 없었던 이유이다(然故程子又曰: "言和, 則中在其中; 言中, 則含喜怒哀樂在其中." 而呂氏亦云: "當其未發, 此心至虛, 無所偏倚, 故謂之中; 以此心而應萬物之變, 無往[16]而非中矣." 是則二義雖殊, 而實相爲體用, 此愚於名篇之義, 所以不得取此而遺彼也).

* * *

「庸」자의 의의에 대하여 정자께서는「不易」이라 했는데, 선생님께서는

16) 無往(무왕): 어디에 가든 관계없이. '不'나 '非'와 연용하여 긍정의 어기를 나타냄.

「平常」이라 하셨습니다. 무엇 때문이신지요(曰: "庸字之義, 程子以不易言之, 而子以爲平常, 何也?")?

오직「平常」하기 때문에 장구히 지속될 수 있고 변할 수 없는 것이다. 만약 온 세상을 깜짝 놀라게 하는 일이라면, 잠깐일 수는 있어도 영원히 그럴 수는 없다. 두 개의 견해가 다르지만 그 귀결점은 하나이다. 단「不易」이라고 하면, 반드시 오랜 기간에 걸쳐 지속된 후에야 그 결과가 나타나는 경우만을 들어 말하므로,「平常」이라고 하여, 현재도 괴이한 것이 없는 常을 지금 바로 검증하는 경우와 오랜 후에도 그 常의 상태가 변함이 없는 경우를 아울러서 들어 말하는 것만 못하다(曰: "惟其平常, 故可常而不可易, 若驚世駭俗[17]之事, 則可暫而不得爲常矣. 二說雖殊, 其致一也. 但謂之不易, 則必要於久而後見, 不若謂之平常, 則直驗於今之無所詭異[18], 而其常久而不可易者可兼擧也").

더구나 중용이란 말은 위로는「高明」과 상대되는 말이고(제26장 제6절), 밑으로는「無忌憚」과 상반되는 말이고(제2장 제2절),「庸德之行」「庸言之謹」(제13장 제4절)이란 말 또한 사소해도 감히 소홀히 할 수 없으니, 책명의 의의를「不易」이라고 말하는 것이 어찌「平常」이란 말의 적절함에 필적할 수 있겠느냐(況中庸之云, 上與高明爲對, 而下與無忌憚者相反, 其曰庸德之行, 庸言之謹, 又以見夫雖細微 而不敢忽, 則其名篇之義, 以不易而爲言者, 又孰若[19]平常之爲切乎[20]!)!

「平常」이라고 하면 혹 너무 평이하고 격이 떨어지는 말이라고 여겨지지

17) 驚世駭俗(경세해속): (언행이 상도와 달라서) 온 세상을 깜짝 놀라게 하다.
18) 詭異(궤이): =怪異. 기이하다. 괴상하다.
19) 孰若(숙약): 어찌~와 같으랴. 어떻게 필적할 수 있겠는가.
20) 云乎(운호): 문장 끝에 쓰여 의문이나 감탄을 표시함.

는 않겠습니까(曰: "然則所謂平常, 將不爲淺近苟且之云乎?")?

그렇지 않다. 이른바「平常」이란 또한 事理로서 당연한 모습을 표현한 말이고, 그래서 괴이한 것이 없다는 것일 뿐이다. 이것은 결코 어떤 심히 고원하여 행하기 어려운 일도 아니지만 또 어찌 속물이 들고 악에 영합하는 것을 말하는 것이겠느냐! 당연한 모습을 표현한 말인 이상, 임금과 신하 · 어버이와 자식 등 일상생활 속의 평범한 도리로부터 시작해서, 미루어 나가다보면 요임금과 순임금이 임금 자리를 주고받은 것, 탕왕과 무왕이 하나라와 은나라를 정벌한 것에 이르기까지, 그 변용이 무궁하니 아무리 봐도 어딜 가든「平常」 아닌 것이란 없다(曰: "不然也. 所謂平常, 亦曰 事理之當然, 而無所詭異云爾[21]), 是固非有甚高難行之事, 而亦豈同流合汙[22])之謂哉! 旣曰當然, 則自君臣 · 父子日用之常, 推而至於堯·舜之禪授, 湯·武之放伐[23]), 其變無窮, 亦無適而非平常矣").

21) 云爾(운이): 이와 같은 뿐이다(=而已).
22) 同流合汙(동류합오): 속물이 들다. 邪惡에 동화되거나 악인과 함께 일하다.
23) 放伐(방벌): 무력을 써서 토벌하고 포악한 군주를 추방하다.

第1章

천명지위성 솔성지위도 수도지위교

0101 天命之謂性, 率性之謂道, 脩道之謂教。

하늘이 命賦하는 것을「性」이라 하고(天命之謂性[1]), 이 性을 따르는 것을「道」라 하고(率性之謂道), 이 道를 닦는 것을「敎」라 한다(脩道之謂教).[2]

---

1) ① [中庸自箴] '性'字의 本義에 의거해서 말한다면, 性이란 마음이 嗜好하는 것이다. 天命之性 또한 嗜好로써 말할 수 있다. 사람이 배태가 되면 하늘은 거기에 靈明無形의 본체를 부여하는데, 그 됨됨이가 善은 좋아하지만 惡은 싫어하고 덕은 좋아하지만 더러움은 부끄러워하기에, 이를 性이라 하고, 이를 性善이라 한 것이다. 性이란 이미 이와 같기에 性을 거슬러서 쓰지 말고 억지로 교정해서 쓰지 말고, 반드시 그대로 따르고 하자는 대로 청종해야 한다(據性字本義而言之, 則性者心之所嗜好也… 天命之性, 亦可以嗜好言. 蓋人之胚胎旣成, 天則賦之以靈明無形之體, 而其爲物也, 樂[好]善而惡惡, 好德而恥汚, 斯之謂性也, 斯之謂性善也. 性旣如是, 故毋用拂逆, 毋用矯揉, 只須率以循之, 聽其所爲). 사람이 태어나서 죽을 때까지 이를 遵行해나가므로 이를 道라고 한다. 그렇지만 道路란 버려둔 채 관리를 안 해주면 가시덤불이 가로막아 갈 방향을 모르게 되니, 반드시 살피는 관리를 두어 이를 손질하고 수선하고 길을 터주고 인도하여, 여행자가 그 방향을 헤매지 않도록 한 연후에야, 비로소 그들의 갈 곳으로 도달할 수 있을 것이다. 聖人께서 많은 사람을 유도하는 그 일이 이와 유사하니 이를 敎라고 한 것으로, 敎란 도로를 수선해주는 것이다(自生至死, 遵此以往, 斯之謂道也. 但道路爲物, 舍之不治則蓁莽阻塞, 莫適所向, 必有亭堠之官, 爲之治之繕之開之導之, 使行旅弗迷其方, 然後方可以達其所往. 聖人之牖導衆人, 其事相類, 斯之謂敎也, 敎者繕治道路者也). ② 『中庸自箴』은 다산 丁若鏞(1762~1836)이 지은 책으로, 전주대학교출판부에서 간행한 『國譯 與猶堂全書: 經集 Ⅰ』에서 옮겨 실으면서 일부 수정을 가했으며, 이하 이 책에서는 [自箴]으로 표기함.

2) ① 『中庸』은 완전한 인간의 의식수양을 중심으로 삼아, 주로 내재적인 心性의 형이상학적 발굴에 치중하고 있다.… 『中庸』의 기본특징은 儒學의 출발점인 '修身'에 세계관적인 형이상학적 기초를 부여하여, "하늘이 명한 것을 말하여 性이라 하고, 이 性을 따르는 것을 말하여 道라 하고, 道를 닦는 것을 말하여 敎라고 한다"는 핵심 내용을 제기하고 있다. 이로부터 『中庸』은 人性을 天命의 차원으로 한 단계 끌어올려 '天'('命')과 '人'('性')을 연결시키고 맹

0101 命, 猶令也。性, 即理也。天以陰陽五行化生萬物, 氣以成形, 而理亦賦焉, 猶命令也。於是人物之生, 因各得其所賦之理, 以爲健順五常之德, 所謂性也。率, 循也。道, 猶路也。人物各循其性之自然, 則其日用事物之間, 莫不各有當行之路, 是則所謂道也。脩, 品節之也。性道雖同, 而氣稟或異, 故不能無過不及之差, 聖人因人物之所當行者而品節之, 以爲法於天下, 則謂之教, 若禮, 樂, 刑, 政之屬是也。[3] 蓋人之所以爲人, 道之所以爲道, 聖人之所

자의 이론을 발전시켜 나갔다. 이것은 人性이 하늘로부터 부여되었다는 것을 강조하면서, 인간이 가진 본성은 보편적 · 필연적으로 선험적인 善임을 밝히고 있다. 그리고 사람들은 자신의 선한 본성을 펼치려고 노력하고 실현해야 할 것('盡誠' · '誠己'를 주장한다)을 주장한다. 이것이 바로 '道'이며, 힘써 수양하여 그것을 자각하고 의식하는 것이 바로 '敎'이다. …『中庸』은 만물 위에 군림하여 어떠한 감정도 없이 냉혹하게 객관적인 법칙만을 가진 '道'를, 사람들이 순간마다의 존재 · 作爲 · 수양 · 의식과 서로 관통하고 융합하여 하나로 합일하고 있는 '道'로 변화시켜놓았다. 이로부터 '天道'와 '人道'는 하나의 '道'가 된다. 이것은 본래 儒家의 전통적인 사상이지만,『中庸』은 그것을 형이상학적 세계관의 차원으로 승격시켰다. 바로 이 때문에 '天道'와 '人道'가 서로 合一한다. 즉 객관세계의 법칙성과 주체적 존재의 목적성이 서로 합일하는 '道'를 통하여 사람들은 '천지의 변화에 참여하고(參天地)', '천지가 변화하고 만물을 기르는 것을 도울(贊化育)' 수 있어서(제22장), '中和'(제1장 제5절)의 가장 높은 경지에 도달할 수 있다. … 中庸의 이러한 天人合一은 주로 개체의 수양을 통하여 도달할 수 있는 주관적 정신경계의 高揚으로, 외부 물질세계의 변화와는 관련이 별로 없다. 주관의식의 추구가 여기서는 가장 주요한 요소이고 근본적이다(李澤厚,『중국고대사상사론』275쪽 이하, 정병석 역, 한길사). ② 옛 사람의 말 중에서 '之謂'와 '謂之'는 차이가 있다. 대개 'A之謂B'라는 말은, 앞(A)에서 지칭한 것을 가지고 뒤(B)를 해석한 것으로, 예컨대,『中庸』의 "하늘이 명한 것을 '性'이라 하고, 性을 따르는 것을 '道'라 하고, 도를 닦는 것을 '敎'라 한다"라는 말은 '性' · '道' · '敎'를 해석하여 말한 것으로, "'性'이란 것은 天命을 말하고, '道'라는 것은 率性을 말하고, '敎'라는 것은 脩道를 말한다"라고 하는 것과 같고, … 대개 'A謂之B'라고 말한 것은, 뒤(B)에서 지칭한 이름을 가지고 앞(A)의 실질을 구별하는 것으로, 예컨대,『中庸』의 "誠을 통해 차츰 환히 밝아지는 것을 '性'이라 하고, 환히 밝힘을 통해 차츰 誠하게 하는 것을 '敎'이라 한다"(21:01)라는 말은 '性'과 '敎'를 해석하여 말한 것이 아니고 '性'과 '敎'를 가지고 '自誠明'과 '自明誠' 두 가지를 구별한 것이다(古人言辭, "之謂" "謂之" 有異: 凡曰 "之謂", 以上所稱解下, 如《中庸》"天命之謂性, 率性之謂道, 修道之謂敎", 此爲性'道'敎言之, 若曰性也者天命之謂也, 道也者率性之謂也, 敎也者修道之謂也; … 凡曰 "謂之" 者, 以下所稱之名辨上之實, 如《中庸》"自誠明謂之性, 自明誠謂之敎", 此非爲性敎言之, 以性敎區別 "自誠明" "自明誠" 二者耳)(戴震,『孟子字義疏證』76쪽, 임옥균 역, 홍익출판사).

3) ① [四書大全本은 아래와 같다] 蓋人知己之有性 而不知其出於天, 知事之有道 而不知

以爲教, 原其所自, 無一不本於天而備於我。學者知之, 則其於學知所用力而自不能已矣。故子思於此首發明之, 讀者所宜深體而默識也。

「命」은「令」과 같다(命 猶令也).「性」은 즉「理」이다(性 卽理也[4]). 하늘이 음양오행으로써 만물을 화생시킴에(天以陰陽五行[5]化生萬物), 氣로써는 형체를 이루게 하고 理 또한 거기에 부여해주기에(氣以成形而理亦賦焉),「命令」하는 것과 비슷하다(猶命令也[6]). 이에 따라 사람과 物이 태어나는

其由於性, 知聖人之有敎 而不知其因吾之所固有者裁之也. 故子思於此首發明之, 而董子所謂道之大原出於天, 亦此意也(대개 사람들은 자기가「性」을 지녔음은 알지만 그것이 하늘에서 나온 것임은 알지 못하고, 일에는「道」가 있음은 알지만 그것이 性에서 말미암은 것임은 알지 못하고, 성인의「敎」가 있음은 알지만 그것이 나에게 고유한 것을 따라 재단한 것임은 알지 못한다. 그러므로 子思가 이것을 제일 앞에다 놓아 밝혔으니 董子(동중서)가「道之大原出於天(도의 큰 근원이 하늘에서 나왔다)」라고 말한 것도 이러한 뜻이다). ② 成百曉 譯註『懸吐完譯 大學 · 中庸集註(개정증보판)』가 底本으로 삼은 成均館大 大東文化研究院 內閣本도 이와 같다.

4) [字義] 性은 곧 理이다. 그런데 무엇 때문에 理라고 하지 않고 性이라고 하는가? 理는 천지간에 있는 사람과 사물이 공유하는 이치를 통틀어 말한 것(泛言天地間人物公共之理)인 반면, 性은 나에게 있는 이치이기 때문이다. 다만 이 도리는 하늘에서 받아 나의 소유가 된 것이기 때문에 性이라고 부를 뿐이다. '性'字는 '生'字와 '心'字를 합쳐 만든 글자이다. 즉 사람이 태어나면서부터 이 理가 마음에 갖추어지므로 性이라고 이름 붙인 것이다(性字從生從心 是人生來具是理於心 方名之曰性). 그것의 큰 조목은 仁義禮智 네 가지뿐이다. 천명의 元을 얻어 나에게 있는 것을 仁이라고 하고, 천명의 亨을 얻어 나에게 있는 것을 禮라 하고, 천명의 利를 얻어 나에게 있는 것을 義라 하고, 천명의 貞을 얻어 나에게 있는 것을 智라고 한다. 性과 命은 본래 두 가지가 아니다. 하늘에 있을 때는 命이라고 부르고, 사람에게 있을 때는 性이라고 부른다(81쪽).

5) 五行(오행): 金 · 木 · 水 · 火 · 土의 다섯 가지 기운.

6) [字義] "하늘이 명을 내릴 때, 정말로 저 위에 무언가가 있어서 按排(제어하고 배열하다)하고 분부하는 것인지요?"라고 묻자, 주자께서는, "하늘이란 理일 뿐이다. 옛사람들이 하늘에 대해서 말을 할 경우에는 대개 모두가 理를 가지고 말하였다. 程子께서는, '무릇 하늘이란 한가지로만 얘기한다면 道다. 하늘은 어긋나지 않는다는 말이 이 뜻이다(夫天 專言之則道也 天且弗違是也)'"고 하였다. 또 주자께서는,『論語集注』의 '하늘에 죄를 지으면 빌 곳이 없다(獲罪於天無所禱也)[論語 八佾편 제13장]'는 구절에 대한 注에서, '하늘은 곧 理이다(天 卽理也)'고 하였다. … 또 내가 일찍이 주문공(주자)에게 직접 가르침을 받기를, "「상제께서 진노하셨다」고 함은, 단지 그 理가 그러하다는 것을 의미할 뿐이다. 천하에 理보다 존귀한 것이

데(於是 人物之生), 각기 얻은 제 자리에 따라 부여받은 理를(因各得其所[7] 賦之理), 건순 · 오상의 덕성으로 삼았기에(以爲健順五常之德[8]), 이른바 「性」이라고 한 것이다(所謂性也[9]). 「率」은 「循(따르다)」이다(率[10] 循也).

없으므로 帝라고 이름을 붙인 것이다(上帝震怒也 只是其理如此 天下莫尊於理 故以帝名之)"라고 하였다. 이런 것들을 보면 하늘이란 진짜로 무엇인가가 있어서 그런 것이 아니라 理에 불과하다는 것을 알 수 있을 것이다(78쪽).

7) ① [論語 子罕편 제14장] 孔子께서 말씀하셨다. "내가 위나라로부터 노나라에 돌아온 뒤에 음악이 바르게 되어 雅와 頌이 각각 제 있을 자리를 얻게 되었다"(子曰 "吾自衛反魯然後樂正 雅頌 各得其所"). ② 各得其所(각득기소): 만물이 각기 제 위치를 얻다.

8) ① [大全] 五常의 덕에 어찌 健順 두 글자를 보탰습니까? 하고 물으니 주자가 대답했다. "五行은 곧 五常이고 健順은 곧 陰陽인데, 이미 陰陽이 있으니 반드시 이 두 글자를 보태야 비로소 완전하게 구비되는 것이다." "健順의 體가 바로 性인데 합해서 말하면 健順이고, 나눠서 말하면 仁 · 義 · 禮 · 智이다. 仁 · 禮는 健에 해당되고 義 · 智는 順에 해당된다."(問: "五常之德, 何故添却'健順'二字?" 曰: "五行乃五常也 健順乃'陰陽'二字, 旣有陰陽, 須添此二字始得." "健順之體, 卽性也. 合而言之, 則曰健順; 分而言之, 則曰仁義禮智. 仁禮健而義智順也"). ② 五常은 五行을 의미하고, 健順은 陰陽을 의미한다. 대개 陽의 속성은 健하고 木 · 火가 여기에 속하며 사람에게서는 仁 · 禮가 된다. 또 陰의 속성은 順하고 金·水가 여기에 속하며 사람에게서는 義·智가 된다. 土는 陰陽二氣의 총화로서 信이 된다. 그런데 陰陽은 본래가 五行의 바깥에 있는 것이 아니므로, 健順 역시 五常의 바깥에 있는 것이 아니고 서로 조화를 이루는 것임을 알 수 있다. 유교에서 天은 上天의 天이며, 성리학에서는 理라고 말하는데, 이러한 天은 陰陽五行의 氣를 빌려 流行變化하여 만물을 化生하는 것이라고 파악되었기 때문에 理는 氣의 밖에서 따로 존재한다고 할 수 없다. 그러므로 健順五常의 덕목은 天道가 실현된 人道의 한 양태라 할 수 있다(유교넷 유교용어사전). ③五常(오상): 1) 父義 · 母慈 · 兄友 · 弟恭 · 子孝. 2) 五行의 덕목(仁 · 義 · 禮 · 智 · 信) 3) 君臣 · 父子 · 兄弟 · 夫妻 · 朋友 사이의 倫理關系. 4) 五行(金 · 木 · 水 · 火 · 土)

9) [大全] ① 정이천이 말하길, '하늘이 부여한 것이 命이고 만물이 받은 것이 性이다.' 했는데, 理는 하나이니, 하늘에서 만물에 부여하는 바로 말하면 이를 命이라 하고 사람과 물이 하늘에서 품부받은 바로 말하면 이를 性이라 한다(朱子曰: "伊川云: '天所賦爲命 物所受爲性' 理一也. 自天所賦予萬物言之 謂之命, 以人物所稟受於天言之 謂之性"). ② 천명과 기질은 서로를 묶어주는 허리띠와 같은데, 天命이 있고서 氣質이 있으며 서로 떨어질 수 없다. 어느 하나가 없으면 생물은 생길 수 없다. 天命이 있고 나면 반드시 이 氣를 지녀서 비로소 이 理를 담당할 수 있게 된다. 氣를 없애면 理가 어디에 놓이겠는가. 天命의 性은 본래부터 치우친 적이 없지만, 기질의 품부받은 것은 치우침이 있는 것이다("天命與氣質, 亦相衮同, 纔有天命, 便有氣質, 不能相離, 若闕一便生物不得. 旣有天命, 須是有此氣, 方能承當得此理, 若無此氣, 則此理如何頓放. 天命之性本未嘗偏, 但氣質所稟, 却有偏處").

10) [大全] 「率性」이란 사람이 性을 이끌어간다는 것이 아니다. 率은 단지 性에 순종해서 따라간다는 뜻일 뿐이다. 만물의 본래 그러한 성을 그대로 따르는 것을 말하여 道라 한다. 이 率이라는 글자는 힘을 쓴다는 글자가 아니다(朱子曰: "率性, 非人率之也. 率只訓循, 循萬物自然之性之謂道, 此率字不是用力字").

「道」는「路(길)」와 같다(道 猶路也[11]). 사람과 物이 각기 그「性」의 본래의 모습 그대로를 따르면(人物 各循其性之自然[12]), 일상의 모든 일 중에는 어느 하나라도 마땅히 따라야 할 각각의 길을 지니고 있지 아니한 것이란 없으니(則其日用事物之間 莫不各有當行之路), 이것이 곧 이른바「道」라고 하는 것이다(是則所謂道也).「脩」는 어떤 것을「品節」하는 것이다(脩 品節[13]之也). 부여받은 性稟은 같을지라도 부여받은 氣稟은 혹 다를 수 있기에(性道[14]雖同 而氣稟[15]或異), 과 · 불급의 차이가 없을 수 없으므로(故不能無過不及之差), 성인께서는 사람과 物이 마땅히 행해야 할 바를 바탕으로 그것들의 재질에 따라 품절을 가해서(聖人因人物之所當行者而品節之), 이로써 천하의 법칙으로 삼으셨으니(以爲法於天下), 이것이 곧「敎」라 일컫는 것으로(則謂之敎), 예악 · 형정과 같은 등속이 이것이다(若禮樂刑政之屬是也[16]). 대개 사람이 사람으로 여겨지는 까닭, 도가 도로 여겨지는

11) [孟子 告子下편 제2장] 맹자가 말했다(曰). "도란 큰 길과 같습니다. 어찌 알기 어려운 것이겠습니까? 사람들의 병폐는 구하지 않는데 있을 뿐입니다. 당신이 돌아가서 그것을 구하려고 한다면 많은 스승이 있을 것입니다(夫道若大路然 豈難知哉. 人病不求耳 子歸而求 有餘師)."

12) [大全] 사람과 物의 性은 모두 같다. 사람의 性을 따르면 사람의 道가 되고 소나 말의 性을 따르면 소나 말의 道가 된다. 그 性을 따르지 않아 말로 하여금 밭을 갈게 하고 소로 하여금 달리게 한다면 그 性을 잃는 것이어서 소나 말의 道가 아니다(朱子曰: "人與物之性皆同. 循人之性, 則爲人之道. 循牛馬之性, 則爲牛馬之道. 若不循其性, 使馬耕牛馳, 則失其性, 非牛馬之道矣").

13) ① 品節(품절): 등급이나 순서에 따라 제한을 가하다. 등급을 두다. ② 品은 등급을 두는 것이고 節은 제한을 두는 것이다. ③ [大全] 품절이란 가까운 정도에 따른 친애의 감쇄와 현명한 정도에 따른 존대의 차등(중용 제20장 제7절)과 같이 후박경중에 따라 제한을 두어 과불급의 치우침을 바로 잡는 것이다(三山潘氏: "品節之者 如親親之殺 尊賢之等 隨其厚薄輕重而爲之制 以矯其過不及之偏者也").

14) 性道(성도): 품성. 인성과 천도.

15) [字義] 이 氣는 음양오행의 氣이다. 陽의 성질은 강하고(剛), 陰의 성질은 부드러우며(柔), 불의 성질은 조급하고(燥), 물의 성질은 윤택하고(潤), 쇠의 성질은 차갑고(寒), 나무의 성질은 안온하고(溫), 흙의 성질은 진중하고 후덕하다(重厚). 일곱 가지가 뒤섞여 있으므로 고르지 않다. 그래서 사람이 각기 어디에 해당하느냐에 따라 다시 여러 모양이 있게 된다(七者夾雜 便有參差不齊 所以人隨所値 便有許多般樣)(84쪽).

까닭, 성인이 가르침으로 여겨지는 까닭이(蓋人之所以爲人 道之所以爲道 聖人之所以爲敎), 그 유래를 캐 들어가 보면(原其所自[17]), 어느 하나도 하늘에 근본을 두고 있지 아니한 것이란 없고 어느 하나도 내게 구비되어 있지 아니한 것이란 없다(無一不本於天而備於我). 배우는 자가 그것을 안다면(學者知之), 배우는 데에 있어서 진력할 바를 알기에 자기 스스로 어찌 그만두지 못한다(則其於學知所用力 而自不能已矣). 그러므로 子思께서 이것을 책의 제일 앞에다 밝혀 놓았으니(故子思於此首發明之), 공부하는 자는 의당 깊이 체득하고 묵묵히 마음에 새겨야 할 것이다(讀者所宜深體而默識也[18]).

〔中庸或問〕

「하늘이 命賦한 것을 性이라 하고, 이 性을 따르는 것을 道라 하고, 이 道를 닦는 것을 敎라 한다」 했는데, 무슨 뜻인지요(或問: 天命之謂性, 率性之謂道, 脩道之謂敎, 何也)?

이 구절은 먼저「性」「道」「敎」라는 이름을 붙인 까닭을 밝혀, 이를 통해 그 근본은 모두 하늘에서 나왔지만 실상은 나에게서 벗어나 있지 않다는 것을 보여주고 있다(曰: 此先明性·道·敎之所以名, 以見其本皆出乎天, 而實不外

16) [大全] 性은 닦는 것이 허용되지 않는다. 닦는다면 이는 揠苗(벼의 모가지를 뽑아서 억지로 자라게 함)(孟子 公孫丑상편 제2장)인 것이다. 道 역시 자연의 理인데 성인께서는 中이 되도록 품절하여 가르치는 것일 뿐이다(朱子曰: "性不容脩, 脩是揠苗, 道亦是自然之理, 聖人於中爲之品節以敎人耳").

17) 所自(소자): 유래. 來源.

18) [論語 述而편 제2장] 孔子께서 말씀하셨다. "배운 것을 묵묵히 마음에 새기고, 배우면서 싫증내지 않으며, 사람을 가르치길 게을리 하지 않는다. 이것 말고 무엇이 나에게 있겠는가? (子曰 默而識之 學而不厭 誨人不倦 何有於我哉)."

於我也).

「天命之謂性」은 하늘이 사람에게 명부한 것, 이것이 곧 사람이「性」이라고 여기는 것이라는 말이다. 대개 하늘이 만물에 부여하는 것이지만 하늘 스스로도 어찌 그만두지 못하는 것이「命」이다. 내가 이 命을 얻어서 태어나는데 어느 누구도 온전한 전체를 구비하지 못한 사람이란 없는 것이「性」이다. 그러므로「命」으로써 말한다면, 元 · 亨 · 利 · 貞이라 하는데, 四時 · 五行 · 庶類 · 萬化가 어느 하나 이 命로부터 나오지 않는 것이 없다.「性」으로써 말한다면, 仁 · 義 · 禮 · 智라 하는데, 四端 · 五典 · 萬物 · 萬事의 理가 어느 하나 그 性 속에 모여 있지 않는 것이 없다(天命之謂性, 言天之所以命乎人者, 是則人之所以爲性也. 蓋天之所以賦與萬物而不能自已者, 命也; 吾之得乎是命以生而莫非全體者, 性也; 故以命言之, 則曰元 · 亨 · 利 · 貞[19], 而四時五行, 庶類[20]萬化, 莫不由是而出; 以性言之, 則曰仁·義·禮·智, 而四端五典, 萬物萬事之理, 無不統於其間).

하늘에 있는 것과 사람에게 있는 것으로 命과 性으로 구분되긴 하지만 그 理는 하나가 아닌 적이 없었고, 사람에게 있는 것과 物에 있는 것으로 氣稟의 차이가 있긴 하지만 그 理는 똑같지 않은 적이 없었다. 이것이 나의 性이 純粹하고 지극히 善한 까닭인데, 荀子 · 揚子 · 韓子의 性惡說 · 善惡混在說 · 性三品說 같은 것이 아니다(蓋在天在人, 雖有性命之分, 而其理則未嘗不一; 在人在物, 雖有氣稟之異, 而其理則未嘗不同. 此吾之性, 所以純粹

---

19) 元亨利貞(원형이정): 周易 乾卦의 네 가지 德. [程頤 程氏易傳] 元亨利貞은 네 가지 덕이라 일컫는다. 元은 만물의 시작을, 亨은 만물의 성장을, 利는 만물의 거두어들임을, 貞은 만물의 완성을 나타낸다(元亨利貞, 謂之四德. 元者, 萬物之始: 亨者, 萬物之長: 利者, 萬物之遂: 貞者, 萬物之成).

20) ① 四時(사시): 春夏秋冬의 네 계절. ② 五行(오행): 金木水火土의 다섯 물질. ③ 庶類(서류): 만물. 수만 가지 종류. ④ 萬化(만화): 만사만물. 온갖 변화. ⑤ 五典(오전): 父子有親, 君臣有義, 夫婦有別, 長幼有序, 朋友有信[孟子滕文公상 4:8].

至善, 而非若荀 · 揚 · 韓子之所云也).

「率性之謂道」는 하늘에서 얻은 바를 그대로 좇아 사는 것을 말하는 것으로, 만사 만물에는 본래의 그 모습 그대로 각기 마땅히 가야 할 길을 지니고 있지 아니한 것이란 하나도 없다. 이것이 곧 이른바「道」라는 것이다. 하늘이 명한 性은 仁 · 義 · 禮 · 智이면 그걸로 끝이다. 그중 仁이라는 性을 좇는다면, 父子간의 親愛에서부터 仁民 · 愛物에 이르기까지 모두가 이「道」이다. 그중 義라는 性을 좇는다면, 君臣간의 分別에서부터 敬長 · 尊賢에 이르기까지 역시 이「道」이다. 그중 禮라는 性을 좇는다면, 恭敬 · 辭讓하는 예절규범이 모두 이「道」이다. 그중 智라는 性을 좇는다면, 是非 · 邪正을 가리는 것 역시 이「道」이다(率性之謂道, 言循其所得乎天以生者, 則事事物物, 莫不自然, 各有當行之路, 是則所謂道也. 蓋天命之性, 仁 · 義 · 禮 · 智而已. 循其仁之性, 則自父子之親, 以至於仁民愛物, 皆道也; 循其義之性, 則自君臣之分, 以至於敬長尊賢, 亦道也; 循其禮之性, 則恭敬辭讓之節文, 皆道也; 循其智之性, 則是非邪正之分別, 亦道也).

이른바「性」이라는 것에는, 그 안에 어느 한 가지의 理라도 빠져서 구비되어 있지 않은 것이라곤 없다. 그러므로 이른바「道」라는 것은, 性의 밖에서 구하지 않아도 性 안에 구비되어 있지 않는 곳이라곤 하나도 없는 것이다. 이른바「性」이라는 것은, 어느 한 가지 物이라도 性을 얻지 못한 物이라곤 없다. 그러므로 이른바「道」라는 것은, 人爲를 빌리지 않아도 두루 미치지 않은 곳이라곤 없는 것이다. 鳥獸나 草木같은 생명들일지라도, 形氣 중의 어느 한편만 겨우 얻었기에 전체에 다 관통하지는 못하지만, 그들의 知覺 · 運動 · 榮悴 · 開落 역시 모두 그 性을 좇아서 각기 본래의 모습 그대로의 理를 간직하고 있는 것이다(蓋所謂性者, 無一理之不具, 故所謂道者, 不待外求而無所不備. 所謂性者, 無一物之不得, 故所謂道者, 不假人爲

而無所不周. 雖鳥獸草木之生, 僅得形氣[21]之偏, 而不能有以通貫乎全體, 然其知覺運動, 榮悴[22]開落, 亦皆循其性而各有自然之理焉).

호랑이와 이리의 父子간의 친함, 벌과 개미의 君臣간의 구별, 늑대와 수달의 報本의 예의, 물수리의 암수 간 구별의식에 관해서는, 形氣 중의 어느 한편이긴 하지만 그래도 그 올바른 理를 얻어 보존되어 있으니, 사람과 物 간에는 천명 본연의 모습이란 애초부터 틈새나 거리가 없고, 이른바 道라는 것도 物에 존재하지 아니한 적이라곤 없었음을 더더욱 찾아볼 수 있다. 이 어찌 인위를 필요로 하겠으며 어찌 사람이 할 수 있는 바이겠는가(至于虎狼之父子, 蜂蟻之君臣, 豺獺之報本[23]), 雎鳩之有別, 則其形氣之所偏, 又反有以存其義理之所得, 尤可以見天命之本然, 初無間隔, 而所謂道者, 亦未嘗不在是也. 是豈有待[24]於人爲, 而亦豈人之所得爲哉)!

「脩道之謂敎」는 성인께서 이 道를 바탕으로 재질에 따라 적절하게 맞춰서 천하에 법칙을 세우고 가르침을 내린 것을 말하는 것으로, 이것이 곧 이른바「敎」라는 것이다. 하늘이 명한 性이나 性을 따르는 道는, 모두 理의 본래의 모습 그대로로서 사람과 物이 똑같이 얻은 것이다. 사람이 비록 그 形氣의 바름을 얻었긴 하지만, 淸 · 濁 · 厚 · 薄의 기품에서는 그래도 재질의 차이가 없을 수 없는 것이 있다. 이 때문에 賢 · 智者라도 간혹 지나치는 실수를 하고, 愚 · 不肖者는 간혹 미치지 못하고, 이것을 얻

---

21) 形氣(형기): 形과 氣(形은 구체적인 物象을 가리키고, 氣는 우주만물을 구성하는 가장 근본이 되는 물질을 가리킴). 精氣. 元氣.

22) ① 榮悴(영췌): 번영과 쇠퇴. 영광과 초췌. 영고성쇠. ② 開落(개락): 꽃이 피고 시들고 짐.

23) ① [禮記 郊特牲] 만물은 하늘에 근본을 두고, 사람은 조상에 근본을 두는데, 이것이 조상이 하느님과 견주어지는 이유이다. 교제(하늘과 땅에 올리는 제사)는 최대의 보본반시이다(萬物本乎天, 人本乎祖, 此所以配上帝也. 郊之祭也, 大報本反始也). ② 報本反始(보본반시): 받은 은혜는 조상에게 보고하고 근원으로 그 공덕을 돌림. 은혜를 입으면 조상에게 보고할 것을 생각하고 공덕을 얻으면 근원을 생각함.

24) 有待(유대): 기다리다. 기대하다. 요구되다. ~할 필요가 있다.

은 자라도 간혹 저것을 잃지 않을 수 없다. 이 때문에 私意 · 人欲이 간혹 그 틈에 생겨나, 이른바 性이라는 것에 아무리 해도 昏 · 蔽 · 錯 · 雜이 없을 수 없어서, 그 받은 바인 처음 그대로의 바른 상태를 온전하게 구현하지 못한다(脩道之謂敎, 言聖人因是道而品節之, 以立法垂訓於天下, 是則所謂敎也. 蓋天命之性, 率性之道, 皆理之自然, 而人物之所同得者也. 人雖得其形氣之正, 然其淸濁厚薄之稟, 亦有不能不異者. 是以賢智者或失之過, 愚不肖者或不能及, 而得於此者, 亦或不能無失於彼. 是以私意人欲或生其間, 而於所謂性者, 不免有所昏蔽錯雜, 而無以全其所受之正).

性에 온전치 못한 부분이 있으면, 이른바 「道」라는 것에도 이로 인해 乖戾 · 舛逆하는 바가 있어, 행하는 일의 표준에 들어맞을 길이 없다. 오직 성인의 마음만이 淸明 · 純粹하고 天理가 完整하여 이지러지거나 빈 데가 없기에, 그 道가 있는 곳을 따라 그들을 위해 品節 · 防範하여, 이로써 천하에 가르침을 세워 過 · 不及者들로 하여금 中을 얻을 수 있도록 한 것이다. 親疏 간에 친애의 정도를 분변하여, 그들로 하여금 각기 그에 맞는 애정을 다하면 仁의 가르침이 세워진다. 貴賤 간에 等級을 구별하여, 그들로 하여금 그에 맞는 분수를 다하게 하면 義의 가르침이 세워진다. 그들을 위해 제도와 문장을 마련하여, 그들로 하여금 이를 지켜 잃지 않도록 하면 禮의 가르침을 얻는다. 그들을 위하여 開導 · 禁止하여, 그들로 하여금 분별하여 어긋남이 없도록 하면 知의 가르침이 밝아진다(性有不全, 則於所謂道者, 因亦有所乖戾舛逆[25], 而無以適乎所行之宜[26]. 惟聖人之心, 淸明純粹, 天理渾然, 無所虧闕[27], 故能因其道之所在, 而爲之品節防範[28], 以立敎

25) ① 乖戾(괴려): (성격, 언행) 도리에 맞지 않다. 비뚤어지다. 괴팍하다. ② 舛逆(천역): 전도되다. 뒤집히다. 반역하다. 어긋나다. 패악하다.
26) 宜(의): =儀. 법도. 표준.
27) ① 虧(휴): 이지러지다. 한 귀퉁이가 떨어져 나가 없어지다. 파손되다. 적어지다. ② 闕(궐):

於天下, 使夫過不及者, 有以取中焉. 蓋有以辨其親疏之殺[29], 而使之各盡其情, 則仁之爲教立矣; 有以別其貴賤之等, 而使之各盡其分, 則義之爲教行矣; 爲之制度文爲[30], 使之有以守而不失, 則禮之爲教得矣; 爲之開導[31]禁止, 使之有以別而不差, 則知之爲教明矣).

대체로 이와 같은데, 이 때문에 사람의 智 · 愚나 일의 大 · 小을 불문하고 모두 따르고 지키는 바가 있어, 인욕의 사사로움을 버리고 천리의 정도를 회복하게 될 것이다. 이를 더 미루어나가 천하 만물에 이르러서는, 역시 원하는 바를 따르고 싫어하는 바를 멀리하고, 그 재질에 따라 그에 맞게 쓸모 있게 하고, 재용을 헤아려 쓰기를 절제하여 자기 生을 완수하게 한다. 이 모두가 政事에서 시행되는 일이다. 이런즉 성인께서 천지의 道를 裁成하고 彌縫 · 輔贊하는 데까지도 공력을 다 쏟은 이유이다. 그렇지만서도 사람이 하늘에서 받은 것에서 벗어나서 억지로 人爲에 의한 적은 없었다(夫如是, 是以人無知愚, 事無大小, 皆得有所持循[32]据守, 以去其人欲之私, 而復乎天理之正. 推而至於天下之物, 則亦順其所欲, 違其所惡, 因其材質之宜, 以致其用[33], 制其取用之節, 以遂其生[34], 皆有政事之施焉. 此則聖人所以財成[35]天地之道, 而致其彌縫[36]輔贊之功, 然亦未始[37]外乎人之所受乎天者而強爲之也).

비어 있다.

28) 防範(방범): 단속하다. 제약하다. 방비하다. 대비하다.

29) 親疏之殺(친소지쇄): 親疎에 따라 親愛의 정도를 감해 나감. 殺(쇄):억제하다. 누그러뜨리다. 완화하다.

30) 文爲(문위): 문장.

31) 開導(개도): 일깨우고 타일러 이끌다. 계도하다.

32) ① 持循(지순): 遵循하다. 따르다. ② 据守(거수): 점거하여 지키다. 파수하다.

33) 致用(치용): 용도에 맞게 쓰다. 쓸모 있게 하다. 실제로 응용하다.

34) 遂生(수생): 양생하다. 기르다.

35) 財成(재성): =裁成. 재량하여 완성하다. 마름질하고 측량하여 완성하다.

36) ① 彌縫(미봉): 결점을 메꾸고 봉합하다. ② 輔贊(보찬): 보좌해주고 힘을 보태주다.

37) 未始(미시): =未嘗. ~라고 할 수 없다. ~이지 않다.

子思께서 이 세 마디를 책머리에 드러내서 임시방편으로 이 세 마디 글자의 의의를 해석해 말했을지라도, 배우는 자가 그것이 가리키고 있는 것을 바탕으로 자기 자신에게 돌이켜 검증해볼 수 있다면, 그 아는 바가 어찌 글자의 의의 사이에서만 끝날 뿐이겠는가(子思以是三言著於篇首, 雖曰姑以釋夫三者之名義, 然學者能因其所指而反身以驗之, 則其所知, 豈獨[38]名義之閒而已哉)!

「天命」에 관한 설명에서 깨친 바가 있었다면, 하늘이 이것을 써서 나에게 준 것은 그 안에 어느 한 가지의 理라도 빠져서 구비되어 있지 않은 것이라곤 없음을 알기에, 釋迦가 말한 「空」이라는 것은 性이 아니라는 것을 알았을 것이다. 「率性」에 관한 설명에서 깨친 바가 있었다면, 내가 하늘에서 얻은 것은 어느 한 가지 物이라도 이를 갖추고 있지 않은 것이라곤 없음을 알기에, 老子가 말한 「無」라는 것은 道가 아니라는 것을 알았을 것이다(蓋有得乎天命之說, 則知天之所以與我者, 無一理之不備, 而釋氏所謂'空'者非性矣; 有以得乎率性之說, 則知我之所得乎天者, 無一物之不該, 而老氏所謂'無'者非道矣;).

「脩道」에 관한 설명에서 깨친 바가 있었다면, 성인께서 나에게 베푼 가르침에는 나에게 고유한 것을 그대로 따르지 않는 것이라곤 하나도 없고, 그래서 본바탕에는 원래 없었던 것을 제거하고, 나에게 지극히 어려운 것을 피하고, 아주 쉬운 것을 좇고 있음을 알기에, 속물스런 선비들의 訓詁와 詞章, 관중과 상앙의 權謀와 功利, 노자와 부처의 淸淨과 寂滅, 백가 및 잡다한 기예의 부류의 이리저리로 갈라지고 한쪽 한곳으로만 치우친 학설, 이 모두는 가르침이 될 수 없는 이유를 알았을 것이다(有以得乎脩道之說, 則知聖人之所以敎我者, 莫非因其所固有, 而去其所本無, 背[39]其所至

---

38) 豈獨(기독): 설마 단지 ~이겠는가. 어찌 ~에 그치겠는가. 어찌 그뿐이겠는가.

難, 而從其所甚易, 而凡世儒之訓詁詞章[40], 管商之權謀功利, 老 · 佛之淸淨[41]寂滅, 與夫百家衆技之支離偏曲, 皆非所以爲敎矣).

이를 통해 이후로는, 나에게 고유하기에 모를 리 없는 것을 그대로 따르되, 그것에 대해 배우고 묻고 생각하고 분변하는 공부에 더욱 힘을 쏟고, 나에게 아주 쉽기에 중도에 그만둘 수 없는 것을 그대로 따르되, 그것을 견지하고 지키고 推究하고 행하는 노력에 더욱 힘을 쏟는다면, 하늘이 명한 性과 性을 따르는 道가, 일상의 생활 속에서 어찌 확연하게 드러나지 않겠는가. 그리고 道를 닦는 敎 또한 반드시 나를 경유하고 난 연후에 세워질 것이다(由是以往[42], 因其所固有之不可昧者, 而益致其學問思辨之功; 因其所甚易之不能已者, 而益致其持守推行之力, 則夫天命之性, 率性之道, 豈不昭然[43]日用之間, 而脩道之敎, 又將[44]由我而後立矣).

〔中庸에세이〕

중용(中庸)이란 하느님께서 보내시는 얼을 받아쓴다는 뜻이다. '중(中)'은 하느님의 얼이고 '용(庸)'은 '쓴다'는 뜻이다. 용(庸)은 용(用)자와 뜻이 같다. '中'의 '口'의 양쪽 두 변은 상대적 존재를 의미하고, 'ㅣ'은 위 아래로 뚫린 관(pipe)을 의미하는데, 이 관이 명(命)이고 이 관을 통해서 오는 것

---

39) 背(배): 떠나다. 피하다. 비켜서다.

40) ① 訓詁(훈고): 고문의 글자나 자구의 의의를 해석하는 데 치중하는 학문. ② 記誦 詞章(기송 사장): 문장을 암기하고 암송하고 시문을 아름답게 꾸며 짓는 것으로 인격도야와 동떨어진 학문추구를 말함.

41) ① 淸淨(청정): 나쁜 짓으로 지은 허물이나 번뇌의 더러움에서 벗어나 깨끗이 함. ② 寂滅(적멸): =涅槃. 생사를 초탈한 이상 경계.

42) 以往(이왕): =以後.

43) 昭然(소연): 명명백백하다. 현저하여 매우 쉽게 보이다. 확연하다. 낱낱이 드러나다.

44) 將(장): 필히. 기필코.

이 천명(天命)이다. 그 관을 통해서 줄 곧 하느님의 생명인 얼을 받아서 생명의 일용할 양식으로 쓰니, 중용(中庸)이라고 한 것이다.

다석 류영모(多石 柳永模)는 중용(中庸)을 '줄 곧 뚫림', '천명(天命)'을 '하늘 뚫린 줄'이라 번역했는데, '뚫린 줄'이란 하느님의 생명인 얼을 받아들이는 관을 말한다. '뚫린 줄'은 '命' 자의 破字적인 뜻으로, '命'은 '合(합)'과 '卩(절)'로 되어 있는데, '合'은 관(口)으로 서로 이어졌다는 뜻글자이고, '卩'은 규칙적인 법칙을 뜻한다. 하느님과 이어진 생각의 관(pipe)이 막히면 죽는다. 그러므로 '줄곧 뚫려 있어서' 성령이 전기처럼 가스처럼 줄 곧 내려와야 한다. 계속 뚫어야 한다. '성(性)'은 '바탈'로 번역했는데, '바탈'은 '바탕(質)'의 다른 뜻으로, '받아서 할'을 줄여서 한 말이다. 바탈(性)이란 하느님으로부터 '받아서 할 것'이란 뜻이다. 하느님으로부터 받은 하느님의 생명인 얼을 내가 받은 것이 얼의 나이다. 柳永模는 말했다. "나의 인생관은 중용이다. 절대자 하느님의 말씀인 얼(聖靈)을 받아쓰는 것이 중용이다. 참나(얼나)는 속의 속이다. 속의 속, 곧 가온(⊡, 中)인 참나(얼나)는 어디 있느냐 하면 내 맘 속에 있는 것 같다. 참나인 중(中)으로 살아가는 것이 중용이다."

'천명지위성(天命之謂性)'이란 하느님과 내가 얼생명으로 이어져 있다는 것이다. 이어져 있으면 하느님의 말씀과 사랑이 샘솟는다. 이 사랑과 말씀이 영성(靈性)의 나타남이다. 영성(靈性)은 성령(聖靈)이요, 불성(佛性)이요, 천도(天道)이다. 갓난아이가 첫 울음과 함께 기통(氣通)이 되어 숨을 쉬고 생명을 얻듯이, 얼숨이 뚫려 영통(靈通)이 되어 하느님의 아들인 얼의 나로 솟난다. 이것을 깨달음이라고 한다. '솔성지위도(率性之謂道)'에서 '솔성(率性)'이란 마음의 '나'가 탐(貪) · 진(瞋) · 치(痴)를 추구하는 몸의 '나'를 부인하고, 진(眞) · 선(善) · 미(美)를 추구하는 얼의 '나'를 좇는 것이다. 이것이 사람이 살아갈 길이다. 솔성(率性)과 수도(修道)는 둘이 아니라 하나다. 솔성(率性)함이 수도(修道)요, 수도(修道)함이 솔성(率性)이다. 마음의 나가 얼의 나의 영광을 머리 위로 받드는 것이 솔성(率性)이라면, 마음의 나가 몸의 나의 욕망을 밟아 누르는 것이 수도(修道)이다. 영성(靈性)을 따르는 것이 솔성(率性)이요, 수성(獸性)을 누르는 것이 수도(修道)이다. 일용할 양식으로 성령(聖靈)을 받는 것이 솔성(率性)이요, 유혹에 넘어가지 않는 것이 수도(修道)이다. 솔성(率性)과 수도(修道)를 이웃 사람에게 보여주는 것이 가르침(教)이다. 자수(自修)가 타교(他教)이다. 예수는 이것을 '진리를 증거하는 것'이라고 하였다. 제나(自我) 너머에 영원한 생명인 얼의 나가 있는 것을 깨우쳐주는 일이 가르침이다.

柳永模는 말했다. "뚫린 것을 막히지 않게 환한 그대로 두는 게 닦는(修) 것이다. 새삼스러이 새것을 닦을 것이 없다. 길은 환한 것이다. 그 환한 길 그대로 가는 게 수도(修道)이다. '환한 길대로 같이 갑시다'라고 하는 것이 가르침(教)이다."

0102 道也者, 不可須臾離也, 可離非道也。是故君子戒愼乎其所不睹, 恐懼乎其所不聞。

道라는 것은 잠깐이라도 벗어날 수 없는 것이니(道也者 不可須臾[1]離也), 벗어날 수 있는 것이라면 道가 아니다(可離非道也). 이 때문에 군자는 그가 보지 못하는 곳에 대하여 더 경계하며 삼가고(是故君子戒愼[2]乎其所不睹), 그가 듣지 못하는 곳에 대하여 더 떨며 두려워한다(恐懼乎其所不聞).

0102 離, 去聲。○ 道者, 日用事物當行之理, 皆性之德而具於心, 無物不有, 無時不然, 所以不可須臾離也。[3] 若其可離, 則爲外物而非道矣。是以君子之心常存敬畏, 雖不見聞, 亦不敢忽, 所以存天理之本然, 而不使離於須臾之頃也。

「離(lì)」는 去聲이다. ○ 道란 일상의 모든 일이 마땅히 따라야 할 理인데(道[4]者 日用事物當行之理), 모두 性의 개개의 덕성으로서 마음에 구비되어

---

1) 須臾(수유): 잠시. 숨 한번 쉬는 시간(一息 · 刹那 · 頃刻之間) [僧祇律] 二十念爲一瞬, 二十瞬名一彈指, 二十彈指名一羅預, 二十羅預名一須臾, 一日一夜有三十須臾. ⇨ 須臾(48분); 羅預(144초); 彈指(7.2초); 瞬(0.36초); 念(0.018초)

2) ① 戒愼(계신): 스스로 警戒하고 謹愼하다. ② 睹(도): 目睹하다. 살펴보다.

3) [四書大全本은 아래와 같다] 若其可離 則豈率性之謂哉(벗어날 수 있다고 하면 어찌「率性」한다 말하겠는가).

4) ① [字義] 道는 길이다. 당초 이 글자를 이름 지을 때 길에서 뜻을 취했다. 사람들이 두루 다니는 것을 일러 길이라고 한다. 한 사람이 홀로 다니는 것은 길이라고 할 수 없다. 道의 골간이 되는 뜻은 단지 일상의 일륜과 일에서 마땅히 행해야 하는 이치라는 것이다. 뭇사람들이 공통으로 따르는 것이라야 道라 부를 수 있다. 대체로 일상사의 측면에서 말할 때에야 비로소 사람들이 두루 행한다는 뜻을 분명히 알 수 있다(170쪽). ② 道와 理는 어떻게 관련되어 있는가. 주희는 이렇게 말한다. "道는 總稱이며 理는 細目이다. 道는 길을 의미한다. 모든 사람이 걸어가는 길이며, 영원히 그것을 걸어가는 인간에게 어디로 가는가를 가르쳐주는 것이다. 理는 條理, 節次를 의미한다. 道를 길이라 한다면, 理는 그것이 자아내는 文理, 文樣이며, 나무의 결(木理) 같은 것, 하나하나의 길은 각각 條, 조리를 가지고 있으므로 그것을 理라

있고(皆性之德而具於心), 어느 사물에든지 간직되어 있지 아니한 곳이 없고 어느 때이든지 그러한 모습이 아닌 때가 없으니(無物不有 無時不然[5]), 이것이 잠깐이라도 道에서 벗어날 수 없는 까닭이다(所以不可須臾離也). 벗어날 수 있다고 하면 外物이 되어 버리니 道가 아니다(若其可離 則爲外物而非道矣). 이 때문에 군자는 그 마음을 항상 공경과 두려움 가운데에 두고서(是以君子之心 常存敬畏), 비록 보지 못하거나 듣지 못하더라도 감히 소홀히 하지 못하니(雖不見聞[6] 亦不敢忽), 이것이 천리 본연의 모습 그

부르는 것이다. 道라는 개념이 포괄적으로 넓은 데 비해서, 理라는 개념은 정밀한데, 道라는 개념 속에 포함되는 많은 理脈, 조리가 理인 것이다(道是統名, 理是細目. 道訓路, 大概說人所共由之路. 如'道路'之'道', 坦然使千億萬年行之, 人知其歸者也. 理是有條瓣逐一路子. 以各有條, 謂之理; 人所共由, 謂之道. 問: "道與理如何分?" 曰: "道便是路, 理是那文理." 問: "如木理相似?" 曰: "是." 問: "如此卻似一般?" 曰: "'道'字包得大, 理是'道'字裏面許多理脈." 又曰: "'道'字宏大, '理'字精密"). … 길이 하나하나 條理, 코스를 갖는 점을 포착하여 그것을 理라 부른다. 理란 하나하나의 길이 갖는 조리, 도의 이치이며, 또 다양한 길이 평행하거나 혹은 교차하면서 자아내는 문양, 무늬인 것이다. 주희는 곁에 있던 대바구니(竹籃)을 예로 理를 설명한 적이 있다[朱子語類 6:12]. 理에는 條理가 있다. 대나무살대 하나는 이리로 뻗어 있고, 다른 하나는 저리로 뻗어 있다. 가로도 일종의 理, 세로도 일종의 理여서, 많은 理를 갖추고 있다고 한다. 여기서 理를 패턴(pattern)이라는 개념으로 바꾸어 놓을 수 있다는 점은 분명할 것이다. 세로로 뻗어 있는 한 줄도 일종의 패턴을 이루고 있으며, 가로로 뻗어 있는 한 줄도 다른 하나의 패턴을 이루고 있다. 그것들이 다양하게 조합되고, 짜여서 거기에 대나무 그릇이라는 사물 혹은 조직의 전체적인 패턴이 생기게 된다. … 세계는 하나의 유기체, 하나의 조직이다. 그것은 내재력 내지 생명력을 갖춘 氣가 그 저절로 있는 작용에 의해서 끊임없이 다양한 패턴을 자아내는, 커다란 織物인 것이다. … 인간사회도 역시 하나의 유기체, 하나의 조직이며, 역시 理의 '그물의 코(細目)'에 의해 뒤덮여 있다. 인간사회의 조직 원리인 理는 우주에 뻗어 있는 理의 가장 완전한 발현 형태이며, 이미 인간들의 마음속에 性으로서 갖추어져 있다. 인간은 性에 근거하여 사회를 조직한다. 性이란 무엇인가. 주희는 그것을 가치이념, 즉 仁義禮智라 한다(山田慶兒, 『朱子의 自然學』 384쪽, 김석근 역, 통나무). ③ 理는 자연적 존재의 패턴이며, 바로 그것이야말로 자연적 존재를 인간에게 의미 있게 해주는 것이므로, 인간학의 영역에 들어오게 되면 理는 단순한 의미를 넘어서 가치 그 자체를 나타내는 개념이 된다. 이 가치개념으로서의 理를 핵으로 하여 주희의 인간학은 구성된다. 이 때 자연적 존재의 패턴은 인간적 존재의 있어야 할 패턴, 바꾸어 말하자면 도덕적 규범의 보편타당성의 근거, 그 자연주의적 기초를 제공하게 된다(위 책 32쪽 金容沃의 글).

5) 不然(불연): 이치에 맞지 않다. 옳지 않다. 이렇지 않다. 이와 같지 않다.

6) [講義補] '不睹 · 不聞'은 남들이 지각하지 못하는 것을 말한 것이 아니라, 天地의 鬼神이 삼엄하게 줄서 있는 것을 분명하게 선포하는 것이다. 그러므로 귀신의 됨됨이는 형상도 없고 소리도 없는 까닭에, 제16章 鬼神章에서 '보려 해도 보지 못하고 들으려 해도 듣지 못한다(視

대로 온전하게 간직하고 잠깐의 사이라도 道에서 벗어나지 않게 하는 방법이다(所以存天理之本然[7] 而不使離於須臾之頃也)[8].

之而弗見, 聽之而弗聞)' 하여, 정확히 이 章과 위 아래로 照應하고 있다. '不睹 · 不聞'은 귀신이 굽어봄과 임재해 있음을 말하는 것이지 어찌 사물을 말하겠는가! 옛사람의 말에 '암실에 앉아 마음을 속이더라도 귀신의 눈은 번개 같다'고 했는데 참으로 이 經을 설명했다 할 만하다. 귀신이 굽어봄과 임재해 있음은 動靜之間에 무관한 것인즉, 靜坐한 이후에야 비로소 조심할 만한 것이 아니다. 더욱이 은미하다는 말이 '暗處'를 말하는 것이 아니고, 은미하다는 말이 '細事'를 가리키는 것이 아니다. 이 章의 '莫顯乎微', 鬼神章의 '夫微之顯', 제33장 衣錦章의 '知微之顯', 제12장 費隱章의 '費而隱'은 모두가 '不睹 · 不聞'한 것을 가지고 隱微라고 하였다. 진실로 鬼神의 體는 사람이 보지 못하는 것이고, 귀신의 소리는 사람이 듣지 못하는 것으로, 至隱至微한 것이 이보다 더 한 것이 없지만, 강림하여 살펴보는 위엄은 그 위에 계시는 듯 그 좌우에 계시는 듯하니, 이것이 이 章에서 말한 '莫見乎隱, 莫顯乎微'인 것이다(不睹不聞, 非謂他人之所不覺也, 天地鬼神, 昭布森列, 而鬼神爲物, 無形無聲, 故下章曰視之而不見, 聽之而不聞, 正與此章, 上下照應. 不睹不聞者, 鬼神之鑒臨也, 豈事物之謂乎, 古人曰暗室欺心, 神目如電, 眞可以解此經矣. 天之鑒臨, 無間動靜, 則不必靜坐而後乃可小心, 況隱之爲言, 不是暗處, 微之爲言, 不是細事. 此章曰莫顯乎微, 鬼神章曰夫微之顯, 衣錦章曰知微之顯, 費隱章曰費而隱, 皆以不睹不聞者, 爲隱微. 誠以鬼神之體, 人所不睹, 鬼神之聲, 人所不聞, 至隱至微, 未有甚於此者, 而降監之威, 如在其上, 知在其左右, 此所謂莫見乎隱, 莫顯乎微也).

7) 本然(본연): 원래부터 당연히 이러하다. 진면목. 본래의 모습. 천부의.

8) 朱熹가 宇宙論과 倫理學을 아우르며 세우고자 했던 방대한 철학체계의 근본 핵심은 하나의 관념적 공식, 즉, '當然'(인간세상의 윤리법규) = '必然'(우주법칙)을 세우는 데 있음을 알아야 한다. 주희가 말하는 온갖 사물을 포함하고 있는 '理'의 세계는 이런 공식을 만들어내기 위한 것이다. 萬事萬物의 所以然(=必然)은 바로 사람들이 반드시 ('當然') 숭배 · 추종 · 복종해야 하는 규율 · 법칙 · 질서 즉 '天理'이다. 비록 만물과 같이 존재하지만 '理'는 논리상으로 만사만물의 현상세계보다 앞서고, 높고 또한 초월해 있으면서 만사만물의 본체를 구성한다. 「아직 천지가 있기 이전에 필경 먼저 이 理가 있었다(주자어류)」. 「우주의 사이에는 하나의 理만 있을 뿐이다. 하늘은 이것을 얻어 하늘이 되고, 땅은 이것을 얻어 땅이 되니, 천지 사이에 태어난 모든 것들은 또한 각각 이것을 얻어서 性으로 삼고, 이것을 펼쳐서 三綱으로 하고, 그것을 단서로 하여 五常으로 삼으니, 대개 이 理의 流行은 어디나 가 있지 않은 곳이 없다(주희문집)」. 「性이 바로 理이다. 마음속에 있을 때는 性이라 부르고, 事 속에 있을 때는 理라 부른다(근사록집주)」. 이러한 天 · 地 · 人 · 物 · 事를 초월하여 그것들을 主宰하는 '理=必然'은 바로 인간세상의 윤리법규인 '當然'이다. 이들은 서로 동등하고 호환이 가능하다. 「天理가 流行하여 닿는 모든 접점이 다 이것이다. 더위가 가고 추위가 오는 것, 내가 흐르고 산이 솟아 있는 것, 父子有親 · 君臣有義 등의 부류가 이 理가 아닌 것이 없다(주자어류)」. 「事事物物 모두 각기 極(표준 · 준칙)을 가지고 있는데 이것은 道理의 至極이다. 蔣元進이 말하길, 군주의 仁, 신하의 敬 같은 것이 바로 極이다. 이것이 一事一物의 極이고, 天地萬物의 理를 총괄하는 것은 바로 太極이다. 太極은 본래 이 이름이 없고 다만 하나의 表德[별도로 내세운 호칭]일 뿐이다(주자어류)」. 이런 우주본체의 理-太極은 사회적인 것이고 윤리적인

〔中庸에세이〕

'도(道)'는 '머리(首)로 향해 간다(走)'는 뜻이다. 절대이신 하느님께 가는 것이 도(道)이다. 노자(老子)와 장자(莊子)에서도 '도'를 '하느님(절대)'의 뜻으로 썼다.

"대도(大道)가 널리 퍼져 있음이여, 왼쪽에도 오른쪽에도 (하느님뿐이로다). 만물이 이를 믿고 살지만 상관하지 아니하고, 만물이 도에 의지해 형성되어도 이름을 내세워 소유하지 아니하며, 아껴 기른 만물인데도 주인 노릇을 하지 아니하고, 도는 항상 무욕(無欲)해 미미하다고 일컬을 수 있지만, 만물이 도에 귀일해도 주인 노릇을 하지 아니하니, 광대무변하다고 이름할 만하다(大道氾兮, 其可左右, 萬物恃之而生而不辭, 功成不名有, 衣養萬物而不爲主, 常無欲, 可名於小, 萬物歸焉, 而不爲主, 可名爲大)"(노자 제34장).

것으로 '다만 하나의 表德일 뿐이다.' 그것을 개체에 대해 말하면, 반드시 준수 · 복종 · 집행해야 하는 絶對命令이다.「命은 令과 같다. 性은 즉 理이다. 하늘이 음양오행으로써 만물을 화생시킴에, 氣로써는 형체를 이루게 하고 理 또한 거기에 부여해주기에, 命令하는 것과 비슷하다. 이에 따라 사람이 태어나는데, 각기 그 품부받은 바인 理를 얻은 것을 따라, 건순 · 오상의 덕으로 삼았기에, 이른바「性」이라고 하는 것이다」. 天命=理는 바로 性이다. 이것은 張載가 말하는 天地之性으로, 天命之性 · 義理之性이다. 性은 개체에 대해 말하는 선험적인 필연요구와 규범이다. 사람이 동물과 다른 점은 사람이 다른 사물과 구별되는 '형기의 바름'을 버리지 않고 계속 실천해 가는 이런 '義理之性'을 가지고 있고, 이로부터 '그 본성을 온전히 하려(全其性)' 하기 때문이다. 우주론이 인성론에서 구체화되듯, '理'의 세계는 '性' '命'에서 구체화된다. 말하자면 인간세상의 인륜적 도덕과 행위규범은 '절대명령'에서 나오고 '天理'에서 나오는데, 이것들은 공리 · 행복 · 감성적 쾌락과는 무관하다. 어린아이가 물에 빠지려는 것을 보고 사람들이 놀라 뛰어가 구하는 것은 공을 세우기 위해서나 명예를 높이기 위해서가 아니라, 마땅히('당연') 이렇게 하는 것은 초감성적 · 초경험적 · 선험이성적인 절대명령으로 사람들이 이것을 절대로 위반할 수 없기 때문이다. '절대명령'의 힘, 인륜적 도덕의 숭고는 바로 개체경험의 쾌락 · 행복 · 이익과 서로 대치되고 충돌하는 가운데 비로소 드러나고, 그것은 확실히 일체의 경험적인 현상세계를 멀리 초월하는 최고로 강대한 이성적 본체를 드러낸다. 이것은 바로 주자가 體用 · 中和 · 性情 · 動靜 · 未發 · 已發 등을 명석하게 구별하여, 선명한 이원적 체계의 특성을 가지고 이성본체의 주재 · 지휘 · 명령 · 결정하는 작용을 최고도로 드러내려는 것이다. 전체 송명이학이 말하려는 것은 바로 이 문제이다(李澤厚, 『중국고대사상사론』 456쪽, 정병석 역, 한길사).

"대저 도는 사랑이 있고 믿음이 있다. 함이 없고 꼴이 없다. 주기만 하고 받지를 않는다. 깨달을 수는 있어도 볼 수는 없다. 스스로가 밑동이요 스스로가 뿌리다. 하늘땅이 있기 전에 예부터 이미 있었다. 하늘을 낳고 땅을 낳았다. 태극 먼저 있어도 높다고 않고, 육극(천지사방의 끝) 아래 있어도 깊다 아니한다. 하늘땅보다 먼저 살았어도 오래다 않고 태고보다 길어도 늙지 않는다(夫道, 有情有信, 無爲無形. 可傳而不可受, 可得而不可見. 自本自根, 未有天地, 自古以固存. 神鬼神帝, 生天生地. 在太極之上而不爲高, 在六極之下而不爲深, 先天地生而不爲久, 長於上古而不爲老)"(장자 대종사편).

주희(朱熹)는 이를 도심(道心)이라 하였다. 그런데 주희는 인심(人心)과 도심(道心)이 날 때부터 함께 섞여 있는 것으로 잘못 알았다. 어릴 때에는 수심(獸心)밖에 없다가, 하느님을 깨달을 때 비로소 새로 도심(道心)이 들어오는 것이다. 몸의 나에서 얼의 나로 거듭나야 한다는 예수의 말이 더 정확하다. 거듭나기 전에는 누구에게도 얼의 나는 없다.

柳永模는 "어머니의 배속에서 나온 나는 참나가 아니다"라고 했다. 예수는 "제나는 아래(어머니)로부터 나왔고, 얼의 나는 위(하느님)로부터 나왔다"고 했다. 얼의 나는 하느님이 낳는다. 제나(自我)가 얼의 나를 임자(참나)로 맞이하면 제나는 나라는 주권을 상실한다. 그것이 무아(無我)이다. 그때 제나는 얼의 나의 종이 된다.

군자(君子)는 보고 들리는 제나(自我) 너머의 보이지 않고 들리지 않는 얼의 나를 깨달은 이다. 우주 너머 보이지 않고 들리지 않는 하늘나라를 깨달은 이다. 석가는 이를 열반(涅槃, Nirvana)이라 했다. 의역하면 적멸(寂滅)인데, 적멸이란 보이지 않고 들리지 않는다는 뜻이다.

"우리가 주목하는 것은, 보이는 것이 아니요 보이지 않는 것이니, 보이는 것은 잠깐이요 보이지 않는 것은 영원함이니라"(고린도후서 4:18).

막현호은 막현호미 고군자신기독야

0103 莫見乎隱, 莫顯乎微, 故君子愼其獨也。

은밀한 곳만큼 더 잘 나타나 보이는 곳이 없고(莫見乎隱), 미세한 일만큼 더 잘 드러나 보이는 것이 없기에(莫顯乎微), 군자는 그가 혼자인 곳에서 더 근신한다(故君子愼其獨也).

0103 見, 音現。○隱, 暗處也。微, 細事也。獨者, 人所不知而己所獨知之地也。言幽暗之中, 細微之事, 跡雖未形而幾則已動, 人雖不知而己獨知之, 則是天下之事無有著見明顯而過於此者。是以君子旣常戒懼, 而於此尤加謹焉, 所以遏人欲於將萌, 而不使其滋長於隱微之中, 以至離道之遠也。

「見」은 음이 「現」이다. ○ 「隱」은 「暗處(어두운 곳)」이다(隱 暗處[1]也). 「微」는 「細事(미세한 일)」이다(微 細事[2]也). 「獨」이라는 것은 다른 사람은 알지 못하고 자기 혼자만 아는 곳이다(獨者 人所不知而己所獨知之地也[3]). 말인즉 은밀한 가운데 있는 것과 미세한 일은(言 幽暗[4]之中 細微之事), 자취가 형태는 아직 갖추지 않았지만 기미는 이미 발동했고(跡雖未形 而幾則已動), 남은 알지 못하지만 자기만은 알고 있으니(人雖不知 而己獨知之[5]),

1) 暗處(암처): 어두컴컴하거나 은폐된 곳. 여기서는 心曲(마음 속 깊은 곳)을 가리킴.

2) 細事(세사): 여기서는 念起(意念이 발동되는 찰나)를 가리킴.

3) [大全] 여기에서의 獨은 혼자일 때만이 아니라 여러 사람과 마주 앉아 있을 때라도 심중에 바르거나 바르지 않은 의념이 발동하기도 하는데 이 역시 獨處이다. 고요한 물 한가운데 한 점의 움직임이 발할 때와 같은데 이때가 가장 긴요한 공부처이다(朱子曰: "這獨也不只是獨自時, 如與衆人對坐, 自心中發念, 或正或不正, 此亦是獨處, 如一片止水, 中間有一點動處, 此最緊要著工夫處").

4) 幽暗(유암): 깊숙하고 어둡다. 어두컴컴하다.

5) [大全] 일이 옳고 그른지를 많은 사람들은 모두 알아채지 못해도 자기 스스로는 분명히 알아채고 있다(朱子曰: "事之是與非, 衆人皆未見得, 自家自是先見得分明").

이는 천하의 어떤 일도 두드러지게 보이고 밝게 드러나는 것이 이보다 더함이 없다는 것이다(則是天下之事 無有著見明顯而過於此者). 이 때문에 군자는 이미 항상 계신하고 공구했으되 이에다 삼감을 더욱 더해서(是以君子旣常戒懼 而於此尤加謹焉), 이로써 인욕이 장차 싹트려는 것을 막고(所以遏人欲於將萌[6]), 인욕이 은미한 가운데에 불어나고 자라나서 도에서 벗어남이 멀어지지 않게 하는 것이다(而不使其滋長於隱微之中[7] 以至離道之遠也[8]).

〔中庸或問〕

제2절에서 이미 '道라는 것은 잠깐이라도 벗어날 수 없으니, 벗어날 수 있다면 道가 아니다. 그러므로 군자는 그가 보지 못하는 곳에 대하여 더 경계하며 삼가고, 그가 듣지 못하는 곳에 대하여 더 떨며 두려워한다'고 말씀했고, 제3절에서 또 '은밀한 곳만큼 더 잘 나타나 보이는 것이 없고, 미세한 일만큼 더 잘 드러나 보이는 것이 없기에, 군자는 그 혼자인 곳에

---

6) ① [大全] 아직 발생하기 전이라면 私欲은 싹트지 않고 天理만 간직되어 있는 상태이다. 기미가 처음 동하는 그 때 천리이냐 인욕이냐가 갈리진다. 이곳에서 더욱 삼가면 人欲이 싹트려하면 그에 따라 차단하여 근절시키게 된다(新安陳氏曰: "未發之前, 私欲不萌, 只是存天理而已. 幾動之初, 天理人欲由此而分, 此處加謹, 則人欲將萌動, 便從而遏絶之矣"). ② 遏(알): 막다. 저지하다.

7) 滋長(자장): =潛滋暗長: 부지불식간에 싹이 트다. 알지 못하는 사이에 발생하다.

8) [大全]「道不可須臾離」(제2절)는 道의 至廣至大함을 말한 것이다.「莫見乎隱 莫顯乎微」(제3절)은 도의 至精至密함을 말한 것이다.「道不可離」는 存養의 공부를 하지 않으면 안됨을 말한 것이다.「是故」 이하에서는 사람들에게 계신 공구하여 存養의 공부를 하도록 가르치고 있다.「莫見莫顯」은 省察의 공부를 하지 않으면 안 됨을 말한 것이다.「故君子」부터 아래로는 謹獨하여 私念이 발동되는 것을 살펴 방지하도록 가르치고 있는데, 두 개의「故」자를 살피기만 하면 알 수 있다(朱子曰: "道不可須臾離, 是言道之至廣至大者. 莫見乎隱, 莫顯乎微, 是言道之至精至密者. 道不可離, 是說不可不存養; '是故'以下, 是敎人戒懼, 做存養工夫. 莫見莫顯, 是說不可不省察. '故君子'以下, 是敎人謹獨, 察私意起處防之, 只看兩'故'字可見").

서 더 근신한다'고 말씀했는데 무슨 뜻인지요(或問: 既曰'道也者, 不可須臾離也, 可離非道也, 是故君子戒愼乎其所不睹, 恐懼乎其所不聞'矣, 而又曰'莫見乎隱, 莫顯乎微, 故君子愼其獨也'何也)?

이는「率性之道」에 대한 논의를 바탕으로, 이로써「敎」를 통해「道」에 들어가는 자는 그 처음이 마땅히 이러해야 함을 밝힌 것인데, 대체로 두 가지 일이다(曰: 此因論率性之道, 以明由敎而入者, 其始當如此, 蓋兩事也).

첫 번째는「道는 벗어날 수 없으니 군자는 반드시 그가 보지 못하고 듣지 못하는 곳에서 戒謹 · 恐懼해야 한다」는 것을 말씀하여, 道는 어디든지 없는 곳이 없고 어느 때이든지 그러한 모습이 아닌 때가 없으니, 배우는 자는 마땅히 잠시라도 터럭 끝만큼도 근신치 못함을 없애고 두루두루 방비하여, 이로써 그 본연의 모습 그대로의 체를 온전하게 해야 함을 말씀한 것이다(其先言道不可離, 而君子必戒謹恐懼乎其所不睹不聞者, 所以言道之無所不在, 無時不然, 學者當無須臾毫忽[9]之不謹而周防之, 以全其本然之體也).

두 번째는「은밀한 곳만큼 더 잘 나타나 보이는 것이 없고, 미세한 일만큼 더 잘 드러나 보이는 것이 없기에, 군자는 그가 혼자인 곳에서 더 근신한다」는 것을 말씀하여, 은밀한 곳과 미세한 일은 다른 사람은 보지 못해도 자기만은 아는데, 그 事端의 미세한 부분까지도 현저히 드러나지 않는 것이 없고 또 다른 사람이 아는 것보다 심한 것도 있으니, 배우는 자는 특히 생각이 막 싹트는 시점부터 이를 치밀하게 살펴, 이로써 그 善惡의 기미를 근수해야 함을 말씀한 것이다(又言莫見乎隱, 莫顯乎微, 而君子必謹其獨者, 所以言隱微之間, 人所不見而己獨知之, 則其事之纖悉[10], 無不顯著,

9) 毫忽(호홀): 극히 미세하게 작은 한 개의 점.

又有甚於他人之知者, 學者尤當隨其念之方萌而致察焉, 以謹其善惡之幾也).

대개 이른바「道」라는 것은 性을 따라갈 뿐이고, 性은 없는 곳이 없기에 道는 도처에 없는 곳이 없다. 크게는 부자나 군신, 작게는 움직일 때나 가만있을 때나 식사할 때나 숨을 쉴 때나, 인력이라는 작위를 빌리지 않아도, 의당 그러하기에 바꿀 수 없는 理가 언제고 어디고 할 것 없이 제각기 있는 것이 이른바「道」인 것이다(蓋所謂道者, 率性而已, 性無不有11), 故道無不在, 大而父子君臣, 小而動靜食息12), 不假人力之爲, 而莫不各有當然不易之理, 所謂道也).

이것이 바로 천하의 모든 사람과 만물이 다 같이 따르는 것으로, 천지에 꽉 차 있고 고금을 꿰뚫어 있는데도, 지근거리에서 취한다면 내 하나 마음을 항시 벗어나지 않는다. 道를 따르면 다스려지고 道를 잃으면 혼란스러워지는데, 대개 잠깐의 사이라도 벗어날 수 없다. 만약 잠시 도에 부합했다가 또 잠시 도에서 벗어날 수 있는데도 일에 손익이 없다면, 人力과 私智가 한 것이지 性을 따랐다고 말할 수 없다. 성인께서 닦는 바 그것을 가지고 教로 삼았다는 것은, 벗어날 수 없는 것인 道를 그대로 따라서 품절한 것이다. 군자가 따르는 바 그것을 가지고 배움으로 삼는다는 것은, 벗어날 수 없는 것인 도를 그대로 따라 굳게 지키는 것이다(是乃天下人物之所共由, 充塞天地, 貫徹古今, 而取諸至近, 則常不外乎吾之一心. 循之則治, 失之則亂, 蓋無須臾之頃, 可得13)而暫離也. 若其14)可以暫合暫離, 而於事無所損益, 則是人力私智之所爲者, 而非率性之謂矣. 聖人之所脩以爲教者, 因其不可離者而品

---

10) 纖悉(섬실): 세세하고 치밀하고 빠짐없다.
11) 不有(불유): =沒有. 없다.
12) ① 動靜(동정): 움직임과 정지. 행동거지, 起居作息. ② 食息(음식): 음식과 호흡. 음식을 먹는 것과 쉬는 것. 시시각각.
13) 可得(가득): ~할 수 있다.
14) 若其(약기): 만약 ~한다면. 가령 ~라면.

節之也; 君子之所由以爲學者, 因其不可離者而持守[15]之也).

이 때문에 일상생활 중에 잠시라도 몸가짐을 지키는 공부가 어느 한 가지라도 지극하지 못하면, 이른바「벗어날 수 없는 것」이라는 것이 내게서 있지 않은 적은 없지만, 인욕이 그 사이를 파고들면 道와 내가 판연하게 두 개의 物로 되어서 서로를 주관하지 못하고 마는데, 이러하면 사람의 형상을 지녔다 말하지만 그것이 금수와 떨어진 거리가 어찌 멀겠는가(是以日用之間, 須臾之頃, 持守工夫一有不至, 則所謂不可離者雖未嘗不在我, 而人欲間之, 則亦判然[16]二物而不相管矣, 是則雖曰有人之形, 而其違禽獸也何遠哉)!

이 때문에 군자는 자기 눈이 미치지 못하는 바에 戒愼하고, 자기 귀가 미치지 못하는 바에 恐懼하고, 명료하도록 가슴과 눈 사이에서 잡아두고서 道에서 벗어나지 않고 있음을 항시 보고 있는 듯이 하여, 감히 잠시의 틈이라도 생겨 이로써 인욕의 사사로움에 휩쓸려서 금수의 영역에 빠져서는 안 된다.『書經』에 원망을 예방하는 것에 대해 말하고 있는데, '드러나지 않을 때 도모한다.'고 말했고,『禮記』에 어버이를 친애하는 것에 대해 말하고 있는데, '듣지 못하는 데서 소리를 듣고 보지 못하는 데서 모습을 본다.'고 말했으니, 얼굴빛에 나타나고 목소리를 발하고 난 후에야 힘쓰는 것이 아니다(是以君子戒愼乎其目之所不及見, 恐懼乎其耳之所不及聞, 瞭然心目之間, 常若見其不可離者, 而不敢有須臾之間以流於人欲之私, 而陷於禽獸之域. 若《書[17]》之言防怨, 而曰'不見是圖', 《禮[18]》之言事親而曰'聽於無聲, 視於

15) 持守(지수): 몸가짐. 품행. 굳게 지키다. 몸가짐을 지키다.
16) 判然(판연): 분명히. 명확하게.
17) [書經 夏書 五子之歌] 그중 첫째가 노래하였다. "황조께서 교훈을 남기시니, '백성은 가까이 할지언정 얕잡아 보아서는 안 된다. 백성은 나라의 근본이니, 근본이 견고하고서야 나라가 튼튼하다' 하셨다. 내가 천하를 보건대 미련한 지아비와 부인들도 모두 나보다 훌륭하게 보이네. 한 사람이 세 번씩 잘못을 하였으니, 원망이 어찌 밝은 데에 있겠는가. 드러나지 않을 때 도모하여야 한다. 내가 백성들에게 다가가는 것이 무섭기가 썩은 새끼줄로 여섯 말을 어거하는 것과 같으니, 백성의 윗사람이 된 자가 어찌하여 공경하지 않는가"(其一曰,

無形', 蓋不待其徵於色 · 發於聲19), 然後有以用其力也).

戒愼 · 恐懼는 이제 이 정도로 끝나는데, 이제 또 道는 본디 어느 곳에건 無所不在하다 했지만, 숨어 있거나 가려져 있는 곳은 다른 사람에게는 보이지 않고 나 홀로 보이는 곳이고, 道는 본디 어느 때이건 그러한 모습이 아닌 때가 없다 했지만, 사소하거나 은미한 일은 다른 사람에게는 들리지 않고 나 홀로 들리는 것이다. 이것들은 모두 인지상정 상 소홀히 여기는 바로, 이 때문에 하늘을 속일 수 있고 사람을 속일 수 있다고 여기고 반드시 삼가야 할 필요는 없다고 여기는 것들인데, 그렇지만 내 마음의 靈은 훤하기가 해와 달과 같아서 이미 알고 있어 터럭 끝만큼도 숨거나 피할 곳이란 없고 또 다른 사람이 아는 것보다 심한 것도 있다는 것을 알지 못하는 것이다. 또한 더욱이 이러한 마음을 간직한 채 숨어 엎드려 있는 기간이 오래 지속되면, 자연히 소리나 용모나 몸짓으로 나타나고 행사

"皇祖有訓, 民可近, 不可下. 民惟邦本, 本固邦寧. 予視天下, 愚夫愚婦, 一能勝予, 一人三失, 怨豈在明, 不見是圖. 予臨兆民, 懍乎若朽索之馭六馬, 爲人上者, 柰何不敬").

18) [禮記 曲禮상] 자식 된 자는 아랫목에 앉지 않고 자리의 한가운데에 앉지 않고, 길 한가운데로 가지 않고, 문 한가운데에 서지 않는다. 음식을 접대할 때는 미리 분량을 정하지 않고, 제사 지낼 때는 尸가 되지 않는다. 부모의 소리를 듣지 못하는 때라도 듣는 것 같이 하고 부모의 모습을 보지 못하는 때라도 보는 것 같이 한다. 높은 곳에 오르지 않고 깊은 곳에 임하지 않는다. 함부로 흉보지 아니하고 함부로 웃지 않는다(爲人子者, 居不主奧, 坐不中席, 行不中道, 立不中門. 食饗不爲槪, 祭祀不爲尸. 聽於無聲, 視於無形. 不登高, 不臨深. 不苟訾, 不苟笑).

19) [孟子 告子하편 15:2,3] 맹자가 말했다. "그러므로 하늘이 장차 이런 사람에게 큰일을 내릴 때에는 반드시 먼저 그들의 심지를 괴롭게 하고 그들의 힘줄과 뼈를 지치게 하고 그들의 육체를 굶주리게 하고 그들의 몸을 궁핍하게 하고 행함이 그들이 하고자 하는 바와 어긋나게 한다. 마음은 분발시키고 성정은 참을성 있게 하여 그들이 해낼 수 없는 일을 더 돕고자 해서이다. 사람은 항상 잘못을 하고 난 후에야 제대로 고치고 마음속에 풀리지 않고 생각이 가로막히고 난 후에야 분기하고 얼굴빛에 나타나고 목소리를 발하고 난 후에야 깨닫게 된다(孟子曰…人故天將降大任於是人也 必先苦其心志 勞其筋骨 餓其體膚 空乏其身 行拂亂其所爲 所以動心忍性 曾益其所不能. 恒過 然後能改 困於心 衡於慮 而後作 徵於色 發於聲 而後喩…).

나 행위에서 이들의 실상이 드러나는데, 반드시 폭로되니 감출 수 없는 것들이고, 또 생각의 잘못으로만 그치지 않는다(夫旣已如此矣, 則又以謂道固無所不在, 而幽隱之閒, 乃他人之所不見, 而己所獨見; 道固無時不然, 而細微之事, 乃他人之所不聞, 而己所獨聞. 是皆常情所忽, 以爲可以欺天罔人, 而不必謹者, 而不知吾心之靈, 皎如日月, 旣已知之, 則其毫髮之閒, 無所潛遁[20], 又有甚於他人之知矣. 又況旣有是心, 藏伏之久, 則其見於聲音容貌之閒, 發於行事施爲之實, 必有暴著而不可揜者, 又不止於念慮之差而已也!).

이 때문에 군자는 자신의 귀와 눈이 미치지 못하는 곳까지도 戒愼 · 恐懼하고 나면, 마음이 항시 환히 밝아서 物에 가리지 않기 때문에, 이에 더 한층 삼가는 공부를 하지 않을 수 없게 되고, 반드시 그 기미가 싹트려 하는 즈음에 가서는, 터럭 한 올만큼의 인욕이라도 싹을 없애고 발현되는 의리를 순일하게 하면, 下學의 공부가 완전무결해지는데 잠깐 사이의 틈도 없게 되는 것이다(是以君子旣戒懼乎耳目之所不及, 則此心常明, 不爲物蔽, 而於此尤不敢不致其謹焉, 必使其幾微之際, 無一毫人欲之萌, 而純乎義理之發, 則下學之功, 盡善全美[21], 而無須臾之閒矣).

이 두 가지 戒愼 · 恐懼와 愼獨은 서로를 필요로 하는데, 모두 자신으로 돌아가 자기를 위하여, 인욕을 막고 천리를 보존하는 데에 실제적인 일들로, 아마도 道를 체현하는 공부로는 이보다 더 앞선 것이 없고 이보다 더 절실한 것이 없을 것이기에, 子思께서 이것을 책의 제일 앞에다 언급하여, 이로써 군자의 학문이란 반드시 이를 통해 들어가야 함을 밝힌 것이다(二者相須, 皆反躬爲己, 遏人欲存天理之實事, 蓋體道之功, 莫有先於此者, 亦莫有切於此者, 故子思於此首以爲言, 以見君子之學必由此而入也).

---

20) 潛遁(잠둔): 몰래 도망치다.
21) 盡善全美(진선전미): =盡善盡美. 더할 나위 없이 훌륭하고 아름다움. 완전무결함.

다른 여러 학자들의 견해는 모두 제2절에 말한 '군자는 보이지 않는 곳에서 戒愼하고 남이 들리지 않는 곳에서 恐懼하는' 것이, 곧 제3절에 말한 '謹獨'의 뜻으로 여겼는데, 선생님께서 비로소 이를 나누어 두 가지 일로 여겼습니다. 아무래도 너무 잘게 분석한 나머지 지리멸렬해진 것은 아닐까요(曰: 諸家之說, 皆以戒謹不睹, 恐懼不聞, 卽爲謹獨之意, 子乃分之以爲兩事. 無乃破碎支離之甚耶)?

제2절에서 말한 「道不可離」는, 곧 어디 가든 없는 곳이 없다는 말인데, 그런데도 또 제3절에서 「莫見乎隱 莫顯乎微」를 말한 것은, 곧 중요시해야 할 곳이 한층 더 「隱微」한 데에 있다는 말이다. 제2절에서 말한 「戒謹不睹 恐懼不聞」은, 곧 어디에 거처하든 삼가지 않는 곳이 없다는 말인데, 그런데도 또 제3절에서 「謹獨」을 말한 것은, 곧 그 「謹」할 곳이 한층 더 「獨」한 데에 있다는 말이다. 이는 서로 다를 것이 없는 데도 굳이 집어넣어 놓은 것이 결코 아니다. 만약 이 둘을 한 가지 일로 여겼다면 그것을 언급하길, 하필 이같이 중복했겠는가(曰: 旣言道不可離, 則是無適而不在矣, 而又言'莫見乎隱, 莫顯乎微', 則是要切之處, 尤在於隱微也. 旣言戒謹不睹, 恐懼不聞, 則是無處而不謹矣; 又言謹獨, 則是其所謹者, 尤在於獨也. 是固不容於不異矣, 若其同爲一事, 則其爲言, 又何必若是之重複耶)?

또 이 책의 마지막 제33장에서 「潛雖伏矣」(제2절) 「不愧屋漏」(제3절) 역시 두 구절로 말했는데, 바로 제1장의 이 제2절과 제3절과 서로 首尾를 이루고 있는 것이다. 다만 다른 여러 학자들은 모두 이를 살피지 못했지만, 程子께서 만은 「不愧屋漏」와 「謹獨」은 氣象을 지키는 측면과 氣象을 기르는 측면을 가리킨다고 말씀한 적이 있었고, 이 두 구절 사이에 특별히 「與」자를 덧붙여서 이렇게 확고하게 이미 나눠서 두 가지 일로 여겼는데, 당시 강의들 듣던 자들이 살피지 못했을 뿐이다(且此書卒章'潛雖伏矣', '不愧屋漏', 亦兩言之, 正與此相首尾. 但諸家皆不之察, 獨程子嘗有不愧屋漏與謹獨是持養氣象之言, 其於二者之間, 特加'與'字, 是固已分爲兩事, 而當時聽者有未察耳).

〔中庸에세이〕

은미(隱微)한 도는, 몸의 나로 사는 제나(自我)의 사람에게는 보이지 않고 들리지 않지만, 몸의 나가 거짓 나임을 깨달은 사람에게는 뚜렷이 보이고 들린다. 보이지 않고 들리지 않는 도야말로 참 나인 얼의 나이고, 보이고 들리는 제나(自我)는 거짓 나임을 깨달은 것이다. 몸이 거짓 나임을 깨닫고 얼의 나로 거듭난 사람은, 우주를 통해 하느님이 뚜렷이 계심을 알고, 성인의 말씀을 통해 도(道)이신 하느님이 뚜렷이 계심을 안다. 그러기에 도(하느님)를 깨닫는 얼의 나의 사람인 군자는 저부터 삼간다. 혼자서 삼가는 것이 기도요, 참선이요, 치성(致誠)이다. 이를 통해 제나(自我)의 탐(貪)·진(瞋)·치(痴)를 누르고, 진(眞)·선(善)·미(美)를 드러낸다. 진선미가 무엇인가? 도(道)인 하느님이 진선미이다. 노자(老子)는 "욕심을 버려 마음을 완전히 비우고 맑고 고요한 상태를 굳세게 지키라(致虛極守靜篤)"고 했다. 빔에 이르러 고요를 지킨다는 것이다. 이것이 신기독(愼其獨)이다.

홀로 삼가는 사람은 어렵고 두려운 님인 성(性)을 마음속에 모시고 그 뜻을 거스르지 않는 자율적인 인격자이다. 성(性)의 님은 눈으로 안 보이고 귀로 안 들리지만 우리 마음속에 계신다. 그 님을 모신 자라야 군자인 것이다. 그 님을 속이는 것은 참 나인 영을 속이는 것이 된다. 그래서 『대학』에, “그 발동되는 뜻이 참되도록 한다는 것은 스스로를 속이지 말라는 것이다. 그러므로 군자는 반드시 그 홀로 있는 때를 더욱 근신하는 것이다(誠其意者毋自其也 故君子必愼其獨)”라고 했다. 증자(曾子)는, “열 눈이 보는 바이며, 열 손가락이 가리키는 바이니, 그 삼엄함이여(十目所視 十手所指 其嚴乎)! ”(大學 傳文 6:3)라고 했지만, 눈 없이 보고 손 없이 가리키는 성(性)의 님이 두려운 것이다. 참 나인 영의 심부름꾼인 제나(自我)를 살피고 감시하지 않으면 안 된다.

0104 喜怒哀樂之未發, 謂之中; 發而皆中節, 謂之和。中也者, 天下之大本也; 和也者, 天下之達道也。

기뻐하고 성내고 슬퍼하고 즐거워하는 감정이 아직 발동되지 않은 상태, 이를 일러「中」이라 하고(喜怒哀樂之未發 謂之[1]中), 발동되었으되 모두 예의나 법도에 잘 합치되어 있는 상태, 이를 일러「和」라고 한다(發而皆中節 謂之和).「中」이라는 것은 천하의 모든 것의 바탕이 되는 大本이고(中也者 天下之大本),「和」라는 것은 천하의 모든 것에 통하는 達道이다(和也者 天下之達道也).

0104 樂, 音洛。中節之中, 去聲。○喜, 怒, 哀, 樂, 情也。其未發, 則性也, 無所偏倚, 故謂之中。發皆中節, 情之正也, 無所乖戾, 故謂之和。大本者, 天命之性, 天下之理皆由此出, 道之體也。達道者, 循性之謂, 天下古今之所共由, 道之用也。此言性情之德, 以明道不可離之意。

「樂」은 음이「洛」이다(樂 音洛).「中節[2]」의「中(zhòng)」자는 去聲이다(中節之中 去聲). ○「喜怒哀樂」은 감정이다(喜怒哀樂 情[3]也). 감정의「未

1) ① '之謂'와 '謂之'의 차이: 제1장 제1절 각주 참조. ② '謂'와 '謂之'의 차이: Ⓐ '謂'는 被釋詞가 '謂' 앞에 위치하며, '是指'과 같음. (例) "恐美人之遲暮." 王逸注: "美人謂懷王也." Ⓑ '謂之'는 被釋詞 '謂之'의 뒤에 위치하며, '叫做'와 같음. (例) "譬猶蠅蚋之附群牛." 李善注: "《說文》曰: '秦謂之蚋, 楚謂之蚊.'" ③ '謂之': 뜻이 같은 단어를 해석함(釋同義詞). (例)《爾雅》: "骨謂之切, 象謂之磋, 玉謂之琢, 石謂之磨"(詹衛東,「古文的注解」).

2) 中節(중절): 예의나 법도에 합치하다, 잘 맞다. 中(중): 잘 맞다. 잘 부합하다.

3) ① [字義] 性과 情은 서로 상대를 이룬다. 情은 性이 움직인 것이다. 마음속에서 아직 발하지 않은 것이 性이다. 사물에 접촉해서 발동하여 나오는 것이 곧 情이다. 적연하여 움직이지 않는 것이 性이다. 느껴 통하는 것이 情이다. 움직이는 것은 性 속에서 나오는 것으로 性과

發」이란 바로 性으로(其未發 則性也), 한쪽으로 치우치거나 어느 쪽으로 기울어진 바가 없는 고로「中」이라 일컫는다(無所偏倚故 謂之中).「發皆中節」이란 발동된 감정이 바른 상태에 있는 것으로(發皆中節 情之正也), 사리에 어긋나는 바가 없는 고로「和」라고 일컫는다(無所乖戾故 謂之和[4]).

별개의 것이 아니다. 性의 큰 항목으로는 喜 · 怒 · 哀 · 懼 · 愛 · 惡 · 欲이라는 일곱 가지가 있다. 중용에서는 단지 喜怒哀樂 네 가지만 언급하였다. 맹자는 또 惻隱 · 羞惡 · 辭讓 · 是非, 이렇게 四端을 이야기 하였다. 대체로 이것들은 모두 情이다(101쪽). ② [字義] 意는 마음이 드러난 것으로 생각과 운용이라는 뜻을 가지고 있다. 대개 情이란 性의 움직임이고 意는 마음이 드러난 것이다. 意는 마음의 내면에서 발생하는 한 가닥 생각으로서, 이러이러하게 해야겠다고 생각하고 운용하는 것이다. 情의 움직임은 전체적인 면에서 이야기한 것이고, 意는 한 가닥 생각이라는 면에서 이야기한 것이다(意者, 心之所發也, 有思量運用之義. 大抵情者性之動, 意者心之發, 情是就心裏面自然發動, 改頭換面出來底, 正與性相對. 意是心上撥起一念, 思量運用要恁地底. 情動是全體上論, 意是就起一念處論). … 어떤 사물에 접했을 때의 상황을 가정해보자. 안에서 주재하는 것은 마음(心)이다. 움직여 나와서 기쁘거나 화내거나 하는 것은 情이다. 내면에 자리하고 있다가 움직여 나오는 것은 性이다. 어떤 사람에게 기뻐해야 하고 어떤 사람한테 화내야 할지 생각하고 판단하는 것은 意이다. 기뻐하거나 화내는 대상이 되는 사람에게 향하게 하는 것은 志이다. 기쁨과 화냄이 적절히 맞는 것, 그리고 性 속의 도리에서 유출되어 나와 당연히 그러해야 할 데(當然之則)에 들어맞는 것, 그것을 理라 한다. 그 당연히 그래야 하는 바의 근본이 되는 것(所以當然之根原處)을 命이라 한다(且如一件事物來接著, 在內主宰者是心; 動出來或喜或怒是情; 裏面有個物, 能動出來底是性; 運用商量, 要喜那人要怒那人是意; 心向那所喜所怒之人是誌; 喜怒之中節處又是性中道理流出來, 即其當然之則處是理; 其所以當然之根原處是命)(111쪽).

4) '和'는 不同한 것을 조화시켜 잘 어울리는 통일을 이뤄내는 것이다.『左傳』소공20년에는 晏子(~BC 493)의 이야기 한 구절이 실려 있는데, 그 안에서 '和'와 '同'을 구분해놓았다. 晏子는 말하길, '和는 마치 국을 끓이는 것과 같다. 물 · 불 · 식초 · 젓갈 · 소금 · 매실을 가지고 생선을 삶는 것과 같다.'라고 했는바, 이들 양념들로 인해 새로운 맛이 만들어지는데, 그 맛은 이미 식초만의 맛도 아니고, 또 젓갈만의 맛도 아니다. 이와 달리, '同'은, 晏子는 말하길, '물에 물을 타는 것과 같다.', '거문고와 비파를 똑같이 연주하는 것과 같다.'라고 했는바, 이로 인해서는, 새롭게 만들어지는 어떠한 물질이 없다. '同'은 '異'와 양립할 수 있는 것이 아니다. '和'는 '異'와 양립하지 못하지 않는데, 서로 상반되는 異種이 한데 합해져 통일을 형성할 때에만 비로소 '和'가 생긴다. 그렇지만 '和'에 도달하려면 한데 합해진 각종 異種이 모두 적당한 비례를 따라야 하는데, 이것이 바로 '中'이다. 때문에 '中'의 작용은 '和'를 이뤄내는 것이다(和是調和不同以達到和諧的統一. <左傳>昭公二十年記載晏子(卒於公元前493年)一段話, 其中區分了"和"與"同". 他說: "和, 如羹焉. 水, 火, 醯, 醢, 鹽, 梅, 以烹魚肉", 由這些作料産生了一種新的滋味, 它旣不只是醯(醋)的味, 也不只是醢(醬)的味. 另一方面, 同, "若以水濟水", "若琴瑟之專一", 沒有産生任何新的東西. 同, 與異是不相容的. 和與異不是不相容的, 相反, 只有幾種異合在一起形成統一時才有和. 但是要

「大本」이라는 것은「天命之性」을 말하는 것으로(大本者 天命之性), 천하의 理가 모두 여기에서 나오니 道의 몸체이다(天下之理 皆由此出 道之體也).「達道」라는 것은 性을 따름을 두고 하는 말로(達道者 循性之謂), 천하와 고금이 다 같이 따르는 것이니 道의 작용이다(天下古今之所共由 道之用也). 이는 性과 情의 각각의 덕성을 말한 것으로 이로써 道는 벗어날 수 없다는 뜻을 밝힌 것이다(此 言性情之德[5] 以明道不可離之意).

〔中庸에세이〕

희로애락(喜怒哀樂)이란 제나(自我)의 감정을 말한다.「중용」에서는 사람에게 희로애락이 일어나지 않는 상태 즉 제나(自我)의 욕망이 일어나지 않은 상태를 중(中)이라 했다. 희로애락(喜怒哀樂)이 일어난다는 것은 제나(自我)의 의식이 활동하는 것을 말한다. 이른바 생심(生心)이다. 사람이 살아가는 데 견물생심(見物生心)하지 않을 수 없지만, 언제나 절제하는 것을 중절(中節)이라 한다. 중(中)은 외형적으로 말하면 하느님께로 뚫림이요, 내용적으로 말하면 하느님의 얼(성령)의 받음이다.「중용」에서는 성(性), 얼(聖靈)을 중(中)이라 했고, 받은 성령으로 수성(獸性)을 다스리는 것을 중절(中節)이라 했다. 제나의 수성(獸性)은 중(中)인 얼의 나(성령)의 절제를 받아 화순(和順)을 이룬다. 이를 얼의 나로 제나의 수성이 절제된다 하여 중절(中節)이라고 말한다. 중절을 이룬 사람이라야 비로소 자율적인 도덕인이 된다. 성령으로 다스려진 제나는 얼의 나의 충성스러운 종

達到和, 合在一起的各種異都要按適當的比例, 這就是中. 所以中的作用是達到和)(馮友蘭,『中國哲學簡史』, 233쪽, 정인재 역, 형설출판사).

5) [大全] 中은 性의 덕성이고 和는 情의 덕성이다(中爲性之德 和爲情之德).

이 된다. 이를 중화(中和)라고 한다. 성령으로 이루어진 마음의 평화가 중화이다. 제나가 영아(靈我)에 의해 다스려지면 절대아(絶對我)와 상대아(相對我)가 중화를 이루는 것이다. 이것이 성인의 마음이다.

치중화 천지위언 만물육언

0105 致中和, 天地位焉, 萬物育焉。

中과 和의 상태에 이르면(致中和), 하늘과 땅은 제 있어야 할 자리에 자리를 잡고(天地位焉), 만물은 제 있어야 할 모습대로 삶을 성취하게 된다(萬物育焉).

0105 致, 推而極之也。位者, 安其所也。育者, 遂其生也。自戒懼而約之, 以至於至靜之中, 無少偏倚, 而其守不失, 則極其中而天地位矣。自謹獨而精之, 以至於應物之處, 無少差謬, 而無適不然, 則極其和而萬物育矣。蓋天地萬物本吾一體, 吾之心正, 則天地之心亦正矣, 吾之氣順, 則天地之氣亦順矣。故其效驗至於如此。此學問之極功, 聖人之能事, 初非有待於外, 而脩道之教亦在其中矣。是其一體一用雖有動靜之殊, 然必其體立而後用有以行, 則其實亦非有兩事也。故於此合而言之, 以結上文之意。

「致」는 밀고 나가 끝에 다다른 것이다(致 推而極[1]之也). 「位」라는 것은 하늘과 땅이 제 있어야 할 자리에 자리를 잡아 편안한 것이다(位者 安其所也). 「育」이라는 것은 만물이 각기 제 삶을 성취하는 것이다(育者 遂其生也). 戒愼 · 恐懼로부터 시작하여 차츰 단속해나가 이로써 아주 평안하고 고요한 경지까지 이르러서(自戒懼而約之[2] 以至於至靜之中), 치우침이나 기울어짐이 없고 그 단속하여 지키는 것을 놓치지 않게 되면(無所偏倚 而其守不失), 中의 상태에 이르게 되어 하늘과 땅은 제 있어야 할 자리에 자

1) 推極(추극): 근본을 캐 들어가다. 궁구하다. 세세히 파 들어가다. 최고봉에 오르다.
2) ① 約(약): 구속하다. 제한하다. 단속하다. ② 以至於(이지어): =以至. ~에 이르기까지.

리를 잡게 되는 것이다(則極其中而天地位矣)[3]. 謹獨으로부터 시작하여 차츰 깊이 파고들어가 이로써 사물과 감응하는 경지까지 이르러서(自謹獨而精之 以至於應物之處), 아무리 사소한 것이라도 잘못이나 어긋나 있는 것이 없고 어디를 가더라도 그렇지 않은 모습이 없게 되면(無少差謬[4] 而無適不然), 和의 상태에 이르게 되어 만물은 제 있어야 할 모습대로 삶을 성취하게 되는 것이다(則極其和而萬物育矣)[5]. 대개 천지만물이란 본래의 나와 한 몸체라서(蓋天地萬物 本吾一體), 나의 마음이 바르면 천지의 마음 또한 바르게 되고(吾之心正 則天地之心亦正矣), 나의 기운이 화순하면 천지의 기운 또한 화순하게 되는 것이다(吾之氣順 則天地之氣亦順矣). 그러므로 그 작용이 이와 같은 상태까지 이르게 되는데(故其效驗 至於如此), 이는 학문의 지극한 공적이고 성인의 뛰어나신 능력이지만(此學問之極功[6] 聖人之能事[7]),

---

3) 제2절에 대한 설명임.
4) 差謬(차류): 착오.
5) 제3절에 대한 설명임.
6) [講義補] 中和는, 성인께서 작은 방에 앉아서 喜怒哀樂이 발로되어 중절이 되더라도 지위를 얻지 못해 공적을 세울 바가 없으면, 天地가 절대 제 있어야 할 자리를 얻을 수 없고 萬物이 절대 제 있어야 할 모습대로 삶을 성취할 수 없다. 人主의 지위를 얻어 요 · 순처럼 되고, 卿相의 지위를 얻어 皐(고) · 夔(기) · 稷(직) · 契(설)처럼 된 연후에, 南正重처럼 하늘을 관리하고 北正黎처럼 땅을 관리하고 羲和처럼 천문역법을 관리하고 禹稷처럼 水土를 다스리고 益처럼 山澤에 불을 내어 금수를 내몰고 하여, 이로써 내가 草木과 鳥獸을 이리저리 다룬 후에야 天地가 제 있어야 할 자리를 얻게 되고 萬物이 제 있어야 할 모습대로 삶을 성취하게 되는 것으로, 실로 지위를 얻어 도를 실행하는 데에 달려 있는 것이다. 그러기에 성인의 말이 이와 같았던 것인데, 宋元시대의 많은 선생들은 대부분 지위를 얻어 도를 실행하는 처지에 있지 못했기 때문에, 天地位 · 萬物育 說에 대하여 오로지 心體의 感通으로써만 말할 뿐 행사로써 이루어내는 실제의 결과로는 여기지 못했던 것이니, 그들의 말의 광대무변하여 손을 내밀고 발을 붙일 만한 곳이 없었음이 대부분 이와 같았다(中和聖人坐於丈室之中, 喜怒哀樂, 發皆中節, 而不得其位, 無所猷爲, 則天地必不得位, 萬物必不得育. 必也得人主之位爲堯舜, 得卿相之位爲皐夔稷契, 然後南正重司天, 北正黎司地, 羲和掌曆象, 禹稷治水土, 使益掌火作虞, 烈山澤而焚之, 以若予上下草木鳥獸, 然後天地位焉, 萬物育焉…實在於得位行道. 故聖人之言如此, 宋元諸先生多不能得位行道, 乃於位育之說, 全以心體之感通爲言, 而不以行事爲究竟, 其言浩渺漭蕩, 無可以著手著脚, 多如是者).
7) 能事(능사): 수완. 뛰어난 능력.

애초부터 나의 性 이외의 외물을 필요로 하지 않으며(初非有待於外[8]), 「修道之謂教」의 「教」 역시 나의 性 안에 이미 들어 있는 것이다(而修道之教 亦在其中矣[9]). 나의 한 몸체이고 나의 한 작용으로서(是其一體一用), 비록 하나는 靜이고 하나는 動이라는 구별은 있을지라도(雖有動靜之殊), 반드시 나의 몸체가 먼저 바로 서고 난 뒤에 작용이 행해질 수 있게 되는 것이니(然必其體立而後 用有以行), 그렇다면 그 실상은 역시 두 가지 일이 있는 것이 아니다(則其實 亦非有兩事也). 그러므로 여기에서는 「中」과 「和」를 하나로 합해서 「中和」라고 말하여(故於此 合而言之), 이로써 윗글의 뜻을 결론 맺은 것이다(以結上文之意[10]).

右第一章。子思述所傳之意以立言: 首明道之本原出於天而不可易, 其實體備於己而不可離, 次言存養省察之要, 終言聖神功化之極。蓋欲學者於此反求諸身而自得之, 以去夫外誘之私, 而充其本然之善, 楊氏所謂一篇之體要是也。其下十章, 蓋子思引夫子之言, 以終此章之義。

---

8) ① [大全] 나의 性의 밖에서 나오지 않는다(不出吾性之外). ② 有待(유대): 기다리다. 기대하다. ~이 요구되다. 일정한 조건에 기댈 필요가 있다.

9) [大全] 中인 상태가 곧 天命之性이고 和인 상태가 곧 率性之道이다. 天地位하고 萬物育되면 脩道之教 또한 그 가운데 있다(陳氏曰: "致中, 卽天命之性; 致和, 卽率性之道. 及天地位 · 萬物育, 則脩道之教亦在其中矣").

10) [大全] "「致中和 天地位 萬物育」과 「喜怒哀樂」은 서로 상관이 없지 않겠습니까?" 하고 물으니 주자가 말했다. "세상의 어느 일이 喜怒哀樂과 연계되지 않는 것이 있겠느냐? 예를 들자면 임금이 한 사람에게 기뻐서 상을 주면 수만의 사람들이 힘쓰는 것, 한 사람에게 노해서 벌을 주면 수만의 사람들이 두려워하는 것, 애처로워서 홀아비 과부를 긍휼히 여기고, 즐거이 인재를 육성하는데 이르기까지, 이것이 곧 「萬物育」이다. 君臣 · 父子 · 夫婦 · 長幼에 이르기까지 곳곳마다 이것 아닌 것이 없다. 곧 이렇게 喜怒가 알맞게 품절되어 나타나는 곳이라면 이것이 곧 實理의 流行인 것이다"(問: "致中和 天地位 萬物育與喜怒哀樂不相干." 朱子曰: "世間何事不係在喜怒哀樂上. 且如人君喜一人而賞之, 則千萬人勸; 怒一人而罰之, 則千萬人懼, 以至哀矜鰥寡, 樂育人材, 這便是萬物育. 以至君臣父子夫婦長幼, 相處相接, 無不是這箇. 卽這喜怒中節處, 便是實理流行").

여기까지가 제1장이다(右第一章)[11]. 子思께서는 전수한 바의 뜻을 기술해 이로써 論旨를 세우신 것이니(子思述所傳之意以立言[12]), 처음에는 道의 本原은 하늘에서 나왔으니 바꿀 수 없다는 것과 道의 實體는 자기 몸에 갖추어져 있으니 벗어날 수 없다는 것을 밝히셨고(首明道之本原出於天而不可易 其實體[13]備於己而不可離), 다음에는 存養의 요점인 戒愼 · 恐懼

---

11) [大全] 중용은 성인의 道의 내밀하고 오묘한 곳에 들어가게 하는 책으로, 그 첫 장은 子思 자신의 격언이다. … 愼獨에 관해서는 曾子가『大學』에서 말한 적이 있지만, 그것은 意念이 이미 動한 시점에 대해서 말했을 뿐, 그 전단계인 靜한 시점에서의 공부에 대해서는 말한 것이 없다. 子思는 먼저 제2절 戒愼 · 恐懼 구절에서 靜한 시점에서의 涵養 공부를 말하고, 비로소 제3절 愼獨 구절에서 動한 시점에서의 省察의 공부를 말하여, 動과 靜을 모두 함양하고 다 같이 힘을 다 쏟게 하였다. 曾子의 말과 비교해보면 그 말에 더욱 정밀을 가했는데, 똑같이 已發 시에 근본을 두면서도 未發 시 또한 다 드러냈다. 옛 책 중에는 無過不及의 中은 여러 번 언급했지만 그것은 中의 作用일 뿐이다. 子思는 먼저 未發의 中을 말하여 이로써 中의 本體를 드러냈고, 이어서 時中의 中을 말하여 이로써 中의 作用을 드러냈으니, 未發의 中은 本體의 至廣至大하고 至精至密함을 말한 것인데, 中庸을 제외하고는 거의 볼 수가 없으니, 이 어찌 옛 성현이 밝히지 못한 바를 또한 밝힌 것이 아니겠는가! 靜한 시점에서는 中에 치중하고, 動한 시점에서는 和를 극진히 하여, 그 지극한 효과가 천지가 제자리를 얻고 만물이 양육되고 천지의 화육을 돕는 大功에 참여하는 데까지 이르렀지만, 그 본원은 실로 천리를 간직하여 기르고 인욕을 막아 근절하는 데에서부터 기초되어 있으니, 정밀하구나 원대하구나! 제1장의 大指에는 본원이 있고, 공부가 있고, 효과가 있어, 성현의 글들을 하나하나 간추려 봐도 이에 견줄 만한 것은 없는데, 성인께서 子思 같은 賢孫을 두셨고, 그는 도통의 전수에 공을 세웠으니, 수 만 세대를 지나서도 실로 닳아 없어질 수 없으리라(新安陳氏曰: "中庸一書 造聖道之閫奧, 其首章子思子自著之格言也… 愼獨, 曾子雖嘗言之, 然只就意之動處言之耳. 前一截, 靜時工夫, 未之言也. 子思先就戒懼處言靜時之涵養, 方就愼獨處言動時之省察, 動靜相涵, 交致其力. 視曾子之言益加密焉, 亦本其所已發, 而盡發其所未發也. 自古書中多言無過不及之中, 中之用耳. 子思則先言未發之中, 以見中之體, 後言時中之中, 以見中之用. 言未發之中, 本體淵深, 除中庸外, 他固罕見, 豈非亦發前古聖賢之所未發乎? 靜致其中, 動致其和, 極其功, 至於位天地, 育萬物, 參贊化育之大功, 其本原實自存養天理 · 遏絶人欲者基之, 精乎大哉! 一章大指, 有本原, 有工夫, 有功用, 歷選聖賢之書, 無能肩之者, 聖師有此賢孫, 其有功於道統之傳, 萬世實不可磨云").

12) 立言(입언): 문장으로 이론을 내세우다. 견해나 주장으로 내세우다. '후세에 전수될 만한 훌륭한 견해를 수립하다'는 의미로『春秋左氏傳』(襄公二十四年)에, '최고는 덕을 세우는 일이고, 그 다음은 공을 세우는 일이고, 그 다음은 말을 세우는 일이다. 오래 되도 쓸모없게 되지 않으니 이를 不朽라고 한다(大上有立德 其次有立功 其次有立言 雖久不廢 此之謂不朽)'에 나오는 말이다.

13) 實體(실체): 변화하는 사물에 있는 것으로 여겨지는 영원불변하는 기초, 정신, 물질.

와 성찰의 요점인 愼獨을 말씀했고(次言存養[14]省察之要), 마지막에는 聖神의 공로와 교화의 지극한 경지인 中和를 말씀했다(終言聖神[15]功化之極). 대체로 배우는 자들이 이에 관해 돌이켜 자기 몸에서 추구하여 스스로 터득하여 이로써 외물의 유혹의 사사로움을 버리고 자기의 본래 모습 그대로의 善을 충만케 하길 바라신 것이니(蓋欲學者於此 反求諸身[16]而自得之 以去夫外誘之私而充其本然之善), 楊氏가 말한「一篇之體要(중용 한 편의 가장 중요한 강령)」이라고 한 것이 이것이다(楊氏所謂一篇之體要[17] 是也). 아래 열 개 章에서 子思께서는 공자 선생님의 말씀을 인용하여(其下十章 蓋子思引夫子之言), 이를 가지고 제1장의 뜻을 종결짓고 있다(以終此章之義).

〔中庸或問〕

'기뻐하고 성내고 슬퍼하고 즐거워하는 감정이 아직 발동되지 않은 상태를 中이라 하고, 발동되었으되 모두 예의나 법도에 잘 합치되어 있는 상태를 和라 한다. 中이라는 것은 천하의 모든 것의 바탕이 되는 大本이고, 和라는 것은 천하의 모든 것에 통하는 達道이다. 中과 和의 상태에 이르면, 하늘과 땅은 제 있어야 할 자리에 자리를 잡고 만물은 제 있어야 할

---

14) [孟子 盡心상편 1:1] 맹자가 말했다. "자신의 마음을 다하는 자는 자신의 性을 안다. 자신의 性을 아는 자는 하늘을 안다. 자신의 마음을 보존하고 자신의 性을 기르는 것이 하늘을 섬기는 방법이다. 일찍 죽고 오래 사는 것에 마음이 흔들리지 않고 자신을 수양하여 죽음을 기다리는 것이 천명을 세우는 방법이다"(孟子曰 "盡其心者 知其性也 知其性 則知天 存其心 養其性 所以事天也 夭壽不貳 修身以俟之 所以立命也").

15) 聖神(성신): 고대의 황제(伏羲 · 神農 · 黃帝 · 堯 · 舜 등)나 고대 聖人에 대한 총칭.

16) 中庸 제14장 5절 참조.

17) ① 楊氏(양씨): =楊時(1053~1135). 북송 말기 劍南 長樂 사람. 자는 中立, 호는 龜山. 二程子의 도학을 전하여 학파의 大宗이 됨. 游酢, 呂大臨, 謝良佐와 함께 程門四先生으로 불림. 저서로 二程粹言 · 中庸解一卷 · 龜山集이 있음. ② 體要(체요): 大體와 綱要.

모습대로 삶을 성취하게 된다.' 했는데, 무슨 뜻인지요(或問: '喜怒哀樂之未發謂之中, 發而皆中節謂之和. 中也者, 天下之大本也; 和也者, 天下之達道也. 致中和, 天地位焉, 萬物育焉.' 何也)?

이 제4절 제5절은「天命之性」의 근원을 推究하여, 이로써「敎」를 통해 들어가는 것을 밝힌 것으로, 그 처음이 되는 發端과 그 마지막이 되는 至極은 모두 나의 마음을 벗어나지 않는다.「天命之性」에는 모든 理가 거기에 구비되어 있고, 喜·怒·哀·樂에는 각기 마땅한 바가 있다. 그것이 未發 중일 때에는 完整한 모습으로 가운데 있고 偏倚가 없으므로 이를「中」이라고 한다. 그것이 已發하면 모두 그 마땅한 바를 얻고 乖戾가 없으므로 이를「和」라고 한다(曰: 此推本天命之性, 以明由敎而入者, 其始之所發端, 終之所至極, 皆不外於吾心也. 蓋天命之性, 萬理具焉, 喜怒哀樂, 各有攸[18]當. 方其未發, 渾然在中, 無所偏倚, 故謂之中; 及其發而皆得其當, 無所乖戾, 故謂之和).

그것을 일컬어「中」이라 한 것은, 그것을 써서 性의 德된 모습, 道의 본체를 묘사한 것인데,「中」에는 천지만물의 理가 어느 하나라도 갖춰져 있지 않은 것이 없기에, 말하길「天下之大本」이라 한 것이다. 그것을 일컬어「和」라 한 것은, 그것을 써서 情의 올바른 모습, 道의 작용을 나타낸 것인데,「和」는 고금의 모든 사람과 만물이 다 같이 따르는 것이기에, 말하길「天下之達道」라 한 것이다.「天命之性」은 純粹하고 至善한데, 사람의 마음에 구비되어 있는 것은 그 體와 用의 완전함이 본래 모두 이와 같아서, 聖人과 愚者의 차이에 따라 더해지거나 빠지거나 하지 않는다. 그렇지만 靜할 때에 그것을 보존할 방법을 모르면 천리가 어두워져서「大

18) 攸(유): =所. ~하는 바.

本」이 서지 못하고, 動할 때에 그것을 조절할 방법을 모르면 인욕이 제멋대로 하여「達道」가 행해지지 못한다(謂之中者, 所以狀[19])性之德·道之體也, 以其天地萬物之理, 無所不該, 故曰天下之大本. 謂之和者, 所以著情之正·道之用也, 以其古今人物之所共由, 故曰天下之達道. 蓋天命之性, 純粹至善, 而具於人心者, 其體用之全, 本皆如此, 不以聖愚而有加損也. 然靜而不知所以存之, 則天理昧而大本有所不立矣; 動而不知所以節之, 則人欲肆而達道有所不行矣).

군자만이 보이지 않고 들리지 않는 그때부터, 戒愼 · 恐懼하는 방법으로 이를 더욱 엄격히 하고 더욱 공경히 하여 이로써 터럭 한 올만큼의 偏倚도 없는 상태에 이르고 이를 지켜 항상 잃지 않으면,「中」에 이를 수 있고「大本」의 수립은 날로 더 견고해질 것이다. 특히 은미한 데에 있고 어두운 곳에 홀로 있는 즈음에는, 선악의 기미를 근수하는 방법으로 이를 더욱 정밀하게 하여 이로써 터럭 한 올만큼의 差謬도 없는 상태에 이르고 이를 행하여 매번 어김이 없으면,「和」에 이를 수 있고「達道」의 실행은 날로 더 넓어질 것이다(惟君子自其不睹不聞之前, 而所以戒謹恐懼者, 愈嚴愈敬, 以至於無一毫之偏倚, 而守之常不失焉, 則爲有以致其中, 而大本之立日以益固矣; 尤於隱微幽獨之際, 而所以謹其善惡之幾者, 愈精愈密, 以至於無一毫之差謬, 而行之每不違焉, 則爲有以致其和, 而達道之行日以益廣矣).

「致」라는 것은 힘써 極致를 推究하여 그 지극한 경지에 이르는 것을 말한다. 極致를 推究하여 극치에 이르길, 未發의 靜한 상태에서는 숨 한 번 쉬는 순간이라도 中을 잃지 않는다면, 나의 마음이 바르게 되고 천지의 마음도 바르게 되기에, 陰陽 · 動靜은 각기 제 있어야 할 자리에 머물고, 천지는 이에 제 있어야 할 자리에 자리를 잡게 되고, 已發의 動한 상태에서는 어느 한 가지 일에도 和를 잃지 않는다면, 나의 氣가 순해지고

19) 狀(상): 진술하다. 묘사하다. 그려내다.

천지의 氣도 순해지기에, 꽉 차 틈이 없고 기쁨이 서로 통하고, 만물은 이에 각기 제 있어야 할 모습대로 삶을 성취하게 된다(致者, 用力推致而極其至之謂. 致焉而極其至, 至於靜而無一息之不中, 則吾心正, 而天地之心亦正, 故陰陽動靜各止其所, 而天地於此乎位矣; 動而無一事之不和, 則吾氣順, 而天地之氣亦順, 故充塞無間, 驩欣[20]交通, 而萬物於此乎育矣).

이는 萬化의 本原이면서 一心의 妙用이고, 聖神의 能事이면서 학문의 지극한 효과로서, 본래 초학자가 논할 수 있는 경지가 아니다. 그렇지만 활을 쏘는 자는 표적을 목표로 삼고, 나그네는 다시 돌아가는 것을 목표로 삼듯, 배우는 자 또한 뜻을 세우는 처음에 마땅히 알아둬야 할 목표인 것이다. 그러므로 이 장은 비록 중용이란 책을 여는 첫머리이면서도 子思의 말씀 또한 여기에 이르러서 그쳤으니, 참으로 의도가 심오하다(此萬化之本原, 一心之妙用, 聖神之能事, 學問之極功, 固有非始學所當議者. 然射者之的, 行者之歸, 亦學者立志之初所當知也. 故此章雖爲一篇開卷之首, 然子思之言, 亦必至此而後已焉, 其指深矣).

〔中庸에세이〕

치중화(致中和)란 범아일치(梵我一致), 천부자일치(天父子一致)와 같은 뜻이다. 예수가 말한 "아버지께서 내 안에 계시고 내가 아버지 안에 있음을 깨달아 알리라"(요한 10:38)는 말과 같다. 아버지와 아들이 진리와 사랑으로 하나가 될 때 이 우주(천지)가 존재의 의미를 가지게 되고, 만물이 생멸(生滅)의 의미를 가지게 된다. 톨스토이는 그가 하느님의 계심을 믿고 그가 하느님으로 말미암아 존재한다는 것을 믿을 때 주위에 있는 모든 것이

20) 驩欣(환흔): 기쁨. 쾌락과 흥분. 驩=歡.

생생하게 소생해 자기 존재의 의의(意義)를 가지게 되었다고 했다(참회록). 얼의 나를 깨달아 하느님 속에 하나인 것을 깨달을 때 이 우주가 존재하는 데 대하여 감격스런 기쁨을 느끼며 만물이 생육되는 것에 대해 무한한 사랑을 느꼈다는 말이다. 하느님의 생명인 얼의 나를 참나로 깨달은 사람은 인간적인 경계가 없고, 시간적인 경계가 없고, 공간적인 경계가 없다. 우주인이 되고 하느님의 아들이 되는 것이다.

第2章

중니왈 군자중용 소인반중용

0201 仲尼曰:「君子中庸, 小人反中庸。」

중니가 말한다(仲尼曰). "군자는 중용을 이루지만 소인은 중용을 거스른다(君子中庸 小人反中庸)."

0201 中庸者, 不偏不倚, 無過不及, 而平常之理, 乃天命所當然, 精微之極致也。惟君子爲能體之, 小人反是。

中庸이라는 것은, 어느 한쪽으로 치우쳐 있지 않고 어느 한쪽으로 기울어져 있지 않고, 지나침이나 미치지 못함이 없는 상태로, 平常의 理이니(中庸者 不偏不倚 無過不及 而平常[1]之理), 중용은 바로 천명으로서 갖춰야 할 당연한 모습이고 천명의 精粹 중의 精粹이다(乃天命所當然 精微之極致也[2]). 군자만이 자기 몸에 체화시킬 수 있지만(唯君子爲能體之[3]), 소인은

1) 中庸講義補에서 茶山은 常에는 恒常 · 經常 · 平常의 세 가지의 뜻이 있는데, 뒤(제13장 제4절)의 '庸德之行 庸德之謹'과 『易』의 '庸言之行 庸行之謹'과 『孟子』(告子상 5:4)의 '庸敬在兄'에서, 庸言은 恒言이고 庸德은 恒德이고 庸敬은 恒敬인 점을 들어, 平常보다 恒常 · 經常이 庸의 뜻에 부합되는 것으로 보고 있다.

2) [大全] 한 구절을 책머리로 발탁하여 이로써 강령으로 삼았으니, 바로 천명이 부여한바 당연한 이치로 이른바 지극한 덕이다(新安陳氏曰: "提掇篇首一句以爲綱領, 乃天命所賦, 當然之理, 所謂極至之德也").

3) [大全] 「體之」란 몸소 당연히 힘써야 할 것임 말한 것으로, 예컨대 仁을 자기의 소임으로

이와 반대이다(小人 反是).

〔中庸或問〕

군자가 중용인 이유와 소인이 중용에 반하는 이유는 무엇입니까(曰: 君子所以中庸, 小人之所以反之者何也)?

중용이라는 것은 과·불급이 없는 것이고 평상의 理로서, 대개 천명과 인심의 핵심이다. 군자만이 중용이 나에게 있다는 것을 알고 戒愼·恐懼하여 이로써 군자로서 갖춰야 할 당연한 모습을 잃지 않는다. 그러므로 때에 따라 그에 맞게 中을 이룰 수 있다. 소인은 중용이 있다는 것을 모르고 어디에서든 주저하거나 두려워하는 것이 없다. 그러므로 그 마음이 매번 중용을 거슬러서 中에서 벗어나고 常을 벗어난다(曰: 中庸者, 無過不及而平常之理, 蓋天命人心之正也. 惟君子爲能知其在我, 而戒謹恐懼以無失其當然, 故能隨時而得中. 小人則不知有此, 而無所忌憚, 故其心每反乎此而不中不常也).

〔中庸에세이〕

중용(中庸)이란 하느님의 얼을 받아쓴다는 것이다. 중(中)은 하느님의 얼이요, 용(庸)은 용(用)자와 같은 뜻이다. 하느님께서 내 마음속에 하느님의 얼(성령)을 주신다. 그것이 얼나(靈我)의 일용할 양식이다. 용(庸)은 경(庚)자와 용(用)자가 합쳐서 이루어진 글자다. 경(庚)은 영근 쌀을 뜻한다. 용(用)은 쓰는 것이다. 형이상학적인 일용한 양식인 얼(성령)을 받아

삼는다는 뜻과 같다(新安陳氏曰: "體之 謂以身當而力行之, 如仁以爲己任之意").

서 쓰는 것이다. 하느님으로부터 날마다 일용할 양식인 얼을 받아 사는 것이 군자 중용(君子中庸)이다.

0202 君子之中庸也, 君子而時中; 小人之中庸也, 小人而無忌憚也。

군자가 중용을 이루는 것은(君子之中庸也), 군자의 덕성을 지니고 있고 때에 따라 그에 맞게 中을 이룰 수 있기 때문이고(君子而時中[1]), 소인이 중용을 거스르는 것은(小人之中庸也), 소인의 마음을 지니고 있고 주저하거나 두려워하는 것이 없기 때문이다(小人而無忌憚[2]也).

0202 王肅本作「小人之反中庸也」, 程子亦以爲然。今從之。○

1) ① [孟子 公孫丑上편 2:22] 공손추가 물었다. "백이와 이윤은 어떻습니까?" 맹자가 말했다. "길이 같지 않았다. 자기에게 맞는 임금이 아니면 섬기지 않았고 자기에게 맞는 백성이 아니면 부리지 않았으며, 천하가 태평하면 나아가 벼슬하고 혼란스러우면 물러나 숨은 자는 백이였다. 누구를 섬긴들 내 임금이 아니며 누구를 부린들 내 백성이 아니겠느냐면서 천하가 태평해도 나아가 벼슬하고 천하가 혼란스러워도 나아가 벼슬한 자는 이윤이었다. 벼슬을 해야 할 만하면 하고 벼슬을 그만둬야 할 만하면 그만두고 오래 머물러야 할 만하면 오래 머물고 빨리 떠나야 할 만하면 빨리 떠난 분은 공자였다. 모두 옛 성인인데 나는 아직까지 그렇게 행하지 못했다. 내가 원하는 것으로 말하자면 공자를 배우는 것이다." "백이와 이윤이 공자와 이처럼 대등했습니까?" 맹자가 말했다. "아니다. 사람이 생겨난 이래로 공자와 대등할 만한 분은 아직까지 없었다"(曰: "伯夷, 伊尹何如?" 曰: "不同道. 非其君不事, 非其民不使; 治則進, 亂則退, 伯夷也. 何事非君, 何使非民; 治亦進, 亂亦進, 伊尹也. 可以仕則仕, 可以止則止, 可以久則久, 可以速則速, 孔子也. 皆古聖人也. 吾未能有行焉; 乃所願, 則學孔子也." "伯夷, 伊尹於孔子, 若是班乎?" 曰: "否. 自有生民以來, 未有孔子也"). ② [孟子 萬章下편 1:5] 맹자가 말했다. "백이는 성인 중에서 맑은 분이고 이윤은 성인 중에서 사명을 자임한 분이고 유하혜는 성인 중에서 온화한 분이고 공자께서는 성인 중에서 때를 알아서 맞게 하신 분이었다"(孟子曰: "伯夷, 聖之淸者也; 伊尹, 聖之任者也; 柳下惠, 聖之和者也; 孔子, 聖之時者也"). ③ [孟子 盡心上편 26:3] 맹자가 말했다. "양자는 爲我설을 취해 털 하나를 뽑으면 온 천하를 이롭게 한다 해도 그렇게 하지 않았다. 묵자는 兼愛설을 주장해 정수리부터 갈아 발끝에까지 이른다 해도 천하를 이롭게 하는 일이라면 그렇게 했다. 자막은 그 중간을 잡았다. 중간을 잡는 것은 성인의 도에 가깝지만 중간을 잡고 權이 없다면 한쪽을 잡은 것과 같다. 한쪽만 잡는 것을 미워하는 것은 그것이 道를 해치기 때문이니 한 가지만 잡고 백 가지를 폐기한다"(孟子曰: "楊子取爲我, 拔一毛而利天下, 不爲也. 墨子兼愛, 摩頂放踵利天下, 爲之. 子莫執中, 執中爲近之, 執中無權, 猶執一也. 所惡執一者, 爲其賊道也, 擧一而廢百也").

2) 忌憚(기탄): 주저하거나 두려워하다. 戒愼恐懼와 상통함.

君子之所以爲中庸者, 以其有君子之德, 而又[3]能隨時以處中也。小人之所以反中庸者, 以其有小人之心, 而又無所忌憚也。蓋中無定體, 隨時而在, 是乃平常之理也。君子知其在我, 故能戒謹不睹, 恐懼不聞, 而無時不中。小人不知有此, 則肆欲妄行, 而無所忌憚矣。

왕숙이 주해한 책에는 「小人之反中庸也」로 씌어 있는데(王肅本[4] 作小人之反中庸也), 정자께서도 옳다고 했으니 이제부터 그 說을 따른다(程子亦以爲然 今從之). ○ 군자가 중용을 이루는 것은(君子之所以爲中庸者), 그가 군자의 덕을 지니고 있고 또 능히 때에 따라 그에 맞게 中에 거처할 수 있기 때문이다(以其有君子之德 而又能隨時以處中也). 소인이 중용을 거스르는 것은(小人之所以反中庸者), 그가 소인의 마음을 지니고 있고 또 주저하거나 두려워하는 것이 없기 때문이다(以其有小人之心 而又無所忌憚也). 대개 中은 일정한 기준이란 게 없이 때에 따라 그에 맞게 존재하는 것이니(蓋中無定體 隨時而在), 이 때문에 「平常의 理」인 것이다(是乃平常之理也). 군자는 中이 자기에게 있다는 것을 알기에(君子 知其在我), 능히 보지 못

3) [大全] 「君子」란 단지 좋은 사람을 말할 뿐이다. 「時中」은 단지 딱 맞게 처리한 일을 말할 뿐이다. 선을 행하는 것이 「君子之德」이고, 악을 행하는 것은 「小人之心」이다. 君子이면서도 中에 들어맞지 못한 자가 있고, 小人이면서도 두려워하는 것이 없는 상태까지 이르지 아니한 자 또한 있다. 「而」字를 잘 살펴야 하는데 군자일 뿐만 아니라 時中을 해야 하고, 소인일 뿐만 아니라 또 두려워하는 것이 없다는 것이다. 「而又~」의 又字는 쓰지 않아도 되지만 공부하는 자가 깨닫지 못할까 봐서 이 글자를 特記해 넣었으니 분명히 깨달아야 한다(朱子曰: "君子, 只是說箇好人; 時中, 只是說箇做得恰好底事." "爲善者, 君子之德; 爲惡者, 小人之心. 君子而處不得中者有之, 小人而不至於無忌憚者亦有之." "當看'而'字, 旣是君子, 又要時中; 旣是小人, 又無忌憚. 二'又'字不用亦可, 但恐讀者不覺, 故特下此字, 要得分明").

4) 王肅本(왕숙본): 삼국시대(220~280) 魏나라(220~265)의 王肅(195~256)이 주해한 中庸을 가리킴.

하는 곳에서도 삼가고 듣지 못하는 곳에서도 두려워하여(故能戒謹不睹 恐懼不聞), 어느 때이든 中에 들어맞지 않음이 없다(而無時不中). 소인은 中이 있다는 것을 모르기에(小人不知有此), 제멋대로 욕심을 부리고 함부로 행동하여 주저하거나 두려하는 것이 없다(則肆欲妄行而無所忌憚矣).

右第二章。

여기까지가 제2장이다(右第二章).

此下十章, 皆論中庸以釋首章之義。文雖不屬, 而意實相承也。變和言庸者, 游氏曰:「以性情言之, 則曰中和, 以德行言之, 則曰中庸是也。」然中庸之中, 實兼中和之義。

이 장부터 아래로 열 개 장은, 모두 中庸을 논하여 이로써 제1장의 뜻을 설명했다(此下十章 皆論中庸 以釋首章之義). 글은 비록 연속으로 이어져 있지는 않지만 뜻은 실상 서로 이어져 있다(文雖不屬 而意實相承也).「和」字를 바꿔「庸」字로 말한 것에 대하여(變和言庸者), 游氏는 말하길(游氏[5] 曰), '性情으로써 말하면 中和라 하고, 德行으로써 말하면 中庸이라 하는 것이 맞다(以性情言之 則曰中和 以德行言之 則曰中庸 是也)'라고 했지만, 中庸의「中」에는 실제로는 中和의 뜻을 포함하고 있다(然中庸之中 實兼中和之義[6]).

5) 游酢(1053~1123): 북송 建州 建陽 사람. 자는 定夫 또는 子通, 호는 廌山先生. 程顥 程頤를 사사했고, 謝良佐 · 楊時 · 呂大臨과 함께 程門四先生으로 불렸음.

6) [大全] 中庸의 中은 본래는 無過不及의 中으로 大指는 時中에 있지만, 그 근본을 미뤄보면 喜怒哀樂의 未發之中으로부터 時中의 中이 되는 것이니, 未發之中은 體에 해당되고, 時

〔中庸에세이〕

얼의 나로 새로 태어난 군자는 하느님으로부터 그의 얼(성령)을 받는데 수시로 받는다. 이를 '때로 뚫림(時中)'이라 한다. 때가 정해져 있지 않고 언제 어느 때가 될지 모르게 수시로 받는다(뚫린다). 예수가 말한, 그리스도(성령)는 때 없이 도둑처럼 온다는 것도 이 시중(時中)을 말한다. 마하트마 간디는, "삶의 모든 순간마다 번쩍 깨어 있지 않으면 진리(성령)는 결코 얻을 수 없다"고 했다. 이것도 시중(時中)을 말한 것이다. 지금 여기라는 순간에 온통이신 하느님을 만나는 것이 시중(時中)이다. 얼의 나를 깨닫지 못한 소인(小人)은 제 맘대로 하고 제멋대로 행동한다. 두려움도 거리낌도 없이 파렴치한 짓을 함부로 저지른다. 얼의 나의 깨달음이 군자의 중용이고, 제나의 왕국을 만드는 것이 소인의 중용이다.

中之中은 用에 해당된다. 中庸의 中字는 中和를 포함하여 말한 것이다(朱子曰: "中庸之中, 本是無過不及之中, 大旨在時中上, 若推其本, 則自喜怒哀樂未發之中而爲時中之中, 未發之中是體, 時中之中是用. '中'字兼中和言之").

第3章

자왈 중용기지의호 민선능구의

0301 子曰:「中庸其至矣乎! 民鮮能久矣!」

공자께서 말씀하셨다(子曰). “중용의 덕은 참으로 지극하구나(中庸 其[1]至矣乎[2])! 사람 중에 중용을 이룰 수 있는 사람이 드물어진지 오래되었다(民鮮能久矣[3]).

0301 鮮, 上聲。下同。○過則失中, 不及則未至, 故惟中庸之德爲至。然亦人所同得, 初無難事, 但世教衰, 民不興行, 故鮮能之, 今已久矣。論語無能字。

---

1) 其(기): ① =極. 甚. 대단히. 참으로. 심히. ② =也許, 大概. 아마. 혹시. 대개.
2) 矣乎(의호): ① 감탄문 끝에 쓰여,「矣」는 이미 그러함을 나타내고,「乎」는 감탄을 나타냄. 王天下有三重焉, 其寡過矣乎!(천하의 왕 된 자에게는 세 가지 중요한 것이 있으니 그것을 행하면 허물이 적어질 것이로다!). ② 판단문 끝에 쓰여,「矣」는 이미 그러함을 표시하고,「乎」는 의문을 나타낸다. 夫子聖矣乎?(선생님께서는 성인이신지요?)(연세대 허사사전편찬실,『虛詞大辭典』, 성보사).
3) ① [論語 雍也 第27章] 중용의 덕 됨은 참으로 지극하구나! 이 덕은 지닌 백성이 드문 지 오래되었다(子曰: “中庸之爲德也, 其至矣乎! 民鮮久矣”). ② ‘사람들 중에는 중용을 오래 지속할 수 있는 자가 거의 드물다’로 해석하는 견해(김용옥,『중용한글역주』 271쪽, 통나무); [禮記正義] 鮮은 드물다는 뜻이다. 중용의 도 됨이 지극히 아름답다는 것을 찬탄하였고, 되돌아보건대 사람들이 거의 중용을 오래 실천하지 못한다고 말한 것이다(鮮 罕也. 言中庸爲道至美 顧人罕能久行)(鄭玄注).

「鮮(xiǎn)」은 上聲이다. 이하 같다(鮮[4] 上聲. 下同). ○ 지나치면 中을 잃고 미치지 못하면 中에 이르지 못하기에(過則失中 不及則未至), 中庸의 덕은 지극하다(故惟中庸之德爲至). 그렇지만서도 사람이라면 누구나 똑같이 얻은 것이어서 애당초 어려울 것이 없는데(然亦人所同得 初無難事), 다만 세상에는 교화가 쇠약해지고 사람들은 흥겨워 행하지 않기에(但世教衰 民不興行), 中庸을 이룰 수 있는 사람이 드물어진 지 이제는 이미 오래된 것이다(故鮮能之今已久矣). 『論語』에는 「能」字가 없다(論語 無能字).

右第三章。

여기까지가 제3장이다(右第三章).

〔**中庸或問**〕

「民鮮能久」를 어떤 자는 「民鮮能久於中庸之德(사람들 중에는 중용의 덕을 오래 지속할 수 있는 자가 드물다)」로 풀이하면서 아래 제7장의 「不能朞月守(한 달도 제대로 지키지 못한다)」를 증거로 대는 자가 있습니다. 어떻게 보시는지요(或問: '民鮮能久', 或以爲民鮮能久於中庸之德, 而以下文不能朞月守者證之. 何如)?

그렇지 않다. 이 제3장은 위 제2장의 「小人反中庸」의 뜻을 바로 이어서 개괄적으로 언급한 것이지, 뜬금없이 「不能久(오래 지속하지 못함)」를 언급한 것이 아니다. 아래 제7장에서는 자연스럽게 중용을 택할 수 있는 자

4) 鮮(선): 대단히 적다. 드물다.

에 대해 언급하면서, 그에 맞춰 그의「不能久(오래 지속하지 못함)」를 책망하고 있다. 제3장과 제7장은 각각 한 가지씩의 뜻을 밝히고 있는 것인데, 제7장을 가지고 뜬금없이 제3장의 증거로 대는 것은 부당하다. 또『論語』에는「能」字가 없고, 이른바「矣」라는 것은 또「已然(기정사실로 여기다)」이란 말이고, 예전에 정자께서 해석하길「백성 중에 이러한 중용의 덕을 가진 자가 적다.」라고 한 것을 보면, 그 뜻이「不能朞月守(한 달도 제대로 지키지 못한다)」는 것과는 다르니, 문장의 뜻은 더욱 분명하다(曰: 不然. 此章方承上章'小人反中庸'之意而泛論之, 未遽[5]及夫不能久也. 下章自能擇中庸者言之, 乃可[6]責其不能久耳. 兩章各是發明一義, 不當遽以彼而證此也. 且《論語》無'能'字, 而所謂矣者, 又已然[7]之辭, 故程子釋之, 以爲民鮮有此中庸之德, 則其與'不能朞月守'者不同, 文意益明白矣).

---

5) 遽(거): 갑자기. 급히. 창졸간에. 즉시. 곧바로.
6) 乃可(내가): 바로. 마침 잘(恰好).
7) 已然(이연): 이미 이렇게 되었다. 이미 사실로 성립되었다. 기정사실.

第4章

0401 子曰:「道之不行也, 我知之矣, 知者過之, 愚者不及也; 道之不明也, 我知之矣, 賢者過之, 不肖者不及也。

공자께서 말씀하셨다(子曰). "도가 행해지지 못하는데, 나는 알고 있다(道之不行也 我知之矣[1]). 智者는 아는 것이 지나쳐서이고 愚者는 아는 것이 부족해서이다(知者過之[2] 愚者不及也). 도가 밝혀지지 못하는데, 나는 알

---

1) [論語 微子편 제7장] 子路가 孔子를 따르다 뒤처졌는데 지팡이에 삼태기를 매단 노인을 만났다. 子路가 물었다. "어르신께서는 저희 선생님을 보셨습니까?" 노인이 말하길, "四肢를 부지런히 놀리지 않고 五穀을 분간하지 못하면서 누구를 선생님이라 하는가?"라고 하고는 지팡이를 세워놓고 김을 매었다. 子路가 두 손을 공손히 잡고 서 있자, 子路를 붙들어 집에서 묵게 하고는 닭을 잡고 기장밥을 지어 대접하고 그의 두 아들을 인사시켰다. 다음날 子路가 떠나와 아뢰자 孔子께서 말씀하시길 "隱者다" 하시고 子路에게 다시 되돌아가 그를 만나 보도록 했지만 도착한 즉 떠나고 없었다. 子路가 말했다. "벼슬하지 않는 것은 義가 없는 것이다 長幼의 예절을 廢할 수 없는데 君臣의 義를 어찌 廢하겠느냐? 그 몸을 깨끗하게 하려다 큰 人倫을 어지럽히는 짓이다. 君子가 벼슬하는 것은 그 義를 행하는 것이다. 道가 행해지지 않고 있는 것은 이미 알고 있다"(子路從而後 遇丈人以杖荷蓧 子路問曰 子見夫子乎 丈人曰 四體不勤 五穀不分 孰爲夫子 植其杖而芸 子路拱而立, 止子路宿 殺雞爲黍而食之 見其二子焉 明日子路行以告 子曰 隱者也 使子路反見之 至則行矣. 子路曰 不仕無義 長幼之節 不可廢也 君臣之義 如之何其廢之 欲潔其身而亂大倫 君子之仕也 行其義也 道之不行 已知之矣).

2) [或問] 심오하거나 미묘한 것만 탐구하거나 事變을 세심히 연구하는 것 등, 군자로서는 꼭 알 필요는 없는 것들을 가리킴(測度深微, 揣摩事變, 能知君子之所不必知者, 知者之過乎中也).

고 있다(道之不明也 我知之矣). 賢者는 行함이 지나쳐서이고 不肖者는 行함이 부족해서이다(賢者過之[3] 不肖者不及也).

0401 知者之知, 去聲。○道者, 天理之當然, 中而已矣。知愚賢不肖之過不及, 則生稟之異而失其中也。知者知之過, 既以道爲不足行: 愚者不及知, 又不知所以行, 此道之所以常不行也。賢者行之過, 既以道爲不足知: 不肖者不及行, 又不求所以知, 此道之所以常不明也。

「知者」의 「知(zhì)」는 去聲이다(知者之知[4] 去聲). ○「道」라는 것은 天理로서의 당연한 모습으로 中일 뿐이다(道者 天理之當然 中而已矣[5]). 智者와 愚者·賢者와 不肖者의 지나침과 미치지 못함은(知愚賢不肖之過不及), 태어나면서 품부받은 것의 차이로 그 中을 잃은 모습이다(則生稟之異而失其中也). 智者는 아는 것이 지나쳐서 오래지 않아 도에는 더 이상 행할 만한

3) ① [或問] 욕망은 극도로 억제하고 실행은 지나치게 숭상하고, 상식과 다른 언행으로 세상을 깜짝 놀라게 하는 것 등, 군자로서는 꼭 행할 필요는 없는 것들을 가리킴(刻意尙行, 驚世駭俗, 能行君子之所不必行者, 賢者之過乎中也.) ② 不肖子(불초자): 지혜롭지 못한 자. 못난 자.

4) 知(지): =智.

5) [大全] 단지 한 개의 「道」字인데, 제1장에서는 道를 「事物當然之理 皆性之德而具於心(모든 사물이 당연히 갖추고 있는 理인데, 모두 性의 德性으로 마음에 구비되어 있다)」라고 했고 이어서는 「不可須臾離」라고 했고, 여기 제4장에서는 道를 「天理之當然 中而已矣(천리로서 의당 그러한 모습으로 中일뿐이다)」라고 했고 이어서는 「無過不及」이라 했다. 그렇지만 「事物當然之理」는 곧 「天理之當然」이고, 「性之德而具於心」하니 또한 「中而已矣」이다. 특히 「具於心(마음에 구비되어 있는)」인 것은 「不偏不倚之中」이니 이것은 「無過不及之中」에 해당되는 것이다(雲峯胡氏曰: "只是一'道'字 首章釋'道也者' 曰 '道者 事物當然之理 皆性之德而具於心', 爲下文'不可須臾離'而言也 此章釋'道'字 曰 '道者 天理之當然 中而已矣', 爲下文'過不及'而言也. 然事物當然之理, 卽是天理之當然; 性之德而具於心, 亦中而已矣. 特具於心者, 是不偏不倚之中, 此是無過不及之中, <章句>錙銖不差也").

것이 부족하다 여기고(知者知之過 旣以道爲不足行), 愚者는 아는 것이 미치지 못하고 또 행해야 하는 이유를 알지 못하는데(愚者 不及知 又不知所以行), 이것이 道가 늘상 행해지지는 못하는 까닭이다(此道之所以常不行也). 賢者는 行하는 것이 지나쳐서 오래지 않아 도에는 더 이상 알아볼 만한 것이 부족하다 여기고(賢者 行之過 旣以道爲不足知), 不肖者는 行하는 것이 미치지 못하고 또 알아야 하는 이유를 구하지 않는데(不肖者 不及行 又不求所以知), 이것이 道가 늘상 밝혀지지는 못하는 까닭이다(此道之所以常不明也).

0402 人莫不飮食也，鮮能知味也。」

사람이라면 누구나 먹고 마시지 않는 자가 없는데(人莫不飮食也), 제대로 맛을 아는 사람은 드물다(鮮能知味也)."

0402 道不可離，人自不察，是以有過不及之弊。

道에서는 벗어날 수 없는데도 사람들은 제 스스로 살필 줄 모르니(道不可離 人自不察), 이 때문에 지나치거나 미치지 못하는 폐단이 생기는 것이다(是以有過不及之弊).

右第四章。

여기까지가 제4장이다(右第四章).

第5章

자왈 도기불행의부
0501 子曰:「道其不行矣夫!」

공자께서 말씀하셨다(子曰). "道가 아무래도 행해지질 못하는가 보구나(道其不行矣夫[1])!"

0501 夫, 音扶。○ 由不明, 故不行。

「夫」는 음이 「扶」다(夫 音扶). ○ 환히 밝히지 못하는 고로 행해지지 못하는 것이다(由不明故不行).

右第五章。此章承上章而擧其不行之端, 以起下章之意。

여기까지가 제5장이다(右第五章). 이 장은 위의 제4장에 계속 이어서 道가 행해지지 못하는 몇몇 단서들을 들춰내서(此章 承上章而擧其不行之端), 이로써 아래 제6장의 의견을 일으킨 것이다(以起下章之意).

---

1) ① [論語 公冶長 제6장] 孔子께서 말씀하셨다. "道가 행해지지 않아 뗏목을 타고 바다를 떠도는데 나를 따를 者는 아마 由일 것이다." 子路가 이 말씀을 듣고 기뻐했다. 孔子께서 말씀하셨다. "由는 용맹을 좋아함은 나를 넘어서지만 사리를 헤아려 맞게 사용하는 바가 없구나"(子曰 道不行 乘桴浮于海 從我者 其由與 子路聞之 喜 子曰 由也 好勇 過我 無所取材). ② 其(기): 문장의 가운데에 쓰이는 조사로 추측이나 질의를 표시. ③ 矣夫(의부): 어기사 矣와 夫를 연용하여 감탄과 추측의 어기를 함께 표시함. ~하구나.

第6章

0601 子曰:「舜其大知也與! 舜好問而好察邇言, 隱惡而揚善, 執其兩端, 用其中於民, 其斯以爲舜乎!」

공자께서 말씀하셨다(子曰). "순임금은 참으로 大智이셨겠구나(舜 其大知也與[1])! 순임금은 늘 물으시고 보통 사람들의 일상적인 말도 늘 살피셨다(舜好問[2]而好察邇言). 잘못한 것은 들춰내지 않으시고 잘한 것은 선양하

---

1) ① [孟子 公孫丑상편 8:1] 맹자가 말했다. "子路는 남이 그에게 잘못이 있다고 말해주면 좋아했다. 우임금은 옳은 말을 들으면 절을 하였다. 순임금은 이들보다 더 훌륭했다. 좋은 것은 남들과 함께 했고 자기의 주장을 버리고 여러 사람의 의견을 청종하였으며 남에게서 善이라고 여기는 것을 취하는 것을 좋아했다. 미천한 신분으로 농사를 짓고 그릇을 굽고 고기를 잡은 때부터 천자가 될 때까지 남에게서 취하지 않는 것이 없었다. 남에게서 善이라 여기는 것을 취하는 것 이것은 남과 함께 善을 행하는 것이다. 그러므로 군자로서 남과 함께 善을 행하는 것보다 더 훌륭한 것은 없다"(孟子曰 "子路人告之以有過則喜 禹聞善言則拜 大舜有大焉 善與人同 舍己從人 樂取於人以爲善 自耕稼陶漁以至爲帝 無非取於人者 取諸人以爲善 是與人爲善者也 故君子莫大乎與人爲善"). ② [孟子 盡心상편 16:1] 맹자가 말했다. "순임금이 깊은 산중에서 살적에는 나무와 바위와 함께 살고 사슴과 멧돼지와 함께 놀면서 깊은 산중의 야인들과 다른 점이라곤 거의 없었다. 그러나 그가 한 마디라도 선한 말을 듣고 한 가지라도 선한 행동을 보게 되면 이는 마치 장강과 황하의 물둑을 터놓은 것 같아서 그 도도함을 아무도 막아내지 못했다"(孟子曰 "舜之居深山之中 與木石居 與鹿豕遊 其所以異於深山之野人者幾希 及其聞一善言 見一善行 若決江河 沛然莫之能禦也"). ③ 也與(야여): 의문문이나 감탄문 끝에 쓰여 의문이나 감탄의 어기를 표시. ~인가, ~이지? ④ 其(기): Ⓐ =極, 甚. 대단히. 참으로. 심히. Ⓑ =也許, 大槪. 아마. 혹시. 대개.

2) [書經 商書편 仲虺之誥] 仲虺(중훼)가 成湯께 고했다. "제가 듣자하니, '능히 스스로 스승을 얻은 자는 王者가 되지만 남들이 자기만 못하다 말하는 자는 亡者가 된다. 묻기를 좋아하면 관유해지지만 자기만 옳다 고집하면 옹색해진다.' 하였습니다"(仲虺作誥…予聞曰, 能自得師者王, 謂人莫己若者亡. 好問則裕, 自用則小).

시며(隱惡而揚善[3]), 이같이 두 가지 측면을 다 파악하고 그 中을 백성에게 적용하셨으니(執其兩端[4] 用其中於民), 참으로 이렇기에 「舜」임금이라 했구나(其斯以爲舜乎)!"

0601 知, 去聲。與, 平聲。好, 去聲。○ 舜之所以爲大知者, 以其不自用而取諸人也。邇言者, 淺近之言, 猶必察焉, 其無遺善可知。然於其言之未善者則隱而不宣, 其善者則播而不匿, 其廣大光明又如此, 則人孰不樂告以善哉。兩端, 謂衆論不同之極致。蓋凡物皆有兩端, 如小大厚薄之類, 於善之中又執其兩端, 而量度以取中, 然後用之, 則其擇之審而行之至矣。然非在我之權度精切不差, 何以與此。此知之所以無過不及, 而道之所以行也。

「知(zhì)」는 去聲이다(知 去聲). 「與(yú)」는 平聲이다(與[5] 平聲). 「好(hào)」는 去聲이다(好[6] 去聲). ○ 순임금이 「大智」로 여겨지는 까닭은(舜之所以爲大知者), 자기만 옳다 고집하지 않고 남에게서 의견을 취했기 때문이다(以其不自用[7]而取諸人也). 「邇言」이라는 것은 일상생활 속의 평이한 말인데 그래도 반드시 살피셨으니(邇言[8]者 淺近[9]之言 猶必察焉), 추

3) 隱惡揚善(은오양선): 다른 사람의 과실이나 단점은 덮어두고 잘한 일이나 장점은 포상하고 선양함. 隱(은)에는 '마음 아파하다', '불쌍히 여기다'의 뜻도 있다.

4) ① [論語 子罕편 제7장] 孔子께서 말씀하셨다. "내가 아는 것이 있는가? 아는 것이 없다. 어떤 鄙夫가 내게 물어오면 막연하다. 나로서는 그 兩端을 물어보는 것이 고작이다"(子曰 "吾有知乎哉 無知也 有鄙夫問於我 空空如也 我叩其兩端而竭焉"). ② 兩端(양단): 사물의 양 끝. 두 가지 측면. 처음과 끝(起止). 과와 불급.

5) 與(여): =歟. 어조사로 의문 · 감탄 · 반문의 어기를 나타냄.

6) 好(호): 좋아하다. 늘. 항상. 쉽게.

7) 自用(자용): 자기가 옳다고 믿고 남의 의견을 받아들이지 않다. 자기의 의견에 기대어 행하다.

8) 邇言(이언): 淺近한 말. 측근들의 말. 보통사람들의 말.

9) 淺近(천근): 심오하거나 고원하지 않고 일상적이고 세속적임.

측컨대 단 하나의 善이라도 빠뜨려 뒤에 내버려두지 않았을 것임을 알 수 있다(其無遺[10]善可知). 그래서 그 말이 善하지 못한 것이라면 덮어두고 드러내놓지 않고(然[11]於其言之未善者 則隱而不宣), 선한 것이라면 전파하고 숨겨놓지 않으셨으니(其善者 則播而不匿), 참으로 넓고 크고 빛나고 환하심이 또한 이와 같은데(其廣大光明又如此), 어느 누구인들 善이라고 여기는 것을 고하길 즐겨하지 않았겠는가(則人孰不樂告以善哉). 「兩端」은 다른 여러 의견 중에 양극단의 의견을 말한다(兩端 謂衆論不同之極致). 일반적으로 사물에는 모두 두 가지 측면이 있는데(蓋凡物皆有兩端), 예를 들자면 大와 小, 厚와 博과 같은 부류로(如小大厚薄之類), 선한 것들 중에서도 또 양 끝의 두 가지 측면을 놓고 헤아려서 中을 취한 뒤에 사용했으니(於善之中 又執其兩端而量度以取中 然後用之), 그런즉 참으로 선택은 세심했고 실행은 주도면밀했다(則其擇之審而行之至[12]矣). 그러나 내게 있는 權度가 한 치의 오차도 없이 딱 맞아 떨어질 정도가 아니라면(然非在我之權度[13]精切[14]不差), 어찌 이를 척도로 삼아 따르겠는가(何以與此). 이것이 제4장 제1절에서 말한 知에 과·불급이 없어서 道가 행해지게 되는 까닭이다(此 知之所以無過不及而道之所以行也).

右第六章。

여기까지가 제6장이다(右第六章).

---

10) 無遺(무유): 하나도 빠트리거나 남겨두지 않다. 탈루하거나 남겨놓지 않다.
11) 然(연): =于是. 그래서. 그리하여.
12) 至(지): =周到. 주도면밀하다. 빈틈이 없다.
13) 權度(권도): 저울과 자. 경중과 장단을 재는 기구. 사물이 의거하여 좇아야 할 표준이나 법칙.
14) 精切(정절): =精当切合. 한 치의 오차도 없이 딱 맞아떨어지다.

第7章

0701 子曰:「人皆曰予知, 驅而納諸罟擭陷阱之中, 而莫之知辟也。人皆曰予知, 擇乎中庸而不能期月守也。」

공자께서 말씀하셨다(子曰). "사람들은 모두 나보고 지혜롭다고 말하는데(人皆曰予知), 그물이나 덫이나 함정 안으로 몰아넣어도 피할 줄을 모르고(驅而納[1]諸罟擭陷阱之中而莫之知辟也), 사람들은 모두 나보고 지혜롭다 말하는데(人皆曰予知), 중용을 택해도 한 달을 제대로 지키지 못한다(擇乎中庸而不能期月[2]守也)[3]."

---

1) ① 驅納(구납): 내몰아 들여보내다. ② 罟擭(고확): 짐승을 포획할 때 쓰는 그물과 덫.

2) 期月(기월): =朞月. 만 한 달. 만 일 년.

3) [或問] 藍田 呂氏가 말했다. "중용이라는 것은 천하의 사람이면 누구나 알고, 누구나 행하는 일이다. 마치 추우면 입고 배고프면 먹고 목마르면 마시는 것같이 잠시도 벗어날 수 없다. 인지상정으로는 일상의 평범한 것에 싫증을 내고 새로운 것을 좋아하고, 바탕이 얕고 기운이 약하여, 벗어날 수 없음을 알면서도 또한 오래 지키지도 못한다. 군자의 배움으로만 저절로 환히 밝아져서 誠하게 하니, 밝아졌지만 아직 誠에 이르지 못하면 마음이 기뻐도 떠나지 않는다. 그렇지만 知는 생각하지 않으면 안 되고 行은 힘쓰지 않으면 안 되는데, 생각해야 하고 힘써야 하는 부분에서는, 氣는 쇠약하지 않을 수 없고 意志는 해이해지지 않을 수 없기에, 하루에 한 번이나 한 달에 한 번 이르는 자가 있고 석 달을 어기지 않는 자가 있기도 한데, 이 모두가 덕을 오래 지키지 못한 자이다. 만약 誠에 이르면 생각지 않아도 힘쓰지 않아도 오래 지속하고도 그치지 않으니 성인이 아니고서 그 누가 능하겠는가?"(藍田 呂氏曰: "中庸者, 天下之所共知, 所共行, 猶寒而衣, 飢而食, 渴而飮, 不可須臾離也. 衆人之情, 厭常而喜新, 質薄而氣弱, 雖知不可離, 而亦不能久也. 惟君子之學, 自明而誠, 明而未至乎誠, 雖心悅而不去. 然知不可不思, 行不可不勉, 在思勉之分, 而氣不能無衰, 志不能無懈, 故有日月至焉者, 有三月不違者, 皆德之不可久者也. 若至乎誠則不思不勉, 至于

0701 予知之知, 去聲。罟, 音古。擭, 胡化反。阱, 才性反。辟, 避同。期, 居之反。○罟, 網也; 擭, 機檻也; 陷阱, 坑坎也; 皆所以掩取禽獸者也。擇乎中庸, 辨別衆理, 以求所謂中庸, 卽上章好問用中之事也。期月, 匝一月也。言知禍而不知辟, 以況能擇而不能守, 皆不得爲知也。

「予知」의「知(zhì)」는 去聲이다(予知之知 去聲).「罟」는 음이「古」이다(罟音古).「擭」은「胡」와「化」의 反切이다(擭 胡化反).「阱」은「才」와「性」의 反切이다(阱 才性反).「辟」는「避」와 같다(辟 避同).「期」는「居」와「之」의 反切이다(期 居之反). ○「罟」는 그물이고(罟 網也),「擭」은 덫이고(擭 機檻[4]也),「陷穽」은 구덩이다(陷阱 坑坎[5]也). 모두 禽獸를 엄습하여 잡는 것이다(皆所以掩取[6]禽獸者也).「擇乎中庸」은 모든 이치들을 변별해서 이른 바 中庸을 추구한다는 것으로(辨別衆理 以求所謂中庸), 바로 위 제6장에 말한「好問」과「用其中」의 사례이다(卽上章好問用中之事也).「期月」은 만 1개월이다(期月 匝[7]一月也). 禍인 줄은 알면서도 피할 줄은 알지 못한 것을 말해, 이로써 중용을 택하고도 제대로 지키지 못하는 것을 비유했으니(言知禍而不知避 以況[8]能擇而不能守), 모두 지혜롭다 여길 수 없는 것들이다(皆不得[9]爲知也).

常久而不息, 非聖人其孰能之?").

4) 機檻(기함): 기구 없이 짐승을 포획하는 데 쓰는 함정. 檻(함): 울타리. 우리. 문지방.
5) 坑坎(갱감): 구덩이. 함정. 높낮이가 다름.
6) 掩取(엄취): 모르게 엄습하여 포획하다.
7) 匝(잡): 둘레. 주위. 바퀴. 周.
8) 況(황): =況. 비유하다(=比方). 견주다.
9) 不得(부득): ~해서는 안 된다. ~할 수가 없다.

右第七章。

여기까지가 제7장이다(右第七章).

承上章大知而言, 又擧不明之端, 以起下章也。

위 제6장의 「大知」를 이어서 말씀했고(承上章大知而言), 또다시 道가 밝혀지지 못하는 단서를 들춰내서 이로써 아래 제8장을 일으킨 것이다(又擧不明之端 以起下章也).

第8章

0801 子曰:「回之爲人也, 擇乎中庸, 得一善, 則拳拳服膺而弗失之矣。」

공자께서 말씀하셨다(子曰). "顔回라는 위인은(回之爲人[1]也), 중용을 택

1) [論語 중 顔回에 관해 孔子께서 평한 글] ① [爲政편 제9장] 孔子께서 말씀하셨다. "내가 顔回와 하루 종일 이야기해도 거스르는 말을 하지 않아 어리석은 사람 같았다. 물러난 후 그의 사생활을 살폈는데 역시 내 말 뜻을 충분히 드러내고 있다. 顔回는 어리석지 않다"(子曰: "吾與回言終日, 不違如愚. 退而省其私, 亦足以發. 回也不愚"). ② [公冶長편 제8장] 孔子께서 子貢에게 말씀하셨다. "너와 顔回는 누가 나으냐?" 子貢이 대답했다. "제가 어찌 감히 顔回를 넘보겠습니까? 顔回는 하나를 들으면 열을 알지만 저는 하나를 들으면 둘을 아는 정도입니다." 孔子께서 말씀하셨다. "같지 않다. 나와 너 모두 같지 않다"(子謂子貢曰: "女與回也孰愈?" 對曰: "賜也何敢望回. 回也聞一以知十, 賜也聞一以知二." 子曰: "弗如也! 吾與女弗如也"). ③ [雍也편 제2장] 哀公이 물었다. "제자 중에 누가 배우기를 좋아합니까?" 孔子께서 말씀하셨다. "顔回라는 者가 있었는데 배우기를 좋아했습니다. 분노를 옮기지 않았고 같은 잘못을 되풀이하지 않았습니다. 불행히도 短命하여 죽었습니다. 지금인 즉 없습니다. 아직까지 배우기 좋아하는 자를 들어보지 못했습니다"(哀公問: "弟子孰爲好學?" 孔子對曰: "有顔回者好學, 不遷怒, 不貳過. 不幸短命死矣! 今也則亡, 未聞好學者也"). ④ [雍也편 제5장] 孔子께서 말씀하셨다. "顔回는 그 마음이 석 달 동안 仁에서 떠나지 않았다. 그 나머지 사람은 하루나 한 달에 한번 仁에 이를 뿐이었다"(子曰: "回也, 其心三月不違仁, 其餘則日月至焉而已矣"). ⑤ [雍也편 제9장] 孔子께서 말씀하셨다. "어질구나 顔回는! 한 그릇의 밥과 한 바가지의 물로 누추한 집에서 지내니. 다른 사람이면 그 근심을 勘當해내지 못할 텐데 顔回는 그 즐거움을 바꾸지 않는구나! 어질구나 顔回는!"(子曰: "賢哉, 回也! 一簞食, 一瓢飮, 在陋巷. 人不堪其憂, 回也不改其樂. 賢哉, 回也!"). ⑥ [子罕편 제19장] 孔子께서 말씀하셨다. "말해주고 나면 게을리 하지 않는 자는 아마도 顔回일 것이다"(子曰: "語之而不惰者, 其回也與!"). ⑦ [先進편 제3장] 孔子께서 말씀하셨다. "顔回는 나를 돕는 자가 아니다. 내 말에 기뻐하지 않는 것이 없구나"(子曰: "回也非助我者也, 於吾言無所不

해 한 가지라도 善을 얻으면(擇乎中庸 得一善), 늘 가슴 속 깊이 간직해 두고 잃지 않았다(則拳拳服膺而弗[2]失之矣)."

0801 回, 孔子弟子顏淵名。拳拳, 奉持之貌。服, 猶著也。膺, 胷也。奉持而著之心胷之間, 言能守也。顏子蓋真知之, 故能擇能守如此, 此行之所以無過不及, 而道之所以明也。

「回」는 공자의 제자인 顏淵의 이름이다(回 孔子弟子顏淵名). 「拳拳」은 두 손으로 받들어 잡는 모양이다(拳拳[3] 奉持之貌). 「服」은 「著(착: 착 달라붙다)」와 같다(服 猶著也). 「膺」은 「胷(가슴)」이다(膺 胷也). 두 손으로 받들어 잡고 마음과 가슴의 사이에 착 붙여두어 지켜낸다는 말이다(奉持而著之心胸之間 言能守也). 顏子는 이것을 참으로 알았기에(顏子蓋眞知之), 능히 택하고 능히 지켜냄이 이와 같았으니(故能擇能守如此), 이것이 제4장 제1절에서 말한 行에 과 · 불급이 없어서 道가 밝혀지게 되는 까닭이다(此行之所以無過不及而道之所以明也).

右第八章。

여기까지가 제8장이다(右第八章).

說"). ⑧ [先進편 제10장] 孔子께서 말씀하셨다. "回는 나를 대하기를 아버지같이 하였는데 나는 回를 아들같이 대해 주지 못했다. 내 탓이 아니다 저들 탓이다"(子曰: "回也視予猶父也, 予不得視猶子也. 非我也, 夫二三子也"). ⑨ [先進편 제18장] 孔子께서 말씀하셨다 "顏回가 道에는 가까웠는데 자주 굶는 처지였다"(子曰: "回也其庶乎, 屢空").

2) 弗(불): =不. 弗失(불실): 잃어버리지 않다.

3) 拳拳(권권): 진심으로, 깊이. 마음에 깊이 새기다. 拳拳服膺(권권복응): 충심으로 믿고 복종하다. 믿고 받들다.

第9章

0901 子曰:「天下國家可均也, 爵祿可辭也, 白刃可蹈也, 中庸不可能也。」

공자께서 말씀하셨다(子曰). "天下 · 國 · 家는 태평하게 다스릴 수가 있고(天下國家可均也), 벼슬이나 봉록은 사양할 수가 있으며(爵祿可辭也), 서슬 퍼런 칼날은 밟을 수가 있지만(白刃[1]可蹈也), 중용은 하기가 어렵다(中庸不可能也)."

0901 均, 平治也。三者亦知仁勇之事, 天下之至難也, [2]然不必其合於中庸, 則質之近似者皆能以力爲之。若中庸, 則雖不必皆如三者之難, 然非義精仁熟, 而無一毫人慾之私者, 不能及也。三者難而易, 中庸易而難, 此民之所以鮮能也。

---

1) 白刃(백인): 예리한 칼.

2) [四書大全本은 아래와 같다] 然皆倚於一偏 故資之近而力能勉者 皆足以能之. 至於中庸 雖若易能 然非義精仁熟 而無一毫人欲之私者 不能及也. 三者難而易 中庸易而難 此民之所以鮮能也(그렇지만 모두 한 편으로 기울어져 있기 때문에 자질이 이에 가깝고 힘써 노력할 수 있는 자라면 모두 족히 해낼 수 있다. 중용에 관해서는 비록 쉽게 해낼 것 같지만, 義가 정밀하고 仁이 완숙한 경지에 이르렀고 한 오라기 터럭만큼도 人欲의 사사로움이 없는 자가 아니라면 미치지 못한다. 예를 든 세 가지는 어려우면서도 쉽지만, 중용은 쉬우면서도 어려운데 이것이 사람들 중에 능한 자가 적은 까닭이다).

「均」은 「平治(태평하게 다스리다)」이다(均 平治也). 예를 든 세 가지 또한 知 · 仁 · 勇의 사례인데(三者亦知仁勇之事), 천하에 대단히 어려운 것들이지만(天下之至難也), 중용에 반드시 부합될 필요가 있는 것들은 아니어서(然不必其合於中庸), 소질이 비슷한 자라면 모두 힘써 해낼 수 있다(則質之近似者皆能以力爲之). 중용의 경우에는(若中庸), 예를 든 세 가지의 어려움만큼 반드시 어려운 것은 아니지만(則雖不必皆如三者之難), 義가 정밀하고 仁이 완숙한 경지에 이르러서 한 오라기 터럭만큼도 人欲의 사사로움이 없는 자가 아니라면(然非義精仁熟, 而無一毫人慾之私者), 미치지 못한다(不能及也). 예를 든 세 가지는 어려우면서도 쉽지만(三者難而易), 중용은 쉬우면서도 어려운데(中庸易而難), 이것이 사람들 중에 능한 자가 적은 까닭이다(此民之所以鮮能也).

右第九章。

여기까지가 제9장이다(右第九章).

亦承上章以起下章。

이 또한 위 제8장을 이어서 이로써 아래 제10장을 일으킨 것이다(亦承上章以起下章).

第10章

1001 子路問強。(자로문강)

자로가 强에 대해 여쭈었다(子路問强).

1001 子路, 孔子弟子仲由也。子路好勇, 故問強。

「子路」는 공자의 제자 仲由이다(子路 孔子弟子仲由也). 子路는 용맹을 좋아했으므로 强에 대해 여쭌 것이다(子路好勇[1] 故問强).

1) ① [論語 述而편 제10장] 孔子께서 顔淵에게 말씀하셨다. "쓰이면 행하고 버려지면 숨어 지내는 것 오직 나와 너만이 이것을 갖추고 있구나!" 子路가 물었다. "선생님께서 三軍을 출정시키신다면 누구와 함께하시겠습니까?" 孔子께서 말씀하셨다. "맨손으로 호랑이를 잡으려 덤비고 맨몸으로 강을 건너려다가 죽는다 해도 후회하지 않는 者하고는 내 함께하지 않을 것이다. 반드시 내가 함께할 자는 일에 임하여 두려워하고 도모하여 성사시키길 좋아하는 자이다"(子謂顔淵曰 "用之則行 舍之則藏 唯我與爾有是夫 子路曰 子行三軍 則誰與 子曰 暴虎馮河 死而無悔者 吾不與也 必也臨事而懼 好謀而成者也"). ② [論語 陽貨편 제23장] 子路가 물었다. "君子는 용맹을 숭상합니까?" 孔子께서 말씀하셨다. "君子는 義로운 것으로 으뜸을 삼는다. 君子가 용맹만 있고 의롭지 못하면 亂을 일으키고, 小人이 용맹만 있고 의롭지 못하면 도둑질을 한다"(子路曰 "君子尙勇乎." 子曰 "君子義以爲上 君子有勇而無義 爲亂 小人有勇而無義 爲盜").

자 왈 남 방 지 강 여 북 방 지 강 여 억 이 강 여

1002 子曰:「南方之強與? 北方之強與? 抑而強與?

공자께서 말씀하셨다(子曰). "남방의 强이냐(南方之强與)? 북방의 强이냐(北方之强與)? 아니면 너의 强이냐(抑而强與)?

1002 與, 平聲。○抑, 語辭。而, 汝也。

「與(yǔ)」는 平聲이다(與[1] 平聲). ○「抑」은 어조사이다(抑[2] 語辭).「而」는「汝(여)」이다(而 汝[3]也).

1) 與(여): 주로 경미한 의문문에 많이 쓰이는 조사.
2) 抑(억): 혹은. 또는.
3) 汝(여): =你. 너. 주로 동년배나 후배에게 씀.

1003 寬柔以教, 不報無道, 南方之強也, 君子居之。

너그러움과 부드러움으로써 교화시키고(寬柔以教) 無道함에 대하여 되갚지 않는 것이(不報無道) 남방의 強이니(南方之強也), 君子의 強이 거기에 해당한다(君子居之).

1003 寬柔以教, 謂含容巽順以誨人之不及也。不報無道, 謂橫逆之來, 直受之而不報也。南方風氣柔弱, 故以含忍之力勝人爲強, 君子之道也。

「寬柔以教」란 너그럽게 받아들이고 순순히 따름으로써 다른 사람들이 미치지 못하는 점을 가르치는 것을 말한다(寬柔以教 謂含容巽順[1] 以誨人之不及也). 「不報無道」란 난폭하게 굴며 이치에 거스르는 행동으로 다가오는데 다만 이를 받아들이기만 하고 보복하지 않는 것을 말한다(不報無道 謂橫逆[2]之來 直受之而不報也). 남방은 기풍이 유약하기 때문에 너그러이 참고 용서하는 힘으로 남을 이기는 것을 強으로 여기는데(南方風氣[3]柔弱 故以含忍之力勝人爲強), 군자의 도이다(君子之道也).

---

1) ① 含容(함용): 참고 견디다, 너그러이 용서하다. 기쁨과 노여움 등의 감정을 좀처럼 얼굴에 드러내지 않다. ② 巽順(손순): 순순히 따르다. 巽言(손언): 부드러운 말. 공손한 말.
2) 橫逆(횡역): 제멋대로 난폭하게 굴며 이치에 거스르는 행동을 하다.
3) ① 風氣(풍기): 풍조. 기풍. 습성. ② 含忍(함인): =容忍, 너그러운 마음으로 참고 용서하다.

임금혁, 사이불염, 북방지강야, 이강자거지

1004 衽金革, 死而不厭, 北方之強也, 而強者居之。

창검과 갑옷으로 잠자리를 깔고 자다가(衽金革[1]) 죽더라도 싫어하지 않은 것이(死而不厭) 북방의 強이니(北方之強也), 네가 말한 強者가 거기에 해당한다(而强者居之).

1004 衽, 席也。金, 戈兵之屬。革, 甲胄之屬。北方風氣剛勁, 故以果敢之力勝人爲強, 強者之事也。

「衽」은「席(자리를 깔다)」이다(衽 席也). 「金」은 창과 병기 등속이다(金 戈兵之屬). 「革」은 갑옷과 투구 등속이다(革 甲胄之屬[2]). 북방은 기풍이 강하고 굳세기 때문에 과감한 힘으로 남을 이기는 것을 强으로 여기는데(北方風氣剛勁[3] 故以果敢之力勝人爲强), 强者의 사례이다(强者之事也).

1) ① 衽金革(피금혁): 병기나 갑옷으로 취침용 돗자리를 삼다. 시시각각 경계를 늦추지 않고 수시로 적을 맞아 칠 준비를 하다. ② 衽(임): 자리에 누워 자다. 자리로 깔다. ③ 衽席(임석): (부부가 자는) 잠자리.

2) ① 甲(갑): 고대 병사들의 가죽 또는 금속으로 만든 호신용 의복. ② 胄(주): 고대 병사들의 쓴 투구.

3) ① 剛勁(강경): 굳세고 강하다. 성격이나 기질이 꿋꿋하고 굳세다. ② 果敢(과감): 결단성이 있고 용감하다. 제때 즉시 결단하다.

1005 故君子和而不流, 強哉矯! 中立而不倚, 強哉矯! 國有道, 不變塞焉, 強哉矯! 國無道, 至死不變, 強哉矯!」

그러므로 군자는 어울리되 흐르는 대로 내맡기지 않으니(故君子 和而不流[1]), 참으로 强이구나 굽힘이 없구나(强哉矯[2])! 치우치지 않고 가운데 서서 어느 쪽으로도 기울지 않으니(中立而不倚[3]), 참으로 强이구나 굽힘이 없구나(强哉矯)! 나라에 도가 행해지고 있을 때일지라도 궁색을 바꾸지 않으니(國有道 不變塞焉[4]), 참으로 强이구나 굽힘이 없구나(强哉矯)! 나라에 도가 행해지고 있지 못할 때에는 죽음에 이를지라도 바꾸지 않으니(國無道 至死不變), 참으로 强이구나 굽힘이 없구나(强哉矯)!"

1005 此四者, 汝之所當強也。矯, 強貌。詩曰「矯矯虎臣」是也。

---

1) ① [論語 子路편 제23장] 孔子께서 말씀하셨다. "君子는 調和하되 雷同하지 않으며 小人은 뇌동할 뿐 調和하지 못한다"(子曰 "君子 和而不同 小人 同而不和"). ② [孟子 梁惠王하편 4:7] 흘러가는 대로 배에 몸을 내맡기고 되돌아가길 잊는 것을 流라 한다(從流下而忘反謂之流). ③流(류): 정처 없이 이동하다. 유랑하다. 물에 빠져 허우적대다. 휩쓸리다.

2) ① 哉(재): 감탄 · 의문 · 반문을 표시하는 어기조사. (예) 遠哉遙遙: 멀구나! 아득히 멀구나! ② 矯(교): 바로잡다. 교정하다. 강하다. 늠름하다. 용맹스럽고 위세가 있다. 출중하다. ③ '强哉!'라는 감탄 뒤에 다시 나오는 '矯'는 '强'의 발음을 약간 변형시켜[jiàng → jiǎo] 같은 의미를 반복적으로 나타내는 효과를 자아내기 위하여 선택된 글자이다(김용옥, 『중용한글역주』 328쪽, 통나무).

3) 中立不倚(중립불의): 중립을 지키다. 不偏不倚하다.

4) [孟子 盡心상편 9:1] 맹자가 宋句踐에게 말했다. "선생께서는 遊說하기를 좋아합니까? 내가 선생께 유세에 대하여 말씀드리겠습니다. 남이 나를 알아주어도 태연자약해야 하고 남이 나를 몰라주어도 태연자약해야 합니다." 송구천이 물었다. "어떻게 하면 태연자약할 수 있겠습니까?" 맹자가 말했다. "德을 존대하고 義를 즐거워하면 태연자약할 수 있습니다. 그러므로 선비는 궁색해도 義를 잃지 않고 영달해도 道를 떠나지 않습니다. 궁색해도 義를 잃지 않기에 선비는 자신의 지조를 지키고 영달해도 道를 떠나지 않기에 백성들은 소망을 버리지 않습니다"(孟子謂宋句踐曰 "子好遊乎 吾語子遊 人知之 亦囂囂 人不知 亦囂囂." 曰 "何如斯可以囂囂矣." 曰 "尊德樂義 則可以囂囂矣 故士窮不失義 達不離道 窮不失義 故士得己焉 達不離道 故民不失望焉").

倚, 偏著也。塞, 未達也。國有道, 不變未達之所守; 國無道, 不變平生之所守也。此則所謂中庸之不可能者, 非有以自勝其人慾之私, 不能擇而守也。君子之強, 孰大於是。夫子以是告子路者, 所以抑其血氣之剛, 而進之以德義之勇也。

이 네 가지 强은(此四者), 「汝」가 마땅히 갖춰야 할 强이다(汝之所當强也). 「矯」는 강한 모양이다(矯 强貌). 『詩經』「魯頌」편「泮水」에「용맹스럽기가 호랑이 같은 신하들」이라 한 것이 이것이다(詩曰 矯矯[5]虎臣 是也). 「倚」는「偏著(한쪽으로 치우쳐 붙다)」이다(倚 偏著也). 「塞」은「未達(영달하지 못하다)」이다(塞 未達也). 나라에 도가 있을 때에는(國有道), 영달치 못했을 때 지키던 것을 바꾸지 않고(不變未達之所守), 나라에 도가 없을 때에는(國無道), 평생(평소)의 지키던 것을 바꾸지 않는다(不變平生[6]之所守也). 이것이 곧 제9장에서 말한「中庸不可能(중용은 하기가 어렵다)」이라는 것인데(此則所謂中庸之不可能者), 자기 스스로 인욕의 사사로움을 이겨낼 역량이 있지 않으면(非有以自勝其人欲之私), 중용을 택한들 지킬 수가 없으니(不能擇而守也), 무엇이 군자의 强보다 크겠는가(君子之强 孰大於是). 공자께서 군자의 强을 가지고 子路에게 말씀해주신 것은(夫子以是告子路者), 이것으로써 그로 하여금 혈기의 剛을 억누르고 德과 義의 勇으로 나아가게 하고자 해서이다(所以抑其血氣之剛 而進之以德義之勇也).

右第十章。

여기까지가 제10장이다(右第十章).

---

5) 矯矯(교교): 용감하고 위풍당당한 모습(英勇威武).
6) 平生(평생): 종신. 평생. 종래부터. 평소에.

第11章

1101 子曰:「素隱行怪, 後世有述焉, 吾弗爲之矣。

공자께서 말씀하셨다. “생소한 이치를 추구하고 기이한 행동을 하면(素隱行怪), 후세 중에 이를 칭찬하여 기술하는 이가 있겠지만(後世有述焉), 나는 하지 않는다(吾弗爲之矣).

1101 素, 按漢書當作索, 蓋字之誤也。索隱行怪, 言深求隱僻之理, 而過爲詭異之行也。然以其足以欺世而盜名, 故後世或有稱述之者。此知之過而不擇乎善, 行之過而不用其中, 不當強而強者也, 聖人豈爲之哉!

「素」는『漢書』「藝文志」편에 따라 마땅히「索」으로 써야 하는데(素 按漢書當作索[1]), 아마 글자의 오류인 듯하다(蓋字之誤也).「索隱行怪」란 생소한 이치를 깊이 추구하고 특출난 행동을 지나치게 하는 것을 말한다(索隱行怪 言深求隱僻[2]之理而過爲詭異之行也). 그래서 그것으로 족히 세상을 속이고 명성을 훔칠 수 있기 때문에(然[3]以其足以欺世而盜名), 후세에 혹시

---

1)『漢書』「藝文志」편에 ‘孔子曰:「索隱行怪, 後世有述焉, 吾不爲之矣」’라고 나온다.
2) ① 隱僻(은벽): 생소하다. 외지다. 괴팍하다. ② 詭異(궤이): 기이하다. 기묘하다. 특출나다.

칭찬하여 기술하는 자가 있을 수 있다(故後世或有稱述[4]之者). 이는 제4장 제1절에서 공자께서 말씀한 知가 지나쳐서 善을 택하지 못하는 것이고(此知之過而不擇乎善), 行이 지나쳐서 그 中을 쓰지 않는 것이고(行之過而不用其中), 제10장에서 공자께서 말씀한 마땅히 强하지 말아야 할 데에 强한 것인데(不當强而强者也), 성인이 어찌 이런 짓을 하시겠는가(聖人豈爲之哉)!

3) 然(연): 그래서. 그리하여.
4) 稱述(칭술): 칭찬하여 진술하다. 설명하다.

1102 君子遵道而行, 半塗而廢, 吾弗能已矣。

군자가 도를 좇아 행하다가(君子遵道而行) 중도에 그만두는 일이 있는데(半途而廢), 나는 중도에 그만둘 수 없다(吾弗能已矣).

1102 遵道而行, 則能擇乎善矣; 半塗而廢, 則力之不足也。此其知雖足以及之, 而行有不逮, 當強而不強者也。已, 止也。聖人於此, 非勉焉而不敢廢, 蓋至誠無息, 自有所不能止也。

「遵道而行」은 능히 善을 택한 것이고(遵道而行 則能擇乎善矣), 「半塗而廢」는 힘이 부족한 것이다(半塗[1]而廢 則力之不足也). 이것은 그 知는 비록 족히 미칠 수 있으나(此其知雖足以及之), 行은 미치지 못함이 있는 것으로(而行有不逮), 마땅히 강해야 할 데에 강하지 못한 것이다(當强而不强者也). 「已」는 「止(그치다)」이다(已 止也). 성인의 경우에는(聖人於此), 억지로 힘을 써서 중도에 그만두지 않도록 하는 것이 아니고(非勉焉而不敢廢), 至誠無息하시기에 저절로 그만둘 수 없는 바가 있는 것이다(蓋至誠無息[2] 自有所不能止也).

---

1) 半塗(반도): =半途. 旅程의 중간. 일이 진행과정 중에 있음을 비유.

2) ① [字義] 至誠이란 진실함이 지극하여 조금도 미진함이 없는 것이다(眞實極至而無一毫之不盡). 오직 성인만이 여기에 해당할 수 있다. … 至誠이란 두 글자는 곧 성인의 덕성을 의미한다. 오직 수많은 理에 대해서 극도로 진실하여 조금도 허위가 없는 경지에 이르러야만 여기에 해당할 수 있다(至於"至誠"二字, 乃聖人德性地位, 萬理皆極其眞實, 絶無一毫虛僞, 乃可以當之)(153, 157쪽). ② 至誠無息(지성무식): 『中庸』 제26장 참조.

군 자 의 호 중 용 　 둔 세 불 견 지 이 불 회 　 유 성 자 능 지

1103 君子依乎中庸, 遯世不見知而不悔, 唯聖者能之。」

군자는 중용에 의거하기에(君子依乎中庸), 세상을 피해 은둔하여 남이 알아주지 않아도 후회하지 않으니(遯[1]世不見知而不悔[2]), 聖者만이 그렇게 할 수 있다(唯聖者能之)."

1103 不爲索隱行怪, 則依乎中庸而已。不能半塗而廢, 是以遯世不見知而不悔也。此中庸之成德, 知之盡, 仁之至, 不賴勇而裕如者, 正吾夫子之事, 而猶不自居也。故曰唯聖者能之而已。

「索隱行怪」를 하지 않으니(不爲索隱行怪), 중용에 의거할 뿐이다(則依乎中庸而已).「半塗而廢」 하지 않으니(不能半塗而廢), 이 때문에 세상을 피해 은둔하여 남이 알아주지 않아도 후회하지 않는 것이다(是以遯世不見知而不悔也). 이것이 중용이 이룩한 덕으로(此中庸之成德), 知가 극진해지고 仁이 지극해지기까지 勇의 힘을 빌리지 않아도 충분한 것이(知之盡 仁之至 不賴勇而裕如[3]者), 바로 우리 공자 선생님의 사례인데도 오히려 행세하지 않으셨다(正吾夫子之事 而猶不自居[4]也). 그래서「唯聖者能之(성자만이 그렇게 할 수 있다)」라 말씀하셨을 뿐이다(故曰唯聖者能之而已).

---

1) ① 遯(둔): =遁. 도피하다, 숨다. ② 見知(견지): 남에게 알려지다. 인정받다. 남에게 학식 · 인격 · 재능이 알려져 대접을 받다[등용되다].

2) [論語 學而편 제1장] 孔子께서 말씀하셨다. "배우고 그것을 수시로 익히니 또한 즐겁지 않겠는가. 벗이 있어 먼 곳으로부터 찾아올 것이니 또한 즐겁지 않겠는가. 사람이 알아주지 않아도 마음에 담아두지 아니하니 또한 君子가 아니겠는가"(子曰 "學而時習之 不亦說乎 有朋自遠方來 不亦樂乎 人不知而不慍 不亦君子乎").

3) 裕如(유여): 넉넉하다. 여유 있다. 자족하다.

4) 自居(자거): 자처하다. ～라고 생각하다. 행세하다. 자임하다.

右第十一章。

여기까지가 제11장이다(右第十一章).

子思所引夫子之言, 以明首章之義者止此。蓋此篇大旨, 以知仁勇三達德爲入道之門。故於篇首, 即以大舜, 顔淵, 子路之事明之。舜, 知也; 顔淵, 仁也; 子路, 勇也: 三者廢其一, 則無以造道而成德矣。余見第二十章。

子思가 孔子의 말씀을 인용해서 이로써 제1장의 뜻을 밝힌 것이 여기에서 멈춘다(子思所引夫子之言 以明首章之義者止此). 대체로 이 책의 큰 요지는(蓋此篇大旨), 知 · 仁 · 勇의 三達德을 道에 들어가는 문으로 삼은 것이다(以知仁勇三達德 爲入道之門). 그러므로 책의 앞쪽에서 바로 大舜 · 顔淵 · 子路의 사례를 가지고 三達德을 밝혔다(故於篇首 卽以大舜顔淵子路之事明之). 순임금은 知이고 안연은 仁이고 자로는 勇으로(舜知也 顔淵仁也 子路勇也), 셋 중에 하나라도 없으면(三者廢其一), 도에 나아가도 덕을 이룰 도리가 없다(則無以造道而成德矣). 공자의 나머지 말씀은 제20장에 나타난다(餘見第二十章).

第12章

1201 君子之道費而隱。(군 자 지 도 비 이 은)

군자의 도는(君子之道), 그 쓰임은 넓지만 그 실체는 은미하다(費而隱[1]).

1201 費, 符味反。○費, 用之廣也。隱, 體之微也。

「費」는 「符」와 「味」의 反切이다(費 符味反). ○「費」는 用이 넓은 것이다(費 用之廣也). 「隱」은 體가 은미한 것이다(隱 體之微也).

1) ① [禮記正義] “숨을 수 있는 절개를 말한 것이다. 「費」는 「佹(궤)」와 같다. 도가 어긋나 있으면 관직에 나아가지 않는다(言可隱之節也 費猶佹也 道不費則仕)”(鄭玄 注). “군자는 난세를 만나 도덕이 어긋나 있으면 숨어서 관직에 나아가지 않는다는 말이다. 도가 어긋나 있지 않다면 관직에 나아가야 한다(言君子之人 遭値亂世 道德違費 則隱而不仕 若道之不費 則當仕也)”(孔穎達 疏). ② 費隱(비은): 정치적 주장이 다르면 은거하여 관직을 맡지 아니함을 가리키는 말로 쓰임.

1202 夫婦之愚, 可以與知焉, 及其至也, 雖聖人亦有所不知焉; 夫婦之不肖, 可以能行焉, 及其至也, 雖聖人亦有所不能焉。天地之大也, 人猶有所憾。故君子語大, 天下莫能載焉; 語小, 天下莫能破焉。

夫婦의 어리석음으로도 군자의 도에 참여하여 그 내용을 알 수는 있지만(夫婦之愚 可以與知[1]焉), 그 지극한 경지에 이르러서는 聖人이라도 알 수 없는 측면이 있고(及其至也 雖聖人亦有所不知焉), 夫婦의 불초함으로도 군자의 도를 행할 수는 있지만(夫婦之不肖 可以能行焉), 그 지극한 경지에 이르러서는 聖人이라도 행할 수 없는 측면이 있다(及其之也 雖聖人亦有所不能焉). 천지의 알 수 없이 거대한 힘은 사람이라도 원망의 마음을 품게 하는 측면이 있다(天地之大也 人猶有所憾). 그러므로 군자가 도의 크나큰 경지를 말하면 천하의 그 누구도 이를 다 담당해낼 수 없고(故君子語大 天下莫能載[2]焉), 작디작은 경지를 말하면 천하의 그 누구도 이를 다 밝혀낼 수 없다(語小 天下莫能破[3]焉).

1202 與, 去聲。○君子之道, 近自夫婦居室之間, 遠而至於聖人天地之所不能盡, 其大無外, 其小無內, 可謂費矣。然其理之所以然, 則隱而莫之見也。蓋可知可能者, 道中之一事, 及其至而聖人不知不能。則擧全體而言, 聖人固有所不能盡也。侯氏曰:「聖人

---

1) 與知(여지): 참여해서 내정을 알다. 미리 알다. 焉(어): =於是.

2) 載(재): 견뎌내다. 담당해내다. 나열하다. [禮記正義]「故君子語大, 天下莫能載焉」者, 語, 說也; 大, 謂先王之道. 言君子語說先王之道, 其事旣大, 天下之人無能勝載之者.

3) 破(파): 진상을 폭로하다. 들춰내다. 쪼개서 나누다. 看破하다. [禮記正義]「語小, 天下莫能破焉」者, 若說細碎小事, 謂愚不肖, 事旣纖細, 天下之人無能分破之者. 言事似秋毫, 不可分破也.

所不知, 如孔子問禮問官之類: 所不能, 如孔子不得位, 堯舜病博施之類。」愚謂人所憾於天地, 如覆載生成之偏, 及寒暑災祥之不得其正者。

「與(yù)」는 去聲이다(與 去聲). ○ 군자의 도는(君子之道), 가깝게는 한 집에 거처하는 부부 사이에서부터(近自夫婦居室之間), 멀게는 성인이나 천지라도 다할 수 없는 데까지 미치고 있어서(遠而至於聖人天地之所不能盡), 그 크기는 밖이 없고 그 작기는 안이 없으니(其大無外 其小無內), 「費」라고 말할 만하다(可謂費矣). 그렇지만 그 이치가 그리되는 까닭은(然 其理之所以然[4]), 「隱」하여 드러나 보이지 않는다(則隱而莫之見也). 대개 「알 수 있다」「할 수 있다」는 것은(蓋可知可能者), 道 가운데의 한 가지 사례일 뿐이고(道中之一事), 「그 지극한 경지에 이르러서는 성인이라도 알 수 없고 할 수 없다」는 경우는(及其至而聖人不知不能), 전체를 들어서 말한 것이어서(則擧全體而言), 성인도 물론 알 수 없고 할 수 없는 바가 있는 것이다(聖人固有所不能盡也). 후씨가 말했다(侯氏[5]曰). "「성인이라도 알 수 없는 것」은(聖人所不知), 공자께서 禮에 대해 물었던 것과 벼슬에 대해 물었던 것과 같은 부류이고(如孔子問禮[6]問官之類), 「성인이라도 행할 수 없는 것」은(所

4) 所以然(소이연): 그리된 까닭. 이와 같은 까닭. 원인이나 도리를 가리킴.

5) 侯仲良(후중량): 宋 학자. 程伊川의 문인으로 周敦頤에게 배움.

6) [史記 孔子世家] 노나라 사람 남궁경숙이 노나라 군주에게 말하였다. "공자와 더불어 주나라에 가기를 청합니다." 노나라의 군주는 그에게 수레 하나 말 두필, 시자 한 명을 주어 주나라에 가서 예를 묻게 하였다. 이리하여 이때 노자를 만났다고 한다. 공자가 작별인사를 하고 떠날 때, 노자가 그를 송별하며 말하였다. "내가 들으니 부귀한 자는 사람을 전송할 때 재물로써 하고, 어진 자는 사람을 전송할 때 말로써 한다고 합니다. 나는 부귀하지 못하나 仁者라고 자처하기를 좋아하니 다음 말로써 그대를 전송하겠습니다. 「총명하고 깊게 관찰하는 사람에게는 죽음의 위험이 따르는데 이는 남을 잘 비판하기 때문이요, 많은 지식을 지니고 재능이 뛰어난 사람은 그 몸이 위태로운데 이는 남의 결점을 잘 지적해내기 때문입니다. 사람의 자녀된 자는 아버지뻘 되는 사람 앞에서 자기를 낮추고, 사람의 신하된 자는 임금 앞에서 자기를

不能), 공자께서 지위를 얻지 못한 것과 요·순임금이 널리 베푸는 것을 부족하게 여긴 것과 같은 부류이다(如孔子不得位 堯舜病博施[7]之類).” 내가 생각하기에(愚謂), 「사람이 천지에 대해 원망의 마음을 품게 하는 것」은(人所憾於天地), 하늘의 덮어줌이나 땅의 실어줌, 만물의 생성이 어느 한 쪽으로 치우침이 있는 경우, 그리고 추위나 더위, 재앙이나 상서로운 일이 그 공정함을 얻지 못하는 경우와 같은 것들이다(如覆載生成之偏 及寒署災祥之不得其正者).

치켜세우지 않는 법입니다.」” 공자가 주나라에서 노나라로 돌아오니 제자들이 더욱 늘어났다(魯南宮敬叔言魯君曰: “請與孔子適周.” 魯君與之一乘車, 兩馬, 一豎子俱, 適周問禮, 蓋見老子云. 辭去, 而老子送之曰: “吾聞富貴者送人以財, 仁人者送人以言. 吾不能富貴, 竊仁人之號, 送子以言, 曰: ‘聰明深察而近於死者, 好議人者也. 博辯廣大危其身者, 發人之惡者也. 爲人子者毋以有己, 爲人臣者毋以有己.’” 孔子自周反于魯, 弟子稍益進焉)(정범진 외 역, 『史記世家 下』 420쪽, 까치).

7) [論語 雍也편 제28장] 子貢이 말했다. “만약 백성들에게 널리 베풀어 많은 사람을 구제할 수 있다면 어떻겠습니까? 仁이라 하겠습니까?” 孔子께서 말씀하셨다. “어찌 仁에서 그칠 뿐이겠느냐. 반드시 聖人의 경지일 것이다. 요임금이나 순임금도 오히려 그것을 부족하게 여겼다”(子貢曰 “如有博施於民而能濟衆 何如 可謂仁乎.” 子曰 “何事於仁 必也聖乎 堯舜其猶病諸”).

시운 연비려천 어약우연 언기상하찰야

1203 詩云:「鳶飛戾天, 魚躍于淵。」言其上下察也。

『詩』는 노래하길(詩[1]云), "솔개는 하늘 높이 날아오르고 물고기는 연못에서 뛰어오른다(鳶飛戾天 魚躍于淵)" 했는데, 도가 위에서도 아래에서도 환히 밝게 드러난다는 말이다(言其上下察也).

1203 鳶, 余專反。○詩大雅旱麓之篇。鳶, 鴟類。戾, 至也。察, 著也。子思引此詩以明化育流行, 上下昭著, 莫非此理之用, 所謂費也。然其所以然者, 則非見聞所及, 所謂隱也。故程子曰,「此一節, 子思喫緊爲人處, 活潑潑地, 讀者其致思焉。」

「鳶」은「余」와「專」의 反切이다(鳶 余專反). ○『詩』는『詩經』「大雅」편「旱麓(한록)」이다(詩大雅旱麓之篇).「鳶」은 솔개 종류이다(鳶 鴟[2]類).「戾」는「至(다다르다)」이다(戾 至也).「察」은「著(드러나다)」이다(察 著也). 子思는 이 詩를 인용하여(子思引此詩), 이로써 만물의 화육과 유행이 하늘

---

1) [詩經 大雅편 旱麓] ① 저 한산의 기슭을 바라보면 개암나무 싸리나무 울창하도다. 우아하고 고상하신 우리 님께선 벼슬하신 그 모습도 고상하셨네. ② 산뜻하게 만들어진 저 옥돌 술잔, 그 속에서 노란 술이 흘러넘치네. 우아하고 고상하신 우리 님에게 복과 록이 아울러 내리었도다. ③ 솔개는 날아서 하늘에 가고 물고기는 뛰면서 연못에 있네. 우아하고 고상하신 우리 님께선 적재적소 인재를 고루 쓰시네. ④ 맑은 술 빚어다 올려놓고서 붉은 수소 잡아다 갖춰놓고서 신들과 조상에게 제사 받들어 크나큰 복을 달라 소원하셨네. ⑤ 두릅나무 떡갈나무 우거진 것을 백성들이 베어다가 땔나무하네. 우아하고 고상하신 우리 님에게 신령들도 위로하고 치하하리라. ⑥ 싱싱하게 돋아난 칡넝쿨들이 나뭇가지 사이로 뻗어 오르네. 우아하고 고상하신 우리 님께서 덕을 닦아 구한 복이 어김없으리(이기동,『시경강설』, 성균관대학교출판부)(① 瞻彼旱麓, 榛楛濟濟. 豈弟君子, 于祿豈弟. ② 瑟彼玉瓚, 黃流在中. 其弟君子, 福祿攸降. ③ 鳶飛戾天, 魚躍于淵. 豈弟君子, 遐不作人. ④ 淸酒旣載, 騂牡旣備. 以享以祀, 以介景福. ⑤ 瑟彼柞棫, 民所燎矣. 豈弟君子, 神所勞矣. ⑥ 莫莫葛藟, 施于條枚. 豈弟君子, 求福不回).

2) 鴟(치): 솔개.

에서 땅에서 모두 환히 밝게 드러나는데 어느 하나도 이 理의 쓰임 아닌 것이 없다는 것을 밝히셨으니(以明化育流行 上下昭著 莫非此理之用), 앞에서 말한「費」인 것이다(所謂費也). 그렇지만 그것이 그리 되는 까닭인 즉은(然其所以然者), 보거나 들어서 다가갈 수 있는 측면이 아니니(則非見聞所及), 앞에서 말한「隱」인 것이다(所謂隱也). 그러므로 정자께서 말씀하시길(故程子曰),「이 한 구절은 子思께서 사람들에게 긴요처라고 여긴 대목으로(此一節 子思喫緊[3]爲人處), 활기차고 생기발랄함이 넘치는데(活潑潑[4]地), 독자들은 참으로 깊이 생각해보아야 할 것이다(讀者其致思焉)」라고 하였다.[5]

3) 喫緊(끽진): 정곡을 찌르다. 자세하다. 요긴하다. 긴박하다. 喫(끽): =被.
4) 活潑潑(활발발): 생기가 충만한 모습을 나타냄. 생동하는 자연의 모습이 판에 박은 듯하지 않다. 活潑潑地(활발발지): 물고기가 뛰듯이 기세가 성한 모양. 팔팔하게 활동하는 모양.
5) [字義] 道는 천지간에 유행하는 과정에서 존재하지 않는 곳이 없으며, 깃들지 않은 사물이 없고, 한 군데라도 빠진 곳이 없다. 子思는 "'솔개는 날고 물고기는 뛰노네'라는 구절은 위아래에 道가 훤히 드러남을 증험한 것"이라고 말하여, 道가 존재하지 않는 곳도 없고 드러남도 아주 분명하다는 것을 보여 주었다. 위에서는 솔개가 하늘 높이 날고, 아래에서는 물고기가 연못에서 뛰노는 것이 다 이 도리이다. 程子는 "이 대목이야말로 子思가 사람들을 위해 생생한 상황을 들어 아주 적절히 이야기한 것"이라고 말하였다. '喫緊'이라고 한 것은 사람들을 위해 아주 적절히 말하였다는 것이고, '活潑潑地'라고 한 것은 진실로 눈앞에 있는 도리를 보는 것이 마치 살아 있는 것 보는 듯하다는 점을 표현한 것이다. 이것은 顔子가 '卓爾(앞에 우뚝하니 서 있는 듯한 모습)'라고 한 것[論語 子罕편 제10장], 孟子가 '躍如(화살이 금방이라도 튀어나갈 듯한 모습)'라고 한 것[孟子 盡心上편 41:3]과 뜻이 같다. 그들은 모두 이 도리를 진실로 보았기 때문에 이렇게 말하였다(道流行乎天地之間, 無所不在, 無物不有, 無一處欠缺. 子思言鳶飛魚躍上下察以證之, 有以見道無不在, 甚昭著分曉. 在上則鳶飛戾天, 在下則魚躍於淵, 皆是這個道理. 程子謂此是子思喫緊爲人處, 活潑潑地. 所謂"喫緊"云者, 只是緊切爲人說. 所謂"活潑潑地"云者, 只是眞見這道理在面前, 如活底物相似. 此正如顔子所謂卓爾, 孟子所謂躍如之意, 都是眞見得這道理分明, 故如此說)(176쪽).

1204 君子之道, 造端乎夫婦; 及其至也, 察乎天地。

군자의 도는 부부로부터 발단이 되어 나오지만(君子之道 造端[1]乎夫婦), 그 지극한 경지에 이르러서는 하늘에서도 땅에서도 환히 밝게 드러난다(及其至也 察乎天地).

1204 結上文。

위 글을 결론 맺는 것이다(結上文).

右第十二章。

여기까지가 제12장이다(右第十二章).

子思之言, 蓋以申明首章道不可離之意也。其下八章, 雜引孔子之言以明之。

자사의 말씀으로(子思之言), 대체로 제1장의 道不可離(도는 벗어날 수 없다)는 뜻을 거듭 밝힌 것이다(蓋以申明首章道不可離之意也). 제12장부터 제19장까지 여덟 개 장은(其下八章), 공자의 말씀을 중간 중간에 섞어 인용해 이것을 밝히고 있다(雜引孔子之言以明之).

1) 造端(조단): 시작하다. 발단이 되다.

〔中庸或問〕

제12장에 대해 설명해주셨으면 합니다(或問十二章之說).

道는 그 작용이 광범위하지만 그 몸체는 미세하고 은밀하여 볼 수 없다. 제1절에서 말한「費而隱」이다. 아주 가까이에서 그 사례를 들어보자면, 부부가 동거하는 것은 사람의 도리 중의 도리여서, 愚·不肖者라도 알고 행하는 것이다. 아주 멀리에서 그 사례를 들어보자면, 천하의 알 수 없이 거대한 힘·사물의 다종다양함은 성인이라도 다 알 수도 다 할 수도 없는 것이다(曰: 道之用廣, 而其體則微密而不可見. 所謂費而隱也. 卽其近而言之, 男女居室[2], 人道之常, 雖愚不肖亦能知而行之; 極其遠而言之, 則天下之大, 事物之多, 聖人亦容[3]有不盡知盡能者也).

비단 성인만이 알 수 없고 할 수 없는 것이 있는 게 아니다. 하늘은 낳아주고 덮어주지만 형체를 갖춰주고 실어줄 수는 없고, 땅은 형체를 갖춰주고 실어주지만 낳아주고 덮어줄 수는 없다. 氣化流行에 관해서 보자면, 陰陽·寒暑·吉凶·災祥이 모두 그 바름을 얻지 못한 경우가 훨씬 많다. 이것이「천지의 알 수 없이 거대한 힘은 사람이라도 원망의 마음을 품게 하는 측면이 있다」고 한 까닭이다(然非獨聖人有所不知不能也. 天能生

---

2) ① [孟子 萬章상편 2:1] 만장이 물었다. "시경에는, '아내를 맞이하는데 어떻게 해야 하나? 반드시 부모에게 알려야 하지'라고 했습니다. 이 말을 믿는다면 마땅히 아무도 순임금처럼 해서는 안 됩니다. 순임금은 부모에게 알리지 않고 아내를 맞이했는데 어째서입니까?" 맹자가 말했다, "미리 알렸다면 아내를 맞이하지 못했을 것이다. 남녀가 한 집에 사는 것은 인간의 크나큰 윤리인데 만약 미리 알렸다면 인간의 크나큰 윤리를 폐하게 되어 부모를 원망했을 것이므로 그래서 알리지 않은 것이다"(萬章問曰 "詩云 娶妻如之何 必告父母 信斯言也 宜莫如舜 舜之不告而娶 何也." 孟子曰 "告則不得娶 男女居室 人之大倫也 如告則廢人之大倫 以懟父母 是以不告也"). ② 居室(거실): 부부가 동거하다. 합방하다.

3) 容(용): 아마. 어쩌면. 대개. 어찌.

覆而不能形載[4]), 地能形載而不能生覆. 至於氣化流行, 則陰陽寒暑, 吉凶災祥, 不能盡得其正者尤多. 此所以雖以天地之大, 而人猶有憾也).

부부 중에 愚 · 不肖者일지라도 알 수 있는 것 · 할 수 있는 것에서부터, 聖人 · 天地일지라도 다 알 수 없는 것 · 다 할 수 없는 것에 이르기까지, 道란 무소부재하다. 그러므로 군자가 道를 말하면은, 그 크나큰 것은 天地 · 聖人일지라도 다할 수 없는 것에까지 이를 정도여서, 道가 포괄하지 않는 것이 없으니, 천하의 그 누구도 이를 다 담당해낼 수 없고, 그 작디작은 것은 愚夫愚婦일지라도 다 알 수 있고 다 할 수 있는 것에까지 이를 정도여서, 道가 형체라고 할 만한 것을 갖추고 있는 것이 없으니, 천하의 그 누구도 이를 다 밝혀낼 수 없다. 道가 천하에 있어서 그 작용의 광범위함이 이 정도이니, 가히「費」하다 일컬을 만한데, 그러면서도 그러한 작용이 나오는 몸체는 여기에서 벗어나지 않고, 보고 듣는 것이 미칠 수 있는 곳이 아니니, 이것이「費而隱」하다고 한 까닭이다(夫自夫婦之愚不肖所能知行, 至於聖人天地之所不能盡, 道蓋無所不在也. 故君子之語道也, 其大至於天地聖人之所不能盡, 而道無不包, 則天下莫能載矣; 其小至於愚夫愚婦之所能知能行, 而道無不體, 則天下莫能破矣. 道之在天下, 其用之廣如此, 可謂費矣, 而其所用之體, 則不離乎此, 而有非視聽之所及者, 此所以爲費而隱也).

子思께서 하고자 하신 말씀은 여기에 이르러 다 끝났다. 그럼에도 그 뜻을 아직 다 밝히지 못했다 여기시고는, 또다시 詩를 인용해 밝히길,「솔개는 하늘 높이 날아오르고 물고기는 연못에서 뛰어오른다.」라고 하였는

---

4) ① [列子 天瑞편] 천지라고 모든 공로가 다 있는 것이 아니고, 성인이라고 모든 것에 다 능한 것이 아니며, 만물이라고 모두 다 쓰임새가 있는 것이 아니다. 그러므로 하늘의 직분은 낳아주고 덮어주는 것이고, 땅은 형체를 갖춰주고 실어주는 것이며, 성인의 직분은 교화시키는 것이고, 物의 직분은 절절한 쓰임새에 있다(天地無全功, 聖人無全能, 萬物無全用. 故天職生覆, 地職形載, 聖職教化, 物職所宜). ② 生覆(생복): 부양하다. 양육하다. ③ 形載(형재): 만물을 감당하여 지탱해내다.

데, 이것으로써 도의 몸체와 작용이 하늘에서 땅에서 모두 환히 밝게 드러나는 게, 그 어디든 없는 곳이 없다는 말씀을 하려 하신 것이다(子思之言, 至此極矣. 然猶以爲不足以盡其意也, 故又引詩以明之, 曰'鳶飛戾天, 魚躍于淵', 所以言道之體用, 上下昭著而無所不在也).

「造端乎夫婦(부부로부터 발단이 되어 나온다)」라는 구절은 아주 비근하고 사소한 사례로 말한 것이다. 「察乎天地(천지에 찰찰하게 드러난다)」라는 구절은 아주 고원하고 크나큰 사례로 말한 것이다. 부부 사이나 은미한 틈새는 到處가 도에서 벗어날 수 없음을 한층 잘 보여준다. 道가 여기에서 발단이 되어 나온다는 것을 안다면 戒愼 · 恐懼하게 되는 실상 중에서 지극하지 않은 것이란 하나도 없는 것이다(造端乎夫婦, 極其近小而言也; 察乎天地, 極其遠大而言也. 蓋夫婦之際, 隱微之間, 尤見道之不可離處, 知其造端乎此, 則其所以戒謹恐懼之實, 無不至矣).

第13章

1301 子曰:「道不遠人。人之爲道而遠人, 不可以爲道。

공자께서 말씀하셨다(子曰). "道는 사람을 떠나 있지 않다(道不遠[1]人). 사람이 道를 행한다 하면서 사람을 떠나 있다면(人之爲道而遠人), 이로써는 도를 행할 수 없다(不可以爲道).

1301 道者, 率性而已, 固衆人之所能知能行者也, 故常不遠於人。若爲道者, 厭其卑近以爲不足爲, 而反務爲高遠難行之事, 則非所以爲道矣。

道라는 것은「率性」일 뿐이어서(道者 率性而已), 당연히 일반 사람들도 알

1) ① [孟子 離婁상편 11:1] 맹자가 말했다. "도는 가까운 데 있는데도 먼 데서 찾고 일은 쉬운 데 있는데도 어려운 데서 찾는다. 사람마다 자기 어버이를 어버이로 섬기고 자기 어른을 어른으로 모시면 천하가 태평해질 것이다"(孟子曰 "道在爾 而求諸遠 事在易而求諸難 人人親其親 長其長 而天下平"). ② [孟子 盡心하편 32:1] 맹자가 말했다. "아주 흔하고 평이한 말인데도 뜻은 심원한 것이 훌륭한 말이다. 지키고 따르기에는 간략하면서도 미치는 곳은 넓은 것이 훌륭한 도이다. 군자의 말은 멀리 있는 것을 말하지 않는데도 도는 거기에 있다. 군자가 소중히 지키는 것은 자기 한 몸의 수양인데도 천하가 평화로워진다. 사람들의 병폐는 자기 밭을 버려두고 남의 밭의 김을 매고 있다는 것이다. 남에게 요구하는 것은 무거우면서도 자신에게 책임지우는 것은 가볍기 때문이다"(孟子曰 "言近而指遠者 善言也 守約而施博者 善道也 君子之言也 不下帶而道存焉. 君子之守 修其身而天下平. 人病舍其田而芸人之田. 所求於人者重 而所以自任輕也"). ③ 遠(원): 떠나다. 벗어나다. 피하다. 멀리하다.

만한 것이고 행할 만한 것이기에(固衆人之所能知能行者也), 항상 사람에게서 떠나 있지 않는다(故常不遠於人). 만약 도를 행하는 자가 도의 흔하고 평이함에 싫증을 느껴 족히 행할 만한 것이 못 된다 여기고(若爲道者 厭其卑近 以爲不足爲), 도리어 고원하고 행하기 어려운 일을 행하는 데에 힘쓴다면(而反務爲高遠難行之事), 이것은 도를 행할 수 있는 것이 아니다(則非所以[2]爲道矣).

2) 所以(소이): =可以.

1302 詩云:「伐柯伐柯, 其則不遠。」執柯以伐柯, 睨而視之, 猶以爲遠。故君子以人治人, 改而止。

『詩』는 노래하길(詩云[1]), '도낏자루 자르네. 도낏자루 자르네. 도낏자루 감일랑은 멀리 있는 게 아니지(伐柯伐柯 其則不遠)' 했는데, 도낏자루를 잡고 도낏자루로 쓸 나무 감을 자르면서(執柯以伐柯[2]), 곁눈질하면 바로 보일 텐데(睨而視之), 오히려 멀리 있다고 여긴다(猶以爲遠). 그러므로 군자는 사람의 도로써 사람을 가르치고(故君子以人治人), 고치면 거기에서 그친다(改而止).

1302 睨, 研計反。○詩豳風伐柯之篇。柯, 斧柄。則, 法也。睨, 邪視也。言人執柯伐木以爲柯者, 彼柯長短之法, 在此柯耳。然猶有彼此之別, 故伐者視之猶以爲遠也。若以人治人, 則所以爲人之道, 各在當人之身, 初無彼此之別。故君子之治人也, 即以其人之道, 還治其人之身。其人能改, 即止不治。蓋責之以其所能知能行, 非欲其遠人以爲道也。張子所謂「以衆人望人則易從」是也。

「睨」는「研」과「計」의 反切이다(睨 研計反). ○『詩』는『詩經』「豳風」편「伐柯」이다(詩 豳風伐柯之篇).「柯」는「斧柄(도낏자루)」이다(柯 斧柄).「則」

1) [詩經 豳風편 伐柯] ① 도낏자루는 어떻게 잘라야 하나. 도끼가 아니면 안 되는 거지. 아내를 얻을 때는 어떻게 하나 중매인이 아니면 안 되는 거지. ② 도낏자루를 자르네. 도낏자루를 자르네. 그 방식은 멀리 있지 아니한 것을. 내 님을 만났으니 어찌하면 좋을까. 옛 사람 본을 받아 예 올리고 맞이하자(이기동,『시경강설』, 성균관대학교출판부)(① 伐柯如何, 匪斧不克. 取妻如何, 匪媒不得. ② 伐柯伐柯, 其則不遠. 我覯之子, 籩豆有踐).

2) 操斧伐柯(조부벌가): 도끼를 쥐고 도낏자루로 쓸 나무를 베는 것으로 가까운데서 준칙을 취할 수 있음을 비유하는 데 쓰임.

은「法(견본)」이다(則 法也).「睨」는「邪視(곁눈질하다)」이다(睨 邪視[3]也). 말인즉, 사람이 도끼자루를 잡고서 나무를 잘라 도끼자루를 만드는 자는(言 人執柯伐木以爲柯者), 저 도끼자루의 장단의 견본은(彼柯長短之法), 잡고 있는 이 도끼자루에 있다는 것이다(在此柯耳). 그런데도 저 도끼자루와 이 도끼자루를 별개로 여기고 있기 때문에(然猶[4]有彼此之別), 나무를 베는 자가 그것을 보고 있으면서도 멀리 있다고 여긴다(故伐者視之猶以爲遠也). 사람의 도로써 사람을 다스리는 것이라면(若以人治人), 사람이 사람으로 여겨지는 까닭인 도가 각각 해당 사람 자신에게 내재해 있어서(則所以爲人之道 各在當人之身), 애당초 저 사람 이 사람의 구별이 없다(初無彼此之別). 그러므로 군자의 사람 다스림이란(故君子之治人也), 바로 그 사람의 도를 가지고(卽以其人之道), 되돌아가서 그 사람의 몸가짐을 다스린다(還治其人之身). 그 사람 스스로 고칠 수 있으면(其人能改[5]), 바로 그치고 더 다스리지 않는다(卽止不治). 대체로 責善이란 그 사람이 알 만하고 행할 만한 어떤 것으로 하는 것이지(蓋責之以其所能知能行), 그 사람에게 사람을 떠난 어떤 것으로 도를 행하게 하려는 것이 아니다(非欲其遠人以爲道也). 장횡거가 말씀한,「일반 사람들이 알 만하고 행할 만한 것으로써 사

---

3) 邪視(사시): 눈동자를 옆으로 하여 보다. 흘겨보다. 흘끗 보다. 斜睨(사예): 곁눈질하다.
4) 然猶(연유): 술어 앞에 쓰여 앞에서 말한 것과 상반된 상황이 발생하거나 발생하지 말아야 할 상황이 발생함을 나타냄. 그런데도. 그렇지만, 또한.
5) [自箴] '以人治人'은 내가 남에게 바라는 바로써 그대로 남을 부리는 것이다. 내가 남을 부리는 것과 내가 남에게 바라는 것이 같지 않으면, 남을 부리는 나의 방식을 고친 뒤에 그만두는 것, 이것이 '改而止'이다. '執柯以伐柯'는 새 도끼자루가 옛 도끼자루와 같지 않은 경우 고쳐서 길게도 해보고 고쳐서 짧게도 해보고 고쳐서 크게도 해보고 고쳐서 작게도 해보고 하여, 새 도끼자루와 옛 도끼자루를 서로 헤아려 맞춰본 뒤에야 그치는 것이니, '以人治人' 또한 이와 같다(以人治人者, 所求乎人以事人也, 我之所以事人者, 與我之所以求於人者不同, 則改我之所爲而后已, 此所謂改而止也. 執柯以伐柯者, 新柯與舊不同, 則或改而長之, 或改而短之, 或改而大之, 或改而小之, 必新舊相準而后止, 以人治人, 亦猶是也).

람들이 알기를 바라고 행하기를 바란다면 사람들은 쉽게 따른다」는 것이 (張子所謂以衆人望人則易從[6]), 바로 이 말이다(是也).

6) [正蒙 中正편] 남에게 責善하는 마음으로써 자기에게 責善하면 道를 다하는 것이다. 이것은 中庸 제13장 제4절에서 말한「군자가 따르는 길이 넷인데 나는 그중 하나도 잘하지 못했다」는 것에 해당한다. 자기를 사랑하는 마음으로써 남을 사랑하면 곧 仁을 다하는 것이다. 이것은 中庸 제13장 제3절에서 말한「자기 자신에게 베풀어봐서 원하는 것이 아니라면 똑같이 남에게도 베풀지 말라」(施諸己而不願 亦勿施於人)는 것에 해당한다. 일반 사람들이 알 만하고 행할 만한 것으로써 사람들에게 알기를 바라고 행하기를 바란다면 사람들은 쉽게 따른다. 이것은 中庸 제13장 제2절에서 말한「사람의 道로써 사람을 가르치고 고치면 그친다.」는 것에 해당한다. 이것이 군자가 責己 · 責人 · 愛人하는 세 가지 방책이다(以責人之心責己則盡道, 所謂「君子之道四, 丘未能一焉」者也; 以愛己之心愛人則盡仁, 所謂「施諸己而不願, 亦勿施於人」者也; 以衆人望人則易從, 所謂「以人治人改而止」者也; 此君子所以責己責人愛人之三術也).

충서위도불원 시저기이불원 역물시어인

1303 忠恕違道不遠, 施諸己而不願, 亦勿施於人。

忠恕는 道와 떨어진 거리가 멀지 않으니(忠恕[1]違道不遠), 자기 자신에게 베풀어봐서 자기가 원하는 것이 아니라면(施諸己而不願), 똑같이 남에게도 베풀지 말라는 것이다(亦勿施於人[2]).

---

1) ① [字義] 忠은 마음의 측면에서 말한 것으로, 자신의 마음을 극진히 하여 진실하지 않음이 없도록 한 것이다. 恕는 다른 사람을 대하고 사물과 접촉하는 측면에서 말한 것으로, 단지 자기 마음의 진실된 바를 확장시켜서 다른 사람이나 사물에 미치게 하는 것일 뿐이다(忠是就心說, 是盡己之心無不眞實者. 恕是就待人接物處說, 只是推己心之所眞實者以及人物而已). 글자의 뜻으로 본다면 '中'과 '心'이 합해서 忠이 되는 것이니, 자신의 마음의 중심을 극진히 하여 진실하지 않음이 없게 되는 것이 忠이 된다. 한편 '如'와 '心'이 합해 恕가 되는 것이니, 자기의 마음이 원하는 바와 똑같도록 하는 것이 恕이다. … 대개 忠恕는 하나인데 그 가운데를 두 조각으로 자르면 둘이 된다. 上蔡(謝良佐(1050～1130); 程顥의 제자)는, "忠과 恕의 관계는 형체와 그림자의 관계와 같다(忠恕猶形影)"고 했는데 좋은 말이다. 왜냐하면 마음속에 간직되어 있는 것이 이미 忠하다면, 바깥으로 발출되어 나오는 것이 곧 恕가 되기 때문이다. 그 반대로 사물에 감응하고 접촉하는 곳에서 恕하지 않는다면, 내 안에 있는 것이 분명 충분히 진실하지 못하기 마련이다. 그러므로 忠의 마음이 드러나면 곧 恕의 일이 되는 것이고, 恕의 일을 이루는 것이 곧 忠의 마음인 것이다(故發出忠底心, 便是恕底事. 做成恕底事, 便是忠底心)(142쪽). ② [字義] 漢나라 이래로 恕라는 글자의 뜻은 아주 불분명해졌다. 그래서 "자신을 용서하고 주인의 뜻을 헤아리기를 잘한다(善恕己量主)"고 말한 사람이 나오기에 이르렀다. 우리 왕조의 范忠宣公(范純仁: 1027～1101, 北宋大臣) 역시 "자신을 용서하는 마음을 가지고 남을 용서한다(以恕己之心恕人)"고 하였으니, 恕라는 글자는 자신에게는 적용할 수 없다(恕之一字就己上著不得)는 것을 알지 못하였다. 그가 말한 恕라는 글자는 다만 다른 사람을 용서한다(饒人)는 뜻이었던 것 같다. 이와 같이 한다면 자신에게 잘못이 있으면 또 스스로 자신을 용서하고, 다른 사람에게 잘못이 있으면 다시 다른 사람을 용서할 것이다. 이는 서로를 못나고 어리석은 곳으로 이끄는 것이다. 어찌 이것이 자신을 확장시켜서 남의 마음과 같이 한다는 옛사람들의 뜻과 같겠는가? ③ [或問] 대개 여기서 말하는「도」는 當然之理일 뿐으로, 人心에 뿌리를 두고 제반 행사에 나타나는데, 굳이 힘들이지 않아도 할 수 있다. 그렇지만 자기를 다하는 忠의 마음과 자기를 미루어나가 남에게 미치는 恕만이 그 當然之理의 실상을 얻게 할 수 있고, 시행에서 타당치 못한 부분이 나타나지 않고, 그렇지 않은 경우에는 구하는 것이 더욱 멀어질 뿐 가까이 다가오지 않는다. 이것이 이 忠恕로부터 가서 도에 도달하는 것만이 가는 거리가 멀지 않은 이유이다(蓋所謂道者, 當然之理而已, 根於人心而見諸行事, 不待勉而能也. 然惟盡己之心而推以及人, 可以得其當然之實, 而施無不當, 不然, 則求之愈遠而愈不近矣. 此所以自是忠恕而往, 以至於道, 獨爲不遠)(148쪽). ④ [論語集注 里仁편 15:2] 中庸에「忠恕는 道와 떨어진 거리가 멀지 않다」고 했는데 이것은 바로 아래로 인간의 일을 배우고 위로 天理를 통달한다는 뜻이다(中庸所謂忠恕違道不遠 斯乃下學上達之義).

1303 盡己之心爲忠, 推己及人爲恕。違, 去也, 如春秋傳「齊師違谷七里」之違。言自此至彼, 相去不遠, 非背而去之之謂也。道, 即其不遠人者是也。施諸己而不願亦勿施於人, 忠恕之事也。以己之心度人之心, 未嘗不同, 則道之不遠於人者可見。故己之所不欲, 則勿以施之於人, 亦不遠人以爲道之事。張子所謂「以愛己之心愛人則盡仁」是也。

자기 마음을 다하는 것을「忠」이라 하고(盡己之心爲忠), 자기를 미루어나가서 남에게 미치는 것을「恕」라 한다(推己及人爲恕).「違」는「去(떨어지다)」인데(違 去也),『춘추좌씨전』「哀公」편에「제나라 군대가 穀에서 7리 떨어져 있다」라는 구절의「違」와 같다(如春秋傳 齊師違穀七里之違). 여기

2) ① [論語 顔淵편 제2장] 仲弓이 仁에 대해 여쭈자 孔子께서 말씀하셨다. "문밖에 나가서는 마치 귀한 손님을 뵙는 것같이 하고, 백성을 부릴 때는 마치 큰 제사를 받드는 것같이 해야 하며, 자신이 하고 싶지 않는 것을 남에게 행하지 말라. 그러면 나라에 있어서도 원망하는 일이 없고, 집안에 있어서도 원망하는 일이 없을 것이다." 仲弓이 말했다. "제가 비록 불민하오나 부디 이 말씀을 힘쓰겠습니다."(仲弓問仁 子曰 "出門如見大賓 使民如承大祭 己所不欲 勿施於人 在邦無怨 在家無怨." 仲弓曰 "雍雖不敏 請事斯語矣"). ② [論語 衛靈公편 제23장] 子貢이 여쭈었다. "한 마디 말로 종신토록 행할 가치가 있는 것이 있겠습니까?" 孔子께서 말씀하셨다. "바로 恕란 말일게다! 나에게 원하지 않는 것을 남에게 행하지 말아야 한다."(子貢問曰 "有一言而可以終身行之者乎." 子曰 "其恕乎 己所不欲 勿施於人"). ③ 도올 김용옥은『논어』와『중용』의 恕에 관한 내용(「자기 자신에게 베풀어봐서 자기가 원하는 것이 아니라면, 똑같이 남에게도 베풀지 말라」)의 네거티브적인 규정성과 예수의 산상수훈(「그러므로 무엇이든지 남에게 대접받고자 하는 대로 너희도 남을 대접하라」)(聖書 마태복음 7:12)의 포지티브적인 규정성의 차이에 주목하여,「그 차이가 인간세의 진정한 보편주의의 규정에 관한 매우 심각한 견해 차이를 보이는 것이며, 어쩌면 유교문명권과 기독교 문명권의 모럴구조를 근원적으로 차별지우는 중대한 성격의 핵심적 사태일 수도 있다」고 하면서,「내가 좋아하는 것, 내가 선이라고 생각하는 것이 꼭 타인이 좋아하고 사랑하고 나와 똑같이 선이라고 생각한다는 보장은 전혀 없기에… 그것을 황금률로서, 인간 세상에 적용해야 할 보편적 규칙으로서 강요할 수 없」으며,「내가 원하는 것을 남에게도 베풀어야 한다는 포지티브 포뮬레이션은 지극히 위험한 발상」으로서,「기독교 윤리가 지나치게 포지티브 포뮬레이션의 명제를 강조할 때… 무섭게 독선적인 위선을 인류사회에 만연케 할 수도 있다」고 경고하고 있다(김용옥,『중용한글역주』355쪽 이하).

서부터 저기까지 서로 떨어진 거리가 멀지 않음을 말한 것이지(言自此至彼 相去不遠), 등 돌리고 떠남을 두고 한 말이 아니다(非背而去之之謂也). 道란 바로 제1절의「사람을 떠나 있지 않는다.」라는 것이 이것이다(道 卽其不遠人者是也).「자기 자신에게 베풀어봐서 원하는 것이 아니라면 똑같이 남에게도 베풀지 말라」는 것은 忠恕의 사례이다(施諸己而不願 亦勿施於人 忠恕之事也). 자기 마음으로써 남의 마음을 헤아려봐서 똑같지 않은 적이 없다면(以己之心度人之心 未嘗不同), 道가 사람에게서 떠나 있지 않다는 것을 알 수 있다(則道之不遠於人者 可見). 그러므로 자기가 바라지 않은 것이라면 남에게 베풀지 말라는 것(故己之所不欲 則勿以施於人), 또한 사람을 떠나 있지 아니한 것을 가지고 道를 삼은 사례이다(亦不遠人以爲道之事). 장횡거가 말씀한,「자기를 사랑하는 마음으로써 남을 사랑하면 곧 仁을 다하는 것이다」는 것이(張子所謂以愛己之心愛人則盡仁[3]), 바로 이 말이다(是也).

3) 제13장 제2절 脚註 참조

1304 君子之道四, 丘未能一焉: 所求乎子, 以事父未能也; 所求乎臣, 以事君未能也; 所求乎弟, 以事兄未能也; 所求乎朋友, 先施之未能也。庸德之行, 庸言之謹, 有所不足, 不敢不勉, 有餘不敢盡; 言顧行, 行顧言, 君子胡不慥慥爾!」

군자가 따르는 길이 넷인데(君子之道四), 나 丘는 어느 하나도 잘하지 못했다(丘未能一焉). 자식에게 바라는 바로써 어버이 섬김을 잘하지 못했고(所求乎子 以事父未能也), 신하에게 바라는 바로써 임금 섬김을 잘하지 못했고(所求乎臣 以事君未能也), 아우에게 바라는 바로써 형 섬김을 잘하지 못했고(所求乎弟 以事兄未能也), 벗에게 바라는 바로써 벗에게 먼저 베풀지 못했다(所求乎朋友 先施[1]之未能也). 평상의 덕을 행하고 평상의 말을 삼가길(庸德之行 庸言之謹[2]), 덕을 행함에는 부족한 것이 있으면 감히 빈둥거리지 않고(有所不足 不敢不勉), 말을 삼감에는 하고 싶은 말이 남아 있어도 감히 다하지 않는다(有餘 不敢盡). 말을 할 때는 앞으로 행할 것을 헤아려서 말하고(言顧行[3]), 행할 때에는 앞서 말한 것을 돌이켜서 행하니(行

1) 先施(선시): 먼저 방문하거나 먼저 예물을 보내는 것을 지칭하는 말로 씀임.

2) ① [易經 乾掛] 평상의 말은 믿음이 있고, 평상의 행동은 신중히 한다(庸言之信 庸行之謹). ② [禮記正義] 덕은 항시 행하고 말은 항시 신중히 하는 것을 말한다(言德常行也 言常謹也)(鄭玄). ③ 謹庸(근용): 언행이 중용의 도에 맞게 신중함을 가리킴.

3) [孟子 盡心下 37:8, 9] 맹자가 말했다. "…공자께서는 말씀하시기를, '내 집 문 앞을 지나면서 내 집에 들어오지 않더라도 내가 서운해 하지 않을 사람은 아마도 향원뿐일 것이다. 향원은 덕을 해치는 도적이다'라고 하셨다." 만장이 물었다. "어떤 사람을 곧 향원이라 말할 수 있겠습니까?" 맹자가 말했다. "향원들은 말하기를, '어찌하여 저들은(狂簡進取之士) 이처럼 포부만 크고 말만 거창한가? 저들이 하는 말은 실행을 염두에 두지 않고 저들이 하는 행동은 저들이 한 말을 염두에 두지 않으면서 입만 열면 「옛날 사람들은 말이야. 옛날 사람들은 말이야.」라고 한다. 저들의 행동거지는 어째서 혼자만 잘난 체하고 쌀쌀맞게 구는가? 이 세상에 태어났으면 이 세상 사람이 되어서 세상으로부터 좋은 사람이라는 말만 들으면 된다.'라고 한다. 자기의 뜻을 굽혀 세상에 영합하는 자가 바로 향원이다"(曰… 孔子曰, 過我門而不入我室 我不憾

顧言), 군자가 어찌 독실하지 않을 수 있겠는가(君子胡不[4])慥慥爾)!"

1304 子, 臣, 弟, 友, 四字絕句。○求, 猶責也。道不遠人, 凡己之所以責人者, 皆道之所當然也, 故反之以自責而自脩焉。庸, 平常也。行者, 踐其實。謹者, 擇其可。德不足而勉, 則行益力: 言有餘而訒, 則謹益至。謹之至則言顧行矣: 行之力則行顧言矣。慥慥, 篤實貌。言君子之言行如此, 豈不慥慥乎, 讚美之也。凡此皆不遠人以爲道之事。張子所謂「以責人之心責己則盡道[5])」是也。

「子」·「臣」·「弟」·「友」 네 글자에서 문장을 끊어 읽는다(子臣弟友 四字絕句[6])). ○「求」는「責(바라다)」과 같다(求 猶責也). 道란 사람을 떠나 있지 않고(道不遠人), 무릇 내가 남에게 바라는 것은 모두 道로서의 당연한 모습이기에(凡己之所以責人者 皆道之所當然也), 그래서 돌이켜서 나에게 요구함으로써 나를 닦는 것이다(故反之以自責而自修焉).「庸」은「平常」이다(庸 平常也).「行」이라는 것은 실제 행동으로 옮기는 것이다(行者 踐其實).「謹」이라는 것은 실천 가능한 말만 택하는 것이다(謹者 擇其可). 德이 부족해도 힘써 노력하다보면「行」에 더욱 힘을 쏟게 될 것이고(德不足而勉 則行益力), 하고 싶은 말이 남아 있어도 참다보면「謹」에 더욱 지극해질 것이다(言有餘而訒 則謹益至).「謹」이 지극해지면 말은「行」을 헤아려서

焉者 其惟鄕原乎. 鄕原德之賊. 曰, 何如斯可謂之鄕原矣? 曰, 何以是嘐嘐也? 言不顧行 行不顧言 則曰古之人古之人. 行何爲踽踽涼涼? 生斯世也 爲斯世也善斯可矣. 閹然媚於世也者是鄕原也).

4) 胡(호): 어떻게. 어찌. 왜. 허투루. 마음대로. 함부로. 胡不(호불): 어찌 ~하지 않는가.

5) 제13장 제2절 脚註 참조.

6) 絕句(절구): ① 문장의 뜻에 따라 잠시 쉬어 읽거나 구두점을 찍다. ② 詩體의 이름으로, 한 수의 시마다 四句로 이루어져 있고 매 구가 五字이면 五言絕句, 七字이면 七言絕句라 한다. 古體絕句와 近體絕句로 구분되는데 近體絕句는 唐나라 때 시작되었다.

하게 되고(謹之至則言顧行矣), 「行」에 힘을 쏟게 되면 「行」은 한 말을 돌이켜서 행하게 된다(行之力則行顧言矣). 「慥慥」는 독실한 모양이다(慥慥[7]篤實貌). 군자의 언행이 이와 같으니, 「豈不慥慥乎(어찌 독실하지 않겠는가!)」라고 말씀한 것으로(言 君子之言行如此 豈不慥慥乎), 이를 찬미한 것이다(讚美之也). 대체로 이것들은 모두 사람을 떠나 있지 아니한 것을 가지고 道를 삼은 사례이다(凡此皆不遠人以爲道之事). 장횡거가 말씀한, 「남에게 責善하는 마음으로써 자기에게 責善하면 道를 다하는 것이다」는 것이(張子所謂以責人之心責己則盡道[8]), 바로 이 말이다(是也).

右第十三章。

여기까지가 제13장이다(右第十三章).

道不遠人者, 夫婦所能, 丘未能一者, 聖人所不能, 皆費也。而其所以然者, 則至隱存焉。下章放此。

제1절의 「道不遠人(道는 사람을 떠나 있지 않는다)」의 道는(道不遠人者), 夫婦라도 할 수 있는 것이고(夫婦所能), 제4절의 「丘未能一(나 丘는 어느 하나도 잘하지 못했다)」의 道는(丘未能一者), 聖人이라도 잘하지 못한 것으로(聖人所不能), 모두 제12장에서 말한 道의 쓰임의 넓은 측면이다(皆費也). 그런데 그것이 그리 되게 하는 까닭인 실체는(而其所以然者), 지극히 은미한 채 그 안에 보존되어 있다(則至隱存焉). 아래 제14장도 이와 비슷하다

---

7) 慥慥(조조): 말과 행함이 상응하는 모양.
8) 제13장 제2절 脚註 참조.

(下章放[9])此).

〔中庸或問〕

「子」·「臣」·「弟」·「友」에서 문장을 끊어 읽는 것은 무엇 때문인지요(曰: 子 · 臣 · 弟 · 友之絶句何也)?

공자께서 말씀하신 뜻은 이렇다. "내가 아버지로서 내 아들에게 바라는 「事父」의 모습은 이와 같은데, 돌이켜 내가 내 아버지께 했던 「事父」의 모습을 보면 이와 같이 하지 못했다. 내가 임금으로서 내 신하에게 바라는 「事君」의 모습은 이와 같은데, 돌이켜 내가 내 임금에게 했던 「事君」의 모습을 보면 이와 같이 하지 못했다. 내가 형으로서 내 동생에게 바라는 「事兄」의 모습은 이와 같은데, 돌이켜 내가 형에게 했던 「事兄」의 모습을 보면 이와 같이 하지 못했다. 내가 친구로서 내 친구에게 바라는 「先施(먼저 베풀다)」의 모습은 이와 같은데, 돌이켜 내가 친구에게 했던 「先施(먼저 베풀다)」의 모습을 보면 이와 같이 하지 못했다. 그러니 저들에게 이렇게 해주길 바라는 것을, 평상의 말과 평상의 행동 가운데에서 자기 스스로에게 바라라. 대개는 남에게서 구할 필요도 없이 내가 나를 닦는데 기준으로 삼을 것들은 저들에게가 아닌 여기 나에게 갖춰져 있다." 요즈음 간혹 그렇게 끊어 읽어서는 안 되는데도 「父」·「君」·「兄」·「之」에서 끊어 읽는데, 그렇게 읽으면 문장의 의미에서 통하지 못하는 부분이 생길 뿐더러 그 意義 역시 타당한 것이 무엇이겠느냐(曰: 夫子之意, 蓋曰我之所責乎子之事己者如此, 而反求乎己之所以事父, 則未能如此也; 所責乎臣之事己者

9) 放(방): =相似. 비슷하다.

如此, 而反求乎己之所以事君, 則未能如此也; 所責乎弟之事己者如此, 而反求乎己之所以事兄, 則未能如此也; 所責乎朋友之施己者如此, 而反求乎己之所以先施於彼者, 則未能如此也. 於是以其所以責彼者, 自責於庸言庸行之間, 蓋不待求之於他, 而吾之所以自脩之則, 具於此矣. 今或不得其讀, 而以父 · 君 · 兄 · 之四字爲絶句, 則於文意有所不通, 而其義亦何所當哉)!

第14章

군 자 소 기 위 이 행 　 불 원 호 기 외

1401　君子素其位而行，不願乎其外。

군자는 지금 그가 처해 있는 자리에 마주하여 그가 해야 할 바를 행하지(君子素其位[1]而行), 자리 밖의 것을 바라지 않는다(不願乎其外[2]).

1401　素, 猶見在也。言君子但因見在所居之位而爲其所當爲, 無慕乎其外之心也。

「素」는「見在(현재)」와 같다(素[3] 猶見在也). 말인즉, 군자는 다만 지금 거처하고 있는 자리에서 그대로(言 君子但因見在所居之位), 그가 마땅히 해야 할 것만을 할 뿐(而爲其所當爲), 자리 밖의 것을 사모하는 마음이 없다(無慕乎其外之心也)는 것이다.

---

1) 素位(소위): 현재 거처해 있는 지위나 자리.

2) ① [論語 泰伯편 제14장] 孔子께서 말씀하셨다. "그 지위에 있지 않으면 그 政事를 꾀하지 않는다"(子曰 "不在其位 不謀其政"). ② [憲問편 제28장] 曾子가 말했다. "君子는 생각이 그의 지위를 벗어나지 않는다"(曾子曰 "君子 思不出其位").

3) ① 素(소): 평소. 향하다. 마주하다. ② 見在(현재): 지금 그대로 있다. 지금.

1402 素富貴, 行乎富貴; 素貧賤, 行乎貧賤; 素夷狄, 行乎夷狄; 素患難, 行乎患難; 君子無入而不自得焉。

지금 부귀의 자리에 있으면 부귀를 따라 행동하고(素富貴 行乎富貴), 지금 빈천의 자리에 있으면 빈천을 따라 행동하고(素貧賤 行乎貧賤), 지금 夷狄의 자리에 있으면 夷狄을 따라 행동하고(素夷狄 行乎夷狄), 지금 환난의 자리에 있으면 환난을 따라 행동한다(素患難 行乎患難). 군자는 어떤 자리에 가서 머물러도 자기 스스로 깨달아 얻지 못하는 것이 없다(君子無入而不自得焉[1]).

1402 難, 去聲。○ 此言素其位而行也。

「難(nàn)」은 去聲이다(難[2] 去聲). ○ 이 구절은 제1절의 「素其位而行(지금 그가 처해 있는 자리에 마주하여 해야 할 바를 행한다)」에 대한 말씀이다(此言素其位而行也).

1) ① [孟子 離婁下편 14:1] 맹자가 말했다. "군자가 깊은 경지에 이르기를 올바른 방법으로써 하는 것은 스스로 깨달아 얻고자 해서이다. 스스로 깨달아 얻게 되면 깨달아 얻은 바에 安居하고, 安居하면 그 바탕이 沉厚하게 쌓이고, 바탕이 沉厚하게 쌓이면 가까운 좌우에서 取用해도 어디에서나 그 근원을 만나게 된다. 그러므로 군자는 스스로 깨달아 얻고자 하는 것이다"(孟子曰 君子深造之以道 欲其自得之也 自得之 則居之安 居之安 則資之深 資之深 則取之左右逢其原 故君子欲其自得之也). ② 自得(자득): 스스로 맘에 들어 하다. 편안하게 느끼다. 마음먹은 대로 되다. 스스로 깨달아 얻다.

2) 難(난): 재해. 災禍. 困苦함.

1403 재상위불능하 재하위불원상 정기이불구어인즉무원 상불원천 하불우인
在上位不陵下, 在下位不援上, 正己而不求於人則無怨。上不怨天, 下不尤人。

윗자리에서는 아랫사람을 능멸하지 않고(在上位 不陵[1]下), 아랫자리에서는 윗사람을 잡아당겨 내리지 않고(在下位 不援上[2]), 자기 자신을 바르게 할 뿐 남에게서 구하지 않으니 원망할 것이 없다(正己而不求於人 則無怨). 위로는 하늘을 원망하지 않으며 아래로는 사람을 탓하지 않는다(上不怨天 下不尤人[3]).

1403 援, 平聲。○ 此言不願乎其外也。

「援(yuán)」은 平聲이다(援[4] 平聲). ○ 이 구절은 제1절의「不願乎其外(자리 밖의 것을 바라지 않는다)」에 대한 말씀이다(此言不願乎其外也).

---

1) 陵(능): =凌. 우롱하다. 모욕하고 업신여기다. 凌蔑하다.

2) [論語 學而편 제2장] 有子가 말했다. "그 사람됨이 효제한 사람인데 윗사람에게 함부로 대드는 것을 좋아하는 자는 많지 않다. 윗사람에게 함부로 대는 것을 좋아하지 않는 사람인데 亂을 일으키기를 좋아하는 자는 없다"(有子曰 "其爲人也孝弟 而好犯上者 鮮矣 不好犯上而好作亂者 未之有也").

3) [論語 衛靈公편 제37장] 孔子께서 말씀하셨다. "나를 알아주는 사람이 없구나!" 子貢이 여쭈었다. "어찌 선생님을 알아주는 사람이 없겠습니까?" 孔子께서 말씀하셨다. "하늘을 원망하지 않았고 사람을 탓하지 않았으며 아래로 배워 위로 達하였으니 나를 알아주는 자는 아마 하늘이겠구나!"(子曰 "莫我知也夫." 子貢曰 "何爲其莫知子也." 子曰 "不怨天 不尤人 下學而上達 知我者 其天乎").

4) 援(원): 끌어당기다. 올라타다. 기어오르다. [禮記 緇衣편] 不援其所不及(미치지 않는 것을 잡아당기지 않는다). [禮記正義] 매달려 알랑거리다(援, 謂牽持之也).

1404 故君子居易以俟命, 小人行險以徼幸。

그러므로 군자는 평온하게 거처하면서 이로써 하늘의 소리를 기다려 聽從하고(故君子居易[1]以俟命), 소인은 위험한 짓을 하면서 이로써 분수에 맞지 않는 요행을 企求한다(小人行險[2]以徼幸).

1404 易, 去聲。○易, 平地也。居易, 素位而行也。俟命, 不願乎外也。徼, 求也。幸, 謂所不當得而得者。

「易(yì)」은 去聲이다(易 去聲). ○「易(이)」는「平地(평온하게)」이다(易 平地[3]也).「居易」는 제1절의「素位而行(지금 그가 처해 있는 자리에 마주하여 그가 행할 바를 행한다)」에 해당한다(居易 素位而行也).「俟命」은 제1절의「不願乎外(자리 밖의 것을 바라지 않는다)」에 해당한다(俟命[4] 不願乎外也).「徼」는「求(구하다)」이다(徼 求也).「幸」은 얻어서는 안 되는데 얻게 된 것을 말한다(幸 謂所不當得而得者).

---

1) 居易(거이): 평안하다. 平易하다. 평상적인 상황에 거처하다.
2) ① 行險徼幸(행험요행): 위험을 무릅쓰고 일을 처리하여 이익을 추구함. ② 行險(행험): 위험한 길을 가다. 위험한 일을 하다.
3) 平地(평지): 평온하게. 편안하게
4) 俟命(사명): =聽天由命. 하늘의 소리를 듣고 그 명령을 따르다(맡다). 명령을 기다리다.

자왈 사유사호군자 실저정곡 반구저기신

1405 子曰:「射有似乎君子; 失諸正鵠, 反求諸其身。」

공자께서 말씀하셨다(子曰). "활쏘기는 군자와 비슷한 데가 있다(射有似乎[1]君子). 正鵠을 맞추지 못하면(失諸正鵠), 돌이켜서 자기 자신에게서 찾는다(反求諸其身[2])."

1405 正, 音征。鵠, 工毒反。○畫布曰正, 棲皮曰鵠, 皆侯之中, 射之的也。子思引此孔子之言, 以結上文之意。

「正」은 음이「征」이다(正 音征).「鵠」은「工」과「毒」의 反切이다(鵠 工毒反). ○ 삼베에 그려놓은 표적을「正」이라 하고(畫布曰正), 가죽을 붙여놓은 표적을「鵠」이라 하는데(棲[3]皮曰鵠), 모두 과녁의 한가운데로서(皆侯[4]之中), 활을 쏘는 標的이다(射之的也). 子思가 이 孔子의 말씀을 인용해(子思引此孔子之言), 이로써 위 제14장의 뜻을 결론 맺는 것이다(以結上文之意).

右第十四章。

---

1) 似乎(사호): 마치(=好象). 비슷하다. 마치 ~인 것 같다.

2) ① [論語 衛靈公편 제20장] 孔子께서 말씀하셨다. "君子는 자기에게서 찾고 小人은 남에게서 찾는다"(子曰 "君子求諸己 小人求諸人"). ② [孟子 公孫丑상편 7:5] 맹자가 말했다. "仁이라는 것은 활쏘기와 같다. 활 쏘는 자는 몸가짐을 바르게 하고 나서 화살을 쏜다. 화살을 쐈는데 과녁을 맞히지 못해도 자기를 이긴 자를 원망하지 않고 돌이켜 자기에게서 찾을 뿐이다"(孟子曰 "仁者 如射. 射者正己而後發 發而不中 不怨勝己者 反求諸己而已矣").

3) ① 棲(서): 새가 깃들다. 머물다. 기거하다. ② 皮(피): 털이 붙어있는 짐승 가죽을 皮, 털을 제거한 짐승 가죽을 革이라 함.

4) 侯(후): 과녁판.

여기까지가 제14장이다(右第十四章).

子思之言也。凡章首無「子曰」字者放此。

이 章은 子思의 말씀이다(子思之言也). 무릇 章의 첫머리에 「子曰」이란 글자가 없는 글은 이 章처럼 子思의 말씀이다(凡章首 無子曰字者 放此).

第15章

1501 君子之道, 辟如行遠必自邇, 辟如登高必自卑。

군자의 도는(君子之道), 비유하자면 먼 곳을 가는데 반드시 가까운 데로부터 해야 하는 것과 같고(辟如行遠[1]必自邇[2]), 비유하자면 높은 곳을 오르는데 반드시 낮은 데로부터 해야 하는 것과 같다(辟如登高必自卑).

1501 辟, 譬同。

「辟」는 「譬」와 같다(辟 譬同).

---

1) ① [書經 太甲] 높은 데를 오르려면 밑에서부터 시작해야 하고, 먼 곳을 올라가려면 가까이서부터 시작해야 한다(若升高 必自下 若陟遐 必自邇). ② 行遠升高(행원승고): 학문이 낮은 데서 깊은 데로 차츰차츰 높아짐을 비유하는 말로 쓰임.

2) 行遠自邇(행원자이): 먼 길을 가려면 반드시 가까운 데서부터 개시한다는 말로, 일을 할 때는 반드시 낮은 데서 깊은 데로 순서에 따라 점진적으로 해야 함을 비유하는 말로 쓰임. ② 辟如(비여): =譬如, 比如. 예를 들 때 쓰는 발어사. 예를 들면. 예컨대. ③ 邇(이): =近. 가깝다. 가까이 가다.

1502 詩曰:「妻子好合, 如鼓瑟琴; 兄弟旣翕, 和樂且耽; 宜爾室家; 樂爾妻帑。」

『詩』는 노래한다(詩[1])曰). "처자식 화목함이 거문고와 비파 합주하는 듯(妻子好合[2]) 如鼓瑟琴). 형 아우 우애하니 화락하고 즐겁구나(兄弟旣翕 和樂且耽). 부모형제 의좋으니 처자식까지 흥에 겨워(宜爾室家[3]) 樂爾妻帑)."

1502 好, 去聲。耽, 詩作湛, 亦音耽。樂, 音洛。○ 詩小雅常棣之篇。鼓瑟琴, 和也。翕, 亦合也。耽, 亦樂也。帑, 子孫也。

「好(hào)」는 去聲이다(好 去聲). 「耽」은 『詩經』에는 「湛」으로 쓰여 있는데, 역시 음이 「耽」이다(耽 詩作湛, 亦音耽[4])). 「樂」은 음이 「洛」이다(樂 音洛). ○ 『詩』는 『詩經』 「小雅」편 「常棣(상체)」이다(詩 小雅常棣之篇). 「鼓瑟琴(금슬을 탄다)」는 「和」에 해당한다(鼓瑟琴 和也). 「翕」 또한 「合」에 해

---

1) [詩經 小雅편 常棣] ① 뒷동산의 아가위 꽃 울긋불긋 피었네. 세상사람 있어도 형제 같은 사람 없지. ② 죽을 고비 닥쳤어도 형젠 서로 생각하네. 어려운 일 당할수록 형제들은 구해주네. ③ 할미새도 무색해라 형제끼리 바삐 돕네. 좋은 벗은 있지만은 탄식하며 바라만 봐. ④ 집안에서 싸운 형제 밖의 모욕 함께 막네. 좋은 벗은 있지만은 급할 때 도움 안 돼. ⑤ 어려운 일 해결되어 편안하고 안정되면 비록 형제 있다 하나 벗들만 못해 보여. ⑥ 성찬을 갖춰 놓고 흡족하게 마셔 보세. 형제 모두 모였으니 이 아니 즐거운가. ⑦ 처자가 화합해 슬을 뜯고 금을 뜯네. 형제간에 우애 있어 그 더욱 즐겁구나. ⑧ 온 집안이 편하도록 처자들이 즐겁도록 노력해 구한다면 그렇게 될 것이라(이기동, 『시경강설』, 성균관대학교출판부)(① 常棣之華, 鄂不韡韡. 凡今之人, 莫如兄弟. ② 死喪之威, 兄弟孔懷. 原隰裒矣, 兄弟求矣. ③ 脊令在原, 兄弟急難. 每有良朋, 況也永歎. ④ 兄弟鬩于牆, 外禦其務. 每有良朋, 烝也無戎. ⑤ 喪亂旣平, 旣安且寧. 雖有兄弟, 不如友生. ⑥ 儐爾籩豆, 飮酒之飫. 兄弟旣具, 和樂且孺. ⑦ 妻子好合, 如鼓瑟琴. 兄弟旣翕, 和樂且湛. ⑧ 宜爾室家, 樂爾妻帑. 是究是圖, 亶其然乎).

2) 好合(호합): 서로 의기투합하다. 화목하게 지내다.

3) 室家(실가): 부부. 처자. 가정 또는 父母 兄弟 妻子 等 가족구성원에 대한 범칭.

4) 耽(탐): 「丁含切」 또는 「都含切」로 음이 「담」이다.

당한다(翕 亦合也).「耽」은 또「樂」에 해당한다(耽[5] 亦樂也).「帑」는「子孫」을 말한다(帑[6] 子孫也).

5) 耽(탐): 즐기다. 화락하다. 빠지다. 탐닉하다.

6) 帑: ① (탕) 옛날에 금전이나 재물을 수장해 놓던 창고. 숨기다. ② (노) =拏. 자녀. 처와 자녀. 妻帑(처노): 아내와 자녀.

자왈 부모기순의호

1503 子曰:「父母其順矣乎!」

공자께서 말씀하셨다(子曰). "부모께선 참으로 편안하고 즐거우셨겠지(父母其順矣乎)!"

1503 夫子誦此詩而贊之曰: 人能和於妻子, 宜於兄弟如此, 則父母其安樂之矣。子思引詩及此語, 以明行遠自邇, 登高自卑之意。

孔子께서 이 시를 읊으시고는 찬미하시길(夫子誦此詩而贊之曰), "사람이 능히 처자식 간에 화합하고(人能和於妻子), 형제간에 우애함이 이와 같다면(宜於兄弟如此), 부모께선 참으로 편안하고 즐거우셨겠지(則父母其安樂之矣)" 하신 것이다. 子思께서 시와 이 孔子의 말씀을 인용해(子思引詩及此語),「먼 곳을 가는데 가까운 데로부터 하고 높은 곳을 오르는데 낮은 데로부터 한다.」는 뜻을 밝히신 것이다(以明行遠自邇 登高自卑之意).

右第十五章。

여기까지가 제15장이다(右第十五章).

第16章

1601 子曰:「鬼神之爲德, 其盛矣乎!

공자께서 말씀하셨다(子曰). "귀신의 덕 됨됨이는(鬼神之爲德), 참으로 성대하구나(其盛矣乎)!

1601 程子曰:「鬼神, 天地之功用, 而造化之迹也。」張子曰:「鬼神者, 二氣之良能也。」愚謂以二氣言, 則鬼者陰之靈也, 神者陽之靈也。以一氣言, 則至而伸者爲神, 反而歸者爲鬼, 其實一物而已。爲德, 猶言性情功效。

程子가 말했다(程子曰). "귀신은 천지의 작용이고 조화의 자취이다(鬼神天地之功用[1) 而造化之迹也)." 장횡거가 말했다(張子曰). "귀신은 陰과 陽 두 개의 氣의 本有한 기능이다(鬼神者 二氣之良能[2)也)." 내가 생각건대(愚

---

1) ① 功用(공용): 효용. 기능. 작용. 효능. ② 造化(조화): 자연계의 창조자 또는 대자연. 창조하고 화육하다. 만물의 생성 · 발전 · 변화의 전 과정. "천지의 조화는 저절로 새롭게 태어나고 태어나 끊임이 없다(天地之化 自然生生不窮)"(伊川).

2) ① [孟子 盡心상편 15:1] 맹자가 말했다. "사람이 배우지 않고도 하게 되는 것 그것이 良能이다. 생각지 않고도 알게 되는 것 그것이 良知이다. 손잡고 다닐 만한 어린아이도 자기 어버이를 사랑할 줄 모를 리 없고 그가 커서는 그 형을 공경할 줄 모를 리 없다. 어버이를 사랑하는 것이 仁이고 어른을 공경하는 것이 義이다. 이것 외에 다른 것은 온 천하에 두루 통하는 것이 없다"(孟子曰 "人之所不學而能者 其良能也 所不慮而知者 其良知也 孩提之童 無不知

謂), 두 개의 氣로 구분해서 말하면「鬼」는 陰의 영이고「神」은 陽의 영이다(以二氣言 則鬼者 陰之靈也 神者 陽之靈也). 한 개의 氣로 통합해서 말하면 와서 펼쳐지는 것은「神」이 되고, 되돌아서 가는 것은「鬼」가 되는데(以一氣言 則至而伸者爲神 反而歸者爲鬼), 그 실상은 한 가지 物일 뿐이다(其實 一物而已). 「爲德」은 성정과 효과를 말하는 것과 같다(爲德[3] 猶言性情功效[4])[5][6].

愛其親也 及其長也 無不知敬其兄也 親親 仁也 敬長 義也 無他 達之天下也"). ② [孟子要義] 거름을 하지 않아도 비옥한 땅을 良田이라 하고, 길들이지 않아도 빠른 말을 良馬라 하고, 가르치지 않아도 아는 자를 良知라 하고 배우지 않아도 잘 하는 것을 良能이라 한다(不糞而肥謂之良田 不馴而驟謂之良馬 不敎而知謂之良知 不學而能謂之良能)(丁若鏞). ③ 良能(양능): 원래 타고난 능력. 내재되어 있는 본유적인 기능.

3) [朱子語類] ① (63:131) 侯師聖이 중용의 '鬼神之爲德'을 해석하기를, '鬼神'은 形而下者이고 '鬼神之德'은 形而上者라고 하자, (朱子가) '中庸之爲德'이라는 글귀에서와 같이 '中庸'은 形而下者이고 '中庸之德'은 形而上者라는 하는 것은 어불성설 아닌가!라고 하였다(侯師聖解中庸 "鬼神之爲德", 謂 "鬼神爲形而下者, 鬼神之德爲形而上者". 且如 "中庸之爲德", 不成說中庸爲形而下者, 中庸之德爲形而上者!). ② (63:126) 귀신은 보아도 보이지 않고 들어도 들리지 않는 것이니, 사람은 모름지기 귀신의 良能과 功用 측면에서만 그 덕을 인식해야 한다(鬼神視之而不見, 聽之而不聞, 人須是於那良能與功用上認取其德).

4) ① 性情(성정): 품성. 기질. 성격. 특징. ② 功效(공효): 효능. 효과. 효험.

5) [朱子語類] ① (63:117) 바람이 불고 비가 내리고 서리가 오고 이슬이 내리는 것이나, 사계절이 변화하는 것이 조화의 자취이다(或問 "鬼神者, 造化之跡." 曰: "風雨霜露, 四時代謝"). ② (63:118) 해와 달, 밤하늘의 별, 바람과 우레 등이 다 조화의 자취이다. 천지간은 오직 이 一氣일 뿐이다. 오는 것이 神, 가는 것이 鬼이다. 사람의 몸에 비유하면 살아 있는 것이 神이고, 죽은 것이 鬼이니 다 一氣일 따름이다(蕭增光問 "鬼神造化之跡." 曰: "如日月星辰風雷, 皆造化之跡. 天地之間, 只是此一氣耳. 來者爲神, 往者爲鬼. 譬如一身, 生者爲神, 死者爲鬼, 皆一氣耳"). ③ (63:130) 천지의 조화는 다 귀신이다(天地造化 皆是鬼神) ④ (83:99) 귀신은 조화의 자취이다. 우선 예컨대 바람을 일으키고 비를 만들고 우레가 요동치고 번개가 번쩍이며 꽃이 피고 지는 것 이것이 귀신이 아니고 무엇인가? 사람들이 스스로 살피지 않았을 따름이다. 그리고는 귀신의 일을 이야기하는 것을 듣게 되면 괴이하다고 여기는 것이다. 세상에는 그와 같은 도리의 일이 있기 때문에 없다고는 할 수 없지만, 다만 조화의 정상 상태가 아닐 따름이다. 그것은 음양의 부정한 기를 얻은 것일 따름이니 놀래거나 미혹될 필요가 없다(鬼神者, 造化之跡. 且如起風做雨, 震雷閃電, 花生花結, 非有神而何? 自不察耳. 才見說鬼事, 便以爲怪. 世間自有箇道理如此, 不可謂無, 特非造化之正耳. 此得陰陽不正之氣, 不須驚惑). ⑤ (3:45) 천하 만사만물은 예부터 지금까지 오직 이 음양이 消息屈伸(줄고 늘고 움츠리고 펼쳐짐)하는 것일 따름이다(…天下萬物萬事自古及今, 只是箇

〔中庸或問〕

귀신에 대한 설명의 상세한 내용은 어떠한지요(或問: 鬼神之說, 其詳奈何)?

陰陽消息屈伸). ⑥ (68:18) 만물이 생겨날 때는 氣가 점차 와서 점점 불어나지만, 만물의 생장이 극에 달하면 氣가 점차 되돌아가 游散되게 되는 것, 이것이 곳 鬼神이고 이른바 '二氣의 良能'이라는 것이다. 귀신은 다만 陰陽을 지칭하는 것일 따름이다. 또 나누어서 말하면 鬼는 陰, 神은 陽이다. 대체로 가는 것(往)은 陰, 오는 것(來)이 陽이며, 움츠러드는 것(屈)이 陰, 펼쳐지는 것(伸)이 陽이다. 어떠한 사물도 往來屈伸의 의미가 없는 것은 없으니, 이 모두가 귀신이 뚜렷이 드러난 경우이다(…其生也, 氣日至而滋息; 物生旣盈, 氣日反而游散, 便是鬼神, 所謂'二氣良能'者. 鬼神只是以陰陽言. 又分言之, 則鬼是陰, 神是陽. 大率往爲陰, 來爲陽; 屈爲陰, 伸爲陽. 無一物無往來屈伸之義, 便皆鬼神著見者也). ⑦ (3:6) 귀신은 음양의 消長에 불과하다. 천지만물을 생성화육하는 것, 비가 오는 것, 바람이 부는 것, 어두워지는 것 모두가 이것이다(鬼神不過陰陽消長而已. 亭毒化育, 風雨晦冥, 皆是). ⑧ (3:73) 어떤 사물이 있으면 곧 그 귀신이 있으니, 어떤 것도 음양의 소위 아닌 것이 없다. 하나의 일에도 각기 또 음양이 있다(有此物便有此鬼神, 蓋莫非陰陽之所爲也… 就一事之中, 又自有陰陽也). ⑨ (63:112) "귀신의 덕은 어째서 양능 · 공용처입니까?" "논하건대 오직 陰陽屈伸의 氣일 뿐이니, 그저 陰陽이라고만 말해도 된다. 그러나 반드시 鬼神이라 한 것은 그 良能 · 功用을 가지고 말했기 때문이다. 이제 良能 · 功用에서 귀신의 덕을 찾아야 한다"(論來只是陰陽屈伸之氣, 只謂之陰陽亦可也. 然必謂之鬼神者, 以其良能功用而言也. 今又須從良能功用上求見鬼神之德, 始得…)(鬼神章에서 인용한『朱子語類』의 글은『주자철학의 귀신론』(박성규 著, 한국학술정보 간행)에서 인용한『朱子語類』의 글을 일부 옮겨 실은 것임).

6) [講義補] 옛 사람들은 진실한 마음으로 하늘을 섬기고 진실한 마음으로 神을 섬기면서, 一動一靜이나 一念의 싹이라도 혹시라도 성심인가 거짓인가 선한가 악한가 경계하며 말하길 '나날이 굽어보심이 여기에 임재해 있다'고 하였기에, 戒愼 · 恐懼 · 愼獨이 참으로 진지하고 독실하여 실로 天德에 이르렀던 것이다. 지금 사람들은 하늘을 理, 귀신을 功用 · 造化之跡 · 二氣之良能이다 하여, 마음속으로 알고 있는 것이 참으로 막막하여 헤아릴 수 없어 지각이 없는 사람의 짓과 똑같아서, 어두운 곳에서 마음을 속이고 방자히 거리끼는 것이 없으니, 종신토록 도를 배운들 요순의 경지에 참여하지 못하는데, 이 모두가 鬼神之說에 관해 명백하지 못한 까닭이다. 아래(제29장 제4절)에서, '귀신에게 물어본다 해도 의심이 없을 정도이면 하늘을 아는 것이다. 백 세대 뒤의 성인을 기다려 여쭤본다 해도 의혹이 없을 정도이면 사람을 아는 것이다' 했는데, 성인이 사람이라면 귀신은 하늘이 아니겠는가(古人實心事天, 實心事神, 一動一靜, 一念之萌, 或誠或僞, 或善或惡, 戒之曰日監在茲, 故其戒愼恐懼愼獨之切眞切篤, 實以達天德. 今人以天爲理, 以鬼神爲功用爲造化之跡爲二氣之良能, 心之知之, 杳杳冥冥, 一似無知覺者然, 暗室欺心, 肆無忌憚, 終身學道, 而不可與入堯舜之域, 皆於鬼神之說, 有所不明故也. 下文曰質諸鬼神而無疑, 知天也, 百歲以俟聖人而不惑, 知人也, 聖人旣人則鬼神非天乎).

귀신의 의의에 대해서는 공자께서 宰予에게 말해준 것이『禮記』「祭義」편에 보인다(제16장 제3절 脚註 참조). 그 설명이 대단히 상세하고 鄭氏의 해석 또한 대단히 명료하다. 鄭氏는 입과 코의 호흡을 魂이라 하고, 귀와 눈의 精明(聰明)을 魄이라 하였다. 대개 血氣같은 부류를 가리켜 밝힌 것이다. 정자나 장횡거는 다시 陰陽造化를 가지고 설명했는데, 그 뜻이 또 광범위하여 천지만물의 屈伸往來가 모두 그 가운데 포함된다(曰: 鬼神之義, 孔子所以告宰予者, 見於《祭義》之篇, 其說已詳, 而鄭氏[7]釋之, 亦已明矣. 其以口鼻之噓吸者爲魂, 耳目之精明者爲魄, 蓋指血氣之類以明之. 程子·張子更以陰陽造化爲說, 則其意又廣, 而天地萬物之屈伸往來, 皆在其中矣).

대개 陽魂을 神이라 하고 陰魄을 鬼라 하는데, 이는 그것이 사람에게 있기 때문이다. 陰陽이 합해지면 魄과 魂이 응결되어 태어나고, 陰陽이 나뉘어 흩어지면 魂은 올라가 神이 되고, 魄은 내려가 鬼가 된다.『周易』「繫辭傳」에서 말한, '精氣는 응결되어 物이 되고 魂은 유산되어 자연현상이 되므로 鬼神의 情狀을 알 수 있다'라는 말은 바로 이를 밝힌 것이다.『書經』에서 말한 '徂落' 또한 그것이 昇하고 降하는 것을 가지고 말한 것일 뿐이다. 만일 往과 來로써 말하면 오는 것은 바야흐로 伸하니 神이고, 가는 것은 이미 屈하니 鬼이다. 대체로 二氣로 나누지만 실은 一氣의 운행이다. 그러므로 陽은 伸이 主가 되고, 陰은 屈이 主가 되며, 종합하여 말하면 또한 각각 그에 맞는 뜻을 얻을 수 있을 것이다(蓋陽魂爲神, 陰魄爲鬼, 是以其在人也, 陰陽合, 則魄凝魂聚而有生; 陰陽判, 則魂升爲神, 魄降爲鬼.《易大傳》所謂'精氣爲物, 游魂[8]爲變, 故知鬼神之情狀'者, 正以明此. 而書所謂徂落[9]

7) 鄭氏(정씨): =鄭玄(127~200). 후한 말 사람. 經學의 대성자. 자는 康成. 古文經學을 위주로 하면서 今文經說도 채용하여 일가를 이루었는데, 이를 일러 鄭學이라 부름.『周易』『尙書』『毛詩』『周禮』『儀禮』『禮記』『論語』『孝經』등의 경서를 주석함.

8) 遊魂(유혼): 游散된 精氣. 정기가 응취되어 태어난 생명이 정기가 흩어지면 사망에 이른다.

者, 亦以其升降爲言耳. 若又以其往來者言之, 則來者方伸而爲神, 往者旣屈而爲鬼. 蓋二氣之分, 實一氣之運, 故陽主伸, 陰主屈, 而錯綜以言, 亦各得其義焉).

9) ① [書經 舜典편] 제위한 지 28년 만에 순임금이 돌아가셨다(二十有八載, 帝乃殂落). ② [孟子集注 萬章상편 4:1] 「徂」는 「升(오르다)」이다. 「落」은 「降(내려가다)」이다. 사람이 죽으면 魂은 올라가고 魄은 내려간다. 그래서 옛날에 죽는 것을 「徂落」이라 하였다(徂, 升也. 落, 降也. 人死則魂升而魄降, 故古者謂死爲徂落).

시 지 이 불 견 　 청 지 이 불 문 　 체 물 이 불 가 유

1602 視之而弗見, 聽之而弗聞, 體物而不可遺。

보아도 보이지 않고(視之而弗見), 들어도 들리지 않지만(聽之而弗聞), 物을 체현시키는 것이니 物에서 빠져서는 안 되는 것이다(體物[1]而不可遺).

1602 鬼神無形與聲, 然物之終始, 莫非陰陽合散之所爲, 是其爲物之體, 而物所不能遺也。其言體物, 猶易所謂幹事。

귀신은 형체도 소리도 없지만(鬼神無形與聲), 物의 끝이자 처음으로 어느 하나 陰과 陽의 凝聚 · 消散 작용이 아닌 것이 없으니(然物之終始 莫非陰陽合散之所爲), 物의 體가 되는 만큼 物에서 빠져서는 안 되는 것이다(是其爲物之體而物之所不能遺也). 「體物」이라 말한 것은『周易』「乾卦 文言傳」에서 말한 「幹事(일을 주관하다)」라는 말과 같다(其言體物 猶易所謂幹事[2]).

---

1) [朱子語類] ① (63:86) '體物而不遺' 구절의 경우, 바로 귀신의 덕이 만물의 體幹(사물의 근간)이 됨을 논한 것일 뿐이다(據'體物而不遺'一句, 乃是論鬼神之德爲萬物之體幹耳.) ② (3:59) 귀신이란 主宰한다고 말할 수 있을 뿐, 하나의 物이라고 말해서는 안 된다. 흙으로 빚은 神像 같은 부류가 아니라 단지 氣일 뿐이다. 제사에서처럼 단지 정신을 집중하면 감응할 따름이다. 조상은 네가 이어받은 氣이기 때문에 감응할 수 있다(鬼神以主宰言, 然以物言不得. 又不是如今泥塑底神之類, 只是氣. 且如祭祀, 只是你聚精神以感之. 祖考是你所承流之氣, 故可以感). ③ (98:23) "天理가 物의 體여서 物에서 빠질 수 없는 것은, 仁이 事의 體여서 事에 없는 곳이 없다고 하는 것과 같다고 하면 어떻습니까?" 하자, 주자가 말했다. "理는 物의 體이고 仁은 事의 體이다. 어떤 사물이든 간에 모두 天理를 구비하고 있어 모두 이 仁이 이루어진다. 仁은 事의 體이다. 體物은 幹事, 즉 일의 근간이라는 말과 같다. '禮儀三百 威儀三千'은 仁이 아니면 행할 수 없다. 비유컨대 의복은 반드시 사람이 몸에 입어야만 한다. '앉기를 尸처럼 한다'와 같이 반드시 해내야 하는 것이다. '體이다'라고 말하는 것은 모두가 반드시 기본 골격으로 작용한다는 말이다"(問: "'天體物而不遺, 猶仁體事而無不在', 何也?" 曰: "理者物之體, 仁者事之體. 事事物物, 皆具天理, 皆是仁做得出來. 仁者, 事之體. 體物, 猶言幹事, 事之幹也. '禮儀三百, 威儀三千', 非仁則不可行. 譬如衣服, 必有箇人著方得. 且如'坐如尸', 必須是做得. 凡言體者, 必是做箇基骨也").

2) ① 體物(체물): 사물의 근간이 되다. 만물을 생성시키다. ② 幹事(간사): 일을 처리하다. 주관하다. 주최하다.

〔中庸或問〕

선생님께서「幹事」를 가지고「體物」을 밝히신 것은 무엇 때문인지요(曰: 子之以幹事明體物何也)?

천하의 모든 物은 어느 하나 귀신의 작용 아닌 것이 없다. 그러므로 귀신이 物의 體가 되고 物은 이것이 없이는 존재하지 못한다. 그렇지만「物의 體」라고 말하면 物은 氣보다 먼저 존재하는 것이 되고 만다. 그러므로 반드시「物을 體現시키는 것」이라 말한 연후에야 그 氣가 物보다 먼저 존재한다는 것이 드러나니 말이 순조롭게 된다.「幹」은 나무에 있는 줄기이다. 반드시 앞서서 줄기가 있고 나서 그 후에 가지와 입이 거기 붙어 돋아난다.「貞」이 幹事가 되기에 족한 것 또한 이와 같다(曰: 天下之物, 莫非鬼神之所爲也, 故鬼神爲物之體, 而物無不待是而有者. 然曰爲物之體, 則物先乎氣, 必曰體物, 然後見其氣先乎物而言順耳. 幹, 猶木之有幹, 必先有此, 而後枝葉有所附而生焉. 貞之幹事[3], 亦猶是也).

---

3) [周易 乾卦] 정도를 지켜 흔들림 없으니 일을 주관하기에 족하다(貞固足以幹事).

1603 使天下之人齊明盛服, 以承祭祀。洋洋乎! 如在其上, 如在其左右。

천하의 모든 사람들로 하여금 목욕재계하고 의관을 整齊하여 제사를 받들게 한다(使天下之人 齊明[1]盛服 以承祭祀). 제단 주위로 넘칠 듯이 충만하구나(洋洋乎)! 마치 바로 위에 계신 듯 바로 옆에 계신 듯하다(如在其上 如在其左右)[2].

1) 齊明(재명): 제사 전에 목욕재계하여 마음을 가라앉히고 몸을 깨끗이 함.

2) ① [論語 八佾편 제12장] 조상에게 제사지낼 때는 祖上이 계신 것같이 제사지내고 神에게 제사지낼 때는 神이 계신 것 같이 하셨다. 孔子께서 말씀하셨다. "내가 몸소 祭祀에 參與하지 않으면 제사지내지 않는 것과 같다"(祭如在 祭神如神在 子曰 "吾不與祭 如不祭"). ② [朱子語類 63:111] "귀신이 '物을 체현시키는 것이어서 物에는 빠질 수 없다'고 한 것은 단지 음양의 측면에서 말한 것인데, 후반에서 갑자기 조상의 제사를 언급한 것은 무슨 까닭입니까?" "후반에서는 物을 체현시키는 귀신의 작용 중에 친근하면서 현저한 사례에 대하여 논했기 때문이다. 만약 이같이 말하지 않으면 사람들은 필시 바람 · 우레 · 산 · 못 등의 자연조화가 한 가지의 귀신이고, 사당 안에 제사를 드리는 대상은 별도의 다른 귀신으로 간주할 것이기 때문에, 귀신의 작용 중에 친근하면서 현저한 경우를 논하여 사람으로 하여금 모두 똑같은 귀신의 작용임을 알게 하려는 것이다"(或問: "鬼神'體物而不可遺', 只是就陰陽上說. 末後又卻以祭祀言之, 是如何?" 曰: "此是就其親切著見者言之也. 若不如此說, 則人必將風雷山澤做一般鬼神看, 將廟中祭享者又做一般鬼神看. 故卽其親切著見者言之, 欲人會之爲一也"). ③ [朱子語類 3:62] 제사에서의 感格(감응하여 오다)은 陰에서 구하기도 하고 陽에서 구하기도 하여, 각각 그 부류에 따르는 방법을 하는 것은, 응하여 올 때는 혼과 백이 함께 오기 때문이다. 그러나 어떤 一物(특정 사람이나 사물을 닮은, 유형이나 무형의 존재)이 허공에 있으면서 자손이 구하기를 기다리며 머물러 있는 것이 아니다. 다만 제사를 주관하는 자가 제사를 받는 자의 핏줄을 이어받아 동일한 氣가 유전하고 있는 후손일 경우, 그 주관자가 정성과 공경을 다하여 감응해 올 때 조상의 기는 정말로 거기에 깃들게 되는 것이다(祭祀之感格, 或求之陰, 或求之陽, 各從其類, 來則俱來. 然非有一物積於空虛之中, 以待子孫之求也. 但主祭祀者旣是他一氣之流傳, 則盡其誠敬感格之時, 此氣固寓此也). ④ [荀子 禮論편] 제사란 돌아가신 자를 생각하고 추모하는 마음으로, 마음을 다하고 믿음을 다하고 사랑을 다하고 공경을 다하는 것이고, 예절과 격식과 모양을 성대히 갖추는 것이다. 제사에 대하여 군자는 사람의 도리로 여기고 백성은 귀신을 섬기는 것으로 여긴다. 재계를 하고 제물을 올리고 축문을 고하여, 마치 마주 대하고 계시는 듯이 하고 맛을 실제로 보시는 듯이 하고 그 자리에 계시다가 떠나시는 듯이 한다. 얼마나 슬픈가! 얼마나 경건한가! 돌아가신 자를 섬기길 살아계신 자 섬기듯이 하고, 자리에 안 계신 자를 섬기길 마치 이 자리에 계신 자 섬기듯이 하니, 형체도 그림자도 없는 자에 대한 의식이지만 그 격식은 다 하는 것이다(故曰, 祭者, 志意思慕之情也, 忠信愛敬之至矣, 禮節文貌之盛矣… 其在君子,

1603 齊, 側皆反。○齊之爲言齊也, 所以齊不齊而致其齊也。明, 猶潔也。洋洋, 流動充滿之意。能使人畏敬奉承, 而發見昭著如此, 乃其體物而不可遺之驗也。孔子曰:「其氣發揚于上, 爲昭明焄蒿悽愴。此百物之精也, 神之著也。」, 正謂此爾。

「齊」는「側」과「皆」의 反切이다(齊 側皆反). ○「齊(재계)」라는 말에 들어 있는 뜻은「齊(가지런히 한다)」인데(齊[3]之爲言[4] 齊也), 그러니까 가지런하지 못한 것을 가지런하게 해서 齋戒에 온 정성을 쏟는다는 것이다(所以齊不齊而致其齊也).「明」은「潔(깨끗하다)」과 같다(明 猶潔也).「洋洋」은「流動充滿(넘칠 듯이 충만하다)」의 뜻이다(洋洋[5] 流動充滿之意). 사람들로 하여금 두렵고 경건한 마음으로 제사를 받들게 할 수 있고 그 발현되는 모습이 이같이 뚜렷하니(能使人畏敬奉承而發見昭著[6]如此), 바로 그것이「物을 체현시키는 것이어서 物에서 빠져서는 안 되는」 귀신에 대한 증거이다(乃

以爲人道也, 其在百姓, 以爲鬼事也… 齋戒脩涂… 告祝, 如或響之… 如或嘗之… 如或去之. 哀夫! 敬夫! 事死如事生, 事亡如事存, 狀乎無形影, 然而成文). ④ 현대의 新儒家인 馮友蘭(1895~1990)은 儒家가 존숭하는 '祭祀'는 실질상 인간의 심리정감을 表達하는 '詩'이자 '藝術'이라고 지적했다.「유가가 宣揚하는 喪禮 · 祭禮는 詩와 藝術이지 宗教가 아니다(儒家所宣傳之喪禮祭禮, 是詩與藝術而非宗教. 儒家待對死者之態度, 是詩的, 藝術的, 而非宗教的)」(북경대학출판사, 三松堂學術文集 136p, 1984). 馮友蘭은 喪禮 · 祭禮가 사람의 감정을 表達 · 吐露하고 만족시키는 것은, 인류가 생물군체로서 존재하는 데에 이바지하는 것과 유관함을 논증했다. 따라서 禮 · 祭禮는 심령의 초탈에 치우쳐진 종교가 아니고, 감성존재와 밀접한 상관이 있는 예술이라는 것이다(李澤厚,『華夏美學』26p, 權瑚 역, 東文選). [詩와 宗教에 차이에 관한 馮友蘭의 설명은 제26장 제9절 脚註 참조].

3) 齊(재): =齋. 齋戒하다. 제사나 의식을 치르기 전에 마음을 맑게 하고 몸을 깨끗하게 하다.

4) 之爲言(지위언): '之言'과 함께 聲訓釋義術語(동일하거나 비슷한 음을 가지고 단어의 뜻을 해석)임. (예) ①《爾雅·釋訓》: "鬼之言歸也. ②《論語·爲政》: "爲政以德, 譬如北辰, 居其所, 而衆星共之." 朱熹注: "政之爲言正也, 所以正人之不正也:德之爲言得也, 得於心而不失也"(詹衛東,「古文的注解」).

5) 洋洋(양양): 대단히 많고 풍성하다. 성대하다. 한없이 넓어 아득하다. 충만하다. 전도양양하다. [禮記正義] 사람들이 그 곁의 어렴풋한 모습을 그려보다(洋洋, 人想思其傍僾之貌).

6) 昭著(소저): 현저하다. 뚜렷하다.

其體物而不可遺之驗也). 공자께서 말씀하시기를(孔子曰[7]), 「그 氣가 위로 널리 퍼지니, 神은 밝게 드러나고 제물의 향기는 숙연히 추모의 상념을 일으킨다(其氣發揚[8])于上 爲昭明焄蒿悽愴). 이는 百物의 精氣이고 神의 드러남이다(此百物之精也 神之著也).」라고 하셨는데, 바로 이것을 말씀한 것이다(正謂此爾).

---

7) ① [禮記 祭義편] 재아가 여쭈었다. "저는 귀신이란 이름은 들은 적이 있지만 그것이 말하는 바는 모르겠습니다." 공자께서 말씀하셨다. "氣는 神이 왕성한 것이고 魄은 鬼가 왕성한 것이다. 鬼와 神을 합하면 가르침이 지극한 것이다. 모든 생명은 반드시 죽고, 죽으면 반드시 흙으로 돌아가는데, 이것을 鬼라 한다. 골육은 아래로 쓰러져 陰으로 들판의 흙이 되고, 그 氣는 위로 널리 퍼지니, 신은 밝게 드러나고 제물의 향기는 숙연히 추모의 상념을 일으킨다. 이는 百物의 精氣이고 神의 드러남이다"(宰我曰: "吾聞鬼神之名, 而不知其所謂." 子曰: "氣也者, 神之盛也: 魄也者, 鬼之盛也:合鬼與神, 教之至也. 衆生必死, 死必歸土: 此之謂鬼. 骨肉斃於下, 陰爲野土: 其氣發揚於上, 爲昭明, 焄蒿, 凄愴, 此百物之精也, 神之著也…"). ② [字義] 사람이 죽을 때 魂氣는 하늘로 올라가고 精魄은 땅으로 돌아가기 때문에 옛 사람이 제사를 지낼 때 향불을 피워 陽에서 구하고, 술을 땅에 부어 陰에서 구한 것이다(古人祭祀, 以魂氣歸於天, 體魄歸於地, 故或求諸陽, 或求諸陰)(232쪽).

8) ① [大全] 귀신이 광경을 드러내는 것이「昭明」이고, 그 기가 위로 퍼져 사람에게 감촉되는 것이「焄蒿」이고, 사람들로 하여금 정신이 엄숙하고 모골이 송연하게 하여, 漢書에, '신령이 제단에 이르니 그 바람이 서늘하다'라고 한 것과 같은 뜻이「悽愴」이다(朱子曰 鬼神之露光景 是昭明 其氣蒸上感觸人者 是焄蒿 使人精神凜然竦然 如漢書所謂神君至 其風颯然之意 是悽愴). ② 發揚(발양): 빛이 환하게 나타나다, 널리 알리다. 널리 퍼지다. ③ 昭明(소명): 명백하다. 현저하다. 뚜렷하다. ④ 焄蒿(훈호): 제사 때 제물에서 나는 냄새. [禮記正義] 焄은 향취이고 蒿는 증기가 나오는 모양이다(焄謂香臭也, 蒿謂气蒸出貌也). ⑤ 悽愴(처창): 처량하고 애달프다.

시왈 신지격사 불가탁사 신가역사
1604 詩曰:『神之格思, 不可度思! 矧可射思!』

『詩』는 노래한다(詩[1]曰). "神이 오심 알 수 없네! 그렇다고 어찌 태만히 하랴(神之格思 不可度思 矧可射思)."

1604 度, 待洛反。射, 音亦, 詩作斁。○詩大雅抑之篇。格, 來也。矧, 況也。射, 厭也, 言厭怠而不敬也。思, 語辭。

「度(탁)」은「待」와「洛」의 反切이다(度 待洛反).「射(역)」은 음이「亦」인데『詩經』에는「斁(역)」으로 쓰여 있다(射 音亦 詩作斁). ○『詩』는『詩經』「大雅」편「抑」이다(詩大雅抑之篇).「格」은「來(오다)」이다(格 來也).「矧(신)」은「況(하물며)」이다(矧 況也).「射(역)」은「厭(싫증내다)」이다(射 厭也). 싫증내고 태만히 하여 공경하지 않는다는 말이다(言厭怠而不敬也).「思」는 어조사이다(思 語辭).

1) [詩經 大雅편 抑] 군자들을 사귀는 그대의 모습 보니 그대의 얼굴이 온화하고 부드럽네 그러니 허물들이 멀리 가지 아니하리 방에 있는 그대의 모습을 보니 구석방에 있더라도 부끄러운 일을 않네 어두운 곳이라서 날 보는 이 없다 말라 신께서 이르심은 예측할 수 없음이니 하물며 그것을 싫어할 수 있을 건가(이기동,『시경강설』, 성균관대학교출판부)(…視爾友君子, 輯柔爾顏, 不遐有愆. 相在爾室, 尚不媿于屋漏. 無曰不顯, 莫予云覯. 神之格思, 不可度思, 矧可射思…).

부 미 지 현 성 지 불 가 엄 여 차 부

1605 夫微之顯, 誠之不可揜如此夫。」

은미한 것이 제 모습을 드러낸 것이니(夫微之顯), 誠이 가려질 수 없음이 이와 같겠구나(誠之不可揜 如此夫)."

1605 夫, 音扶。○誠者, 真實無妄之謂。陰陽合散, 無非實者。故其發見之不可揜如此。

「夫」는 음이「扶」이다. ○「誠」이라는 것은「眞實無妄(진실하여 속임이나 거짓이 없다)」을 두고 한 말이다(誠者 眞實無妄[1])之謂[2])). 陰과 陽의 합쳐지거나 흩어짐은(陰陽合散), 하나도 진실 아닌 것이 없다(無非實者). 그래서 그 발현이 가려질 수 없음이 이와 같은 것이다(故其發見之不可揜 如此)[3]).

右第十六章。

---

1) ① 眞實(진실): 객관적인 사실과 부합하다. 거짓이 아니다. 實(실): 충만하다. 객관적인 정황과 부합하다. ② 無妄(무망): 올바르지 못한 길을 가지 않음. 속이거나 거짓이 없음.

2) [제20장 제18절 주희주]「誠」은 眞實無妄을 일컫는 것으로, 天理의 본래의 모습이다.「誠之」는 아직은 眞實無妄하지 못해도 참으로 眞實無妄하기를 원함을 일컫는 것으로, 人事로서 의당 그래야 하는 모습이다(誠者 眞實無妄之謂 天理之本然也 誠之者 未能眞實無妄而欲其眞實無妄之謂 人事之當然也).

3) [講義補] '보아도 보이지 않고 들어도 들리지 않는다'라고 하면 천하의 至隱至微한 것으로서 귀신만한 게 없지만, 天道는 至誠으로서 物을 체현시켜 物에서는 빠지지 않음이 일월의 운행 · 사계절의 계속 이어짐 · 조화와 발육 · 제각각의 性을 바르게 발로시키는 등으로 그 덕은 지극히 현저하게 나타나 보이기에, 사람들로 하여금 재명성복하고 밝은 마음으로 섬기길 '마치 바로 위에 계신 듯'이 하는 것이니, 이 어찌된 까닭인가하면 至誠은 가릴 수 없기 때문이다. 天道는 형체가 없으나 誠은 반드시 나타나는 것이다. 더구나 형체가 있는 사람이야 어떠하겠는가. 이 때문에 군자는 신독하는 것이다(視之而弗見, 聽之而弗聞, 則天下之至隱至微者, 莫鬼神若也, 然天道至誠, 體物不遺, 日月運行, 四時錯行, 造化發育, 各正性命, 其德至著至顯, 使天下之人, 皆齊明昭事, 如在其上, 斯何故也, 至誠不可掩也. 天道無形, 而誠則必顯, 況於有形之人乎, 此君子所以愼獨也).

여기까지가 제16장이다(右第十六章).

不見不聞, 隱也。體物如在, 則亦費矣。此前三章, 以其費之小者而言。此後三章, 以其費之大者而言。此一章, 兼費隱, 包大小而言。

제2절의「不見」·「不聞」은 제12장에서 말한「隱」의 모습이다(不見不聞隱也). 제2절과 제3절의「體物」·「如在」는 또 제12장에서 말한「費」의 모습이다(體物如在 則亦費矣). 이 章 앞의 제13장, 제14장, 제15장 세 章은 그「費」중에 작은 것을 가지고 말했다(此前三章 以其費之小者而言). 이 장 뒤의 제17장, 제18장, 제19장 세 장은 그「費」중에 큰 것을 가지고 말했다(此後三章 以其費之大者而言). 이 章은「費」와「隱」을 겸하고 큰 것과 작은 것을 포괄해서 말했다(此一章 兼費隱包大小而言).

第17章

1701 子曰:「舜其大孝也與! 德爲聖人, 尊爲天子, 富有四海之內。宗廟饗之, 子孫保之。

공자께서 말씀하셨다(子曰). "순임금은 참으로 大孝이셨겠구나(舜其大孝[1]也與[2])! 德으로는 성인이 되셨고(德爲聖人), 존귀함으로는 천자가 되

1) ① [孟子 萬章상편 1:1] 만장이 물었다. "순임금이 들판에 나가서 하늘을 부르면서 큰 소리로 울부짖었다고 하는데 무엇 때문에 그렇게 큰 소리로 울부짖었습니까? 맹자가 말했다. "원망하고 사랑해서였다"(萬章問曰 "舜往于田 號泣于旻天 何爲其號泣也." 孟子曰 "怨慕也"). 만장이 물었다. "부모가 자기를 사랑하면 기뻐할지라도 소홀하지 않고 부모가 자기를 미워하면 근심할지라도 원망하지 않는다 하였습니다. 그런데 순임금이 원망했겠습니까?"(萬章曰 "父母愛之 喜而不忘 父母惡之 勞而不怨 然則舜怨乎"). 맹자가 말했다. "장식이 공명고에게 묻기를, '순임금이 들판에 나간 것은 제가 이미 가르침을 얻어 들었습니다. 하늘과 부모를 부르면서 큰 소리로 울부짖었다는 것은 제가 이해하지 못하겠습니다.'라고 하자, 공명고가 말하기를, '그것은 네가 이해할 수 있는 바가 아니다'라고 하였다. 공명고가 생각하기에는 효자의 마음가짐이라면 그처럼 무관심하게, '나로서는 힘을 다해 밭을 갈아 자식 된 직분을 다해 공양했으면 그 뿐이지 부모가 나를 사랑해 주지 않는 것이 나에게 무슨 상관인가?'라고 할 것이 아니라고 여긴 것이다"(曰 "長息問於公明高曰 舜往于田 則吾旣得聞命矣 號泣于旻天于父母 則吾不知也 公明高曰 是非爾所知也 夫公明高以孝子之心 爲不若是恝 我竭力耕田 共爲子職而已矣 父母之不我愛 於我何哉"). 요임금은 자기의 아홉 아들과 두 딸들에게 많은 관리들과 소와 양과 양곡창고를 갖춰 보내서 들판에서 농사짓고 있는 순임금을 섬기게 하였다. 천하 선비들 중에 순임금에게 나아가는 자가 많아지자 요임금은 장차 때를 기다려 천하를 그에게 옮겨주려고 했다. 그러나 순임금은 부모를 기쁘게 해드리지 못한 것을 마치 궁박한 자가 돌아갈 곳이 없는 것처럼 스스로를 여겼다. 천하의 선비들이 기뻐하는 것은 사람들이 바라는 바인데도 그의 근심을 풀어주기에는 부족했다. 아리따운 여인은 사람들이 바라는 바이지만 요임금의 두 딸을 아내로 맞이했으면서도 그의 근심을 풀어주기에는 부족했다. 부유한 것은 사람들이 바라는 바이지만 천하를 차지하는 부로도 그의 근심을 풀어주기에는 부족했다. 존귀해지는 것은 사람들이 바라는 바이지만 천자가 되는 존귀함으로도 그의 근

셨고(尊爲天子), 부유함으로는 사해를 전부 소유하셨다(富有[3]四海之內). 종묘에서는 제사를 모시고(宗廟饗之), 자손들은 대를 이어 유업을 보전하였다(子孫保之).

1701 與, 平聲。○子孫, 謂虞思, 陳胡公之屬。

「與(yú)」는 平聲이다. ○ 자손은 우사와 진호공의 등을 말한다(子孫 謂虞思陳胡公之屬).

심을 풀어주기에는 부족했다. 사람들이 기뻐하는 것, 아리따운 여인, 부귀는 그의 근심을 풀어주기에는 부족한 것이었고 오직 부모를 기쁘게 해드리는 것만이 그의 근심을 풀어줄 수가 있었다(帝使其子九男二女 百官牛羊倉廩備 以事舜於畎畝之中 天下之士多就之者 帝將胥天下而遷之焉 爲不順於父母 如窮人無所歸 天下之士悅之 人之所欲也 而不足以解憂 好色 人之所欲 妻帝之二女 而不足以解憂 富 人之所欲 富有天下 而不足以解憂 貴 人之所欲 貴爲天子 而不足以解憂 人悅之 好色 富貴 無足以解憂者 惟順於父母可以解憂). 사람이 어려서는 부모를 사랑하다가, 호색을 알게 되면 예쁜 소녀를 사랑하고, 처자가 생기면 처자를 사랑한다. 관직에 나아가서는 임금을 사랑하는데, 임금의 마음을 얻지 못하면 마음은 조급해지고 몸은 달아오른다. 大孝께서는 평생토록 부모를 사랑했는데, 나이 오십이 되어서도 부모를 사랑하는 자를, 나는 그런 자를 위대한 순임금에게서 보았다(人少則慕父母 知好色 則慕少艾 有妻子 則慕妻子 仕 則慕君 不得於君則熱中 大孝 終身慕父母 五十而慕者 予於大舜見之矣). ② [孟子 離婁상편 28:1] 맹자가 말했다. "천하가 크게 기뻐하며 장차 자기에게 돌아오려는데, 천하가 크게 기뻐하며 자기에게 돌아오는 것을 보기를 지푸라기같이 여기신 분은 오직 순임금만이 그렇게 하셨다. 어버이의 기쁨을 얻지 못하면 사람이라 여길 수 없었고 어버이의 뜻을 따르지 않으면 자식이라 여길 수 없었다. 순임금이 어버이를 섬기는 도리를 다하자 아버지인 고수가 기뻐하게 되었다. 고수가 기뻐하게 되자 천하가 감화되었다. 고수가 기뻐하게 되자 천하의 어버이 된 자의 도리와 자식 된 자의 도리가 정립되었다. 이를 두고 大孝라 일컬은 것이다"(孟子曰 "天下大悅而將歸己 視天下悅而歸己 猶草芥也 惟舜爲然 不得乎親 不可以爲人 不順乎親 不可以爲子 舜盡事親之道而瞽瞍底豫 瞽瞍底豫而天下化 瞽瞍底豫而天下之爲父子者 定 此之謂大孝").

2) 也與(야여): =也歟. 어기조사로 의문이나 감탄을 나타냄.

3) 富有(부유): 삼라만상을 다 포함하여 소유 아닌 것이 없다. 천자가 되어 천하를 다 가지다.

1702 故大德必得其位, 必得其祿, 必得其名, 必得其壽。

그러므로 大德이라면 반드시 그에 맞는 지위를 얻고(故大德必得其位), 반드시 그에 맞는 녹을 얻고(必得其祿), 반드시 그에 맞는 명성을 얻고(必得其名), 반드시 그에 맞는 수명을 얻는다(必得其壽).

1702 舜年百有十歲。

순임금이 사신 햇수는 백십 세였다(舜 年百有十歲).

1703 故天之生物, 必因其材而篤焉。故栽者培之, 傾者覆之。

그러므로 하늘이 만물을 낳으면 반드시 그 재질을 따라 북돋아 준다(故天之生物 必因其材而篤焉). 그러므로 심은 것은 흙을 북돋아주고 쓰러진 것은 엎어버린다(故栽者培之 傾者覆之).

1703 材, 質也。篤, 厚也。栽, 植也。氣至而滋息爲培。氣反而游散則覆。

「財」는「質」이다(才 質也).「篤」은「厚」이다(篤[1] 厚也).「栽」는「植(심다)」이다(栽 植也). 氣가 이르러 불어나고 번식하는 것은「培」라 하고(氣至而滋息爲培), 氣가 돌아가 이리저리 흩어지는 것은「覆」이라 한다(氣反而游散[2]則覆).

---

1) 篤(독): 풍부하게 결심을 맺다.
2) 游散(유산): =游离散逸. 외따로 떨어지고 흩어져 일부가 없어짐.

1704 詩曰:『嘉樂君子, 憲憲令德! 宜民宜人, 受祿于天, 保佑命之, 自天申之!』

『詩』는 노래한다(詩[1]曰). "즐거울 손 우리 군자 아름다운 덕 환하시네(嘉樂君子 憲憲令德). 백성들을 즐겁게 하니 하늘에서 녹 받으시네(宜民宜人 受祿于天). 백성들을 보우하니 거듭하여 녹 받으시네(保佑命之 自天申之)."

1704 詩大雅假樂之篇。假, 當依此作嘉。憲, 當依詩作顯。申, 重也。

『詩』는 『詩經』「大雅」편 「假樂」이다(詩大雅假樂之篇). 「假」는 『中庸』에 따라 「嘉」로 써야 한다(假 當依此作嘉). 「憲」은 마땅히 『詩經』에 따라 「顯」으로 써야 한다(憲 當依詩作顯). 「申」은 「重」이다(申 重也).

---

1) [詩經 大雅편 假樂] ① 즐거우신 저 군자여 아름다운 덕 밝았네 민인들이 흡족하니 하늘 녹을 받으셨네 백성들을 도와주고 인도하시니 하늘에서 녹을 거듭 내려주셨네 ② 온갖 복록은 다 받았고 얻은 자손은 셀 수 없네 근엄하고 온화하여 임금 노릇 잘하시고 허물 않고 잊지 않아 옛 법도를 따르시네 ③ 위엄 있고 거동 있고 말씀마다 조리 있네 원망 않고 미움 없이 인민 대중 따르시니 받으신 복 한량없네 온 천하의 벼리되네 ④ 기강을 잡으시니 신하들이 즐겨하고 제후들과 경사들도 천자에게 잘 따르네 임금 자라 잘 지키니 온 백성이 편안하네(이기동, 『시경강설』, 성균관대학교출판부)(① 假樂君子, 顯顯令德. 宜民宜人, 受祿于天. 保右命之, 自天申之. ② 干祿百福, 子孫千億. 穆穆皇皇, 宜君宜王. 不愆不忘, 率由舊章. ③ 威儀抑抑, 德音秩秩. 無怨無惡, 率由群匹. 受福無疆, 四方之綱. ④ 之綱之紀, 燕及朋友. 百辟卿士, 媚于天子. 不解于位, 民之攸塈).

고 대 덕 자 필 수 명
1705 故大德者必受命。」

그러므로 大德이라면 반드시 천명을 받아 천자가 되는 것이다(故大德者必受命)[1]."

1705 受命者, 受天命爲天子也。

「受命(命을 받는다)」이란 천명을 받아 천자가 되는 것이다(受命者 受天命爲天子也).

右第十七章。

여기까지가 제17장이다(右 第十七章).

此由庸行之常, 推之以極其至, 見道之用廣也。而其所以然者, 則爲體微矣。後二章亦此意。

이 章은 평범한 행위인 孝라고 하는 일상적인 도리로부터 이를 미루어나가 그 최고의 경지에까지 이르렀으니(此由庸行之常 推之以極其至), 道의 작

1) [自箴] 아래 제30장에서 '仲尼祖述堯舜, 憲章文武'를 언급하고, 제17장, 제18장, 제19장에서 舜 · 文 · 武의 사례를 하나씩 하나씩 서술하면서 말하길, '大德必得其位, 必得其祿'라고 하고 또 '大德必受命'이라고 했으니, 아마 이는 그렇게 되지 못한 仲尼에 대한 상심을 표시한 것일 텐데, 仲尼는 大德이면서도 그에 걸맞은 位를 얻지 못했고 祿을 얻지 못했고 命을 받지 못한 것은 天道가 이에 이르러 一變했기 때문이다(下文云仲尼祖述堯舜, 憲章文武, 此二節歷敍舜文武之事曰, 大德必得其位, 必得其祿, 又曰大德必受命, 蓋傷仲尼也, 仲尼有大德而不得位不得祿不受命, 蓋天道至此而一變矣).

용이 넓음을 나타낸 것이다(見道之用廣也). 그런데 그것이 그리 되는 까닭이 되는 것은(而其所以然者), 道의 體인데 은미하다(則爲體微矣). 뒤의 제18장, 제19장도 이러한 뜻이다(後二章亦此意).

第18章

1801 子曰:「無憂者其惟文王乎! 以王季爲父, 以武王爲子, 父作之, 子述之。

공자께서 말씀하셨다(子曰). "걱정 없으신 이는 아마 문왕뿐이셨으리라(無憂者 其惟文王乎)! 왕계를 아버지로 두셨고(以王季爲父), 무왕을 아들로 두셨으니(以武王爲子), 아버지는 일으켰고(父作之), 아들은 이어받았다(子述[1]之).

1801 此言文王之事。書言「王季其勤王家」, 蓋其所作, 亦積功累仁之事也。

이 구절은 문왕의 사례를 말씀한 것이다(此言文王之事). 『書經』「武成」편에 「왕계는 왕실의 일에 힘을 쏟았다(書言王季其勤王家王家王家[2])」했는

---

1) 作述(작술): 창작과 전술.

2) [書經 武成편] 武王이 다음과 같이 말씀하였다. "아! 여러 제후들아. 선왕(后稷)이 나라를 세우고 영토를 개척해놓으셨는데, 公劉가 前人의 功烈을 돈독히 하고, 태왕에 이르러 처음으로 王者의 자취를 터 닦았으며, 王季가 왕가에 근로하셨다. 그리고 우리 文考이신 文王께서 능히 공을 이룩하시어 크게 천명에 응하여 四方의 中夏를 어루만지시니, 큰 나라는 그 힘을 두려워하고 작은 나라는 그 덕을 그리워한 지가 9년이었는데, 大統을 이루지 못하시고 별세하셨으므로 나 小子가 그 뜻을 이었노라"(王若曰, "嗚呼, 羣后. 惟先王建邦啓土, 公劉克篤前烈, 至于大王肇基王迹, 王季其勤王家, 我文考文王, 克成厥勳, 誕膺天命, 以撫方夏,

데, 그가 일으킨 것은 또한 功을 쌓고 仁을 쌓는 일이었다(蓋其所作 亦積功累仁之事也).

大邦畏其力, 小邦懷其德. 惟九年, 大統未集. 予小子其承厥志").

1802 武王纘大王, 王季, 文王之緖。壹戎衣而有天下, 身不失天下之顯名。尊爲天子, 富有四海之內。宗廟饗之, 子孫保之。

무왕은 태왕과 왕계와 문왕의 기업을 계승하여(武王纘大王王季文王之緖), 한차례 갑옷을 입자 천하를 차지하였으니(壹戎衣而有天下), 신분으로는 온 천하에 찬란한 명성을 잃지 않았고(身不失天下之顯名), 존귀함으로는 천자가 되었고(尊爲天子), 부유함으로는 사해를 전부 소유하였다(富有四海之內). 종묘에서는 제사를 모시고(宗廟饗之), 자손들은 대를 이어 유업을 보전하였다(子孫保之).

1802 大, 音泰, 下同。○ 此言武王之事。纘, 繼也。大王, 王季之父也。書云:「大王肇基王迹。」詩云「至于大王, 實始翦商。」緖, 業也。戎衣, 甲冑之屬。壹戎衣, 武成文, 言一著戎衣以伐紂也。

「大」는 音이「泰」로 아래에도 같다(大 音泰 下同). ○ 이 구절은 武王의 사례를 말씀한 것이다(此言武王之事).「纘」은「繼(계승하다)」이다(纘 繼也).「大王」은「王季」의 아버지이다(大王 王季之父也).『書經』「武成」편에는「태왕 때가 되어 처음으로 王者의 자취를 터 닦았다」고 했고(書云 大王肇基[1]王迹),『詩經』「魯頌」편「閟宮」에는「태왕 때가 되어 실제 처음으로 상나라를 쳤다」고 했다(詩云 至于大王 實始翦[2]商).「緖」는「業」이다(緖 業也).「戎衣」는 갑옷과 투구의 등속이다(戎衣 甲冑之屬).「壹戎衣」는

1) 肇基(조기): 기업을 처음 일으키다. 肇(조): 시작하다. 일으키다. 야기하다.
2) 翦(전): 자르다. 제거하다. 소탕하다.

「武成」편의 글로 한차례 갑옷을 입고 紂왕을 정벌했음을 말한다(壹戎衣[3] 武成文 言壹着戎衣以伐紂也).

3) 壹戎衣(일융의): 한차례 군장을 차려 입다. 또는 '衣'를 '殷'으로 보아 한차례 군사를 일으켜 殷을 멸망시키다. 군인들이 입는 긴 옷. 군복.

1803 武王末受命, 周公成文武之德, 追王大王, 王季, 上祀先公以天子之禮。斯禮也, 達乎諸侯大夫, 及士庶人。父爲大夫, 子爲士; 葬以大夫, 祭以士。父爲士, 子爲大夫; 葬以士, 祭以大夫。期之喪達乎大夫, 三年之喪達乎天子, 父母之喪無貴賤一也。」

武王이 연로해서야 천명을 받아 왕위에 오름으로 인해 그의 동생 주공이 문왕과 무왕이 세운 덕을 완성하였으니(武王末受命 周公成文武之德), 태왕과 왕계를 왕으로 추존하고(追王[1]泰王王季), 위로 先公들을 제사지내길 천자의 예법으로 하였다(上祀先公以天子之禮). 이러한 예법은 제후와 대부 및 사서인에게까지 통용되었으니(斯禮也 達乎諸侯大夫 及士庶人), 아버지가 大夫이고 아들이 士이면(父爲大夫 子爲士), 장례는 大夫의 예법으로 하고 제사는 士의 예법으로 하였으며(葬以大夫 祭以士), 아버지가 士이고 아들이 大夫이면(父爲士 子爲大夫), 장례는 士의 예법으로 하고 제사는 大夫의 예법으로 하였다(葬以士 祭以大夫). 기년상은 大夫까지 통용되었고(期之喪[2] 達乎大夫), 삼년상은 諸侯부터 天子까지 통용되었으며(三年之喪 達乎天子), 부모의 喪은 귀천에 관계없이 한가지였다(父母之喪 無貴賤一也)."

1803 追王之王, 去聲。○此言周公之事。末, 猶老也。追王, 蓋推文武之意, 以及乎王迹之所起也。先公, 組紺以上至後稷也。上祀先公以天子之禮, 又推大王, 王季之意, 以及於無窮也。制爲禮法, 以及天下, 使葬用死者之爵, 祭用生者之祿。喪服自期以下, 諸侯

1) 追王(추왕): 죽은 자에게 왕의 칭호를 추서함.
2) 喪(상): 服喪하다. 상복을 계속 입고 지내다. 期喪(기상): =朞喪. 일주기가 된 상복. 1주기.

絕, 大夫降: 而父母之喪, 上下同之, 推己以及人也。

「追王」의「王(wàng)」은 去聲이다(追王之王[3] 去聲). ○ 이 구절은 주공의 사례를 말씀한 것이다(此 言周公之事).「末」은「老」와 같다(末 猶老也). 왕으로 추존한 것은 대개 문왕 · 무왕의 뜻을 미루어서(追王 蓋推文武之意), 왕자의 자취가 처음으로 일어난 곳까지 미친 것이다(以及乎王迹之所起也).「先公」은 組紺(조감)부터 后稷까지이다(先公 組紺以上至后稷也[4]). 위로 先公을 제사하길 천자의 예법으로 한 것(上祀先公以天子之禮), 또한 태왕 · 왕계의 뜻을 미루어서(又推大王王季之意), 선대의 始祖에까지 미친 것이다(以及於無窮也). 예법을 제정해 이로써 천하에까지 미쳤는데(制爲禮法以及天下), 장례는 죽은 자의 관직을 쓰게 했고(使葬用死者之爵), 제사는 산 자의 녹을 쓰게 했으며(祭用生者之祿), 상복을 입는 기간은 일주기를 지나고부터는 제후는 없애고 대부는 줄였지만(喪服 自期以下 諸侯絶 大夫降), 부모상의 경우에는 상하 모두 똑같게 했는데(而父母之喪 上下同之), 자기를 미루어 나가서 남에게 미친 것이다(推己以及人也).

右第十八章。

여기까지가 제18장이다(右第十八章).

---

3) 王(왕): 왕으로 칭하다. 통치자가 인의로써 천하를 얻다.

4) ① 『史記』「周本紀」에 나오는 周世系는 다음과 같다: 黃帝～玄囂～蟜極～高辛～后稷(周始祖; 帝堯時代農事職, 姬氏)～不窋～鞠～公劉～慶節～皇僕～差弗～毀渝～公非～高圉～亞圉～公叔祖類～古公亶父(大王)～季歷(公季)～西伯昌(文王)～太子發(武王).
② 組紺(조감): 公叔祖類를 말하며 武王의 高祖父.

第19章

1901 子曰:「武王, 周公, 其達孝矣乎!

공자께서 말씀했다(子曰). "무왕과 주공은 참으로 達孝이셨겠지(武王周公其達孝矣乎[1]))!

1901 達, 通也。承上章而言武王, 周公之孝, 乃天下之人通謂之孝, 猶孟子之言達尊也。

「達」은「通(누구에게나 인정되다)」이다(達 通也). 위 제18장을 이어서 말하길(承上章而言), 무왕과 주공의 孝는(武王周公之孝), 바로 천하 사람들이 모두 다 인정하는 孝라는 것이니(乃天下之人 通謂[2])之孝), 맹자가「達尊」을 말한 것과 같다(猶孟子之言達尊[3])也).

---

1) 矣乎(의호): 단정(이미 그러하다)을 나타내는 어기사 矣와 감탄을 나타내는 어기사 乎의 결합임.

2) 謂(위): 여기다. 생각하다.

3) [孟子 公孫丑하편 2:6] 맹자가 말했다. "천하의 누구나 높이 받드는 세 가지가 있는데 벼슬이 하나, 나이가 하나, 덕이 하나입니다. 조정에서는 벼슬만한 것이 없으며 마을에서는 나이만한 것이 없으며 세상을 돕고 백성을 기르는 데에서는 덕만한 것이 없습니다. 어찌 그중 하나를 지녔다고 그 둘을 홀대하겠습니까? 그러므로 장차 크게 일을 하게 될 임금이라면 불러들이지 못하는 신하가 반드시 있기 마련인데, 그에게 의논하고 싶은 일이 있으면 그 신하를 찾아가야 합니다. 덕을 높이 받들고 할 도리를 즐겨 지키는 것이 이와 같지 않다면 함께 큰일을 하기에

1902 夫孝者: 善繼人之志, 善述人之事者也。

대저 孝라는 것은(夫孝者), 사람의 뜻을 잘 본받아 이를 계승하고(善繼人之志), 사람의 일을 잘 본받아 이를 전승하는 것이다(善述人之事者也[4]).

1902 上章言武王纘大王, 王季, 文王之緖以有天下, 而周公成文武之德以追崇其先祖, 此繼志述事之大者也。下文又以其所制祭祀之禮, 通於上下者言之。

위 제18장에서는 무왕이 태왕 · 왕계 · 문왕의 기업을 이어 이로써 천하를 소유했고, 주공이 문왕 · 무왕의 덕을 이루어 이로써 그 선조들을 추존했음을 말했는데(上章言武王纘大王王季文王之緖 以有天下 而周公成文武之德 以追崇其先祖), 이것은 「繼志述事(선조의 뜻을 계승하고 선조의 사업을 계속함)」의 사례 중의 큰 것이다(此 繼志述事[5]之大者也). 아래 구절에서는 또 제사의 예법을 제정하여 위아래로 모두 적용한 것을 말씀했다(下文 又以其所制祭祀之禮 通于上下者言之).

부족합니다"(… "天下有達尊三 爵一齒一德一 朝廷莫如爵 鄕黨莫如齒 輔世長民莫如德 惡得有其一 以慢其二哉 故將大有爲之君 必有所不召之臣 欲有謀焉 則就之 其尊德樂道 不如是不足與有爲也").

4) [論語 學而편 제11장] 孔子께서 말씀하셨다. "아버지께서 살아 계실 때는 아버지의 품고 있는 뜻을 살펴보고 돌아가신 뒤에는 아버지의 행적을 살펴보고 삼 년 동안은 아버지가 지킨 도리를 고침이 없어야 孝라 말할 수 있다"(子曰 "父在 觀其志 父沒 觀其行 三年無改於父之道 可謂孝矣").

5) 述事(술사): 先人의 사업을 계속하다. 지나간 일을 진술하다.

1903 春秋脩其祖廟, 陳其宗器, 設其裳衣, 薦其時食。

봄가을로 선조들의 사당을 닦고(春秋修其祖廟), 선조들이 소장했던 귀중한 기물들을 진열하고(陳其宗器), 선조들이 입었던 의상을 진설하고(設其裳衣), 선조들이 들었던 제철 음식상을 올린다(薦[1]其時食).

1903 祖廟: 天子七, 諸侯五, 大夫三, 適士二, 官師一。宗器, 先世所藏之重器, 若周之赤刀 · 大訓 · 天球 · 河圖之屬也。裳衣, 先祖之遺衣服, 祭則設之以授尸也。時食, 四時之食, 各有其物, 如春行羔 · 豚 · 膳 · 膏 · 香之類是也。

「祖廟」는 천자는 7묘이고 제후는 5묘 대부는 3묘 적사는 2묘 관사는 1묘이다(祖廟 天子七 諸侯五[2] 大夫三 元士 適士[3]二 官師一). 「宗器」는 선대로부터 소장해온 귀중한 기물인데(宗器 先世所藏之重器), 주나라의 적도 · 대훈 · 천구 · 하도와 같은 등속이다(若周之赤刀[4] 大訓 天球 河圖之屬也). 「裳衣」는 선조의 유품인 의복인데(裳衣 先祖之遺衣服), 제사할 때에는 이것을 펼쳐 尸童에게 입힌다(祭則設之以授尸[5]也). 「時食」은 제철에 맞는 음식인데(時食[6] 四時之食), 각기 마땅한 음식들이 있으니(各有其物), 예를 들면

1) 薦(천): 進獻하다. 예물을 바치다. 제사음식을 바치다.
2) 五廟의 경우 始祖 · 顯考(고조부) · 皇考(증조부) · 王考(조부) · 考(부).
3) ① 适士(적사): =上士. 관리의 등급의 하나로 대부보다 아래이고, 中士보다 위 등급임. ② 官師(관사): =百官. 비교적 낮은 등급의 관리.
4) ① 赤刀(적도): 붉은 색을 칠한 칼로 武王이 紂王을 정벌할 때에 쓰던 칼. ② 大訓(대훈): 文王 · 武王의 교훈을 적은 책. ③ 天球(천구): 하늘색 나는 玉. ④ 河圖(하도): 伏羲氏 때에 黃河에서 나온 龍馬의 등에 그려진 그림으로, 복희씨가 이것을 보고 八卦를 그렸다 함.
5) 尸(시): 제사지낼 때 死者를 대신하여 제사를 받는 死者의 孫子이나 宗子.
6) 時食(시식): 제철 음식. 그 계절에 알맞은 음식.

「봄철에는 양고기이나 돼지고기를 쓰되 쇠기름으로 요리한다.」는 따위가 (如春行羔豚膳膏香[7]之類), 이것이다(是也).

7) ① [周禮 天官冢宰편] 손님에게 고기를 요리해 바칠 때는, 봄에는 양고기이나 돼지고기를 쓰되 쇠기름으로 요리하고, 여름에는 꿩고기 포나 말린 사슴고기를 쓰되 돼지기름으로 요리하고, 가을에는 송아지나 새끼사슴고기를 쓰되 돼지기름으로 요리하고, 겨울에는 활어나 기러기를 쓰되 양기름으로 요리한다(凡用禽獻, 春行羔豚, 膳膏香:夏行腒鱐, 膳膏臊:秋行犢麛, 膳膏腥:冬行䲹鮮羽, 膳膏羶). ② 膳(선): 음식으로 일반적으로 肉食을 가리킴. 음식을 준비하다. 바치다. ③ 膏香(고향): 쇠기름. 古代 8대 조미재료.

1904 宗廟之禮, 所以序昭穆也; 序爵, 所以辨貴賤也; 序事, 所以辨賢也; 旅酬下爲上, 所以逮賤也; 燕毛, 所以序齒也。

종묘의 예법은 昭穆의 순서에 따라 차례대로 하려는 것이다(宗廟之禮 所以序昭穆[1]也). 벼슬에 따라 순서를 정하는 것은 귀천을 분별하려는 것이다(序爵[2] 所以辨貴賤也). 일에 따라 순서를 정하는 것은 어진 이를 분별하려는 것이다(序事 所以辨賢也). 여러 사람이 술잔을 권할 때에 아랫사람이 윗사람을 향해 올리는 것은 지위가 낮은 사람에게까지 미치게 하려는 것이다(旅酬下爲上 所以逮賤[3]也). 연회에서 모발의 색깔로 구분하는 것은 나이의 순서에 따라 차례대로 하려는 것이다(燕毛[4] 所以序齒[5]也).

1904 昭, 如字。爲, 去聲。○宗廟之次: 左爲昭, 右爲穆, 而子孫亦以爲序。有事於太廟, 則子姓, 兄弟, 羣昭, 羣穆咸在而不失其倫焉。爵, 公, 侯, 卿, 大夫也。事, 宗祝有司之職事也。旅, 衆也。酬, 導飮也。旅酬之禮, 賓弟子, 兄弟之子各擧觶於其長而衆相酬。蓋宗廟之中以有事爲榮, 故逮及賤者, 使亦得以申其敬也。燕毛, 祭畢而燕, 則以毛髮之色別長幼, 爲坐次也。齒, 年數也。

---

1) 昭穆(소): 고대의 종법제도로서, 始祖가 가운데 자리하고 二世 · 四世 · 六世는 始祖의 좌측 열에 자리하며 이 列을 昭라 하고, 三世 · 五世 · 七世는 始祖의 우측에 자리하며 이 列을 穆이라 함.
2) 序爵(서작): 작위에 따라 좌석의 순서를 배열하다.
3) 逮賤(체천): 은혜가 아래 사람에게까지 미치다.
4) 燕毛(연모): 제사가 끝난 후 연회에서 수염과 머리카락의 색으로 長幼를 구별해서 좌석의 차례를 정함. 燕(연): =宴.
5) 序齒(서치): 나이에 따라 선후나 서열을 배정하다.

「昭(zhāo)」는 如字이다(昭 如字[6]). 「爲(wèi)」는 去聲이다(爲[7] 去聲). ○ 종묘의 차례는 좌측이 昭이고 우측이 穆인데(宗廟之次 左爲昭 右爲穆), 자손들 또한 이것으로 차례를 삼아(而子孫 亦以爲序), 태묘에서 제사가 있을 경우 아들과 손자, 형제, 昭그룹과 穆그룹이 모두 모여 있어도 그 차례를 잃지 않는다(有事於太廟 則子姓[8]兄弟羣昭羣穆咸在而不失其倫焉). 「爵」은 공 · 제후 · 경 · 대부이다(爵 公侯卿大夫也). 「事」는 종백 · 태축 · 유사의 직책의 일이다(事 宗祝[9]有司之職事也). 「旅」는 「衆(여럿)」이다(旅 衆也). 「酬」는 「導飮(술을 마시도록 권유하다)」이다(酬 導飮也). 여럿이 酬酌하는 예법은 빈객의 아우와 아들, 형제의 아들들이 각각 술잔을 자기 어른에게 들어 올리고 여럿이서 서로 술을 권한다(旅酬之禮 賓弟子 兄弟之子 各擧觶[10]於其長而衆相酬). 대개 종묘 중에 일을 맡은 것을 영예로 여긴다(蓋宗廟之中 以有事爲榮). 그러므로 낮은 자에게까지 미쳐(故逮及賤者), 그로 하여금 공경의 마음을 펼칠 수 있도록 하는 것이다(使亦得以申其敬也). 「燕毛」는 제사를 마치고 잔치를 하게 되면(燕毛 祭畢而燕), 모발의 색깔에 따라 長幼를 분별해 좌석의 차례를 정하는 것이다(則以毛髮之色別長幼 爲坐次也). 「齒」는 「年數(나이)」이다(齒 年數也).

6) 如字(여자): 한 글자에 두 개 이상의 讀音이 있는 경우 본래의 음으로 독음하는 것을 如字라 함.
7) 爲(위): 돕다. 거들다. 향하다.
8) 子姓(자성): 자손에 대한 범칭.
9) 宗祝(종축): 宗伯(제사의 예법을 관장)과 太祝(제사의 기도를 관장).
10) 觶(치): 청동으로 만든 술잔.

1905 踐其位, 行其禮, 奏其樂, 敬其所尊, 愛其所親, 事死如事生, 事亡如事存, 孝之至也。

先祖가 밟았던 자리를 밟고(踐其位), 선조가 행했던 예법을 행하고(行其禮), 선조가 연주했던 음악을 연주하고(奏其樂), 선조가 높였던 선친들을 공경하고(敬其所尊), 선조가 가까이 했던 자손들을 사랑하고(愛其所親), 死者를 장례 모시기를 산 사람 섬기듯이 하고(事死如事生), 亡者를 제사 모시기를 지금 여기 있는 사람 섬기듯이 하는 것이(事亡如事存), 孝의 최고의 모습이다(孝之至也).

1905 踐, 猶履也。其, 指先王也。所尊所親, 先王之祖考, 子孫, 臣庶也。始死謂之死, 既葬則曰反而亡焉, 皆指先王也。此結上文兩節, 皆繼志述事之意也。

「踐」은 「履(밟다)」와 같다(踐 猶履也). 「其」는 先王을 가리킨다(其 指先王也). 「所尊」과 「所親」은 선왕의 선친과 자손과 신하들이다(所尊所親 先王之祖考子孫臣庶[1]也). 처음 죽었을 때를 「死」라 하고(始死 謂之死), 이미 장례를 치렀으면 돌아가 「亡(없어지다)」했다고 말하는데(既葬則曰反而亡焉), 모두 선왕을 가리킨다(皆指先王也). 이 구절은 위 제3절과 제4절 두 구절을 결론 맺는 것으로(此 結上文兩節), 모두 제2절의 「繼志述事(선조의 뜻을 계승하고 선조의 사업을 계속하다)」의 뜻이다(皆繼志述事之意也).

1) 臣庶(신서): 臣民.

1906 郊社之禮, 所以事上帝也, 宗廟之禮, 所以祀乎其先也。明乎郊社之禮, 禘嘗之義, 治國其如示諸掌乎。」

교제사와 사직제사의 예식은 上帝와 后土를 섬기려는 것이고(郊社之禮 所以事上帝也), 종묘의 예식은 자기 선조를 받들려는 것이다(宗廟之禮 所以祀乎其先也). 교제사와 사직제사의 예식과 체제사와 상제사의 의식에 밝으면(明乎郊社之禮 禘嘗之義), 나라를 다스리는 일은 아마 손바닥 위에 놓고 보는 것처럼 쉬울 것이다(治國 其如示諸掌乎[1])."

1906 郊, 祀天。社, 祭地。不言后土者, 省文也。禘, 天子宗廟之大祭, 追祭太祖之所自出於太廟, 而以太祖配之也。嘗, 秋祭也。四時皆祭, 擧其一耳。禮必有義, 對擧之, 互文也。示, 與視同。視諸掌, 言易見也。此與論語文意大同小異, 記有詳畧耳。

「郊」는 하늘을 제사지내는 것이다(郊 祭天). 「社」는 땅을 제사지내는 것이다(社 祭地). 「上帝」만을 말하고 「后土」를 말하지 않는 것은 글을 생략한 것이다(不言后土[2]者 省文也). 「諦」는 천자가 주재하여 종묘에서 지내는 큰 제사인데(禘 天子宗廟之大祭), 태조를 낳으신 선조들을 태묘에 追祭해서 태조와 함께 모신다(追祭太祖之所自出[3]於太廟 而以太祖配之也). 「嘗」은 가을에 지내는 제사이다(嘗 秋祭也). 네 계절마다 모두 제사지내는데

1) [論語 八佾편 제11장] 어떤 사람이 禘제사에 대한 설명을 여쭈었다. 孔子께서 말씀하셨다. "모릅니다. 그 뜻을 아는 사람에게 천하는 여기에서 보는 것과 같을 것입니다." 하고 그의 손바닥을 가리키셨다(或問禘之說 子曰 "不知也 知其說者之於天下也 其如示諸斯乎" 指其掌).

2) 后土(후토): 땅에 대한 존칭. 토지의 신. 토지신을 제사지내는 제단.

3) 所自出(소자출): 어떤 사물이 나온 근본이나 출처. 自出(자출): ~에서부터 나온다.

(四時皆祭[4]), 그중에 가을제사 하나만 열거했을 뿐이다(擧其一耳). 禮에는 반드시 뜻이 있으니「郊社之禮」의「禮」와「禘嘗之義」의「義」를 對句로서 열거한 것은 互文이다(禮必有義 對擧之 互文[5]也).「示」는「視」와 같다(示 與視同).「視諸掌(손바닥을 보다)」은 보기 쉽다는 말이다(視諸掌 言易見也). 이는『論語』의 글 뜻과 대동소이한데(此 與論語文意 大同小異), 기록상의 상세함과 간략함의 차이만 있을 뿐이다(記有詳略耳).

右第十九章。

여기까지가 제19장이다(右第十九章).

---

4) [禮記 王制편] 천자와 제후가 종묘에서 지내는 제사는 봄에는 祠(사), 여름에는 禴(약), 가을에는 嘗(상), 겨울에는 蒸(증)이라 한다. 천자는 하늘과 땅에 제사지내고 제후는 社稷에 제사지내고 대부는 五祀(출입문 · 길 · 지게문 · 부엌 · 방안)에 제사지낸다(天子諸侯宗廟之祭. 春曰礿 夏曰禘 秋曰嘗 冬曰烝. 天子祭天地 諸侯祭社稷 大夫祭五祀).

5) 互文(호문): ① 윗글과 아래 글이 서로 뜻을 상세히 밝혀주는 관계로서 상호 보충하여 채워주는 관계에 있는 글을 말함. ② 동의어를 교차 사용하여 동일어의 중복사용을 피하려는 수사기법을 말함.

第20章

2001 哀公問政。

(애공문정)

魯나라 哀公이 나라를 다스리는 일에 대해 물었다(哀公問政)[1][2].

---

1)『孔子家語』의「哀公問政편 제1장」은『중용』의 제20장과 대동소이한데 그 내용은 다음과 같다:

[1] 哀公問政於孔子,

[2] 孔子對曰:「文武之政, 布在方策. 其人存, 則其政擧: 其人亡, 則其政息. 天道敏生,

[3] 人道敏政, 地道敏樹. 夫政者, 猶蒲盧也, 待化以成.

[4] 故爲政在於得人. 取人以身, 脩道以仁.

[5] 仁者, 人也, 親親爲大: 義者, 宜也, 尊賢爲大. 親親之敎, 尊賢之等, 禮所以生也. 禮者, 政之本也.

[7] 是以君子不可以不脩身: 思脩身, 不可以不事親: 思事親, 不可以不知人: 思知人, 不可以不知天.

[8] 天下之達道有五, 其所以行之者三. 曰: 君臣也, 父子也, 夫婦也, 昆弟也, 朋友也. 五者, 天下之達道. 智, 仁, 勇, 三者, 天下之達德也. 所以行之者一也.

[9] 或生而知之, 或學而知之, 或困而知之, 及其知之一也. 或安而行之, 或利而行之, 或勉强而行之, 及其成功一也.」 公曰:「子之言, 美矣至矣! 寡人實固, 不足以成之也.」

[10] 孔子曰:「好學近乎智, 力行近乎仁, 知恥近乎勇.

[11] 知斯三者, 則知所以脩身: 知所以脩身, 則知所以治人: 知所以治人, 則能成天下國家者矣.」公曰:「政其盡此而已乎?」

[12] 孔子曰:「凡爲天下國家有九經, 曰: 脩身也, 尊賢也, 親親也, 敬大臣也, 體群臣也, 重庶民也, 來百工也, 柔遠人也, 懷諸侯也.

[13] 夫脩身則道立, 尊賢則不惑, 親親則諸父兄弟不怨, 敬大臣則不眩, 體群臣則士之報禮重, 重庶民則百姓勸, 來百工則財用足, 柔遠人則四方歸之, 懷諸侯則天下畏之.」公曰:「爲之奈何?」

[14] 孔子曰:「齋絜盛服, 非禮不動, 所以脩身也:去讒遠色, 賤利而貴德, 所以尊賢也: 爵其能, 重其祿, 同其好惡, 所以篤親親也: 官盛任使, 所以敬大臣也: 忠信重祿, 所以勸士也: 時使薄斂, 所以子百姓也: 日省月考, 餼廩稱事, 所以來百工也: 送往迎來, 嘉

2001 哀公, 魯君, 名蔣。

「哀公(BC 494~BC 468)」은 노나라 군주로, 이름이 蔣이다(哀公 魯君 名蔣).

善而矜不能, 所以綏遠人也: 繼絶世, 擧廢邦, 治亂持危, 朝聘以時, 厚往而薄來, 所以懷諸侯也.

[15] 治天下國家有九經, 其所以行之者一也.

[16] 凡事豫則立, 不豫則廢, 言前定則不跲, 事前定則不困, 行前定則不疾, 道前定則不窮.

[6][17] 在下位不獲于上, 民弗可得而治矣: 獲于上有道, 不信于友, 不獲于上矣: 信于友有道, 不順于親, 不信于友矣:順于親有道, 反諸身不誠, 不順于親矣: 誠身有道, 不明于善, 不誠于身矣.

[18] 誠者, 天之道也: 誠之者, 人之道也. 夫誠, 弗勉而中, 不思而得, 從容中道, 聖人之所以定體也. 誠之者, 擇善而固執之者也.」

公曰:「子之教寡人備矣, 敢問行之所始.」孔子曰:「立愛自親始, 教民睦也: 立敬自長始, 敎民順也: 教之慈睦, 而民貴有親: 敎以敬, 而民貴用命. 民旣孝於親, 又順以聽命, 措諸天下, 無所不可.」公曰:「寡人旣得聞此言也, 懼不能果行而獲罪咎.」

2) [自箴]『孔子家語』는『中庸』의 구절을 절취하여 아래 九經章과 연결지어 모두 '哀公問答'이라고 하였다(家語竊取中庸連下九經章, 都作與哀公問答).

2002 子曰:「文武之政, 布在方策。其人存, 則其政擧; 其人亡, 則其政息。

공자께서 말씀하셨다(子曰). "문왕과 무왕의 정치는 典籍에 널려 있습니다(文武之政 布在方策[1]). 바로 그런 사람이 존재하면 그런 정치는 일어날 것이고(其人存 則其政擧[2]), 바로 그런 사람이 사라지면 그런 정치는 종식될 것입니다(其人亡 則其政息[3]).

2002 方, 版也。策, 簡也。息, 猶滅也。有是君, 有是臣, 則有是政矣。

「方」은 목판이다(方 版也). 「策」은 대쪽이다(策 簡也). 「息」은 「滅」과 같다(息 猶滅也). 그런 군주가 있고 그런 신하가 있으면 그런 정치가 있는 것이다(有是君 有是臣 則有是政矣).

---

1) 方策(방책): 목판이나 죽간에 쓰인 책. 典籍. 방법. 책략. 대책.
2) 人存政擧(인존정거): 정치는 사람을 얻는 데 달려 있는데, 그 사람을 얻으면 선정을 행하게 됨을 말함.
3) 人亡政息(인망정식): 현인이 재위해 있지 않으면 선정할 기회를 놓치게 됨을 말함.

인도민정 지도민수 부정야자 포로야

2003 人道敏政，地道敏樹。夫政也者，蒲盧也。

사람의 도는 정치에서 곧바로 나타나고(人道敏政), 땅의 도는 나무에서 곧바로 나타납니다(地道敏樹). 무릇 정치라는 것은 갈대입니다(夫政也者 蒲盧也).

2003 夫，音扶。○敏，速也。蒲盧，沈括以爲蒲葦是也。以人立政，猶以地種樹，其成速矣，而蒲葦又易生之物，其成尤速也。言人存政擧，其易如此。

「夫」는 音이 「扶」이다(夫 音扶)이다. ○ 「敏」은 「速(신속하다)」이다(敏 速也). 「蒲盧」는 심괄이 「蒲葦(갈대)」라 했는데 옳은 말이다(蒲盧[1] 沈括[2]以爲蒲葦是也). 사람으로써 정치를 세우는 것은 마치 땅으로써 나무를 심은 것과 같아서(以人立政 猶以地種樹), 그 성장이 빠른데(其成速矣), 갈대는 또 쉽게 자라는 식물이어서(而蒲葦又易生之物), 그 성장이 더욱 빠르다(其成尤速也). 훌륭한 사람이 있으면 정치가 일어남이 이와 같이 참으로 쉽다는 말이다(言人存政擧 其易如此).

---

1) 蒲盧(포로): ① 허리가 가는 땅벌([禮記正義] 蒲盧 蜾蠃 謂土蜂也). ② 조롱박. ③ =蒲葦(포위). 갈대. 습지에 자라는 단년생 초본식물로 이엉이나 자리 발을 만드는데 쓰임([夢溪筆談 권3] 蒲蘆, 說者以爲蜾蠃, 疑不然. 蒲蘆, 卽蒲, 葦耳. 故曰: "人道敏政, 地道敏藝". 夫政猶蒲蘆也, 人之爲政, 猶地之藝蒲葦, 遂之而已, 亦行其所無事也). ④ 주희의 견해에 따라, 후에 백성에 대한 교화를 비유하는 말로 쓰임.

2) 沈括(심괄: 1031경~1095): 북송 때의 과학자. 호는 夢溪丈人. 『夢溪筆談』(故事, 辨證, 樂律, 象數, 人事, 官政, 權智, 藝文, 書畫, 技藝, 器用, 神奇, 異事異疾附, 謬誤譎詐附, 譏謔, 雜誌, 藥議 등을 총26권에 기록함)을 저술함.

고위정재인 취인이신 수신이도 수도이인

2004 故爲政在人, 取人以身, 脩身以道, 脩道以仁。

그러므로 정치는 사람에 달려 있는데(故爲政在[1]人), 사람을 얻는 것은 자신의 몸가짐으로써 하고(取人以身[2]), 자신의 몸가짐을 닦는 것은 道로써 하고(脩身以道), 道를 닦는 것은 仁으로써 합니다(脩道以仁).

2004 此承上文人道敏政而言也。爲政在人, 家語作「爲政在於得人」, 語意尤備。人, 謂賢臣。身, 指君身。道者, 天下之達道。仁者, 天地生物之心, 而人得以生者, 所謂元者善之長也。言人君爲政在於得人, 而取人之則又在脩身。能脩[3]其身, 則有君有臣, 而政無不擧矣。

이 구절은 위 제3절의「人道敏政」이라는 말을 이어서 말씀한 것이다(此承上文人道敏政而言也).「爲政在人」은『孔子家語』」에는「爲政在於得人(정치는 사람을 얻는 데에 있다)」으로 쓰여 있는데(爲政在人 家語作爲政在於得人), 말뜻이 보다 잘 구비되어 있다(語意尤備).「人」은「賢臣」을 말한다(人謂賢臣).「身」은「君身(임금 자신)」을 가리킨다(身 指君身).「道」라는 것은 천하에 모두 공통되는 도이고(道者 天下之達道),「仁」이라는 것은 하늘과 땅이 만물을 낳는 마음인데 사람은 천지의 마음을 얻어서 태어나는 것이다(仁者[4] 天地生物之心而人得以生者).『周易』「乾卦」「文言」傳에서 말한

1) 在(재): ~에 달려 있다. ~에 따라 결정되다. ~에 의해 결정되다.
2)「身」의 주체를 사람을 얻는 군주 자신으로 보지 않고 군주가 얻고자 하는 사람으로 볼 경우, 사람을 평가할 때 그 사람의 몸가짐, 즉 그 사람의 몸에 구현되어 있는 덕성을 가지고 한다는 뜻으로도 해석이 가능하다(김용옥, 중용한글역주 476쪽 참조).
3)「脩」原作「仁」, 據淸仿宋大字本改.
4) [講義補] ① '仁' 字의 뜻은 經文에서 스스로 註하길 '仁者人也 親親爲大'라고 했는데,

「元者 善之長(元은 모든 善의 으뜸이다)」이란 것이다(乾卦 文言傳[5] 所謂元者善之長也). 말인즉, 人君이 정치를 한다고 하는 것은 사람을 얻는 데에 있는데(言 人君爲政 在於得人), 사람을 얻는 법칙은 또 수신하는 데에 달려 있다는 것이다(而取人之則 又在脩身). 수신할 수 있게 되면 훌륭한 군주가 있고 훌륭한 신하가 있어 훌륭한 정치가 일어나지 않을 리가 없다(能脩其身 則有君有臣而政無不擧矣).

明白하고 眞切하여 다른 설명을 끌어와 인용할 것이 없다(仁字之義, 經文自經自註曰, 仁者人也, 親親爲大, 明白眞切, 不可以他說牽引也). 옛 篆書에서 仁은 人과 人이 겹친 글자이다. 父와 子가 2인이고, 兄과 弟가 2인이고, 君과 臣이 2인이고, 牧과 民이 2인인데, 2인 사이에 그 본분을 다하는 것을 가리켜 仁이라 한 것이다. '天地生物之心'이 나에게 무슨 상관이 있겠는가. 자식 된 자가 자기 부모에게 효도하면서 말하길, '나는 天地生物之心으로써 부모에게 효도한다.'고 하고, 신하 된 자가 임금에게 충성하면서 말하길, '나는 天地生物之心으로써 임금에게 충성한다.'고 하면, 일의 체통이 대단히 손상되지는 않을까(古篆仁者, 人人疊文也, 父與子二人也, 兄與弟二人也, 君與臣二人也, 牧與民二人也, 凡二人之間, 盡其本分者, 斯謂之仁, 天地生物之心, 干我甚事, 爲人子者, 孝於其親曰我以天地生物之心, 孝於親, 爲人臣者, 忠於其君曰我以天地生物之心, 忠於君, 恐於事體有多少損傷). ② 經文에서 '仁者人也'라 말한 것은 仁이란 德은 사람과 사람 사이에서 나오고, 仁이란 명칭은 사람과 사람이 만나는 지점에서 생겨난다는 것을 말한 것이다. 君臣之義 · 朋友之信 · 牧民之慈는 모두 사람과 사람의 본분이다. 그렇지만 孝弟는 仁을 행하는 근본이 되기 때문에 별도로 끊어서 말하길 '親親爲大'라 한 것이고, 義의 德됨도 광범위하지만 尊賢이 制宜를 하는데 있어 으뜸으로 삼기 때문에 별도로 끊어서 말하길 '尊賢爲大'라고 한 것이다(經云仁者人也者, 謂仁之謂德, 生於人與人之間, 而仁之爲名, 成於人與人之際. 君臣之義, 朋友之信, 牧民之慈, 皆人與人之本分, 然孝弟爲爲仁之本, 故斷之曰親親爲大, 義之爲德亦廣矣, 而尊賢爲制宜之宗, 故斷之曰尊賢爲大).

5) [周易 乾卦 文言] 元이라는 것은 善의 으뜸이고, 亨이라는 것은 아름다움의 모임이고, 利라는 것은 의로움의 조화이고, 貞이라는 것은 모든 일의 근간이다. 그래서 군자는 仁을 체득하여 이로써 사람을 족히 길러내며, 모임을 아름답게 하여 이로써 禮와 족히 합치시키고, 物을 이롭게 하여 이로써 義와 족히 조화하고, 곧음을 견지하여 이로써 일을 주관하게 한다. 군자는 이와 같은 네 가지의 덕을 실천하는 자이기 때문에 문왕이 乾의 卦象을 보고 乾은 元亨利貞하다고 한 것이다(『文言』曰: 「元」者, 善之長也; 「亨」者, 嘉之會也; 「利」者, 義之和也; 「貞」者, 事之幹也. 君子體仁足以長人, 嘉會足以合禮, 利物足以和義, 貞固足以幹事. 君子行此四德者, 故曰「乾, 元, 亨, 利, 貞」).

2005 仁者人也, 親親爲大; 義者宜也, 尊賢爲大; 親親之殺, 尊賢之等, 禮所生也。

仁은 人이니(仁者 人也), 가까운 이를 친애하는 것이 仁 중에서 가장 으뜸입니다(親親 爲大). 義는 宜이니(義者 宜也[1]), 현명한 이를 존대하는 것이 義 중에서 가장 으뜸입니다(尊賢 爲大). 가까운 정도에 따른 親愛의 정도의 감쇄와(親親之殺[2]), 현명한 정도에 따른 尊待의 정도의 차등으로부터(尊賢之等), 禮는 생겨나는 것입니다(禮所生也).

2005 殺, 去聲。○ 人, 指人身而言。具此生理, 自然便有惻怛慈愛之意, 深體味之可見。宜者, 分別事理, 各有所宜也。禮, 則節文斯二者而已。

---

1) [字義] 義는 宜의 理이다(義是宜之理). … 義는 마음에서 논한다면 마음이 판단하여 결정하는 것을 말한다. '宜'字는 판단하여 결정하는 것보다 뒤에 오는 글자이다. 왜냐하면 판단하여 결정하는 것이 이치에 합당한 뒤에야 '옳다'는 가치판단이 성립하기 때문이다. 모든 일은 눈앞에 닥치면 옳고 그름의 나뉨이 생기게 마련이다. 주문공(주희)은, "의는 마음에 있을 때에는 날카로운 칼날과 같으니 사물이 와서 그것에 닿으면 곧 두 조각으로 나뉜다."고 하였다. 만약 옳고 그른 것을 도무지 판단할 수 없다면, 이는 곧 마음이 완악하고 우둔하여 義가 없는 것이다(義就心上論, 則是裁制決斷處, 宜字乃裁斷後字. 裁斷當理, 然後得宜. 凡事到面前, 便須有剖判, 是可是否. 文公謂: 義之在心, 如利創然, 物來觸之, 便成兩片. 若可否都不能剖判, 便是此心頑鈍無義了)(117쪽).

2) ① [自箴] 親親之殺에는 친소의 차등에 따라 다섯 종류의 상복(斬衰 · 齊衰 · 大功 · 小功 · 緦麻)의 上殺 · 下殺의 구별이 있어서, 살아서 섬기고 죽어서 슬퍼하는 데 격식의 구별이 있다. 尊賢之等에는 五等의 侯, 즉 公 · 卿 · 大夫 · 三士 · 庶人의 부류가 있고, 車 · 服 · 旗 · 樊 · 章 · 采邑의 구별이 있어 각기 그 격식이 있다(親親之殺, 五服之上殺下殺, 生事死哀, 各有其文也. 尊賢之等, 五等之侯, 公卿大夫三士庶人之類. 車服旗樊章采之別, 各有其文也). ② 도올 김용옥은 '殺'를 '相殺(서로의 차이를 없애다)' '殺到(무차별적으로 밀려오다)'에서 '殺'와 같이 '무차별성'의 의미로 보아, 親親의 각 대상과 나 사이의 '거리 없음'을 말하는 것으로서, 尊賢의 등급의 원리에 대비하여 親親의 무등급성, 무차별성을 말하는 것이라고 하고 있다(김용옥, 『중용한글역주』 479쪽, 통나무).

「殺(shài)」은 去聲이다(殺[3]去聲). ○「人」은 사람의 몸을 가리켜 말한 것이다(人 指人身而言). 이 몸에는 생명으로서의 본능적인 원리를 갖추고 있어(具此生理[4]), 자연스레 불쌍해하고 마음아파하고 사랑스러워하고 아끼는 情意를 지니고 있는데(自然便有惻怛慈愛之意), 깊이 체득하면 알 수가 있다(深體味[5]之 可見). 「宜」라는 것은 사리를 분별해(宜者 分別事理), 각각 마땅한 바가 있게 하는 것이다(各有所宜也). 「禮」는 곧 이 두 가지를 품절하는 것일 뿐이다(禮[6]則節文[7]斯二者而已).

---

3) 殺(쇄): 줄이다. 차등을 두다. 삭감해가다.
4) 生理(생리): 생장번식의 원리.
5) ① 體味(체미): 몸으로 체득하여 깨닫다. 살아 있는 동물에서 나는 특유한 냄새. ② 可見(가견): 눈에 띄다. 보이다. 미루어 알다. 짐작하여 알다. 깨닫다.
6) [字義] 주문공은 "禮라는 것은 天理의 節文이자 人間事의 형식(儀)과 법칙(則)"이라고 말하였다. 그런데 왜 이처럼 두 구를 對句로 들어 말하였을까? 天理는 인간사 중의 理일 뿐으로 마음속에 구비되어 있다. 天理는 마음속에 존재하면서 인간사에서 드러나고, 人間事는 밖에 존재하면서 안에 뿌리를 둔다. 天理는 體이고 人間事는 用이다. 儀는 외관을 말하는 것으로 밖에 드러난다. 즉 찬연하게 형상화한다는 것으로 '文'자와 상응한다. 則은 법칙이나 준칙을 말하는 것으로 뼈대를 의미한다. 즉 속에 존재하여 확연하게 바꿀 수 없다는 것으로 '節'자에 상응한다. 文이 있은 뒤에 儀가 있고, 節이 있은 뒤에 則이 있다. 반드시 天理의 節文이 있은 뒤에야 人間事의 儀則이 있게 된다. 禮는 반드시 이 둘을 겸해서 말해야 뜻이 두루 갖춰지게 된다(文公曰: 禮者, 天理之節文, 而人事之儀則. 以兩句對言之, 何也" 蓋天理只是人事中之理, 而具於心者也. 天理在中而著見於人事, 人事在外而根於中, 天理其體而人事其用也. "儀"謂容儀而形見於外者, 有粲然可象底意, 與"文"字相應. "則"謂法則, 準則, 是個骨子, 所以存於中者, 乃確然不易之意, 與"節"字相應. 文而後儀, 節而後則, 必有天理之節文, 而後有人事之儀則. 言須盡此二者, 意乃圓備)(118쪽).
7) 節文(절문): 예절에 관한 규범. 행함에 절도가 있게 하다.

재 하 위 불 획 호 상 민 불 가 득 이 치 의
2006 在下位不獲乎上, 民不可得而治矣!

아랫자리에 있으면서 윗사람에게 신임을 얻지 못하면(在下位不獲乎上), 백성을 얻어 다스리지 못할 것입니다(民不可得而治矣).

2006 鄭氏曰:「此句在下, 誤重在此。」

정씨(鄭玄)가 말했다(鄭氏曰). "이 글귀는 아래 제17절에 나오고 있는데 잘못 중복되어 여기에 있다(此句在下 誤重在此)."

2007 故君子不可以不脩身；思脩身，不可以不事親；思事親，不可以不知人；思知人，不可以不知天。」

그러므로 군자는 먼저 자신의 몸가짐을 닦지 않으면 안 됩니다(故君子不可以不脩身). 자신의 몸가짐을 닦고자 할진대 먼저 가까이 어버이를 섬기는 것부터 하지 않으면 안 됩니다(思脩身 不可以不事親). 어버이를 섬기고자 할진대 먼저 사람을 알지 않으면 안 됩니다(思事親 不可以不知人). 사람을 알고자 할진대 먼저 하늘을 알지 않으면 안 됩니다(思知人 不可以不知天)[1].

2007 爲政在人，取人以身，故不可以不脩身。脩身以道，脩道以仁，故思脩身不可以不事親。欲盡親親之仁，必由尊賢之義，故又當知人。親親之殺，尊賢之等，皆天理也，故又當知天。

정치는 사람에 달려 있고 사람을 얻는 것은 脩身으로써 하기 때문에(爲政在人 取人以身), 脩身하지 않으면 안 되는 것이다(故不可以不修身). 脩身은 道로써 하고 脩道는 仁으로써 하기 때문에(修身以道 修道以仁), 脩身을 생

1) [自箴] '知天'이 脩身의 근본이 된다 함은 知天 이후에야 誠할 수 있다는 것이다. 『大學』은 '誠意'로써 脩身의 근본으로 삼고, 『中庸』은 '知天'으로써 脩身의 근본으로 삼았는데, 그 뜻은 하나다. 『中庸』에서 '莫見乎隱' '莫顯乎微' '知隱之見' '知微之顯'은 '知天'이고, '知天'은 '愼獨'이고, '愼獨'은 '誠'이다. '知人'이란 사람이 사람인 까닭을 아는 것인데, '天命之謂性, 率性之謂道'이니, 이것을 안다면 '知人'이다. 그러므로 '思知人 不可以不知天(사람을 알려고 할진대 하늘을 알지 않으면 안 된다)'이라 한 것이다(知天爲修身之本者, 知天而後能誠也. 大學以誠意爲修身之本, 中庸以知天爲修身之本, 其義一也. 經曰莫見乎隱, 莫顯乎微, 知隱之見, 知微之顯, 則知天矣, 知天者, 愼其獨, 愼其獨, 卽誠也. 知人者, 知人之所以爲人也, 天命之謂性, 率性之謂道, 知此則知人矣, 故曰思知人, 不可以不知天也).

각할진대 가까이 어버이를 섬기는 것부터 하지 않으면 안 되는 것이다(故思修身不可以不事親). 가까운 이를 친애하는 仁을 다하고자 할진대(欲盡親親之仁), 반드시 賢者를 존경하는 義를 거쳐야 하기 때문에(必由尊賢之義), 또 마땅히 사람을 알아야 하는 것이다(故又當知人). 가까운 정도에 따른 친애의 감쇄와 현명한 정도에 따른 존대의 차등은 모두 천리이기 때문에(親親之殺 尊賢之等 皆天理也), 또한 마땅히 하늘을 알아야 하는 것이다(故又當知天).

2008 天下之達道五, 所以行之者三: 曰君臣也, 父子也, 夫婦也, 昆弟也, 朋友之交也: 五者天下之達道也。知·仁·勇三者, 天下之達德也, 所以行之者一也。

천하 어디에서나 통하는 道가 다섯이고(天下之達道五), 그 道를 행하는 방법이 셋입니다(所以行之者三). 말하건대 군신이요 부자요 부부요 형제요 붕우의 사귐 이라고 하는 이 다섯이(曰君臣也[1] 父子也 夫婦也 昆弟也 朋友之交也五者), 천하 어디에서나 통하는 道이고(天下之達道也), 知·仁·勇이라고 하는 이 셋이(知仁勇三者[2]), 천하 어디에서나 통하는 德인데(天下之達德也), 그 德을 행하는 방법은 다만 한가지입니다(所以行之者 一也)[3].

---

1) 也(야): 병렬 문장의 끝에 놓여 잠시 쉬어 감을 나타낸다.

2) [論語 憲問편 제30장] 孔子께서 말씀하셨다. "君子의 道가 셋인데 내가 잘하는 것이 없다. 仁者는 근심하지 않고, 知者는 미혹되지 않으며, 勇者는 두려워하지 않는다"(子曰 "君子道者三 無能焉 仁者不憂 知者不惑 勇者不懼").

3) [自箴] 제7절 '知天' 두 글자는 誠身(제20장 제17절)의 근본이고, '誠' 한 글자는 萬德의 근본이다. 그러므로 天下之達道 다섯 가지를 실행하는 방법은 하나이고(제8절), 天下之達德 세 가지를 실행하는 방법은 하나이고(제8절), 사람이 道를 아는 세 가지는 이를 아는 방법이 하나이고(제9절), 사람이 善을 행하는 세 가지는 이를 실행하는 방법이 하나이고(제9절), 천하를 다스리는 九經은 그 실행하는 방법이 하나라고 한 것이다(제15절)(上節知天二字, 爲誠身之本, 誠一字爲萬德之根. 故天下之達道五, 所以行之者一也, 天下之達德三, 所以行之者一也, 人之所以知道者三, 所以知之者一也, 人之所以行善者三, 所以行之者一也, 凡爲天下有九經, 所以行之者一也). 文勢가 여기에 이르기까지 마치 비룡이 날고 봉황이 춤추는 듯하고 잔물결이 일어나고 큰 파도가 용솟음치는 듯하다가, 마침내 '誠' 한 자를 토해 냈으니, 마치 風水家가 말하는 '千里를 쭉 뻗어 내려온 山勢가 마침내 명당 한 자리로 결말을 맺은 형국이다'라고 한 것과 같다(文勢到此, 如龍飛鳳舜[舞], 波起瀾興, 畢竟吐一誠字, 如風水家所謂千里行龍, 畢竟結局在一席之地). 성인께서 이에 천지만물의 이치를 통찰하고 천백가지 조리의 모든 근본으로 '誠' 한 글자를 삼았고, 천백가지 갈래의 모든 근원으로 '誠' 한 글자를 삼았으니, 이것이 이른 바 '不誠無物(제25장 제2절)'이고 바로 '誠者天之道(제20장 제18절)'이다. 그러므로 먼저 知天으로 결말을 지은 연후에 중간에 갈라져서 만 가지로 달라졌다가 또 다시 '誠' 한 자로 결말지은 것이다(聖人於此, 洞察天地萬物之理, 千條百枝, 都以一誠字爲根本, 千流百派, 都以一誠字爲源頭, 此所謂不誠無物, 乃誠者天之道也, 故先以知天爲結局, 然後中散爲萬殊, 又以誠字結局)

2008 知, 去聲。○達道者, 天下古今所共由之路, 即書所謂五典, 孟子所謂「父子有親 · 君臣有義 · 夫婦有別 · 長幼有序 · 朋友有信」是也。知, 所以知此也; 仁, 所以體此也; 勇, 所以強此也; 謂之達德者, 天下古今所同得之理也。一則誠而已矣。達道雖人所共由, 然無是三德, 則無以行之; 達德雖人所同得, 然一有不誠, 則人慾間之, 而德非其德矣。程子曰:「所謂誠者, 止是誠實此三者。三者之外, 更別無誠。」

「知(zhì)」는 去聲이다(知 去聲). ○「達道」라는 것은 천하와 고금이 똑같이 따르는 길이니(達道[4]者 天下古今所共由之路), 바로 『書經』에서 말한「五典」인데(卽書所謂五典[5]), 맹자가 말씀한「父子有親, 君臣有義, 夫婦有別, 長幼有序, 朋友有信」이 이것이다(孟子所謂[6] 父子有親, 君臣有義, 夫

---

4) 達道(달도): 모두가 인정하는 공인된 준칙.

5) [書經 舜典편] 옛 帝舜을 상고하건대 虞舜이 帝堯를 도우시니, 깊고 명철하고 문채나고 밝으시며 온화하고 공손하며 성실하고 독실하시어 그윽한 덕이 올라가 알려지시니, 帝堯가 마침내 虞舜에게 職位를 명하셨다. 五典을 삼가 아름답게 하라 하시니 五典이 능히 순하게 되었으며, 政事를 총괄케 하시니 모든 일이 때맞춰서 질서가 잡혔으며, 四門에서 손님을 맞이하게 하시니 四門이 화목하며, 큰 산 기슭에 들어가게 하시니 열풍과 뇌우에도 혼미하지 않으셨다. 帝堯가 말씀하기를 "이리 오라! 舜아. 일을 도모하고 말을 상고하건대 너의 말이 공적을 이룰 수 있음을 본 것이 3년이니, 네가 帝位에 오르라" 하셨다. 舜은 덕이 있는 사람에게 사양하고 잇지 않으셨다(曰若稽古帝舜. 曰重華協于帝. 濬哲文明, 溫恭允塞, 玄德升聞, 乃命以位. 愼徽五典, 五典克從, 納于百揆, 百揆時敍, 賓于四門, 四門穆穆, 納于大麓, 烈風雷雨弗迷. 帝曰, 格汝舜, 詢事考言, 乃言厎可績, 三載, 汝陟帝位. 舜讓于德, 弗嗣).

6) [孟子 滕文公상편 4:8] 맹자가 말했다. "후직은 백성들에게 씨를 뿌리고 수확하는 법을 가르쳤습니다. 오곡을 심고 가꾸어 오곡이 무르익자 백성들이 먹고 살 수 있게 되었습니다. 사람 사는 도리는 배불리 먹고 따뜻하게 입고 편안하게 산다고 해도 가르침이 없으면 짐승과 가깝습니다. 성인께서는 이를 걱정하시어 契(설)을 사도로 삼아 인륜을 가르치도록 했으니, 아버지와 아들 사이에는 친함이 있어야 하고, 임금과 신하 사이에는 의가 있어야 하고, 남편과 아내 사이에는 구별이 있어야 하고, 어른과 젊은이 사이에는 차례가 있어야 하고, 친구 사이에는 신의가 있어야 한다는 것입니다. 요임금께서 말씀하시기를, '위로해 주고, 오게 하고, 바르게 하고, 정직하게 하고, 도와주고, 부축해 주고, 스스로 터득하게 하고, 또 더 나아가 덕을 진작시켜 주어라'라고 하셨습니다. 성인께서 백성을 걱정하심이 이와 같았는데 농사지을 겨를이 있

婦有別, 長幼有序, 朋友有信是也). 「知」는 이 도를 아는 것이고(知 所以知此也), 「仁」은 이 도를 체득하는 것이고(仁 所以體此也), 「勇」은 이 도를 힘쓰는 것으로(勇 所以强此也), 이것을 「達德」이라 일컫는 것은(謂之達德[7]者), 천하와 고금이 똑같이 얻은 理이기 때문이다(天下古今所同得之理也). 「一」이라 하면 곧 「誠」일뿐이다(一則誠而已矣). 「五達道」는 비록 사람이 똑같이 따르는 것이긴 해도(達道雖人所共由), 이 「三達德」이 없으면 이것을 행할 방법이 없고(然無是三德則無以行之), 「三達德」은 비록 사람이 똑같이 얻는 것이긴 해도(達德雖人所同得), 어느 한 가지에 대해서라도 不誠함이 있으면 인욕이 그 사이를 비집고 들어와서(然 一有不誠 則人欲間之[8]), 덕이 참된 덕이 아니게 되는 것이다(而德非其德矣). 程子가 말했다(程子曰). "이른바 誠이라는 것은(所謂誠者), 다만 바로 이 세 가지를 성실히 하는 것이니(止是誠實此三者), 이 세 가지 외에 더 달리 誠할 것은 없다(三者之外更別無誠)."

없겠습니까?"(曰… "稷教民稼穡 樹藝五穀 五穀熟而民人育 人之有道也 飽食 煖衣 逸居 而無教 則近於禽獸 聖人有憂之 使契爲司徒 教以人倫 父子有親 君臣有義 夫婦有別 長幼有序 朋友有信 放勳曰 勞之來之 匡之直之 輔之翼之 使自得之 又從而振德之 聖人之憂民如此 而暇耕乎"…).

7) 達德(달덕): 만고불변의 도덕. 지고의 도덕. 대덕.

8) 間(간): 돋구고 들춰서 불화하게 만들다. 사이가 벌어지게 하다. 간격을 벌리다. 참여하다.

2009 或生而知之, 或學而知之, 或困而知之, 及其知之一也; 或安而行之, 或利而行之, 或勉強而行之, 及其成功一也。

어떤 자는 태어나면서 이미 그것을 알고(或生而知之[1]), 어떤 자는 배우고 나서 그것을 알게 되고(或學而知之), 어떤 자는 답답해서야 그것을 알게 되지만(或困而知之)[2], 알았다는 그 자체로는 한가지입니다(及其知之 一也). 어떤 자는 힘들이지 않고도 그것을 행하고(或安而行之), 어떤 자는 이로우니까 그것을 행하게 되고(或利而行之), 어떤 자는 억지로 시켜야 그것을 행하게 되지만(或勉强[3]而行之), 성취했다는 그 자체로는 한가지입니다(及其成功 一也)."

2009 強, 上聲。○知之者之所知, 行之者之所行, 謂達道也。以其分而言: 則所以知者知也, 所以行者仁也, 所以至於知之成功而一者勇也。以其等而言: 則生知安行者知也, 學知利行者仁也, 困知勉行者勇也。 蓋人性雖無不善, 而氣稟有不同者, 故聞道有蚤莫, 行道有難易, 然能自強不息, 則其至一也。呂氏曰:「所入之塗雖異, 而所至之域則同, 此所以爲中庸。若乃企生知安行之資爲不可幾及, 輕困知勉行謂不能有成, 此道之所以不明不行也。」

---

1) ① [論語 季氏편 제9장] 孔子께서 말씀하셨다. "태어나면서 아는 자가 첫째이고, 배우고 나서 아는 자가 다음이고 답답해서야 배우는 자가 그 다음이고, 답답해서도 배우지 않는 자가 백성으로 맨 아래가 된다"(孔子曰 "生而知之者 上也 學而知之者 次也 困而學之 又其次也 困而不學 民斯爲下矣"). ② [論語 述而편 제19장] 孔子께서 말씀하셨다. "나는 나면서부터 아는 者가 아니다. 옛 것을 좋아하여 부지런히 구하는 者이다"(子曰 "我非生而知之者 好古敏以求之者也").

2) 困知勉行(곤지면행): 곤란을 극복하여 지식을 획득하고, 노력 실천하여 품덕을 수양하다.

3) 勉强(면강): 힘이 부쳐도 억지로 하다. 원하지 않는 일을 억지로 시키다. 강요하다.

「強(qiǎng)」는 上聲이다(強[4] 上聲). ○「知之(어떤 것을 안다)」라는 것의 「知」의 대상,「行之(어떤 것을 행한다)」라는 것의「行」의 대상은「達道」를 일컫는다(知之者之所知 行之者之所行 謂達道也). 그것을 구분지어서 말하면(以其分而言), 알게 하는 것은「知」이고(則所以知者知也), 행하게 하는 것은「仁」이고(所以行者仁也), 알아내고 성취해냄으로써 결국은 한 가지가 되게 하는 것은「勇」이다(所以至於知之成功而一者 勇也). 그것을 등급지어서 말하면(以其等而言),「生知」와「安行」은「知」이고(則生知安行者知也),「學知」와「利行」은「仁」이고(學知利行者仁也),「困知」와「勉行」은「勇」이다(困知勉行者勇也). 대개 사람의 性은 비록 누구나 선하지 않음이 없으나(蓋人性 雖無不善), 氣稟은 똑같지 않은 자가 있기에(而氣稟有不同者), 도를 깨우침에 빠름과 늦음이 있고(故聞道有蚤莫[5]), 도를 실행함에 어려움과 쉬움이 있는 것이다(行道有難易). 그렇지만 능히 감당하여 자기 스스로 힘쓰기를 쉬지 않으면(然能自强不息), 그 이르는 데는 한가지이다(則其至一也). 呂氏가 말했다(呂氏曰). "들어가는 길은 비록 다르지만(所入之塗雖異), 이르는 경지는 똑같으니(而所至之域則同), 이것이 중용이 되는 까닭이다(此所以爲中庸).「生知」와「安行」의 자질은 바라면서도 따라가지는 못하겠다고 여기고,「困知」와「勉行」은 소홀히 하면서도 성취하지는 못하겠다고 말하는 것에 관해서라면(若乃[6]企生知安行之資 爲不可幾及[7] 輕困知勉行 謂不能有成[8]), 이러하니까 도가 밝혀지지 못하고 행해지지 못하는 것이다(此道之所以不明不行也)."

4) 強(강): 애쓰다. 마지못하다. 간신히 ~하다.
5) 蚤莫(조막): =蚤暮 朝晚. 이르고 늦음.
6) ① 若乃(약내): ~에 관해서는. ~으로 말하면. ② 企(기): 희망하다. 간절히 바라다.
7) 幾及(기급): 도달하다. 거의 따라잡다.
8) 有成(유성): 성공하다. 결실을 보다.

〔中庸或問〕

「達道」「達德」에는「三知」「三行」의 차이가 있지만 그 이르는 데는 한가지라고 하였습니다. 무슨 뜻인지요(曰: 達道達德, 有三知三行之不同, 而其致則一, 何也)?

이는 기질은 다르지만 性은 같기 때문이다.「태어나면서 아는 자」는 태어나면서 신령하여 가르침이 없이도 모르는 것이 없는 자이다.「힘들이지 않고도 행하는 자」는 의리에 편안하여 익히지 않아도 의리를 어김이 없는 자이다. 이러한 자가 내려 받은 기운은 청명하고, 내려 받은 바탕은 순수하여, 천리가 완정하게 갖춰있어서, 조금도 이지러지거나 손상된 부분이 없는 자이다(曰: 此氣質之異, 而性則同也. 生而知者, 生而神靈, 不待教而於此無不知也; 安而行者, 安於義理, 不待習而於此無所咈[9])也. 此人之稟氣清明, 賦質純粹, 天理渾然, 無所虧喪[10])者也).

「배우고 나서 아는 자」는 모르는 것이 있으면 배워서 그것을 아는 자이다.「태어나면서 아는 자」는 아니지만「답답해서 아는 자」도 아니다.「이로워서 행하는 자」는 참으로 그것이 이롭다는 것을 알기에 반드시 그것을 행하는 자이다.「힘들이지 않고도 행하는 자」는 못되지만「억지고 시켜야 행하는 자」도 아니다. 이러한 자가 내려 받은 기운은 청명한 기운이 많지만, 가려진 부분이 없지 않고, 내려 받은 바탕은 순수한 부분이 많지만, 잡스러운 부분이 없지 않아서, 천리는 좀 손실되었으나, 자주 원상대로 회복이 되는 자이다(學而知者, 有所不知, 則學以知之, 雖非生知, 而不待困也;

9) 咈(불): 복종하지 않다. 순종하지 않다.
10) 虧喪(휴상): 손상되다. 손실되다.

利而行者, 眞知其利, 而必行之, 雖有未安, 而不待勉也. 此得淸之多, 而未能無蔽, 得粹之多, 而未能無雜, 天理小失, 而能亟[11]反之者也).

「답답해서야 아는 자」는 태어나면서부터 밝지 못하고 배워도 통달하지 못하고, 마음속에 풀리지 않고 생각이 가로막히고 난 이후에야 아는 자이다. 「억지로 시켜야 행하는 자」는 편안히 얻지 못하고 그것이 이롭다는 것을 알지 못해서, 억지로 시키고 강제로 바로 잡아야 행하는 자이다. 이러한 자는 몽매하고 가려져 있고 이것저것 뒤섞여 있어서 천리가 거의 망실되었기에, 오랜 기간이 지난 후에야 회복이 가능한 자이다(困而知者, 生而不明, 學而未達, 困心衡慮[12], 而後知之者也; 勉強而行者, 不獲所安, 未知其利, 勉力[13]強矯而行之者也. 此則昏蔽駁雜, 天理幾亡, 久而後能反之者也).

이 세 등급의 사람은 그 기질의 품수 또한 같지 않다. 그렇지만 그 性의 본바탕은 선할 뿐이다. 그러므로 그들이 아는 데 이르고 성취하는 데 이르면, 알게 된 지식과 이룩한 성취에는 조금의 차이도 없고, 그 처음을 다시 회복했다는 것뿐이다(此三等者, 其氣質之稟, 亦不同矣, 然其性之本, 則善而已. 故及其知之而成功也, 則其所知所至, 無少異焉, 亦復其初而已矣).

---

11) 亟(극): =屢次. 누차. 여러 번. 반복해서.

12) ① [孟子 告子하편 15:2] 맹자가 말했다. "그러므로 하늘이 장차 이런 사람에게 큰일을 내릴 때에는, 반드시 먼저 그들의 심지를 괴롭게 하고, 그들의 힘줄과 뼈를 지치게 하고, 그들의 육체를 굶주리게 하고, 그들의 몸을 궁핍하게 하고, 행함이 그들이 하고자 하는 바와 어긋나게 한다. 마음은 분발시키고 성정은 참을성 있게 하여, 그들이 해낼 수 없는 일을 더 돕고자 해서이다. 사람은 항상 잘못을 하고 난 후에야 제대로 고치고, 마음속에 풀리지 않고 생각이 가로막히고 난 후에야 분기하고, 얼굴빛에 나타나고 목소리를 발하고 난 후에야 깨닫게 된다."(… "故天將降大任於是人也 必先苦其心志 勞其筋骨 餓其體膚 空乏其身 行拂亂其所爲. 所以動心忍性 曾益其所不能 人恒過 然後能改 困於心 衡於慮 而後作 徵於色 發於聲 而後喩"). ② 困心衡慮(곤심형려): =困心橫慮. 생각이 곤고하고 걱정이 가슴에 꽉 차 있음, 생각이 풀리지 않고 마음속에 꽉 막혀 있음.

13) 勉力(면력): 진력하다. 노력하다. 권면하다. 격려하다.

장횡거 · 여조겸 · 양시 · 후중량은 모두「生知安行」을「仁」,「學知利行」을「知」,「困知勉行」을「勇」이라 여겼는데, 그 견해가 훌륭합니다. 선생님께서는 그 견해를 따르지 않으셨는데, 선생님의 설명을 듣고 싶습니다(曰: 張子 · 呂 · 楊 · 侯氏皆以生知安行爲仁, 學知利行爲知, 困知勉行爲勇, 其說善矣. 子之不從, 何也)?

「安行」은「仁」이 될 만하다. 그렇지만「生而知之」의 경우에는「知」 중에 큰 것에 해당되는 것이어서,「仁」에 귀속시킬 수는 없다.「利行」은「知」가 될 만하다. 그렇지만「學而知之」의 경우에는「知」 중에 하위 단계에 해당되는 것이지,「知」 중에 큰 것은 아니다(曰: 安行可以爲仁矣, 然生而知之, 則知之大, 而非仁之屬也; 利行可以爲知矣, 然學而知之, 則知之次, 而非知之大也).

또 위 제9절의 세 조목에는 확고하게 차례가 있는데, 책의 처음 여러 장에서 순임금으로는「知」를 밝혔고(제6장), 안회로는「仁」을 밝혔고(제8장), 자로로는「勇」을 밝혔는데(제10장), 거기에서 말하는「知」는 하위 단계의「知」가 아니다. 그렇다면 어찌 단순하게「學知利行」이 그에 해당하기에 충분하다고 여기겠는가(且上文三者之目, 固有次序, 而篇首諸章, 以舜明知, 以回明仁, 以子路明勇, 其語知也不卑矣, 夫豈專以學知利行者爲足以當之乎)?

그러므로 이제 그것을 구분지어서 말한다면,「三知」는「智」이고,「三行」은「仁」이고, 힘쓰기를 쉬지 않는 까닭에 이로써 알아내고 성취해냄으로써 결국은 한 가지가 되게 하는 것은「勇」이다. 그것을 등급지어서 말한다면,「生知安行」은 주로「知」를 취하여「智」,「學知利行」은 주로「行」을 취하여「仁」,「困知勉行」은 주로「強」을 취하여「勇」이다. 또 제10절의「三近」까지 통합해서 말한다면,「三知」는「智」이고,「三行」은

「仁」이고, 「三近」은 「勇」의 하위 단계에 해당되는데, 이렇게 하면 거의 빠짐없이 다한 것이 아닌가 생각된다(故今以其分而言, 則三知爲智, 三行爲仁; 所以勉而不息, 以至於知之成功之一爲勇; 以其等而言, 則以生知安行者, 主於知而爲智; 學知利行者, 主於行而爲仁; 困知勉行者, 主於強而爲勇. 又通三近而言, 則又以三知爲智, 三行爲仁, 而三近爲勇之次, 則亦庶乎其曲盡也歟[14]!).

14) 也歟(야여): =也与. 의문이나 감탄을 표시하는 어기조사.

2010 子曰:「好學近乎知, 力行近乎仁, 知恥近乎勇。

공자께서 말씀하셨다(子曰). "배우길 좋아하는 것은 知에 가깝고(好學近乎知), 힘써서 행하는 것은 仁에 가깝고(力行近乎仁), 부끄러움을 아는 것은 勇에 가깝습니다(知恥近乎勇[1]).

2010 「子曰」二字衍文。好近乎知之知, 並去聲。○ 此言未及乎達德而求以入德之事。通上文三知爲知, 三行爲仁, 則此三近者, 勇之次也。呂氏曰:「愚者自是而不求, 自私者殉人慾而忘反, 懦者甘爲人下而不辭。故好學非知, 然足以破愚; 力行非仁, 然足以忘私; 知恥非勇, 然足以起懦。」

「子曰」두 글자는 연문이다(子曰 二字衍文).「好學近乎知」의「知(zhì)」는 모두 去聲이다(好近乎知之知 並去聲). ○ 이 구절은 아직 達德에는 미치지 못해 德에 들어가기를 추구하는 경우에 대해 말한 것이다(此言未及乎達德而求以入德之事). 위 제9절의 生知 · 學知 · 困知가「知」가 되고(通上文三知爲知), 安行 · 利行 · 勉行이「仁」이 되면(三行爲仁), 이 구절의 近知 · 近仁 · 近勇은「勇」중에서 하위 단계이다(則此三近者 勇之次也). 呂氏가 말했다(呂氏曰). "어리석은 자는 당연한 것인데 하며 찾아보지도 않고(愚者自是[2])

1) [自箴] 배우기를 좋아하면 踐形(하늘에서 받은 천품을 체현해냄)할 줄을 알기에 知에 가깝고, 힘써 행하면 사람을 사랑할 줄을 알기에 仁에 가깝고, 부끄러움을 알면 반드시 답답함 때문에 발분하여 힘을 다해 선을 행하기에 勇에 가깝다. 그렇지만 배우기를 좋아하는 것은 學知에 해당하고, 힘써 행하는 것은 利行에 해당하고, 부끄러움을 아는 것은 困勉에 해당하기에, '知에 가깝다' '仁에 가깝다' '勇에 가깝다'고 한 것으로, 그 위 단계로 '生知' '安行'이 더 있음을 밝힌 것이다(好學則知所以踐形, 故近乎知, 力行則知所以愛人, 故近乎仁, 知恥則必因困發憤, 强力爲善, 故近乎勇. 然好學者, 學知者也, 力行者, 利行者也, 知恥者, 困勉者也, 皆非上等, 故曰近乎知近乎仁近乎勇, 明上面有生知安行一層也).

而不求), 자기만 생각하는 자는 인욕만을 좇다가 되돌아오는 것을 잊고(自私[3])者徇人欲而忘反[4])), 나약한 자는 남의 아래가 되는 것에 달콤해하여 그만두지 못한다(懦者甘爲人下而不辭). 그러므로「好學」이「知」는 아니지만 어리석음을 깨치기에는 족하고(故好學非知 然足以破愚),「力行」이「仁」은 아니지만 사사로움을 잊게 하기에는 족하고(力行非仁 然足以忘私),「知恥」가「勇」은 아니지만 나약함을 일깨우기에는 족하다(知恥非勇 然足以起懦)."

---

2) 自是(자시): 당연히 그렇다. 원래부터 그렇다. 스스로에 대해 옳다고 여기다.
3) 自私(자사): 자기를 위해서만 생각하다. 자기의 이익만 도모하다. 두둔하다. 감싸다.
4) [孟子 梁惠王하편 4:7] 맹자가 말했다. "흘러가는 대로 배에 몸을 내맡기고 되돌아가길 잊는 것을 流라 합니다. 흐르는 물살을 거슬러 올라가서 되돌아가길 잊는 것을 連이라고 합니다. 사냥에 빠져 싫증을 모르는 것을 荒이라 합니다. 술에 취해 빠져나올 줄 모르는 것을 亡이라 합니다"(… "從流下而忘反謂之流 從流上而忘反謂之連 從獸無厭謂之荒 樂酒無厭謂之亡").

2011 知斯三者, 則知所以脩身; 知所以脩身, 則知所以治人; 知所以治人, 則知所以治天下國家矣。」

이 셋을 아는 자라면 자신의 몸가짐을 닦는 방법을 알 것입니다(知斯三者 則知所以修身). 자신의 몸가짐을 닦는 방법을 아는 자라면 다른 사람을 다스리는 방법을 알 것입니다(知所以修身 則知所以治人). 다른 사람을 다스리는 방법을 아는 자라면 天下 · 國 · 家를 다스리는 방법을 알 것입니다(知所以治人 則知所以治天下國家矣)."

2011 斯三者, 指三近而言。人者, 對己之稱。天下國家, 則盡乎人矣。言此以結上文脩身之意, 起下文九經之端也。

이 세 가지란 近知 · 近仁 · 近勇「三近」을 가리켜 말한 것이다(斯三者 指三近而言). 「人(남)」이란「己(자기)」의 대칭이다(人者 對己之稱). 「天下國家」는「人(남)」을 다 일컫는 것이다(天下國家 則盡乎[1] 人矣). 이 구절을 말씀해 이로써 위 구절의「脩身」의 뜻을 결론 맺고(言此以結上文脩身之意), 아래 구절의「九經」의 글머리를 일으킨 것이다(起下文九經之端也).

---

1) 乎(호): =呼. 부르다. 일컫다.

2012 凡爲天下國家有九經, 曰: 脩身也, 尊賢也, 親親也, 敬大臣也, 體羣臣也, 子庶民也, 來百工也, 柔遠人也, 懷諸侯也。

"무릇 天下 · 國 · 家를 다스리는 데는 九經(아홉 가지 대원칙)이 있습니다(凡爲天下國家 有九經). 자신의 몸가짐을 닦는 것이요, 현자를 존대하는 것이요, 가까운 이를 친애하는 것입니다(曰 修身也 尊賢也 親親也). 대신을 공경하는 것이요, 여러 신하들의 처지를 체행하는 것이요, 뭇 백성들을 자식같이 여기는 것입니다(敬大臣也 體羣臣也 子庶民也). 백공을 모이게 하는 것이요, 먼 지방 사람들을 위무하는 것이요, 제후들을 보듬어 안는 것입니다(來百工也 柔遠人也 懷諸侯也[1]).

2012 經, 常也。體, 謂設以身處其地而察其心也。子, 如父母之愛其子也。柔遠人, 所謂無忘賓旅者也。此列九經之目也。呂氏曰: 「天下國家之本在身, 故脩身爲九經之本。然必親師取友, 然後脩身之道進, 故尊賢次之。道之所進, 莫先其家, 故親親次之。由家以及朝廷, 故敬大臣, 體羣臣次之。由朝廷以及其國, 故子庶民, 來百工次之。由其國以及天下, 故柔遠人, 懷諸侯次之。此九經之序也。」視羣臣猶吾四體, 視百姓猶吾子, 此視臣視民之別也。

「經」은 「常」이다(經 常[2]也). 「體」는 자기 자신이 그 처지에 있다 가설하

1) 懷柔(회유): ① 제왕이 산천에 제사를 지내 天神과 地神을 불러 각각 편안하기를 기원함. ② 외국이나 국내 소수민족을 구슬리고(籠絡) 위무하는(安撫) 말로 쓰임.
2) 常(상): 고대사회에서 사람과 사람 사이의 관계에 대한 항구불변의 준칙. 倫常, 綱常.

고 그 마음을 살피는 것이다(體[3] 謂設以身處其地而察其心也). 「子」는 부모가 자기 자식을 사랑하듯이 하는 것이다(子 如父母之愛其子也). 「柔遠人」은 『孟子』에서 말한 「無忘賓旅(손님과 나그네를 홀대하지 않는다)」라는 것이다(柔遠人 所謂無忘賓旅[4]者也). 이 구절은 九經의 조목을 나열한 것이다(此 列九經之目也). 呂氏가 말했다(呂氏曰). "天下 · 國 · 家의 근본은 자기 자신에 있기 때문에 「脩身」은 九經의 근본이 된다(天下國家之本在身 故修身爲九經之本). 그렇지만 반드시 스승을 가까이 하고 벗을 취한 연후에 脩身의 길에 나아가기 때문에 「尊賢」이 그 다음이 된다(然必親師取友[5]然後修身之道進 故尊賢次之). 脩身의 길에 나아감은 무엇보다 자기 집안을 가지런히 하는 것을 우선으로 하기 때문에 「親親」이 그 다음이 된다(道之所進 莫先其家 故親親次之). 자기 집안을 거쳐 조정에 미치기 때문에 「敬大臣」과 「體羣臣」이 그 다음이 된다(由家以及朝廷 故敬大臣體羣臣次之). 조정을 거쳐 그 나라에 미치기 때문에 「子庶民」과 「來百工」이 그 다음이 된다(由朝廷以及其國 故子庶民來百工次之). 나라를 거쳐 천하에 미치기 때

---

3) 體(체): 몸소 경험하다(=體行, 體認). 입장을 바꿔 다른 사람이 되어 생각하다.

4) [孟子 告子하편 7:3]에서는 맹자가 五覇에 대해 말하면서 그들의 盟約 五禁을 언급하는데, 제3조가 「노인을 공경하고 어린이를 사랑하며 손님과 나그네를 홀대해서는 안 된다(敬老慈幼 無忘賓旅)」는 조항임.

5) [禮記 學記] 옛날의 교육제도는 家(가: 25호)에는 塾(숙: 글방), 黨(당: 500호)에는 庠(상), 術(술: 12,500호)에는 序(서), 國都(국도)에는 學(학)이 있었다. 매년 입학하고 격년으로 시험을 치렀다. 1년차에는 경전의 단락을 나누고 그 뜻을 변별하는지를 살피고, 3년차에는 학업에 대한 경애심과 교우관계가 화락한지를 살피고, 5년차에는 다방면으로의 학습과 스승에 대한 친애심을 살피고, 7년차에는 학문에 대한 논술력과 교우관계를 살폈는데, 이를 가리켜 小成이라 하였다. 9년차가 되어 類比를 통해 사리를 유추하는데 통달하고 견해가 확고히 서서 이전으로 되돌아가지 않게 되면 이를 가리켜 大成이라 하였다. 이렇게 된 후에야 족히 백성을 교화시키고 풍속을 개혁할 수 있게 되고, 가까이 있는 사람들은 설복되고 멀리 있는 사람들은 그를 그리워하게 될 것이니, 이것이 大學의 道이다(古之敎者, 家有塾, 黨有庠, 術有序, 國有學. 比年入學, 中年考校. 一年視離經辨志, 三年視敬業樂羣, 五年視博習親師, 七年視論學取友, 謂之小成: 九年知類通達, 强立而不反, 謂之大成. 夫然後足以化民易俗, 近者說服, 而遠者懷之, 此大學之道也).

문에「柔遠人」과「懷諸侯」가 그 다음이 된다(由其國以及天下 故柔遠人懷諸侯次之). 이것이 九經의 차례이다(此 九經之序也). 군신을 대하기를 내 사지와 같이 하고(視君臣 猶吾四體[6]), 백성을 대하기를 내 자식과 같이 한다 했는데(視百姓 猶吾子), 이것은 신하를 대하는 태도와 백성을 대하는 태도를 구별한 것이다(此視臣視民之別也)."

6) [孟子 離婁하편 3:1] 맹자가 제나라 선왕에게 말했다. "임금이 신하를 자기 手足같이 여긴다면 신하는 임금을 자기의 腹心같이 여길 것입니다. 임금이 신하를 개나 말같이 여긴다면 신하는 임금을 길거리 행인같이 여길 것입니다 임금이 신하를 흙이나 지푸라기같이 여긴다면 신하는 임금을 원수같이 여길 것입니다"(孟子告齊宣王曰 "君之視臣如手足 則臣視君如腹心 君之視臣如犬馬 則臣視君如國人 君之視臣如土芥 則臣視君如寇讐").

2013 脩身則道立, 尊賢則不惑, 親親則諸父昆弟不怨, 敬大臣則不眩, 體羣臣則士之報禮重, 子庶民則百姓勸, 來百工則財用足, 柔遠人則四方歸之, 懷諸侯則天下畏之。

자신의 몸가짐을 닦으면 도가 바르게 서게 되고(修身則道立), 현자를 존대하면 혹하지 않게 되고(尊賢則不惑), 가까운 이를 친애하면 백·숙부나 형제들이 원망하지 않게 될 것입니다(親親則諸父昆弟不怨). 대신을 공경하면 판단이 어지럽지 않게 되고(敬大臣則不眩), 여러 신하들의 처지를 체행하면 신하들의 보답이 중후하게 되고(體羣臣則士之報禮[1]重), 뭇 백성들을 자식같이 여기면 백성들이 권장하게 될 것입니다(子庶民則百姓勸). 백공을 모이게 하면 재용이 풍족하게 되고(來百工則財用足), 먼 지방 사람들을 위무하면 사방에서 그에게 歸服하게 되고(柔遠人則四方歸之), 제후들을 보듬어 안으면 천하가 그를 외경하게 될 것입니다(懷諸侯則天下畏之)."

2013 此言九經之效也。道立, 謂道成於己而可爲民表, 所謂皇建其有極是也。不惑, 謂不疑於理。不眩, 謂不迷於事。敬大臣則信任專, 而小臣不得以間之, 故臨事而不眩也。來百工則通功易事, 農末相資, 故財用足。柔遠人, 則天下之旅皆悅而願出於其塗, 故四方歸。懷諸侯, 則德之所施者博, 而威之所制者廣矣, 故曰天下畏之。

이 구절은 九經의 효과를 말씀한 것이다(此 言九經之效也). 「道立」은 도가

1) 報禮(보례): 보답하는 예.

자기에게 이루어져 백성들의 사표가 될 만함을 말한 것인데(道立 謂道成於己而可爲民表), 『書經』「洪範」에서 말한 「皇建其有極(황제가 법칙을 세운다)」는 것이(所謂皇建其有極[2]), 이것이다(是也). 「不惑」은 이치에 대해 의심하지 않음을 말한다(不惑 謂不疑於理). 「不眩」은 일에 있어 판단이 어지럽지 않음을 말한다(不眩 謂不迷於事). 「敬大臣」하면 신임이 한결같아서 밑에 있는 관리들이 그를 이간질하지 못하기 때문에(敬大臣 則信任專而小臣不得以間之[3]), 일에 임해서도 판단이 어지럽지 않게 된다(故臨事而不眩也). 「來百工」하면 있는 것과 없는 것을 서로 교역하고 농업과 상공업이 서로 돕기 때문에(來百工 則通功易事[4] 農末相資), 재용이 풍족하게 된다(故財用足). 「柔遠人」하면 천하를 주유하는 자들이 모두 즐거이 그의 나라의 길로 출행하길 원하기 때문에(柔遠人 則天下之旅 皆悅而願出於其塗[5]),

---

2) [書經 周書 洪範편] 다섯 번째는 황극으로 임금이 법칙을 세우는 것이다. 오복을 거두어서 여러 백성들에게 베풀어주면 여러 백성들은 너의 법칙에 대하여 너에게 법칙을 보존해줄 것이다(五, 皇極: 皇建其有極. 斂時五福, 用敷錫厥庶民. 惟時厥庶民于汝極 錫汝保極).

3) 小臣(소신): 지위가 낮은 하급 관리.

4) ① 通功易事(통공역사): 사람들이 각자의 일을 가지고 있으면서, 서로 있는 것과 없는 것을 융통시킴. ② [孟子 滕文公下편 4:1] 彭更(팽경: 맹자의 제자)이 물었다. "뒤따르는 수레가 수십 대이고 추종하는 자가 수백 명이고 옮겨 다니면서 제후에게 밥을 얻어먹는 것은 너무 지나치지 않습니까?" 맹자가 말했다. "도리에 어긋난다면 한 그릇의 밥도 남에게 받아서는 안 된다. 도리에 어긋나지 않는다면 순임금께서는 요임금의 천하를 받은 것을 지나치다 여기지 않았는데 자네는 지나치다고 여기느냐?" 팽경이 말했다. "그런 말이 아닙니다. 선비가 하는 일 없이 얻어먹기만 해서는 안 된다는 것입니다"(彭更問曰 "後車數十乘 從者數百人 以傳食於諸侯 不以泰乎." 孟子曰 "非其道 則一簞食不可受於人 如其道 則舜受堯之天下 不以爲泰 子以爲泰乎 曰 否 士無事而食 不可也"). 맹자가 말했다(曰). "자네가 통공역사하여 이로써 남은 물건으로 부족한 물건을 채워 넣지 않는다면 농사꾼에게는 곡식이 남아돌 것이고 아낙네에게는 베가 남아돌 것이지만, 자네가 이 남아도는 물건들을 교역시킨다면 베틀을 만드는 목공과 곡식을 나르는 수레공도 모두 자네에게서 먹을 것을 얻을 것이다. 여기에 어떤 사람이 있는데 집에 들어가서는 부모에게 효도하고 밖에 나가서는 어른들을 공경하며 선왕의 도를 지켜 후학들이 배울 것을 갖춰놓고 기다리는데도 자네에게서는 먹을 것을 얻지 못할 것이다. 자네는 어찌하여 목공이나 수레공은 소중히 여기면서 仁義를 행하는 자는 가볍게 여기느냐?"("子不通功易事 以羨補不足 則農有餘粟 女有餘布. 子如通之 則梓匠輪輿 皆得食於子. 於此有人焉 入則孝 出則悌 守先王之道 以待後之學者 而不得食於子 子何尊梓匠輪輿 而輕爲仁義者哉").

사방에서 백성들이 돌아오게 된다(故四方歸). 「懷諸侯」하면 덕은 베푼 곳이 넓고 위엄은 제어하는 곳이 넓기 때문에(懷諸侯 則德之所施者博而威之所制者廣矣), 「天下畏之(천하가 두려워하게 된다)」라고 말한 것이다(故曰天下畏之).

---

5) [孟子 梁惠王상편 7:18] "이제라도 왕(제나라 宣王: BC 342~BC 327)께서는 법령을 발하여 인덕을 베푸셔서, 천하의 모든 벼슬하는 사람들로 하여금 왕의 조정에 서고 싶게 하고, 농사짓는 모든 사람들로 하여금 왕의 땅에서 농사짓고 싶게 하고, 모든 장사꾼들로 하여금 왕의 나라 시장에서 물건을 쌓아 두고 싶게 하고, 모든 여행자들로 하여금 왕의 나라의 길을 지나고 싶게 하고, 자기 나라 임금을 미워하는 천하 모든 사람들로 하여금 왕에게 달려와 하소연하고 싶게 하십시오. 만약 이렇게 한다면 누가 그들을 막을 수 있겠습니까?"("今王發政施仁 使天下仕者 皆欲立於王之朝 耕者 皆欲耕於王之野 商賈 皆欲藏於王之市 行旅 皆欲出於王之塗 天下之欲疾其君者 皆欲赴愬於王 其若是 孰能禦之").

2014 齊明盛服, 非禮不動, 所以脩身也; 去讒遠色, 賤貨而貴德, 所以勸賢也; 尊其位, 重其祿, 同其好惡, 所以勸親親也; 官盛任使, 所以勸大臣也; 忠信重祿, 所以勸士也; 時使薄斂, 所以勸百姓也; 日省月試, 旣稟稱事, 所以勸百工也: 送往迎來, 嘉善而矜不能, 所以柔遠人也; 繼絕世, 擧廢國, 治亂持危, 朝聘以時, 厚往而薄來, 所以懷諸侯也。

"안으로는 마음을 가다듬어 엄정하게 하고 밖으로는 격식에 맞춰 의관을 차려입고서 禮가 아니면 움직이지 않는 것이(齊明盛服[1] 非禮不動[2]), 자신의 몸가짐을 닦는 방법입니다(所以脩身也). 참소하는 자는 물리치고 여색은 멀리하고 재물은 낮추고 덕행은 높이는 것이(去讒[3]遠色 賤貨而貴德), 賢者를 권면하는 방법입니다(所以勸賢也). 지위를 높여주고 녹을 후하게 해주고 好惡에 차별을 두지 않는 것이(尊其位 重其祿 同其好惡), 親親을 권

1) [禮記正義] ① 제20장 제14절의 齊明盛服은 齊는 整齊, 明은 嚴明, 盛服은 의관을 바르게 하는 것을 일컬으며, 이것은 脩身이 갖춰야 할 모습이다(孔穎達 疏: "齊謂整齊, 明謂嚴明, 盛服謂正其衣冠, 是修身之體也"). ② 제16장 제3절의 '齊明盛服 以承祭祀'에서 齊明盛服의 明은 潔과 같은데(정현), 귀신은 만물을 낳고 기르므로 천하 사람들이 모두 목욕재계하여 깨끗하게 하고 의복을 격식에 맞춰 갖춰 입고 제사를 받드는 것이다(孔穎達)(鄭玄 注: "明猶潔也." 孔穎達 疏: "言鬼神能生養萬物, 故天下之人齊戒明絜, 盛飾衣服, 以承祭祀").

2) [論語 顔淵편 제1장] 顔淵이 仁에 대해 여쭈자 孔子께서 말씀하셨다. "자기를 이겨 禮로 돌아가는 것이 仁을 하는 것이다. 하루라도 자기를 이겨 禮로 돌아간다면 천하가 仁을 따를 것이다. 仁을 하는 것은 자기로부터 말미암는 것이지 어찌 다른 사람으로부터 말미암는 것이겠느냐?" 顔淵이 말했다. "청컨대 그 덕목을 여쭙겠습니다." 孔子께서 말씀하셨다. "禮가 아니면 보지 말고 禮가 아니면 듣지 말고 禮가 아니면 말하지 말고 禮가 아니면 움직이지 말라." 顔淵이 말했다. "제가 비록 불민하지만 부디 이 말씀을 힘쓰겠습니다"(顔淵問仁 子曰 "克己復禮 爲仁 一日克己復禮 天下歸仁焉 爲仁由己 而由人乎哉." 顔淵曰 "請問其目." 子曰 "非禮勿視 非禮勿聽 非禮勿言 非禮勿動 顔淵曰 回雖不敏 請事斯語矣").

3) 讒(참): 남을 헐뜯어 없는 죄를 있는 것처럼 꾸며서 고해바침.

장하는 방법입니다(所以勸親親也). 官屬을 채워주어 맡은 일을 책임지고 하게 하는 것이(官盛任使[4]), 대신을 권면하는 방법입니다(所以勸大臣也). 忠心과 信心으로 대해주고 녹을 후하게 해주는 것이(忠信重祿), 벼슬아치들을 권면하는 방법입니다(所以勸士[5]也). 농사철을 가려서 부역을 시키고 징세를 가볍게 해주는 것이(時使[6]薄斂), 백성들을 권면하는 방법입니다(所以勸百姓也). 매일같이 성과를 살피고 매달 시험을 치르고 매달의 급여를 일의 성과와 맞게 해주는 것이(日省月試 旣稟稱事[7]), 백공들을 권면하는 방법입니다(所以勸百工也). 떠나는 자는 문밖까지 나가서 배웅하고 머물기 위해 오는 자는 문밖까지 나가서 영접하고 잘하는 자는 칭찬해주고 그렇지 못한 자는 감싸 안는 것이(送往迎來[8] 嘉善而矜不能[9]), 먼 지방 사람들을 위무하는 방법입니다(所以柔遠人也). 代가 끊긴 나라는 끊긴 代를 이어주고 폐망한 나라는 일으켜 세워주고(繼絶世 擧廢國), 혼란스러우면 다스려 안정시켜주고 위태하면 도와서 부축해주고(治亂持危), 조회와 빙례는 때를 정해놓고 하게하고(朝聘以時), 베푸는 것은 후하게 하고

4) 任使(임사): 책임 있게 맡겨 일을 시킴.

5) [講義補] '士'는 벼슬아치로 사대부의 통칭이다(士者仕也, 士大夫之通名).

6) [講義補] 백성을 부리는데 있어서 반드시 농사철을 피하여 官役을 일으키고 수확이 끝난 후에야 성곽을 수리한다. 농사의 바쁜 철을 빼앗는 것을 『春秋』에서는 '不時'라 기록되어 있으니, 이는 '때에 맞추어 백성을 부리라'는 말이다(役民必以農隙⋯ 起宮役, 收穫旣畢, 然後修城郭. 苟奪農時, 春秋書不時, 此之謂時使也).

7) 稱事(칭사): 공적에 맞게 하다. 稱(칭): 적합하다. 어울리다.

8) 送往迎來(송왕영래): 떠나는 사람을 나가서 이별하고 새로 오는 사람을 나가서 맞이함.

9) [論語 子張편 제3장] 子夏의 門人이 子張에게 교제에 대하여 묻자 子張이 말했다. "子夏께서는 뭐라고 하셨느냐?" 그가 대답했다. "子夏께서는 말씀하시기를 「사귈 만한 사람은 사귀고 사귀어서는 안 될 사람은 거절하라」고 하셨습니다." 子張이 말했다. "내가 들은 것과는 다르구나. 君子는 賢者를 높여주면서도 일반 사람들을 용납하며 잘한 사람을 칭찬해주면서도 그렇지 못한 사람들을 감싸준다. 내가 훌륭한 賢者라면 누구인들 용납 못 하겠느냐? 내가 賢者가 아니라면 남이 나를 거부할 텐데 어떻게 남을 거부하겠느냐?"(子夏之門人 問交於子張 子張曰 子夏云何 對曰 子夏曰 可者 與之 其不可者 拒之 子張曰 異乎吾所聞 君子 尊賢而容衆 嘉善而矜不能 我之大賢與 於人何所不容 我之不賢與 人將拒我 如之何其拒人也).

받는 것은 박하게 하는 것이(厚往而薄來[10]), 제후들을 보듬어 안는 방법입니다(所以懷諸侯也).

2014 齊, 側皆反。去, 上聲。遠, 好, 惡, 斂, 並去聲。既, 許氣反。稟, 彼錦, 力錦二反。稱, 去聲。朝, 音潮。○ 此言九經之事也。官盛任使, 謂官屬衆盛, 足任使令也, 蓋大臣不當親細事, 故所以優之者如此。忠信重祿, 謂待之誠而養之厚, 蓋以身體之, 而知其所賴乎上者如此也。既, 讀曰餼。餼稟, 稍食也。稱事, 如周禮稿稟人職, 曰「考其弓弩, 以上下其食」是也。往則爲之授節以送之, 來則豐其委積以迎之。朝, 謂諸侯見於天子。聘, 謂諸侯使大夫來獻。王制「比年一小聘, 三年一大聘, 五年一朝」。厚往薄來, 謂燕賜厚而納貢薄。

「齊」는 「側」과 「皆」의 反切이다(齊 側皆反). 「去(qù)」는 上聲이다(去 上聲). 「遠(yuàn)」·「好(hào)」·「惡(wù)」·「斂(liǎn)」은 모두 去聲이다(遠[11]) 好 惡 斂[12]) 並去聲). 「既」는 「許」와 「氣」의 反切이다(既 許氣反). 「稟」은 「彼」와 「錦」, 「力」과 「錦」 두 개의 反切이다(稟 彼錦 力錦二反). 「稱(chèn)」은 去聲이다(稱 去聲). 「朝」는 음이 「潮」이다(朝 音潮). ○ 이 구절은 九經의 사례를 말씀한 것이다(此言九經之事也). 「官盛任使」는 官屬을 채워주어 명령을 책임 있게 맡기기에 족하게 하는 것을 말하는데(官盛任使 謂官屬衆盛 足任使令也), 대개는 대신이 세세한 일까지 직접 해서는 안

10) 厚往薄來(후왕박래): 교제하는 데 있어서, 베풀고 주는 것은 풍부하고 후덕하게 하고, 들이고 받는 것은 경미하고 박하게 함.

11) 遠(원): 비키다. 피하다. 물러서다.

12) 斂(렴): 賦稅.

되기 때문에(蓋大臣不當親細事), 우대해주는 방법이 이와 같은 것이다(故所以優之者如此). 「忠信重祿」은 대우를 정성스럽게 하고 공양을 후하게 하는 것을 말하는데(忠信重祿 謂待之誠而養之厚), 대개는 몸소 겪어보고 나서 그들이 윗사람에게 의지하고 바라는 것이 이와 같음을 알게 된다(蓋以身體之 而知其所賴乎上者如此也). 「旣」는 「餼(희)」로 읽는다(旣 讀曰餼). 「餼稟」은 「稍食」이다(餼稟 稍食[13]也). 「稱事」는 『周禮』 「藁人職」에 말하길(稱事 如周禮藁人職[14]曰), 「그가 만든 활과 쇠뇌를 시험해보고 이로써 녹봉을 올리거나 내린다(考其弓弩以上下其食)」는 것이 이것이다(是也). 떠나는 경우에는 그를 위해 신표를 주어서 보내고(往則爲之授節[15]以送之), 머물기 위해 오는 경우에는 재물을 풍족하게 해서 그를 맞이한다(來則豊其委積[16]以迎之). 「朝」는 제후가 천자에게 알현하는 것이다(朝 謂諸侯見於天子). 「聘」은 제후가 대부를 시켜 천자에게 와서 공물을 바치는 것이다(聘 謂諸侯使大夫來獻). 『禮記』 「王制」편에 「매년마다 한번 작은 공물을 올리고 3년에 한번 큰 공물을 올리며 5년에 한번 조회한다.」고 되어 있다(王制 比年一小聘 三年一大聘 五年一朝). 「厚往薄來」는 연회를 베풀고 선물을 하사하는 것은 후하게 하고 공물의 납부는 가볍게 하는 것을 말한다(厚往薄來 謂燕賜[17]厚而納貢薄).

---

13) 稍食(초식): 官府에서 매월 지급하는 녹봉.

14) [周禮 夏官司馬편] 藁人은 재료를 職金(金 · 玉 · 錫 · 石 · 丹靑의 검수와 보관을 관장하는 관리)에게 받아서 직공에게 주는 일을 관장한다. 활에는 6가지 종류가 있고 3등급으로 분류한다. 쇠뇌는 4가지 종류가 있고 또한 3등급으로 분류한다. 화살은 8가지 종류가 있고 모두 3등급으로 분류하고 화실통도 또한 이와 같다. 봄에는 계획을 올리고 가을에는 완성해서 납품하게 한다. 그 등급을 써서 직공을 대접한다. 그 일을 계산하고 활과 쇠뇌를 시험해보고 녹봉을 올리거나 내리고 상을 내리거나 견책한다(槁人: 掌受財于職金, 以齎其工. 弓六物爲三等, 弩四物亦如之. 矢八物皆三等, 箙亦如之. 春獻素, 秋獻成. 書其等以饗工. 乘其事, 試其弓弩, 以下上其食而誅賞).

15) 授節(수절): 부절을 주다. 신표를 주다.

16) 委積(위적): 비축해둔 양식과 馬草. 재화. 물자를 저장하다.

〔中庸或問〕

九經에 대한 설명은 어떠한지요(曰: 九經之說, 奈何)?

내면을 전일하게 하지 않으면 외면을 制裁할 길이 없다. 외면을 齋戒하지 않으면 내면을 기를 길이 없다. 가만히 있을 때 存養하지 않으면 근본을 세울 길이 없다. 움직일 때 살피지 않으면 사사로움을 이길 길이 없다. 그러므로 齊明盛服하여 예가 아니고서는 움직이지 않는다면, 내면과 외면이 서로 수양되어, 움직일 때나 가만히 있을 때나 모두 어김이 없게 되는데, 이렇게 하는 것이 脩身의 요체이다(曰: 不一其內, 則無以制其外; 不齊其外, 則無以養其內. 靜而不存, 則無以立其本; 動而不察, 則無以勝其私. 故齊明盛服, 非禮不動, 則內外交養而動靜不違, 所以爲脩身之要也).

참언이나 사설을 믿으면 賢者에 대한 신임이 한결같지 못하게 되고, 재화나 여색을 따르면 賢者에 대한 선호가 돈독하지 못하게 된다. 『漢書』에 賈捐之[18]가 말하길, '후궁에 어여쁜 여자들이 꽉 차 있으면 현자는 자기가 있는 곳을 숨기고, 아첨하는 무리가 권력을 장악하면 諫諍하는 신하들이 입을 닫는다.' 했는데, 저울의 균형은 이쪽이 무거우면 저쪽은 가볍게 되는 법이다. 이치가 원래 그렇다. 그러므로 참언을 내치고 여색을 멀리하고 재화는 낮게 여기되 덕은 존귀하게 대하길 한결같이 한다면, 이것이 현자를 권면하는 길이다(信讒邪, 則任賢不專; 徇貨色, 則好賢不篤. 賈捐

17) 燕賜(연사): 연회를 베풀고 상을 내리다(宴飮賞賜).

18) 班固(AD 32~92)가 지은 『漢書』「賈捐之傳」에 나오는 글로, 賈捐之(?~BC 43)는 한나라 元帝(BC 48~BC 33 在位) 때 정치가로서 元帝를 자문하며 많은 상소문을 올렸는데, 武帝 때 정벌하여 설치한 郡에서 계속 반란이 일어나 원제가 대규모 병력을 동원하여 진압하려 하자 「棄珠崖議(기주애의)」를 올려 군대 동원을 중지시켰는데 주희가 인용한 글은 바로 「棄珠崖議」에 나오는 글임.

之所謂'後宮盛色, 則賢者隱處; 佞人用事[19]則諍臣杜口', 蓋持衡[20]之勢, 此重則彼輕, 理固然矣. 故去讒遠色, 賤貨而一於貴德, 所以爲勸賢之道也).

친한 자는 자기가 존귀하게 되길 바라고, 아끼는 자는 자기가 부유하게 되길 바라고, 형제 친척은 자기가 소원해지지 않길 바란다. 그러므로 자리를 높여주고 녹을 후하게 하고 好惡를 동일하게 하는데, 이것이「親親」을 권면하는 길이다(親之欲其貴, 愛之欲其富, 兄弟婚姻[21]欲其無相遠, 故尊位重祿, 同其好惡, 所以爲勸親親之道也).

대신이 자질구레한 일을 몸소 하지 않는다면, 이로써 임금을 섬기는 길로 매진하여, 알아서 힘을 다 쏟게 할 수 있다. 그러므로 관속을 채워주어 명령을 책임지고 할 수 있게 하면, 이것이 大臣을 권면하는 길이다(大臣不親細事, 則以道事君者得以自盡, 故官屬衆盛, 足任使令, 所以爲勸大臣之道也).

정성을 다 쏟고 집안일까지 구휼한다면, 벼슬아치들이 위로는 섬겨야 하는 한편으로 아래로는 양육해야 하는 수고를 덜게 되어, 즐거이 공적을 쌓는 일에 달려 나갈 것이다. 그러므로 忠心과 信心으로 대해주고 녹을 후하게 해주는 것이 벼슬아치들을 권면하는 길이다(盡其誠而恤其私, 則士無仰事俯育之累, 而樂趨事功[22]), 故忠信重祿, 所以爲勸士之道也).

인지상정으로는 안일하길 바라지 않는 사람이 없고 부유해지길 바라지 않는 사람이 없다. 그러므로 농사철을 가려가며 부역을 시키고 징세를 가볍게 해 주는 것이 백성을 권면하는 길이다(人情莫不欲逸, 亦莫不欲富, 故時使薄斂, 所以爲勸百姓之道也).

매일같이 성과를 살피고 매달 시험을 치러 능력을 평가하고, 매월의

19) ① 用事(용사): 권력을 잡다. 권력을 장악하다. ② 杜口(두구): 입을 봉하다. 침묵하다.
20) 持衡(지형): 평형을 유지하다. 공평하고 합당하게 인재를 품평하다. 권력을 장악하다.
21) 婚姻(혼인): 혼인관계가 있는 친척.
22) 事功(사공): 사업과 공적. 국가를 위해 분투노력하여 일한 공로, 공적.

급여를 일의 성과와 맞게 해주어 노고를 보상하면, 법도를 따르지 않고 실속 없이 기교만 부린 제품을 만드는 자는 꾸밀 일이 없게 되고, 게으른 자에게는 힘쓰게 하고 능력 있는 자에게는 권장하게 될 것이다(日省月試, 以程[23]其能, 旣稟稱事, 以償其勞, 則不信度·作淫巧[24]者無所容[25]), 惰者勉而能者勸矣).

떠나는 자에게는 신표를 주어 이로써 전송하고, 머물기 위해 오는 자에게는 풍족한 재물을 주어 이로써 영접하고, 능력에 따라 일을 맡겨 이로써 훌륭한 공적을 칭찬해주고, 원하지 않는 것을 억지로 시키지 않아 이로써 능력이 모자라는 자를 감싸준다면, 천하를 주유하는 자들이 모두 즐거이 그의 나라의 길에 출행하길 원하게 될 것이다(爲之授節, 以送其往, 待以委積, 以迎其來, 因能授任, 以嘉其善, 不強其所不欲, 以矜其不能, 則天下之旅皆悅而願出於其塗矣).

대가 끊긴 나라는 대를 이어주고 이미 나라가 멸망한 자에게는 봉토를 준다. 어지러운 것은 바로잡아 주어 상하가 서로 편안하게 하고, 위태로운 것은 붙들어 주어 대소가 서로 구휼하게 하고, 조빙에는 기준을 정해두어 지나치게 재정이 소모되지 않게 하고, 공물과 하사품은 한도를 정해두어 재물이 부족하지 않게 하면, 천하의 제후들이 모두 충심으로 힘을 다 쏟아 왕실을 번성시키고 보위하여, 배반하는 마음이 없게 될 것이다(無後者續之, 已滅者封之, 治其亂, 使上下相安, 持其危, 使大小相恤, 朝聘有節, 而不勞其力, 貢賜有度, 而不匱[26]其財, 則天下諸侯, 皆竭其忠力, 以蕃衛王室, 而無倍畔之心矣).

---

23) 程(정): 헤아리다. 품평하다.
24) 淫巧(음교): 지나치게 정교하여 무익한 제품. 실속 없이 겉만 화려함. 매우 교활하고 교묘함.
25) 容(용): 꾸미다. 치장하다.
26) 匱(궤): 결핍하다. 궁핍하다. 모자라다.

무릇 이 九經은 그 일들이 서로 다르지만 그 실상을 총괄하건대, 脩身 · 尊賢 · 親親 세 가지를 벗어나지 않는다. 敬大臣 · 體羣臣의 경우에는 尊賢의 정도를 차등해 나가는 것이고, 子庶民 · 來百工 · 柔遠人 · 懷諸侯의 경우에는 親親의 정도를 감쇄에 나가는 것이고, 尊賢 · 親親하는 까닭에 관해서는 또한 어찌 그것의 연원처가 없이 추구되는 것이겠는가. 역시 말하건대 脩身의 지극함이니, 그러고 나면 각기 제 이치에 합당하게 되어 어느 하나 어그러진 것이라곤 없게 될 뿐이다(凡此九經, 其事不同, 然總其實, 不出乎脩身·尊賢·親親三者而已. 敬大臣, 體羣臣, 則自尊賢之等而推之也; 子庶民, 來百工, 柔遠人, 懷諸侯, 則自親親之殺而推之也. 至於所以尊賢而親親, 則又豈無所自而推之哉? 亦曰脩身之至, 然後有以各當其理而無所悖耳).

범위천하국가유구경 소이행지자일야
2015 凡爲天下國家有九經, 所以行之者一也。

무릇 천하·국·가를 다스리는 데는 이렇게 九經이 있지만(凡爲天下國家有九經), 그 九經을 행하는 방법은 다만 한가지입니다(所以行之者一也).

2015 一者, 誠也。一有不誠, 則是九者皆爲虛文矣, 此九經之實也。

「一」이라는 것은「誠」이다(一者 誠也). 어느 하나라도 誠하지 못함이 있으면(一有不誠), 이 아홉 가지 九經이 모두 빈말이 되고 만다(則是九者皆爲虛文[1]矣). 이 誠이 九經의 속 알맹이이다(此九經之實也).

1) 虛文(허문): 빈말. 공염불. 공론. 전혀 의의가 전혀 없는 예절, 헛되이 형식만 갖춘 규정

2016 凡事豫則立, 不豫則廢。言前定則不跲, 事則定則不困, 行前定則不疚, 道前定則不窮。

무릇 일이란 미리 정해놓으면 이룩하게 되지만(凡事豫則立[1]), 미리 정해놓지 못하면 도중에 흐지부지되고 마는 법입니다(不豫則廢). 할 말은 미리 정해놓으면 말에 막힘이 없게 되고(言前定則不跲), 할 일은 미리 정해놓으면 곤경에 빠지지 않게 되고(事前定則不困), 할 순서는 미리 정해놓으면 불안한 마음이 생기지 않게 되고(行前定則不疚), 할 방법은 미리 정해놓으면 도중에 막히지 않게 됩니다(道前定則不窮).

2016 跲, 其劫反。行, 去聲。○凡事, 指達道達德九經之屬。豫, 素定也。跲, 躓也。疚, 病也。此承上文, 言凡事皆欲先立乎誠, 如下文所推是也。

「跲」은「其」와「劫」의 反切이다(跲 其劫反).「行(hàng)」은 去聲이다(行

1) [自箴] '豫則立' 세 글자는『중용』과『대학』의 總義이다. 平天下하고자 하는 자는 앞서 治國하고, 治國하고자 하는 자는 앞서 齊家하고, 齊家하고자 하는 자는 앞서 脩身하고, 脩身하고자 하는 자는 앞서 正心하고, 正心하고자 하는 자는 앞서 誠意하였으니, 誠은 모든 일에 있어서 '豫(앞서. 미리)' 해야 할 것이 된다. 윗사람에게 신임을 얻고자 하면 앞서 벗에게 신임을 얻어야 하고, 벗에게 신임을 얻고자 하면 앞서 어버이에게 순종해야 하고, 어버이에게 순종하고자 하면 자신을 정성되게 해야 하니, 誠은 모든 일에 있어서 '豫(앞서. 미리)' 해야 할 것이 된다.『대학』『중용』모두가 誠자를 첫째의 공부로 삼았는데,『대학』의 경우에는 誠意를 하고자 하는 자는 앞서 格物致知를 한다고 했고,『중용』의 경우에는 誠身을 하고자 하는 자는 앞서 明善을 한다고 했지만 역시 한 가지 例이다. 그렇지만 格物致知는 物의 本末을 아는데 불과하지만, 明善을 하려면 반드시 知天해야 하고, 知天은 愼獨의 근본이 되기 때문에, 이 점이『대학』과 다른 점이다(豫則立三字, 中庸大學之總義也. 欲平者先治, 欲治者先齊, 欲齊者先修, 欲修者先正, 欲正者先誠, 誠者萬事之所豫也. 欲獲者先信, 欲信者先順, 欲順者先誠, 誠者萬事之所豫也. 大學中庸, 皆以誠字爲首功, 而大學則曰欲誠其意者, 先之以格致, 中庸則曰欲誠其身者, 先之以明善, 亦一例也. 然格物致知, 不過知物之本末而已, 明善則必知天, 知天爲愼獨之本, 此其異也).

去聲). ○「凡事」는 達道·達德·九經의 등속을 가리킨다(凡事 指達道達德九經之屬).「豫」는「素定(평소에 미리 정해놓다)」이다(豫 素定[2]也).「跲」은「躓(걸려 넘어지다)」이다(跲 躓[3]也).「疚」는「病」이다(疚[4] 病也). 이 구절은 위 구절에 이어서 모든 일은 모두가 먼저 誠의 바탕 위에 서야 함을 말씀했는데(此承上文 言凡事皆欲先立乎誠), 아래 구절에서 推究해 나가는 것 같은 것이 이것이다(如下文所推 是也).

---

2) 素定(소정): 사전에 미리 정해놓다. 평소에 정해놓다.
3) 躓(지): 걸려 넘어지다. 좌절하다. 실패하다. 跲躓(겁지): 걸려 넘어지다. 실패하다. 걸려 넘어져 앞으로 나아가지 못하다.
4) 疚(구): 마음에 꺼림칙하다. 오래된 병.

2017 在下位不獲乎上, 民不可得而治矣; 獲乎上有道: 不信乎朋友, 不獲乎上矣; 信乎朋友有道: 不順乎親, 不信乎朋友矣; 順乎親有道: 反諸身不誠, 不順乎親矣; 誠身有道: 不明乎善, 不誠乎身矣。

아랫자리에 있으면서 윗사람에게 신임을 얻지 못하면 백성을 얻어 다스리지 못할 것입니다(在下位不獲乎上 民不可得而治矣[1]). 윗사람에게 신임을 얻는 길이 있습니다(獲乎上有道). 벗에게 신임을 얻지 못하면 윗사람에게 신임을 얻지 못할 것입니다(不信乎朋友 不獲乎上矣). 벗에게 신임을 얻는 길이 있습니다(信乎朋友有道). 어버이에게 순종하지 못하면 벗에게 신임을 얻지 못할 것입니다(不順乎親 不信乎朋友矣). 어버이에게 순종하는 길이 있습니다(順乎親有道). 돌이켜서 자기의 몸가짐을 진실 되게 하지 못하면 어버이에게 순종하지 못할 것입니다(反諸身不誠 不順乎親矣). 자기의 몸가짐을 진실 되게 하는 길이 있습니다(誠身有道). 무엇이 善인지를 분

1) ① [孟子 離婁상편 12:1] 맹자가 말했다. "아랫사람으로 있으면서 윗사람의 신임을 얻지 못해서는 백성을 다스릴 수 없다. 윗사람에게 신임을 얻는 길이 있으니 벗에게 신임을 얻지 못해서는 윗사람에게 신임을 얻지 못한다. 벗에게 신임을 얻는 길이 있으니 어버이를 섬겨서 어버이를 기쁘게 해드리지 못해서는 벗에게 신임을 얻지 못한다. 어버이를 기쁘게 해드리는 길이 있으니 몸가짐을 반성하여 진실 되지 못해서는 어버이를 기쁘게 해드릴 수 없다. 몸가짐을 진실 되게 하는 길이 있으니 선에 대해 명백히 알지 못해서는 몸가짐을 진실 되게 하지 못한다. 이 때문에 誠은 하늘의 도이고 誠을 향해 나아가는 것은 사람의 도이다. 지극히 誠한데도 감동하지 않은 사람은 아직까지 없었다. 誠하지 못하면서 남을 감동시킬 수 있는 사람은 아직까지 없었다"(孟子曰 "居下位而不獲於上 民不可得而治也 獲於上有道 不信於友 弗獲於上矣 信於友有道 事親弗悅 弗信於友矣 悅親有道 反身不誠 不悅於親矣 誠身有道 不明乎善 不誠其身矣 是故 誠者 天之道也 思誠者 人之道也 至誠而不動者 未之有也 不誠 未有能動者也"). ② [孟子集注 離婁상편 12:1] 反身不誠이란 돌이켜 나의 몸가짐에서 찾긴 하지만 그 선을 하려는 마음의 밑바탕에 진실 되지 못함이 있는 것이다. 不明乎善이란 일에 나아가 이치를 제대로 파악하지 못해 善의 소재를 제대로 알지 못하는 것이다(反身不誠 反求諸身 而其所以爲善之心有不實也. 不明乎善 不能卽事窮理 無以眞知善之所在也).

명히 깨닫지 못하면 자기의 몸가짐을 진실 되게 하지 못할 것입니다(不明乎善 不誠乎身矣).

2017 此又以在下位者, 推言素定之意。反諸身不誠, 謂反求諸身而所存所發, 未能真實而無妄也。不明乎善, 謂未能察於人心天命之本然, 而真知至善之所在也。

이 구절은 또 아랫자리에 있는 자로서(此又以在下位者), 「素定(평소에 미리 정해놓음)」의 의미를 끄집어내서 말씀한 것이다(抽言素定之意). 「反諸身不誠」은 돌이켜 자기에게서 찾아보기는 하지만 보존되어 있는 것과 발동된 것이 아직 眞實無妄하지 못함을 말한다(反諸身不誠 謂反求諸身而所存所發[2] 未能眞實而無妄也). 「不明乎善」은 능히 人心과 天命의 본래의 모습을 살펴보기는 하지만 至善의 所在를 참으로 알지 못함을 말한다(不明乎善[3] 謂不能察於人心天命之本然 而眞知至善之所在也).

2) [大全] '所存所發'은 마음속에 간직하고 있는 것과 마음이 발로되어 말로 나타난 것을 가리키는데, '所存'은 조용히 함양하는 때이고, '所發'은 動하여 접응하는 때이다(新安陳氏曰 所存所發 指心而言 所存 靜而涵養時也 所發 動而應接時也).

3) [講義補] '明善'이란 '隱之見'을 아는 것이고 '微之顯'을 아는 것이고, 하늘은 속일 수 없음을 아는 것이다. 知天한 후에 擇善할 수 있으니, 知天하지 않은 자는 擇善할 수 없다(明善者, 知隱之見, 知微之顯. 知天之不可欺也. 知天而後可以擇善, 不知天者, 不可以擇善).

2018 誠者, 天之道也; 誠之者, 人之道也。誠者不勉而中, 不思而得, 從容中道, 聖人也。誠之者, 擇善而固執之者也。

誠은 하늘의 도입니다(誠者 天之道也). 誠을 향해 나아가는 것은 사람의 도입니다(誠之者 人之道也)[1]. 誠한 者는 힘들이지 않아도 일은 이치에 들

---

1) ① [孟子 離婁상편 12:2] 맹자가 말했다. "참된 것은 하늘의 도리이고 참되길 바라는 것은 사람의 도리이다. 지극히 참된데도 움직이지 않은 것은 아직까지 없었다. 참되지 못하면서 움직이게 하는 것은 아직까지 없었다"(孟子曰 "誠者 天之道也 思誠者 人之道也. 至誠而不動者 未之有也. 不誠 未有能動者也"). ② [講義補] 正祖가 물었다. "誠은『중용』의 樞紐이다.『중용혹문』(제20장 끝에 인용하였음)에서 이미 이를 언급했다. 그런데 제1장부터 제15장까지는 誠에 대한 언급이 없다가, 鬼神章(제16장)에서 처음 말했고, 제17장부터 제19장까지는 誠에 대한 언급이 없다가, 제20장에서 또다시 언급한 것은 무엇 때문인가? 鬼神章에서는 하나의 誠 字만을 말했는데 제20장에서는 중복해서 말하고 있는 것은 무엇 때문인가?"(御[正祖]問曰誠之爲一篇樞紐, 或問已備言之. 而自首章至十五章不言誠, 而鬼神章始言之, 自十七章至前章不言誠, 而此章又言之者何也? 且鬼神章, 只言一誠字, 此章則重言而復言之者何也?). 제1장에는 誠 字가 없지만, '愼獨'이 곧 誠이니, 誠을 언급하지 않았다고 말할 수 없습니다. 回也章(제8장) 의 '得一善 則拳拳服膺' 역시 誠입니다. 素位章(제14장)의 '失諸正鵠 反求諸其身' 역시 誠입니다. '哀公問' 이하의 '思知人 不可以不知天'(제20장 제7절) 역시 誠입니다. 어찌 誠을 언급하지 않았다 하겠습니까? '五達道 所以行之者一也'(제20장 제8절)의 '一'이 誠이요, '三達德 所以行之者一也'(제20장 제8절)의 '一'이 誠이요, '三知不同, 及其知之一也'(제20장 제9절)의 '一'이 誠이요, '九經浩汗, 所以行之者一也'(제20장 제15절)의 '一'이 誠이니 어찌 誠을 언급하지 않았다 하겠습니까? 愼獨이란 공부는 微之顯을 아는데 있고 微之顯을 안다면 '神斯格'(제16장 제4절)하는 것이어서 특별히 鬼神章에 誠 字를 집어넣어『중용』의 樞紐로 삼은 것입니다. 舜 · 文王(제17장 제18장) 이하부터 大幹小枝, 宏綱細目으로 질서정연하게 나열하면서 이 誠 한 字를 토로할 듯 말 듯 하고, 발설할 듯 말 듯 하고, 한번은 일어났다 한번은 없어지고, 어떤 때는 숨었다 어떤 때는 나타났다 하고, 층층이 전환되고 하다가, 豫則立節(제20장 제16절, 제17절)에 이르러서 특별히 한 국면을 종결해놓고서야 비로소 誠 자를 토해냈고, 토하게 되자 중복해서 언급하는데 마치 꽃이 피기 시작하자 향기가 자욱한 것과 같으니, 天道 人道가 어찌 誠 한 글자를 벗어날 수 있겠습니까?(臣對曰首章雖無誠字, 愼獨卽誠, 不可曰不言誠也. 回也章曰得一善則拳拳服膺, 此亦誠也. 素位章曰失諸正鵠, 反求諸其身, 此亦誠也. 哀公問之下曰思知人不可以不知天, 此亦誠也. 何得曰不言誠乎? 五達道所以行之者一也, 一者誠也. 三達德所以行之者一也, 一者誠也. 三知不同, 及其知之一也, 一者誠也. 三行不同, 及其成功一也, 一者誠也. 九經浩汗, 所以行之者一也, 一者誠也. 何得曰不言誠乎? 特以愼獨之工, 在於知微之顯, 知微之顯則神斯格矣, 故於鬼神章揷一誠字, 爲一篇之樞

어맞고 골똘히 생각하지 않아도 말은 합당하고 행동거지는 태연자약하여 도에 들어맞는 聖人입니다(誠者 不勉而中 不思而得 從容中道 聖人也). 誠을 향해 나아가는 者는 善을 택해 그것을 굳게 잡은 者입니다(誠之者 擇善而固執之者也)."

2018 中, 並去聲。從, 七容反。○此承上文誠身而言。誠者, 真實無妄之謂, 天理之本然也。誠之者, 未能真實無妄, 而欲其真實無妄之謂, 人事之當然也。聖人之德, 渾然天理, 真實無妄, 不待思勉而從容中道, 則亦天之道也。未至於聖, 則不能無人慾之私, 而其爲德不能皆實。故未能不思而得, 則必擇善, 然後可以明善; 未能不勉而中, 則必固執, 然後可以誠身, 此則所謂人之道也。不思而得, 生知也。不勉而中, 安行也。擇善, 學知以下之事。固執, 利行以下之事也。

「不勉而中」과 「從容中道」의 「中(zhòng)」은 모두 去聲이다(中 並去聲). 「從」은 「七」과 「容」의 反切이다(從 七容反). ○ 이 구절은 위 제17절의 「誠身」을 이어서 말씀한 것이다(此承上文誠身而言). 「誠」은 眞實無妄을 일컫는 것으로(誠者 眞實無妄之謂), 天理의 본연의 모습이다(天理之本然也). 「誠之」는 아직은 眞實無妄하지 못해도 참으로 眞實無妄하기를 원함을 일컫는 것으로(誠之者 未能眞實無妄而欲其眞實無妄之謂), 人事로서 당연한 모습이다(人事之當然也). 聖人의 덕은 완정한 천리 그 자체로 진실무

紐. 自舜文王以下, 大幹小枝, 宏綱細目, 秩然森列, 而這一誠字, 欲吐未吐, 欲發未發, 一起一伏, 時隱時顯, 層層換轉, 至豫則立一節, 特結一局, 乃吐誠字, 旣吐之後, 重言複言, 如花之旣發, 芬芳郁然也, 天道人道, 其有外於一誠字乎?)

망하여(聖人之德 渾然[2])天理 眞實無妄), 생각하거나 힘을 쓰지 않고도 행동거지가 도에 들어맞으니(不待思勉而從容[3])中道), 역시「하늘의 도」인 것이다(則亦天之道也). 성인의 경지에 이르지 못하면(未至於聖), 인욕의 사사로움이 없을 수 없어(則不能無人欲之私), 그가 행한 덕이 모두 진실할 수는 없다(而其爲德 不能皆實). 그러므로 생각하지 않고는 말이 합당하지 못하니(故未能不思而得), 그래서 반드시 선을 택한 연후에야 善을 분명하게 알 수 있고(則必擇善然後 可以明善), 힘써 노력하지 않고는 일이 도리에 들어맞지 못하니(未能不勉而中), 그래서 반드시 선을 굳게 잡는 후에야 몸가짐을 誠하게 할 수 있는데(則必固執而後 可以誠身), 이것이 곧 이른바「사람의 도」라는 것이다(此則所謂人之道也).「不思而得」은 제9절의「生知」에 해당한다(不思而得 生知也).「不勉而中」은 제9절의「安行」에 해당한다(不勉而中 安行也).「擇善」은 제9절의「學知」나「困知」의 사례이다(擇善 學知以下之事).「固執」은 제9절의「利行」이나「勉行」의 사례이다(固執 利行以下之事也).

〔中庸或問〕

誠의 의의에 대하여 상세히 얻어 들을 수 있겠습니까(曰: 誠之爲義, 其詳可得而聞乎)?

참으로 말하기 어렵다. 우선 이 글자의 뜻을 가지고 말한다면,「眞實無妄(진실하여 속임이나 거짓이 없다)」이다. 만약 事理가 이 이름을 얻게 되면,

2) 渾然(혼연): 完整하여 분할할 수 없는 모양.
3) 從容(종용): 행동거지. 조용하다. 한가하고 느릿느릿하다. 태연자약하다.

그것이 가리키는 바의 대소에 따라 모두 眞實無妄이라 일컫는 뜻을 얻게 된다(曰: 難言也. 姑以其名義言之, 則眞實無妄之云[4]也. 若事理之得此名, 則亦隨其所指之大小, 而皆有取乎眞實無妄之意耳).

자연의 이치를 가지고 말하는 경우라면, 天地間에서는 天理만이 眞實無妄하기 때문에 천리가 誠이라는 이름을 얻게 된 것이다. 이른바「天之道」·「鬼神之德」이라고 한 것이 바로 이것이다(蓋以自然之理言之, 則天地之間, 惟天理爲至實而無妄, 故天理得誠之名, 若所謂天之道 · 鬼神之德是也).

덕을 가지고 말하는 경우라면, 생명이 있는 부류 중에는 성인의 마음만이 眞實無妄하기 때문에 성인께서 誠이라는 이름을 얻게 된 것이다. 이른바「不勉而中」·「不思而得」이라고 한 것이 바로 이것이다(以德言之, 則有生之類, 惟聖人之心爲至實而無妄, 故聖人得誠之名, 若所謂不勉而中 · 不思而得者是也).

일에 따라서 말하는 경우라면, 한 순간순간 일어나는 생각이 진실한 것 역시 誠이다. 한 마디 한 마디 말이 진실한 것 역시 誠이다. 한 가지 한 가지 행위가 진실한 것 역시 誠이다. 그 대소는 비록 차이가 있겠지만, 그 뜻의 귀결점은 처음부터 진실에 부합하지 않은 적이 없다는 것이다(至於隨事而言, 則一念之實亦誠也, 一言之實亦誠也, 一行之實亦誠也, 是其大小雖有不同, 然其義之所歸, 則未始[5]不在於實也).

그렇다면 천리와 성인께서 이같이 참으로 진실한 까닭은 무엇입니까(曰: 然則天理 · 聖人之所以若是其實者, 何也)?

4) 云(운): 별 다른 뜻이 없이 어조를 고르게 하는 어조사.

5) 未始(미시): =未嘗. 지금까지 ~한 적이 없다. 없다(=沒有)

하나이면 순일하고 둘이면 섞여 있는 것이다. 순일하면 誠이고 뒤섞이면 거짓이다. 이것이 일상 사물의 物情의 대원칙이다. 대개 하늘이 하늘 되는 까닭은, 하늘은 공허하고 광막할 뿐 거기엔 아무런 조짐도 없지만 수만 가지 理가 어느 하나 구비되어 있지 않은 것이 없기 때문인데, 그렇지만 그 몸체 되는 것은 하나일 뿐으로, 처음부터 어떤 物이라도 섞인 적이라곤 없었다. 이 때문에 소리도 없고 냄새도 없고 생각도 없고 행위를 함도 없지만, 한 개의 元氣로서 봄과 여름과 가을과 겨울, 낮과 밤, 어둠과 밝음의 순환은 수천 수백만 년 동안 어느 한순간도 오류가 없었고, 천하의 만물은 넓거나 가는 것, 크거나 미세한 것, 하늘에서 나는 새나 물속에서 헤엄치는 물고기, 움직이는 동물이거나 땅에 박혀 있는 식물, 어느 하나도 각기 저마다의 性命의 바름을 얻어 태어나지 않은 것이라곤 없지만, 지금껏 한 오라기의 털만큼도 오차가 없었다. 이것이 천리가 진실하고 속임이나 거짓이 없다고 여겨지는 까닭이다(曰: 一則純, 二則雜, 純則誠, 雜則妄. 此常物之大情也. 夫天之所以爲天也, 冲漠無朕[6], 而萬理兼該[7], 無所不具, 然其爲體則一而已矣, 未始有物以雜之也. 是以無聲無臭, 無思無爲, 而一元之氣, 春秋冬夏, 晝夜昏明, 百千萬年, 未嘗有一息之繆; 天下之物, 洪纖巨細, 飛潛動植, 亦莫不各得其性命之正以生, 而未嘗有一毫之差. 此天理之所以爲實而不妄者也).

人物의 태어남에 관해서는, 性命의 바름은 원래부터 어느 하나도 天理의 實이 아닌 것은 없다. 단지 氣質의 편벽성과 耳目口鼻와 四肢의 호불호에 天理가 가려질 수가 있는데 거기에서 사욕이 생겨난다. 이 때문에 惻隱한 마음이 발로되어 나와야 하는데도 냉혹하고 잔인한 마음이 섞여

6) [近思錄 道體편] 하늘은 광막하여 아무런 조짐도 없지만, 만상은 빽빽하게 우거지도록 이미 갖춰져 있다(沖漠無朕 萬象森然已具).

7) 兼該(겸해): 모두 갖추다(=兼備). 모든 방면을 포괄하다.

있다면, 이는 仁이라고 여겨지는 것에 진실에 부합하지 못한 부분이 있기 때문이다. 羞惡의 마음이 발로되어 나와야 하는데도 재물을 탐하고 이익에 눈이 먼 마음이 섞여 있다면, 이는 義라고 여겨지는 것에 진실에 부합하지 못한 부분이 있기 때문이다. 이는 보통사람의 마음으로는 힘써 善을 행하고자 하는데도 안과 밖, 숨어 있는 곳과 드러난 곳이 항상 불일치를 면하지 못하는 원인인데, 심해지면 사기 · 위선 · 기만 · 은폐에 이르게 되어 마침내 소인으로 돌아가는 길로 떨어지는 경우는, 이 두 마음이 섞여 있기 때문이다(若夫[8]人物之生, 性命之正, 固亦莫非天理之實, 但以氣質之偏, 口鼻耳目四支之好, 得以蔽之, 而私欲生焉. 是以當其惻隱之發, 而忮害[9]雜之, 則所以爲仁者有不實矣; 當其羞惡之發, 而貪昧[10]雜之, 則所以爲義者有不實矣. 此常人之心, 所以雖欲勉於爲善, 而內外隱顯, 常不免於二致[11], 其甚至於詐僞[12]欺罔, 而卒墮於小人之歸, 則以其二者雜之故也).

聖人만이 기질이 청순하고 완정한 천리 그 자체여서, 인욕의 사사로움이라는 병폐가 애초부터 없다. 이 때문에 仁의 경우라면, 겉과 속이 온전히 仁이라서 한 오라기의 털만큼도 不仁이 없고, 義의 경우라면, 겉과 속이 온전히 義라서 한 오라기의 털만큼도 不義가 없다. 성인의 德됨은 본래부터 천하의 모든 善을 다 갖추어 어느 하나 일이라도 혹 빠뜨린 것이 없다. 성인의 善함은 또한 천하의 모든 진실을 다 갖추어 한 오라기의 털만큼도 덜 차서 비어있는 부분이 없다. 그것이 힘들이지 않아도 생각하지 않아도 행동거지가 도에 들어맞고, 동작과 의용과 진퇴가 어느 하나 禮에

8) 若夫(약부): (다른 화제를 제시하며 아래 구문이나 아래 단락의 첫머리에 쓰임). ~에 관하여, ~에 이르러, ~으로 말하면.
9) 忮害(기해): 냉혹하고 잔인하다.
10) 貪昧(탐매): 재물을 탐하고 이익에 눈이 멀다.
11) 二致(이치): 불일치하다. 상이하다. 두 가지 양상으로 나타나다.
12) 詐僞(사위): 속임수를 써서 사기를 치다. 교묘하게 허위를 속이다.

들어맞지 않은 것이 없게 되는 까닭이다(惟聖人氣質淸純, 渾然天理, 初無人欲之私以病之. 是以仁則表裏皆仁, 而無一毫之不仁, 義則表裏皆義, 而無一毫之不義. 其爲德也, 固擧天下之善而無一事之或遺, 而其爲善也, 又極天下之實而無一毫之不滿, 其所以不勉不思, 從容中道, 而動容周旋[13], 莫不中禮也).

그렇다면 보통사람의 경우에는 사욕을 면치 못하고 그 덕에 진실이 없는데 어찌해야 하겠습니까(曰: 然則常人未免於私欲, 而無以實其德者, 奈何)?

성인께서 확고히 이미 말씀하셨다. 역시 하신 말씀은「擇善而固執之」뿐이다. 대개 천하의 일에 관해서 그것이 가령 善이라 여겨지면 하지 않으면 안 되는 것임을 알고, 그것이 가령 惡이라 여겨지면 버리지 않으면 안 되는 것임을 안다면, 善을 택하고 惡을 버리는 마음은 확고히 독실해진 것이다. 여기에 또다시「固執」의 공부를 더해, 보이지 않고 들리지 않는 가운데에서도, 역시 반드시 戒愼 · 恐懼하되 감히 해태하지 않는다면, 무릇 이른바 私欲이라는 것은 밖으로는 행해질 곳이 없고, 안으로는 숨을 곳이 없게 될 것이어서, 저절로 점차 소멸되어 나의 병폐가 되지 못할 것인데, 나의 덕이 진실하지 못한지에 대해 또 무슨 걱정을 하겠는가. 이것이 곧 이른바「誠之」라는 것이다(曰: 聖人固已言之, 亦曰擇善而固執之耳. 夫

13) ① 動容周旋(동용주선): 동작과 의용과 진퇴. 사람의 모든 행동. 動容(동용): 거동과 의용. 周旋(주선): 고대에 예를 행할 때 나아가고 물러나고 읍하고 사양하는 동작. ② [孟子 盡心 하편 33:1] 맹자가 말했다. "요임금과 순임금은 본성 그대로였고 탕임금과 무왕은 본성으로 돌아갔다. 행동거지가 저절로 예에 맞는 것은 성덕의 지극한 경지이다. 죽은 자를 곡하여 슬퍼하는 것은 살아 있는 자에게 보이기 위해서가 아니다. 떳떳한 덕을 굽히지 않는 것은 녹을 구하고자 해서가 아니다. 언어가 반드시 믿음이 있게 하는 것은 행실을 정당화하고자 해서가 아니다. 군자는 법도대로 행하고서 명을 기다릴 뿐이다"(孟子曰 "堯舜 性者也 湯武 反之也 動容周旋中禮者 盛德之至也 哭死而哀 非爲生者也 經德不回 非以干祿也 言語必信 非以正行也 君子行法 以俟命而已矣").

於天下之事, 皆有以知其如是爲善而不能不爲, 知其如是爲惡而不能不去, 則其爲善去惡之心, 固已篤矣. 於是而又加以固執之功, 雖其不睹不聞之間, 亦必戒謹恐懼而不敢懈, 則凡所謂私欲者, 出而無所施於外, 入而無所藏於中, 自將消磨泯滅, 不得以爲吾之病, 而吾之德, 又何患於不實哉! 是則所謂誠之者也).

〔中庸에세이〕

柳永模는 말했다. "참(誠)은 하느님(天)을 말한다. 참(誠)은 하늘이다. 이 참(誠)을 하려는 것이 사람의 길이다. 참(誠)을 생각하는 것이 사는 길이다. 참(誠)을 그리워해야 한다. 참(誠)은 하늘의 길이요, 참(誠)을 그리워하는 것이 사람의 길이다."

'성자천지도야(誠者天之道也)'란 성(誠)이 천도(天道)라는 말이다. 참(誠)이 하느님이란 말이다. 있지 않은 곳이 없고(無所不在), 있지 않은 때가 없고(無時不在), 있지 않은 사람이 없는(無人不在) 것이다. 절대(絶對)인 무한(無限)의 하느님은 상대(相對)인 유한(有限)의 세계에서 보면 무거(無去) 무래(無來)이다. '천지도(天之道)'란 하느님의 속성이란 뜻이다. 하느님은 참(誠)되시고 영원무궁하시다는 뜻이다. 노자(老子)는 하느님을 도(道)라, 천도(天道)라 했다.

'誠之者 人之道也'는 하느님인 참(誠)에 나아가는 것이 사람의 길이라는 말이다. 참(誠)인 하느님께 나아가는 것이 치성(致誠)이다. 치성(致誠)은 기도나 참선과 같은 뜻이다. 하느님에게 정성을 드리는 것을 치성(致誠)이다. 하느님은 성(誠)이니 사람도 성(誠)을 드려야 된다는 것이다. 예수도 하느님은 얼이라 얼로 예배해야 한다고 하였다. 참(誠)인 얼(誠)은 그 자체가 길이요 참이요 빛이라 힘쓰지 않아도 맞고 생각하지 않아도 얻는다. 조용히 도를 맞아들이면 곧 성인(聖人)이다. 예수의 몸이 그리스도가 아니고 석가의 몸이 부처가 아니듯이 공자의 몸이 성인이 아니다. 예수 · 석가 · 공자의 마음속에 온 얼(성령)이 그리스도요 부처요 성인이다. 그러므로 어떤 몸사람의 마음일지라도 얼(誠)이 들어오면 그리스도요 부처요 성인인 것이다. 하느님의 얼(영)과 통하는 이가 그리스도요 부처요 성인이다. 몸사람인 제나(自我)가 성(誠)인 얼의 나를 꼭 붙잡고 놓치지 말아야 한다. 중용(中庸)에서 말하는 택선고집(擇善固執)이다. 마하트마 간디가 말한 진리파지(眞理把持)와 같은 말이다. 택선고집을 하려면 몸사람인 제나(自我)가 자기를 부정해야 한다. 예수가 자기 십자가를 지고 나를 따르라는 말도 택선고집(擇善固執)하라는 말이다. 공자가 극기복례(克己復禮)하라는 말도 택선고집(擇善固執)하라는 말이다.

공자는 말하기를, "세 사람이 가는 데 반드시 나의 스승 될 만한 이가 있다. 그 착한 이를 골라서 따르고 착하지 않은 이를 보고는 내 잘못을 고친다(三人行, 必有我師焉. 擇其善者而從之, 其不善者而改之)(논어 술이편 제21장)"고 했다. 그러나 택선고집(擇善固執)은 밖에 있는 선(善)이 아니라 내 속에 있는 선(善), 곧 얼의 나(誠)를 붙잡는 것이다. 이리하여 '誠者天之道也 誠之者人之道也'에서 절대인 하느님과 상대인 사람이 만난다. 여기에서 참으로 역사가 이루어지고 생명이 완성된다.

박학지 심문지 신사지 명변지 독행지

2019 博學之, 審問之, 愼思之, 明辨之, 篤行之。

널리 배우십시오(博學之), 자세하게 물으십시오(審問之), 신중하게 생각하십시오(愼思之), 분명하게 변별하십시오(明辯之), 철두철미하게 행하십시오(篤行之)[1].

2019 此誠之之目也。學 · 問 · 思 · 辨, 所以擇善而爲知, 學而知也。篤行, 所以固執而爲仁, 利而行也。程子曰:「五者廢其一, 非學也。」

이 구절은 제18절의「誠之」에 해당하는 조목이다(此 誠之之目也).「學」·「問」·「思」·「辨」은「擇善」하는 방법으로서 제10절에서 말하는「知」에 해당되고,「學而知」의 사례이다(學問思辨[2] 所以擇善而爲知 學而知也).「篤行」은「固執」하는 방법으로서 제10절에서 말하는「仁」에 해당되고,「利而行」의 사례이다(篤行 所以固執而爲仁 利而行也). 정자가 말했다(程子曰). "이 다섯 가지는 그중 어느 하나만 폐기해도 학문이 아니다(五者廢其一 非學也)."

1) [論語 子張편 제6장] 子夏가 말했다. "널리 배우고 독실하게 뜻을 지키고 당장 절실한 것부터 묻고 가까운 것에서부터 생각을 한다면 仁은 그 가운데 있다"(子夏曰 "博學而篤志 切問而近思 仁在其中矣").

2) 思辨(사변): 후에 철학용어로서 경험적 사고에 對한 말로서 순수사고를 가리키는 말로 쓰임

2020 有弗學, 學之弗能弗措也; 有弗問, 問之弗知弗措也; 有弗思, 思之弗得弗措也; 有弗辨, 辨之弗明弗措也; 有弗行, 行之弗篤弗措也; 人一能之己百之, 人十能之己千之。

배우지 않겠다면 그만이지만(有弗學), 배우고자 한다면 능할 때까지 배우지 않고서는 도중에 그만두지 마십시오(學之弗能弗措[1]也)[2]. 묻지 않겠다면 그만이지만(有弗問), 묻고자 한다면 알 때까지 묻지 않고서는 도중에 그만두지 마십시오(問之弗知弗措也). 생각하지 않겠다면 그만이지만(有弗思), 생각하고자 한다면 깨달을 때까지 생각하지 않고서는 도중에 그만두지 마십시오(思之弗得弗措也). 분변하지 않겠다면 그만이지만(有弗辨), 분변하고자 한다면 분명해질 때까지 분변하지 않고서는 도중에 그만두지 마십시오(辨之弗明弗措也). 행하지 않겠다면 그만이지만(有弗行), 행하고자 한다면 철두철미하게 행하지 않고서는 중간에 그만두지 마십시오(行之弗篤弗措也). 남이 한 번에 해낼 수 있는 일이라면 나는 백 번을 하고(人一能之 己百之[3]), 남이 열 번에 해낼 수 있는 일이라면 나는 천 번을 하십시오(人十能之 己千之).

---

1) 措(조): =措置休廢. 방치하다. 내버려두다. 놓아두다. 폐기하다.

2) '배우지 못한 것이 있거나 배웠는데 능하지 못한 것이 있으면 방치해놓지 말라'로 해석하는 견해: '有弗學, 學之弗能, 弗措也'는 신변에 일이 있어 항시 공부할 수는 없으니 반드시 부지런히 공부해야 함을 말하고, '措'는 '방치하다'로, 공부해서 아직 능하지 못하면 방치하거나 흐지부지 그만두지 말고 반드시 능하고 나서 비로소 끝마치는 것을 말한다. 이하도 모두 그렇다('有弗學 學之弗能 弗措也'者 謂身有事 不能常學習 當須勤力學之. 措 置也. 言學不至於能 不措置休廢 必待能之乃已也. 以下諸事皆然.)(孔穎達, 『禮記正義』).

3) 人一己百(인일기백): 다른 사람은 하나의 힘으로 하면 나는 백배의 노력을 하여 다른 사람을 따라잡음.

2020 君子之學, 不爲則已, 爲則必要其成, 故常百倍其功。此困而知, 勉而行者也, 勇之事也。

군자의 공부란(君子之學), 하지 않으면 그만이지만(不爲則已), 하겠다면 반드시 공부의 성취를 요하기 때문에(爲則必要其成), 항상 공부의 공력을 백배로 쏟는 것이다(故常百倍其功). 이는 제9절의「困知」와「勉行」에 해당하는 것으로(此困而知 勉而行者也), 제10절의「勇」의 사례에 해당한다(勇之事也).

〔**中庸或問**〕

學·問·思·辨에도 순서가 있는지요(曰, 學·問·思·辨亦有序乎)?

널리 배운 연후에야 사물의 이치를 두루두루 갖출 수 있으니 이것저것 할 것 없이 의심나는 것을 얻어 물어볼 것이 생기며, 자세히 물은 연후에야 스승과 제자 간에 묻고 가르치고 토론하고 연구하며 서로를 성장하게 하는 참된 관계를 가질 수 있으니 반복해서 의문을 풀어나갈 단초를 열어서 생각할 수 있으며, 신중하게 생각하게 되면 정밀해지고 순수해져서 이것저것 뒤섞여 복잡하지 않으니 자기 스스로 깨달아 얻은 바가 있어 변별을 실행해볼 수 있으며, 분명하게 변별하게 되면 판단에 잘못이 없으니 의구심이 남아 있을 리가 없어 행동으로 보여줄 수 있으며, 철두철미 행하면 모든 배우고 묻고 생각하고 변별해서 얻은 것이 또한 모두 다 반드시 실천으로 옮겨질 것이니 空言이 되지 않을 것이다. 이것이 學·問·思·辨·行의 순서이다(曰, 學之博, 然後有以備事物之理, 故能參伍之以得所疑而

有問; 問之審, 然後有以盡師友之情, 故能反復之以發其端而可思; 思之謹, 則精而不雜. 故能有所自得而可以施其辨; 辨之明, 則斷而不差. 故能無所疑惑而可以見於行; 行之篤, 則凡所學·問·思·辨而得之者, 又皆必踐其實而不爲空言矣. 此五者之序也)[4].

4) [大全 中庸或問 注] 주자가 말했다. "사람은 모름지기 博學 · 審問 · 愼思 · 明辯 · 篤行한 연후에야 簡易한 곳에 이를 수 있다. 만일 이와 같은 공부를 하지 않고도 한 달음에 곧바로 성현의 경지에 오른다면 대단히 쉬울 텐데, 옛 사람들은 무엇 때문에 이처럼 博學 · 審問 · 愼思 · 明辯 · 篤行의 과정을 거쳤을까? 孟子는 말하길, '폭넓게 배워서 그것을 자세하게 풀이하는 것은 장차 되돌아가서 簡要하게 설명하려는 것이다.'[離婁하편 제15장]라고 했고, 『論語』에는 말하길, '선생님께서는…文으로써 나를 넓히며 禮로써 나를 단속하신다.'[子罕편 제10장]라고 했으니, 반드시 먼저 博學한 연후에야 簡要함에 이를 수 있다는 것인데, 그러니 어찌 곧바로 먼저 簡要함을 얻겠는가? 사람이 簡要에 우선을 두고 簡易에 마음을 둔 채 博學 · 審問 · 愼思 · 明辯 · 篤行의 과정을 알지 못한다면 곧 異端으로 들어가게 된다(朱子曰: "人須是博學 · 審問 · 愼思 · 明辯 · 篤行, 然後可到簡易田地, 若不如此用工夫, 一蹴便到聖賢地位, 大段易了, 古人何故如此博學 · 審問 · 愼思 · 明辯 · 篤行乎? 孟子曰: '博學而祥說之, 將以反說約也.' 『語』云: '博我以文, 約我以禮.' 須是先博然後至約, 如何便先要約得? 人約先以簡易存心, 不知博學 · 審問 · 愼思 · 明辯 · 篤行, 將來便入異端去).

2021 果能此道矣, 雖愚必明, 雖柔必強。

과연 이렇게 學·問·思·辨·行을 해낼 수 있다고 한다면(果[1]能此道矣), 어리석은 사람일지라도 반드시 총명해지고(雖愚必明), 유약한 사람일지라도 반드시 강해질 것입니다(雖柔必强).

2021 明者擇善之功, 強者固執之效。呂氏曰:「君子所以學者, 爲能變化氣質而已。德勝氣質, 則愚者可進於明, 柔者可進於強。不能勝之, 則雖有志於學, 亦愚不能明, 柔不能立而已矣。蓋均善而無惡者, 性也, 人所同也; 昏明強弱之稟不齊者, 才也, 人所異也。誠之者所以反其同而變其異也。夫以不美之質, 求變而美, 非百倍其功, 不足以致之。今以鹵莽滅裂之學, 或作或輟, 以變其不美之質, 及不能變, 則曰天質不美, 非學所能變。是果於自棄, 其爲不仁甚矣!」

「明」하게 된 것은 「擇善」의 효과이고(明者擇善之功), 「強」하게 된 것은 「固執」의 효과이다(強者 固執之效). 呂氏가 말했다(呂氏曰). "군자가 배우는 까닭은 氣質을 변화시키기 위해서일 뿐이다(君子所以學者 爲能變化氣質而已). 德이 氣質을 이기면(德勝氣質), 어리석은 자는 총명해짐으로 나아갈 수 있고(則愚者可進於明), 유약한 자는 강해짐으로 나아갈 수 있다(柔者可進於强). 德이 氣質을 이기지 못하면(不能勝之), 비록 배움에 뜻을 두었을지라도(則雖有志於學), 어리석은 자는 총명해지지 못하고(亦愚不能明), 유약한 자는 서지 못하고 만다(柔不能立而已矣). 대개 하나의 예외도 없이

1) 果(과): 과연. 정말로. 결국. 마침내. 만약.

오직 선할 뿐 악함이라고는 없는 것인 性은(蓋均善而無惡者 性也), 사람마다 다 동일한 측면이고(人所同也), 어둡거나 밝거나 강하거나 약하여 기품이 같지 않은 것인 才는(昏明强弱之稟 不齊者 才也), 사람마다 다 다른 측면이다(人所異也). 誠을 향해 나아가는 것은 그 동일한 측면으로 되돌아가서 그 다른 측면을 변화시키려는 것이다(誠之者 所以反其同而變其異也). 아름답지 못한 자질을 변화시켜 아름다워지기를 추구하고자 할진대(夫以不美之質 求變而美), 항상 그 공력을 백배로 쏟지 않으면 거기에 이르기에는 부족하다(非百倍其功 不足以致之). 그런데 이제 경박스럽고 지리멸렬한 배움의 자세로써(今以鹵莽滅裂之學[2]), 언제는 시작했다가 언제는 그만둬버리고(或作或輟[3]), 그 아름답지 못한 자질을 변화시켜보겠다고 하다가 변화시키지 못하게 되면(以[4]變其不美之質 及不能變), '타고난 자질이 아름답지 못한 것은 배운다고 변화시킬 수 있는 것이 아니구나.'라고 말한다(則曰 天質不美 非學所能變). 이는 자포자기에 과감한 것이어서(是果於自棄[5]), 그 不仁이 심하다(其爲不仁甚矣)."

右第二十章。

2) ① 鹵莽(노망): 거칠고 엉성하다. 경솔하다. 조심성이 없다. 덜렁거리다. 대강대강하다. ② 滅裂(멸렬): 경솔하다. 멸렬하다. 산산이 부서지다. ③ 鹵莽滅裂(노망멸렬): 일을 대충대충 조야하고 소략하게 처리하는 모습[莊子 雜篇 則陽에 나오는 말].

3) 輟(철): 도중에 그만두다. 포기하다. 철회하다.

4) 以(이): 하다. 종사하다.

5) [孟子 離婁상편 10:1] 맹자가 말했다. "스스로를 해치는 자는 함께 말할 게 못 된다. 스스로를 버리는 자는 함께 일할 게 못 된다. 말을 하면 禮와 義를 비방하는데 이것을 일러 自暴(자포)라 한다. 나 자신은 仁에 살거나 義를 따를 수 없다 하는데 이것을 일러 自棄(자기)라 한다. 仁은 사람의 안락한 집이고 義는 사람의 바른 길이다. 안락한 집을 비워둔 채 살지 않고 바른 길을 버려두고 따르지 않으니 슬프구나!"(孟子曰 "自暴者 不可與有言也 自棄者 不可與有爲也 言非禮義 謂之自暴也 吾身不能居仁由義 謂之自棄也 仁 人之安宅也 義 人之正路也 曠安宅而弗居 舍正路而不由 哀哉").

여기까지가 제20장이다(右 第二十章).

此引孔子之言, 以繼大舜, 文, 武, 周公之緖, 明其所傳之一致, 擧而措之, 亦猶是耳。蓋包費隱, 兼小大, 以終十二章之意。章內語誠始詳, 而所謂誠者, 實此篇之樞紐也。又按: 孔子家語, 亦載此章, 而其文尤詳。「成功一也」之下, 有「公曰: 子之言美矣!至矣!寡人實固, 不足以成之也」。故其下復以「子曰」起答辭。今無此問辭, 而猶有「子曰」二字: 蓋子思刪其繁文以附于篇, 而所刪有不盡者, 今當爲衍文也。「博學之」以下, 家語無之, 意彼有闕文, 抑此或子思所補也歟?

이 제20장은 공자의 말씀을 인용해(此引孔子之言), 이 말씀이 大舜(제17장)·文王(제18장 제1절)·武王(제2절)·周公(제19장)의 공적을 계승하여(以繼大舜文武周公之緖[6]), 그 분들의 전하는 내용과 일치하고, 그 말씀대로 시행하면 똑같이 옳았을 것임을 밝혔다(明其所傳之一致 擧而措之 亦猶是爾). 대체로 제12장에서 말한 君子之道의「費」와「隱」한 측면을 포함하고 大와 小를 다 말하여(蓋包費隱兼小大), 제12장의 뜻을 종결지은 것이다(以終十二章之意). 이 제20장 안에는「誠」을 말한 것이 비로소 상세하게 나오고(章內 語誠始詳), 이른바「誠」이라는 것은(而所謂誠者), 실로 이 책의 樞紐이다(實此篇之樞紐[7]也). 또 살펴보건대『孔子家語』에도 제20장이 게재되어 있는데『孔子家語』의 내용이 더 상세하다(又按 孔子家語 亦載

6) 繼緖(계서): 선대의 공훈과 업적을 계승하다.

7) 樞紐(추뉴): 문을 여닫는 지도리나 기물의 경첩 또는 옷의 단추. 사물의 관건 또는 핵심 연결고리. hinge.

此章而其文尤詳[8]). 제9절「成功一也」아래에(成功一也之下),『孔子家語』에는 "哀公이 말했다.「선생님의 말씀은 아름답고 지극합니다만, 과인은 실로 고루하여 말씀을 성취하기에는 부족합니다.」"라는 구절이 있다(有公曰 子之言美矣 至矣 寡人實固 不足以成之也). 그래서 그 아래 제10절에 다시「子曰」을 붙여 哀公에게 답하는 말씀을 일으킨 것이다(故其下復以子曰起答辭). 그런데 여기『中庸』에서는 哀公의 묻는 말이 없는데도「子曰」두 글자가 그대로 있다(今無此問辭 而猶有子曰二字). 아마도 子思께서『孔子家語』의 번잡한 구절들을 산삭하고(蓋子思刪其繁文), 이로써『中庸』에 붙이면서 전부 산삭하지 못한 부분이 있는 듯하니(以附于篇 而所刪有不盡者), 마땅히 衍文으로 간주되어야 한다(今當爲衍文也). 제19절「博學之」구절부터 아래로는『孔子家語』에는 없는데(博學之以下 家語無之), 아무래도『孔子家語』에 빠진 부분이 있거나(意[9]彼有闕文), 아니면 이 구절부터는 子思가 보충해 넣은 글이 아닐까 한다(抑此或子思所補也歟[10]).

〔中庸或問〕

「誠」이『중용』의 樞紐라고 말씀하셨는데 어째서 인지요(曰: 何以言誠爲此篇之樞紐也)?

「誠」이라는 것은 허황한 것이 아닌 진실한 것일 뿐이다.「天命」이라는 것은 진실한 理가 나오는 근원이다.「性」은 物에 들어있는 진실한 體이고,

---

8) 제20장 제1절 각주의『孔子家語』「哀公問政편 제1장」참조.
9) 意(의): 의심을 품다.
10) 也歟(야여): =也與. 의문이나 감탄을 표시하는 어기조사.

「道」는 의당 그러해야 하는 모습으로서의 진실한 用이고, 「教」는 또한 體用의 진실함을 바탕으로 거기에 품절을 가하는 것이다(曰: 誠者, 實而已矣. 天命云者, 實理[11]之原也. 性其在物之實體[12], 道其當然之實用, 而教也者, 又因其體用之實而品節[13]之也).

「不可離(도는 잠시도 떠날 수 없다)」(제1장 제2절)라는 것은 진실한 理의 실상이다. 「隱之見 · 微之顯(은미한 것의 顯現)」(제1장 제3절)은 진실한 것의 存亡으로서 「不可揜者(가릴 수 없는 것)」(제16장 제5절)이다. 「戒謹 · 恐懼 · 謹獨」(제1장 제2절 제3절)은 진실한 것을 충만하게 하는 방법이다. 「中和」(제1장 제5절)는 진실한 理의 體와 用의 모습을 형상화한 것이다. 「天地位 · 萬物育」(제1장 제5절)은 진실한 理의 지극한 효과이다. 「中庸」(제2장 이하)은 진실한 理의 적정하고 평상스러운 것이다. 「過 · 不及」(제4장)은 진실한 理를 알지 못하고 함부로 행동하는 것이다. 「費而隱」은 진실한 理의 광범위한 작용과 은미한 실체를 말한다. 솔개는 하늘 높이 날아오르고 물고기는 연못에서 뛰어오르고(제12장 제3절) 넘칠 듯이 충만한데, 진실한 것이 아니고 허황한 것이라면 어찌 이런 것이 있겠는가!(不可離者, 此理之實也. 隱之見, 微之顯, 實之存亡而不可揜者也. 戒謹恐懼而謹其獨焉, 所以實乎此理之實也. 中和云者, 所以狀此實理之體用也. 天地位, 萬物育, 則所以極此實理之功效也. 中庸云者, 實理之適可[14]而平常者也. 過與不及, 不見實理而妄行者也. 費而隱者, 言實理之用廣而體微也. 鳶飛魚躍, 流動充滿, 夫豈無實而有是哉).

「道不遠人」(제13장 제1절) 이하 「大舜」(제17장) · 「文王」(제18장) · 「武王」(제18장) · 「周公」(제19장)의 사례에 관한 공자의 말씀은 모두 實理의

11) 實理(실리): 진실한 도리. 진실한 정황.
12) 實體(실체): 변화하는 사물에 있는 것으로 여겨지는 영원불변하는 기초로 정신이나 물질.
13) 品節(품절): 등급이나 순서에 따라 절제를 가하다.
14) 適可(적가): 적합하다. 적당하다. 적절하다. 적정한 정도에 도달하다.

실제 쓰임으로서 응당 그러해야 하는 모습을 말한 것이고, 「鬼神之不可揜」(제16장)의 경우는 또한 그 발현이 가려질 수 없는 까닭을 말한 것이다(道不遠人以下, 至於大舜 · 文 · 武 · 周公之事, 孔子之言, 皆實理應用之當然. 而鬼神之不可揜, 則又其發見之所以然也).

성인께서는 이에 관해 한 오라기의 털만큼도 진실치 못함이 없기 때문에 이와 같은 성대함에 이르고, 사람들에게 보여주신 것도 그들이 이로써 반드시 진실하여 한 오라기의 털만큼도 거짓이 없기를 바란 것이다. 대개 제 스스로 그러한 모습대로 진실한 것은 하늘이고, 진실하기를 반드시 바라는 것은 사람과 하늘이다(聖人於此, 因以其無一毫之不實, 而至於如此之盛, 其示人也, 亦欲其必以其實 而無一毫之僞也. 蓋自然而實者, 天也, 必期於實者, 人而天也).

「誠明」(제21장) 이하 여러 장의 뜻은 모두 이것에 대한 반복을 통해 그 까닭을 말한 것이고, 「正大經 · 立大本」(제32장) 「參天地 · 贊化育」(제22장)의 경우는 역시 眞實無妄의 최고의 공적이다(誠明以下累章之意, 皆所以反復乎此, 而語其所以, 至於正大經而立大本, 參天地而贊化育, 則亦眞實無妄之極功也).

마지막 제33장에서 「尙絅」은 또한 실생활에서 힘쓰는 초심에 근본하여 말한 것이다. 「內省」(제33장 제2절)은 謹獨 · 克己의 공부이고, 「不愧屋漏」(제33장 제3절)는 戒謹 · 恐懼하여 자기를 잊고 이겨낼 만한 사례인데, 모두가 이것을 채워나가는 차례이다. 「時靡有爭」(제33장 제4절)은 變이다. 「百辟刑之」(제33장 제5절)는 化이다. 「無聲無臭」는 또한 天命의 性과 實理의 근원에 대해 지극하게 표현한 말이다(卒章尙絅之云, 又本其務實之初心而言也. 內省者, 謹獨克己之功; 不愧屋漏者, 戒謹恐懼而無己可克之事, 皆所以實乎此之序也. 時靡有爭, 變也; 百辟刑之, 化也; 無聲無臭, 又極乎天命之性

· 實理之原而言也).

대체로 『중용』의 大指는 實理의 본연의 모습을 전념해서 밝혀, 사람들이 이 理를 채워나가 거짓이 없기를 바라는 것이다. 그러므로 숱한 말을 했지만 그 樞紐는 「誠」이라는 한 마디 말을 벗어나지 않는다. 오호라! 심오하다(蓋此篇大指, 專以發明實理之本然, 欲人之實此理而無妄, 故其言雖多, 而其樞紐不越乎誠之一言也, 嗚呼深哉!).

第21章

2101 自誠明, 謂之性; 自明誠, 謂之教。誠則明矣, 明則誠矣。

誠을 통해 차츰 환히 드러나 보이는 것이 性이고(自誠明 謂之性), 환히 드러내 보임을 통해 차츰 誠하게 하는 것이 教이다(自明誠 謂之教)[1][2]. 誠하면 性이 환히 드러나 보이고(誠則明矣[3]), 性을 환히 드러내 보이면 誠해

1) 『중용』은, '誠은 하늘의 도이고, 誠을 향해 나아가는 것은 사람의 도이다(誠者 天之道也 誠之者 人之道也)'(20:18)라고 하여, 誠을 天의 근본성질로 규정하고 이로써 자연을 道德化 · 人情化했는데, 다른 측면에서 보면 이는 자연의 도덕화 · 인정화의 顚倒, 즉 초월적인 것이 내재적인 것으로 전도된 것이라 할 수 있다. 그 논리과정은 먼저 우주본체('天')를 도덕적 품덕화('誠')하고, 우주를 도덕적 본체의 뜻으로 본 후에 그것을 인간성 자각의 본원과 본질('自誠明 謂之性')로 보고, 사람은 반드시 노력하고 수양하여 그것에 도달한다('自明誠 謂之教')는 것으로 결론짓는다. 이처럼 주관적 도덕수양의 주체('人')와 객관적으로 품덕화한 우주본체('天'), 보편적 외재운동('誠者')과 독자적 내재수양('誠之者'), 선험적 본체와 감정적 심리가 같은 하나로 변했을 뿐만 아니라, 주체의 내재적 도덕수양이 결정적인 관건으로 되었다. 이로부터 君臣 · 父子 · 夫婦 · 兄弟 · 朋友의 외재적 사회윤리질서(五達道)는 오히려 知仁勇이라는 三達德의 주관적인 의식수양으로서 脩身('知斯三者 則知所以修身')(20:11)에 근거해야 비로소 성립되고 존재할 수 있게 된다(李澤厚, 『중국고대사상사론』 279쪽, 정병석 역, 한길사).

2) [戴震, 孟子字義疏證] 智 · 仁 · 勇을 완비한 자는 일상생활의 도리에서 그것을 행하여, 천하 사람들이 그 仁을 보게 되고 그 禮義를 보게 되어 그 훌륭함이 이에 더 보탤 것이 없으니, '自誠明'이라는 것이다. 배워서 일상생활에서의 도리를 열심히 밝히고 仁을 다하고 禮를 다하기를 힘써 구하면, 智 · 仁 · 勇에 이르는 것이 날로 盛해져서 이로써 성인의 덕의 盛大함에 이르는 것이니, '自明誠'이라는 것이다(全乎智仁勇者, 其於人倫日用, 行之而天下覩其仁, 覩其禮義, 善無以加焉, "自誠明"者也;學以講明人倫日用, 務求盡夫仁, 盡夫禮義, 則其智仁勇所至, 將日增益以於聖人之德之盛, "自明誠"者也).

진다(明則誠矣).

2101 自, 由也。德無不實而明無不照者, 聖人之德。所性而有者也, 天道也。先明乎善, 而後能實其善者, 賢人之學。由教而入者也, 人道也。誠則無不明矣, 明則可以至於誠矣。

「自」는「由」이다(自 由也). 덕이 진실에 부합하지 않는 것이라곤 없고 환히 밝음이 비추지 않는 것이 없는 것은(德無不實而明無不照者) 성인의 덕의 모습으로(聖人之德), 性 그 모습 그대로 간직한 경지이니 天道이다(所性而有者也 天道也). 善을 먼저 환히 드러내 보인 후에야 그 善을 실현할 수 있게 되는 것은 현인의 배움의 모습으로(先明乎善而後 能實其善者 賢人之學), 가르침을 통해 들어가는 경지이니 人道이다(由教而入者也 人道也). 誠하면 환히 드러나 보이지 않은 것이 없고(誠則無不明矣), 환히 드러내 보이면 誠에 이를 수 있다(明則可以至於誠矣).

右第二十一章。

여기까지가 제21장이다(右第二十一章)[4].

子思承上章夫子天道, 人道之意而立言也。自此以下十二章, 皆子

3) ① [禮記正義] 至誠을 통해 明德을 간직하는 것으로 성인의 性이다(由至誠而有明德, 是聖人之性者也)(鄭玄) ② 誠明(성명): 至誠스런 마음과 아름다운(完美) 덕성을 가리키는 말로도 쓰임.

4) [自箴] 이 절(제21장)은 제20장 제18절~제21절과 이어지는 구절이기 때문에 별도의 장으로 구분해서는 안 된다(此節連上 不可別之爲一章).

思之言, 以反覆推明此章之意。

子思께서 위 제20장 제18절의 공자께서 말씀한 '誠者 天之道也 誠之者 人之道也'의 뜻을 이어받아 論旨를 세우신 것이다(子思承上章夫子天道人道之意而立言也). 제21장부터 아래로 제32장까지 열두 개 장은 모두 子思의 말씀으로(自此以下十二章 皆子思之言), 반복해 제21장의 뜻을 推究해가며 밝히신 것이다(以反覆推明此章之意).

〔中庸에세이〕

"성(誠)은 말씀인데 곧 참이다. 참은 모든 것의 시작이요, 끝이다. 참이 없으면 다 없다. 참이 들어가면 그 물건이 살고, 참이 나오면 그 물건이 죽는다. 참은 모든 상대적 존재의 가치를 나타내는데 이것을 신(神)이라고 할 수 있다."(柳永模) 성(誠)이 하느님(神)이요, 하느님(神)이 성(誠)이라고 말한 것이다. 하느님이 말씀이고 말씀이 하느님이라(요한복음 11:1)는 말과 다를 것이 없다. "중용의 성(誠)은 말씀이다. 말씀으로 모든 것이 이루어졌고 말씀은 영원한 것이다."(柳永模) '성(性)'자가 사람의 마음속에 얼이 샘솟는 모습을 나타낸 글자라면, '성(誠)'자는 얼이 말씀으로 나온 것을 나타냈다.

공자와 맹자의 가슴에 말씀이 밝았다. 그것이 '自誠明'이다. 자(自)는 '하느님으로부터'이다. 하느님으로부터는 '저절로'이다. 땅 속에서 용암이 터져 나오듯이 공자와 맹자의 마음속에서 하느님의 말씀(성령)이 터져 나왔다. 용암은 불이라 밝듯이 말씀은 빛이라 밝다. 공자는 이것을, "하느님이 내게 속알을 주었다(天生德於予)"(논어 술이편)고 말했다. 맹자는 "사람마다 제 속에 귀한 것이 있다(人人有貴於己者)"(맹자 고자상편)고 말했다. 지각 속에서 암장이 쏟아져 나온 것을 용암이라고 하듯이 내 마음 속에 얼(靈)이 밝아진 것을 성(誠)이라고 이른다는 것이다. 이 성(誠)이 곧 천명(天命)인 것은 말할 것도 없다. 천명은 하느님의 생명인 얼의 나이다. "誠則明矣 明則誠矣"란 말씀이 빛이고, 빛이 말씀이라는 뜻이다. 말씀이 참이고 참이 말씀이다. 말씀이 얼이고 얼이 말씀이다. 제 속에 온 말씀[誠]을 세상에 증거하는 것이 성(誠)을 밝히는(明) 일이다. 이것은 곧 세상(사람)을 가르치는 일이다. 중용(中庸)의 21장은 요한복음 1장의 뜻이 그대로 요약되어 있다.

第22章

2201 唯天下至誠, 爲能盡其性; 能盡其性, 則能盡人之性; 能盡人之性, 則能盡物之性; 能盡物之性, 則可以贊天地之化育; 可以贊天地之化育, 則可以與天地參矣。

천하를 통틀어 오직 至誠만이 능히 그 自身의 性을 온전히 구현해낼 수 있다(唯天下至誠 爲能盡其性[1]). 그 自身의 性을 온전히 구현해낼 수 있으니 능히 다른 사람의 性을 온전히 구현해낼 수 있고(能盡其性 則能盡人之性), 다른 사람의 性을 온전히 구현해낼 수 있으니 능히 萬物의 性을 온전히 구현해낼 수 있으며(能盡人之性 則能盡物之性), 萬物의 性을 온전히 구현해낼 수 있으니 능히 천지의 화육을 도울 수 있고(能盡物之性 則可以贊天地之化育[2]), 천지의 화육을 도울 수 있으니 하늘과 땅과 더불어 셋이 될 수 있다(可以贊天地之化育 則可以與天地參矣).

2201 天下至誠, 謂聖人之德之實, 天下莫能加也。盡其性者德無不實, 故無人慾之私, 而天命之在我者, 察之由之, 巨細精粗, 無毫

1) 盡性(진성): 하늘이 부여해준 성을 온전히 다 발휘하여, 제각각 자기가 있어야 할 자리를 얻음.
2) 化育(화육): 무에서 유로 화하게 하여 태어나게 하고 자라게 하고 길러주다.

髮之不盡也。人物之性, 亦我之性, 但以所賦形氣不同而有異耳。能盡之者, 謂知之無不明而處之無不當也。贊, 猶助也。與天地參, 謂與天地並立爲三也。此自誠而明者之事也。

「天下至誠」이란 성인께서는 덕이 진실하길 천하에 그 무엇도 거기에 더할게 없음을 말한다(天下至誠 謂聖人之德之實 天下莫能加也). 「盡其性」이란 덕이 모두 진실에 부합하지 않은 것이라곤 없기에(盡其性者 德無不實), 이 때문에 인욕의 사사로움이 전혀 없고 천명이 내 안에 들어와 있는 것인 性을 살피고 따르길(故無人欲之私 而天命之在我者 察之由之), 크거나 작거나 정밀하거나 거칠거나 어느 하나 털끝만큼의 미진한 모습이 없는 것이다(巨細精粗 無毫髮之不盡也). 人·物의 性 역시 나의 性인데(人物之性 亦我之性), 다만 부여받은 形氣만이 같지 않고 약간 다를 뿐이다(但以所賦形氣不同而有異耳). 「能盡~」이라는 것은 아는 것마다 어느 하나 환히 밝지 않은 것이라곤 없고 거처하는 곳마다 어디 한 곳 마땅하지 않은 곳이라곤 없음을 말한다(能盡之者 謂知之無不明而處之無不當也[3]). 「贊」은 「助」와 같다(贊 猶助也). 「與天地參」은 천지와 병립하여 셋이 됨을 말한다(與天地參 謂與天地並立而爲三也).

右第二十二章。

---

3) [自箴] '盡其性'은 修己하여 至善에 이른 것이고, '盡人性'은 治人하여 至善에 이르게 하는 것이고, '盡物性'은 草木·鳥獸가 모두 본모습대로 잘 자라고 때에 맞춰 합당하게 하는 것으로, 그 일은 모두가 지극히 진실한 것으로서 실천하고 이행할 수 있는 것들이고, 더듬어 보고 잡아볼 수 있는 것이지, 과장되거나 실제와 부합하지 않은 것이 아니다(盡其性, 修己而至於至善也, 盡人性, 治人而至於至善也, 盡物性, 上下草木鳥獸咸若也… 其事皆至眞至實, 可踐可履, 有摸有捉, 無誇無誕).

여기까지가 제22장이다(右第二十二章).

言天道也。

天道를 말씀했다(言天道也).

〔中庸에세이〕

"마음이 바로 되려면 성(誠)이라야 한다. 하늘이 내게 주신 그대로 하면 진리의 뜻, 하느님 아들의 뜻, 불성(佛性)의 뜻이 나온다. 인생이란 하느님(神)을 추구하는 거다. 우리 속에 얼(靈)을 추구하는 게 인생이다. 예수가 말한, '구하라, 찾으라, 두드리라'는 것도 하느님(神)과 얼(靈)을 찾으라는 것이다. 기도도 영원한 진리를 추구하는 것이다."(柳永模)

'惟天下至誠'이란 성인(聖人)의 마음에서 터져 나온 성(誠)의 말씀을 말한다. 지성(至誠)은 성(誠)에다 지(至)를 더한 것인데 이는 성(誠)의 절대성을 강조하기 위해서다. 얼의 나인 지성(至誠)의 자리에서는 자율(自律)이다. 그러나 제나(自我)는 지성(至誠)의 자리에 서려면 진성(盡性)을 해야 한다. 그래서 "마음을 다하면 그 바탈(性)을 알고 그 바탈을 알면 하느님을 안다(盡其心者 知其性也 知其性則知天矣)"(맹자 진심상편)라고 했다.

성인이 바탈(性)을 다하면 만인과 만물도 존재의 가치를 얻게 된다. "하루 극기복례하면 천하가 인으로 돌아갈 것이다(一日克己復禮 天下歸仁焉)"(논어 안연편)라는 말도 이런 뜻으로 보아야 한다. 맹자는, "그저 군자(君子)가 지나가는 곳에는 그대로 감화되고 군자가 머무는 곳이면 신(神)이 통한다. 위아래가 하늘땅과 함께하니 어찌 좀 도움이 된다고만 하겠는가(夫君子所過者化, 所存者神, 上下與天地同流, 豈曰小補之哉)"(맹자 진심상편) 라고 했는데, 이것도 같은 뜻이다. 보잘것없는 나 한 사람이 이 땅 위에 나타나는 데도 무한한 우주가 무한한 시간에 천변만화를 천만 번의 천만 번도 더 했다는 사실을 잊어서는 안 된다. 한 송이 들국화 같은 나의 정신을 꽃 피우기 위해서 멀리는 우주란(宇宙卵)의 대폭발이 있어야 했고, 가까이는 지구가 쉬지 않고 자전 공전을 해야 한다. 내가 태어난 자체가 천지(우주)에 동참함이요, 내가 죽어지는 것도 천지화육(天地化育)을 돕는 것이다. 하물며 우주의 존재자인 하느님의 말씀을 받은 성인이야 오죽하겠는가.

第23章

2301 其次致曲, 曲能有誠, 誠則形, 形則著, 著則明, 明則動, 動則變, 變則化, 唯天下至誠爲能化。

天下至誠의 그 다음가는 경지는 致曲으로(其次 致曲[1]), 곡진함에도 능히 誠이 안에 들어 있으니(曲能有誠), 誠이 안에 들어 있으면 밖으로 형상화되고(誠則形), 형상화되면 눈에 띄고(形則著), 눈에 띄면 분명해지고(著則明), 분명해지면 감응하여 動하고(明則動), 감응하여 動하면 變하고(動則變), 變하면 化하는데(變則化)[2], 천하를 통틀어서 오직 至誠만이(唯天下至誠), 이같이 化하게 할 수 있다(爲能化)[3].

---

1) 致曲(치곡): ① 사소한 일이나 개개의 사물에도 誠을 다해서 하나씩 최고경지를 추구하는 것 또는 그러한 사람. ② 曲이란 선의 단서가 발로됨을 말한 것이다(而曲者 善端發見之謂也)(한국고전용어사전, 세종대왕기념사업회). ③ '其次'는 제21장의 '自明誠'을 말한다. '致'는 '至'(이르다)이다. '曲'은 소소한 일과 같다. '盡性'하지는 못하고 어떤 義에 대한 지극정성이 있을 뿐이다(其次謂自明誠者也, 致至也. 曲猶小小之事也. 不能盡性而有至誠於有義焉而已)(鄭玄 注).

2) 變則化(변즉화): [禮記正義] 처음으로 스며드는 것을 變이라 하는데, 변할 때는 신구 두 개체를 모두 구비하고 있다. 變의 끝에 이르러 구체가 없어지고 신체만 남아 있는 것을 化라 한다(初漸謂之變, 變時新舊兩體俱有; 變盡舊體而有新體, 謂之化).

3) ① [孟子 離婁상편 12:3] 至誠인데도 감동시키지 않은 사람은 아직까지 없었다. 誠하지 못한데도 감동시킬 수 있는 사람은 아직까지 없었다(至誠而不動者 未之有也 不誠 未有能動者也). ② [孟子 盡心하편 25:7] 크나크면서 化하게 하는 것을 聖이라 하고, 聖하면서 알 수 없는 것을 神하다고 한다(大而化之之謂聖 聖而不可知之之謂神).

2301 其次, 通大賢以下凡誠有未至者而言也。致, 推致也。曲, 一偏也。形者, 積中而發外。著, 則又加顯矣。明, 則又有光輝發越之盛也。動者, 誠能動物。變者, 物從而變。化, 則有不知其所以然者。蓋人之性無不同, 而氣則有異, 故惟聖人能擧其性之全體而盡之。其次則必自其善端發見之偏, 而悉推致之, 以各造其極也。曲無不致, 則德無不實, 而形, 著, 動, 變之功自不能已。積而至於能化, 則其至誠之妙, 亦不異於聖人矣。

「其次」는 제22장의 「至誠」의 다음으로 大賢부터 그 아래로 무릇 誠에 아직 이르지 못한 자를 통틀어 말한 것이다(其次 通大賢以下凡誠有未至者而言也). 「致」는 「推致(최고의 경지를 推究하다)」이다(致 推致[4]也). 「曲」은 「一偏」이다(曲[5] 一偏[6]也). 「形」이란 것은 「안에 쌓여 있어서 밖으로 드러나는 것」이다(形者 積中而發外). 「著」는 거기에 더해 「한층 더 현저한

4) 推致(추치): = 推求極致. 최고의 경지를 추구하다. 사물의 이치를 궁구하다.
5) [自箴] '曲'은 만사만물에 대하여 모두 마음을 다 쏟아 그것의 至善을 추구하는 것이다. 『易』에 '曲成萬物而不遺(하나하나 정성을 들여 만물을 만듦에 하나도 빠트림이 없다)'라고 했는데, 사람이 萬事에 致曲한다는 것은 마치 天道가 曲成萬物하는 것처럼 하나의 物이라도 지나쳐 버리지 않는다는 말과 같다. 生知安行의 성인은 그가 사람을 교화시킴에 때맞춰 비를 내려 化育하는 것과 같기에 人 · 物의 性을 다하여 천지를 도울 수 있다. 성인의 다음으로는 禮가 아니면 보지 않고 禮가 아니면 듣지 않고 말하지 않고 움직이지 않으며 만사의 曲折에 따라 마음을 다하고 뜻을 다하는 것, 이것을 致曲이라 한다. 致曲 역시 誠이 있고, 誠이 가운데 차면 밖으로 드러나기에 誠身者는 物을 감동할 수 있고, 物이 감동하면 변화화지 않을 것이 없으니, 역시 스스로 그 性을 다해 이로써 人 · 物의 性을 다할 수 있게 되니, 生知安行者와 같이 그 功이 똑같게 되는 것이다. 그 功이 똑같은 것은 至誠스러움이 똑같기 때문이다(曲者…謂於萬事萬物, 皆盡心以求其至善也. 易曰曲成萬物而不遺, 人之致曲於萬事, 如天道之曲成萬物, 猶言一物無放過也. 生知安行之聖, 其於化人也, 若時雨化之, 故能盡人物之性, 以贊天地. 其次非禮勿視, 非禮勿聽, 勿言勿動, 隨萬事之曲折, 盡心致意, 斯之謂致曲也. 致曲亦能有誠, 誠於中則形於外, 故誠身者, 能動物, 物之旣動, 未有不變化者, 亦可以自盡其性, 以盡人物之性, 與生知安行者, 其功同也. 其功同者, 以其爲至誠同也).
6) 一偏(일편): 어느 한 부분, 한 방면으로 치우친 것.

것」이다(著則又加顯矣). 「明」은 거기에 더해 「광채가 있어 퍼져나감이 성대한 것」이다(明則又有光輝發越之盛也). 「動」이라는 것은 「誠하여 능히 物을 감응케 하여 움직이게 할 수 있다」이다(動者 誠能動物). 「變」이라는 것은 「物이 따라서 변하다」이다(變者 物從而變). 「化」는 곧 「그것이 그리 되는 까닭을 모르는 어떤 것」이다(化則有不知其所以然者). 대개 사람의 性은 서로 차이가 없으나 氣의 경우는 차이가 있기 때문에(蓋人之性 無不同 而氣則有異), 성인만이 능히 그 性의 전체를 통틀어 온전히 다 구현해낼 수 있다(故惟聖人能擧其性之全體而盡之). 天下至誠의 그 다음 차례의 경우에는 반드시 그 선한 단서가 발현되는 어느 한 부분부터 시작해서 하나씩 최고의 경지를 추구하여(其次則必自其善端發見之偏而悉推致之), 이로써 각각 그 최고의 경지에 도달하는 것이다(以各造其極[7]也)[8]. 구석구석이 최고의 경지에 도달하지 않은 곳이 없게 되면 덕이 眞實에 부합하지 않는 것이라곤 없어(曲無不致 則德無不實), 「形」하고 「著」하고 「動」하고 「變」하는 효과가(而形著動變之功), 저절로 그만 멈출 수 없게 되고(自不能已), 이것이 쌓여 「化」할 수 있는 경지까지 이르면(積而至於能化), 그 至誠의 오묘함 역시 성인과 차이나지 않을 것이다(則其至誠之妙 亦不異於聖人矣).

右第二十三章。

7) 造極(조단): 최고의 경지에 도달하다.

8) 『中庸』에 있는 '其次致曲'에 대해, 주자는 사람에게서 '선한 단서가 발현되는 부분(善端發見之偏)'에 대한 최고의 경지를 추구하는 공부로 여기고 있는데, 이는 곧 주자가 『大學』에서 설명하는 '格物致知'의 공부로서, 이를 통해 주자가 『大學』과 『中庸』에 대해 일관되게 해석하고 있음을 볼 수 있다(《中庸》有 "其次致曲" 之說, 朱子解之爲將人身上 "善端發見之偏" 推致极處的一种工夫. 其實, 所謂 "致曲" 之工夫, 亦卽是朱子《大學》詮釋中的 "格物致知" 之工夫, 由此我們可以看出朱子《學》《庸》詮釋的貫通處.)(湖南大學學報).

여기까지가 제23장이다(右第二十三章).

言人道也。

人道를 말씀했다(言人道也).

〔中庸或問〕

「致曲」에 대한 설명을 여쭙겠습니다(或問致曲之說).

사람의 性은 다 같을지라도 氣稟은 혹 차이가 있을 수 있다. 그 性부터 말하면, 사람은 어린아이 때부터 이미 성인의 자질을 다 구비하고 있지만 그 氣를 가지고 말하면, 성인만이 그 전체를 통틀어 온전히 다 구현해내지 못한 것이라곤 없다. 위 제22장에서 말한「至誠盡性」이 이것이다. 성인 다음 경지의 경우라면, 선한 단서가 발로되기를, 그 품부 받은 자질의 후박에 따르기에, 어떤 사람은 어질고 어떤 사람은 의롭고, 어떤 사람은 효에 뛰어나고, 어떤 사람은 공경에 뛰어나고 하여, 모두 똑같을 수가 없다(曰: 人性雖同, 而氣稟或異. 自其性而言之, 則人自孩提[9], 聖人之質悉已完具; 以其氣而言之, 則惟聖人爲能擧其全體而無所不盡, 上章所言至誠盡性是也. 若其次, 則善端所發, 隨其所稟之厚薄, 或仁或義, 或孝或弟, 而不能同矣).

만약 각기 자질이 발현되는 어느 한쪽을 따라 하나하나 추구하여 이를 통해 그 최고의 경지에 이르는 방법으로 자질이 박한 것은 후하게 하고 차이나는 것은 같게 하지 않는다면, 전체를 다 관통하는 방법으로는 그

---

9) 孩提(해제): 유아. 유아기.

처음을 회복하는 것이 불가능한데, 곧 이것이 이 제23장에서 말하는「致曲」이고 맹자가 말한「擴充其四端(사단을 확충한다)」이다(自非[10]各因其發見之偏, 一一推之, 以至乎其極, 使其薄者厚 而異者同, 則不能有以貫通乎全體而復其初, 卽此章所謂致曲, 而孟子所謂擴充其四端[11]者是也).

10) 自非(자비): 만약 ~이 아니라면.

11) [孟子 公孫丑상편 6:1] 맹자가 말했다. “사람은 누구나 남에게 차마 모질게 하지 못하는 마음을 지니고 있다. 선왕들은 남에게 차마 모질게 하지 못하는 마음을 지녔다. 그래서 남에게 차마 모질게 하지 못하는 정치가 생겨났다. 남에게 차마 모질게 하지 못하는 마음을 가지고, 남에게 차마 모질게 하지 못하는 정치를 편다면, 천하를 다스리는 일은 손바닥 위에서 부릴 수 있다. 사람은 누구나 남에게 차마 모질게 하지 못하는 마음을 지니고 있다고 말하는 까닭은, 지금 어린아이가 우물에 빠지려는 것을 사람들이 갑자기 보게 된다면, 모두가 깜짝 놀라고 가엾어 하고 불쌍하게 여기는 마음이 생기는데, 이는 그 어린아이의 부모와 교분을 맺고자 해서도 아니고, 마을사람이나 친구들에게 칭찬을 바라서도 아니고, 비난하는 소리가 싫어서 그러는 것도 아니다. 이것으로 보건대, 가엾어 하거나 불쌍하게 여기는 마음이 없다면 사람이 아니다. 부끄러워하거나 미워하는 마음이 없다면 사람이 아니다. 거절하거나 양보하는 마음이 없으면 사람이 아니다. 옳다 하거나 그르다 하는 마음이 없다면 사람이 아니다. 측은지심은 仁의 단서이다. 수오지심은 義의 단서이다. 사양지심은 禮의 단서이다. 시비지심은 知의 단서이다. 사람이 이 네 가지 단서를 지니고 있는 것은, 마치 사람에게 四肢가 있는 것과 같다. 이 네 가지 단서를 지니고 있는데도 자기는 그렇게 하지 못한다고 말하는 자는 자기에게 해를 끼치는 자이고, 자기 임금은 그렇게 하지 못한다고 말하는 자는 자기 임금에게 해를 끼치는 자이다. 무릇 자신에게 四端을 지니고 있는 것을 모두 넓히고 채울 줄 안다면, 마치 불꽃이 막 타오르기 시작하는 것 같고, 샘이 막 솟아나기 시작하는 것 같아서, 만약 四端을 제대로 채운다면 四海를 보전하기에 족하지만, 만약 四端을 제대로 채우지 못한다면 부모를 섬기기에도 부족할 것이다”(孟子曰: 人皆有不忍人之心. 先王有不忍人之心, 斯有不忍人之政矣. 以不忍人之心, 行不忍人之政, 治天下可運之掌上. 所以謂人皆有不忍人之心者, 今人乍見孺子將入於井, 皆有怵惕惻隱之心. 非所以內交於孺子之父母也, 非所以要譽於鄉黨朋友也, 非惡其聲而然也. 由是觀之, 無惻隱之心, 非人也:無羞惡之心, 非人也:無辭讓之心, 非人也:無是非之心, 非人也. 惻隱之心, 仁之端也:羞惡之心, 義之端也:辭讓之心, 禮之端也:是非之心, 智之端也. 人之有是四端也, 猶其有四體也. 有是四端而自謂不能者, 自賊者也:謂其君不能者, 賊其君者也. 凡有四端於我者, 知皆擴而充之矣, 若火之始然, 泉之始達. 苟能充之, 足以保四海:苟不充之, 不足以事父母).

第24章

2401 至誠之道, 可以前知。國家將興, 必有禎祥; 國家將亡, 必有妖孽; 見乎蓍龜, 動乎四體。禍福將至: 善, 必先知之; 不善, 必先知之。故至誠如神。

天下至誠의 도는 豫知 능력이 있다(至誠之道 可以前知). 한 나라가 장차 흥하려 할 적에는 반드시 상서로운 징조가 있고(國家將興 必有禎祥), 나라가 장차 망하려 할 적에는 반드시 불길한 싹이 있고(國家將亡 必有妖孽), 시초점이나 거북점에 나타나 보이고 四體의 동작에도 보인다(見乎蓍龜 動乎四體). 禍와 福이 장차 다가오려 할 적에(禍福將至), 좋은 징조도 반드시 먼저 알고(善 必先知之), 좋지 못한 징조도 반드시 먼저 안다(不善 必先知之). 그러므로 至誠은 神明과 같다(故至誠如神).

2401 見, 音現。○禎祥者, 福之兆。妖孽者, 禍之萌。蓍, 所以筮。龜, 所以卜。四體, 謂動作威儀之閒, 如執玉高卑, 其容俯仰之類。凡此皆理之先見者也。然惟誠之至極, 而無一毫私僞留於心目之間者, 乃能有以察其幾焉。神, 謂鬼神。

「見」은 음이「現」이다(見 音現). ○「禎祥」은「복의 징조」이다(禎祥[1]者 福

之兆). 「妖孼」은 「화의 싹」이다(妖孼[2]者 禍之萌). 「蓍」는 시초로 치는 점이다(蓍 所以筮[3]). 「龜」는 거북의 등껍질로 치는 점이다(龜 所以卜[4]). 「四體」는 거동과 표정의 중간을 말하는데(四體[5] 謂動作威儀之間), 예를 들자면, 邾나라 隱公이 와서 魯나라 定公(BC 509~BC 495)에게 예물로 玉을 바치는데, 隱公은 玉을 높게 잡아 올려 얼굴이 위로 쳐들어지고, 定公은 玉을 낮게 잡아 얼굴이 밑으로 숙여지는 모습을 보고, 子貢(孔子의 제자)이 두 왕의 사망을 예견한 것과 같은 등속이다(如執玉高卑 其容俯仰[6]之類). 무릇 이러한 것은 모두 이치가 먼저 나타나 보인다(凡此皆理之先見者也). 天下至誠으로서 털 한 오라기만큼도 사사로움이나 거짓이 내심에 머물러 있지 않은 자만이(然唯誠之至極而無一毫私僞留於心目[7]之間者), 이에 그 기미를 살필 수 있는 것이다(乃能有以察其幾[8]焉). 「神」은 귀신을 일

---

1) 禎祥(정상): 상서로운 징조.
2) 妖孼(요얼): 여러 사물에서 나타나는 비정상적인 현상으로 상서롭지 못한 조짐으로 여김.
3) 筮(서): 蓍草(시초)를 이용하여 치는 점. 蓍草(시초): =톱풀(鋸草), 가위풀. 국화과 다년초로서 높이는 60~100㎝ 정도이고 잎은 타원형의 좁고 실고 잎자루가 없고 어긋나며 끝은 뾰족하고 가장자리에 날카로운 톱니가 있다. 혈액 순환을 돕고(活血) 풍을 제거하고(祛風) 통증을 멈추고(定痛) 해독작용을 한다(解毒).
4) 卜(복): 거북의 껍질을 불에 달궈 균열된 문양을 보고 그에 따라 길흉을 예측하는 점. 복점.
5) 四體(사체): 四肢. 팔다리.
6) [春秋左氏傳 定公 15年] 정공 15년 봄에 주나라 은공이 노나라 정공을 찾아와 자공이 이 두 나라 군주의 거동을 살폈다. 은공이 정공에게 선물을 바치는데 옥을 너무 높게 잡아 고개가 쳐들어지고, 정공이 그 옥을 받는데 낮아서 몸이 아래로 굽혀졌다. 그것을 본 자공이 말했다. 예를 차리는 거동으로 보건대 두 분 군주께서는 모두 돌아가실 것이다. 禮는 死生存亡의 근본이다. 몸을 높여 고개를 쳐드는 것은 교만하다는 표시이고, 몸을 낮춰 고개를 숙이는 것은 기운이 빠져있는 것이다. 교만하면 난리가 가깝고, 기운이 빠져 있으면 병이 가깝다. 우리 군주께서 주인이시니 그가 먼저 돌아가실 것이다(十五年, 春, 邾隱公來朝, 子貢觀焉, 邾子執玉高, 其容仰, 公受玉卑, 其容俯, 子貢曰, 以禮觀之, 二君者皆有死亡焉, 夫禮, 死生存亡之體也… 高仰, 驕也, 卑俯, 替也, 驕近亂, 替近疾, 君爲主, 其先亡乎).
7) 心目(심목): 내심. 생각.
8) [周易 繫辭下] 孔子께서 말씀하셨다. "기미를 알다니 혹시 귀신인가? 군자는 윗사람과 사귐에 아첨하지 않고 아래 사람과 사귐에 업신여기지 않는데 그래서 기미를 아는 것일까? 기미라는 것은 움직임 중에서 은미한 것으로 길한 조짐이 미리 나타나 보이는 것인데 군자는 기미를 보고 판단하길 하루를 넘기지 않는다"(子曰: 「知幾其神乎? 君子上交不諂, 下交不瀆, 其

컫는다(神 謂鬼神).

右第二十四章。

여기까지가 제24장이다(右第二十四章).

言天道也。

天道를 말씀했다(言天道也).

知幾乎? 幾者動之微, 吉之先見者也, 君子見幾而作, 不俟終日…」).

第25章

2501 誠者自成也, 而道自道也。

誠은 誠 스스로 자기의 모습을 온전히 구현해나가고(誠者自成也), 道는 道 스스로 자기의 길을 이끌어나간다(而道自道也).

2501 道也之道, 音導。○ 言誠者物之所以自成, 而道者人之所當自行也。誠以心言, 本也; 道以理言, 用也。

「道也」의 「道」는 음이 「導」이다(道也之道 音導). ○ 誠이라는 것은 物 스스로 자기의 모습을 구현해나가는 物의 원리이고, 道라는 것은 사람이 마땅히 스스로 걸어가야 하는 것임을 말씀한 것이다(言誠者物之所以自成 而道者人之所當自行也). 「誠」은 마음으로써 말한 것으로 근본이다(誠以心言 本也). 「道」는 理로써 말한 것으로 작용이다(道以理言 用也)[1].

---

1) 여기서 誠과 道는 반드시 天道와 人道의 개념으로 나눌 수 없으며, 주희가 말하는 心과 理의 개념으로 나누어 말할 수 없다. 그것은 인간과 자연, 우주의 그 모든 것을 포괄적으로 나타낸 두 개념일 뿐이다. 상호보완적 개념이며 인간과 천지자연에 모두 적용된다. … 子思가 말하는 우주는 스스로 자기가 자기를 형성해가고 조직해가고 방향 지워가는 우주(self-organizing Universe)이다. 일체의 타율적 간섭이 없다. 다시 말해서 『중용』의 하느님은 자기가 자기를 스스로 형성해가는 과정적 하느님이다. … 子思의 誠은 곧 하느님이며 하느님은 곧 천지자연이며, 천지자연은 자연 스스로(自) 그러하게(然) 자신을 성취시킨다. 誠은 自成(self-completing)일 뿐이며 道는 自道(self-directing)일 뿐이다. 따라서 천지의 일부인 인간

도 自成이며 自道일 뿐이다. 인간 이외의 일체의 외재적 존재의 간섭이 없다. 자연의 길은 하나님이 만들어준 것이 아니라 자연 스스로 만들어나간 것이다. 인간의 도 역시 인간 스스로 개척하고 스스로 만들어가며 스스로 보수하고 스스로 완성해갈 뿐이다. …『중용』의 우주는 모든 존재를 생성으로만 파악한다. 로고스적 존재는 존재하지 않는다. 그 생성의 법칙을 子思는 誠이라고 불렀다. 이 誠은 우주의 법칙인 동시에 인간의 법칙이다. 종교적 진화의 궁극이란 우주의 법칙 그 자체를 경외심을 가지고 바라보는 경지이다. 생물학자나 화학자나 물리학자가 바라보는 우주 그 자체를 神性(Divinity)으로서 畏敬化할 수 있는 경지가 子思가 말하는 誠의 경지라 말할 수 있다(김용옥,『중용한글역주』 555쪽, 통나무).

성 자 물 지 종 시 　불 성 무 물 　시 고 군 자 성 지 위 귀

2502 誠者物之終始, 不誠無物。是故君子誠之爲貴。

誠은 物의 마지막 끝이고 처음 시작이기에(誠者物之終始[1]), 誠하지 않으면 어떤 物도 없다(不誠無物[2]). 이 때문에 군자는 誠을 향해 나아가는 것을 존귀하게 여기는 것이다(是故君子誠之爲貴).

2502 天下之物, 皆實理之所爲, 故必得是理, 然後有是物。所得之理既盡, 則是物亦盡而無有矣。故人之心一有不實, 則雖有所爲亦如無有, 而君子必以誠爲貴也。蓋人之心能無不實, 乃爲有以自成, 而道之在我者亦無不行矣。

천하의 物은 모두 實理의 행함(爲) 아닌 것이 없기 때문에(天下之物 皆實理之所爲), 반드시 바로 이 理를 얻는 연후에야 이 物이 있는 것이다(故必得是理然後 有是物). 얻은 바의 理가 다하고 나면 이 物도 다하여 없다(所得之理既盡 則是物亦盡而無有[3]矣). 그러므로 사람의 마음이 한번이라도 眞實에 부합해 있지 못한 경우가 있으면(故人之心一有不實), 비록 그 결과물이

---

1) 終始(종시): 처음부터 마지막까지 모두. 사물의 발생 · 변화 · 발전의 모든 과정. 시종일관.
2) ① [自箴] 『대학』에서 말한 '物有本末 事有終始'에서 意 · 心 · 身이 本이고 家 · 國 · 天下가 末이고, 誠 · 正 · 修가 始이고, 齊 · 治 · 平이 終이다. 『중용』에서 말하는 '誠者物之終始'의 終始 두 글자는 『대학』에서 말하는 것과 동일한 것이다(大學曰物有本末, 事有終始, 意心身爲本, 家國天下爲末, 誠正修爲始, 齊治平爲終, 此經云誠者物之終始二字, 與大學所言同). ② [講義補] '物'은 곧 『대학』에서 말한 '物有本末'의 物이고, '終始'는 곧 『대학』에서 말한 '事有終始'의 終始이다. 성인의 학문은 成己成物을 벗어나지 않으므로 『대학』 『중용』은 본래 두 가지 이치가 아니다(物者, 卽大學物有本末之物也, 終始者, 卽大學事有終始之終始也, 聖人之學, 不出於成己成物, 大學中庸, 本無二致). ③ 誠이 없으면 物도 없다는 말은, 物이라는 모든 생성체를 성립시키는 그 근원에 誠이 있다는 뜻이다(김용옥, 『중용한글역주』 558쪽, 통나무).
3) 無有(무유): =沒有. 없다. 존재하지 않다. 가지고 있지 않다.

있더라도 없는 것과 마찬가지이기 때문에(則雖有所爲 亦如無有), 군자는 반드시 誠을 존귀하게 여기는 것이다(而君子必以誠爲貴也). 사람의 마음이 진실에 부합하지 않는 것이라곤 없게 되어야(蓋人之心 能無不實), 비로소 행함(爲)이「自成」할 수 있게 되고(乃爲有以自成), 도가 내 안에 있기에 또한 행하지 못하는 것이라곤 결코 없다(而道之在我者亦無不行矣).

〔中庸에세이〕

참(誠)은 시작도 없고 마침도 없다. 그러므로 참은 영원하고 무진(無盡)하다. 그래서 '지성무식(至誠無息)'(26장)이라고 했다. 천부경(天符經)에서는, '하나(一) 곧 참(誠)은 시작이 없는 시작이요, 마침이 없는 마침이다(一始無始 一終無終)'라고 했는데, 하나(一)인 참(誠)은 시작이 없지만 만물의 시작이 되고, 참(誠) 자신은 마침이 없지만 만물의 마침이 된다는 뜻이다. '나는 알파와 오메가요 처음과 나중이라'(요한계시록 21:6)와 같은 뜻이다. 참(誠)은 만물의 시작이니, 만물이 참에서 나왔고, 참(誠)은 만물의 끝이니 만물이 참(誠)으로 돌아가기 때문이다. 참(誠)은 시작도 없고 끝도 없는 절대 존재이다. 물(物)은 참(誠)이 상대화된 것으로서 시작도 있고 끝도 있는 상대적 존재이다. 상대적 존재는 없다가 있고 있다가 없어짐으로써 절대적 존재를 드러낸다.

참(誠)이 아니면 만물이 없다는 말은, '태초에 말씀이 계시니라. 이 말씀이 하나님과 함께 계셨으니 이 말씀은 곧 하나님이시니라. 그가 태초에 하나님과 함께 계셨고 만물이 그로 말미암아 지은바 되었으니, 지은 것이 하나도 그가 없이는 된 것이 없느니라'(요한복음 1:1-3)와 같다. 말씀이 참(誠)이다. 참(誠)이 곧 하나님(天)이다.

주희(朱熹)는, '물(物)이 이(理)를 얻어서 존재하고, 이(理)가 다하면 물(物)도 다한다'고 했지만, 물(物)은 말씀인 참(誠)의 변화일 뿐이다. 물(物)은 절대가 상대화했다가 절대로 돌아가는 것이다.

이런 까닭에 군자(君子)는 참에 나아가는 것을(誠之) 으뜸으로 여긴다. 하느님께 돌아가는 것을 가장 귀하게 여긴다는 말이다. 상대적 존재로 있으면서 제나(自我)로는 죽고 참(誠)인 하느님께 돌아가는 것이 기도요 참선이다. 그러므로 죽음이란 없다. 시작도 없고 끝도 없는 하느님은 영원하실 뿐이지 죽음이란 없다. 절대가 상대화되었다가 다시 절대화하는 것을 생멸(生滅)이라고 한다. 참으로 생멸은 없다. 본디의 모습으로 돌아갈 뿐이다.

2503 誠者非自成己而已也, 所以成物也。成己, 仁也; 成物, 知也。性之德也, 合外內之道也, 故時措之宜也。

誠은 비단 誠 스스로 자기의 性을 온전히 구현해낼 뿐만 아니라(誠者非自成己而已也), 이로써 저 物의 性 또한 온전히 구현해내는 원리이다(所以成物也). 자기의 性을 온전히 구현해내는 원리로서의 誠은 仁이고(成己 仁也), 저 物의 性을 온전히 구현해내는 원리로서의 誠은 知이다(成物 知也). 誠은 性의 덕성이요(性之德也), 자기 자신과 저 物 · 안과 밖 모두에 부합하는 道이기 때문에(合內外之道也), 때에 맞춰 쓰면 어디서든 마땅하지 않는 데가 없다(故時措[1]之宜也).

2503 知, 去聲。○ 誠雖所以成己, 然既有以自成, 則自然及物, 而道亦行於彼矣。仁者體之存, 知者用之發, 是皆吾性之固有, 而無內外之殊。既得於己, 則見於事者, 以時措之, 而皆得其宜也。

「知(zhì)」는 去聲이다(知 去聲). ○ 誠은 비록 자기의 본래의 性의 모습을 이루어가는 원리이긴 하지만(誠 雖所以成己), 이제 自成할 수 있게 되면

1) ① [自箴] '時措'는 어느 때나 쓰이지 않는 때가 없다는 것이다. 誠意할 때 誠을 쓰고, 正心할 때 誠을 쓰고, 齊家 · 治國 · 平天下할 때 誠을 쓰니 때에 따라서 誠을 쓰는 것이 마땅하지 않은 곳이 없어서, 이를 '時措之宜'라 한 것이다(時措者, 無時而不施用也. 誠意時用誠, 正心時用誠, 齊家治國平天下時用誠, 隨時用誠, 無適不宜, 此之謂時措之宜也). ② 時措(시조): [禮記正義] 「時措」는 때에 맞춰 쓰는 것을 말한다(정현). 「措」는 「用」과 같다. 至誠은 만물의 性을 이뤄내고 천지를 하나로 합하는 道이기 때문에, 때에 맞춰 그에 맞게 쓰면 어디든 막론하고 마땅하지 않음이 없음을 말한다(공영달)(鄭玄 注: "時措, 言得其時而用也." 孔穎達 疏: "措猶用也. 言至誠者成萬物之性, 合天地之道, 故得時而用之, 則無往而不宜"). ② 時措(시조): 因時制宜(때에 알맞게 처리하다. 시세에 따라 그에 맞게 처리하다)의 뜻으로 쓰임.

스스로 그러한 모습대로 他物에 미치어(然旣有以自成 則自然及物), 道가 또한 저 物에도 행해지게 되는 것이다(而道亦行於彼矣). 「仁」은 본체에 온존하는 것이고(仁者 體之存), 「知」는 작용의 발로인데(知者 用之發), 이는 모두 내 性에 固有한 것이어서 안과 밖이라는 구분이 없다(是皆吾性之固有而無內外之殊). 이미 자기의 본래의 性의 모습을 얻은 이상 곧 내 밖의 일에서도 나타나는 것으로(旣得於己 則見於事者), 때에 맞춰 쓰면 어디서든 그 일의 마땅한 모습을 얻게 된다(以時措之而皆得其宜也).

右第二十五章。

여기까지가 제25장이다(右第二十五章).

言人道也。

人道를 말씀했다(言人道也).

〔中庸에세이〕

하느님이신 참(誠)은 스스로 '나'를 이루었다. '나'란 '주체'를 말한다. 사람은 자기 이상의 것을 잘 헤아리지 못한다. 그래서 '나'라고 하면 '인격(人格)'을 뜻한다. 참(誠)도 나를 이루고 있지만, 그것은 우리와 같은 인격이 아니라 차원 높은 인격이다. 이를 '신격(神格)'이라고 한다. 참(誠)은 유일절대(唯一絶對)이다. 참(誠)은 물(物)을 이루었지만, 물(物)은 참(誠)을 떠나서 있는 것이 아니다. 참의 일부이다. 그러므로 참의 자리에서는 참밖에 다른 무엇이 있을 수 없다. 물질이란 하나도 없는 무극(無極) 상태로 있다가, 물질계를 개벽한 태극(太極)이 된 것을 말한 것이다. 태극이란 무극인 절대와 물체인 상대를 함께 말한 것이다. 그렇다고 무극이 없어진 것도 달라진 것도 없다. 상대는 있어도 없는 것과 같기 때문이다.

참(誠)인 하느님은 사랑(仁)이시다. 그것을 '成己仁也'라고 했다. 하느님이 물질계인 상대세계를 만든 것은, 자신의 일부를 상대화한 것이다. 그것을 '말씀으로 모든 것을 지었다'라고 했다. 그런데 지어진 상대적 존재인 사람 속에, 하느님의 얼이 그대로 작용한다. 그것을 속알(노릇)이라고 한다. 노릇이란 얼의 작용을 나타내려고 한 것이다. '合內外之道'란 상대의 나와 절대의 나가 일치를 이루었다는 것이다. 범아일여(梵我一如)를 말한다. 예수가 말한, '나와 아버지는 하나이다'(요한복음 10:30)이다.

柳永模는 이렇게 말했다. "하느님의 사랑에서 터져 나온 것이 하늘과 땅이다. 말할 수 없는 사랑이 깔려서 이 우주가 생겨났다. 이 사랑은 인간적인 부부 · 형제 · 친구 사이의 그런 사랑이 아니다. 사람은 어떻게 하느님의 사랑에 참여하는가. 사람은 하느님의 아들이기 때문에 아버지인 하느님을 찾는 것은 어쩔 수 없는 일이다. 세상을 사랑하는 사람은 하느님을 모른다. 세상을 미워하는 사람에게만 하느님이 가까이 온다. 하느님은 우리들에게 하느님을 알고 싶은 생각을 일으켜준다." 그러므로 사람의 마음속에 얼의 작용(노릇)을 잘 하도록 놓아두는 것이 좋다는 것이다(時措之宜也). 그것이 성인(聖人)이다. 성인은 예수 · 석가 · 공자의 몸이 아니다. 그들의 마음속에 자리한 하느님의 생명인 얼의 작용(德)인 것이다. 성령의 운동이 얼의 작용(德)이다.

第26章

2601 故至誠無息。(고지성무식)

그러므로 至誠은 쉼이 없다(故至誠無息)[1].

2601 既無虛假, 自無間斷。

이미 眞實하므로 비어 있지 않고 無妄하므로 거짓이 없어(既無虛假), 저절로 틈새나 끊김이 없는 것이다(自無間斷).

1) [自箴] ① '至誠'은 中和이고, '無息'은 庸이다. 책머리 제1장에서 '致中和 天地位焉 萬物育焉'이라 했고, 제22장에서 '惟天下至誠 可以贊天地之化育'이라 했으니 中和가 至誠이 아니겠으며, 제26장에서 '不息則久 久則徵 徵則悠遠'이라 했으니 無息이 庸이 아니겠는가!(至誠者, 中和也, 無息者, 庸也, 篇首曰致中和, 天地位焉, 萬物育焉, 上節曰惟天下至誠, 可以贊天地之化育, 中和非至誠乎, 不息則久, 久則徵, 徵則悠遠, 無息非庸乎). ② 至誠無息은 하늘이다. 聖人께서 하늘을 배운 지 오래되어 그 덕이 하늘을 닮은 데까지 이르게 되면, 그 功化도 하늘을 닮기 때문에, '不見而章, 天動而變, 無爲而成(내보이지 않아도 빛나고, 움직이지 않아도 변화시키고, 함이 없이도 이룬다)(제26장 제6절)'하게 되는 것이다. 마지막 제33장에서 일곱 편의 시를 인용한 것도 성인의 功化가 하늘을 닮았음을 말하고자 한 것이다(至誠無息者, 天也, 聖人學天既久, 其德至於肖天, 則其功化亦肖天, 故能不見而章, 天動而變, 無爲而成也, 篇末七引詩, 亦言功化之肖天).

〔中庸에세이〕

'쉼이 없다(無息)'는 것은 쉬지 않는다는 말이다. 쉬지 않는다는 말은 죽지 않는다는 말이다. 참(誠)은 하느님의 말씀이시라 불생불멸의 영원한 생명이시다. 무식(無息)은 영원(永遠)이고 영원은 절대(絶對)이다. 무시(無始)하고 무종(無終)함이 영원이고 낱동(개체)이 아닌 온통(전체)이 절대이다. 하느님은 쉬는 일이 없다. 무식(無息)은 상대세계의 상대적 존재에게는 없다. 끝이 있는 상대세계는 무식(無息)이 아니다. 생멸의 세계이다. 그래서 어떻게든지 이 생멸의 상대세계를 벗어나 무식(永遠)의 절대세계로 돌아가자는 것이다. 성(誠)은 상대(세상)을 초월한 진리의 세계를 말한다. 얼의 나라인 니르바나의 나라요 하느님 나라다.

2602 不息則久, 久則徵,

쉬지 않으니 오래도록 지속되고(不息則久), 오래도록 지속되면 징조가 피어오르고(久則徵)[1],

2602 久, 常於中也。徵, 驗於外也。

「久」는「안에 恒常 있다」이다(久 常於中也).「徵」은「밖으로 증거가 드러나다」이다(徵[2] 驗於外也).

---

1) [自箴] '久則徵'은 꽉 붙잡고 지키는 상태가 오래되면 治心養性하여 하늘과 사람이 서로 만나는 즈음에 반드시 묵묵히 자기 마음에 경험하게 된다는 것으로 이것을 '徵'이라 한 것이다. 경험하게 되면 그 믿음이 더욱 독실해져서 그만두고자 해도 그만둘 수 없기 때문에 더욱 오래도록 지속되고 더욱 진전이 있게 되어 悠遠에 이르게 되니, 悠遠은 庸의 極致인 것이다. 悠遠하면 德이 쌓이기 때문에 博厚해지고, 博厚해지면 광명한 기운이 밖으로 투명하게 나오기 때문에 高明하게 되니, 이것이 제21장에서 말한 '誠則明'이다(久則徵者, 持守旣久則其治心養性之時, 天人相與之際, 必有默驗於自心者, 斯之謂徵也. 徵則其信道益篤, 欲罷不能, 故彌久彌進, 而至於悠遠, 悠遠者, 庸之極也. 悠遠則德積, 故博厚, 博厚則光氣外透, 故高明, 所謂誠則明也).

2) 徵(징): 증명하다. 검증하다. 징조. 흔적. 기미.

〔中庸에세이〕

쉼이 없는 것은 오래간다는 뜻이다. 오랜 것은 징험하게 된다. 보람을 느끼게 된다는 말이다. 영원한 것은 시간적으로 공간적으로 막히면 안 된다. 막히면 영원도 영구도 아니다. 징(徵)은 참(誠)의 얼(성령)을 마음으로 징험하는 것이다. 그때 느끼는 기쁨이 보람이다. 영원한 존재를 느끼는 것이다. 생멸의 상대적 존재인 제나(自我)가 영원한 존재를 느끼며 사라져 버리는 이 이상의 보람이 어디 있겠는가. 석가는 이를 법열(法悅)이라 했고 노자(老子)는 황홀(恍惚)이라고 했다.

2603 徵則悠遠, 悠遠則博厚, 博厚則高明。

징조가 피어오르면 아득히 오래도록 지속되고(徵則悠遠), 아득히 오래도록 지속되면 드넓어지고 두터워지고(悠遠則博厚), 드넓어지고 두터워지면 드높아지고 드밝아진다(博厚則高明).

2603 此皆以其驗於外者言之。鄭氏所謂「至誠之德, 著於四方」者是也。存諸中者既久, 則驗於外者益悠遠而無窮矣。悠遠, 故其積也廣博而深厚; 博厚, 故其發也高大而光明。

이 구절은 모두 그 징험이 밖으로 드러나는 것을 가지고 말씀한 것이다(此皆以其驗於外者言之). 鄭氏가 말한「至誠의 덕이 四方에 현저하다.」는 것이(鄭氏所謂至誠之德著於四方者[1]), 이것이다(是也). 안에서 온존해 있던 시간이 長久한 이상(存諸中者旣久), 밖으로 드러나는 징험은 더 아득히 오래도록 지속되어 그 끝이 없을 것이다(則驗於外者益悠遠而無窮矣). 아득히 오래도록 지속되기 때문에 그 쌓임은 광박하게 되고 심후하게 된다(悠遠 故其積也廣博而深厚). 광박하고 심후하기 때문에 그 발하여 나타나는 모습은 높고 크고 빛나고 밝은 것이다(博厚 故其發也高大而光明).

〔中庸에세이〕

태아(胎兒)는 태속에서 어머니를 느낀다. 나는 우주라는 하느님의 태속에

1) [禮記正義] '徵'은 效驗과 같다. 이는 至誠의 德이 이미 사방에 현저함을 말한 것이다(徵, 猶效驗也. 此言至誠之德旣著於四方).

들어 있는 태아와 같다. 하느님을 느끼는데, 자세히 알 수는 없다. 태아가 어머니를 생각하면 아득히 멀리 느껴질 것이다. 넓게 크게 느껴질 것이다. 높고 밝게 느껴질 것이다. 절대인 하느님에게는 유원(悠遠), 박후(博厚), 고명(高明)이란 아무런 의미가 없다. 그러나 상대적인 나는 절대적 존재를 그렇게밖에 나타낼 수 없다. 석가는 나지도 않고 죽지도 않으며(不生不滅), 더럽지도 않고 깨끗하지도 않으며(不垢不淨), 늘지도 않고 줄지도 않는다(不增不減)는 육불(六不)로 나타내었다. "하느님(神)은 하나이다. 절대이다. 무극(無極)이다. 오직 하느님뿐이다. 유무(有無), 생사(生死), 고금(古今), 자타(自他), 상하(上下), 내외(內外), 선악(善惡)은 모두 상대적이다. 시시비비(是是非非)를 따지는 것은 내가 지은 망령이다. 하느님은 시(是)도 아니요 비(非)도 아니다. 하느님을 믿고 만족하면 일체의 문제가 그치고 만다. 시시비비의 문제는 철인(哲人)의 경지에 가야 끝이 난다. 알고(知) 모르는(不知) 것은 유일신(唯一神)에 가야 넘어서게 된다. 절대에 서야 상대는 끊어진다. 상대에 빠져 헤매지 말고 절대에 깨어나야 한다. 자기가 무지(無知)임을 알아야 한다. 아무리 상대지(相對知)가 많아도 절대지(絶對知)에 비하면 없는 것이나 마찬가지다. 그러하기 때문에 진리되시는 하느님을 깨치는 것이 가장 급선무다."(柳永模)

2604 博厚, 所以載物也; 高明, 所以覆物也; 悠久, 所以成物也。

드넓어지고 두터워지니까 이로써 萬物을 실어주고(博厚 所以載物也), 드높아지고 드밝아지니까 이로써 萬物을 덮어주고(高明 所以覆物也), 아득히 오래도록 지속되니까 이로써 萬物의 性을 온전히 구현시켜준다(悠久 所以成物也).

2604 悠久, 即悠遠, 兼內外而言之也。本以悠遠致高厚, 而高厚又悠久也。此言聖人與天地同用。

「悠久」는 바로 「悠遠」으로(悠久 即悠遠), 內外를 포괄하여 말한 것이다(兼內外[1]而言之也). 본래는 「悠遠」하면 「高明」과 「博厚」에 이르는데(本以悠遠致高厚), 「高明」하고 「博厚」하니 또다시 「悠久」하게 된다(而高厚又悠久也). 이 구절은 聖人이 天地와 똑같은 작용을 함을 말씀한 것이다(此言聖人與天地同用).

---

1) 內外(내외): 제2절의 안에서 장구히 온존해 있던 과거시간과 징험이 밖으로 나타나 아득히 오래 지속되는 미래시간.

박후배지 고명배천 유구무강
2605 博厚配地, 高明配天, 悠久無疆。

드넓음과 두터움은 땅과 짝을 이루고(博厚配地), 드높음과 드밝음은 하늘과 짝을 이루고(高明配天), 아득히 오래도록 지속됨은 그 끝 간 데가 없다(悠久無疆[1]).

2605 此言聖人與天地同體。

이 구절은 聖人이 天地와 同體임을 말씀한 것이다(此言聖人與天地同體).

1) 無疆(무강): 무궁하다. 영원하다. 끝이 없다. 疆(강): 영역. 강역. 경계. 한계.

2606 如此者，不見而章，不動而變，無爲而成。

이러한 至誠은(如此者)，내보이지 않아도 환하게 드러나고(不見而章[1])，움직이지 않아도 감응시켜 변화시키고(不動而變)，작위하지 않아도 이룬다(無爲而成).

2606 見，音現。○ 見，猶示也。不見而章，以配地而言也。不動而變，以配天而言也。無爲而成，以無疆而言也。

「見」은 음이 「現」이다(見 音現). ○ 「見」은 「視」와 같다(見 猶視也). 「不見而章」은 제5절의 「配地」를 두고 말한 것이다(不見而章 以配地而言也). 「不動而變」은 제5절의 「配天」을 두고 말한 것이다(不動而變 以配天而言也). 「無爲而成」은 제5절의 「無疆」을 두고 말한 것이다(無爲而成 以無疆而言也).

〔中庸에세이〕

넓고 두터우며 높고 밝으며 멀고 오랜 하느님(誠)은 나타내지 않아도 온 우주에 빛나며 움직이지 않아도 만물이 변하며 함이 없어도 우주역사가 이루어진다. 제33장에서도 '君子之道 闇然而日章'이라고 했다. 군자의 도는 보이지 않게 숨었지만 날로 밝아진다는 것이다. 우주만물 어디에나 하느님의 영광이 비추이지 않는 곳이 없고 하느님의 성향(聖香)이 풍기지 않는 곳이 없다. 그러나 짐승인 제나(自我)로만 사는 사람은 그것을 보지

1) 章(장): 현시하다. 분명하게 나타내다. 표명하다. 표창하다(=彰).

못하고 말지도 못한다. 얼의 나로 거듭난 사람에게는 하느님이 고요한 중에 귀를 여시고 인 치듯이 교훈하신다(욥기 33:16). 존재의 소리가 들려온다. 하느님의 말씀은 막을 길이 없다. 기도할 때나 잠잘 때나 꿈속에서 말씀하신다. 존재의 소리를 들어야 한다. 하느님의 말씀은 공상이 아니다. 진실이다. 구체적이다. 그것이 인생을 멸망에서 구원하신다.

하느님은 사람의 몸에 달린 눈 · 귀 · 코 · 혀 · 피부와 같은 오관(五官)에 의해 나타나는 일은 없다. "하느님이 무슨 말씀을 하시는가. 그래도 사시(四時)는 변함없이 번갈아 가고 만물은 자란다. 하느님이 무슨 말씀을 하시든가."(논어 양화편) 하느님이 내게 덕(얼)을 주셨다고 했으니, 마음에 거룩하고 참된 생각을 일으켜주신 것이다. 하느님은 아니 계시는 곳이 없이 얼로 계시는데 움직일 필요도 없다. "하느님은 없이 계신다."(柳永模) 몸의 감각으로는 하느님은 지각(知覺)이 안 된다는 말이다. 하느님은 하지 않아도 다 이루신다. 무위이성(無爲而成)이다. 노자(老子)는 '함이 없이 하고, 함이 없이 하지 않는 것이 없다(爲無爲 無爲而無不爲)'라고 했다.

하느님을 참(誠)으로 나타낸 것이 중용(中庸)의 진가(眞價)이다. 하느님에게 마음과 뜻과 힘을 다하는 것이 치성(致誠)이다. 참이신 하느님에게 다다르고자 하는 치성(致誠)이 곧 기도요 참선이다. 중용의 사상은 참(誠)에 다다르자는 치성(致誠)이라고 할 수 있다. "우리 사람의 사상이라는 것은 마침내 성(誠) 하나를 좇아가는 것이다. 성(誠)이 참이다. 동양에서는 진리를 참이라고 한다."(柳永模)

2607 天地之道, 可一言而盡也: 其爲物不貳, 則其生物不測。

天地의 道는 한마디 말로 다 표현할 수 있다(天地之道 可一言而盡也). 그 道의 됨됨이는 둘이 아니기에, 그것이 낳는 萬物은 이루 다 헤아릴 수 없다(其爲物[1]不貳 則其生物不測).

2607 此以下, 復以天地明至誠無息之功用。天地之道, 可一言而盡, 不過曰誠而已。不貳, 所以誠也。誠故不息, 而生物之多, 有莫知其所以然者。

이 구절부터는(此以下), 다시 天地를 가지고 제1절에 말한「至誠無息」의 효용을 밝히고 있다(復以天地明至誠無息之功用). 天地의 道는 가히 한마디면 다 되는데(天地之道 可一言而盡), 단지「誠이다」말하면 끝이다(不過[2]曰誠而已).「不貳」이니까 그래서「誠」이다(不貳 所以誠也).「誠」인 고로 쉬지 아니하고(誠故不息), 낳은 萬物이 헤아릴 수도 없이 많은데도 아무도 그것이 그리 되는 까닭을 알지 못하는 그 어떤 것이 있는 것이다(而生物之多 有莫知其所以然者).

---

1) 爲物(위물): 물건된 모습. 天地之道가 작용하는 모습.

2) 不過(불과): 단지.

2608 **天地之道: 博也, 厚也, 高也, 明也, 悠也, 久也。**

天地의 道는, 드넓고, 두텁고, 드높고, 드밝고, 아득하고, 장구하다(天地之道 博也 厚也 高也 明也 悠也 久也).

2608 言天地之道, 誠一不貳, 故能各極所盛, 而有下文生物之功。

말인즉 천지의 도는「誠」한 가지로 둘이 아니기 때문에(言 天地之道 誠一不貳), 博 · 厚 · 高 · 明 · 悠 · 久의 덕성을 각각 최대한도까지 발휘할 수 있어 아래 구절에서 말한 物을 낳는 공적이 있게 된다는 것이다(故能各極其盛 而有下文生物之功).

〔中庸에세이〕

절대(天)와 상대(地)의 도(道)는 하나로서 참(誠)이다. 그 참은 앞 제3절에서 말했듯이 넓고 두텁고 높고 밝고 깊고 오래다. 절대적 존재임을 나타내고자 한 것이다.

참(誠)은 공간으로는 무한히 넓고 두터워 공간을 초월했고, 시간으로는 영원히 길고 오래여서 시간을 초월했고, 차원으로는 거룩히 높고 밝아 물질을 초월했다. 우리는 이 절대인 참(誠)으로 돌아가야 한다. 참에서 나왔기 때문이다. "우리가 여기에 매였으므로 영원한 그곳에 가야 한다. 천원정(天遠征). 이것이 바로 우리의 신앙이다. 하늘로 원정하여 가는 것이다. 영원한 하늘로 간다. 예수는 하늘나라에는 침노하는 자가 들어간다고 했다. 침략해도 좋다고 활짝 열어놓고 있다. 우리는 앞장서서 천국으로 쳐들어가야 한다. 우리의 길은 하늘까지 가는, 영원으로 가는 원정이다. 그러기에 우리의 목적지는 하늘에 있지 땅에 있는 것이 아니다."(柳永模)

2609 今夫天, 斯昭昭之多, 及其無窮也, 日月星辰繫焉, 萬物覆焉。今夫地, 一撮土之多, 及其廣厚, 載華嶽而不重, 振河海而不洩, 萬物載焉。今夫山, 一卷石之多, 及其廣大, 草木生之, 禽獸居之, 寶藏興焉。今夫水, 一勺之多, 及其不測, 黿鼉, 蛟龍, 魚鱉生焉, 貨財殖焉。

지금의 저 하늘은(今夫[1]天), 한 줄기 하얀 빛살 모이고 모인 것인데(斯[2]昭昭之多), 그 끝 간 데 없이 뻗쳤으니(及其無窮也), 해와 달과 별 모두 그 위에 매달려 있고(日月星辰繫焉), 만물 빠짐없이 그 밑에 덮여 있구나(萬物覆焉). 지금의 저 땅은(今夫地), 한 줌의 흙 모이고 모인 것인데(一撮[3]土之多), 드넓고 두텁게 쌓였으니(及其廣厚), 화악을 다 싣고서도 무게에 겨워하지 않고(載華嶽[4]而不重), 강물 바닷물 다 거둬들이고도 새나가게 하지 않고(振河海而不洩[5]), 만물 남김없이 그 위에 실려 있구나(萬物載焉). 지금의 저 산은(今夫山), 주먹만 한 돌덩이 쌓이고 쌓인 것인데(一卷[6]石之多), 드넓고 드높게 솟구쳤으니(及其廣大), 온갖 초목 그 속에서 자라고(草木生之), 새와 짐승 그 안에 깃들이고(禽獸居之), 온갖 보화 그 속에 가득 묻혀있구나(寶藏[7]興焉). 지금의 저 물은(今夫水), 한 숟갈의 물 고이고 고인 것인데(一勺[8]之多), 그 심연 측량할 길 없이 깊어졌으니(及其不測),

1) 今夫(금부): 발어사. 문장의 첫머리에 쓰여 전술한 사실을 토대로 아래 문장에서 의논이나 관점을 제시함을 나타냄.
2) 斯(사): 하얗다(=白色). =此
3) 撮(촬): 엄지와 집게손가락으로 집을 정도의 양. 撮土(촬토): 한 꼬집의 흙.
4) 華嶽(화악): 중국 陝西省에 있는 산 이름. 山岳의 범칭.
5) ① 振(진): 수렴하다([禮記正義] 振, 猶收也). ② 洩(설): =泄. 새다.
6) 一卷(일권): 한 주먹.
7) 寶藏(보장): 지하에 묻혀 있는 광산자원. 매장되어 있는 진귀한 보물. 寶庫.

거북 악어 교룡 응룡 물고기 자라 그 밑에 태어나고(黿鼉蛟龍魚鼈[9]生焉), 온갖 재물 그 속에 번식하는구나(貨財殖焉).

2609 夫, 音扶。華, 藏, 並去聲。卷, 平聲。勺, 市若反。○昭昭, 猶耿耿, 小明也。此指其一處而言之。及其無窮, 猶十二章及其至也之意, 蓋擧全體而言也。振, 收也。卷, 區也。此四條, 皆以發明由其不貳不息以致盛大而能生物之意。然天, 地, 山, 川, 實非由積累而後大, 讀者不以辭害意可也

「夫」는 음이「扶」이다(夫 音扶).「華(huà)」「藏(zàng)」은 모두 去聲이다(華 藏 並去聲).「卷(juǎn)」은 平聲이다(卷 平聲).「勺」은「市」의「若」의 反切이다(勺 市若反). ○「昭昭」는「耿耿(경경)」과 같은데 한 줄기 빛이다(昭昭 猶耿耿[10] 小明也). 이는 한 부분을 가리켜 말한 것이다(此 指其一處而言之).「及其無窮」은 제12장 제4절의「及其至也」의 뜻과 같은데(猶十二章及其至也之意), 전체를 들어 말한 것이다(蓋擧全體而言也).「振」은「收(거둬들이다)」이다(振 收也).「劵」은「區(容器)」이다(劵[11] 區也). 이 구절의 네 조목은 모두가 天地之道인「誠」의「不貳」하고「不息」함으로 말미암아, 성대함을 이루어서 능히 만물을 생성한다는 뜻을 드러내 밝힌 것이다(此四條 皆以發明由其不貳不息 以致盛大而能生物之意). 그렇지만「天」「地」「山」「川」이란 실제로는 쌓이고 쌓여서 크게 된 것은 아니니(然天地山川

8) 勺(작): 용량을 재는 단위(十撮=一抄, 十抄=一勺(1센티리터), 十勺=一合(1데시리터), 十合=一升(1리터). 주걱, 국자, 숟가락. 勺水(작수): 한 국자의 물, 작은 양의 물을 지칭함.
9) ① 黿(원): 거북. ② 鼉(타): 악어. ③ 蛟(교): 교룡. ④ 鼈(별): 자라.
10) 耿耿(경경): 반짝이는 빛.
11) ①卷(권): 돌돌 말거나 구형으로 된 물건. 여기서는 量詞로 쓰임. ② 區(구): 용량을 재는 데 쓰는 용기.

實非由積累而後大[12]), 배우는 자들은 문구에 얽매여 본의를 해쳐서는 안 된다(讀者不以辭害意[13]可也).

〔中庸에세이〕

"하늘의 무한한 공간, 그리고 천지자연은 모두 하느님이 주신 글월[文章]이다."(柳永模)

12) 詩는 우주와 그 속의 각종 사물에 대하여 때와 장소에 따라 사람의 정감에 의한 추측적 해석을 더할 수 있고, 인간의 정감에 맞는 상상을 마음대로 진실 위에 더할 수 있고, 또 정감에 따라 뻔한 거짓의 이야기를 말 할 수도 있다. 이것이 詩와 산문, 예술과 과학 간의 근본적인 차이점이다. 그러나 詩와 예술이 표현하는 허구(非眞實)는 스스로가 그 허구성을 인정하고 있는 것인 만큼, 비록 理智를 떠나 오로지 정감에만 의존할지라도 여전히 理智와 상충하지 않는다. 詩와 예술은 가장 비과학적이지만 도리어 과학과 병행하여 모순되지 않는다. 우리는 詩와 예술을 통하여 정감의 위안을 얻지만, 그렇다고 해서 理智의 발전을 저해하지는 않는다. 宗敎 역시 인간의 정감의 표현이지만, 詩나 예술과 다른 이유는, 宗敎의 진리는 인간의 정감의 상상에 부합하는 것을 진실이라고 여겨 그로부터 理智의 판단을 거부하는 데에 있다. 이것이 宗敎가 독단(dogma)인 이유이다(詩對宇宙及其間各事物, 皆可隨時隨地, 依人之情感, 加以推測解釋; 可將合于人之情感之想像, 任意加于眞實之上; 亦可依人情感, 說自欺欺人之話, 此詩與散文, 藝術與科學, 根本不同之處地. 不過詩與藝術, 所代表非眞實, 而亦卽自己承認其所代表爲非眞實, 所以雖離開理智, 專凭情感, 而却仍與理智不相衝突. 詩與藝術是最不科學的, 而却與科學竝行不背, 我們在詩與藝術中, 可得情感的安慰, 而同時又不碍理智之發展. 宗敎亦是人之情感之表現. 其所以與詩及藝術異者, 卽在其眞以合于人之情感之想像爲眞理, 因卽否認理智之判斷. 此其所以爲獨斷(dogma)也)(馮友蘭, 『三松堂學術文集』 136p, 북경대학출판사, 1984; 馮友蘭, 『중국철학사(상)』 548쪽, 박성규 역, 까치).

13) ① [孟子 萬章상편 4:2] 맹자가 말했다. "그러므로 시를 해설하는 자는, 字句에 얽매여 詩句의 참 뜻을 잘못 풀이해서는 안 되고, 詩句에 얽매여 詩 전체의 참 뜻을 잘못 풀이해서는 안 되고, 해설자의 생각으로 詩人의 참 뜻을 미리 헤아려야 바로 시의 참 뜻을 얻게 된다"(曰… "故說詩者 不以文害辭 不以辭害志 以意逆志 是爲得之"). ② 以辭害意(이사해의): 융통성 없게 글자의 뜻에만 구애되어 작자의 본의를 오해하거나 곡해함.

2610 詩云:「維天之命, 於穆不已!」蓋曰天之所以爲天也。「於乎不顯! 文王之德之純!」蓋曰文王之所以爲文也, 純亦不已。

『詩』는 노래한다(詩[1]云). "아! 하늘의 명하심이란 아! 장엄하기 그지없어라(維天之命 於穆不已[2])." 이 詩句는 하늘이 하늘로 여겨지는 까닭을 노래한 것이다(蓋曰天之所以爲天也). "오호! 어찌 드러나지 않겠느냐 문왕의 純德하심이여!(於乎[3]不顯 文王之德之純)." 이 詩句는 문왕이 「文」왕으로 여겨지는 까닭인 순일함 역시 그 끝없음을 노래한 것이다(蓋曰文王之所以爲文也 純亦不已).

2610 於, 音烏。乎, 音呼。○ 詩周頌維天之命篇。於, 歎辭。穆, 深遠也。不顯, 猶言豈不顯也。純, 純一不雜也。引此以明至誠無息之意。程子曰:「天道不已, 文王純於天道, 亦不已。純則無二無雜, 不已則無間斷先後。」

1) [詩經 周頌편 維天之命] 하늘이 이 세상을 명령하심은 아아 꿋꿋하여 쉼이 없도다. 아아 어찌 이리 밝으랴 지극히 순수한 문왕의 덕이여 그 큰 사랑 우리에게 넘쳐흐르니 우리들은 오로지 받기만 하네. 문왕께서 이루신 공 이어받아서 자자손손 돈독하게 보존하기를(이기동, 『시경강설』, 성균관대학교출판부)(維天之命, 於穆不已. 於乎不顯, 文王之德之純. 假以溢我, 我其收之. 駿惠我文王, 曾孫篤之).

2) [字義] 誠이란 본래 天道의 측면에서 말한 것이다. "하늘의 명은 그윽하여 그침이 없도다(維天之命 於穆不已)"는 말은 단지 誠을 의미할 뿐이다. 천도가 유행함에 지금에 이르기까지 조금도 거짓이 없었다. 더위가 가면 추위가 오고, 해가 가면 달이 오고, 봄이 낳아놓으면 여름이 자라게 하고, 가을이 시들게 하면 겨울이 거두어 저장한다. 元亨利貞의 처음과 끝이 순환함도 언제나 이와 같이 변함이 없다. 이 모두가 진실된 도리가 주재하는 것이다(眞實道理爲之主宰)(154쪽).

3) 於乎(오호): =嗚呼. 오호라.

「於」는 음이「烏」이다(於 音烏).「乎」는 음이「呼」이다(乎 音呼). ○『詩』는『詩經』「周頌」편「維天之命」이다(詩 周頌維天之命篇).「於」는 감탄사이다(於 歎辭).「穆」은「深遠(깊고 멀다)」이다(穆 深遠也).「不顯」은「豈不顯(어찌 드러나지 않겠는가)」라는 말과 같다(不顯 猶言豈不顯也).「純」은「純一不雜(순일하여 이것저것 섞여 있지 않다)」(純 純一不雜也). 이 시편을 인용해 이로써「至誠無息」의 뜻을 밝힌 것이다(引此以明至誠無息之意). 程子가 말씀하셨다(程子曰). "天道는 그치지 않고(天道不已), 文王께선 순일하게 천도를 따름 역시 그침이 없으셨다(文王 純於天道亦不已). 순일하면 둘이 없고 이것저것 섞임이 없고(純則無二無雜), 끝이 없으면 틈새나 끊김이나 앞이나 뒤가 없게 된다(不已則無間斷先後)."

右第二十六章。

여기까지가 제26장이다(右第二十六章).

言天道也。

天道를 말씀했다(言天道也).

第27章

2701 大哉聖人之道!

아! 크시구나, 성인의 도여(大哉 聖人之道)!

2701 包下文兩節而言。

아래 제2절과 제3절을 포함해 말씀한 것이다(包下文兩節而言).

〔中庸에세이〕

"성인(聖人)이 무엇이냐. 물질에 빠져 허우적대는 나에게 물질을 내쳐버리고 깨끗하라고 하는 사람 아니겠는가. 위에서 내려온 일을 자꾸 생각하고 위와 같이 거룩해 보자는 것이 성인 아니겠는가. 위없다고 말하는 자들은, 내 위에 누가 있으랴 하는 자들은, 지각이 없기로 마치 철없는 사람 같다. 자기 머리가 가장 위라고 알고 일을 저지르니 하는 일마다 못된 짓이 될 수밖에 없다."(柳永模)

성인(聖人)이란 하느님의 생명인 얼을 받아 얼의 나로 사는 이다. 맹자(孟子)는 "성인은 내 마음속에 있는 같은 것을 먼저 깨달은 이다(聖人得我

心之所同然耳)"(고자상편 7:8)라고 했다. '마음속에 있는 같은 것'이란 하느님으로부터 받은 성령, 곧 지성(至誠)을 말한다. 하느님의 성령을 받으면 성인이다. 예수가 말한 바와 같이 성령(얼의 나)으로 거듭나면 성인이다. 부처요 하느님의 아들이란 말이다.

2702 洋洋乎! 發育萬物, 峻極于天。

드넓기가 한없이 아득하구나(洋洋乎)! 만물을 발육시키니 드높기가 하늘까지 닿는구나(發育萬物 峻極[1]于天)!

2702 峻, 高大也。此言道之極於至大而無外也。

「峻」은「높고 크다」이다(峻 高大也). 이 구절은 道가 至大無外의 경지까지 이르러 있음을 말씀한 것이다(此言道之極於至大而無外也).

---

1) 峻極(준극): 성인의 도가 高大하기가 산과 비슷해 위로 하늘에 닿았음을 지칭. 대단히 높음. 깎아지른 듯한 높이. 필체나 문장이 힘이 있고 우뚝하며 웅장함.

우우대재 예의삼백 위의삼천
2703 優優大哉! 禮儀三百, 威儀三千。

다 채우고도 남도록 크시구나(優優大哉)! 禮儀만도 삼백 조목이고 威儀는 삼천 항목이나 되는구나(禮儀三百 威儀三千)!

2703 優優, 充足有餘之意。禮儀, 經禮也。威儀, 曲禮也。此言道之入於至小而無間也。

「優優」는 「충분히 족해 남을 정도」라는 뜻이다(優優 充足有餘之意). 「禮儀」는 「經禮(大綱이 되는 예의)」이다(禮儀 經禮也). 「威儀」는 「曲禮(자잘한 행사의 예의)」이다(威儀[1] 曲禮也). 이 구절은 道가 至小無間의 경지까지 들어가 있음을 말씀한 것이다(此言道之入於至小而無間也).

1) 威儀(위의): 古代의 祭享등의 典禮 중 용모 · 의복 · 행동거지 및 接客 · 接物에 관한 예의.

대 기 인 이 후 행
2704 待其人而後行。

바로 그런 분이 오기를 기다려 행해질 것이다(待其人而後行).

2704 總結上兩節。

위 제2절 제3절을 결론 맺은 것이다(總結上兩節).

2705 故曰苟不至德, 至道不凝焉。

그러기에「진실로 至德者가 아니면 지극한 道는 응결된 그 모습을 드러내 보이지 않는다.」고 했다(故曰苟不至德 至道不凝焉)[1].

2705 至德, 謂其人。至道, 指上兩節而言也。凝, 聚也, 成也。

「至德」은「其人」을 말한다(至德 謂其人).「至道」는 위 제2절 제3절을 가리킨다(至道 指上兩節而言).「凝」은「聚(모이다)」「成(완성하다)」이다(凝 聚也 成也).

1) [自箴] '사람이 道를 크게 할 수는 있어도 道가 사람을 크게 하지는 않는다(論語 衛靈公편 제28장).' 그러므로 진실로 至德이 아니면 지극한 道는 응결된 그 모습을 드러내 보이지 않는 것이다. 하늘이 至誠이기 때문에, 하늘에는 日月星辰이 매달려 있고 땅에는 草木禽獸가 태어나고, 성인은 至誠이기 때문에, 가득하게 만물을 발육시키고 經禮三百 曲禮三千이 그 분이 오기를 기다려 행해지는 것이다(人能弘道, 非道弘人, 故曰苟不至德,至道不凝焉. 天以至誠之故, 在天則日月星辰繫焉, 在地則草木禽獸生焉, 聖人以至誠之故, 亦洋洋乎發育萬物, 經禮三百, 曲禮三千, 待其人而行).

2706 故君子尊德性而道問學, 致廣大而盡精微, 極高明而道中庸。溫故而知新, 敦厚以崇禮。

그러기에 군자는 덕성을 높이 받들되 학문을 통해서 하고(故君子尊德性而道問學[1]), 넓이로는 광대함을 다하되 깊이로는 정미함을 다하고(致廣大而盡精微), 고명의 경지에 도달하되 중용을 통해서 한다(極高明而道中庸[2]).

---

1) ① [自箴] 德은 나의 올곧은 마음을 행하는 것이다. 행하지 않으면 德은 있을 수 없다. 효제충신 인의예지를 德이라 하는데 몸소 행하지 않는데 어찌 德이 있다 하겠는가? 그러나 德性이라 함은 性은 본래 善을 좋아하여 感發되는 마음 또한 善한 것이다. 이 마음을 확충하여 인의예지를 행할 수 있는 것이다. 그러므로 性을 이름하여 德性이라 하는데 이 性은 본래 上天에서 받은 命인 것이다(箴曰 德者 行吾之直心也. 不行 無德也. 孝弟忠信仁義禮智 斯爲之德 未及躬行安有德乎. 然而謂之德性者 性本樂善隨感而發者 無非善心. 擴充此心可以爲仁義禮智. 故名其性曰德性也. 此性所受本上天之命也). ② [自箴] 尊德性은 至誠, 廣大는 博厚, 高明은 高明으로 제26장에서 至誠의 道는 天地와 짝할 수 있다는 글과 서로 조응하는데, 孔子의 도는 下學으로 上達하는 고로 中庸이 비록 知天으로 첫 공부를 삼고 있지만 下學의 방법은 반드시 道問學으로 첫 공부를 삼아야 하고, 道問學의 방법은 精微를 극치로 삼는다. 이미 精微해졌다면 몸은 中庸의 도를 따를 것이다(箴曰 尊德性者至誠也 廣大者博厚也 高明者高明也 上章云至誠之道可配天地文相照也, 然孔子之道 下學而上達 故中庸雖以知天爲首功, 其下學之方 必以道問學爲首功, 問學之法 以精微爲極致學. 旣精微 則身由中庸之道). ③ 致廣大하면 博하기만 하고 精하지는 못할까봐 이를 바로잡고자 盡精微를 말했고, 極高明하면 지나치게 高遠하기만 하고 中을 잃을까봐 이를 바로잡고자 道中庸을 말했고, 廣大 · 高明하다면 悠久를 귀하게 여기기에 이를 경계하고자 溫故知新 · 敦厚以崇禮를 말했는데, 이것이 제26장에 말한 博厚 · 高明 · 悠久의 의미이다(致廣大則恐博而不精 故救之曰盡精微, 極高明則恐過高失中 故救之曰道中庸, 廣大高明則貴在悠久 故戒之曰溫故知新敦厚以崇禮, 上文所謂博厚高明悠久之意也). ④ 問學(문학): 묻고 배우다. 학문을 탐구하다. 학문.

2) 중국 철학에는 하나의 중요한 전통, 사상적 주류가 있다. 이 전통은 일종의 最高의 境界에 도달하려는 것인데, 추구하는 경계는 최고이지만 결코 人倫日用[사회라는 관계망 속에서 일반인이 꾸려가는 일상생활]에서 떠나지 않는다. 이런 경계가 곧 세속사회에 속해 있으면서 동시에 세속사회를 벗어나는 것이다. 이런 人生境界 및 철학을 나는「極高明而道中庸」이라 한다. 중국 철학에서 추구해 온 최고의 경계는 人倫日用을 초월하면서 동시에 人倫日用 속에 있는 경계이다. 이는 곧「날로 사용하고 항상 행하는 것을 떠나지 않으면서, 곧장 先天의 아직 아무런 형상도 나타나지 않아 형용이 불가능한 경지에 도달한다(不離日用常行內 直到先天未畫前)」(왕양명의「別諸生」)의 내용과 같다. 이 시의 앞 구절 즉「날로 사용하고 항상 행하는 것을 떠나지 않는다(不離日用常行內)」는 것은 世間的임을 드러냄이고, 뒤의 구절 즉「곧장 선천의 아직 아무런 형상도 나타나지 않아 형용이 불가능한 경지에 도달한다(直到先

옛 것을 익히되 새 것을 알아가고(溫故而知新[3]), 성정을 넉넉하고 후덕하게 하되 禮를 높인다(敦厚以崇禮[4]).

天未畫前)」는 것은 出世間을 표시한다. 이 두 구절은 그대로 「卽世間而出世間」을 표현한다. 세속사회 안에 있으면서 세속사회를 벗어나는 것을 「超世間」이라 한다. 그 세속성으로 인해 「道中庸」이라 하고, 그 세속을 벋어남으로 인해 「極高明」이라 한다. 세속에 붙어 있으면서 세속을 떠나는 것, 이것이 바로 「極高明而道中庸」이라는 구절로 나타내고자 하는 뜻이다. 이런 경계에 사는 사람의 생활은 가장 이상주의적인 동시에 가장 현실주의적이다. 가장 실용적이면서도 결코 천박하지 않으며, 적극적이면서도 결코 잘못된 길로 힘껏 달려가는 의미의 적극성은 아니다. 「卽世間」과 「出世間」은 서로 대립되는 개념이다. 이상주의적인 것과 현실주의적인 것도 대립적이다. 나는 이를 高明과 中庸의 대립이라고 말한다. 고대 중국의 철학에서도 이른바 內와 外, 本과 末, 精과 粗의 대립이 있었다.…이러한 대립들은 내가 말하는 高明과 中庸의 대립이거나 혹은 그와 같은 종류들의 대립들이다. 그러나 超世間의 철학이나 超世間의 생활 속에서는 이러한 대립은 소멸한다. 대립되지 않는다 해서 이러한 대립이 간단히 처리될 수 있다는 것은 아니다. 超世間의 철학이나 超世間의 생활 속에서는 이러한 대립이 비록 존재한다 해도 이미 통일되어 있다는 말이다. 「極高明而道中庸」이라 할 때의 「極高明」과 「道中庸」 사이에 있는 「而」字는 곧 高明과 中庸이 대립되지만 이미 통일되고 있음을 나타낸다. 이 兩者가 어떻게 통일되는가? 바로 이것이 중국 철학에서 해결하려고 했던 과제 가운데 하나이다. 이 문제의 해결을 꾀하는 것이 중국 철학의 정신이며, 이 문제의 해결이 중국 철학의 공헌이다. 중국의 철학자들은 철학이 추구하는 최고의 경계를 世間에 있으면서 동시에 世間을 초월하는 것이어야 한다고 생각한다. 이런 경계에 사는 사람을 聖人이라 부른다. 聖人의 경계는 超世間的이다. … 그의 인격은 곧 內聖外王에 있다. 內聖이란 수양의 성취를 말하는 것이고, 外王이란 그 사회적인 효용을 말하는 것이다. 聖人이라고 해서 반드시 기회를 얻어 실제 정치의 지도자가 되는 것은 아니다. 실제로는 정치적 기회를 얻지 못한 것이 보통이었다. 이른바 內聖外王이란 단지 정신적 성취의 최고 단계에 있는 사람이 왕이 될 수 있고 또 마땅히 왕이 되어야 된다는 말이다. 실제로 왕이 되었느냐 하는 것은 다른 문제이며 그 근본 취지와도 무관하다. 聖人의 인격이란 곧 內聖外王의 인격을 말한다. 중국 철학의 전통에 비추어 볼 때 철학이란 사람들로 하여금 이러한 인격을 갖게 하는 학문이다. 철학은 곧 內聖外王의 道를 추구한다. 중국 철학에서는 어느 학파를 막론하고 모두 內聖外王의 도를 추구한다. 그러나 각 학파의 주장이 모두 「極高明而道中庸」의 표준에 합치할 수 있다는 뜻은 아니다. 어떤 철학은 極高明에 치우치고 어떤 철학은 道中庸으로 기울어진다. 前者는 出世間的 철학에 가깝고 後者는 世間的 철학에 가깝다. 중국 철학사의 발전과 변천 과정을 볼 때 처음부터 끝까지 좀 더 영향력을 지녔던 철학이란 결국 高明과 中庸을 어떻게 통일하느냐 하는 문제의 해결을 꾀한 것들이다(馮友蘭, 『중국철학의 정신(新原道)』 13쪽, 곽신환 역, 서광사).

3) [論語 爲政편 제11장] 孔子께서 말씀하셨다. "옛것을 익히고 새것을 알면 스승이 될 만하다"(子曰 "溫故而知新 可以爲師矣").

4) ①敦厚(돈후): 성정이 넉넉하고 후덕하다. ②以(이): =和, 而. 병렬관계.

2706 尊者, 恭敬奉持之意。德性者, 吾所受於天之正理。道, 由也。溫, 猶燖溫之溫, 謂故學之矣, 復時習之也。敦, 加厚也。尊德性, 所以存心而極乎道體之大也。道問學, 所以致知而盡乎道體之細也。二者脩德凝道之大端也。不以一毫私意自蔽, 不以一毫私慾自累, 涵泳乎其所已知。敦篤乎其所已能, 此皆存心之屬也。析理則不使有毫釐之差, 處事則不使有過不及之謬, 理義則日知其所未知, 節文則日謹其所未謹, 此皆致知之屬也。蓋非存心無以致知, 而存心者又不可以不致知。故此五句, 大小相資, 首尾相應, 聖賢所示入德之方, 莫詳於此, 學者宜盡心焉。

「尊」이라는 것은「공경하여 높이 받들다.」의 뜻이다(尊者 恭敬奉持之意). 「德性」이라는 것은「내가 하늘에서 받은 바른 理」이다(德性者 吾所受於天之正理). 「道」는「由(경유하다)」이다(道 由也). 「溫」은「燖溫」의「溫」과 같은데(溫 猶燖溫[5]之溫), 옛날에 배웠지만 다시 때마다 익히는 것을 말한다(謂故學之矣 復時習之也). 「敦」은「더욱 후하게 하다」이다(敦 加厚也). 「尊德性」은「存心」을 통해 도의 大體에 이르는 방법이다(尊德性 所以存心[6]而極乎道體之大也). 「道問學」은「致知」를 통해 도의 小體에 이르는 방법이다(道問學 所以致知[7]而盡乎道體之細也). 「尊德性」과「道問學」이 두 가

5) 燖溫(심온): 복습해서 마음속에 익도록 하다. 燖(심): 불에 구워 익히다. 溫(온): 덥히다.
6) ① [孟子 離婁下편 28:1] 맹자가 말했다. "군자는 일반 사람들과 다른 이유는 그가 마음을 보존하고 있기 때문이다. 군자는 인으로써 마음을 보존하고 예로써 마음을 보존한다"(孟子曰 "君子所以異於人者 以其存心也 君子以仁存心 以禮存心"). ② [孟子 盡心上편 1:1~2] 맹자가 말했다. "자신의 마음을 다하는 자는 자신의 性을 안다. 자신의 性을 아는 자는 하늘을 안다. 자신의 마음을 보존하고 자신의 性을 기르는 것이 하늘을 섬기는 방법이다"(孟子曰 "盡其心者 知其性也 知其性 則知天矣 存其心 養其性 所以事天也"). ③ 存心(존심): 마음에 품은 생각. 몰두하다. 全心을 쏟다.
7) ① [大學 經 1:4] 옛날에는, 하늘에서 받아 간직되어 있는 밝고 맑은 덕성을 천하에 환히

지는 덕을 닦고 도를 응결시키는 大綱이다(二者修德凝道之大端[8])也). 터럭 한 올만큼의 사사로운 생각으로도 스스로를 가리지 아니하고(不以一毫私意自蔽), 터럭 한 올만큼의 사사로운 욕심으로도 스스로를 얽매지 아니하며(不以一毫私欲自累), 그가 이미 아는 바에는 더욱 푹 젖어들 정도로 알도록 하고(涵泳[9])乎其所已知), 그가 이미 능한 바에는 더욱 돈독하도록 한다(敦篤乎其所已能). 이것은 모두「存心」하는 등속이다(此皆存心之屬也). 이치를 분석함에는 터럭 끝만큼도 잘못이 있지 않도록 하고(析理[10])則不使有毫釐之差), 일을 처리함에는 과·불급의 오류가 있지 않도록 하고(處事則不使有過不及之謬), 의리의 경우에는 알지 못한 것은 날마다 알아가고(理義[11])則日知其所未知), 예절의 경우에는 근수하지 못한 것은 날마다 근수한다(節文[12])則日謹其所未謹). 이것은 모든「致知」하는 등속이다(此皆致知之屬也). 대개「存心」하지 아니하면「致知」할 방법이 없지만(蓋非存心 無以致知),「存心」하는 것 또한「致知」하지 않으면 안 된다(而存心者又不可以不致知). 그러므로 제6절의 이 다섯 구절은(故此五句), 큰 것과 작은 것이 서로서로 돕고 머리와 꼬리가 서로서로 조응하면서(大小相資 首尾相

밝히고자 했던 자는 먼저 그 나라를 잘 다스렸고, 그 나라를 잘 다스리고자 했던 자는 먼저 그 집안을 가지런하게 했고, 그 집안을 가지런하게 하고자 했던 자는 먼저 그 자신을 닦았고, 그 자신을 닦고자 했던 자는 먼저 그 마음을 바르게 가졌고, 그 마음을 바르게 가지고자 했던 자는 먼저 그 발동되는 뜻이 참되도록 했고, 그 발동되는 뜻이 참되도록 하고자 했던 자는 먼저 그 지식을 속속들이 완전하게 했으니, 지식을 속속들이 완전하게 하는 것은 하나하나 物에 다가가 그 理를 궁구하는 데에 있다(古之欲明明德於天下者 先治其國 欲治其國者 先齊其家 欲齊其家者 先修其身 欲修其身者 先正其心 欲正其心者 先誠其意 欲誠其意者 先致其知 致知 在格物). ② [大學章句 經 1:4]「致」는 끝까지 캐 들어가 끝에 도달하다이다.「知」는「識」과 같다. 나의 지식을 끝까지 캐 들어가 그 아는 바가 미진한 곳이 하나 없도록 하는 것이다(致 推極也. 知 猶識也. 推極吾之知識 欲其所知無不盡也).

8) 大端(대단): 중요 부분. 주요 단서. 대강. 대요.

9) 涵泳(함영): 잠영하다. 습윤하다. 몰두하다. 깊이 깨닫다.

10) 析理(석리): 사리를 해부 분석하다.

11) 理義(이의): 公理와 正義. 사회의 도덕규범.

12) 節文(절문): 예절. 의식. 예절에 맞게 행동하다.

應), 聖賢께서 덕에 들어가는 방법을 보여준 것이 이보다 더 자세할 수 없으니(聖賢所示入德之方 莫詳於此), 배우는 자는 마땅히 마음을 다해야 할 것이다(學者宜盡心焉).

〔中庸或問〕

대체적으로 이 다섯 개 구절은 제27장 앞쪽에서 말한 道體의 큰 것(제2절)과 작은 것(제3절)을 계승하여 말한 것이다. 그래서 한 구절 내에 큰 것과 작은 것 두 가지를 구비하고 있는 것이다. 德性의 경우는 廣大하고, 高明하고, 故하고, 厚한 것으로 道體의 큰 것에 해당한다. 問學의 경우는 精微하고, 中庸하고, 新하고, 禮한 것으로 道體의 작은 것에 해당한다. 尊하다, 道하다, 致하다, 盡하다, 極하다, 道하다, 溫하다, 知하다, 敦하다, 崇하다 하는 것은 이 德을 닦아 이 道를 응결시키는 방법이다. 그 道體가 큰 것이든 작은 것이든 體現되지 않은 것이 없으므로, 제7절에서 例를 든 윗자리에 있든 아랫자리에 있든 나라에 도가 있어 다스려지고 있든 도가 없어 혼란스럽든 마땅하지 않은 경우가 없는 것이다. 이것 또한 제27장의 공통된 의의이다(大抵此五句, 承章首道體大小而言. 故一句之內皆具大小二意. 如德性也, 廣大也, 高明也, 故也, 厚也, 道之大也. 問學也, 精微也, 中庸也, 新也, 禮也, 道之小也. 尊之, 道之, 致之, 盡之, 極之, 道之, 溫之, 知之, 敦之, 崇之, 所以脩是德而凝是道也. 以其於道之大小無所不體, 故居上居下在治在亂無所不宜. 此又一章之通旨也).

2707 是故居上不驕, 爲下不倍, 國有道其言足以興, 國無道其默足以容。詩曰「旣明且哲, 以保其身」, 其此之謂與!

이 때문에 이러한 군자가 윗자리에 거처해서는 교만하지 않고(是故居上不驕), 아랫자리에 거처해서는 배반하지 않고(爲下不倍), 나라에 도가 행해질 때에는 그 언사는 족히 자리에 오를 만하고(國有道[1] 其言足以興), 나라에 도가 행해지지 않을 때에는 그 침묵은 족히 용납할 만하다(國無道 其默足以容). 『詩』는 노래하길(詩[2]曰), '밝고도 지혜로우니 이로써 그 몸가짐

---

1) ① [論語 公冶長편 제1장] 孔子께서 南容에 대하여 말씀하셨다. "나라에 道가 있거든 버림을 받지 않고, 나라에 道가 없거든 형벌과 살육을 면할 것이다"(子謂南容 邦有道 不廢 邦無道 免於刑戮). ② [論語 公冶長편 제20장] 孔子께서 말씀하셨다. "甯武子는 나라에 도가 있을 때면 지혜로웠고 나라에 도가 없을 때면 우직하였다. 그의 지혜는 따라갈 수 있겠지만 그의 우직은 따라갈 수 없다"(子曰 甯武子邦有道則知 邦無道則愚 其知可及也 其愚 不可及也). ③ [論語 泰伯편 제13장] 孔子께서 말씀하셨다. "털끝만큼의 의심도 없이 믿고 배우기를 좋아하며 죽음으로써 道를 善하게 지켜야 한다. 위태로운 나라에는 들어가지 않고 어지러운 나라에는 살지 않는다. 천하에 道가 있으면 드러내고 道가 없으면 숨어 지낸다. 나라에 道가 있으면 가난하고 천한 것이 부끄럽고 나라에 道가 없으면 富하고 貴한 것이 부끄럽다"(子曰 篤信好學 守死善道 危邦不入 亂邦不居 天下有道則見 無道則隱 邦有道 貧且賤焉 恥也 邦無道 富且貴焉 恥也). ④ [論語 憲問편 제1장] 原憲이 부끄러움에 대하여 여쭙자 孔子께서 말씀하셨다. "道가 있는 나라에서 祿만 받는 것과 道가 없는 나라에서 祿을 받은 것이 부끄러운 일이다"(憲問恥 子曰 邦有道 穀 邦無道 穀 恥也). ⑤ [論語 憲問편 제4장] 孔子께서 말씀하셨다. "道가 있는 나라에서는 孤高하게 말하고 孤高하게 행동하지만 道가 없는 나라에서는 孤高하게 행동은 하고 말은 공손해야 한다"(子曰 邦有道 危言危行 邦無道 危行言孫). ⑥ [論語 衛靈公 제6장] 孔子께서 말씀하셨다. "곧은 사람이구나! 史魚는. 나라에 道가 있는데도 화살처럼 곧았고 나라에 道가 없는데도 화살처럼 곧았다. 君子이구나! 蘧伯玉은. 나라에 道가 있으면 벼슬을 하고 나라에 道가 없으면 거두어 간직하였다"(子曰 直哉 史魚 邦有道 如矢 邦無道 如矢 君子哉 蘧伯玉 邦有道則仕 邦無道則可卷而懷之).

2) [詩經 大雅편 烝民] ① 하늘이 뭇 백성을 낳으셨으니 모든 것엔 제각각 법칙 있도다 그러기에 백성들의 떳떳한 본성 아름다운 인품을 좋아한다네 하늘이 주나라를 살펴보시고 잠깐 동안 이 땅으로 내려오시어 이렇게 밝은 천자 보호하고자 중산보 그 사람을 낳으셨도다. ② 중산보 그 사람이 사람 됨됨은 부드럽고 아름답고 법도가 있네 아름다운 거동에다 고운 용모에 꼼꼼한 마음씨에 조심성까지 옛날의 가르침을 본받으면서 위의 있는 몸가짐에 정성 다하며 천자의

을 보전한다(旣明且哲 以保其身[3])' 했는데, 참으로 이것을 일컬어 한 말이다(其此之謂與[4]).

2707 倍, 與背同。與, 平聲。○興, 謂興起在位也。詩大雅烝民之篇。

「倍(bèi)」는 「背」와 같다(倍 與背同). 「與(yú)」는 平聲이다(與 平聲). ○ 「興」은 지위에 오르는 것을 말한다(興 謂興起在位也). 『詩』는 『詩經』 「大雅」편 「烝民」이다(詩 大雅烝民之篇).

右第二十七章。

거룩한 뜻 잘도 받들어 거룩한 그 뜻 밝혀 세상에 펴네. ③ 임금님이 중산보에게 하명하셨네 모든 제후들의 모범이 되고 그대의 조상 뜻을 이어받아서 언제나 임금 몸을 보살펴주고 임금님의 명령을 받들 때에는 임금님의 목이 되고 혀가 되어서 바깥으로 좋은 정치 펼쳐내어서 온 천하에 두루두루 행하게 하라. ④ 엄숙하고 지엄하신 임금 명령을 중산보 그 사람이 도맡아 하네 제후들 나라들의 잘잘못들을 중산보 그 사람은 알고 있었네 현명하고 지혜롭게 처신하여서 자기 한 몸 보존을 하고 아침부터 밤늦도록 정성을 다해 애오라지 한 사람을 섬겨 내었네. ⑤ 세상의 사람들이 흔히 말하길 부드러운 것이면 삼키는 거고 딱딱한 것이면 뱉는 거라고 그러나 중산보 그 사람만은 부드러운 것이라도 삼키지 않고 딱딱한 것이라도 뱉지를 않네 홀아비 과부라도 깔보지 않고 난폭한 무리라도 두려워 않네. ⑥ 세상의 사람들이 흔히 말하길 덕이란 터럭같이 가볍거늘 그것을 드는 사람 드물다 하네 그러나 조심조심 살펴보니까 중산보 그 사람은 들고 있도다 그를 사랑하지만 도울 수 없네 임금님 하는 일에 결함 있으면 중산보 그 사람은 보완을 하네(이기동, 『시경강설』, 성균관대학교출판부)(① 天生烝民, 有物有則. 民之秉彝, 好是懿德. 天監有周, 昭假于下, 保茲天子, 生仲山甫. ② 仲山甫之德, 柔嘉維則. 令儀令色, 小心翼翼. 古訓是式, 威儀是力, 天子是若, 明命使賦. ③ 王命仲山甫, 式是百辟. 纘戎祖考, 王躬是保. 出納王命, 王之喉舌. 賦政于外, 四方爰發. ④ 肅肅王命, 仲山甫將之. 邦國若否, 仲山甫明之. 旣明且哲, 以保其身. 夙夜匪解, 以事一人. ⑤ 人亦有言, 柔則茹之, 剛則吐之. 維仲山甫, 柔亦不茹, 剛亦不吐, 不侮矜寡, 不畏彊禦. ⑥人亦有言, 德輶如毛, 民鮮克擧之. 我儀圖之, 維仲山甫擧之, 愛莫助之. 袞職有闕, 維仲山甫補之.)(총 8장 중 발췌 인용).

3) 明哲保身(명철보신): 밝고 지혜로운 사람이 자기에게 위험을 가져오는 일에 가능한 참여하지 않음. 자기에 손해가 될까봐 두려워 保身과 回避에 급급한 사람.

4) 與(여): =歟. 의문이나 감탄 · 반문을 나타내는 어기조사.

여기까지가 제27장이다(右第二十七章).

言人道也。

人道를 말했다(言人道也).

第28章

2801 子曰:「愚而好自用, 賤而好自專, 生乎今之世, 反古之道。如此者, 烖及其身者也。」

공자께서 말씀하셨다(子曰). "우둔하면서도 늘 자기만 옳다 고집하고(愚而好自用[1]), 지위가 낮거나 없으면서도 늘 분수에 맞지 않게 혼자 멋대로 결정하고(賤而好自專[2]), 지금 세상에 살면서도 옛날 도만 찾는다(生乎今之世 反古之道). 이와 같은 자는 재앙이 그 身上에 미칠 것이다(如此者 烖及其身者也)."

2801 好, 去聲。烖, 古災字。○ 以上孔子之言, 子思引之。反, 復也。

「好(hào)」은 去聲이다(好 去聲). 「烖」는 「災」의 古字이다(烖 古災字). ○ 여기까지는 孔子의 말씀으로 子思가 인용한 것이다(以上孔子之言 子思引之). 「反」은 「復(돌아가다)」이다(反 復也).

---

1) 自用(자용): 자기가 옳다고 믿고 남의 의견을 받아들이지 않다. 자기의 의견에 기대어 행하다. 私用하다.

2) 自專(자전): 자기 생각대로 결정하다. 남과 의논하지 않고 자기 고집대로만 하다. 독단적으로 결정하다.

2802 非天子, 不議禮, 不制度, 不考文。

천자가 아니면, 덕행에 관해 규정하지 못하고 법규를 제정하지 못하고 글자를 바로잡지 못한다(非天子 不議禮[1] 不制度 不考文).

2802 此以下, 子思之言。禮, 親疏貴賤相接之體也。度, 品制。文, 書名。

이 절부터 아래로는 子思의 말씀이다(此以下 子思之言). 「禮」는 親疏 · 貴賤 간 서로 교류할 때의 인간관계의 법식이다(禮 親疏貴賤相接之體[2]也). 「度」는 「品制」이다(度 品制[3]). 「文」은 「書名」이다(文 書名[4]).

1) ① 議禮(의례): 국가가 규정하는 예법이나 예식에 대하여 논의함. ② 考文(고문): =攷文. 옛 典籍이나 金石文의 글자를 고찰해 바로잡음.
2) ① 相接(상접): 교제하다. 사귀다. ② 體(체): 규격. 법식.
3) 品制(품제): 등급에 관한 규정.
4) 書名(서명): 글을 쓸 때에 사용하는 글자. 名=字.

2803 今天下車同軌, 書同文, 行同倫。

금천하차동궤 서동문 항동륜

지금은 천하 어디를 가나 수레는 그 차폭이 같고, 쓰는 글은 그 문자가 같고, 법규는 그 체제가 같다(今天下車同軌[1] 書同文 行同倫[2]).

2803 行, 去聲。○今, 子思自謂當時也。軌, 轍迹之度。倫, 次序之體。三者皆同, 言天下一統也。

「行(hàng)」은 去聲이다(行 去聲). ○「今」은 子思가 말씀하시던 당시이다(今 子思自謂當時也).「軌」는 수레바퀴 자국 사이의 치수이다(軌 轍迹之度[3]).「倫」은 차례에 관한 법식이다(倫 次序之體). 세 가지가 모두 같다는 것은 천하가 하나로 통일되었음을 말한다(三者皆同 言天下一統也).

---

1) ① 同文共軌(동문동궤): =文軌, 軌文. 국가가 통일됨을 일컫는 표지로 쓰임. ② 車書(차서): 국가 문물제도를 가리키거나 널리 보급된 제도를 가리키는 말로 쓰임.

2) '行同倫'의 '行'이 무엇인지에 대해 다음과 같은 설이 있다. ① 사람들이 일상생활 중에 준수해야 할 통일적인 도덕이나 규범. ② 西周시기에 만든 도로, 즉 周行. ③ 진시황 때의 통일된 도량형의 일종. ④ 형벌을 엄격히 행하고 법으로 교화시키고 교활한 지방 관리들을 다스리고자 三老를 두었는데 이것이 사람들의 문화심리를 통일시키는 효과를 거둠.

3) 轍迹(철적): =轍跡. 수레를 몰 때 바퀴자국.

2804 雖有其位, 苟無其德, 不敢作禮樂焉; 雖有其德, 苟無其位, 亦不敢作禮樂焉。

비록 그만한 지위는 있다할지라도 만일 그만한 덕이 없으면(雖有其位 苟無其德), 감히 예악을 제정하지 못하고(不敢作禮樂焉), 비록 그만한 덕이 있다할지라도 만일 그만한 지위가 없으면(雖有其德 苟無其位), 마찬가지로 감히 예악을 제정하지 못한다(亦不敢作禮樂焉).

2804 鄭氏曰:「言作禮樂者, 必聖人在天子之位。」

鄭氏가 말했다(鄭氏曰[1]). "예악을 제정하는 자는 반드시 聖人으로서 天子의 지위에 있는 자이어야만 한다는 말이다(言作禮樂者 必聖人在天子之位)."[2]

1) [禮記正義] 雖有其位, 苟無其德, 不敢作禮樂焉. 雖有其德, 苟無其位, 亦不敢作禮樂焉.」言作禮樂者, 必聖人在天子之位.

2) [大全] 지위는 있지만 덕이 없는데 예악을 제정하는 것은 '愚而好自用'에 해당되고, 덕은 있지만 지위가 없는데 예악을 제정하는 것은 '賤而好自專'에 해당되고, 주나라 시대에 살면서 하 · 은나라 예법을 행하려고 하는 것은 '居今世反古道'에 해당된다. '居今世反古道'의 '道'는 곧 '議禮 · 制度 · 考文'의 일로서, 議禮는 덕행에 관해 규정하는 것으로 '行同倫'이고, 制度는 법규를 만드는 것으로 '車同軌'이고, 考文은 풍속을 합치시키는 것으로 '書同文'이다(朱子曰, 有位無德而作禮樂, 所謂愚而好自用, 有德無位而作禮樂, 所謂賤而好自專, 居周世而欲行夏殷禮, 所謂居今世反古道. 道卽議禮制度考文之事, 議禮所以制行, 故行同倫, 制度所以爲法, 故車同軌, 考文所以合俗, 故書同文).

2805 子曰:「吾說夏禮, 杞不足徵也; 吾學殷禮, 有宋存焉; 吾學周禮, 今用之, 吾從周。」

공자께서 말씀하셨다(子曰). "내가 夏나라의 예법은 말하긴 하지만(吾說夏禮), 夏나라의 후손인 杞나라의 예법으로는 夏나라의 예법을 고증하기에는 부족하고(杞不足徵也[1][2]), 내가 殷나라의 예법을 배웠고 殷나라의 후손인 宋나라의 예법에는 殷나라의 예법이 남아 있긴 하지만(吾學殷禮 有宋存焉), 내가 周나라의 예법을 배웠고 지금 그것을 쓰고 있으니(吾學周禮 今用之), 나는 周나라의 예법을 따를 수밖에 없다(吾從周[3])."

2805 此又引孔子之言。杞, 夏之後。徵, 證也。宋, 殷之後。三代之禮, 孔子皆嘗學之而能言其意; 但夏禮既不可考證, 殷禮雖存, 又非當世之法, 惟周禮乃時王之制, 今日所用。孔子既不得位, 則從周而已。

이 구절은 또다시 孔子의 말씀을 인용한 것이다(此又引孔子之言). 「杞」는 하나라의 후손의 나라이다(杞 夏之後). 「徵」은 「證」이다(徵 證也). 「宋」은

1) [論語 八佾편 제9장 孔子께서 말씀하셨다. "夏나라의 禮法은 내가 말할 수 있으나, 杞나라는 夏의 禮法을 증명해 보이기에는 부족하다. 殷나라의 禮法은 내가 말할 수 있으나, 宋나라는 殷의 禮法을 증명해 보이기에는 부족하다. 文獻이 부족하기 때문이다. 충분하다면 내가 그것을 증명해 보일 수 있다"(子曰 夏禮吾能言之 杞不足徵也 殷禮吾能言之 宋不足徵也 文獻不足故也 足則吾能徵之矣).

2) 杞나라는 하나라의 후예로서, 周의 武王이 殷나라를 멸망시킨 후에 夏나라 禹王의 후손을 杞나라의 왕으로 봉했다. 殷은 湯王이 세운 나라로서, 처음에는 商나라로 했다가 후에 殷으로 고쳤다. 宋은 은나라의 후예로서, 殷이 망한 후에 그의 일족인 微子가 封함을 받은 나라다.

3) [論語 八佾편 제14장 孔子께서 말씀하셨다. "주나라는 夏와 殷 二代를 거울삼았으니 빛나고 빛나구나, 그 문화여! 나는 주나라를 따르겠다"(子曰 周監於二代 郁郁乎文哉 吾從周).

은나라의 후손의 나라이다(宋 殷之後). 3대의 예법에 대하여 孔子께서는 모두 배운 적이 있어서 그 의미를 말씀할 수 있었는데(三代之禮 孔子皆嘗學之而能言其意), 그렇지만 하나라 예법은 고증할 수 없게 되었고(但夏禮 旣不可考證), 은나라의 예법은 비록 남아 있으나 또한 당세에 시행되고 있는 법이 아니었고(殷禮雖存 又非當世之法), 주나라 예법만이 바로 당시의 왕제로 그 당시 쓰고 있는 것이었다(惟周禮乃時王之制 今日所用). 孔子께서는 지위를 얻지 못한 이상(孔子旣不得位), 주나라의 예법을 따를 수밖에 없었다(則從周而已).

右第二十八章。

여기까지가 제28장이다(右第二十八章).

承上章爲下不倍而言，亦人道也。

위 제27장 제7절의 「爲下不倍(아랫자리에 거처해서는 배반하지 않는다)」를 계속 이어서 말씀한 것으로(承上章爲下不倍而言), 이 章 또한 人道이다(亦人道也).

第29章

2901 王天下有三重焉, 其寡過矣乎!

(왕천하유삼중언, 기과과의호)

천하에서 왕 노릇하는데 세 가지 중요시할 것[議禮 · 制度 · 考文]이 있는데(王天下有三重焉), 그것을 잘하면 잘못을 줄일 수 있을 것이다(其寡過[1]矣乎[2])!

2901 王, 去聲。○ 呂氏曰:「三重, 謂議禮, 制度, 考文。惟天子得以行之, 則國不異政, 家不殊俗, 而人得寡過矣。」

「王(wàng)」은 去聲이다(王 去聲). ○ 呂氏가 말했다(呂氏曰). "「三重」은 議禮 · 制度 · 考文을 말한다(三重[3] 謂議禮 制度 考文). 천자만 이것을 행할 수 있게 하면(惟天子得以行之), 나라마다 정사가 차이나지 않고 집집마다 풍속이 다르지 않아서(則國不異政 家不殊俗), 사람들이 과실이 적게 될 것이다(而人得寡過矣)."

---

1) 寡過(과과): 실수를 줄이다. 좀처럼 실수를 하지 않다.

2) 矣乎(의호): '矣'는 '이미 그렇다' 또는 '앞으로 그럴 것이다'를 표시하고, '乎'는 의문이나 감탄을 표시함.

3) [禮記正義] 三重은 三王의 예법이다(정현). 夏 · 商 · 周 三代의 왕의 예법으로, 이를 높이고 중히 여겨 잘 행하면 잘못이 줄어들 것이다(鄭玄 注: "三重, 三王之礼." 孔穎達 疏: "謂 夏 · 商 · 周 三王之礼, 其事尊重, 若能行之, 寡少於過矣").

2902 上焉者雖善無徵, 無徵不信, 不信民弗從; 下焉者雖善不尊, 不尊不信, 不信民弗從。

上古의 것은 좋긴 하지만 고증할 길이 없고(上焉者[1] 雖善無徵), 고증할 길이 없으니 신뢰하지 못하고(無徵不信), 신뢰하지 못하니 백성들이 따르지 않는다(不信 民弗從). 지위가 낮거나 없는 자의 것은 아무리 좋다 해도 존경심이 생기지 않고(下焉者 雖善不尊), 존경심이 생기지 않으니 신뢰하지 못하고(不尊不信), 신뢰하지 못하니 백성들이 따르지 않는다(不信民弗從).

2902 上焉者, 謂時王以前, 如夏, 商之禮雖善, 而皆不可考。下焉者, 謂聖人在下, 如孔子雖善於禮, 而不在尊位也。

「上焉者」는 당시 왕조의 이전을 말하는 것으로(上焉者 謂時王以前), 하나라나 상나라의 예법 같은 경우에는 좋다 해도 모두 고증할 수 없다(如夏商之禮雖善 而皆不可考). 「下焉者」는 성인이 아래 지위에 있는 것을 말하는 것으로(下焉者[2] 謂聖人在下), 孔子 같은 경우에는 예법에 대해 잘 아신다 해도 높은 지위에 있지 못했다(如孔子雖善於禮 而不在尊位[3]也).

---

1) 焉者(언자): =也者. 긍정을 나타내거나 어기를 정돈하는 역할을 한다.
2) 下焉者(하언자): 차등자라는 의미로도 쓰임.
3) 尊位(존위): 높은 지위. 帝位.

2903 故君子之道: 本諸身, 徵諸庶民, 考諸三王而不繆, 建諸天地而不悖, 質諸鬼神而無疑, 百世以俟聖人而不惑。

그러므로 군자의 도는 본바탕에 군자의 덕성을 지니고 있고(故君子之道 本諸身), 백성들에게 시험해보고 三王에게 고증해본다 해도 틀림이 없고(徵諸庶民 考諸三王而不謬), 천지에 세워놓고 검증해본다 해도 어긋남이 없고(建諸天地而不悖), 귀신에게 대질시켜본다 해도 의심이 없고(質諸鬼神而無疑), 백 세대 뒤의 성인이 오기를 기다려 여쭤본다 해도 의혹이 없어야 할 것이다(百世以俟聖人而不惑).

2903 此君子, 指王天下者而言。其道, 即議禮, 制度, 考文之事也。本諸身, 有其德也。徵諸庶民, 驗其所信從也。建, 立也, 立於此而參於彼也。天地者, 道也。鬼神者, 造化之迹也。百世以俟聖人而不惑, 所謂聖人復起, 不易吾言者也。

이 구절에서「君子」는「王天下(천하에 왕노릇하다)」하는 자를 가리켜 말한 것이다(此君子 指王天下者而言).「君子之道」의「道」는 바로 議禮 · 制度 · 考文의 사례이다(其道 即議禮制度考文之事也).「本諸身」은「그 덕을 지니고 있다」이다(本諸身 有其德也).「徵諸庶民」은「그가 믿고 따르는 바를 시험하다」이다(驗其所信從也).「建」은「立」으로(建 立也), 이것을 세워놓고 저것을 검증해보는 것이다(立於此而參[1]於彼也).「天地」라는 것은「道」이다(天地者 道也).「鬼神」은「조화의 자취」이다(鬼神者 造化之迹也).「百世

1) 參(참): 검증하다. 대조하다.

以俟聖人而不惑」은, 맹자가 말한「성인께서 다시 오신다 해도 내 말을 바꾸지 않을 것이다.」라는 것이다(百世以俟聖人而不惑 所謂聖人復起 不易吾言[2)]者也).

---

2) ① [孟子 滕文公하편 9:9] 나는 이렇게 되는 것을 두려워하여 옛 성인의 도를 지키고 楊墨의 주장을 멀리 물리쳤으며 허황된 궤변들을 추방하여 괴이한 학설을 주장하는 자들이 일어나지 못하게 만들었다. 그 마음에서 생겨나서 그 하는 일에 해를 끼치고 그 하는 일에서 생겨나서 그 정치에 해를 끼친다. 성인께서 다시 일어나신다 해도 내 말을 바꾸지 않으실 것이다(吾爲此懼 閑先聖之道 距楊墨 放淫辭 邪說者不得作 作於其心 害於其事 作於其事 害於其政 聖人復起 不易吾言矣). ② [孟子 離婁하편 2:17] 공손추가 물었다. "무엇을 知言이라 합니까?" 맹자가 말했다. "한쪽으로 치우친 말에서는 다른 한쪽에 접어둔 말이 있으리라는 것을 알고, 허황된 궤변에서는 무엇인가에 마음이 빠져 있는 데가 있으리라는 것을 알고, 부정한 말에서는 도에서 괴리되어 있으리라는 것을 알고, 핑계 대는 말에서는 궁지에 빠져 있으리라는 것을 안다. 이 네 가지 말은 마음에서 생겨나 정사에 해를 끼치고 정사에서 발현되어 국사에 해를 끼친다. 성인이 다시 나신다 해도 반드시 내 말을 따르실 것이다."(何謂知言 曰 詖辭 知其所蔽 淫辭 知其所陷 邪辭 知其所離 遁辭 知其所窮 生於其心 害於其政 發於其政 害於其事 聖人復起 必從吾言矣).

2904 質諸鬼神而無疑, 知天也; 百世以俟聖人而不惑, 知人也。

귀신에게 대질시켜본다 해도 의심이 없을 정도이면(質諸鬼神而無疑), 하늘을 아는 것이다(知天也). 백 세대 뒤의 성인이 오기를 기다려 여쭤본다 해도 의혹이 없을 정도이면(百世以俟聖而不惑), 사람을 아는 것이다(知人也).

2904 知天知人, 知其理也。

하늘을 알고 사람을 안다는 것은(知天知人), 하늘과 사람의 道理를 안다는 것이다(知其理也).

2905 是故君子動而世爲天下道, 行而世爲天下法, 言而世爲天下則。遠之則有望, 近之則不厭。

이 때문에 군자의 행동과 언사는 세세토록 천하의 道가 되니(是故君子[1]動而世[2]爲天下道), 그의 행동은 세세토록 천하의 법도가 되고(行而世爲天下法), 그의 언사는 세세토록 천하의 준칙이 된다(言而世爲天下則). 머나먼 후세들은 그를 그리워하는 마음을 간직할 것이고(遠之則有望), 가까운 세대들은 그의 도를 아무리 따라 행해도 물려하지 않을 것이다(近之則不厭).

2905 動, 兼言行而言。道, 兼法則而言。法, 法度也。則, 準則也。

「動」은 言과 行을 포함해 말한 것이다(動 兼言行而言). 「道」는 法과 則을 포함해 말한 것이다(道 兼法則而言). 「法」은 「法度」이다(法 法度也). 「則」은 「準則」이다(則 準則也).

---

1) [自箴] 仲尼를 내보이려 할 때는 먼저 군자를 언급하는데, 군자는 범칭이긴 해도 그 실은 중니를 향해 비추고 있고 그 정신은 중니에게 집중되고 있으니 마치 급류가 구덩이 속으로 흘러 들어가는 것과 같다(將出仲尼, 先言君子, 君子雖若泛言, 其實映仲尼也, 其精神注仲尼,如飛湍赴壑).

2) 世(세): 영원히.

2906 詩曰:「在彼無惡, 在此無射; 庶幾夙夜, 以永終譽!」君子未有不如此而蚤有譽於天下者也。

『詩』는 노래한다(詩[1])曰). "저기서도 미워하는 이 없고 여기서도 싫어하는 이 없네(在彼無惡 在此無射). 종일토록 애쓰기를 마다않으니 많은 영예 오래오래 기림 받으리(庶幾夙夜[2]) 以永終[3])譽)." 군자로서 그 도가 이 같지 않은데도 일찍이 천하의 기림을 받은 적이 있었던 자는 아직까지 없었다(君子未有不如此而蚤[4])有譽於天下者).

2906 惡, 去聲。射, 音妒, 詩作斁。○ 詩周頌振鷺之篇。射, 厭也。所謂此者, 指本諸身以下六事而言。

「惡(wù)」去聲이다(惡 去聲).「射(역)」은 음이「妒(투)」인데,『詩經』에는「斁(두)」로 되어 있다(射 音妒 詩作斁). ○『詩』는『詩經』「周頌」편「振鷺」이다(詩 周頌振鷺之篇).「射」은「厭」이다(射 厭也).「不如此」의「此」라는 것은(所謂此者), 제3절「本諸身」부터 아래로 여섯 가지 일(「本諸身」·「徵諸庶民」·「考諸三王」·「建諸天地」·「質諸鬼神」·「俟聖人」)을 가리켜 말한 것이다(指本諸身以下六事而言).

---

1) [詩經 周頌편 振鷺] ① 백로들이 떼를 지어 날고 있구나. 서쪽에 자리 잡은 늪지대에서 기대리던 우리 손님 이제 오시네 백로같이 우아한 모습 하고서 ② 거기서도 미움 하나 받지 않았고 여기서도 싫어하는 사람이 없네 바라건대 밤낮으로 노력을 해서 길이길이 영예롭게 마칠지어다(이기동,『시경강설』, 성균관대학교출판부)(① 振鷺于飛, 于彼西雝. 我客戾止, 亦有斯容. ② 在彼無惡, 在此無斁. 庶幾夙夜, 以永終譽).

2) 夙夜(숙야): 이른 아침부터 밤늦게까지. 이른 아침부터 밤늦게까지 일하다. 夙: 아침.

3) 終(종):「衆(많다)」의 假借字.

4) 蚤(조): 일찍이. 앞서서. 먼저.

右第二十九章。

여기까지가 제29장이다(右第二十九章).

承上章居上不驕而言，亦人道也。

위 제27장 제7절의「居上不驕(윗자리에 거처해서는 교만하지 않는다)」를 계속 이어서 말씀한 것으로(承上章居上不驕而言), 또한 人道이다(亦人道也).

第30章

중니조술요순 헌장문무 상률천시 하습수토

3001 仲尼祖述堯舜, 憲章文武; 上律天時, 下襲水土。

중니께서는, 멀리로는 요 · 순을 종지로 삼아 계술하고(仲尼祖述堯舜), 가까이로는 문왕과 무왕을 법칙으로 삼아 표장하고(憲章文武), 위로는 하늘의 운행질서를 따르고(上律天時), 아래로는 산천의 자연함을 그대로 좇으셨다(下襲水土).

3001 祖述者, 遠宗其道。憲章者, 近守其法。律天時者, 法其自然之運。襲水土者, 因其一定之理。皆兼內外該本末而言也。

「祖述」은 멀리로는 요임과 순임금의 道를 宗旨로 삼는 것이다(祖述[1]者 遠宗其道). 「憲章」은 가까이로는 문왕과 무왕의 법을 지키는 것이다(憲章[2]者 近守其法). 「律天時」는 하늘의 자연의 운행질서 본받는 것이다(律[3]天時者 法其自然之運). 「襲水土」는 산천의 일정한 이치를 따르는 것이다(襲[4]水土者 因其一定之理). 이것은 모두 內와 外를 겸하고 本과 末을 포괄

1) 祖述(조술): 앞 사람의 학설이나 행위를 본받고 따르다.
2) 憲章(헌장): 본받다, 법령제도
3) ① 律(율): 따르다(=遵循). ② 天時(천시): 자연의 운행의 시간순서.
4) ① 襲(습): 답습하다. 그대로 따르다. 예전대로 따라 사용하다. ② 水土(수토): 산천. 국토.

해 말씀한 것이다(皆兼內外該[5]本末而言也).

5) 該(해): 포용하다. 포괄하다.

비여천지지무불지재 무불부도 비여사시지착행
3002 辟如天地之無不持載, 無不覆幬, 辟如四時之錯行,
여일월지대명
如日月之代明。

비유하자면 땅이 지탱해주고 실어주지 않는 것이 없는 것과 같고 하늘이 덮어주고 가려주지 않는 것이 없는 것과 같고(辟如[1]天地之無不持載[2] 無不覆幬[3]), 비유하자면 사시가 번갈아가며 운행하는 것과 같고 해와 달이 교대해가며 환히 비춰주는 것과 같다(辟如四時之錯行[4] 如日月之代明).

3002 辟, 音譬。幬, 徒報反。○錯, 猶迭也。此言聖人之德。

「錯」은 「迭(교대로 하다)」과 같다(錯 猶迭[5]也). 이 구절은 성인의 덕을 말씀한 것이다(此言聖人之德).

---

1) 辟如(비여): =譬如. 예를 들다. 예컨대.
2) 持載(지재): 지탱하다.
3) 覆幬(복도): 덮다. 가리다. 은혜를 베풀다. 幬(도): 뒤덮다. 覆蓋하다.
4) 錯行(착행): 교대로 운행하다. 번갈아 운행하다.
5) 迭(질): 교대로 하다. 돌아가면서 하다.

3003 萬物並育而不相害, 道並行而不相悖, 小德川流, 大德敦化, 此天地之所以爲大也。

만물은 함께 자라도 서로에게 해를 끼치지 않고(萬物並育而不相害), 천도는 나란히 운행해도 서로 엉키지 않고(道並行而不相悖[1]), 小德은 냇물의 물줄기처럼 이 갈래 저 갈래 엉킴 없이 가지런하게 흐르고(小德川流), 大德은 풍부하고 넉넉하게 化生시키니(大德敦化), 이것이 천지가 위대한 까닭이다(此天地之所以爲大也).

3003 悖, 猶背也。天覆地載, 萬物並育於其間而不相害; 四時日月, 錯行代明而不相悖。所以不害不悖者, 小德之川流; 所以並育並行者, 大德之敦化。小德者, 全體之分; 大德者, 萬殊之本。川流者, 如川之流, 脈絡分明而往不息也。敦化者, 敦厚其化, 根本盛大而出無窮也。此言天地之道, 以見上文取辟之意也。

「悖」는 「背」와 같다(悖 猶背也). 하늘은 덮어주고 땅은 실어주어 만물이 그 사이에서 함께 자라면서도 서로에게 해를 끼치지 않고(天覆地載 萬物並育於其間而不相害), 四時와 日月은 번갈아 가면서 운행하고 교대해 가면서 환히 비쳐주는 데도 서로 엉키지 않는다(四時日月 錯行代明而不相悖). 서로에게 해를 끼치지 않고 서로 엉키지 않는 까닭은 「小德」의 「川流」 때문이고(所以不害不悖者 小德[2]之川流[3]), 함께 자라고 나란히 유행하는

1) 並行不悖(병행불패): 동시에 진행하거나 동시에 존재해도 서로 충돌하지 아니함을 말함.
2) [自箴] 小德은 공자 弟子의 德이 작은 것이고, 大德은 弟子의 德이 큰 것으로, 七十弟子와 같이 德이 작은 자는 그 性에 순응케 하고 그 勢를 따라 인도해주니 이른바 川流이다. 四科十哲과 같이 德이 큰 자는 그 배토하여 북돋아주고 그 재질을 따라 북돋아 주니 이른바 敦化

까닭은「大德」의「敦化」 때문이다(所以並育並行者 大德之敦化).「小德」이라는 것은 온전한 하나인 본체에서 나뉜 일부분이고(小德者 全體之分), 「大德」이라는 것은 수만 가지로 분화가 이루어지는 본바탕이다(大德者 萬殊之本).「川流」는 냇물의 흐름과 같이 맥락의 갈라짐이 명료하고 흐름이 쉬지 않는 것이다(川流者 如川之流 脈絡分明而往不息也).「敦化」는 化生이 풍성하고 넉넉하고 뿌리가 성대하여 소출이 무궁한 것이다(敦化者 敦厚其化 根本盛大而出無窮也). 이 구절은 天地의 道를 말씀해(此言天地之道), 이로써 위 제2절에서 비유로 취한 뜻을 드러낸 것이다(以見上文取譬之意也).

右第三十章。

여기까지가 제30장이다(右第三十章).

言天道也。

天道를 말씀했다(言天道也).

이다(小德者, 弟子之德小者也, 大德者, 弟子之德大者也, 德小者, 順其性, 因其勢而導之, 所謂川流也, 德大者, 厚其培, 因其財而篤焉, 所謂敦化也).

3) 川流(천류): 연이어 거듭 나타나 성행하여 쇠하지 않다. 연이어 끊이지 않고 출현하다.

第31章

3101 唯天下至聖, 爲能聰明睿知, 足以有臨也; 寬裕溫柔, 足以有容也; 發強剛毅, 足以有執也; 齊莊中正, 足以有敬也; 文理密察, 足以有別也。

천하를 통틀어 오직 至聖만이(唯天下至聖[1]), 밝게 듣고 환히 보고 멀리 내다보고 꿰뚫어 알기에 넉넉히 맡아 다스릴 수 있고(爲能聰明睿知 足以有[2]臨也), 너그럽고 여유롭고 따뜻하고 부드럽기에 넉넉히 포용할 수 있

1) [朱子語類 64:172] "至誠과 至聖은 어떻게 구별되겠습니까?" "至誠과 至聖은 단지 裏와 表로써 말한 것뿐이다. 至聖은 그의 덕성이 밖으로 드러난 자인데, 사람들이 그를 알아보길, 그의 '넓디넓어서 마치 하늘과 같고, 깊디깊어서 마치 연못과 같아서, 내보이면 우러르지 않는 백성이 없고, 말하면 믿지 않는 백성이 없는' 모습만을 볼 뿐이지만, '무릇 혈기가 있는 자라면 누구라도 존경하고 친해하지 않는 사람이 없다.'는 데에 이르게 되는데, 이는 至聖의 밖으로 나타나 보이는 모습이 이러한 것이다. 至誠의 경우에는 至聖의 안쪽 뼈대이다. '능히 천하의 대경을 경륜할 수 있고, 능히 천하의 대본을 세울 수 있고, 능히 천지의 화육을 알 수 있다'는 이 세 구절이 곧 뼈대이다. 저 聰明叡智는 바로 이 안에서 발출해나간다. 至誠이 발현되는 곳은 聖人이 아니면 스스로 인식하지 못한다. 至聖의 경우에는 외부 사람은 이 부분 곧 '溥博如天'부터 '莫不尊親' 부분만 볼 수 있을 뿐이다." "至誠과 至聖도 역시 體와 用으로써 말할 수 있는 것은 아닐까요?" "體用은 서로 비슷하지 않고, 단지 表와 裏로만 말할 수 있을 뿐이다"(問: "'至誠·至聖'如何分?" 曰: "'至聖·至誠', 只是以表裏言. 至聖, 是其德之發見乎外者, 故人見之, 但見其'溥博如天, 淵泉如淵, 見而民莫不敬, 言而民莫不信', 至'凡有血氣者莫不尊親', 此其見於外者如此. 至誠, 則是那裏面骨子. 經綸大經, 立大本, 知化育, 此三句便是骨子; 那箇聰明睿知卻是這裏發出去. 至誠處, 非聖人不自知; 至聖, 則外人只見得到這處." 自"溥博如天"至"莫不尊親"處. 或曰: "至誠至聖, 亦可以體用言否?" 曰: "體用也不相似, 只是說得表裏").

2) 有(유): ① 동사 앞에 쓰여 겸손한 어투를 표시 ② =或, 或許.

고(寬裕溫柔 足以有容也), 발분망식하고 집념이 강하고 성품이 강직하고 의지가 굳세기에 넉넉히 결단할 수 있고(發强剛毅 足以有執也), 단정하고 위엄이 있고 어느 쪽으로도 치우치지 않고 바르기에 넉넉히 居敬할 수 있고(齊莊中正 足以有敬也), 문장의 의리를 치밀하게 살피고 명백히 가려내기에 넉넉히 변별할 수 있다(文理[3]密察 足以有別也).

3101 知, 去聲。齊, 側皆反。別, 彼列反。○聰明睿知, 生知之質。臨, 謂居上而臨下也。其下四者, 乃仁義禮知之德。文, 文章也。理, 條理也。密, 詳細也。察, 明辯也。

「知(zhì)」는 去聲이다(知 去聲). 「齊」는 「側」과 「皆」의 反切이다(齊 側皆反). 「別」은 「彼」와 「列」의 反切이다(別 彼列反). ○ 「聰明睿知」는 「生而知之」의 자질이다(聰明睿知 生知之質). 「臨」은 위에 있으면서 아래로 임하는 것을 말한다(臨 謂居上而臨下也). 그 밑에 「容」「執」「敬」「別」 네 가지는 바로 仁 · 義 · 禮 · 智의 덕이다(其下四者 乃仁義禮智之德). 「文」은 文章이다(文 文章也). 「理」는 條理이다(理 條理也). 「密」은 詳細이다(密 詳細也). 「察」은 明辯(분명하게 구분하다)이다(察 明辨也).

3) 文理(문리): 조리. 예의. 문장의 조리. 문장의 의리.

부 박 연 천 이 시 출 지

3102 溥博淵泉, 而時出之。

넓디넓고 깊디깊어서(溥博淵泉), 때맞춰 솟아나온다(而時出也).

3102 溥博, 周徧而廣闊也。淵泉, 靜深而有本也。出, 發見也。言五者之德, 充積於中, 而以時發見於外也。

「溥博」은 두루 편재하고 광활하다이다(溥溥 周徧[1]而廣濶也). 「淵泉」은 고요하고 깊고 根源이 있다이다(淵泉 靜深而有本也). 「出」은 發現(드러나다)이다(出 發見也). 다섯 가지의 덕이 안에 가득 쌓여 있어서 때에 맞춰 밖으로 드러남을 말씀한 것이다(言五者之德[2]充積於中而以時發見於外).

---

1) 周徧(주편): =周遍.

2) 五者之德(오자지덕): 聰明睿知의 聖, 寬裕溫柔의 仁, 發强剛毅의 義, 齊莊中正의 禮 文理密察의 智를 가리킨다(成百曉, 『懸吐完譯 大學 · 中庸集註』 150쪽, 전통문화연구회).

부 박 여 천 연 천 여 연 현 이 민 막 불 경 언 이 민 막 불 신
3103 溥博如天, 淵泉如淵。見而民莫不敬, 言而民莫不信,
행 이 민 막 불 열
行而民莫不說。

넓디넓음은 마치 하늘과 같고(溥博如天), 깊디깊음은 마치 연못과 같다(淵泉如淵). 내보이면 우러르지 않는 백성 한명도 없고(見而民莫不敬), 말하면 믿지 않는 백성 한명도 없고(言而民莫不信), 행하면 기뻐하지 않는 백성 한명도 없다(行而民莫不說).

3103 見, 音現。說, 音悅。○ 言其充積極其盛, 而發見當其可也。

「見」은 음이 「現」이다(見 音現). 「說」은 음이 「悅」이다(說 音悅). ○ 그 가득 쌓여 있는 모습은 지극히 성대하고, 발현된 모습은 각기 합당함을 얻었음을 말씀한 것이다(言其充積極其盛 而發見當其可也).

3104 是以聲名洋溢乎中國, 施及蠻貊; 舟車所至, 人力所通; 天之所覆, 地之所載, 日月所照, 霜露所隊; 凡有血氣者, 莫不尊親, 故曰配天。

이 때문에 명성이 나라 안을 넘쳐흘러 낙후한 남방의 蠻과 북방의 貊에까지 뻗치고(是以聲名洋溢[1]乎中國 施及蠻貊[2]), 배나 수레가 닿는 곳 사람의 힘이 미치는 곳(舟車所至 人力所通), 하늘에 덮여 있는 곳 땅에 실려 있는 곳(天之所覆 地之所載[3]), 해와 달이 비치는 곳 서리와 이슬이 내리는 곳이라면 어디든지(日月所照 霜露所隊[4]), 무릇 혈기를 지닌 자라면 누구든지 존경하고 친애하지 아니하는 자가 없으니(凡有血氣者莫不尊親), 그러므로 하늘과 짝한다고 말하는 것이다(故曰配天).

3104 施, 去聲。隊, 音墜。○舟車所至以下, 蓋極言之。配天, 言其德之所及, 廣大如天也。

「施(yì)」는 去聲이다(施[5] 去聲). 「隊」는 음이 「墜」이다(隊 音墜). ○「舟

1) 洋溢(양일): 물이 차서 넘쳐흐르다. 뒤덮다. 스며들다. 광범위하게 전파하다.
2) ① [論語 衛靈公편 제5장] 子張이 行에 대하여 여쭙자 孔子께서 말씀하셨다: 말이 忠信하고 행실이 篤敬하면 비록 蠻貊의 나라에서도 행해질 수가 있지만, 말이 忠信하지 못하고 행실이 篤敬하지 못하면 비록 고향에서인들 행해질 수 있겠느냐? 서 있으면 그 忠信篤敬이 눈앞에 어른거려 보이고 수레를 타고 있으면 그 忠信篤敬이 멍에에 걸려 있어 보인다. 그런 연후에야 행해질 수 있다(子張問行 子曰. 言忠信 行篤敬 雖蠻貊之邦行矣. 言不忠信 行不篤敬 雖州里行乎哉. 立則見其參於前也 在輿則見其倚於衡也. 夫然後行). ② 蠻貊(만맥): 고대 남방과 북방의 낙후민족. 보통 사방의 낙후한 이민족에 대한 범칭으로 쓰임.
3) ① 天覆地載(천복지재): 범위가 至大至廣함을 형용하는 말로 쓰임. 제왕의 인덕이 광범위하게 덮인 것을 칭송하는 말로 쓰임. ② 覆載(복재): 덮어서 보호해주고 무게를 견뎌 지탱해줌. 천지 · 제왕의 은덕.
4) 隊(추): =墜.
5) 施(이): 뻗다. 연장하다. 미치다.

車所至」부터 아래로는 대체로 부풀려서 하신 말씀이다(舟車所至以下 蓋極言[6]之). 「配天」은 그 덕의 미치는 바가 광대하여 하늘과 같다는 말이다(配天 言其德之所及 廣大如天也).

右第三十一章。

여기까지가 제31장이다(右第三十一章).

承上章而言小德之川流, 亦天道也。

위 제30장에 이어서 「小德」의 「川流」를 말씀했으니(承上章而言小德之川流), 이 또한 天道이다(亦天道也).

---

6) 極言(극언): 온힘을 다해 진술하다. 솔직하게 타이르다. 과장되게 말하다.

第32章

유천하지성 위능경륜천하지대경 입천하지대본
3201 唯天下至誠, 爲能經綸天下之大經, 立天下之大本,
지천지지화육 부언유소의
知天地之化育。夫焉有所倚?

천하를 통틀어 오직 至誠만이(唯天下至誠), 능히 천하의 大經을 경륜할 수 있고(爲能經綸天下之大經), 능히 천하의 大本을 수립할 수 있고(立天下之大本), 능히 천지가 化育되는 所以然을 알 수 있다(知天地之化育). 이 모두 至誠이기에 나오는 자연스런 작용일 뿐인데 의지해야 할 무엇이 어찌 있겠는가(夫焉有所倚)?

3201 夫, 音扶。焉, 於虔反。○經, 綸, 皆治絲之事。經者, 理其緖而分之; 綸者, 比其類而合之也。經, 常也。大經者, 五品之人倫。大本者, 所性之全體也。惟聖人之德極誠無妄, 故於人倫各盡其當然之實, 而皆可以爲天下後世法, 所謂經綸之也。其於所性之全體, 無一毫人欲之僞以雜之, 而天下之道千變萬化皆由此出, 所謂立之也。其於天地之化育, 則亦其極誠無妄者有默契焉, 非但聞見之知而已。此皆至誠無妄, 自然之功用, 夫豈有所倚著於物而後能哉。

「夫」는 음이 「扶」이다(夫 音扶). 「焉」은 「於」와 「虔」의 反切이다(焉 於虔反). ○ 「經」과 「綸」은 모두 「실을 다스리는 일」이다(經綸 皆治絲之事). 「經」은 실마리를 변별해서 나누는 것이고(經者 理其緖而分之), 「綸」은 같은 부류의 실을 정리하여 합하는 것이다(綸者 比其類而合之也). 「經」은 常이다(經 常也). 「大經」은 다섯 등급(父子 · 君臣 · 夫婦 · 兄弟 · 朋友)의 인륜이다(大經者 五品之人倫). 「大本」은 모든 性의 전체이다(大本者 所性之全體也). 성인의 德性만이 至誠無妄하기 때문에(惟聖人之德 極誠無妄), 천하의 大經인 인륜과 관련해서는 성인께서는 마땅히 그러해야 하는 모습으로서의 인륜의 실상을 빠짐없이 다 드러내어 천하와 후세가 모두 이를 법으로 삼을 수 있었기에(故於人倫 各盡其當然之實 而皆可以爲天下後世法), 이른바 「經綸之(경륜한다)」라고 한 것이고(所謂經綸之也), 천하의 대본인 모든 性의 전체와 관련해서는(其於所性之全體), 성인께서는 한 오라기의 터럭만큼도 인욕의 거짓이 섞여 있지 아니하여(無一毫人欲之僞以雜之), 천하의 도의 천변만화한 갈래가 모두 여기에서 생겨나오기에(而天下之道天變萬化皆由此出), 이른바 「立之(세운다)」라고 한 것이고(所謂立之也), 천지가 화육되는 소이연을 아는 것과 관련해서는(其於天地之化育), 또한 성인과 같이 至誠無妄한 德性이라면 말하지는 않지만 마음으로 통하는 것이 있으니(則亦其極誠無妄者 有默契焉), 비단 보고 나서야 듣고 나서야 아는 지식만 있는 것은 아닌 것이다(非但聞見之知而已). 이 모두가 至誠無妄한 德性이기에 나오는 자연스런 작용일 뿐이니(此皆至誠無妄自然之功用), 어찌 他物에 기대어 붙은 후에야 알 수 있다거나 할 수 있다거나 하겠는가(夫豈有所倚著[1]於物而後能哉).

---

1) 倚著(의착): =倚着. 기대다. 기대어 붙다.

준준기인 연연기연 호호기천

3202 肫肫其仁! 淵淵其淵! 浩浩其天!

간절하디 간절하구나! 바로 仁 그 자체구나(肫肫其仁). 깊디깊구나! 바로 못 그 자체구나(淵淵其淵). 넓디넓구나! 바로 하늘 그 자체구나(浩浩其天).

3202 肫, 之純反。○肫肫, 懇至貌, 以經綸而言也。淵淵, 靜深貌, 以立本而言也。浩浩, 廣大貌, 以知化而言也。其淵其天, 則非特如之而已。

「肫」는 「之」와 「純」의 反切이다(肫 之純反). ○ 「肫肫」은 간곡하고 지극한 모습으로(肫肫 懇至貌), 「經綸天下之大經」을 염두에 두고 말한 것이다(以經綸而言也). 「淵淵」은 고요하고 깊은 모습으로(淵淵 靜深貌), 「立天下之大本」을 염두에 두고 말한 것이다(以立本而言也). 「浩浩」는 광대한 모습으로(浩浩 廣大貌), 「知天地之化育」을 염두에 두고 말한 것이다(以知化而言也). 「其淵」·「其天」은 비단 제31장 제3절의 표현처럼 「如淵(연못과 같다)」·「如天(하늘과 같다)」 정도로만 그치는 게 아니다(其淵其天 則非特如之而已).

3203 苟不固聰明聖知達天德者, 其孰能知之?

만일 참으로 밝게 듣고 환히 보고 멀리 내다보고 꿰뚫어 아는 聖知로서 하늘의 덕에 통달한 자가 아니라면(苟不固聰明聖知[1]達天德者), 그 누가 그것을 알 수 있겠는가(其孰能知之)?

3203 聖知之知, 去聲。○ 固, 猶實也。鄭氏曰:「惟聖人能知聖人也。」

「聖知」의「知(zhì)」는 去聲이다(聖知之知 去聲). ○「固」는 實과 같다(固猶實也). 鄭氏가 말했다(鄭氏曰). "성인만이 성인을 알 수 있다(唯聖人 能知聖人也)."

右第三十二章。

여기까지가 제32장이다(右第三十二章).

承上章而言大德之敦化, 亦天道也。前章言至聖之德, 此章言至誠之道。然至誠之道, 非至聖不能知; 至聖之德, 非至誠不能爲, 則亦非二物矣。此篇言聖人天道之極致, 至此而無以加矣。

위 제31장에 이어「大德의 敦化」를 말씀했는데(承上章而言大德之敦化), 이 또한 天道이다(亦天道也). 앞 제31장에서는「至聖」의 德을 말씀했고

1) 聖知(성지): =聖智. 총명예지하여 어느 하나 통하지 않는 것이라곤 없음 또는 없는 자

(前章 言至聖之德), 이 제32章에서는 「至誠」의 道를 말씀했다(此章 言至誠之道). 그러나 「至誠之道」는 「至聖」이 아니면 알 수가 없고(然至誠之道 非至聖不能知), 「至聖之德」은 「至誠」이 아니면 할 수가 없으니(至聖之德 非至誠不能爲), 그렇다면 또한 서로 다른 物이 아니다(則亦非二物矣). 이 『中庸』에서 성인이 천도의 최고경계를 말씀하길 여기에까지 이르렀으니 여기에 더 이상 보탤 게 없다(此篇言聖人天道之極致 至此而無以加矣)[2].

2) [自箴] 제31장의 '惟天下至聖'은 孔子이고, 제32장의 '惟天下至誠' 역시 孔子이다. 제30장 '仲尼祖述' 이하부터 제32장의 '肫肫其仁'까지 모두가 孔子를 찬미한 말이다(惟天下至聖, 孔子也, 惟天下至誠, 亦孔子也. 仲尼祖述以下, 至肫肫其仁, 皆贊美孔子之言).

第33章

3301 詩曰「衣錦尚絅」, 惡其文之著也。故君子之道, 闇然而日章; 小人之道, 的然而日亡。君子之道: 淡而不厭, 簡而文, 溫而理, 知遠之近, 知風之自, 知微之顯, 可與入德矣。

『詩』는 노래하길(詩[1]曰), '비단 저고리 위에 홑겹 옷 덧입었네(衣錦尙絅).' 라고 했는데, 그 비단옷의 무늬가 드러나는 것을 싫어해서이다(惡其文之著也). 그렇기에 군자의 도는 어두운 듯 하지만 날로 분명하게 드러나고(故君子之道 闇然[2]而日章), 소인의 도는 뚜렷한 듯 하지만 날로 사그라진

1) ① [詩經 衛風편 碩人] ① 늘씬하신 우리 마님 비단옷 입으셨네 제후의 딸이고 위후의 부인이며 동궁의 누이요 형후의 처제니라 담나라 공주님을 형제라 하네. ② 새싹같이 고운 손에 눈 같은 살결 사슴 같은 목덜미에 박씨 같은 이 매미 같은 이마에 나비 눈썹에 어여쁜 웃음에 오목 보조개 아름다운 눈매에 검은 눈동자(① 碩人其頎, 衣錦褧衣. 齊侯之子, 衛侯之妻, 東宮之妹, 邢侯之姨, 譚公維私. ② 手如柔荑. 膚如凝脂. 領如蝤蠐. 齒如瓠犀. 螓首蛾眉. 巧笑倩兮. 美目盼兮.)(총 4장 중 발췌 인용). ② [詩經 鄭風편 丰] ① 그이는 의젓했지 길거리에서 나를 기다렸는데 따라가지 않는 내가 바보였었네. ② 그이는 근사했지 동구 밖에서 나를 기다렸는데 쫓아가지 않은 내가 바보였었네. ③ 비단 저고리에 홑저고리 걸치고 비단치마에 홑치마를 입었네 멋쟁이 선비들 신사들이여 수레 몰고 오세요 내 따라가리다. ④ 비단 저고리에 홑저고리 입고 비단치마에 홑치마를 걸쳤네 멋쟁이 선비들 신사들이여 수레 몰고 오세요 내 시집가리다(① 子之丰兮, 俟我乎巷兮. 悔予不送兮. ② 子之昌兮, 俟我乎堂兮. 悔予不將兮. ③ 衣錦褧裳, 裳錦褧衣. 叔兮伯兮, 駕予與行. ④ 裳錦褧裳, 衣錦褧衣. 叔兮伯兮, 駕予與歸).

2) ① 闇然(암연): 분명하게 드러나지 않고 모습을 감추고 있어 사람 됨됨이가 쉽게 보이지 않는 모양. 어두컴컴한 모양. ② 章(장): 현시하다. 표명하다. 분명하게 보이다. 분명하게 나타내다.

다(小人之道 的然[3]而日亡). 군자의 도는 담박하되 물리지 않고 간결하되 문채가 있고 온화하되 조리가 있으니(君子之道 淡而不厭 簡而文 溫而理), 먼 곳은 가까운 곳에서 시작됨을 알고 바람은 불어오는 곳이 있음을 알고 은미한 것은 드러나게 됨을 안다면(知遠之近 知風之自 知微之顯[4]), 聖人의 품덕과 수양의 경지에 들어갈 수 있다(可與[5]入德矣).

3301 衣, 去聲。絅, 口迥反。惡, 去聲。闇, 於感反。○ 前章言聖人之德, 極其盛矣。此復自下學立心之始言之, 而下文又推之以至其極也。詩國風衛碩人, 鄭之丰, 皆作「衣錦褧衣」。褧, 絅同。襌衣也。尚, 加也。古之學者爲己, 故其立心如此。尚絅故闇然, 衣錦故有日章之實。淡·簡·溫, 絅之襲於外也; 不厭而文且理焉, 錦之美在中也。小人反是, 則暴於外而無實以繼之, 是以的然而日亡

3) 的然(적연): 뚜렷하다. 분명하다. 분명히 드러내다.

4) ① [大全] 「知遠之近」은 자기를 외물에 상대해서 말한 것으로 저들이 시비를 따짐이 나의 잘잘못에서 말미암는 것임을 아는 것이다. 「知風之自」는 자기 자신의 잘잘못은 자기 마음의 邪正에서 말미암는 것임을 아는 것이다. 「知微之顯」은 또 오로지 마음을 가리킨 것으로 말은 곧 속에서 나온다는 것이다. 「知遠之近」과 「知風之自」는 겉을 보고 속을 아는 것이고 「知微之顯」은 안에서 밖으로 나오는 것이다(朱子曰: "知遠之近, 是以己對物言之, 知在彼之是非, 由在我之得失. 知風之自, 是知其身之得失, 由其心之邪正. 知微之顯, 又專指心說就裏來. 知遠之近, 知風之自, 據表而知裏也; 知微之顯, 由內以達外也"). ② [自箴] 上天이 아득히 멀지만 屋漏에 임재하여 날마다 여기에서 보는 것이니 '知遠之近'이다. 저절로 일어나는 것이 바람이지만 들고 나는 것을 주관하는 데는 반드시 그 까닭이 있는 것이니[현저한 조화의 자취로 바람만큼 분명한 것은 없다] '知風之自'이다[바람은 物이 감응하여 움직이는 방법이다]. 天道는 지극히 은미하지만 솔개는 하늘 높이 날아오르고 물고기는 연못에서 뛰어올라 功化는 지극히 현저하니 '知微之顯'이다. 이 三知이면 반드시 신독할 수 있기에 '可與入德矣'라고 한 것이다. 升高行遠節(제15장) 역시 귀신을 '遠'으로 여겼지만 '마치 바로 위에 계신 듯 바로 옆에 계신 듯하다(제16장)'라고 했으니, '知遠之近'이다(上天玄遠而臨于屋漏, 日監在茲, 則知遠之近也. 自起者風, 而主張噓翕, 必有其故[顯造化之跡, 未有明於風者], 則知風之自也[風者, 物之所以感動也]. 天道隱微而鳶飛魚躍, 功化至著, 則知微之顯也. 能此三知, 則必愼其獨, 故曰可與入德矣. 上文升高行遠節, 亦以鬼神爲遠, 而如在其上, 如在其左右, 則遠者近矣).

5) 可與(가여): =可以.

也。遠之近, 見於彼者由於此也。風之自, 著乎外者本乎內也。微之顯, 有諸內者形諸外也。有爲己之心, 而又知此三者, 則知所謹而可入德矣。故下文引詩言謹獨之事。

「衣(yì)」는 去聲이다(衣 去聲). 「絅」은 「口」와 「迥(형)」의 反切이다(絅 口迥反). 「惡(wù)」는 去聲이다(惡 去聲). 「闇」은 「於」와 「感」의 反切이다(闇 於感反). ○ 앞 제32장에서는 성인의 덕이 지극히 성대함을 말씀했다(前章言聖人之德極其盛矣). 여기 제33장에서는 다시 돌아가서 下學의 시작으로서 마음가짐부터 말씀했고(此復自下學立心[6]之始言之), 아래 구절에서 또 이를 추구하여 그 극처에까지 이르렀다(而下文又推之以至其極也). 『詩』는 『詩經』 「國風」의 「衛風」편 「碩人」과 「鄭之丰」인데 모두 「衣錦褧衣」로 쓰여 있다(詩 國風衛碩人 鄭之豐 皆作衣錦褧衣). 「褧(경)」은 「絅」과 같다(褧[7] 絅同). 「홑겹 옷」이다(禪衣[8]也). 「尙」은 「加」이다(尙 加也). 옛날의 학자들은 자기의 몸가짐을 위해 학문을 했기 때문에(古之學者爲己[9]), 마음가짐이 이와 같았다(故其立心如此). 「홑겹 옷을 덧입었기」 때문에 「어두운 듯」 하고(尙絅故闇然), 「비단 저고리를 입었기」 때문에 「날로 분명하게 드러나는」 실상이 있는 것이다(衣錦故有日章之實). 「담박한」·「간결한」

---

6) ① [論語 憲問편 제37장] 孔子께서 말씀하셨다. "나를 알아주는 사람이 없구나!" 子貢이 여쭈었다. "어찌 선생님을 알아주는 사람이 없겠습니까?" 孔子께서 말씀하셨다. "하늘을 원망하지 않았고 사람을 탓하지 않았으며 아래로 사람의 일을 배워서 위로 천명을 알았으니 나를 아는 자는 아마 하늘이겠구나!(子曰 莫我知也夫 子貢曰 何爲其莫知子也 子曰 不怨天不尤人 下學而上達 知我者 其天乎). ② 下學(하학): 인지상정과 사물의 이치를 배우다. ② 立心(입심): 결심하다. 생각을 정하다. 마음먹다. 고의로.
7) 褧(경): 삼베로 만들어 솜옷 위에 입는 덧옷.
8) 禪衣(선의): 홑겹으로 된 저고리.
9) [論語 憲問편 제25장] 孔子께서 말씀하셨다. "옛날 배우는 자는 자기의 몸가짐을 위해서 했는데 오늘날 배우는 자는 남을 위해서 한다"(子曰 古之學者爲己 今之學者爲人).

·「온화한」 모양은 밖에다 덧입은 홑옷의 모습이고(淡簡溫 絅之襲[10])於外也), 「물리지 않은」·「문채가 나는」·「조리가 있는」 모양은 안에다 입은 비단 저고리의 아름다움이다(不厭而文且理焉 錦之美在中也). 「小人」은 이와 반대인즉 밖으로 드러나지만 이를 계속 이어갈 실상이 없으니(小人反是[11]) 則暴於外而無實以繼之), 이 때문에 뚜렷한 듯 하지만 날로 사그라지는 것이다(是以的然而日亡也). 「遠之近」은 저기에서 보이는 것은 여기에서 말미암는다는 것이다(遠之近 見於彼者由於此也). 「風之自」는 밖으로 드러나는 것은 안에 뿌리가 있다는 것이다(風之自 著乎外者本乎內也). 「微之顯」은 안에 간직한 것은 밖으로 형상이 드러난다는 것이다(微之顯 有諸內者形諸外也). 자신을 위해 학문을 하려는 마음가짐을 가지고 이에 더해서 이 세 가지를 알면(有爲己之心 而又知此三者), 삼갈 바를 알아 덕에 들어갈 수 있을 것이다(則知所謹而可入德矣). 그러므로 아래 제2절에서는 詩를 인용해 謹獨의 사례를 말씀한 것이다(故下文引詩 言謹獨之事[12])).

10) 襲(습): 옷을 위에 덧입다. 옷을 입다. 덮다.

11) 反是(반시): 이와 서로 반대되다.

12) [自箴] '衣錦尙絅'은 誠이요 愼獨이다. 군자는 愼獨하기에 '어두운 듯하지만 날로 분명하게 드러나고', 소인은 남을 속이기에 '뚜렷한 듯하지만 날로 사그라지는 것이다'(衣錦尙絅者, 誠也愼獨也. 君子愼獨, 故闇然而日章, 小人欺人, 故的然而日亡).

3302 詩云:「潛雖伏矣, 亦孔之昭!」故君子內省不疚, 無惡於志。君子之所不可及者, 其唯人之所不見乎。

『詩』는 노래하길(詩[1]云), '드러나지 않게 숨겨져 있지만 더 환히 밝게 드러나네(潛雖伏[2]矣 亦孔之昭)'라고 했으니, 그렇기에 군자는 속을 살펴봐도 거리낄 게 없고(故君子內省不疚[3]), 心志를 살펴봐도 부끄러울 게 없다(無惡[4]於志). 사람들이 군자에 미치지 못할 것이라면(君子之所不可及者), 아마 사람들 눈에 드러나지 않는 곳뿐일 것이다(其唯[5]人之所不見乎).

3302 惡, 去聲。○ 詩小雅正月之篇。承上文言「莫見乎隱, 莫顯

---

1) [詩經 小雅편 正月] ① 사월달 된서리에 내 마음 쓰라리고 세상사람 뜬소문은 흉흉하기 그지없어 나 혼자 생각다가 속절없이 속만 타고 내 마음 소심하여 금심타가 병이 됐네. ③ 하염없이 속만 타네 내 살길이 막막하네. 죄 없는 우리 백성 남의 종이 다 되겠네. 불쌍한 우리 백성 어디 가서 먹고 사나 하늘 나는 저 까마귀 누구 집에 내려앉나 ⑥ 하늘이 높다 해도 머리를 들면 안 돼 땅이 비록 두터워도 조심해서 걸어야 해 지금 내가 하는 말은 도에 맞고 조리 있지 불쌍하다 지금 사람 뱀들처럼 떨고 있네. ⑧ 마음에 서린 근심 얽어 맨 듯 아파오네 지금의 이 정치는 어찌 그리 사나운가. 타오르는 불길이야 끌 수 가 있건마는 찬란한 주나라를 저 포사가 다 망치네. ⑪ 연못 속의 물고기도 즐거울 수가 없어 물속 깊이 잠겼어도 사람 눈에 뜨이는 걸 쓰라린 가슴 안고 나라 폭정 염려하네(이기동, 『시경강설』, 성균관대학교출판부)(① 正月繁霜, 我心憂傷. 民之訛言, 亦孔之將. 念我獨兮, 憂心京京. 哀我小心, 癙憂以痒. ③ 憂心惸惸, 念我無祿. 民之無辜, 并其臣僕. 哀我人斯, 于何從祿. 瞻烏爰止, 于誰之屋. ⑥ 謂天蓋高, 不敢不局. 謂地蓋厚, 不敢不蹐. 維號斯言, 有倫有脊. 哀今之人, 胡爲虺蜴. ⑧ 心之憂矣, 如或結之. 今茲之正, 胡然厲矣. 燎之方揚, 寧或滅之. 赫赫宗周, 褒姒滅之. ⑪ 魚在于沼, 亦匪克樂. 潛雖伏矣, 亦孔之炤. 憂心慘慘, 念國之爲虐)(전제 13장 중 발췌 인용함).

2) ①潛伏(잠복): 드러나지 않게 숨다. 숨기고 비밀로 하다. ②孔昭(공소): 환히 밝음. 명료함.

3) [論語 顏淵편 제4장] 司馬牛가 君子에 대해 여쭈자 孔子께서 말씀하셨다. "君子는 걱정하지 않고 두려워하지 않는다." 司馬牛가 여쭈었다. "걱정하지 않고 두려워하지 않으면 이를 君子라 할 수 있겠습니까?" 孔子께서 말씀하셨다. "안으로 자신을 반성해보아 거리낄 것이 없다면 무엇을 걱정하고 무엇을 두려워하겠느냐?"(司馬牛問君子 子曰 君子不憂不懼 曰 不憂不懼 斯謂之君子矣乎 子曰 內省不疚 夫何憂何懼).

4) 無惡(무오): 미워하지 않다, 증오하지 않다, 부끄러워할 게 없다.

5) 其唯(기유): (어기의 완곡함을 나타냄). 아마 ~뿐일 것이다.

乎微」也。疚，病也。無惡於志，猶言無愧於心，此君子謹獨之事也。

「惡(wù)」는 去聲이다(惡 去聲). ○『詩』는『詩經』「小雅」편「正月」이다(詩 小雅正月之篇). 위 제1절에 이어서 제1장 제3절의「莫見乎隱(은밀한 곳보다 더 잘 나타나 보이는 것이 없으며)」,「莫顯乎微(미세한 일보다 더 잘 드러나 보이는 것이 없다)」를 말씀한 것이다(承上文 言莫見乎隱 莫顯乎微也).「疚」는「病」이다(疚 病也).「無惡於志」는「無愧於心(마음에 부끄러움이 없다)」이라는 말과 같다(無惡於志 猶言無愧於心). 이것은 군자가 謹獨하는 사례이다(此君子謹獨之事也[6]).

---

6) [自箴] '潛雖伏矣 亦孔之昭'는 微之顯(제16장 제5절)이다. 天道는 은미하지만 뚜렷이 나타나므로, 군자는 愼獨을 하고, 愼獨을 하기에 '자신을 반성해보아 거리낄 것이 없는' 것이다(潛雖伏矣, 亦孔之昭者, 微之顯也. 天道微而顯, 故君子愼其獨, 愼其獨, 故內省不疚).

3303 詩云:「相在爾室, 尙不愧於屋漏。」故君子不動而敬, 不言而信。

『詩』는 노래하길(詩[1]云), '이 방에 있는 모습 보니 屋漏에선 더더욱 부끄러울 게 없겠구나(相在爾室 尙不愧于屋漏)'라고 했으니, 그렇기에 군자는 움직이지 않아도 居敬하고(故君子不動而敬), 말하지 않아도 信實하다(不言而信).

3303 相, 去聲。○詩大雅抑之篇。相, 視也。屋漏, 室西北隅也。承上文又言君子之戒謹恐懼, 無時不然, 不待言動而後敬信, 則其爲己之功益加密矣。故下文引詩並言其效。

「相(xiàng)」은 去聲이다(相[2] 去聲). ○『詩』는『詩經』「大雅」편「抑」이다(詩大雅抑之篇).「相」은「視」이다(相 視也).「屋漏」는「방의 서북쪽 모퉁이의 神主를 모신 곳」이다(屋漏[3] 室西北隅也). 위 제2절에 이어 또 말하길(承上文又言), 제1장 제2절에서 말한「군자의 보이지 않고 들리지 않는 곳에서의 戒愼·恐懼」하는 모습은 어느 때이든지 그러한 모습이 아닌 때가 없으니 언행의 이후를 기다리지 않고도 공경하고 믿게 되는데(君子之戒謹恐懼 無時不然 不待言動而後敬信[4]), 그런즉 자신을 위한 공부가 더욱더 치

1) 제16장 제4절 각주 참조

2) 相(상): 관찰하다. 살펴보다. 물체의 외관. 용모.

3) 屋漏(옥루): 휘장을 설치하고 신주를 모신 방안의 서북 귀퉁이로 남이 보지 못하는 곳.

4) [自箴] '相在爾室'은 愼獨이다. 天道는 움직이지 않지만 군자는 공경하는 마음을 解弛하게 하지 않으니 이것이 '보이지 않는 곳에서 삼가는' 것이고(제1장 제2절), 天道는 말하지 않지만 군자는 그 믿음을 무너뜨리지 않으니 이것이 '들리지 않는 곳에서 두려워하는'(제1장 제2절) 것이다(相在爾室者, 愼獨也. 天道不動, 而君子不弛其敬, 此戒愼乎其所不睹也, 天道不言, 而君子不壞其信, 此恐懼乎其所不聞也).

밀해진다는 것이다(則其爲己之功 益加密矣). 그러므로 아래 제4절에서 詩를 인용하고 아울러 그 효험을 말씀한 것이다(故下文引詩並言其效[5]).

5) [自箴] 제33장에서 일곱 편의 시를 인용했는데, 위 세 편은 自修를 말한 것이고, 다음 세 편은 民化를 말한 것이고, 마지막 편은 天載를 말한 것이다(七引詩, 上三自修也, 下三民化也, 末一天載也).

3304 詩曰:「奏假無言, 時靡有爭。」是故君子不賞而民勸, 不怒而民威於鈇鉞。

『詩』는 노래하길(詩[1]曰), '제단 앞에 나아가 신명 부를 제 서로들 숙연히 말이 없고 이럴 제 맞춰 시비 다툼 스르르 없어지네(奏假[2]無言 時靡[3]有爭).'라고 했으니, 이렇기에 군자가 칭찬하는 것도 아닌데 백성들은 서로 권장하고(是故君子不賞而民勸), 나무라는 것도 아닌데 백성들은 작두나 도끼보다 위엄을 느낀다(不怒而民威於鈇鉞[4]).

3304 假, 格同。鈇, 音夫。○ 詩商頌烈祖之篇。奏, 進也。承上文而遂及其效, 言進而感格於神明之際, 極其誠敬, 無有言說而人自化之也。威, 畏也。鈇, 莝斫刀也。鉞, 斧也。

「假」는「格」과 같다(假 格同).「鈇」는 音이「夫」이다(鈇 音夫). ○『詩』는

---

1) [詩經 商頌편 烈祖] ① 아아 찬란하게 빛나는 조상이시어 차례차례 이 많은 복을 거듭거듭 끊임없이 내려주시어 지금 여기 임금에게 미쳤습니다. ② 맑게 거른 이 술을 올리옵나니 우리들의 뜻 이루게 하여 주소서 맛을 잘 낸 고깃국도 있사옵니다 정신차려 조리를 했사옵니다. ③ 말없이 신의 강림 빌었사옵고 다투는 이들도 없었습니다 우리에게 긴 수명을 내려 주시어 끝없이 오래 살게 하여 주소서. ④ 가죽 굴통 무늬 멍에 수레를 타고 여덟 개 방울 소리 딸랑거리며 제후들도 이르러서 제사 받드니 우리들이 받은 천명 넓고 큽니다. ⑤ 하늘에서 내려주신 복 받아서 올해도 풍년들어 풍성하오니 신령이여 강림하사 흠향하시고 끝없이 많은 복을 내려 주소서. ⑥ 부디부디 우리 제사 돌아보소서 탕 임금의 후손들이 받드옵니다(이기동,『시경강설』, 성균관대학교출판부)(① 嗟嗟烈祖, 有秩斯祜. 申錫無疆, 及爾斯所. ② 旣載淸酤, 賚我思成. 亦有和羹, 旣戒旣平. ③ 鬷假無言, 時靡有爭. 綏我眉壽, 黃耇無疆. ④ 約軧錯衡, 八鸞鶬鶬. 以假以享, 我受命溥將. ⑤ 自天降康, 豐年穰穰. 來假來饗, 降福無疆. ⑥ 顧予烝嘗, 湯孫之將).
2) 奏假(주가): 祭官이 神明을 초치함. 제사를 지내는 정성이 신에게 도달함.
3) ① 時(시): 이. 이에. 때맞춰. ② 靡(미): 없다(=沒有). 靡有: =無有. 없다.
4) 鈇鉞(부월): 작두와 큰 도끼. 허리를 두 동강내거나(腰折) 목을 자르는(砍頭)는 刑具. 왕이 내리는 형벌권.

『詩經』「商頌」편「烈祖」이다(詩 商頌烈祖之篇). 「奏」는 進(나아가다)이다(奏 進也). 위 제3절에 이어 마침내 그 효과까지 언급해 한 말인즉(承上文而遂及其效言), 제단 앞으로 나아가 신명을 感格케 할 제에 지극히 정성되고 공경되어(進而感格於神明[5])之際 極其誠敬), 언설이 없어도 사람들이 저절로 감화가 된다는 것이다(無有言說而人自化之也[6]). 「威」는 畏(두려워하다)이다(威 畏也). 「鈇」는 여물을 써는 작두이다(鈇 莝斫刀[7])也). 「鉞」은 斧(도끼)이다(鉞 斧也).

---

5) ① 感格(감격): 감응하여 도달하다. ② 神明(신명): 天地神明. 신의 총칭.

6) [自箴] ① '奏'는 '總(모두)'이다. '奏假無言'은 만민이 모두 말없는 교화에 감격한다는 것이다(奏亦總也. 奏假無言者, 謂萬民總格于無言之化也). ② (君子가) 愼獨하면 '致中和'하고 '致中和'하면 '天地位 萬物育'(제1장 제5절)을 이루어낼 수 있기에 百姓들이 힘쓰고 두려워하는 것이다. 위에서 말하길, '자기의 性을 온전히 다 구현할 수 있으면 사람의 性을 온전히 다 구현할 수 있다(제22장 제1절)'고 했다. 君子가 하늘을 섬김에는 하늘이 움직이지 않아도 공경하고 말하지 않아도 믿기 때문에, 百姓들이 군자를 섬김 또한 군자가 칭찬하는 것도 아닌데 힘쓰고 나무라는 것도 아닌데 두려워하는 것이니, 이것이 天人感應의 묘리이다(愼獨則致中和, 致中和則成位育之功, 故曰民勸民威也. 上文云能盡其性則能盡人之性. 君子事天, 不動而敬, 不言而信, 故小民事君子, 亦不賞而勸, 不怒而威, 此天人感應之妙).

7) ① 莝(좌): 여물. ② 斫(작): 작두.

3305 詩曰:「不顯惟德! 百辟其刑之。」是故君子篤恭而天下平。

『詩』는 노래하길(詩[1]曰), '드러나지 않는 至德이여! 여러 임금들 모두 그를 본받으리(不顯惟德 百辟其刑之[2])'라고 했으니, 이렇기에 군자가 경건함을 안으로 두텁게 하면 천하는 태평해지는 것이다(是故君子篤恭而天下平).

3305 詩周頌烈文之篇。不顯, 說見二十六章, 此借引以爲幽深玄遠之意。承上文言天子有不顯之德, 而諸侯法之, 則其德愈深而效愈遠矣。篤, 厚也。篤恭, 言不顯其敬也。篤恭而天下平, 乃聖人至德淵微, 自然之應, 中庸之極功也。

『詩』는『詩經』「周頌」편「烈文」이다(詩周頌烈文之篇). 「不顯」은 이에 대한 설명이 제26장 제10절에 보이는데(不顯[3] 說見二十六章), 여기에서는 이것을 빌려 인용해 이로써 덕이 아득히 깊고 아득히 멀다는 뜻으로 삼은 것이다(此借引以爲幽深玄遠之意). 위 제4절에 이어서 천자가 겉으로 드러

1) [詩經 周頌편 烈文] ① 빛나고 교양 있는 제후들이여 조상들이 이 큰 복을 내려주셨네. 끝없는 은혜로움 우리에게 베푸시고 자손들이 이어가게 살펴주셨네. 그대들 나라에서 정치 잘하면 황제께선 그대들을 존중하리니. ② 조상들의 위대한 공 잊지를 말고 그 업적을 이어받아 빛나게 하라. 남과 나를 구별 않는 사람이기에 온 사방 사람들이 그를 따르고 이처럼 빛나는 덕 가지셨기에 온 천하 제후들이 그를 본받네. 아아 전왕의 일을 어이 잊으리(이기동, 『시경강설』, 성균관대학교출판부)(① 烈文辟公, 錫茲祉福. 惠我無疆, 子孫保之. 無封靡于爾邦, 維王其崇之. ② 念茲戎功, 繼序其皇之. 無競維人, 四方其訓之. 不顯維德, 百辟其刑之. 於乎前王不忘).

2) ① 百辟(백벽): 제후. 백관. ② 刑(형): 본받다.

3) 不顯(불현): '不'은 '丕(비: 크다)'의 뜻이 있고 '不顯'은 '성대한 모양'의 뜻이 있어, 이에 따라 '不顯'을 '환히 드러난다.'로 해석할 수 있는데, 주희는 제26장 제10절에서와 마찬가지로 '드러나지 않는다.'로 풀이하면서, 詩의 원래의 '不顯'의 뜻과는 다르게 子思가 假借하여 말한 것으로 보고 있음(이에 관하여는 제33장 제6절「中庸或問」을 참조할 것).

나지 않는 덕을 지니고 있어 제후들이 이를 본받게 될 경우, 그 덕이 깊으면 깊을수록 그 효험은 더욱 원대해짐을 말씀한 것이다(承上文言天子有不顯之德 而諸侯法之 則其德愈深而效悠遠矣[4]). 「篤」은 厚(두텁다)이다(篤 厚也). 「篤恭」은 그러한 경건한 마음의 상태를 겉으로 드러내지 않는 것을 말한다(篤恭 言不顯其敬也[5]). 「篤恭而天下平」은 바로 성인의 至德이 깊고 은미해서 저절로 그리되는 效應으로(篤恭而天下平 乃聖人至德淵微自然之應[6]), 중용의 최고의 효과이다(中庸之極功也).

---

4) [自箴] '不顯'은 誠이요 愼獨이다. 그 의의가 위 제4절과 같다. 天道가 드러나지는 않지만 君子는 戒愼하고, 그러기에 君子의 덕은 드러나지 않지만 여러 임금들이 그를 본받는 것이니, 이 또한 天人感應의 妙理이다(不顯者, 誠也愼獨也, 義與上節同, 天道不顯而君子戒愼, 故君德不顯, 而百辟儀刑, 亦天人感應之妙).

5) [字義] 恭은 외모의 측면에서 말한 것이고, 敬은 마음의 측면에서 말한 것이다. 恭은 용모에 중점을 둔 것이고, 敬은 일에 중점을 둔 것이다. 恭은 엄하다는 뜻을 가지고 있다. 敬字는 그에 비해 실질적이다. 몸이 嚴整하고 용모가 端正한 것, 이것이 바로 恭의 의미이다. 그러나 恭은 단지 敬의 바깥에 드러난 것일 뿐이고, 敬은 단지 恭이 안에 보존된 것일 따름이다. 恭과 敬은 별개의 것이 아님이 형체와 그림자가 별개가 아님과 같다. 안에 敬이 없으면서 밖에 恭을 갖출 수 있었던 사람이 없으며, 밖에 恭을 갖추었는데 안에 敬이 없었던 사람이 없다. 이것은 忠과 信, 그리고 忠과 恕와 마찬가지로 서로 관련되어 있다. … 敬의 뜻은 자신을 낮추는 것인데 비해, 恭의 모습은 존엄하다(165쪽).

6) '君子篤恭而天下平'이라는 말은 유교의 德治의 理想을 나타내는 것으로 매우 잘 인용되는 구절이다. 이것은 군자가 '篤恭'을 한다는 것, 즉 자기 내면의 공경의 덕성을 돈독하게 수양해 나간다는 것은 결코 자기 개인의 사태에 그치는 것이 아니라, 그것이 곧 '天下平'으로 이루어지는 사회적 차원을 내포한다는 의미로 해석되었다. 오늘날의 사회과학의 논리로 말한다면 이것은 택도 없는 논리의 비약이라고 하겠으나, 동방인의 君子의 心象이란, 곧 개인의 修身이 사회정치적 사태와 자연현상까지도 근원적으로 재구성할 수 있는 파워를 갖는 형이상학적 차원의 의미, 그 심상을 의미하는 것이다. 군자의 개인적 삶은 결코 개인의 수신의 차원에서 끝나는 것이 아니라 반드시 '天下平'의 사태를 도래시킨다는 믿음을 전제로 한 것이다(김용옥, 『중용한글역주』 635쪽, 통나무).

3306 詩云:「予懷明德, 不大聲以色。」子曰:「聲色之於以化民, 末也。」詩曰:「德輶如毛」, 毛猶有倫。「上天之載, 無聲無臭」, 至矣!

『詩』는 노래하길(詩[1]云), '내가 아끼는 것은 드러나지 않는 至德이니, 크게 소리치거나 노기 띤 낯빛일랑 하지를 말라(予懷明德 不大[2]聲以色)[3].'라

---

1) [詩經 大雅편 皇矣] ① 거룩하신 저 하늘의 하느님께서 밝고 밝게 이 세상에 임하셔서 사방 백성 살피시어 구해 주셨네 정치를 잘못하는 두 나라 있어 온 천하 구석구석 다 살피셨네 하느님이 대신할 자 지정하시어 그의 능력 미리부터 키워 주시고 서쪽 땅을 고루고루 돌아보신 뒤 이 당에 집 자리를 정해 주셨네. ③ 하느님이 그 산들을 살펴보시니 두릅나무 떡갈나무 모두 뽑혔고 소나무 측백나무 잘도 자람에 하느님이 나라와 군주 세우니 태백과 왕계에서 시작이 되네 그중에서 오직 우리 왕계께서는 우애로운 마음으로 형님 받들며 많은 경사 만들고 영광을 얻어 복을 받아 온 사방을 보호하시네. ⑤ 하느님이 문왕에게 당부하셨네 사람을 차별 말고 편두지 말며 자기 것을 챙기거나 탐내지 말며 맨 먼저 송사부터 다스리라고 밀나라 사람들이 불손하여서 함부로 큰 나라에 덤벼들면서 완 땅을 침공하고 공 땅에 오니 왕께서는 발끈하여 화를 내시어 군사들을 정비하여 적병을 막고 주나라에 내린 복을 다 받아들여 온 세상의 바람에 부응하셨네. ⑦ 하느님이 문왕에게 당부하셨네 밝은 덕 가진 이가 나는 좋으니 소리치며 화낸 얼굴 보이지 말며 회초리로 때리는 일 오래 안 하며 아는 체하지 말고 잘난 체 말며 이 하늘의 섭리만을 따르지어다(이기동,『시경강설』, 성균관대학교출판부)(① 皇矣上帝, 臨下有赫. 監觀四方, 求民之莫. 維此二國, 其政不獲. 維彼四國, 爰究爰度. 上帝耆之, 憎其式廓. 乃眷西顧, 止維與宅. ③ 帝省其山, 柞棫斯拔, 松柏斯兌. 帝作邦作對, 自大伯王季. 維此王季, 因心則友. 則友其兄, 則篤其慶. 載錫之光, 受祿無喪, 奄有四方. ⑤ 帝謂文王, 無然畔援, 無然歆羡, 誕先登于岸. 密人不恭, 敢距大邦, 侵阮徂共. 王赫斯怒, 爰整其旅, 以按徂旅, 以篤于周祜, 以對于天下. ⑦ 帝謂文王, 予懷明德, 不大聲以色, 不長夏以革. 不識不知, 順帝之則. 帝謂文王, 詢爾仇方, 同爾兄弟, 以爾鉤援, 與爾臨衝, 以伐崇墉)(전체 8장 중 발췌 인용).

2) ① '不大(불대)'를 '귀하게 여기지 않는다.'(김용옥, 중용한글역주), '대단찮게 여긴다.'(성백효, 현토완역 대학 · 중용집주)로 해석하는 견해도 있음. ② 以(이): =和, 而. 병렬관계.

3) [自箴] 문왕은 큰소리치거나 노기 띤 낯빛을 하지 않고 오직 조심스런 마음으로 상제를 열심히 섬기어 백성으로 하여금 德을 품게 했으니, 이것이 愼獨으로써 化育한 것이다. 천도는 말하지 않지만 문왕은 소리치지 않았고, 천도는 움직이지 않지만 문왕은 노기 띤 낯빛을 하지 않았다. 움직이지도 않고 말하지도 않는다면 보이지도 않고 들리지 않는다는 것인데, 성인께선 하늘을 섬기길 誠으로써 하자 백성들도 임금을 섬기길 誠으로 했으니 모두 한가지 이치이다(文王不大聲以色, 惟小心昭事, 使民懷德, 此愼獨以化育也. 天道不言, 而文王不大聲, 天道不動, 而文王不以色, 不動不言, 則不覩不聞也, 聖人事天以誠, 則民亦事君以誠, 皆一理也).

고 했고, 공자께선 말씀하시길(子曰), '소리치거나 노기 띤 낯빛은 백성을 교화하는데 있어서는 말단이다(聲色之於以化民 末也).'라고 했고, 『詩』는 노래하길(詩[4]云), '덕은 가볍기가 터럭과 같다(德輶如毛[5]).'라고 했는데, 터럭은 맞대볼 것이라도 있다(毛猶有倫[6]). 『詩』는 노래하길[7], '하늘이 하는 일은 소리도 없고 냄새도 없다(上天之載[8] 無聲無臭).'라고 했으니, 그 말의 형용이 참으로 적절하구나(至矣)!

3306 輶, 由, 酉二音。○詩大雅皇矣之篇。引之以明上文所謂不顯之德者, 正以其不大聲與色也。又引孔子之言, 以爲聲色乃化民之末務, 今但言不大之而已, 則猶有聲色者存, 是未足以形容不顯之妙。不若烝民之詩所言「德輶如毛」, 則庶乎可以形容矣, 而又自以爲謂之毛, 則猶有可比者, 是亦未盡其妙。不若文王之詩所言「上天之事, 無聲無臭」, 然後乃爲不顯之至耳。蓋聲臭有氣無形, 在物最爲微妙, 而猶曰無之, 故惟此可以形容不顯篤恭之妙。非此德之外, 又別有是三等, 然後爲至也。

4) 第27장 第7절 각주의 [詩 大雅 烝民之篇] 참조.
5) 輶(유): 가볍다. 고대의 가볍고 편한 수레의 일종.
6) 倫(륜): 유비하다. 맞대어 비교하다. 필적하다.
7) ① 『大學章句』 傳文 第2장 第3절 각주의 [詩 大雅 文王之篇] 참조. ② [自箴] 이 구절에는 두 가지 뜻이 있다. 하나는 上天의 無聲無臭를 가지고, 君子가 化民하는 방법은 聲色에 있는 것이 아니라 至誠에 있다는 것을 밝힌 것이다. 또 하나는 上天의 無聲無臭를 가지고, 天道는 은미하여 눈으로도 볼 수 없고 귀로도 들을 수 없으니 오직 戒愼 · 恐懼하길 '마치 바로 위에 계신 듯 바로 옆에 계신 듯이 한다(제16장)'는 것을 밝힌 것으로, 그래서 이를 형용하길 '至矣'라고 한 것이다(此節有二義. 其一以上天之無聲無臭, 明君子之所以化民, 不在聲色, 而在乎至誠也. 其一以上天之無聲無臭, 明天道隱微, 非目之所能睹, 非耳之所能聞, 惟其戒愼恐懼, 如在其上, 如在其左右, 故曰至矣).
8) ① 上天(상천): 천상. 하늘. 만물의 주재자. ② 載(재): 일. 사업.

「輶」는 음이 「由」와 「酉」 두 가지이다(輶 由 酉二音). ○ 『詩』는 『詩經』 「大雅」편 「皇矣」이다(詩大雅皇矣之篇). 이것을 인용해 이로써 위 제5절에서 말한 「不顯」의 德은 크게 소리치거나 노기 띤 낯빛을 하지 않는다고 바로잡아 밝힌 것이다(引之以明上文所謂不顯之德者 正以其不大聲與色也). 또 공자의 말씀을 인용하여(又引孔子之言), 聲과 色을 백성을 교화시키는 데 있어서 근본으로 삼아서는 정말이지 안 되는 것으로 여겼는데(以爲聲色乃化民之末務[9]), 지금 「皇矣」의 詩에서는 「不大之(크게 하지는 않는다)」라고만 말했으니(今但言不大之而已), 그렇다면 聲과 色이 아직은 그 존재가치가 남아 있는 것이어서(則猶有聲色者存), 이는 「不顯」의 오묘함에 대한 형용으로는 아직 부족하다(是未足以形容不顯之妙). 이는 「烝民」의 詩에서 말한 「德輶如毛(덕은 가볍기가 터럭과 같다)」라고 한 것만 못하고(不若烝民之詩所言德輶如毛), 「德輶如毛(덕은 가볍기가 터럭과 같다)」 또한 거의 근접하게 형용했다 할지라도(則庶乎可以形容矣), 또 스스로 여기길 「毛(터럭)」라고 말한 경우는(而又自以爲謂之毛), 아직은 비교할 만한 것이 있는 것이어서(則猶有可比者), 이 역시 「不顯」의 오묘함에 대한 형용으로는 미진하다(是亦未盡其妙). 「文王」의 詩에서 말한 「上天之載無聲無臭(상천의 일은 소리도 없고 냄새도 없다)」라고 형용한 것만 못하니(不若文王之詩所言上天之載無聲無臭), 이렇게 형용한 뒤에야 비로소 「不顯」이 지극한 것으로 여겨지게 된다(然後乃爲不顯之至耳). 대개 소리와 냄새는 기운만 있고 형체는 없어 사물에 있어서 가장 미미한 것인데도 오히려 그마저 없다고 말했으니(蓋聲臭有氣無形 在物最爲微妙 而猶曰無之), 그러므로 오직 이 말이 「不顯」·「篤恭」의 오묘함을 제대로 형용했다 할 만하다(故惟此可以形容不顯篤恭之妙). 이 「不顯」의 德 이외에 또 별도로 「聲色」·「毛」·「無聲無臭」

9) 末務(말무): 근본이 못 되는 일. 부차적인 일.

라는 세 등급을 거친 뒤에야 지극하게 된다고 한 것은 아니다(非此德之外又別有是三等然後爲至也).

右第三十三章。子思因前章極致之言, 反求其本, 復自下學爲己謹獨之事, 推而言之, 以馴致乎篤恭而天下平之盛。又贊其妙, 至於無聲無臭而後已焉。蓋擧一篇之要而約言之, 其反覆丁寧示人之意, 至深切矣, 學者其可不盡心乎!

여기까지가 제33장이다(右第三十三章). 子思께서 앞 제32장에서 언급한 성인의 덕에 관한 최고조의 賞讚을 바탕으로(子思因前章極致之言), 돌이켜서 그 근본을 추구하길 다시 下學의 爲己之學과 謹獨하는 일부터 推言해나가(反求其本 復自下學爲己謹獨之事 推而言之), 이로써 「篤恭而天下平」이라는 성대함에까지 점차 도달한 것이다(以馴致[10]乎篤恭而天下平之盛). 또 성인의 덕의 오묘함을 상찬하길 「無聲無臭」하다고까지 말하고 나서야 끝마치셨다(又贊其妙 至於無聲無臭而後已焉). 이 章은 대체로 『中庸』 한 권의 요체를 뽑아 요약해 말씀하신 것으로(蓋擧一篇之要而約言之), 반복해가면서 간곡히 사람들에게 내보여주려 한 뜻이 참으로 깊고 절절하니(其反復丁寧示人之意 至深切矣), 배우는 자가 그 어찌 마음을 다 쏟지 않을 수 있겠는가(學者其可不盡心乎)!

10) 馴致(순치): 점차 도달하다. 차츰 일으키다.

〔中庸或問〕

마지막 장에 대한 설명을 듣고 싶습니다(或問卒章之說).

위 제30장부터 제32장까지 세 개 장에 이어서 성인의 덕과 그 덕이 도달한 지극히 성대한 경지를 말씀했다. 子思께서는 배우는 자들이 고원하고 현묘한 경지만 추구하여 경솔하게 자기를 대단하게 여기다가 돌이켜 추구하길 잊을까 염려하셨다. 그래서 至近處로 돌이켜 말씀하여, 이를 통해 성인의 덕에 들어가는 방법을 보여주어, 배우는 자가 먼저 알아서 내면에 대해 힘쓰고, 다른 사람이 알아주길 추구하지 않고, 그런 후에 謹獨으로 몸가짐을 정성되게 하여, 점차 성인의 그러한 경지에 도달할 수 있길 바라신 것이다(曰: 承上三章, 旣言聖人之德而極其盛矣. 子思懼夫學者求之於高遠玄妙之域, 輕自大而反失之也, 故反於其至近者而言之, 以示入德之方, 欲學者先知用心於內, 不求人知, 然後可以謹獨誠身, 而訓致乎其極也).

군자가 경건함을 안으로 두텁게 하면 천하는 태평해지는데, 태평하게 되는 까닭은 소리나 냄새로도 찾을 수 없다. 이것이 至誠盛德의 자연스런 효과이고 중용의 최고의 功勞이다. 그러므로 이로써 『中庸』을 끝맺은 것이다. 대개 『中庸』 한 편 전체를 가지고 논한다면, 天命之性 · 率性之道 · 脩道之教와 하늘과 땅이 제 있어야 할 자리에 자리를 잡게 하는 것 · 만물이 제 있어야 할 모습대로 삶을 성취하게 하는 것, 이러한 경지에서 군자의 성덕의 실제 모습을 볼 수 있다. 이 章만을 가지고 논한다면, 이른바 군자의 도는 담박하되 물리지 않고 간결하되 문채가 있고 온화하되 조리가 있고, 먼 곳은 가까운 곳에서 시작됨을 알고 바람은 불어오는 곳이 있음을 알고 은미한 것은 드러나게 됨을 아는 것, 이러한 경지에서 군자의 성취한 공로를 볼 수 있다. 모두 헛된 말이 아니다. 그렇지만 이러한 경지로 들어가게 하는 것이라면 다른 것이 없고, 역시 말하면 자신에게 돌이켜 이로써 謹獨하면 그만이다. 그러므로 첫 장에서 이미 그 뜻을 밝히고, 이 장에서 또다시 거듭 밝히고 온 힘을 다하여 말씀했다. 그 뜻이 매우 깊다. 이 장에서 말한 「不顯(아득히 깊어 드러나지 않음)」의 경지도 홑옷을 덧입는 마음을 확충하여 이로써 그러한 지극한 경지에 이른 것뿐인데, 『詩』의 원래의 「不顯」의 뜻과는 다르다. 대개 역시 假借하여 말한 것으로, 『大學』의 傳文 제3장 3절 「敬止」의 예와 같다(君子篤恭而天下平, 而其所以平者, 無聲臭之可尋. 此至誠盛德自然之效, 而中庸之極功也. 故以是而終篇焉. 蓋以一篇而論之, 則天命之性, 率性之道, 脩道之教, 與夫天地之所以位, 萬物之所以育者, 於此可見其實德. 以此章論之, 則所謂'淡而不厭, 簡而文, 溫而理, 知遠之近, 知風之自, 知微之顯'者, 於此可見其成功, 皆非空言也. 然其所以入乎此者, 則無他焉, 亦曰 反身以謹獨而已矣. 故首章已發其意, 此章又申明而極言之, 其旨深哉! 其曰不顯, 亦充尙絅之心以至其極耳. 與《詩》之訓義[11]不同. 蓋亦假借[12]而言, 若《大學》敬止之例也).

11) 訓義(훈의): 문자나 글귀의 뜻을 해석하다.
12) 假借(가차): 명의를 빌리다

大學 索引

* 해당 색인의 章節 번호를 표기하였다.

中庸 索引

* 해당 색인의 章節 번호를 표기하였다.

| 〈四書章句集注〉 출간에 부쳐 |

'앵두꽃잎 팔랑팔랑 나부끼는데 어찌 그대 생각 않으랴만 집이 너무 멀구나.' 선생님께서 듣고 말씀하셨다. "생각지 않은 것이다. 어찌 먼 것이 있겠느냐?"(唐棣之華 偏其反而 豈不爾思 室是遠而. 子曰 未之思也 夫何遠之有) (論語 子罕篇 第30章)

부친이 돌아가신 지 일곱 해를 보내고서 이미 출간한『알기 쉽게 풀어 쓴 論語集注』와『알기 쉽게 풀어 쓴 孟子集注』에 이어 마지막으로『알기 쉽게 풀어 쓴 大學 · 中庸 章句』 교정 작업을 마쳤습니다. 제 입장에서 보면 이 작업을 위해서 들인 그간의 짧지 않은 시간의 공부를 한 단락 짓는 것이기도 합니다. 교정 작업의 수준에 대해서는 의론에 부치기도 부끄럽지만 어떻든 부친의 遺稿 출간을 마무리했다는 성취감과 저의 공부도 한 단락을 짓게 된다는 상쾌함에 한동안은 마냥 自高하게 될 것 같습니다.

그러나 지난 일을 더듬어보자면, 가족끼리 뜻을 모아 십시일반 갹출 출간하기로 했을 때는 부친은 위암으로 인한 위 절제수술로 기력이 쇠약일로여서 단지 오탈자 수정 정도이겠지 하는 안이한 생각과 생전에 출간된 책을 손수 펴보시도록 하겠다는 호기로움으로 앞뒤 없이 나섰지만, 첫 책『알기 쉽게 풀어 쓴 論語集注』를 출간했을 때는 작고한 지 이태가 훌쩍 넘은 뒤였고, 四週忌에『알기 쉽게 풀어 쓴 孟子集注』를, 그리고 일곱 해가 지난 이제야 육골이 진토된 영 앞에 마지막 책의 책장을 대신 넘겨드리게 되었으니, 어버이 살아 계실 적의 날 수를 아끼는 정성(愛日之誠)을 다하지 못한 불효에 머리를 들 수 없습니다.

부친은 젊어서는 얼마 안 되는 농토를 부쳐 조부모를 봉양하고 일곱 자식을 교육시키고, 마을일을 맡아 계몽하고, 조부가 세운 교회에 봉직하면서도, 간디, 마틴 루터킹 목사, 함석헌 선생, 장준하 선생, 강원용 목사의 책들을 읽고『씨ᄋᆞᆯ의 소리』,『基督教思想』을 구독하면서 基督信仰을 독실하게 쌓아갔고, 이미 사십을 넘겨 대대로 태어나고 묻힌 고향을 떠나 생면부지의 수원 인근으로 이사해서는 농사일로, 오십을 넘겨 서울에 정처해서는 잡역으로 糊口하면서도, 중학시절 들었던 多夕 柳永模 선생의 말씀을 계속 화두삼아 基督思想과 東洋思想을 아우르는 공부에 천착한 듯합니다.

多夕의 말씀과 부친의 공부의 상세를 알 길은 없지만, 자식들이 하나 둘 독립하여 생계를 꾸리면서부터 형편이 조금 나아질 만해지자, 多夕 선생의 저술들을 줄을 그어가며 행간에 적어가며 공부하고 선생의 강연을 들었을 적 흥기됐던 감정을 자주 추억하던 노년의 모습에서, 그리고 10년 가까이를 칩거하며 고쳐 쓰고 지우고 종이를 덧대어 보태고 다듬기를 수도 없이 반복한 부친의 手稿에서 그 천착의 깊이와 넓이를 조금은 가늠할 수 있을 듯합니다.

이제 四書를 粗略해보면, 孔子의 一言一行에서는 쇠퇴해져가는 세상에 도를 펴보고자 안 될 줄 알면서도 해보려고 이리저리 바쁘게 옮겨 다니는 고단함과 그러나 끝내는 초심을 접을 수밖에 없는 좌절감이, 그럼에도 後學을 성취시켜 후세에 道를 전하려 發憤忘食하고 念念不忘하는 절절함이, 그리고 세상과 떨어져 있지 않으려 切問近思하는 치열함과 거친 밥과 나물국 한 그릇에도 반드시 감사의 祭를 드리는 사랑의 마음이 뚝뚝 묻어나옵니다. 공부를 물려 한 적이 없고, 서 있으면 그것이 눈앞에 어른거려 보이고 수레를 타고 있으면 그것이 멍에에 걸려 있어 보일 정도로 생각에 골몰했으며, 깨닫고 나면 저도 모르게 절로 손으로 춤을 추고 발을 구르듯이 좋아했고, 무엇보다 행함을 배움에 앞세웠습니다. 널리 사람들 가운데 어울림을 좋아했습니다. 孔子의 생애를 一以貫之하는 道는 일개 「恕」字였으니, 나에게 베풀어 봐서 내가 원치 않는 것이면 남에게도 베풀지 않는 것이었습니다. 옛것에 이어져 있지 않은 새것이란 없다. 새것을 원하는가? 뒤에 이미 쌓아놓은 옛것을 다시 덥히고(溫) 익혀라(熟). 溫故해야 知新할 수 있다고 했습니다.

권모술수를 앞세우고 利만을 좇는 戰國의 와중에도 한 치의 굽힘도 없이 迂遠히 仁義를 유세하는 孟子의 集義로 충만한 浩然之氣의 더 깊은 속에는, 잘하라고 꾸짖는 것조차 함부로 하지 않는 자식에 대한 애틋한 사랑의 마음과, 우물에 빠지려는 아이를 보고는 벌벌 떨며 구하고자 하는 일념으로 달려가는 惻隱之心과, 도살장에 끌려가는 소를 차마 죽게 내버려두지 못하는 不忍之心이 자리해 있으며, 인간에 대한 무한한 애정과 신뢰에 바탕하고 있는 사람의 본성은 善하다는 그의 立言은 들을 때마다 정말이지 가슴이 먹먹해집니다.

修身이 근본임을 아는 것이 知의 궁극(知之至)이라는 것, 참된 知의 궁구는 반드시 사물에 格해서 卽해서, 즉 사물에서 떨어져 있지 않고 그에 의거해서 하는 것, 그래야 뜻한 바에 거짓이 없고 뜻한 바가 공허하지 않고 참되고 구체화시킬 수 있다는 것, 그래야 옳은 것은 그대로 옳다 하고 그른 것은 그대로 그르다 하고 좋은 것과 싫은 것은 그대로 좋다 싫다 할 수 있다는 것, 이래야 富가 쌓이면 집에서 빛이 나듯 이렇게 해서 德이 쌓이면 몸에서 빛이 나고 마음이 넓어지면 몸이 불어나고, 내심에 꽉 차 있는 것이 밖으로 드러나 보여서, 말없이도 齊家하고 집밖을 나서지 않고도 治國하고 平天下할 수 있다는 것은 『大學』의 가르침입니다.

사람의 본래의 性은 하늘이 命賦한 것이니, 그 性을 그대로 따르는 것이 사람의 길(道)이고, 그 길을 닦아가는 것이 성인의 가르침(敎)이다. 사람은 그 길을 벗어나서 갈 수는 없는 것이니 벗어날 수 있는 것이라면 이미 길(道)이 아니다. 中은 천하 모든 것의 밑바탕이고, 和는 천하 모든 것에 통하는 법칙이다. 中和의 상태에 이르면 하늘과 땅은 제 있어야 할 자리에 자리를 잡고, 만물은 제 있어야 할 모습대로 삶을 성취하게 된다.

人間關係網(人倫)의 變易할 수 없는 常道로서 치우침 · 기울어짐 · 지나침 · 못 미침이 없는 中庸은 天命의 정수이다. 性을 그대로 따르는 道는 보통사람들도 알 만하고 행할 만한 것으로 생소하거나 고원한 것이 아니어서 항시 사람을 떠나 있지 않다. 하늘의 길은 진실됨(誠) 그 자체이고 사람의 길은 진실됨(誠)을 향해 가는 것이니, 진실됨(誠)을 향해 가고자 한다면 널리 배우고 자세하게 묻고 신중하게 생각하고 분명하게 변별하고 철두철미하게 행하되, 배움이 능할 때까지는 물어서 알 때까지는 생각해서 깨달을 때까지는 변별이 분명해질 때까지는 행함이 철두철미해질 때까지는 도중에 그만두지 말지니, 이에 진실됨(誠)에 이르면 사람의 性은 환히 드러날 것이다. 참으로 至誠이면 그 자신의 性을 온전히 구현해 낼 뿐더러 다른 사람의 性을 그리고 만물의 性을 온전히 구현해내고 마침내는 天地의 化育을 도울 수 있게 되니 만물을 덮어주는 하늘과 만물을 실어주는 땅과 더불어 셋이 될 수 있다. 진실됨(誠)은 그 무엇의 작위 없이도 쉼 없이 오래도록 스스로의 모습을 구현해내니 내보임 없이 드러나고 움직임 없이 감응 · 변화시키고 작위 없이 완성한다. 이러한 至誠이라는 高明의 경지에 도달하길 힘쓰되 그 길은 中庸을 통해서 한다. 이것이 『中庸』의 가르침입니다.

자녀들에게 四書를 읽히고자 하여 쉽게 이해시키고 익히게 할 방법을 구상하던 古稀를 넘긴 부친의 내면 또 한편에는, 당신 삶과 거기 켜켜이 쌓인 사상의 편린들을 四書의 구절구절과 조응시키면서, 거기서 다시 새로운 지평의 高明의 경지를 보고자 했을지 혹은 그 경지를 이미 보았을지 모르겠습니다.

마지막 책의 교정 작업을 끝내기까지 2년여 동안 거기에만 전념할 수 있었고 그래서 이제나마 끝을 맺을 수 있었던 것은 옛 직장 후배의 도움이 있었기에 가능했습니다. 저의 고마운 마음을 이 자리에 적어 전합니다.

이제 마지막으로 처음으로 돌아가 부친의 머리글 첫 단을 다시 읽습니다.

"본인으로 말하면……"

다시 읽고 또 읽음에 그 구절구절의 시간마다 흘렸을 땀과 눈물, 결핍의 아픔과 좌절의 고통이, 그 역정들을 시간을 따라 회상하고 있는 부친의 모습이 눈앞에 어리고 그 자식은 눈시울이 붉어집니다.

집 팔고 논 팔고 노모 모시고 자식들 업고 걸려 생명부지의 땅에 흘러들어 몸 붙여 살던 세월의 오랜 적막을, 그 적막을 오롯이 지탱해낸 五尺短軀의 더 쪼그라든 모습을 느끼고 그 자식은 가슴이 아려옵니다.

2014년 여름에 次男 識

알기 쉽게 풀어 쓴 대학·중용 장구

2014년 9월 01일 인쇄
2014년 9월 11일 발행

편 역 | 문기수
펴낸이 | 김영호
펴낸곳 | 도서출판 동연
등 록 | 제1-1383호(1992. 6. 12.)
주 소 | (121-826) 서울시 마포구 월드컵로 163-3
전 화 | (02) 335-2630
팩 스 | (02) 335-2640
이메일 | yh4321@gmail.com

ISBN 978-89-6447-253-8 03140

中庸章句序

中庸은 何爲而作也오 子思子憂道學之失其傳而作也시니라 蓋自上古聖神繼天立極으로 而道統之傳이 有自來矣라 其見於經則允執厥中은 堯之所以授舜也오 人心惟危하고 道心惟微하니 惟精惟一이라야 允執厥中者는 舜之所以授禹也니 堯之一言이 至矣盡矣어늘 而舜이 復益之以三言者는 則所以明夫堯之一言을 必如是而後可庶幾也라

(중용)은 어찌하여 지었는가? (中庸은 何爲而作也오) 자사자께서 이 그 전통을 잃을까 걱정하여 지으신 것이다. (子思子憂道學之失其傳而作也시니라) (자사-공자의 손자) 대개 상고시대에 성신이 천명을 이어받아 중정 표준을 세움으로부터 (蓋自上古聖神繼天立極으로 이極-가운데(표준)극) 전통의 전승이 (而道統之傳이) 스스로 이어져 왔다. (有自來矣라) 서경에 나타난 것을 보면 '진실로 그 가운데를 잡으라'는 것은 (其見於經則允執厥中者는 見-나타날 현 厥-그 궐) 요임금이 순임금에게 전수한 것이고 (堯之所以授舜也오) 인심은 오직 위태롭고 (人心惟危하고) 도심은 오직 미미하니, (道心惟微하니) 오직 정밀하게 살피고 오직 한결같이 간직하여 (惟精惟一이라야) 진실로 그 가운데를 잡으라고 한 것은 (允執厥中者는) 순임금이 우임금에게 전수해 준 것이다. (舜之所以授禹也니) 요임금의 한 마디 말씀이 지극하고 극진하였거늘 (堯之一言이 至矣盡矣어늘) 순임금이 다시 세 마디 말씀을 보탠 것은 (而舜이 復益之以三言者는) 요임금의 한 마디 말씀을 (則所以明夫堯之一言을) 반드시 이와 같이 한 다음에야 거의 행할 수 있음을 밝힌 것이다. (必如是而後可庶幾也라)

蓋嘗論之컨대 心之虛靈知覺은 一而已矣어늘 而以爲有人心道心之異者는 則以其或生於形氣之私하고 或原於性命之正하야 而所以爲知覺者不同이라 是以로 或危殆而不安하고 或微妙而難見耳라 然이나 人莫不有是形이